■2025年度高等学校受験用

狭山ヶ丘高等学校

収録内容一覧

★この問題集は以下の収録内容となっています。また、編集の都合上、解説、解答用紙を省略させていただいている場合もございますのでご了承ください。

（○印は収録、一印は未収録）

入試問題と解説・解答の収録内容			解答用紙
2024年度	推薦第1回	英語・国語	○
	推薦第2回	国語	○
	推薦第3回	英語・数学	○
	一般	数学	○
2023年度	推薦第1回	英語・国語	○
	推薦第2回	数学・国語	○
	推薦第3回	英語・数学	○
2022年度	推薦第1回	英語・国語	○
	推薦第2回	数学・国語	○
	推薦第3回	英語・数学	○
2021年度	推薦第1回	数学・国語	○
	推薦第2回	英語・数学・国語	○
	推薦第3回	英語	○

★当問題集のバックナンバーは在庫がございません。あらかじめご了承ください。

JN004676

●凡例●

【英語】

≪解答≫

〔　〕　①別解

②置き換え可能な語句（なお下線は置き換える箇所が２語以上の場合）

（例）I am〔I'm〕glad〔happy〕to～

（　）　省略可能な言葉

≪解説≫

1，2…　本文の段落（ただし本文が会話文の場合は話者の１つの発言）

〔　〕　置き換え可能な語句（なお〔　〕の前の下線は置き換える箇所が２語以上の場合）

（　）　①省略が可能な言葉

（例）「（数が）いくつかの」

②単語・代名詞の意味

（例）「彼（＝警察官）が叫んだ」

③言い換え可能な言葉

（例）「いやなにおいがするなべにはふたをするべきだ（＝くさいものにはふたをしろ）」

//　訳文と解説の区切り

cf.　比較・参照

≒　ほぼ同じ意味

【数学】

≪解答≫

〔　〕　別解

≪解説≫

（　）　補足的指示

（例）（右図１参照）など

〔　〕　①公式の文字部分

（例）〔長方形の面積〕＝〔縦〕×〔横〕

②面積・体積を表す場合

（例）〔立方体ABCDEFGH〕

∴　ゆえに

≒　約、およそ

【社会】

≪解答≫

〔　〕　別解

（　）　省略可能な語

＿＿＿　使用を指示された語句

≪解説≫

〔　〕　別称・略称

（例）政府開発援助〔ODA〕

（　）　①年号

（例）壬申の乱が起きた（672年）。

②意味・補足的説明

（例）資本収支（海外への投資など）

【理科】

≪解答≫

〔　〕　別解

（　）　省略可能な語

＿＿＿　使用を指示された語句

≪解説≫

〔　〕　公式の文字部分

（　）　①単位

②補足的説明

③同義・言い換え可能な言葉

（例）カエルの子（オタマジャクシ）

≒　約、およそ

【国語】

≪解答≫

〔　〕　別解

（　）　省略してもよい言葉

＿＿＿　使用を指示された語句

≪解説≫

〈　〉　課題文中の空所部分（現代語訳・通釈・書き下し文）

（　）　①引用文の指示語の内容

（例）「それ（＝過去の経験）が　～」

②選択肢の正誤を示す場合

（例）（ア，ウ…×）

③現代語訳で主語などを補った部分

（例）（女は）出てきた。

／　漢詩の書き下し文・現代語訳の改行部分

狭山ヶ丘高等学校

所在地	〒358-0011 埼玉県入間市下藤沢981
電　話	04-2962-3844
ホームページ	https://www.sayamagaoka-h.ed.jp/
交通案内	西武池袋線 武蔵藤沢駅より徒歩約13分　JR川越線・東武東上線 川越駅，西武新宿線 狭山市駅・入曽駅，JR八高線 箱根ヶ崎駅よりスクールバス運行

普通科　男女共学

くわしい情報はホームページへ

▌応募状況

年度	募集数	受験数		合格数	倍率
2024	Ⅰ類 80名 Ⅱ類120名 Ⅲ類120名 Ⅳ類 80名	単願	Ⅰ類　4名	6名	
			Ⅱ類 15名	15名	1.1倍
			Ⅲ類 69名	61名	
			Ⅳ類 49名	49名	1.0倍
		併願	Ⅰ類 91名	118名	
			Ⅱ類252名	261名	1.0倍
			Ⅲ類270名	233名	
		一般	Ⅰ類　0名	0名	
			Ⅱ類　3名	6名	1.0倍
			Ⅲ類 15名	12名	
2023	Ⅰ類 80名 Ⅱ類120名 Ⅲ類160名 Ⅳ類 40名	単願	Ⅰ類　3名	4名	
			Ⅱ類 21名	22名	1.1倍
			Ⅲ類 55名	49名	
			Ⅳ類 60名	60名	1.0倍
		併願	Ⅰ類 94名	110名	
			Ⅱ類221名	233名	1.0倍
			Ⅲ類301名	270名	
		一般	Ⅰ類　2名	2名	
			Ⅱ類　7名	7名	1.0倍
			Ⅲ類 12名	12名	
2022	Ⅰ類 80名 Ⅱ類120名 Ⅲ類160名 Ⅳ類 40名	単願	Ⅰ類 15名	15名	
			Ⅱ類 20名	23名	1.0倍
			Ⅲ類 84名	79名	
			Ⅳ類 55名	55名	1.0倍
		併願	Ⅰ類126名	152名	
			Ⅱ類239名	238名	1.0倍
			Ⅲ類272名	241名	
		一般	Ⅰ類　4名	5名	
			Ⅱ類　8名	10名	1.0倍
			Ⅲ類 15名	12名	

※募集数は内進生を含む。
※合格数はスライド合格を含む。

▌試験科目　(2025年度入試〈予定〉)

国語・数学・英語，面接(単願は個人，併願はグループ〔2名〕)

▌教育理念

黙想，茶道，対話を3つの柱とした自己観察教育の実践。

▌コース編成

〈Ⅰ類〉難関国立進学コース

東京大学をはじめとする難関国立大学現役合格を目指す。2年次には文理選択があるが，文理どちらかに重点を置いたカリキュラムは組まれておらず，主要科目をバランスよく学習する。

〈Ⅱ類〉特別進学コース

国公立大学や，早稲田大学，慶應義塾大学をはじめとする難関私立大学現役合格を目指す。2年次から国公立文系，私立文系，理工・医・国公立理系，医療・私立理系に分かれ，それぞれ特化したカリキュラムで学習する。

〈Ⅲ類〉総合進学コース

部活動に勤しみながら難関大学現役合格を目指す。進路指導も他コースと同じように行われ，2年次から国公立文系，私立文系，理工・医・国公立理系，医療・私立理系に分かれて学ぶ。

〈Ⅳ類〉スポーツ・文化進学コース

私立文系に特化したカリキュラムを組み，部活動(野球部・サッカー部・吹奏楽部など)に専念しながらも一般入試を突破できる高い学力を養成する。

▌2024年・主な進路実績　(2024年4月現在)

東京大2名，東北大2名，名古屋大1名，北海道大1名，東京学芸大1名，電気通信大1名，埼玉大4名，東京都立大1名，早稲田大12名，慶應義塾大7名，上智大9名，東京理科大14名ほか

編集部注一本書の内容は2024年6月現在のものであり，変更されている場合があります。正確な情報は，学校のホームページ等で必ずご確認ください。

出題傾向と今後への対策 英語

出題内容

	2024		2023		2022	
	推薦１	推薦３	推薦１	推薦３	推薦１	推薦３
大問数	8	8	8	8	8	8
小問数	43	43	43	43	40	40
リスニング	○	○	○	○	○	○

◎近年は大問８題，小問40問程度である。出題構成は，放送問題，長文読解２題，整序結合，誤文訂正，単語の発音・アクセントなどである。

2024年度の出題状況

《推薦第１回》

1 放送問題
2 長文読解総合―伝記
3 長文読解総合―物語
4 適語(句)選択
5 整序結合
6 誤文訂正
7 単語のアクセント
8 単語の発音

《推薦第３回》

1 放送問題
2 長文読解総合―説明文
3 長文読解総合―物語
4 適語選択
5 整序結合
6 誤文訂正
7 単語のアクセント
8 単語の発音

解答形式

《推薦第１回》 記　述／マーク／併　用

《推薦第３回》 記　述／マーク／併　用

出題傾向

中学学習範囲の基礎学力とその応用力を試す標準的な出題といえる。長文読解・整序結合・発音問題は，例年出題されている。長文読解の課題文は，物語が多くやや難解なものもある。整序結合は，基本構文が中心。放送問題は３部構成で計６～９問。短い対話やある程度の長さの英文を聞き，質問に答える問題などが出題されている。

今後への対策

教科書を最大限活用し，掲載されている単語・熟語・慣用表現，基本例文は全て覚えよう。次に，長文読解は物語が頻出なので，登場人物の心情を推し量り，指示語などに気をつけて，問題集を１冊こなそう。放送問題はラジオ講座などを活用して，英文に耳を慣らしておこう。最後に，過去問を制限時間で解き，形式に慣れよう。

◆◆◆◆◆ 英語出題分野一覧表 ◆◆◆◆◆

分野			2022 推１	2022 推３	2023 推１	2023 推３	2024 推１	2024 推３	2025予想※ 推１	2025予想※ 推３
音声	放送問題		■	■	■	■	■	■	◎	◎
	単語の発音・アクセント		■	■	■	■	■	■	◎	◎
	文の区切り・強勢・抑揚									
語彙・文法	単語の意味・綴り・関連知識									
	適語(句)選択・補充		●	●	●	●	●	●	◎	◎
	書き換え・同意文完成									
	語形変化				●				△	
	用法選択									
	正誤問題・誤文訂正		●	●	●	●	●	●	◎	◎
	その他(文型)		●	●	●	●	●	●	◎	◎
作文	整序結合		●	●	●	●	●	●	◎	◎
	日本語英訳	適語(句)・適文選択								
		部分・完全記述								
	条件作文									
	テーマ作文									
会話文	適文選択									
	適語(句)選択・補充									
	その他									
長文読解	内容把握	主題・表題								
		内容真偽	●	●	●	●	●	●	◎	◎
		内容一致・要約文完成								
		文脈・要旨把握	■	■	■	■	●	■	◎	◎
		英問英答								
	適語(句)選択・補充		●	●	●	●	■	●	◎	◎
	適文選択・補充									
	文(章)整序									
	英文・語句解釈(指示語など)		●	●				●	△	◎
	その他									

●印：１～５問出題，■印：６～10問出題，★印：11問以上出題。
※予想欄　◎印：出題されると思われるもの。　△印：出題されるかもしれないもの。

出題傾向と今後への対策　数学

出題内容

2024年度　《一般》

[1]，[2]は小問集合でそれぞれ８問，５問。[3]はカードを用いた場合の数に関するもの。[4]は平面図形で，半円と座標平面を用いたもの。[5]は平面図形から，２つの合同な長方形を重ねた図形を利用したもの。

《推薦第３回》

[1]，[2]は小問集合でそれぞれ７問，５問。[3]は確率で，サイコロと座標平面を用いたもの。[4]は関数から，放物線と直線に関するもの。図形の知識も要する。[5]は数と式から，数の性質を利用して，配られたカードに書かれた数字を求めるもの。

2023年度　《推薦第２回》

[1]，[2]は小問集合でそれぞれ８問，４問。[3]は特殊・新傾向問題で，規則性に関するもの。[4]は数と式から，文字式の利用に関するもの。図形の知識も要する。[5]は平面図形から，長方形を折ったときにできる図形を利用したもの。

《推薦第３回》

[1]，[2]は小問集合でそれぞれ８問，４問。[3]は確率で，カードを用いて，コマを移動させるもの。[4]は関数から放物線と直線に関するもの。図形の知識も要する。[5]は平面図形の計量題３問。合同や相似な図形，三平方の定理を利用するもの。

作…作図問題　証…証明問題　グ…グラフ作成問題

解答形式

《一般》　記述／マーク／併用

《推薦第３回》　記述／マーク／併用

出題傾向

大問数は５題。うち２題が独立小問集合題で，さまざまな分野の問題で構成される。基礎的な問題だけではなく，標準レベルの問題も含まれるため，しっかりとした対策が必要。残り３題は，関数，図形の大問や，規則性に関する大問となっている。それぞれには応用力を試す問題が含まれ，難度は高い。

今後への対策

難度が高い問題も出題されているが，ほとんどは標準的な問題なので，まずは標準レベルの問題集で演習し，いろいろな問題の解き方を覚えよう。次に発展的な問題も載っている問題集で演習，特に関数や図形，規則性に関する問題には重点的に取り組むこと。試験直前には，過去問で出題形式や時間配分などを確認しておきたい。

◆◆◆◆◆ 数学出題分野一覧表 ◆◆◆◆◆

分野	年度	2022		2023		2024		2025予想※	
		推２	推３	推２	推３	一般	推３	一般	推３
数と式	計算，因数分解	★	★	★	★	★	★	◎	◎
	数の性質，数の表し方	●	●			●	★	◎	◎
	文字式の利用，等式変形			★				△	
	方程式の解法，解の利用	■	■	■	★	■	★	◎	◎
	方程式の応用	■	★		●			△	△
関数	比例・反比例，一次関数	●	★	●	●		■	◎	◎
	関数$y=ax^2$とその他の関数	★			★	●	★	◎	◎
	関数の利用，図形の移動と関数					★		△	
図形	(平面) 計量	★	★	★	★	★	■	◎	◎
	(平面) 証明，作図								
	(平面) その他								
	(空間) 計量	■	●	★		●		◎	◎
	(空間) 頂点・辺・面，展開図								
	(空間) その他								
データの活用	場合の数，確率	●	●	★	★	★	★	◎	◎
	データの分析・活用，標本調査			■	●	■	●	△	△
その他	不等式								
	特殊・新傾向問題など			★				△	
	融合問題								

●印：１問出題，■印：２問出題，★印：３問以上出題。
※予想欄　◎印：出題されると思われるもの。　△印：出題されるかもしれないもの。

出題傾向と今後への対策

国語

出題内容

2024年度 《推薦第１回》

論説文　小　説　古　文

課題文 一堀内進之介『人工知能時代を〈善く生きる〉技術』
二芥川龍之介『竜』
三滝沢馬琴『玄同放言』

《推薦第２回》

論説文　小　説　古　文

課題文 一原　研哉『日本のデザイン』
二菊池　寛『藤十郎の恋』
三浅井了意『伽婢子』

2023年度 《推薦第１回》

説明文　小　説　古　文

課題文 一山岸俊男『安心社会から信頼社会へ』
二遠藤周作『深い河』
三中村経年『積翠閑話』

《推薦第２回》

説明文　小　説　古　文

課題文 一市川伸一『考えることの科学』
二重松　清『また次の春へ』
三八島定岡『猿著聞集』

解答形式

《推薦第１回》　記　述／マーク／併　用

《推薦第２回》　記　述／マーク／併　用

出題傾向

設問は，それぞれの読解問題に10問程度付されており，レベルも高いものになっている。また，課題文は，分量が現代文はやや多め，古文は多く，内容も難しいものが多い。国語の知識に関するものは，読解問題に含まれているが，これも，語句関連を中心に，内容的には高度なものが出題されている。

今後への対策

現代文・古文ともに，分量が多くしかも難しい課題文が出題され，また，語句や四字熟語なども，レベルの高いものが出題される。速く正確に文章を読む力と，高度な言語力を身につけるためには，応用力を養成する問題集で訓練を積むことはもちろんだが，日頃の読書も必要不可欠である。

◆◆◆◆◆ 国語出題分野一覧表 ◆◆◆◆◆

分野		年度	2022		2023		2024		2025予想※	
			推１	推２	推１	推２	推１	推２	推１	推２
現代文	論説文 説明文	主　題・要　旨		●	●	●			△	◎
		文脈・接続語・指示語・段落関係	●	●	●	●	●	●	◎	◎
		文章内容	●	●	●	●	●	●	◎	◎
		表　現		●			●	●	△	◎
	随筆 日記 手紙	主　題・要　旨								
		文脈・接続語・指示語・段落関係								
		文章内容								
		表　現								
		心　情								
	小　説	主　題・要　旨	●	●					△	△
		文脈・接続語・指示語・段落関係					●		△	
		文章内容	●	●	●	●	●	●	◎	◎
		表　現	●	●				●	△	◎
		心　情	●	●	●	●			◎	◎
		状　況・情　景	●	●					△	△
韻文	詩	内容理解								
		形　式・技　法								
	俳句 和歌 短歌	内容理解		●	●	●		●	△	◎
		技　法						●		△
古典	古　文	古　語・内容理解・現代語訳	●	●	●	●	●	●	◎	◎
		古典の知識・古典文法	●	●	●	●	●	●	◎	◎
	漢　文	（漢詩を含む）								
国語の知識	漢字 語句	漢　字	●	●	●	●	●	●	◎	◎
		語　句・四字熟語	●	●	●	●	●	●	◎	◎
		慣用句・ことわざ・故事成語			●		●	●	◎	△
		熟語の構成・漢字の知識								
	文　法	品　詞					●	●	△	△
		ことばの単位・文の組み立て								
		敬　語・表現技法	●			●			△	△
	文　学　史		●	●	●	●	●	●	◎	◎
作　文・文章の構成・資　料			●			●			△	△
そ　の　他								●		

※予想欄　◎印：出題されると思われるもの。　△印：出題されるかもしれないもの。

合格を勝ち取るための

本書の使い方

本書に掲載されている過去問をご覧になって，「難しそう」と感じたかもしれません。でも，大丈夫。ほとんどの受験生が同じように感じるのです。高校入試の出題範囲は中学校の定期テストに比べて広いですし，残りの中学校生活で学ぶはずの，まだ習っていない内容からも出題されているかもしれません。

ですから，初めて本書に取り組む際には，点数を気にする必要はありません。点数は本番で取れればいいのです。

過去問で重要なのは「間違えること」です。自分の弱点を知るために，過去問に取り組むのです。当然，間違った問題をそのままにしておいては意味がありません。

本書には，長年にわたって高校受験に関わってきたベテランスタッフによる詳細な解説がついています。間違えた問題は重点的に解説を読み，何度も解きなおしてください。時にはもう一度，教科書で復習するのもよいでしょう。

別冊として，抜き取って使える解答用紙を収録しました。表示してあるように拡大コピーをとれば，実際の入試と同じ条件で，何度でも過去問に取り組むことができます。特に記述問題では解答欄の大きさがヒントになる場合があります。そうした，本番で使える受験テクニックの練習ができるのも，本書の強みです。

前のページにある「出題傾向と今後への対策」もよく読んで，本校の出題傾向に慣れておきましょう。

2025 年度 高校受験用

狭山ヶ丘高等学校　4 年間スーパー過去問

をご購入の皆様へ

お詫び

本書、狭山ヶ丘高等学校の入試問題につきまして、誠に申し訳ございませんが、以下の問題文は著作権上の問題により掲載することができません。設問と解説、解答は掲載してございますので、ご必要とされる方は原典をご参照くださいますよう、お願い申し上げます。

記

2024 年度　推薦第 1 回　英語　2　の問題文

2024 年度　推薦第 3 回　英語　3　の問題文

2023 年度　推薦第 1 回　英語　3　の問題文

2023 年度　推薦第 3 回　英語　3　の問題文

2021 年度　推薦第 2 回　英語　3　の問題文

以上

株式会社　声の教育社　編集部

2024年度 狭山ヶ丘高等学校（推薦第1回・一般）

※英語・国語は推薦第1回，数学は一般の問題です。

［注意］ この試験では，はじめにリスニングを行います。

【英 語】 （65分）〈満点：100点〉

1 （リスニングテスト） このリスニングテストには**問題A**から**問題C**まであります。英文はそれぞれ2度ずつ読まれます。放送中メモを取っても構いません。

問題A これから流れる対話を聞き，最後に続く受け答えとして最も適切なものを選び番号で答えなさい。

No. 1 [1]

1 Not really. 2 By bus.

3 For four days. 4 On foot.

No. 2 [2]

1 I'm not a foreigner. 2 Show me your passport, too.

3 I want to carry yours. 4 No, thanks.

No. 3 [3]

1 OK, because it's a birthday present for you.

2 I'll give you some money if you want me to.

3 Yes, that blue one is nice.

4 Our mother will buy it.

問題B これから流れる対話を聞き，そのあとの質問に対する答えとして最も適切なものを選び番号で答えなさい。

No. 1 [4]

1 He will probably tell her to read a lot of books.

2 He will probably tell her to buy books at a bookstore.

3 He will probably tell her to write a report soon.

4 He will probably tell her to go to a library.

No. 2 [5]

1 He will have bread and milk. 2 He will have bread, a stamp and milk.

3 He will have a stamp and milk. 4 He will have a letter, a stamp and milk.

No. 3 [6]

1 They are talking at a hotel. 2 They are talking at a gas station.

3 They are talking at a bookstore. 4 They are talking at a bank.

問題C これから流れる英文を聞き，質問に対する答えとして最も適切なものを選び番号で答えなさい。

No. 1 [7]

1 He won second prize at the school art contest.

2 He won third prize at the school art contest.

3 He did not win any prizes at the school art contest.

4 He won first prize at the school art contest.

No. 2 [8]

1 There were a lot of garbage boxes in Blue Town.

2 The number of rats increased because their food reduced in the forest.

3 People in Blue Town threw away a lot of garbage.

4 People in Blue Town did not clean the forest.

No. 3 [9]

1 They went bowling and enjoyed themselves.

2 They changed the plan and visited the city library.

3 They arrived at the movie theater but they were late for the movie.

4 Their train didn't move anymore and they had to go home.

※＜**リスニング問題放送原稿**＞は英語の問題の終わりに付けてあります。

2 次の英文を読み，後の設問に答えなさい。

〔編集部注…課題文は著作権上の問題により掲載しておりません。作品の該当箇所につきましては次の内容を参考にしてください〕

Megan Stine『Who was Queen Elizabeth Ⅱ ?』(Penguin Random House)

P.1の冒頭～P.9の最終行(一部省略・改変あり)

(注) duke 「公爵(英国の貴族の階級)」 nanny 「うば(養育係の女性)」 throne 「王位」
divorced 「離婚した」 servant 「召し使い」 bow 「おじぎをする」
rule over 「～を統治する」 ballroom 「舞踊室」
stutter 「言葉につまりながらしゃべる」 hot temper 「怒りやすい気質」
dignified 「威厳のある」 mock 「～をまねる」

問1 下線部①に関する記述として適切でないものを次の中から選びなさい。[10]

1 英国の大きな城や宮殿の中で，幸せな暮らしをしていた。

2 犬，ポニー，ティアラ，ドレスなど，欲しいものは何でも手にすることができた。

3 学校には通っていなかったので，独学で学んでいた。

4 6歳の頃に小さなコテージを与えられ，妹と共にそれを使用していた。

問2 [②]に入れるのに最も適切なものを次の中から選びなさい。[11]

1 Although　2 Because　3 But　4 And

問3 [③]に入れるのに最も適切なものを次の中から選びなさい。[12]

1 very　2 so　3 how　4 that

問4 [④]に入れるのに最も適切なものを次の中から選びなさい。[13]

1 In　2 At　3 On　4 Of

問5 [⑤]に入れるのに最も適切なものを次の中から選びなさい。[14]

1 a duke　2 a king　3 a princess　4 a queen

問6 下線部⑥に関する記述として適切でないものを次の中から選びなさい。[15]

1 父が国王になった後に，家族全員でバッキンガム宮殿に移り住んだ。

2 父は内気な性格で，人前で話す時に言葉につまることがあった。

3　父は馬や犬が大好きで，娘が７歳の頃に初めて乗馬のレッスンを行った。

4　母は学習の指導を行うことはなかったが，女王としての振る舞い方を教えた。

問７　下線部⑦の文と同じ文型の文を次の中から選びなさい。[16]

1　Ken sings very well.

2　Ken looks happy today.

3　Ken moved the box to another room.

4　Ken gave his son a lot of money.

5　Ken named his dog Taro.

問８　[⑧]に入れるのに最も適切なものを次の中から選びなさい。[17]

1　happiness　　2　anger　　3　sadness　　4　pleasure

問９　[⑨]に入れるのに最も適切なものを次の中から選びなさい。[18]

1　and　　2　or　　3　however　　4　result

問10　本文の内容と合うものを次の中から１つ選びなさい。[19]

1　Lilibet は赤ん坊の頃から英国民に大変人気で，多くの手紙やおもちゃを受け取ったが，英国以外の人々には大して人気がなかった。

2　Lilibet のおじの Edward は英国王になったが，離婚歴がある女性と結婚したかったため，王位の座を降りることになった。

3　バッキンガム宮殿には775部屋あり，各部屋には Lilibet と Margaret が遊ぶための小さな台所や家具があり，数百人の召し使いがいた。

4　Lilibet と Margaret は正反対の性格で，Lilibet は Margaret がすることを嫌っており，２人が楽しく遊ぶことはなかった。

3　次の英文を読み，後の設問に答えなさい。

"Are you ready, ①<u>Tyler</u>?" asks his friend, Eric.

"Yes, I'm ready," Tyler replies.

Today is a big day in Bayview. There is a big bike race today. Everybody is very [②]. Ryan is in the race, too. Tyler and Ryan are both very good riders. They both want to win the race.

Tyler's friends John and Eric want him to win.

"Have a good race, Tyler," says Eric.

"Thanks, I want to win this year," says Tyler.

John says, "Ryan wins every year. But I think you'll win today."

"Be careful of Ryan. He's very fast," says Eric.

"I know," Tyler replies. "I'll watch him."

Ryan is with his father, Mr. Walsh. Ryan has a new bike. Every year Ryan's father buys him a new bike for this race. It is a very good bike. It is very fast. Ryan is very happy.

"I'll win this race again this year, too, with my new bike," Ryan thinks.

Ryan's father is talking to Ryan.

"I want you to win. Our family always finishes first," Mr. Walsh says. "We always win. Do you understand?" "Yes, Dad," says Ryan. "I understand. Our family always wins."

His father says, "I want you to go faster than last year, okay? You will win today. Okay?"

Ryan is worried but he says, "Yes, Dad."

All the riders go to the starting line. Ryan is worried about the race. He looks at his father. His father really wants Ryan to win. Ryan looks at Tyler. He knows Tyler wants to win, too.

"I'll win today. I'm Ryan Walsh ! I always win," Ryan thinks. "I have a good bike and I'm a good rider. I'm very good," he thinks.

Tyler looks at Ryan's new bike. "Is that a new bike, Ryan ?" he asks.

"Yes," Ryan says. "Do you like it ?"

Tyler says, "You have a good bike, but I'm going to win. Let's have a good race."

"Yeah," Ryan replies. "I'll see you at the finish line."

Tyler and Ryan start very fast. They are winning. They are faster than [③] riders. They go faster and faster. Tyler and Ryan *race around a corner.

"Good, I'm winning," thinks Tyler.

Ryan is second but he is going fast, too.

They go up and down. They go through the trees. They go through a river. It is a very good race. Tyler is going fast and Ryan is going fast, too. Now Ryan is winning. And Tyler is second.

They race through some more trees. Tyler and Ryan are tired, but they both want to win today.

"I always win !" thinks Ryan. "I can't be second ! I won't be second !"

"I'll win today !" thinks Tyler.

They go faster and faster. It is a great race.

They see a gate. They race to it. The first person to the gate will win the race. The two bikes are very close. Ryan goes faster, but Tyler is winning.

"I want to be first to the gate," thinks Ryan. "I want to win ! I always win !"

Tyler is winning, but Ryan wants to get to the gate first. He goes faster than Tyler.

Ryan thinks about his father's words. "We always win !" he remembers. "We always win !"

Tyler sees Ryan's bike getting closer and closer.

Ryan does not want Tyler to win. Ryan pushes Tyler.

Tyler shouts, "Hey ! What are you doing ?"

Tyler's bike hits the gate. He falls off his bike. Ryan goes through the gate. Ryan goes on to the finish line. He wins the race.

Ryan gets the cup. His father is very happy.

"Good job, Ryan," says his father.

Ryan says nothing. He is not happy.

Tyler looks at Ryan. Ryan looks at Tyler.

"Umm . . . Dad ? . . . ," Ryan says. "I want to tell you ④something . . ."

Later that day, Ryan and his father go to see Tyler.

"This is your cup, not mine," says Ryan. He gives Tyler the cup.

"I'm really sorry," Ryan says. Tyler smiles.

"Are you okay ?" asks Ryan.

"Thanks, Ryan," says Tyler. "I'm okay now."

（注） race 「競走する」

問1　下線部①に関する記述として最も適切なものを次の中から選びなさい。[20]

1　２人の友人から声援を送られている。
2　この大会に出るのは今日が初めてである。
3　父から声援を送られている。
4　毎年この大会には新しい自転車で臨んでいる。

問2　[②]に入れるのに最も適切なものを次の中から選びなさい。[21]

1　excite　2　excites　3　excited　4　exciting

問3　[③]に入れるのに最も適切なものを次の中から選びなさい。[22]

1　another　2　any other　3　the other　4　others

問4　下線部④の内容として最も適切なものを次の中から選びなさい。[23]

1　父の声援は嬉しかったが，大きなプレッシャーになっていたということ。
2　父が喜んでいるのを見て，自分も嬉しくなったということ。
3　Tylerが自分のことを見ていて，自分もTylerのことを見ていたということ。
4　Tylerが乗る自転車を故意に押して，Tylerを転倒させたということ。

問5　本文の内容と合うものを次の中から2つ選びなさい。[24]・[25]

1　Tylerはこの大会が始まる前から優勝する自信があり，レース開始直後から常に首位をキープし続けて優勝した。
2　Ryanの父は毎年この大会に向けてRyanに新しい自転車を買ってあげており，Ryanに必ず勝てるという声援を送った。
3　Ryanはこの大会が始まる前から優勝する自信があり，一切の不安を感じていなかった。
4　この大会では，森，川，アスファルトで舗装された道といったように，街全体をコースとしていた。
5　最終的にRyanはTylerに謝罪をして優勝カップを渡し，Tylerはそれを受け入れ，２人は仲直りした。

4　次の各英文の[　　]に入る最も適切なものを下の中から選びなさい。

1　If you don't study, you [26] not play video games.
　①　mustn't　②　don't have　③　have　④　must
2　How did the machine [27] while you were using it ?
　①　song　②　sound　③　music　④　concert
3　She [28] him do his homework soon.
　①　kept　②　took　③　did　④　helped
4　Now in my class, everyone [29] I visited the country last week.
　①　knowing　②　knew　③　know　④　knows

5　次の各英文の(　)内の語を適切に並べ替えたとき，(　)内で３番目と６番目にくるものを答えなさい。ただし，文頭にくる語(句)も小文字で示してある。

1　(①　been　②　for　③　the　④　has　⑤　two　⑥　piano　⑦　he　⑧　playing) hours.　３番目は[30]・６番目は[31]
2　(①　fun　②　a　③　like　④　so　⑤　taking　⑥　would　⑦　walk　⑧　I　⑨　was) to do it again.　３番目は[32]・６番目は[33]
3　I (①　want　②　a　③　make　④　is　⑤　he　⑥　to　⑦　sure) teacher.

3番目は[34]・6番目は[35]

4 (① fast ② I ③ was ④ car ⑤ the ⑥ so ⑦ as ⑧ not) thought. 3番目は[36]・6番目は[37]

6 次の英文で，文法的な誤りが含まれる下線部を選びなさい。

1 I ①saw the movie again ②on the morning so I ③have seen it ④twice. [38]

2 If he ①had a lot of money, he ②will go ③overseas, but he ④is not rich. [39]

3 He ①doesn't have ②any interest ③in ④why to eat a lot of vegetables. [40]

4 Where ①in this town ②are you going ③to live ④in your sister in the future ? [41]

7 各組の語の中で，最も強く発音する部分が他と異なるものをそれぞれ1つずつ選びなさい。

1 〔① thir-teen ② it-self ③ a-sleep ④ break-fast〕 [42]

2 〔① re-lax ② eight-y ③ be-cause ④ be-lieve〕 [43]

3 〔① to-mor-row ② de-li-cious ③ au-di-ence ④ Aus-tral-ia〕 [44]

8 各組の語の中で，下線部の発音が他と異なるものをそれぞれ1つずつ選びなさい。

1 〔① desert ② hard ③ heart ④ dark〕 [45]

2 〔① health ② Thai ③ thank ④ thin〕 [46]

3 〔① aid ② blind ③ change ④ sacred〕 [47]

＜リスニング問題放送原稿＞

1 （リスニングテスト） このリスニングテストには**問題A**から**問題C**まであります。英文はそれぞれ2度ずつ読まれます。放送中メモを取っても構いません。

問題A これから流れる対話を聞き，最後に続く受け答えとして最も適切なものを選び番号で答えなさい。

No. 1

A : Hi, Cathy, how are you ?

B : I'm OK, but I was sick in bed last week.

A : Really ? How long were you absent from school ?

B :

Listen Again

No. 2

A : Excuse me. Show me your passport.

B : Passport ? I don't have it with me.

A : I think you should always carry it with you.

B :

Listen Again

No. 3

A : Alice, which notebook should I buy for our mother ?

B : I think she will like this one.

A : This green one ? Wow, it's expensive.

B :

Listen Again

問題B　これから流れる対話を聞き，そのあとの質問に対する答えとして最も適切なものを選び番号で答えなさい。

No. 1　※Aは女性，Bは男性

A： Do you know when we have to finish the report on the Jomon period ?

B： Yes, next Monday.

A： Oh, I have to read a lot of books to write it.

B： Have you got those books yet ?

A： No.　Actually, I don't have enough money to buy them.

B： That's not like you.　You can read books without money.

Question： What will the man probably tell the woman to do ?

Listen Again

No. 2　※Aは女性，Bは男性

A： Where are you going ?

B： I'm going to take a walk to lose weight.　Why ?

A： Can you go to a convenience store and buy some bread for lunch ?

B： Sure.

A： And can you post this letter on your way ?　You have to get a stamp.

B： No problem.　I'll buy a stamp at the convenience store.

A： Thanks.　Oh, please buy some milk, too.

Question： What will the man have in his hands when he comes home ?

Listen Again

No. 3

A： Can I use yen ?

B： Sorry.　You can only use dollars.

A： Where can I exchange my yen ?

B： At the hotel next to that gas station in front of this building.

A： Thank you.　I'll buy this picture book after exchanging some money.

Question： Where are these two people talking ?

Listen Again

問題C　これから流れる英文を聞き，質問に対する答えとして最も適切なものを選び番号で答えなさい。

No. 1

Hello.　I'm Kosuke Sugai.　I'll tell you my story.　I have been drawing pictures for ten years.　In elementary school, I won second prize in the school art contest.　In that contest, I met my favorite artist.　She talked to me and gave me a copy of her picture with her name on it.　I was so moved that I wanted to paint a new picture and be a better painter.　It took more than a month to finish it, and I won first prize in the school art contest next year.

Question： What prize did the boy win in the school art contest next year ?

Listen Again

No. 2

Many rats appeared in Blue Town and they ate the garbage that people threw away.　Many pieces of garbage remained around garbage boxes. Some researchers said the number of rats rose because of global warming. Their food reduced in the forest, and then they came to the city to get enough food. However, the town officers cleaned the garbage boxes and asked people to keep them clean to decrease the number of rats in Blue Town.

Question : What kind of the problem did Blue Town have ?

Listen Again

No. 3

I was going to Moon Park Theater to see a new movie with Koji and Justin. The movie was going to begin at one p.m. I took the Sky Line and tried to change trains at South Station. However, the Earth Line was in an accident and it did not leave on that time. I called Koji and Justin and we changed the plan. We decided to visit Star Bowling at South Station and play two games. We enjoyed bowling for three hours.

Question : What did they do after all ?

Listen Again

これでリスニングテストを終わります。以降の問題を解いて下さい。

【数　学】（50分）〈満点：100点〉

［注意］(1)　コンパス，定規，分度器，電卓は使用しないのでしまって下さい。

(2)　１つの□には０～９の数が入ります。

(3)　分数はもっとも簡単な形で答えなさい。例えば，$\frac{3}{4}$と答えるところを，$\frac{6}{8}$のように答えてはいけません。

(4)　根号の中の数はできるだけ小さな自然数にしなさい。例えば，$4\sqrt{2}$と答えるところを，$2\sqrt{8}$のように答えてはいけません。

(5)　比はもっとも簡単な整数比で答えなさい。例えば，２:３と答えるところを，４:６のように答えてはいけません。

1　次の $\boxed{1}$～$\boxed{14}$ にあてはまる数をマークしなさい。

(1)　$\frac{1}{3}-\left(-1\frac{1}{2}\right)\div\left(-\frac{3}{4}\right)^2$ を計算すると，$\boxed{1}$ となる。

(2)　$\frac{2+\sqrt{2}}{\sqrt{2}}-\frac{\sqrt{6}-2\sqrt{3}}{\sqrt{6}}$ を計算すると，$\boxed{2}\sqrt{\boxed{3}}$ となる。

(3)　$1.2(3x-2)-\frac{8x+3}{5}$ を計算すると，$\boxed{4}x-\boxed{5}$ となる。

(4)　$4x(x-1)-4(9-x)$ を因数分解すると，$\boxed{6}(x-\boxed{7})(x+\boxed{7})$ となる。同じ解答番号の欄があるため注意すること。

(5)　$2024^2-(4048-A)\times A$ を計算すると４となった。このとき，Aとして考えられる値は２つあり，小さい方の値は $A=202\boxed{8}$ である。

(6)　連立方程式 $\begin{cases}-x+7y=15\\5x+y=-3\end{cases}$ の解の和 $x+y$ は $\boxed{9}$ である。

(7)　半径が $\sqrt{3}$ cm の球の表面積は $\boxed{10}\boxed{11}\pi\,\mathrm{cm}^2$ であり，体積は $\boxed{12}\sqrt{3}\pi\,\mathrm{cm}^3$ である。

(8)　右図の円は正方形の４辺と接している。正方形の面積が $(\sqrt{32}+8)\mathrm{cm}^2$ であるとき，円の面積は $(\sqrt{\boxed{13}}+\boxed{14})\pi\,\mathrm{cm}^2$ である。

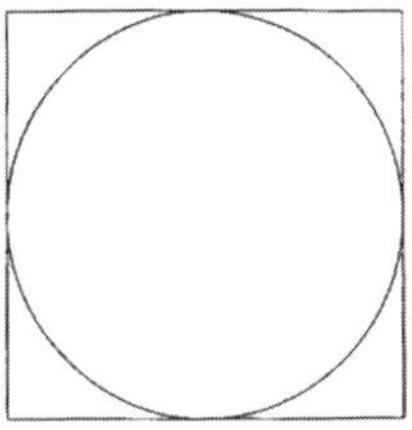

2　次の $\boxed{15}$～$\boxed{30}$ にあてはまる数をマークしなさい。

(1)　aは定数である。２点A$(-1,\ -1)$，B$(2,\ -7)$を通る直線の方程式は $\boxed{15}x+y+\boxed{16}=0$ であり，これと $y=ax^2$ が点Aで交わるとき，もう１つの交点をCとすると，Cのx座標は $\boxed{17}$，線分ABとBCの長さの比は $\boxed{18}$：１である。

(2)　次のデータは，生徒９人の冬休みに運動した回数を表したものである。また，下の箱ひげ図は，生徒９人に太郎君を加えた10人について，冬休みに運動した回数を表したものが①であり，生徒９人に花子さんを加えた10人について，冬休みに運動した回数を表したものが②である。ここから読み取れることは，太郎君が冬休みに運動した回数は $\boxed{19}$ 回であり，花子さんが冬休みに運動した回数は $\boxed{20}$ 回以上 $\boxed{21}$ 回以下である。

0，1，2，3，3，3，5，9，9

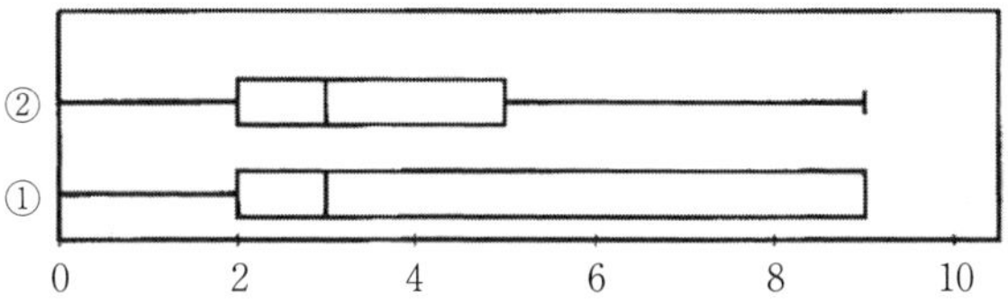

(3) ボールがいくつかある。これを3つの箱A，B，Cに分けて入れた。このとき，Aの箱にはボール全体の $\frac{1}{5}$ が入っていたが，Aの箱からCの箱へ2個移動したところ，Aの箱に入っているボールの数は全体の $\frac{1}{6}$ となった。また，移動後のAとCの箱の個数をあわせるとちょうどBの箱と同じ個数となった。ボールは全部で [22][23] 個あり，移動後のBの箱の中のボールの個数はCの箱の中のボールの数より [24] 割多い。

(4) $3\sqrt{7}$ と $4\sqrt{7}$ の間には整数は全部で [25] 個ある。また，$53+4\sqrt{7}$ が n^2 と $(n+1)^2$ の間にある数となるような正の整数 n は [26] である。

(5) 右図において，2直線 m と n は平行である。このとき x° = [27][28]° である。また，AB $=\frac{2\sqrt{3}}{3}$ cm，BC $=\sqrt{2}$ cm であるならば，y = [29][30]° である。

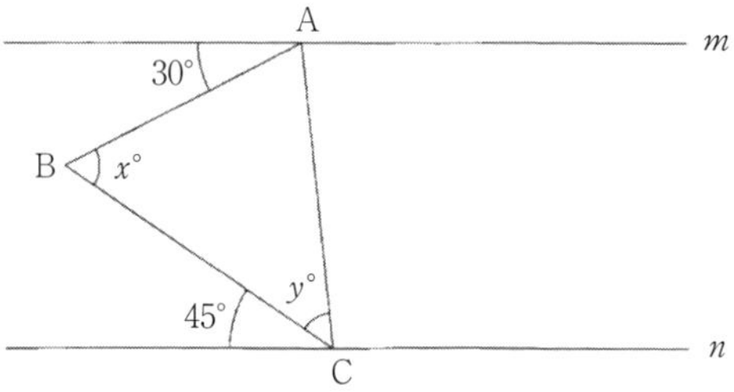

3 次の [31]〜[39] にあてはまる数をマークしなさい。

黒板には最初にある数字が書かれている。また，[1]，[2]，[3]，[4]，[5] の5枚のカードがある。

まず，この5枚のカードの中から何枚かを取り出して並べる。並べたカードを左から順に以下の作業を行う。

• カードに書かれた数と黒板に書かれている数の積を3で割った余りに黒板の数を書きなおす。

例えば，黒板に最初に書かれた数が2で，カードを2枚取り出して並べたら，カードに書かれた数が左から2，5であった場合，

1番左のカードに書かれた数が2であるから，2×2 を3で割った余りである1に黒板の数を書きなおす。

2番目のカードに書かれた数が5であるから，1×5 を3で割った余りである2に黒板の数を書きなおす。

よって，作業後の黒板に書かれた数は2となる。

(1) 黒板に最初に書かれた数が1で，カードを2枚取り出して並べたら，カードに書かれた数が左から2，4であった場合，

1番左のカードに書かれた数が2であるから，黒板の数は [31] となる。

2番目のカードに書かれた数が4であるから，黒板の数は [32] となる。

よって，作業後の黒板に書かれた数は [32] となる。同じ番号の解答欄が複数あるので注意すること。

(2) 黒板に最初に書かれた数が1で，カードを2枚取り出して並べたら，作業後に黒板に書かれた数が0となった。このような2枚のカードの並べ方は [33] 通りある。

(3) 黒板に最初に書かれた数が1であり，カードを3枚取り出して並べる。

作業後に黒板に書かれた数が1となるような3枚のカードの並べ方は [34][35] 通りある。また，作業後に黒板に書かれた数が2となるような3枚のカードの並べ方は [36][37] 通りある。ただし，5枚のカードの中から3枚を取り出して並べる方法は $5\times4\times3=60$ 通りあることを用いても構わない。

(4) 黒板に最初に書かれた数が2で，カードを3枚取り出して並べたら，作業後に黒板に書かれた数が1となった。このような3枚のカードの並べ方は [38][39] 通りある。

4 右図のように，中心が原点で半径が1の半円を，折り曲げた円周が x 軸に接するように線分 AB で折り曲げる。その接点をCとする。2点AとBは元の半円の周上の点である。次の $\boxed{40}$～$\boxed{52}$ にあてはまる数をマークしなさい。

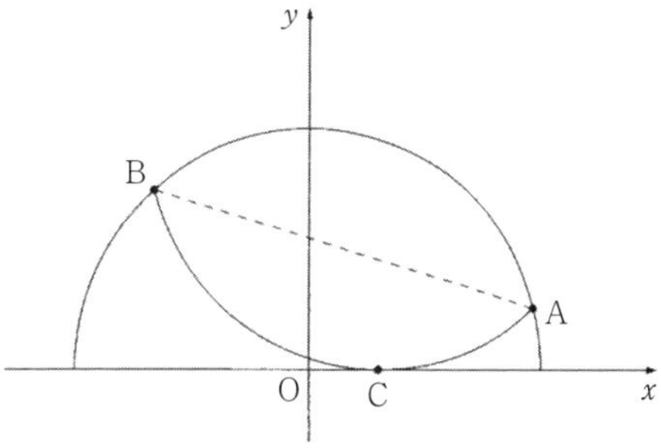

(1) 線分 AB が x 軸に平行であるとき，線分 AB と y 軸との交点の座標は $\left(0,\ \dfrac{\boxed{40}}{\boxed{41}}\right)$ である。

(2) 点Cの座標が $\left(\dfrac{1}{3},\ 0\right)$ であるとき，線分 AB の中点の座標は $\left(\dfrac{\boxed{42}}{\boxed{43}},\ \dfrac{\boxed{44}}{\boxed{45}}\right)$ である。

(3) 点Aの y 座標が $\dfrac{1}{3}$ であるとき，点Aの x 座標は $\dfrac{\boxed{46}\sqrt{\boxed{47}}}{\boxed{48}}$ であり，線分 AB の中点の x 座標は $\dfrac{\boxed{49}\sqrt{\boxed{50}}-\sqrt{\boxed{51}}}{\boxed{52}}$ である。

5 右図の長方形 ABCD と EFGH は合同であり，BC 上の CP＝1cm となる点Pを辺 FG が通り，また辺 GH が点Cを通るように，長方形 ABCD を固定した状態で長方形 EFGH を動かす。辺 CD の長さは2cm で，辺 BC は1cm よりも長い。また，辺 EH は辺 CD と交わるとき，その交点をＩとし，辺 AD と辺 EF の交点をＪ，辺 AD と辺 EH が交わるとき，その交点をKとする。次の $\boxed{53}$～$\boxed{67}$ にあてはまる数をマークしなさい。

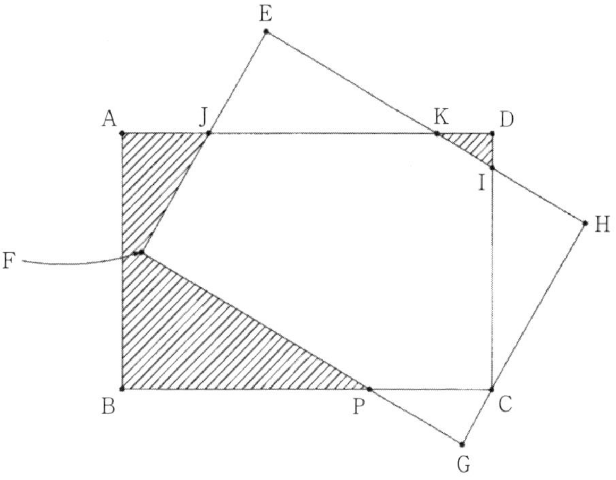

(1) $\angle\text{CPG}=45^\circ$ である場合，$\text{PG}=\dfrac{\sqrt{\boxed{53}}}{\boxed{54}}$ cm,
DI＝$(\boxed{55}-\boxed{56}\sqrt{\boxed{57}})$ cm である。

(2) $\angle\text{CPG}=30^\circ$ である状態から，$\angle\text{CPG}=45^\circ$ である状態まで，長方形 EFGH を動かしたとき，点Gが通った図形の長さは $\dfrac{\boxed{58}}{\boxed{59}\boxed{60}}\pi$ cm である。

(3) 辺 EH が辺 CD，AD と交わり，△PCG の面積が△IHC の面積の $\dfrac{1}{3}$ 倍である場合，DI＝$(\boxed{61}-\sqrt{\boxed{62}})$ cm，$\text{CG}=\dfrac{\boxed{63}}{\boxed{64}}$ cm であり，さらに，斜線部の面積が $\dfrac{25\sqrt{3}}{32}$ cm^2 ならば，長方形の横の長さは $\left(\boxed{65}-\dfrac{\boxed{66}\sqrt{3}}{\boxed{67}}\right)$ cm である。

⑤ 今回新たに発見された藤原経房の遺書の出現により平家の呪いが人々の間で再び信じられるようになったこと。

問6 空欄 X に入る語句として最も適当なものを次の①～⑤のうちから一つ選び、番号で答えなさい。解答番号は 37 。

① ぞ　② なむ　③ や
④ か　⑤ こそ

問7 傍線部E「会稽の恥」とあるが、これと類義の四字熟語として最も適当なものを次の①～⑤のうちから一つ選び、番号で答えなさい。解答番号は 38 。

① 四面楚歌　② 朝三暮四　③ 臥薪嘗胆
④ 傍若無人　⑤ 切磋琢磨

問8 傍線部F「さる心構へ」とあるが、これが指しているものとして最も適当なものを次の①～⑤のうちから一つ選び、番号で答えなさい。解答番号は 39 。

① 生き延びた安徳天皇を主君として平家の残党を呼び集めて源氏に対して復讐を企てるように相談すること。
② 壇ノ浦で入水した安徳天皇の怨念を晴らすべく源氏を朝敵として頼朝打倒の旗頭にすること。
③ 藤原経房が雨露をしのがせてその身に代えて安徳天皇を生涯かくまい続けようとしたこと。
④ 平氏が復権を果たした後には清盛以前のように貴族を中心とした華やかな時代に戻す計画を立てること。
⑤ 『吾妻鏡』や『保暦間記』に記載されたように二位の尼の代わりに按察局が入水した噂を周囲に触れ回ること。

問9 本文に合致するものとして最も適当なものを次の①～⑤のうちから一つ選び、番号で答えなさい。解答番号は 40 。

① 出野村の農家勘兵衛は藤原経房の遺書が発見されたとき、すぐに貴重な品だと気づき、国守に報告せずにこっそりと独り占めにしようとした。
② 作者は新たに発見された藤原経房の遺書の存在を噂には聞いていたものの、実際に見ることができず、周囲の人間からわずかに聞いた書誌情報をもとに分析を試みた。
③ 壇ノ浦で窮地に陥った安徳天皇は三種の神器のうち宝剣を抱いたまま入水してしまったため、宝剣は依然として行方不明になったままである。
④ 作者は藤原経房の遺書について明の史彬の『致身録』とは体裁は似ていても内容は異なっており、「実録」とは呼ばれるものの真偽は疑わしいものであると感じている。
⑤ 藤原経房が落人のような身の上になってしまった事実に対して作者は立腹し、忠臣として平家の隆盛をはからなかったことを嘆いている。

問10 本文の作者滝沢馬琴の作品として最も適当なものを次の①～⑤のうちから一つ選び、番号で答えなさい。解答番号は 41 。

① 『南総里見八犬伝』　② 『雨月物語』
③ 『曽根崎心中』　④ 『世間胸算用』
⑤ 『奥の細道』

※6　『保暦間記』…南北朝時代成立の歴史書。鎌倉時代後半から南北朝時代前期を取り扱ったもの。
※7　按察局…建礼門院に付き従っているが、壇ノ浦の戦いでは安徳天皇を抱いて入水したと伝わっている。
※8　蝌蚪…おたまじゃくしのこと。
※9　碔砆…宝玉によく似た石のこと。
※10　靖難…靖難の役のこと。明の第二代皇帝建文帝とその叔父燕王朱棣《しゅてい》の帝位をめぐる争い。その結果、燕王が勝利して永楽帝となった。
※11　共主…中心として崇められる君主。
※12　『致身録』…明代の史彬による随筆。
※13　孟氏は万章に…『孟子』万章編の一節。

問1　波線部(ア)〜(ウ)の語句の意味として最も適当なものを後の各語群①〜⑤のうちからそれぞれ一つずつ選び、番号で答えなさい。解答番号は30〜32。

(ア)　いぬる　30
①　過ぎ去った　②　留守にしていた
③　肌寒かった　④　残暑厳しい
⑤　寝過ごした

(イ)　恙なく　31
①　不意に　②　軽率に　③　孤独に
④　冷静に　⑤　無事に

(ウ)　つやつや　32
①　ぼんやりと　②　ほとんど　③　少しも
④　不思議に　⑤　詳細には

問2　傍線部A「摂津国」の現在の都道府県として最も適当なものを次の①〜⑤のうちから一つ選び、番号で答えなさい。解答番号は33。
①　千葉県　②　岡山県　③　福島県
④　滋賀県　⑤　大阪府

問3　傍線部B「そのよし」の指すものとして最も適当なものを次の①〜⑤のうちから一つ選び、番号で答えなさい。解答番号は34。
①　安徳天皇の忠臣に藤原経房という武勇兼備の忠臣が存在していたこと。
②　安徳天皇の子孫は代々出野村の農家勘兵衛の先祖の家にひっそりと隠れ住んでいたこと。
③　安徳天皇は実のところ兵士にかくまわれており壇ノ浦の戦いには参戦していなかったこと。
④　安徳天皇の忠臣藤原経房の遺書が農家勘兵衛のところから発見されたこと。
⑤　安徳天皇の忠臣藤原経房の遺書を農家勘兵衛のもとに返却するべきこと。

問4　傍線部C「いかでその書の見まほしさに」の解釈として最も適当なものを次の①〜⑤のうちから一つ選び、番号で答えなさい。解答番号は35。
①　どうしてその遺書を見ることになったのだろうか、
②　どうしてもその遺書を見たいと思っていたので、
③　絶対にその遺書を見ることができないところがあって、
④　自ら進んでその遺書を見たいとは思わなかったが、
⑤　どうしてもその遺書に見づらいところがあったので、

問5　傍線部D「嗚呼恐るべきかな」とあるが、これは何に対して述べられたことか。最も適当なものを次の①〜⑤のうちから一つ選び、番号で答えなさい。解答番号は36。
①　壇ノ浦で入水した安徳天皇がひっそりと生き延びており、源氏に対して綿密な復讐計画をしていたこと。
②　安徳天皇を見殺しにしてしまった藤原経房の恨みがいまだにこの山村に霊魂として現れ、人々を呪い続けていたこと。
③　今回新たに発見された藤原経房の遺書の出現によって歴史的事実を人々に読み誤らせてしまう結果になったこと。
④　二位の尼が安徳天皇を抱いて入水したという伝説は史実ではなく、按察局が恨みを残して犠牲になった背景があったこと。

しころ、Cいかでその書の見まほしさに、更に彼の人を労煩《ろうはん》することと二年《ふたとせ》に及びつ。守近からくして、ある人に就《つ》きて、摂津の人某氏《それうぢ》の写本を借抄《しゃくせう》し、遂《つひ》に郵附《いうふ》して見せらる。余これを獲《え》て、灯下《とうか》に閲《けみ》せしに、(ウ)つやつや信《うけ》がたきものなり。(中略)※3この日は白《はく》昼《ちう》の合戦にして、しかも海上の事なり。経房等《ら》翅《つばさ》ありとも、先帝に供奉《ぐぶ》して、虎口《ここう》を脱《まぬか》るる事は、有りがたき勢ひなるをや。※4『東海談』下編に、この段を論じていふ、「諸源の諸平を滅ぼしたるとき、二位尼、天皇を抱《いだ》き、伝国の璽《じ》を帯びて入水せしは、女心と謂《い》ひつべし。いかに女なればとて、最も拙《つたな》き心なり、今の女は、却りてかかる事はえすまじ、天皇と申し奉る、至極のいはれを知ればなり」といへり。※5『吾妻鑑』及び※6『保暦間記』に「※7按察《あぜち》局、先帝を抱き奉りて、入水せし」といへるにより、按察局は存命《ながらへ》たるに、先帝の尊骸の、浮《う》かせ給はぬを疑《うたが》ふ者あり。これらの人彼の経房の書を信《うけ》て、「二位尼の冤《ゑん》をも雪《きよ》むべく、数百年来の疑ひを解かんものは、ただこの書にこそ」とて、売弄《もてはやす》もあらん歟《か》。小説伝奇《でんき》は、はじめより、誰も作り設けたる偽《いつはり》を知るものなれば、誣《しひ》るといふとも猶ほ浅かり、古書を偽作せしものは、窃《ひそか》に縁《よ》る所あれば、識者も不図《ふと》欺かるることあり。ここをもてその害深し。※8蝌蚪《くわと》の魚子《うをのこ》に似たるは、何ぞ久しからん。※9碔砆《ぶふ》の玉に混ずる、D嗚呼《ああ》恐るべきかな。惑者《まよふもの》のいふ、「然《しか》りといへども、和漢今昔《こんじゃく》、同名の人、時を同じうする事多かるにあらずや」。余がいふ、「然《さ》なり。左大弁藤原経房と、左少弁藤原経房を別人にして、その事ありとせんにも、猶ほ理義に称《かな》はざるを知らずや。二位尼、窃《ひそか》に経房等の両臣一婦人を、先帝に傅《つけ》まゐらせて、潜幸《せんかう》なし奉らんに、などて三種の神器を、玉体にそへ奉らざりし。彼の書にいふ如く、宝剣は、須磨にて失せたりとも、なほ神璽《しんじ》内侍所《ないしどころ》あり。そは別船《ことふね》に在《をはしま》して、早《とみ》に取りまゐらするに、便《びん》なかりしともいふべし。しからば二位尼の、先帝を潜幸《せんかう》なし奉りしは、源氏にとらし奉らじ、と思ひしのみにて、旧都に還幸《くわんかう》の議に及ばずとも、先帝は、上皇のおん為にも、おん孫ならずや。復位《ふくゐ》はかなはせ給はずとも、いかでか強顔《つれなく》あたらせ給ふべき。又鎌倉幕府も然なり、平家は朝敵なり。且つ父の讐《あだ》なれば X 、討ち滅ぼしもしたれ。よしや自家を営《いとな》むの奸《かん》ありといふとも、後世、明《みん》の燕王が、※10靖難《せいなん》を唱へて、都城を陥《おとしい》れ、建文帝を失はんと謀《はか》りし類《たぐひ》にはあらず。これ亦先帝恙なくおはしませしと聞かば、必ずその御座《みくら》を儲けて、迎へとり奉るべきに、彼の三臣は、次の年の夏までも、竟《つひ》に還幸の議なかりしはいかにぞや。そも平維章《これあきら》が、二位尼を論《あげつら》ひしごとく、天下《あめのした》の※11共主《きょうしゅ》と申すことを、忘《わす》れたるにやあらむ。又その志操《こころざし》、上皇さへにねたく思ひ奉りて、E会稽《くわいけい》の恥《はぢ》を雪《きよ》めまゐらせん為に、深く潜《しの》ばせ奉らば、密々《しのびしのび》に、平家の残党を招き集めんとこそ、相謀《はからふ》べき事なるに、Fさる心構へもなく、朝敵たる、平家の落人《おちうど》に等《ひと》しく、露命を繋《つなが》し奉るを、おのおのその身の務《つと》めにせしはいかにぞや。こは後生《こうせい》机上《きじょう》の論にして、当時の勢ひ、なほ還《かへ》し奉りがたき筋ありけん」と、助けいふとも、さては智勇の足らざるのみならで、忠もなく義もなきに似たり。かかれば彼の経房の遺書をもて、明《みん》の史彬《しひん》が、※12『致身録《ちしんろく》』に擬《ぎ》するとも、その趣きは似て、その事は非なり。『致身録』すら、彼《かしこ》にも信《うく》るものあり、偽《いつはり》とするものあり、伝写《でんしゃ》の異聞《いもん》、故《もと》より定説なし。むかし※13孟氏は万章に答ふること再三、好事者《カウズノモノ》為《スル》レ之《ヲ》也といふをもてせり。好事のもののしたらんには、その実《じつ》なき事知るべきのみ、顧《おも》ふに経房の書も、一巻《ひとまき》の小説なり。それを実録としもいふは、好事の手より出づればなるべし。

（滝沢馬琴『玄同放言』による）

※1　丁丑…ここでは文化十四年（一八一七）のこと。

※2　寿永の闘戦…寿永は平安時代末期の年号。一一八二～一一八四。ここでは源平合戦を指す。「先帝」とは安徳天皇のこと。

※3　この日…元暦二年（一一八五）三月二十四日、壇ノ浦の戦いを指す。

※4　『東海談』…江戸時代の随筆。篠崎東海（平維章）のこと。後出の「平維章」も同じ。

※5　『吾妻鑑』…鎌倉時代成立の歴史書。初代将軍源頼朝から第六代将軍宗尊親王までの構成で、幕府の事績を編年体で記す。

一つ選び、番号で答えなさい。解答番号は26。

① 恵印のつまらない虚勢によって多くの人々が巻き込まれてしまった点。

② 恵印のついた嘘が現実のものになることなどあり得ないと確信している点。

③ 多くの人々を集めることになってしまったのに、ただの嘘であるという滑稽な点。

④ 偽りの建札を自分で打ったにもかかわらず、本当に昇天するかもしれない気がしている点。

⑤ 見知らぬ他人だけでなく、知り合いの僧や親類までだました点。

問8 空欄 Y には次の(ア)〜(オ)を並べ替えたものが入る。その順序として最も適当なものを後の①〜⑤のうちから一つ選び、番号で答えなさい。なお(オ)の「梭《おさ》」とは機織りの付属具のことで、速い往復運動により、たて糸によこ糸を織り込む働きをするもののことである。解答番号は27。

(ア) が、それは瞬く暇で、後はただ風雨の中に、池をめぐった桜の花がまっ暗な空へ飛ぶのばかり見えたと申す事でございます。

(イ) それが一度鍵の手に群る雲を引っ裂いて、余る勢いに池の水を柱のごとく捲き起したのでございましたが、恵印の眼にはその刹那、その水煙と雲との間に、金色の爪を閃《ひらめ》かせて一文字に空へ昇って行く十丈あまりの黒竜が、朦朧として映りました。

(ウ) その途端に一陣の風がさっと、猿沢の池に落ちて、鏡のように見えた水の面に無数の波を描きましたが、さすがに覚悟はしていながら慌てまどった見物が、あれよあれよと申す間もなく、天を傾けてまっ白にどっと雨が降り出したのではございませんか。

(エ) すると、恵印がそこへ来てから、やがて半日もすぎた時分、まるで線香の煙のような一すじの雲が中空にたなびいたと思いますと、見る間にそれが大きくなって、今までのどかに晴れていた空が、俄にうす暗く変りました。

(オ) のみならず神鳴も急に凄まじく鳴りはためいて、絶えず稲妻が梭《おさ》のように飛びちがうのでございます。

① (ア)→(イ)→(オ)→(エ)→(ウ)　② (ア)→(イ)→(エ)→(オ)→(ウ)

③ (ア)→(オ)→(ウ)→(イ)→(エ)　④ (エ)→(ウ)→(オ)→(イ)→(ア)

⑤ (エ)→(ウ)→(イ)→(ア)→(オ)

問9 傍線部F「眼のせい」とはどういうことか。その説明として最も適当なものを次の①〜⑤のうちから一つ選び、番号で答えなさい。解答番号は28。

① 本物の竜が降臨したということ。

② 今回の現象は恵印だけが体験したということ。

③ 雲や稲妻が本物の竜に化けたということ。

④ 竜は恵印の目の錯覚だということ。

⑤ 恵印が竜であったということ。

問10 本文の作者、芥川龍之介の作品として最も適当なものを次の①〜⑤のうちから一つ選び、番号で答えなさい。解答番号は29。

① 「他人の足」　② 「頭ならびに腹」

③ 「鼻」　④ 「耳なし芳一」

⑤ 「蹴りたい背中」

三

次の文章を読んで、以下の問い（問1〜10）に答えなさい。

(ア)いぬる※1丁丑の秋、A摂津国能勢《のせ》郡、出野《しゆつの》村なる勘兵衛てふ農家の天井より、奇書一通現れにき。その書は竹筩《たけのつつ》に籠《こ》めて、水銀をもて充塞《みてふさぎ》たり。うち披《ひら》きて見るに、※2寿永の闘戦《たたかひ》に、安徳天皇従亡《じゆうばう》の忠臣、左少弁藤原朝臣経房《つねふさ》の遺書《ゐしよ》なりけり。私にすべきにあらずとて、やがてBそのよしを申ししかば、守云云《かみしかじか》の後、その主に返し給ひしとぞいふなる。実説《まこと》なり耶《や》知らず。その書に由《よ》れば、旧録軍記に伝ふる如くにはあらで、当時先帝は(イ)恙《つつが》なく、戦《せん》場《ぢやう》を出でさせ給ひて、このわたりに、潜《しの》びておはしませしなりといふ。京の人森島守近《もりちか》、早くこの事を伝へ聞きて、余に云云《しかじか》と告げ

(ア) かつごう 18

① 背負おう　② だまそう
③ 泳がせよう　④ 急がせよう
⑤ 喜ばせよう

(イ) 仰々しく 19

① 綿密に　② 大雑把に　③ 大げさに
④ 詳細に　⑤ 質素に

(ウ) 薬が利きすぎた 20

① 忠告の効果が表れすぎた
② 制裁の意味がなさすぎた
③ 皮肉の意図が十分に伝わりすぎた
④ 計算の間違いが大きすぎた
⑤ 価値が大きく下がりすぎた

問2 傍線部A「一かど大手柄でも建てたような嬉しい気が致すのでございます」とあるが、そのような気になる理由として最も適当なものを次の①～⑤のうちから一つ選び、番号で答えなさい。解答番号は21。

① 検非違使の眼を盗むことが背徳心をくすぐったから。
② 自分の行為が結果的に多くの人々を動かすことになったから。
③ 信心深い恵印の日々の信仰の篤さが報われたから。
④ 竜を見るという念願が叶うことがわかったから。
⑤ 建札を立てるという業務を見事にこなすことができたから。

問3 傍線部B「それ」の品詞として最も適当なものを次の①～⑤のうちから一つ選び、番号で答えなさい。解答番号は22。

① 接続詞　② 動詞　③ 副詞
④ 名詞　⑤ 助詞

問4 空欄 X に語句を入れ、「風流な工夫をする」という意味になるように次の①～⑤のうちから一つ選び、番号で答えなさい。解答番号は23。

① 義理　② 興味　③ 数寄
④ 荘厳　⑤ 郷愁

問5 傍線部C「元より叔母の尼には、恵印のそんな腹の底が呑みこめる訳もございません」とあるが、どういうことか。その説明として最も適当なものを次の①～⑤のうちから一つ選び、番号で答えなさい。解答番号は24。

① 竜が昇るという嘘を恵印が流した真意は親類にしか理解ができないということ。
② 叔母は信心深い尼であるため、竜が昇るということを信じずにはいられないということ。
③ 恵印が嘘の高札を揚げてしまったことに後悔していると叔母が推察しているということ。
④ 叔母の本当の気持ちは恵印には理解することができないということ。
⑤ 本当の事情を知らない叔母には恵印の心情は想像できないということ。

問6 傍線部D「そもそも途方もない嘘」とはどういうことか。最も適当なものを次の①～⑤のうちから一つ選び、番号で答えなさい。解答番号は25。

① ただでさえ狭い池であるのに、竜が現れるなんて起こり得ないということ。
② ただでさえ広い敷地であるのに、誰も来ずに閑散としているということ。
③ ただでさえ立派な池であるのに、公家なども大勢集まっており現実味がないということ。
④ ただでさえ貴族が来てしまっているのに、一般市民まで巻き込んでしまったということ。
⑤ ただでさえ竜が出てきそうにない池なのに、貴族や役人まで招待したということ。

問7 傍線部E「莫迦げた気」とあるが、どこが「莫迦げ」ているのか。その説明として最も適当なものを次の①～⑤のうちから次第次第に情けない気もちが薄くなって、自分も叔母の尼と同じように飽かず池の面《おもて》を眺め始めました。また成程《なるほど》そう云う気が起りでも致しませんでしたら、昇る気づかいのない竜を待って、いかに不《ふ》承不承《しょうぶしょう》とは申すものの、南大門《なんだいもん》の下に小一日《こいちにち》も立って居る訳には参りますまい。

「けれども猿沢の池は前の通り、漣《さざなみ》も立てずに春の日ざしを照り返して居るばかりでございます。空もやはりほがらかに晴れ渡って、拳《こぶし》ほどの雲の影さえ漂って居る容子《ようす》はございません。が、見物は相不変《あいかわらず》、日傘の陰にも、平張《ひらばり》の下にも、あるいはまた桟敷《さじき》の※9欄干の後《うしろ》にも、簇々《ぞくぞく》と重なり重なって、朝から午《ひる》へ、午から夕《ゆうべ》へ日影が移るのも忘れたように、竜王が姿を現すのを今か今かと待って居りました。

Y

――度を失った見物が右往左往に逃げ惑って、池にも劣らない人波を稲妻の下で打たせた事は、今更別にくだくだしく申し上げるまでもございますまい。

「さてその内に豪雨《ごうう》もやんで、青空が雲間《くもま》に見え出しますと、恵印は鼻の大きいのも忘れたような顔色で、きょろきょろあたりを見廻しました。一体今見た竜の姿はF眼のせいではなかったろうか――そう思うと、自分が高札を打った当人だけに、どうも竜の天上するなどと申す事は、なさそうな気も致して参ります。と申して、見た事は確かに見たのでございますから、考えれば考えるほど益《ますます》不審《ふしん》でたまりません。そこで側《かたわら》の柱の下に死んだようになって坐っていた叔母の尼を抱《だ》き起しますと、妙にてれた容子《ようす》も隠しきれないで、『竜を御覧《ごろう》じられたかな。』と臆病らしく尋ねました。すると叔母は大息をついて、しばらくは口もきけないのか、ただ何度となく恐しそうに頷《うなず》くばかりでございましたが、やがてまた震え声で、『見たともの、見たともの、金色《こんじき》の爪ばかり※10閃かいた、一面にまっ黒な竜神《りゅうじん》じゃろうが。』と答えるのでございます。して見ますと竜を見たのは、何も鼻蔵人《はなくろうど》の※11得業恵印《とくごうえいん》の眼のせいばかりではなかったのでございましょう。いや、後で世間の評判を聞きますと、その日そこに居合せた老若男女《ろうにゃくなんにょ》は、大抵皆雲の中に黒竜の天へ昇る姿を見たと申す事でございました。

「その後恵印は何かの拍子《ひょうし》に、実はあの建札は自分の悪戯《いたずら》だったと申す事を白状してしまいましたが、恵門を始め仲間の法師は一人もその白状をほんとうとは思わなかったそうでございます。これで一体あの建札の悪戯は図星《ずぼし》に中《あた》ったのでございましょうか。それとも的《まと》を外れたのでございましょうか。鼻蔵《はなくら》の、鼻蔵人《はなくろうど》の、大鼻の蔵人《くろうど》得業《とくごう》の恵印法師に尋ねましても、恐らくこの返答ばかりは致し兼ねるのに相違ございますまい。……」

（芥川龍之介「竜」による）

※1　検非違使…犯罪人を検察裁判する役人のこと。
※2　香花…仏前に供える花と香のこと。
※3　風鐸…風鈴に同じ。
※4　青糸毛…びろうの葉を細かく裂いて白くさらし、青く染めたもので箱を作った牛車。皇后・中宮・東宮・准后・親王・摂関のみ乗用の牛車。
※5　赤糸毛…加茂の祭りの女使だけの乗用の牛車。
※6　梅檀庇…せんだんの板で作った牛車の庇《ひさし》。
※7　平張…布で作った仮小屋。
※8　桟敷…仮設の見物席のこと。
※9　欄干…人の転落を防ぐ柵のこと。
※10　閃かいた…原文のままの表記。
※11　得業…仏道修行をおさめ終えた人のこと。

問1　波線部(ア)〜(ウ)の語句の本文中での意味として最も適当なものを後の各語群①〜⑤のうちからそれぞれ一つずつ選び、番号で答えなさい。解答番号は18〜20。

播磨、山城、近江、丹波の国々からも押し寄せて参ったのでございましょう。石段の上に立って眺めますと、見渡す限り西も東も一面の人の海で、Bそれがまた末はほのぼのと霞をかけた二条の大路《おおじ》のはてのはてまで、ありとあらゆる烏帽子《えぼし》の波をざわめかせて居るのでございます。と思うとそのところどころには、※4青糸毛《あおいとげ》だの、※5赤糸毛《あかいとげ》だの、あるいはまた※6栴檀庇《せんだんびさし》だののXを凝らした牛車《ぎっしゃ》が、のっしりとあたりの人波を抑えて、屋形《やかた》に打った金銀の金具《かなぐ》を折からうららかな春の日ざしに、眩《まば》ゆくきらめかせて居りました。そのほか、日傘《ひがさ》をかざすもの、※7平張《ひらばり》を空に張り渡すもの、あるいはまた(イ)仰々《ぎょうぎょう》しく※8桟敷《さじき》を路に連ねるもの――まるで目の下の池のまわりは時ならない加茂《かも》の祭でも渡りそうな景色でございます。これを見た恵印法師はまさかあの建札を立てたばかりで、これほどの大騒ぎが始まろうとは夢にも思わずに居りましたから、さも呆れ返ったように叔母の尼の方をふり向きますと、『いやはや、飛んでもない人出でござるな。』と情けない声で申したきり、さすがに今日は大鼻を鳴らすだけの元気も出ないと見えて、そのまま南大門《なんだいもん》の柱の根がたへ意気地《いくじ》なく蹲《うずくま》ってしまいました。

「けれどもC元より叔母の尼には、恵印のそんな腹の底が呑《の》みこめる訳もございませんから、こちらは頭巾《ずきん》もずり落ちるほど一生懸命首を延ばして、あちらこちらを見渡しながら、成程竜神の御棲《おす》まいになる池の景色は格別だの、これほどの人出がした上からは、きっと竜神も御姿を御現わしなさるだろうのと、何かと恵印をつかまえては話しかけるのでございます。そこでこちらも柱の根がたに坐《すわ》ってばかりは居られませんので、嫌々腰を擡《もた》げて見ますと、ここにも揉烏帽子《もみえぼし》や侍烏帽子《さむらいえぼし》が人山《ひとやま》を築いて居りましたが、その中に交ってあの恵門法師《えもんほうし》も、相不変《あいかわらず》鉢の開いた頭を一きわ高く聳《そび》やかせながら、鵜《う》の目もふらず池の方を眺めて居るではございませんか。恵印は急に今までの情けない気もちも忘れてしまって、ただこの男さえかついでやったと云う可笑《おか》しさに独り擽《くすぐ》られながら、『御坊《ごぼう》』と一つ声をかけて、それから『御坊も竜の天上を御覧かな。』とからかうように申しましたが、恵門は横柄《おうへい》にふりかえると、思いのほか真面目な顔で、『さようでござる。御同様大分《だいぶ》待ち遠い思いをしますな。』と、例のげじげじ眉も動かさずに答えるのでございます。これはちと(ウ)薬が利きすぎた――と思うと、浮いた声も自然に出なくなってしまいましたから、恵印はまた元の通り世にも心細そうな顔をして、ぼんやり人の海の向うにある猿沢の池を見下しました。が、池は、もう温《ぬる》んだらしい底光りのする水の面《おもて》に、堤をめぐった桜や柳を鮮にじっと映したまま、いつになっても竜などを天上させる気色《けしき》もございません。殊にそのまわりの何里四方が、隙き間もなく見物の人数《にんず》で埋《うず》まってでもいるせいか、今日は池の広さが日頃より一層狭く見えるようで、第一ここに竜が居ると云うそれがDそもそも途方《とほう》もない嘘のような気が致すのでございます。

「が、一時一時《いっときいっとき》と時の移って行くのも知らないように、見物は皆片唾《かたず》を飲んで、気長に竜の天上を待ちかまえて居るのでございましょう。門の下の人の海は益《ますます》広がって行くばかりで、しばらくする内には牛車《ぎっしゃ》の数《かず》も、所によっては車の軸が互に押し合いへし合うほど、多くなって参りました。それを見た恵印の情けなさは、大概前からの行きがかりでも、御推察が参るでございましょう。が、ここに妙な事が起ったと申しますのは、どう云うものか、恵印の心にもほんとうに竜が昇りそうな――それも始はどちらかと申すと、昇らない事もなさそうな気がし出した事でございます。恵印は元よりあの高札《こうさつ》を打った当人でございますから、そんなE莫迦《ばか》げた気のすることはありそうもないものでございますが、目の下で寄せつ返しつしている烏帽子《えぼし》の波を見て居りますと、どうもそんな大変が起りそうな気が致してなりません。これは見物の人数の心もちがいつとなく鼻蔵《はなくら》にも乗り移ったのでございましょうか。それともあの建札を建てたばかりに、こんな騒ぎが始まったと思うと、何となく気が咎《とが》めるので、知らず知らずほんとうに竜が昇ってくれれば好《い》いと念じ出したのでございましょうか。その辺の事情はともかくも、あの高札の文句を書いたものは自分だと重々《じゅうじゅう》承知しながら、それでも恵印はなものを次の①～⑤のうちから一つ選び、番号で答えなさい。解答番号は[14]。

① ルーティンワークならば、過酷な競争社会を生き抜く努力が不要だから。

② ルーティンワークならば、複数人での業務による連携意識を持てるから。

③ ルーティンワークならば、やり遂げた後に自己の成長を実感できるから。

④ ルーティンワークならば、理想の働き方を追求する余裕が生まれるから。

⑤ ルーティンワークならば、自分が習得してきた能力を活かしやすいから。

問8 傍線部F「『主人公』は人間ではなくテクノロジーの側となるだろう」とあるが、「『主人公』」が「テクノロジーの側」となった具体例として最も適当なものを次の①～⑤のうちから一つ選び、番号で答えなさい。解答番号は[15]。

① ネットゲームに熱中した結果、現実よりもネットゲームの世界を楽しいと考えるようになる。

② ＡＩを搭載したカーナビゲーションシステムを使って道のりを確認しながら車を運転する。

③ 解析された行動履歴によって目的地が自動設定され、乗車するだけで自動操縦が始まる。

④ 玄関の呼び出しボタンが押されるとスマートフォンに通知が届き、それを経由して対話できる。

⑤ 新しく発明された空を走る自転車ではペダルを漕ぐだけで高所へも移動できる。

問9 空欄[Ⅰ](二ヶ所ある)、[Ⅱ]に入る語として最も適当なものを次の①～⑥のうちからそれぞれ一つずつ選び、番号で答えなさい。ただし、同じ番号を二度用いてはならない。解答番号は[Ⅰ]が[16]、[Ⅱ]が[17]。

① 具体　② 客体　③ 抽象

④ 特殊　⑤ 主体　⑥ 一般

二 次の文章は芥川龍之介「竜」の一節である。鼻が大きいことで周囲から「鼻蔵人」とあだ名を付けられている法師の恵印はある日、「三月三日この池より竜昇らんずるなり」という建札を猿沢池のほとりに立てる。文章を読んで以下の問い(**問1～10**)に答えなさい。

さてこうなって考えますと、叔母の尼さえ竜の事を聞き伝えたのでございますから、大和《やまと》の国内は申すまでもなく、摂津の国、和泉《いずみ》の国、河内《かわち》の国を始めとして、事によると播磨《はりま》の国、山城《やましろ》の国、近江《おうみ》の国、丹波《たんば》の国のあたりまでも、もうこの噂が一円《いちえん》にひろまっているのでございましょう。つまり奈良の老若《ろうにゃく》を(ア)かつごうと思ってした悪戯が、思いもよらず四方《よも》の国々で何万人とも知れない人間を瞞《だま》す事になってしまったのでございます。恵印はそう思いますと、可笑《おか》しいよりは何となく空恐ろしい気が先に立って、朝夕《あさゆう》叔母の尼の案内がてら、つれ立って奈良の寺々を見物して歩いて居ります間も、とんと※1検非違使《けびいし》の眼を偸《ぬす》んで、身を隠している罪人のような後《うしろ》めたい思いがして居りました。が、時々往来のものの話などで、あの建札へこの頃は※2香花《こうげ》が手向《たむ》けてあると云う噂を聞く事でもございますと、やはり気味の悪い一方では、A 一《ひと》かど大手柄でも建てたような嬉しい気が致すのでございます。

「その内に追い追い日数《ひかず》が経って、とうとう竜の天上する三月三日になってしまいました。恵印は約束の手前、今更ほかに致し方もございませんから、渋々叔母の尼の伴《とも》をして、猿沢《さるさわ》の池が一目に見えるあの興福寺《こうふくじ》の南大門《なんだいもん》の石段の上へ参りました。丁度その日は空もほがらかに晴れ渡って、門の※3風鐸《ふうたく》を鳴らすほどの風さえ吹く気色《けしき》はございませんでしたが、それでも今日と云う今日を待ち兼ねていた見物は、奈良の町は申すに及ばず、河内、和泉、摂津、問1　傍線部(ア)〜(オ)のカタカナに当てはまる漢字として最も適当なものを後の各語群①〜⑤のうちからそれぞれ一つずつ選び、番号で答えなさい。解答番号は[1]〜[5]。

(ア)　カン境　[1]
①　寒　②　還　③　観　④　環　⑤　勧

(イ)　ケン索　[2]
①　験　②　剣　③　険　④　倹　⑤　検

(ウ)　恩ケイ　[3]
①　計　②　恵　③　景　④　形　⑤　係

(エ)　コウ撃　[4]
①　攻　②　功　③　項　④　巧　⑤　効

(オ)　ソナえ　[5]
①　設　②　供　③　調　④　備　⑤　整

問2　空欄[W]〜[Z]に入る語として最も適当なものを次の①〜⑥のうちからそれぞれ一つずつ選び、番号で答えなさい。ただし、同じ番号を二度用いてはならない。解答番号は[W]が[6]、[X]が[7]、[Y]が[8]、[Z]が[9]。

①　すなわち　②　あるいは　③　たとえば
④　ところで　⑤　しかし　⑥　そして

問3　傍線部A「技術がもたらす変化」とあるが、ここではどういうことか。その説明として**適当でないもの**を次の①〜⑤のうちから一つ選び、番号で答えなさい。解答番号は[10]。

①　以前と比べて便利になること。
②　以前と比べて忙しくなること。
③　以前と比べて疲弊しなくなること。
④　以前と比べてやることが増えること。
⑤　以前と比べて多くの情報に触れられること。

問4　傍線部B「『中毒』そのもの」とあるが、ここではどういうことか。その説明として最も適当なものを次の①〜⑤のうちから一つ選び、番号で答えなさい。解答番号は[11]。

①　技術の進歩を追求させられているということ。
②　少しずつ心身の健康が害されているということ。
③　暇をもてあますようになっているということ。
④　他者との交流が欠かせなくなっているということ。
⑤　やめたくともやめられなくなっているということ。

問5　傍線部C「その分の労力や時間を私たちは無為に費やすことができない」とあるが、これはなぜか。その理由として最も適当なものを次の①〜⑤のうちから一つ選び、番号で答えなさい。解答番号は[12]。

①　合理化を追求していった結果、余暇を楽しめるようになったから。
②　個人の価値を高めなければ、他の人への評価を付けられないから。
③　科学技術の発展が原因で、余暇を悪とする価値観が広まったから。
④　競争社会から脱落しないように、知識や技能を磨こうとするから。
⑤　テクノロジーが進化しても、それを経済成長に還元できないから。

問6　傍線部D「分業を通じて有機的に連帯する社会」とあるが、ここではどのような社会を指すか。その説明として最も適当なものを次の①〜⑤のうちから一つ選び、番号で答えなさい。解答番号は[13]。

①　多岐にわたるジャンルの仕事を一人でこなしていく社会。
②　個人の特性を活かしつつ他者と集団で協働していく社会。
③　仕事に楽しみを見出しながら人間性を失わずに働く社会。
④　AIと人間が共存しながらそれぞれの長所を活かす社会。
⑤　ハイパーマルチ人間が集団で仕事に取り組んでいく社会。

問7　傍線部E「ルーティンワークはむしろ個人を守ってくれるものと言える」とあるが、これはなぜか。その理由として最も適当に苦しくてもアップデートし続けるしかない、という雰囲気がつくられつつある。

　絶え間ないアップデートが目指すのは、「あれもこれもできる」という、一種のハイパーマルチ人間だ。進化するテクノロジーを活用しつつ、事務能力、営業力、クリエイティブな発想力、タスク管理能力など、すべてを(オ)ソナえ、多岐にわたるジャンルの仕事をひとりでこなしてパフォーマンスを上げる。本当にそんなことができる人間がどれだけいるかは分からないが、そうやって「人的資本」としての価値をどこまで高めていっても、それは競争社会の激しさを増すことにつながるばかりで、アップデートのストレスは強まりこそすれ、決して減ることはない。

　かつてフランスの社会学者エミール・デュルケムは、個々人が社会の重要なパーツとして存在し、D分業を通じて有機的に連帯する社会を論じたが、「人的資本」としての価値を高めることは［Y］、有機的な連帯には目もくれず、仕事を何もかもすべてひとりで背負うことを求めるようなものだ。デュルケムの目には、今の私たちは入れ替え可能な「歯車」となることで人間性が失われたのみならず、複雑かつ大量の仕事をこなすためにアップデートを繰り返さざるを得ないマシンと化しているように映ることだろう。

　近年、機械でもできる単純作業はＡＩに任せ、人間はクリエイティブな仕事に集中すればいい、という観点で職場へのＡＩ導入が語られている。［Z］、アメリカの社会学者リチャード・セネットが『それでも新資本主義についていくか――アメリカ型経営と個人の衝突』で論じるように、単純な事務作業などのEルーティンワークはむしろ個人を守ってくれるものと言える。「クリエイティブな仕事」と言うと聞こえはいいが、実際のところ、クリエイティブな作業には、どこまでやってもゴールに到達することはないというハードさがつきまとう。ルーティンワークに携わる方が明らかに負担は軽いし、誰もが「芸術家」として生きる厳しさに耐えられるわけでもない。

　それでも、もしかしたら「あたらしい技術」の進化によって、たとえば人間の能力そのものが飛躍的に高められ、皆が「人的資本」としての自らの価値を向上させて活躍できる時代が到来するかもしれない。だが、今の技術のあり方を見る限り、「あたらしい技術」を使いこなし、自分が「主人公」となって活躍しているという感覚は、単なる錯覚ということになりそうだ。このまま「あたらしい技術」が進化していくならば、F「主人公」は人間ではなくテクノロジーの側となるだろう。やがて私たちは「機械がまだ機械のたのしさを持っていた時代　科学が必ずしも人を不幸にすることは決まってないころ　そこはまだ世界の主人公は人間だった」という※4『天空の城ラピュタ』のキャッチコピーそのままの世界を目の当たりにするかもしれない。

「あたらしい技術」は、既に、私たちと融合を始めている。スマホでもネットでも、「あたらしい技術」は私たちが使う「道具」というより、今やその中にどっぷりと浸かる「第二の自然」だ。道具であれば、使うか否かを決める［Ⅰ］は私たちだが、そうした旧来のビジョンでは、既に「ここにあるもの」として、私たちと一体化しつつある「あたらしい技術」に対応できない。むしろ、道具だと思っていた「技術」が［Ⅰ］で、私たちが［Ⅱ］になるのが、「あたらしい技術」なのだ。

（堀内進之介『人工知能時代を〈善く生きる〉技術』による）

※1　VR…仮想現実。コンピューターによって創り出された仮想空間を現実のように擬似体験できる仕組みのこと。

※2　IoT…モノのインターネット。あらゆるモノをインターネットに接続する技術。

※3　SNS…ソーシャルネットワーキングサービスのこと。インターネット上でコミュニケーションを取るサービスの総称。

※4　『天空の城ラピュタ』…一九八六年に公開されたスタジオジブリのアニメ映画。空中の浮島ラピュタに秘められた謎の飛行石をめぐる冒険活劇。

二〇二四年度 狭山ヶ丘高等学校（推薦第一回・一般）

※推薦第一回の問題です。

【国　語】（五〇分）〈満点：一〇〇点〉

一 次の文章を読んで、以下の問い（問1～9）に答えなさい。

ＡＩ、ロボット、シンギュラリティ、ディープラーニング、ブロックチェーン、※1ＶＲ、※2ＩｏＴ、スマートスピーカー……数年前には想像もしなかった「あたらしい技術」が今、急速に広がっている。こうした「あたらしい技術」は、便利さや快適さをもたらす一方で、私たちの生活や社会をこれまでにないかたちに変えていくことになるだろう。

Ａ技術がもたらす変化は、いつもいいことばかりとは限らない。インターネットやスマートフォンがない時代を知っている世代は、以前と比べて、確かにいろいろなことが便利にはなったものの、何だかやけに忙しくなったと感じているはずだ。それは「こんなはずではなかった」という感覚に近いかもしれない。本当なら、技術の進化によって便利になったのだから、私たちにもっと余裕が生まれているはずである。それなのに、「あたらしい技術」が進化すればするほど疲弊させられていくのは、ひとつには「つながりっぱなし」、そしてもうひとつには「アップデート」という、ふたつの負荷が私たちにのしかかっているからだ。

「つながりっぱなし」の弊害については、多くの人が実感しているだろう。今はネットにつながる(ア)カン境さえあれば、たとえどんな僻地《へきち》にいても、昼夜かまわず仕事という日常が追いかけてくるようになったし、膨大な情報が溢れるネットを(イ)ケン索すれば、知らなくてもいいことまで、つい目に入ってきてしまう。写真や映像、音楽をアプリケーション（アプリ）のおかげで素人でもプロっぽく加工できるようになり、「インスタ映え」に代表されるような、いかにたくさんの「いいね！」をもらうかに、多くの人が熱中している。ちょっと手持ち無沙汰になれば、すぐさまスマホを取り出して、ゲームをしたり、ネットを見たり、※3ＳＮＳをチェックしたりせずにはいられない様子は、まさにＢ「中毒」そのものだ。

もうひとつの「アップデート」の負荷は、「自己責任」を基調とする現代社会の価値観と大きく関係している。

テクノロジーの恩(ウ)ケイで何かが便利になったとしても、Ｃその分の労力や時間を私たちは無為に費やすことができない。［　Ｗ　］自動運転の車に乗ることで、「運転」という行為をせずにすむようになったとしよう。しかし、そのことによって生まれた「余暇」は、窓に映る景色をしみじみ眺めたり、音楽を聴いたり、同乗者との会話を楽しんだりするのではなく、仕事や勉強といった「役に立つこと」に使われる。便利になり、合理化を追求することで、私たちは楽になるどころか、逆にやることがどんどん増えていくのが現実なのだ。

その背景にあるのは、無為に過ごすこと＝怠けることだと捉え、それでは「負け組」になってしまうという、一種の強迫観念だろう。『いかにして民主主義は失われていくのか――新自由主義の見えざる(エ)コウ撃』の著者でアメリカの政治学者ウェンディ・ブラウンが言うように、すべてを「自己責任」に帰結させる新自由主義において、個人は「人的資本」となり、私たちは自らの「人的資本」としての価値を高めようと、過酷な競争社会を勝ち抜くための知識や技能を身につけるべく躍起になる。もちろん、技術もそのための重要なツールだ。［　Ｘ　］進化する技術に乗り遅れることは個人の努力不足と見なされ、それは自己責任なのだから競争社会から脱落してもしかたがない、と片付けられてしまう。

しかし、驚異的とも言えるスピードで進化を続ける「あたらしい技術」を個人の努力だけでアップデートし続けることは、それこそ達成不可能なミッションだ。それでも、競争社会で生き残り、「人間の仕事」を奪おうとするＡＩと差別化していくためには、どんな

英語解答

1 A　No.１　3　No.２　1　No.３　2
　B　No.１　4　No.２　1　No.３　3
　C　No.１　4　No.２　2　No.３　1

2 問１　3　問２　1　問３　2
　問４　3　問５　4　問６　3
　問７　5　問８　2　問９　2
　問10　2

3 問１　1　問２　3　問３　3
　問４　4　問５　2，5

4 １　④　２　②　３　④　４　④

5 １　３番目…①　６番目…⑥
　２　３番目…⑦　６番目…④
　３　３番目…③　６番目…④
　４　３番目…③　６番目…①

6 １　②　２　②　３　④　４　④

7 １　④　２　②　３　③

8 １　①　２　②　３　②

1〔放送問題〕解説省略

2〔長文読解総合─伝記〕

≪全訳≫❶10歳のエリザベス王女は，生まれたときからイングランドやスコットランドにある城や宮殿で時間を過ごした。父親は公爵だった。祖父はイギリス国王だった。イギリスは，イングランド，スコットランド，ウェールズ，北アイルランドを含んでいた。おとぎ話のお姫様のように，エリザベスはロンドンにある大きな家で幸せに暮らしていた。❷エリザベスは家族にリリベットと呼ばれ，お姫様が欲しがるものは何でも持っていた──犬，ポニー，ティアラ，かわいいドレスでいっぱいのクローゼット，そしてたくさんの自由な時間。彼女は学校に通っていなかった。家でうばから教育を受けていた。６歳のときに自分用の小さなコテージを与えられた。それは彼女と妹のマーガレットの遊び場だった。実際に使える台所と全部屋に子ども用サイズの家具が備わっていた。❸リリベットとマーガレットはイギリス国民に大変人気があった。赤ん坊であるにもかかわらず，リリベットは世界中の人々から手紙や贈り物──３トンものおもちゃ──をもらった。❹エリザベスは王女であったが，自分が女王になるとは思いもしなかった。❺おじのエドワードが国王の長男だったので，彼が王位継承順位第１位だった。リリベットの父親のアルバートは第２位だった。つまり，彼の父親の死後はエドワードが国王になる予定だった。もしエドワードに子どもがいたら，その最年長の子どもが王位継承順位第２位となる。リリベットの父親はその順位を下げ，おそらく国王にはならないだろう。❻そしてまず，1936年１月にリリベットの祖父が亡くなると，おじが国王エドワード８世になった。❼しかし，その年内に全てが一変した。❽エドワードはアメリカ人女性と恋に落ちた。彼は彼女と結婚したかった。しかし彼女は離婚していた──２度も。イングランド国教会に従うと，国王が離婚した女性と結婚することはできなかった。エドワードは彼女と結婚したいと切望したので，国王になるのを断念することに決めた。❾1936年12月10日，国王エドワード８世は王位の座を降りた。書類に署名をして退位した。その際にリリベットの父親が国王になった。父親の本名はアルバートだったが，彼は国王名としてジョージを選び，国王ジョージ６世となった。今や父親が国王なので，リリベットは突如次期王位継承者となった。❿１人の召し使いがエリザベスにその知らせを伝えにやってきた。部屋に入る際，彼はおじぎをした。その瞬間から皆が彼女を特別扱いした。彼女の仕事は１つしかなかった──女王になる方法を学ぶことだ。⓫いつか，彼女は世界の56か国を含む帝国を統治するだろう。10歳のとき，エリザベスはどれくらいの速さでそうなるのか想像もつかなかった。⓬エリザベス・アレクサンドラ・メアリー・ウィンザーは1926年に自宅で生まれた。リリベットが赤ん坊の頃，彼女の家族はロンドンの大邸宅に引っ越した。舞踏室，図書室，そして25の寝室があった。⑬彼女の父親は国王だったので，一家はバッキンガム宮殿――ロンドンの中心部にある広大な宮殿に引っ越した。そこには775の部屋があり，数百人の人々が働いていた。巨大な鉄の正門が人々を寄せつけなかった。⑭リリベットの父親は国王になりたいと思ったことはなかった。国王ジョージ６世は内気で，話すときに言葉につまることがあった。彼は馬と犬が大好きだった。リリベットはわずか３歳で，初めて乗馬のレッスンを受けた。彼女が７歳のとき，父親はドゥーキーという名の犬を彼女に与えた。それ以来，彼女は馬と犬が大好きだった――ほとんどほかの何よりも。⑮リリベットのうばはマリオン・クローフォードという名前だった。皆が彼女をクローフィーと呼んだ。彼女はほぼ１日中リリベットとマーガレットと一緒に過ごし，彼女たちに歴史，読書，地理，文法を教えた。⑯幼い頃，リリベットは言うことを聞かないことがあった。父親や祖父のように怒りやすい気質であった。しかし，エリザベスが成長するにつれて，母親は彼女に怒りを抑えることを学ばせた。母親は彼女に人々に怒鳴らないように言った――特に彼女が女王になったときに――さもないと国民は彼女への信頼を失うだろう。⑰10歳までに，リリベットは真面目な少女へと変ぼうを遂げた。彼女は家族と一緒に楽しく過ごすことを好み，親しみやすく魅力的でいられた。しかし，人前では物静かで威厳があった。彼女はすでに女王らしい振る舞い方を知っていた。⑱リリベットの妹のマーガレットは，彼女とは正反対――自由奔放だった。彼女は有名人の話し方をまねるのが大好きだった。リリベットは笑ったが，自分は決してそういうことをしようとはしなかった。⑲エリザベスの父親はあるときこう言った。「リリベットは私の自慢。マーガレットは私の喜び」　２人の少女は毎朝両親の寝室へ行き，遊んで楽しんだ。それが一家の習慣だった。

問１＜要旨把握＞第２段落第２，３文および第15段落参照。うばから教育を受けていた。

問２＜適語選択＞「エリザベスは王女であった」と「自分が女王になるとは思いもしなかった」は相反する内容といえるので，これらをつなぐ語として‘逆接’の Although「～だが，～だけれども」が適切。なお，but「しかし」も‘逆接’を表すが，この場合は she の前に置く。

問３＜適語選択＞‘so ～ that …’「とても～なので…」。

問４＜適語選択＞‘特定の日’や‘日付’につく前置詞の On が適切。

問５＜適語句選択＞第９段落最終文参照。父親が国王になったので，エリザベスは次期王位継承者となった。そのため，女王になる方法を学ぶことがエリザベスの唯一の仕事になったのである。

問６＜要旨把握＞第14段落第４文参照。エリザベスは３歳のときに初めて乗馬のレッスンを受けた。

問７＜文型＞下線部⑦は Everyone＝主語(S)，called＝動詞(V)，her＝目的語(O)，Crawfie＝補語(C)の第５文型。これと同じ文型は５(Ken＝S，named＝V，his dog＝O，Taro＝C)。　1．Ken＝S，sings＝V，very well＝修飾語の第１文型。　2．Ken＝S，looks＝V，happy＝C，today＝修飾語の第２文型。　3．Ken＝S，moved＝V，the box＝O，to another room＝修飾語の第３文型。　4．Ken＝S，gave＝V，his son＝間接目的語(O1)，a lot of money＝直接目的語(O2)の第４文型。

問８＜適語選択＞エリザベスの母親がエリザベスに抑えることを学ばせたものが当てはまる。この文の最初に‘逆接’の But「しかし」があり，その前の文には，幼い頃のエリザベスが怒りやすい気質だったとある。ここから，怒りやすい気質だったが，怒りを抑えることを学ばせた，という文脈になるとわかる。　anger「怒り」

問９＜適語選択＞空所の前には，母親は彼女に，特に彼女が女王になったときには人々に怒鳴らないように言ったとある。空所の後には，国民は彼女への信頼を失うだろうとあるので，命令文などの後に置いて「そうしないと，さもないと」を表す or が適する。

問10＜内容真偽＞1…×　第３段落参照。　2…○　第６～８段落に一致する。　3…×　第２段落最後の３文および第13段落参照。小さな台所や家具があったのはコテージ。　4…×　第18, 19段落参照。仲がいい様子が読み取れる。

3 〔長文読解総合―物語〕

≪全訳≫❶「準備はいいかい，タイラー？」と友人のエリックが尋ねる。❷「うん，準備オーケー」とタイラーは答える。❸今日はベイビューで重要な日だ。今日，大きな自転車レースがある。皆がとてもわくわくしている。ライアンもレースに出る。タイラーもライアンも大変優秀な乗り手だ。２人ともこのレースで勝ちたいと思っている。❹タイラーの友人のジョンとエリックは彼に勝ってほしいと思っている。❺「よいレースをね，タイラー」とエリックが言う。❻「ありがとう，今年は勝ちたいよ」とタイラーが言う。❼ジョンは「ライアンは毎年勝つ。でも，今日は君が勝つと思うよ」と言う。❽「ライアンには気をつけて。彼はすごく速い」とエリックが言う。❾「わかってる」とタイラーは答える。「彼を見ているよ」❿ライアンは父親のウォルシュ氏と一緒にいる。ライアンは新しい自転車を持っている。ライアンの父親は毎年このレースのために新しい自転車を彼に買ってやる。大変すばらしい自転車だ。とても速い。ライアンはとても喜んでいる。⓫「今年もまたこのレースで僕が勝つ，新しい自転車で」とライアンは思っている。⓬ライアンの父親がライアンに話しかけている。⓭「お前に勝ってほしい。うちの家族は常に１位でゴールする」とウォルシュ氏は言う。「俺たちは常に勝つ。わかったか？」「うん，パパ」とライアンが言う。「わかってるよ。うちの家族は常に勝つ」⓮彼の父親は「去年より速く走ってほしい，いいか？　今日お前は勝つんだ。わかったか？」と言う。⓯ライアンは不安だったが，「うん，パパ」と言う。⓰乗り手全員がスタートラインに向かう。ライアンはレースが気がかりだ。彼は父親を見る。父親はライアンに勝ってほしいと切望している。ライアンはタイラーを見る。彼はタイラーも勝ちたいと思っていることを知っている。⓱「僕が今日勝つ。僕はライアン・ウォルシュだ！　僕は常に勝つ」とライアンは思う。「僕にはいい自転車があるし，僕は優秀な乗り手だ。僕はすごくうまいんだ」と彼は思っている。⓲タイラーはライアンの新しい自転車を見る。「それは新しい自転車かい，ライアン？」と彼は尋ねる。⓳「うん」とライアンは言う。「気に入ったかい？」⓴タイラーは「君はいい自転車を持っているけど，僕が勝つ。いいレースにしよう」と言う。㉑「ああ」とライアンが答える。「ゴールで会おう」㉒タイラーとライアンはとても速くスタートした。彼らがリードしている。彼らはほかの乗り手たちよりも速い。彼らはどんどんスピードを上げる。タイラーとライアンは競走しながらコーナーを曲がる。㉓「よし，僕が勝っている」とタイラーは思う。㉔ライアンは２番手だが，彼も速い。㉕彼らは上ったり下ったりする。木々の間を通り抜ける。川を通過する。とてもいいレースだ。タイラーは速く，ライアンも速い。今はライアンが勝っている。そしてタイラーが２番手だ。㉖彼らはさらに何本かの木々の間を走り抜ける。タイラーもライアンも疲れているが，２人とも今日勝ちたいと思っている。㉗「僕は常に勝つ！」とライアンは思う。「２番ではダメだ！　２番にはならない！」㉘「今日は僕が勝つ！」とタイラーは思う。㉙彼らはどんどんスピードを上げる。すばらしいレースだ。㉚ゲートが見える。彼らはそれに向かって競走する。ゲートに一番乗りした人物がレースの勝者だ。２台の自転車は競り合っている。ライアンはさらにスピードを上げるが，タイラーが勝っている。㉛「僕がゲートに一番乗りしたい」とライアンは思う。「僕は勝ちたい！　僕は常に勝つ！」㉜タイラーが勝っているが，ライアンは１位でゲートにたどり着きたいと思っている。彼はタイラーよりもスピードを出す。㉝ライアンは父親の言葉に思いをはせる。「俺たちは常に勝つ！」と彼は思い出す。「俺たちは常に勝つ！」㉞タイラーはライアンの自転車がどんどん近づいてくるのを見る。㉟ライアンはタイラーを勝たせたくない。ライアンはタイラーを押した。㊱タイラーは「おい！　何するんだ？」と叫ぶ。㊲タイラーの自転車がゲートにぶつかる。彼は自転車から落ちる。ライアンはゲートを通過する。ライアンはゴールする。彼がレースに勝つ。㊳ライアンが優勝カップを手にする。父親は大喜びだ。㊴「よくやった，ライアン」と父親が言う。㊵ライアンは無言だ。彼はうれしくない。㊶タイラーがライアンを見る。ライアンはタイラーを見る。㊷「ええとね…パパ？…」とライアンは言う。「話したいことがあるんだ…」㊸その日の後になって，ライアンと父親はタイラーに会いに行く。㊹「これは君の優勝カップだ，僕のじゃない」とライアンは言う。彼はタイラーにカップを渡す。㊺「本当にごめん」とライアンは言う。タイラーはほほ笑む。㊻「君は大丈夫かい？」とライアンが尋ねる。㊼「ありがとう，ライアン」とタイラーは言う。「もう大丈夫だよ」

問1＜要旨把握＞第4～9段落参照。タイラーは友人のジョンとエリックから声をかけられている。

問2＜適語選択＞Everybody「皆」が主語なので，「(人が)わくわくする，興奮する」を表す excited が適切。

問3＜適語(句)選択＞第23，24段落から，2人が1位と2位であることがわかる。つまり，彼らはほかの乗り手たちよりも速いということになる。「ほかの乗り手たち」とは，この自転車レースに出場しているタイラーとライアン以外の残り全ての乗り手を指すので，「残り全て」を意味する the other が適切。

問4＜要旨把握＞第35～37段落および第43，44段落参照。レースで優勝したにもかかわらず，その後ライアンと父親はタイラーに会いに行き，優勝カップを渡した。ここから，ライアンが話したかった something「何か」とは，ライアンがタイラーを倒したということで，父親もそれを認めたのだとわかる。

問5＜内容真偽＞1…×　第25段落最終文参照。ライアンに抜かされている。　2…○　第10～14段落に一致する。　3…×　第15段落参照。不安を感じていた。　4…×　道についての記述はない。　5…○　第43～47段落に一致する。

4〔**適語(句)選択**〕

1．ここで直後に not を置けるのは must のみ。must not で「～してはいけない」という‘禁止’を表す。　「勉強しないのなら，テレビゲームをしてはいけません」

2．‘did＋主語＋動詞の原形’という疑問文の形なので，空所には動詞が入るとわかる。sound は「音」という名詞のほかに，「音がする」という動詞の意味もある。　「その機械は使用中にどんな音がしましたか」

3．後に動詞の原形を置けるのは，‘help＋人＋動詞の原形’「〈人〉が～するのを手伝う」の形をとれる helped のみ。　「彼女は彼がすぐに宿題をするのを手伝った」

4．文頭に Now「今，現在は」があるので現在の文。主語の everyone は3人称単数扱いなので，knows が適切。　「今，私のクラスでは，先週私がその国を訪れたことを皆が知っている」

5〔**整序結合**〕

1．have/has been ～ing という現在完了進行形の形にする。for「～の間」は時間を表す two hours の前に置く。　He has been playing the piano for two hours.「彼は2時間ピアノを弾き続けている」

2．語群と文末の語句から「私はまたそれをしたい」という意味になると考えて，I would like to do it again と並べる。would like to ～ で「～したい」。また，語群の taking を使って taking a walk「散歩をすること」という動名詞のまとまりをつくり，これを主語とした後，was fun「楽しかった」と続ける。残った so は「それで」という意味の接続詞として I would like to ～の前に置く。　Taking a walk was fun so I would like to do it again.「散歩をすることは楽しかったので私はまたそれをしたい」

3．最後が he is a teacher になると推測できる。ここから，I want to ～「私は～したい」の後に make sure「～を確かめる，確認する」を続ければよいとわかる。　I want to make sure he is a teacher.「私は彼が教師であることを確認したい」

4．‘not so〔as〕～ as …’「…ほど～ではない」の形をつくる。The car was の後に not so fast as と並べ，最後に I thought を置く。　The car was not so fast as I thought.「その車は私が思っていたほど速くなかった」

6 〔誤文訂正〕

1．the morning を使って「午前中に」という場合，前置詞には on ではなく in を用いる。　「私は午前中にもう一度その映画を見たので，それを2回見たことになる」

2．but 以下で「彼は金持ちではない」と現在の事実を述べているので，‘If＋主語＋動詞の過去形～，主語＋助動詞の過去形….’「もし～なら…だろうに」の形で‘現在の事実と反対の仮定’を表す仮定法過去の文にする。よって，will ではなく would が正しい。　「もし彼が大金を持っていたら海外に行くだろうが，彼は金持ちではない」

3．「なぜ～するべきか」は通常，‘why＋to不定詞’ではなく‘why＋主語＋should＋動詞’という間接疑問で表す。よって，why he〔we〕should eat が正しい。　「彼はなぜ多くの野菜を食べるべきかに全く関心がない」

4．「あなたのお姉さん〔妹さん〕と一緒に住む」といった意味になると推測できるので，in ではなく with が正しい。　「将来あなたはお姉さん〔妹さん〕と一緒にこの町のどこに住むつもりですか」

7 〔単語のアクセント〕

1．① thir-téen　② it-sélf　③ a-sléep　④ bréak-fast

2．① re-láx　② éight-y　③ be-cáuse　④ be-líeve

3．① to-mór-row　② de-lí-cious　③ áu-di-ence　④ Aus-trál-ia

8 〔単語の発音〕

1．① desert［ə(ː)r］　② hard［ɑːr］　③ heart［ɑːr］　④ dark［ɑːr］

2．① health［θ］　② Thai［t］　③ thank［θ］　④ thin［θ］

3．① aid［ei］　② blind［ai］　③ change［ei］　④ sacred［ei］

数学解答

1 (1) 3　(2) 2…2　3…2
(3) 4…2　5…3
(4) 6…4　7…3　(5) 2
(6) 1　(7) 10…1　11…2　12…4
(8) 13…2　14…2

2 (1) 15…2　16…3　17…3　18…3
(2) 19…9　20…2　21…5
(3) 22…6　23…0　24…5
(4) 25…3　26…7
(5) 27…7　28…5　29…4　30…5

3 (1) 31…2　32…2　(2) 8
(3) 34…1　35…2　36…1　37…2
(4) 38…1　39…2

4 (1) 40…1　41…2
(2) 42…1　43…6　44…1　45…2
(3) 46…2　47…2　48…3　49…2
50…2　51…5　52…6

5 (1) 53…2　54…2　55…3　56…2
57…2
(2) 58…1　59…1　60…2
(3) 61…2　62…3　63…1　64…2
65…4　66…3　67…4

1 〔独立小問集合題〕

(1)＜**数の計算**＞与式$=\frac{1}{3}-\left(-\frac{3}{2}\right)\div\frac{9}{16}=\frac{1}{3}+\frac{3}{2}\times\frac{16}{9}=\frac{1}{3}+\frac{8}{3}=\frac{9}{3}=3$

(2)＜**数の計算**＞$\frac{2+\sqrt{2}}{\sqrt{2}}=\frac{2}{\sqrt{2}}+\frac{\sqrt{2}}{\sqrt{2}}=\frac{2\sqrt{2}}{2}+1=\sqrt{2}+1$，$\frac{\sqrt{6}-2\sqrt{3}}{\sqrt{6}}=\frac{\sqrt{6}}{\sqrt{6}}-\frac{2\sqrt{3}}{\sqrt{6}}=1-\frac{2}{\sqrt{2}}=1-\frac{2\sqrt{2}}{2}$ $=1-\sqrt{2}$ より，与式$=(\sqrt{2}+1)-(1-\sqrt{2})=\sqrt{2}+1-1+\sqrt{2}=2\sqrt{2}$

(3)＜**式の計算**＞与式$=\frac{6}{5}(3x-2)-\frac{8x+3}{5}=\frac{6(3x-2)-(8x+3)}{5}=\frac{18x-12-8x-3}{5}=\frac{10x-15}{5}=2x-3$

(4)＜**式の計算―因数分解**＞与式$=4x^2-4x-36+4x=4x^2-36=4(x^2-9)=4(x^2-3^2)=4(x-3)(x+3)$

(5)＜**二次方程式**＞$2024^2-(4048-A)\times A=2024^2-4048A+A^2=2024^2-2\times2024A+A^2=(2024-A)^2$ より，$(2024-A)^2=4$ が成り立つ。これを解くと，$A-2024=\pm2$，$A=2024\pm2$ より，$A=2022$，2026 となるので，小さい方のAの値は2022である。

(6)＜**連立方程式の応用**＞$-x+7y=15$……①，$5x+y=-3$……②とする。①×5 より，$-5x+35y=75$ ……①′　①′+②より，$35y+y=75+(-3)$，$36y=72$　∴$y=2$　これを②に代入して，$5x+2=-3$，$5x=-5$　∴$x=-1$　よって，$x+y=-1+2=1$ となる。

(7)＜**空間図形―表面積，体積**＞半径が$\sqrt{3}$cm の球の表面積は，$4\pi\times(\sqrt{3})^2=12\pi$ (cm²)，体積は，$\frac{4}{3}\pi\times(\sqrt{3})^3=4\sqrt{3}\pi$ (cm³)となる。

(8)＜**平面図形―面積**＞円の半径を r cmとおくと，正方形の１辺の長さは円の直径と等しいので，$2r$cm と表せる。よって，正方形の面積について，$(2r)^2=\sqrt{32}+8$ が成り立つ。これより，$4r^2=4\sqrt{2}+8$，$r^2=\sqrt{2}+2$ となるから，円の面積は，$\pi r^2=\pi\times(\sqrt{2}+2)=(\sqrt{2}+2)\pi$ (cm²)である。

2 〔独立小問集合題〕

(1)＜**関数―直線の式，*x* 座標，長さの比**＞次ページの図１で，求める直線の方程式を $bx+y+c=0$ とすると，A$(-1,\ -1)$，B$(2,\ -7)$を通るので，点Aの座標より，$x=-1$，$y=-1$ を代入して，$-b-1+c=0$……①，点Bの座標より，$x=2$，$y=-7$ を代入して，$2b-7+c=0$……②が成り立つ。①−②より，$-b-1-(2b-7)=0$，$-3b+6=0$，$-3b=-6$　∴$b=2$　これを①に代入して，$-2-1+c=0$　∴$c=3$　よって，求める直線の方程式は，$2x+y+3=0$ である。次に，放物線 $y=ax^2$ は A$(-1,\ -1)$を通るので，$-1=a\times(-1)^2$，$a=-1$ となる。よって，点Cは，放物線 $y=-x^2$ と直

図1

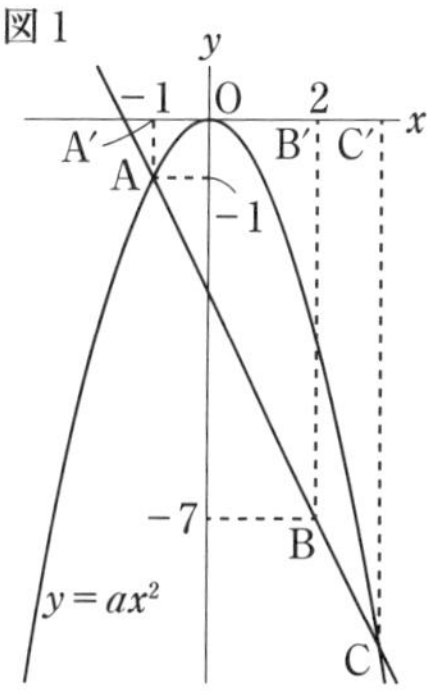

線 $2x+y+3=0$ の交点だから，$2x+y+3=0$ に $y=-x^2$ を代入すると，$2x-x^2+3=0$，$x^2-2x-3=0$，$(x+1)(x-3)=0$ より，$x=-1$，3 となる。したがって，点Cの x 座標は3である。さらに，点A，B，Cを通り，y 軸に平行な直線を引き，x 軸との交点をそれぞれ A′，B′，C′ とすると，平行線と線分の比の定理より，AB：BC＝A′B′：B′C′＝{2－(－1)}：(3－2)＝3：1 となる。

(2)**＜データの活用―箱ひげ図＞**①の箱ひげ図より，太郎君を加えた10人の第３四分位数と最大値がいずれも９回である。全体の人数が10人のときの第３四分位数は，値の大きい方から３番目の値となるから，太郎君を加えた10人について，最も多い回数と，多い方から３番目の回数はいずれも９回となる。よって，太郎君の回数は９回とわかる。次に，②の箱ひげ図より，花子さんを加えた10人の第３四分位数が５回だから，この10人について，多い方から３番目の回数は５回となり，花子さんの回数は５回以下である。また，第１四分位数が２回より，少ない方から３番目の回数が２回だから，花子さんの回数は２回以上である。したがって，花子さんの回数が２回以上５回以下のとき，第２四分位数(中央値)は３回となるので，花子さんの回数は２回以上５回以下とわかる。

(3)**＜一次方程式の応用＞**ボール全体の個数を x 個とおくと，はじめにAの箱に入っていた個数は $\frac{1}{5}x$ 個と表せる。これより，Aの箱からCの箱へ２個移動した後，Aの箱に入っていた個数は $\frac{1}{5}x-2$ 個と表せ，Aの箱にはボール全体の $\frac{1}{6}$ の個数が入っていたから，$\frac{1}{5}x-2=\frac{1}{6}x$ が成り立つ。これを解くと，$\left(\frac{1}{5}x-2\right)\times 30=\frac{1}{6}x\times 30$，$6x-60=5x$，$x=60$ より，全体の個数は60個となる。また，移動後のAとCの箱の中のボールの個数の和と，Bの箱の中のボールの個数が同じだったので，移動後のAとCの箱の中の個数の和と，Bの箱の中の個数はどちらも全体の個数の半分で，$60\div 2=30$(個)となる。さらに，移動後のAの箱の中の個数は全体の $\frac{1}{6}$ だから，$60\times\frac{1}{6}=10$(個)である。したがって，移動後のCの箱の中の個数は，$30-10=20$(個)だから，移動後のBの箱の中のボールの個数は，Cの箱の中のボールの個数の，$30\div 20=1.5$(倍)であり，Cの箱の中のボールの個数よりも５割多い。

(4)**＜数の性質＞**$3\sqrt{7}=\sqrt{3^2\times 7}=\sqrt{63}$ で，$7^2=49$，$8^2=64$ より，$\sqrt{7^2}<\sqrt{63}<\sqrt{8^2}$，$7<3\sqrt{7}<8$ となる。同様に，$4\sqrt{7}=\sqrt{4^2\times 7}=\sqrt{112}$ で，$10^2=100$，$11^2=121$ より，$\sqrt{10^2}<\sqrt{112}<\sqrt{11^2}$，$10<4\sqrt{7}<11$ となる。よって，$3\sqrt{7}$ と $4\sqrt{7}$ の間にある整数は８，９，10の３個ある。また，$10<4\sqrt{7}<11$ で，$10+53=63$，$11+53=64$ より，$63<53+4\sqrt{7}<64$ である。したがって，$53+4\sqrt{7}$ は，$7^2=49$ と，$(7+1)^2=8^2=64$ の間にあるから，求める正の整数 n は７となる。

(5)**＜平面図形―角度＞**右図２で，点Bを通り，２直線 m，n に平行な直線を引き，ACとの交点をDとすると，平行線の錯角より，∠ABD＝30°，∠CBD＝45°だから，$x°$＝∠ABD＋∠CBD＝30°＋45°＝75°となる。次に，点Bを通る直線 m の垂線を引き，２直線 m，n との交点をそれぞれE，Fとすると，$m /\!/ n$ より，∠BFC＝∠AEB＝90°である。よって，△BFCは直角二等辺三角形なので，BC＝$\sqrt{2}$ のとき，FC＝$\frac{1}{\sqrt{2}}$BC＝$\frac{1}{\sqrt{2}}\times\sqrt{2}=1$ となる。また，△AEBは３辺の比が1：2：$\sqrt{3}$ の直角三

図2

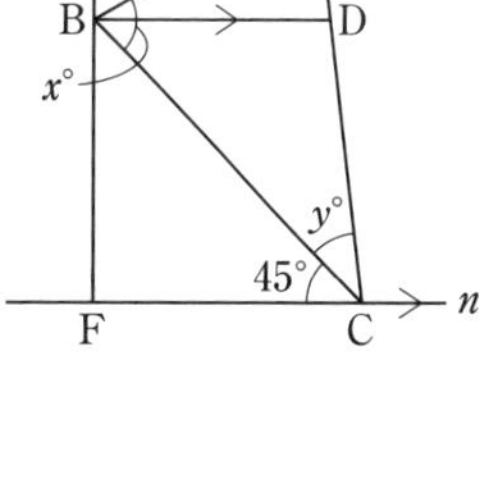

角形なので，$AB=\frac{2\sqrt{3}}{3}$ のとき，$AE=\frac{\sqrt{3}}{2}AB=\frac{\sqrt{3}}{2}\times\frac{2\sqrt{3}}{3}=1$ となる。したがって，四角形EFCAは，$\angle AEB=\angle BFC=90^\circ$，$AE=FC$ より，長方形だから，$\angle ACF=90^\circ$ となり，$y^\circ=\angle ACF-\angle BCF=90^\circ-45^\circ=45^\circ$ である。

3 〔データの活用―場合の数―カード〕

(1)＜**数の性質**＞はじめは，黒板の数が1で，1番目のカードの数が2だから，黒板の数は，$1\times2=2$ を3でわった余りである2となる。次は，黒板の数が2で，2番目のカードの数が4だから，黒板の数は，$2\times4=8$ を3でわった余りである2となる。よって，作業後の黒板の数は2となる。

(2)＜**場合の数**＞黒板の数に3をかけた積を3でわった余りは0になる。また，黒板の数が0になると，0にどのような数をかけても0になり，3でわった余りは0になる。よって，並べたカードに3が含まれていれば，作業後の黒板の数は0になる。一方，並べたカードに3が含まれていないとき，最初の黒板の数が1または2であれば，黒板の数とカードの数の積が3の倍数または0になることはないから，黒板の数は作業後まで1または2となる。よって，作業後の黒板の数が0になるような2枚の並べ方は，2枚のうちどちらかに3が含まれる並べ方だから，（1枚目，2枚目）=(1，3)，(2，3)，(4，3)，(5，3)，(3，1)，(3，2)，(3，4)，(3，5)の8通りある。

(3)＜**場合の数**＞(2)と同様に考えると，作業後の黒板の数が1または2になる，すなわち，0にならないのは，3のカードが含まれない場合である。このとき，1番左のカードは1，2，4，5の4通りで，そのそれぞれについて，2番目のカードは1，2，4，5のうち1番左に並べた以外の3通り，3番目のカードは1，2，4，5のうち1番左と2番目に並べた以外の2通りだから，作業後の黒板の数が1または2になる並べ方は，$4\times3\times2=24$(通り)ある。また，1，2，4，5について，1との積を3でわった余りと，2との積を3でわった余りを調べると，右図のようになる。これより，黒板の数に1か4をかけるとき，次の黒板の数はもとのままになり，2か5をかけるとき，次の黒板の数はもとの数と異なる数になることがわかる。よって，作業後の黒板の数が1となる並べ方のうち，黒板の数が1→1→1→1と変わらない並べ方はなく，1→1→2→1と変わる並べ方は，（1枚目，2枚目，3枚目）の順に(1，2，5)，(1，5，2)，(4，2，5)，(4，5，2)の4通り，1→2→1→1と変わる並べ方は，(2，5，1)，(2，5，4)，(5，2，1)，(5，2，4)の4通り，1→2→2→1と変わる並べ方は，(2，1，5)，(2，4，5)，(5，1，2)，(5，4，2)の4通りある。したがって，作業後の黒板の数が1となるような並べ方は，$4\times3=12$(通り)あり，2となるような並べ方は，$24-12=12$(通り)ある。

カードの数	1との積を3でわった余り	2との積を3でわった余り
1	1	2
2	2	1
4	1	2
5	2	1

(4)＜**場合の数**＞最初の黒板の数が2のときも，(3)と同様に作業後の黒板の数が1または2となる並べ方は24通りあり，1となる並べ方，2となる並べ方は同じ数ずつあるから，1となる並べ方は，$24\div2=12$(通り)ある。

4 〔関数―関数と図形〕

(1)＜***y*座標**＞右図1のように，線分ABがx軸に平行のとき，折り曲げた円周とx軸との接点Cは原点Oと一致する。このとき，折り曲げる前の点Cの位置はもとの半円の円周とy軸との交点であり，その交点をDとすると，線分ABとy軸との交点は線分ODの中点となるから，そのy座標は，$\frac{1}{2}OD=\frac{1}{2}\times1=\frac{1}{2}$ である。

図1

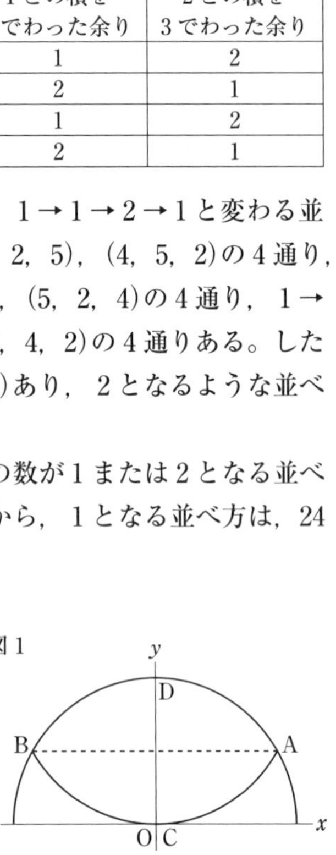

(2)＜**座標**＞右図2で，ABについて点Oと対称の位置にある点をO′とすると，折り曲げた後の$\overset{\frown}{AB}$は，点O′を中心とするおうぎ形の弧であり，そのおうぎ形の半径は，もとの半円の半径と同じ1だから，O′C＝1となる。また，点Cは$\overset{\frown}{AB}$とx軸との接点だから，∠OCO′＝90°である。よって，$C\left(\dfrac{1}{3},\ 0\right)$のとき，$O'\left(\dfrac{1}{3},\ 1\right)$となる。

図2

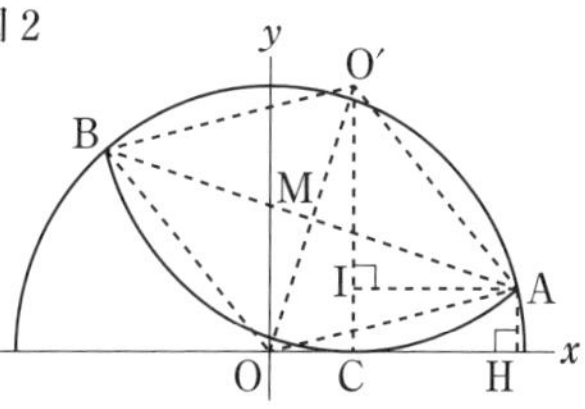

さらに，OA＝OB＝O′A＝O′B＝1より，四角形OAO′Bはひし形なので，線分ABの中点をMとすると，点Mは線分OO′の中点でもある。したがって，点Mのx座標は，$\left(0+\dfrac{1}{3}\right)\div 2=\dfrac{1}{6}$，$y$座標は，$(0+1)\div 2=\dfrac{1}{2}$より，$M\left(\dfrac{1}{6},\ \dfrac{1}{2}\right)$となる。

(3)＜***x*座標**＞右上図2で，点Aからx軸に垂線AHを引くと，点Aのy座標が$\dfrac{1}{3}$のとき，AH＝$\dfrac{1}{3}$だから，△OAHで三平方の定理より，$OH=\sqrt{OA^2-AH^2}=\sqrt{1^2-\left(\dfrac{1}{3}\right)^2}=\sqrt{\dfrac{8}{9}}=\dfrac{2\sqrt{2}}{3}$である。これより，点Aの$x$座標は$\dfrac{2\sqrt{2}}{3}$となる。また，点AからO′Cに垂線AIを引くと，△O′AIにおいて，O′A＝1，$O'I=O'C-AH=1-\dfrac{1}{3}=\dfrac{2}{3}$だから，三平方の定理より，$AI=\sqrt{1^2-\left(\dfrac{2}{3}\right)^2}=\sqrt{\dfrac{5}{9}}=\dfrac{\sqrt{5}}{3}$となる。よって，$OC=OH-AI=\dfrac{2\sqrt{2}}{3}-\dfrac{\sqrt{5}}{3}=\dfrac{2\sqrt{2}-\sqrt{5}}{3}$より，点O′の$x$座標は$\dfrac{2\sqrt{2}-\sqrt{5}}{3}$である。(2)と同様に，ABの中点はOO′の中点でもあるから，そのx座標は，$\left(0+\dfrac{2\sqrt{2}-\sqrt{5}}{3}\right)\div 2=\dfrac{2\sqrt{2}-\sqrt{5}}{6}$となる。

5〔**平面図形—長方形**〕

≪**基本方針の決定**≫(3)　長方形の横の長さは，EK＋KI＋IHで求める。

(1)＜**長さ**＞右図1で，∠CPG＝45°のとき，△PCGは直角二等辺三角形だから，$PG=\dfrac{1}{\sqrt{2}}CP=\dfrac{\sqrt{2}}{2}\times 1=\dfrac{\sqrt{2}}{2}$(cm)である。また，∠ICH＝180°－(∠PCG＋∠PCI)＝180°－(45°＋90°)＝45°より，△IHCも直角二等辺三角形となる。〔長方形ABCD〕≡〔長方形EFGH〕より，GH＝CD＝2であり，$GC=PG=\dfrac{\sqrt{2}}{2}$だから，$CH=GH-GC=2-\dfrac{\sqrt{2}}{2}$である。よって，$CI=\sqrt{2}CH=\sqrt{2}\left(2-\dfrac{\sqrt{2}}{2}\right)=2\sqrt{2}-1$だから，$DI=CD-CI=2-(2\sqrt{2}-1)=3-2\sqrt{2}$(cm)となる。

図1

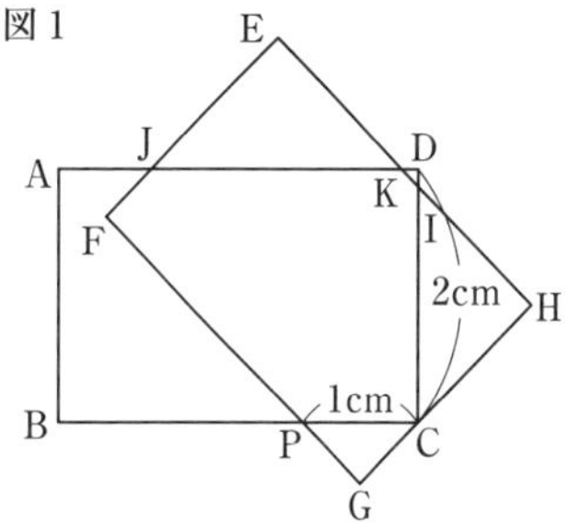

(2)＜**長さ**＞CP＝1，∠PGC＝90°の状態を保ったまま長方形EFGHを動かすので，点Gは右図2のようなPCを直径とする半円の弧上を動く。この半円の中心をMとし，∠CPG＝30°，∠CPG＝45°のときのGの位置をそれぞれG_1，G_2とすると，点Gが通った部分は$\overset{\frown}{G_1G_2}$となる。$\angle G_1PG_2=45°-30°=15°$より，$\overset{\frown}{G_1G_2}$に対する円周角と中心角の関係から，$\angle G_1MG_2=2\angle G_1PG_2=2\times 15°=30°$となる。

図2

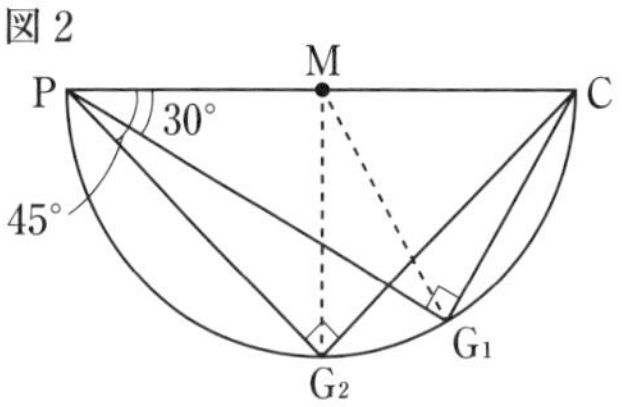

よって，$\overset{\frown}{G_1G_2}$は直径が1で，中心角が30°のおうぎ形の弧となるから，求める長さは，$\pi\times 1\times\dfrac{30}{360}=\dfrac{1}{12}\pi$(cm)である。

図3

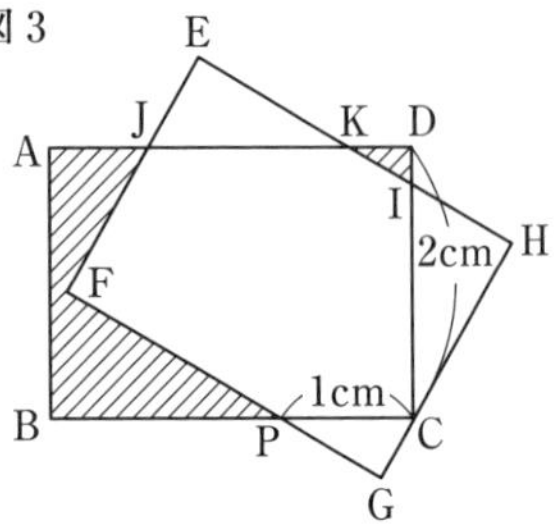

(3)＜長さ＞右図3で，△PCGと△CIHにおいて，∠PGC＝∠CHI＝90°であり，∠PCG＝180°－∠PCI－∠ICH＝180°－90°－∠ICH＝90°－∠ICH，∠CIH＝180°－∠CHI－∠ICH＝180°－90°－∠ICH＝90°－∠ICHより，∠PCG＝∠CIHだから，2組の角がそれぞれ等しく，△PCG∽△CIHとなる。また，△PCG＝$\frac{1}{3}$△CIHより，△PCG：△CIH＝1：3なので，△PCGと△CIHの相似比は，$\sqrt{1}:\sqrt{3}=1:\sqrt{3}$となる。よって，CP：IC＝$1:\sqrt{3}$より，IC＝$\sqrt{3}$CP＝$\sqrt{3}\times1=\sqrt{3}$だから，DI＝CD－IC＝$2-\sqrt{3}$(cm)である。次に，CG＝$x$cmとおくと，CH＝GH－CG＝$2-x$で，PG：CH＝$1:\sqrt{3}$より，PG＝$\frac{1}{\sqrt{3}}$CH＝$\frac{1}{\sqrt{3}}(2-x)=\frac{\sqrt{3}}{3}(2-x)$だから，△PCGにおいて三平方の定理より，$x^2+\left\{\frac{\sqrt{3}}{3}(2-x)\right\}^2=1^2$が成り立つ。これを解くと，$x^2+\frac{1}{3}(2-x)^2=1$，$3x^2+(2-x)^2=3$，$4x^2-4x+1=0$，$(2x-1)^2=0$，$2x-1=0$より，$x=\frac{1}{2}$となるから，CG＝$\frac{1}{2}$(cm)である。さらに，斜線部の面積は，〔長方形ABCD〕－〔六角形JFPCIK〕であり，△KJE＋△PCG＋△CIH＝〔長方形EFGH〕－〔六角形JFPCIK〕で，〔長方形ABCD〕≡〔長方形EFGH〕より，△KJEと△PCG，△CIHの面積の和は，斜線部の面積と等しく，$\frac{25\sqrt{3}}{32}$cm²である。ここで，△PCGにおいて，CP：CG＝$1:\frac{1}{2}=2:1$，∠PGC＝90°より，△PCGは3辺の比が$1:2:\sqrt{3}$の直角三角形だから，PG＝$\sqrt{3}$CG＝$\sqrt{3}\times\frac{1}{2}=\frac{\sqrt{3}}{2}$より，△PCG＝$\frac{1}{2}\times\frac{\sqrt{3}}{2}\times\frac{1}{2}=\frac{\sqrt{3}}{8}$となり，△CIH＝3△PCG＝$3\times\frac{\sqrt{3}}{8}=\frac{3\sqrt{3}}{8}$となる。よって，△KJE＝$\frac{25\sqrt{3}}{32}-\frac{\sqrt{3}}{8}-\frac{3\sqrt{3}}{8}=\frac{9\sqrt{3}}{32}$である。また，△CIH∽△PCGより，△CIHも3辺の比が$1:2:\sqrt{3}$の直角三角形だから，IH＝$\frac{1}{2}$IC＝$\frac{1}{2}\times\sqrt{3}=\frac{\sqrt{3}}{2}$となり，∠KID＝∠HIC＝60°より，△KIDも3辺の比が$1:2:\sqrt{3}$の直角三角形だから，KI＝2DI＝$2\times(2-\sqrt{3})=4-2\sqrt{3}$となる。さらに，△KJEも3辺の比が$1:2:\sqrt{3}$の直角三角形だから，EK＝$y$cmとおくと，EJ＝$\frac{1}{\sqrt{3}}$EK＝$\frac{\sqrt{3}}{3}y$と表せる。したがって，△KJEの面積について，$\frac{1}{2}\times y\times\frac{\sqrt{3}}{3}y=\frac{9\sqrt{3}}{32}$が成り立つ。これを解くと，$y^2=\frac{27}{16}$，$y=\pm\frac{3\sqrt{3}}{4}$より，EK＝$\frac{3\sqrt{3}}{4}$である。以上より，長方形の横の長さは，EK＋KI＋IH＝$\frac{3\sqrt{3}}{4}+(4-2\sqrt{3})+\frac{\sqrt{3}}{2}=4-\frac{3\sqrt{3}}{4}$(cm)となる。

2024年度／狭山ヶ丘高等学校（推薦第１回）

国語解答

一　問１　(ア)…④　(イ)…⑤　(ウ)…②　(エ)…①　(オ)…④
問２　W…③　X…⑥　Y…①　Z…⑤
問３　③　問４　⑤　問５　④
問６　②　問７　①　問８　③
問９　Ⅰ…⑤　Ⅱ…②

二　問１　(ア)…②　(イ)…③　(ウ)…①
問２　②　問３　④　問４　③
問５　⑤　問６　①　問７　④
問８　④　問９　④　問10　③

三　問１　(ア)…①　(イ)…⑤　(ウ)…③
問２　⑤　問３　⑤　問４　②
問５　③　問６　⑤　問７　③
問８　①　問９　④　問10　①

一〔**論説文の読解―社会学的分野―現代社会**〕出典：堀内進之介『人工知能時代を〈善く生きる〉技術』。

≪本文の概要≫AIやロボットやスマートスピーカーなど，急速に広がっている「あたらしい技術」は，便利さや快適さをもたらす一方で，私たちの生活や社会をこれまでにない形に変えていくだろうと予想される。技術がもたらす変化は，いつもよいことばかりとはかぎらない。ネットにつながりっぱなしになっていることによって，昼夜かまわず仕事という日常が，追いかけてくるようになった。また，自己責任を基調とする現代社会の価値観により，アップデートが求められ，私たちは，競争社会を勝ち抜くための知識や技能を身につけなければならなくなり，便利になったことで得た時間を無為に過ごすことができなくなってしまった。「あたらしい技術」の進化によって，人間の能力そのものが向上するなどし，皆が自らの価値を向上させて活躍できる時代が到来するかもしれないが，現状を見るかぎり，主人公は人間ではなく，テクノロジーになる可能性がある。私たちとすでに融合を始めている「あたらしい技術」は，もはや道具というよりも，私たちがその中にどっぷりとつかる「第二の自然」のようになっているといえる。

問１＜漢字＞(ア)「環境」は，人間や生物が生存するために必要となる社会的な条件や自然の状態。　(イ)「検索」は，データなどから必要な情報を探し出すこと。　(ウ)「恩恵」は，他者や外部からもたらされる恵み。　(エ)「攻撃」は，相手を攻めること。　(オ)音読みは「準備」などの「ビ」。

問２＜接続語＞W．テクノロジーによって「何かが便利」になっても，「その分の労力や時間を私たちは無為に費やすことができない」ということを説明するために，「自動運転の車」が例として挙げられている。　X．「技術」も「競争社会を勝ち抜くため」の「重要なツール」であり，それによって「進化する技術に乗り遅れることは個人の努力不足」と見なされるようになってしまった。　Y．「『人的資本』としての価値を高める」ということは，言い換えれば，「有機的な連帯」に少しも関心を示さず，仕事を全て「ひとりで背負うことを求める」といったことである。　Z．「単純作業はAIに任せ，人間はクリエイティブな仕事に集中すればいい，という観点で職場へのAI導入が語られて」いるけれども，「単純な事務作業などのルーティンワークはむしろ個人を守ってくれるもの」といえる。

問３＜文章内容＞技術の進化によって，「いろいろなことが便利」になった反面(①…○)，「やけに忙しくなった」とも感じられるようになった(②…○)。例えば，ネットの発達によって「膨大な情報」は手に入れられるようになったが(⑤…○)，「つながりっぱなし」という弊害が生じた。また，技術が進化しても，それによって生まれた余暇は「役に立つこと」に使わなければならなくなったため(④…○)，私たちは，「疲弊させられていく」ようになったのである(③…×)。

問４＜表現＞「中毒」は，ある物事への依存が強く，少しでも不足すると強い飢餓感を持つこと。現在は，ネットに「つながりっぱなし」の環境にあるので，多くの人が，少しの時間でもスマホを取り出して，「ゲームをしたり，ネットを見たり，SNSをチェックしたりせずにはいられない」というネットにつながることをやめられない状態になってしまった。

問５＜文章内容＞現代社会では，「無為に過ごすこと＝怠けること」ととらえられ，無為に過ごすと「負け組」になるという「強迫観念」が生じた。そのため，人々は，「競争社会を勝ち抜くための知識や技能」を身につけようと「躍起になる」ようになった。

問６＜文章内容＞「有機的」は，各部分間に密接な関連があって全体としてまとまっているさま。デュルケムは，能力を高めた各個人が，特質を生かして「分業」しながらも，他者と関連し合ってうまくまとまる社会の有効性を説いた。

問７＜文章内容＞同じ仕事を繰り返す「ルーティンワークに携わる方」が，ゴールのないクリエイティブな作業よりも「負担」は軽く，「競争社会を勝ち抜くための知識や技能を身につけるべく躍起になる」必要もない。

問８＜文章内容＞人間が「あたらしい技術」を使いこなし，「主人公」として活躍していることが「錯覚」になるかもしれないということは，「テクノロジーの側」が人間に指示を与え，その指示に人間がただ従うような社会になるということである。

問９＜文章内容＞「あたらしい技術」が「道具」であるならば，それを「使うか否か」を決め，行為・作用を他に及ぼすのは人間である(…前のⅠ)。しかし，「あたらしい技術」が「私たちと一体化しつつある」現在では，「道具」であるはずの「技術」が，行為・作用を他に及ぼすもので(…後のⅠ)，人間が主体の行為などの対象になりつつあるのである(…Ⅱ)。

二 〔小説の読解〕出典：芥川龍之介『竜』。

問１(ア)＜語句＞「かつぐ」には，人をだます，という意味がある。　(イ)＜語句＞「仰々しい」は，大げさなさま。　(ウ)＜慣用句＞「薬が利きすぎる」は，忠告などの効果が出すぎる，という意味。

問２＜文章内容＞恵印は，自分が立てた「三月三日この池より竜昇らんずるなり」という建札へ「香花が手向けてある」などと聞くと，自分のつくった話によって多くの人が動かされたことが実感され，手柄を立てたかのような気分になった。

問３＜品詞＞「それ」は，活用のない自立語で，主語になることのできる名詞。

問４＜慣用句＞「数奇《すき》を凝らす」は，風流な工夫をさまざまに施す，という意味。

問５＜文章内容＞恵印は，「奈良の老若をかつごう」と思って立てた建札が原因で多くの人が集まってしまったことに後ろめたさを覚え，元気も出なくなったが，「竜の事を聞き伝え」てやってきた叔母の尼は，建札を立てた理由を知らないので，恵印の気持ちなど知るはずもないのである。

問６＜文章内容＞もともと狭い池が，今日は「日頃より一層狭く見える」ような気がしたので，恵印は，このような所から大きな竜が昇るなどということは，ありえないような気がした。

問７＜文章内容＞恵印は，「かつごう」と思って建札を立てた「当人」であるから，竜が昇ることはないとわかっているはずなのに，竜が「昇らない事もなさそうな気」がしてきた。

問８＜文脈＞多くの見物人が「竜王が姿を現すのを今か今かと待って」いたところ，「まるで線香の煙のような一すじの雲が中空に」たなびき，空が「うす暗く」なった(…(エ))。「その途端に一陣の風」が池の「水の面に無数の波」を描いたかと思うと，「どっと雨」が降り出しただけでなく(…(ウ))，「神鳴」も鳴り始め，「稲妻」が飛び交った(…(オ))。そして，それらが雲を引き裂いて「池の水を柱のごとく捲き起した」瞬間，恵印の目には「一文字に空へ昇って行く十丈あまりの黒竜が，朦朧《もうろう》として」映った(…(イ))。しかし，それは一瞬の間のことで，「後はただ風雨の中に，池をめぐった桜の花がまっ暗な空へ飛ぶ」のが見えただけだった(…(ア))。

問９＜文章内容＞恵印は，自分が偽りの建札を立てただけに，竜が天に昇るなどということはありえないことなので，自分が見た竜の姿は目の錯覚によるものだろうかと思った。

問10＜文学史＞『鼻』は，大正５(1916)年に発表された，芥川龍之介の小説。

三〔**古文の読解―随筆**〕出典：滝沢馬琴『玄同放言』。

≪現代語訳≫過ぎ去った丁丑《ひのとうし》の秋，摂津国能勢郡，出野村にある勘兵衛という農家の天井から，珍しい書が一通現れた。その書は竹の筒に入れられて，水銀でふさがれていた。開けて見てみると，寿永の戦いにおいて，安徳天皇の後を追って死んだ忠臣，左少弁藤原朝臣《あそん》経房の遺書であった。(その遺書を)私個人の所有物にすべきではないと思い，すぐにその旨を伝え申し上げると，国の守は諸々した後，その持ち主に返しなさったということである。(遺書に書かれていることが)事実かどうかはわからない。その遺書によれば，旧録軍記に伝えられているような内容とは違い，当時先帝は無事に，戦場をお出になり，この辺りに，忍んでいらっしゃったという。京の人である森島守近は，早くにこのことを伝え聞いて，私にそのことを告げてきた頃，(私は)どうしてもその遺書を見たいと思っていたので，さらにその人の手を煩わせることが二年にも及んだ。守近はやっとのことで，ある人に就いて，摂津の人である某氏の写本を借りて写し，ついに送って見せることができた。私はこれを得て，灯下で閲覧したところ，(それは)少しも信じられない内容であった。(中略)この日は白昼の合戦で，しかも(場所は)海上である。経房らに翼があったとしても，先帝のお供に加わり，虎口(のような窮地)から脱することは，ありえないほどの(敵方の)勢いである。『東海談』の下編では，この段の内容について，「源氏が平家を滅ぼしたとき，二位尼が，天皇を抱き，国に伝わっているまが玉を身につけて入水したのは，女心(によるものだ)といっているだろう。(しかし，)どうして女だからといって(そのようなことをするのか)，最も愚かな心である，今の女は，かえってそのようなことはしないであろう，天皇と申し上げるところの，至極の由来を知っているからである」と論じている。『吾妻鏡』や『保暦間記《ほうりゃくかんき》』には「按察局は，先帝を抱き申し上げて，入水した」と書いてあることにより，按察局は存命しており，先帝のご遺骸が，浮かばなかったことを疑ふ者もいる。これらの人はその経房の遺書を信じて，「二位尼のえん罪を晴らすことができ，数百年来の疑いを解くことができるものは，ただこの遺書だけだ」と，もてはやしているのだろうか。小説や伝奇物語は，はじめから，誰もがつくり物であって偽りであることを知っているので，欺くといってもやはり考えが浅いのであり，古書を偽作した者は，ひそかに何かを参考にしたところがあるので，識者もうっかりだまされることもある。そのことによってその害は深い。おたまじゃくしが魚の子に似ていることは，どうして長いだろうか(いや，長くはない)。(だが，)宝玉によく似た石が宝石に混じっているのは，なんと恐ろしいことか。惑う者が言うには，「当然のことながら，日本でも中国でも今でも昔でも，同名の人が，同じ時代にいることは多いのではないか」。私は，「そのとおりだ。左大弁藤原経房と，左少弁藤原経房を別人だとして，そのようなことがあるとしても，やはり理屈にかなっていないことを知らないのか。二位尼が，ひそかに経房ら両臣と一人の婦人を，先帝につけ申し上げて，ひそかに行幸させ申し上げるならば，どうして三種の神器を，お体に添え申し上げなかったのか。その遺書に書いてあるとおり，宝剣は，須磨で失せたとしても，やはりまが玉は内侍所にある。それは別の船にあって，急に取り申し上げるとしても，その手段がないこともあるだろう。そうであるならば二位尼が，先帝をひそかに行幸させ申し上げる際，源氏には取らせまい，と思っただけで，旧都にお戻りになるには及ばなかったとしても，先帝は，上皇にとっても，(大切な)孫ではないのか。復位がかなわなかったとしても，どうして平然と事をお進めなさることがあろうか。また鎌倉幕府にしても同様である，平家は朝敵である。また一方では父の敵だから〈こそ〉，討ち滅ぼしもするだろう。ましてや自家を整えるという策略があるとしても，後の世に，明の燕王《えんおう》が，靖難の役を起こして，都城を陥れ，建文帝を亡《な》き者にしようとした謀略とは違う。先帝が健在でいらっしゃったと聞いたならば，必ずその御座を用意して，迎え申し上げるはずだが，その三人の家臣たちが，次の年の夏まで，(帝が)お戻りになるような方策を最後まで講じなかったのは一体どうしたことだろうか。そもそも平維章が，二位尼を議論したように，(帝が)天下の中心として崇められる君主であることを，忘れてしまったのだろうか。またその志は，上皇のことまでも悔しく思い申し上げ，会稽の恥を注ぎ申し上げようと，(帝を)深く忍ばせ申し上げたのなら，(本来であれば)ひそかに，平家の残党を招き集めるようなことを，計画すべきなのに，そのような相談などなく，朝敵である，平家の落人と同じように，はかない命をつなぎ申し上げることを，それぞれの務めにしたのはどうしたことだろうか。これは後の世における机上の論であって，当時の情勢として，やはり戻し申し上げることが難しかった理由があったのだろう」と(考えているが)，助けといっても，(その状態では)知恵や勇気が足りなかっただけではなく，忠や義もないに等しかったのではないか。だからその経房の遺書を，明の史彬の，『致身録』に似ているといっても，体裁は似ているが内容は異なっている。(また)『致身録』でさえ，そこに信じるに足るものも，また偽とするものもあり，伝え写しの異聞については，もとより定説がない。昔『孟子』の万章編には幾度も，好事の者がこれをするのだという記述がある。好事の者がしたようなことには，事実がないということを知るべきであり，思うに経房の遺書も，一巻の小説である。それが実録と思われているのは，好事の者の手から生まれたものだからであろう。

問１＜古語＞(ア)「いぬ」は，過ぎ去る，という意味。　(イ)「恙なし」は，無事である，さしさわりがない，という意味。　(ウ)「つやつや」は，打ち消しの語を伴って，全く，少しも，という意味。

問２＜古典の知識＞「摂津国」は，現在の大阪府北西部と兵庫県東部の辺りの旧国名。

問３＜古文の内容理解＞農家の勘兵衛の家から見つかった「経房の遺書」を持ち主に返却すべきだということを，作者が守に進言した結果，遺書は「主」に返された。

問４＜現代語訳＞「いかで」は，下に願望を表す語を伴って，どうにかして，という意味。「まほしさ」は，～したい，という願望を表す「まほし」が名詞化したもの。

問５＜古文の内容理解＞小説や伝奇と違い，古書を偽作した者は何かを参考にしたところがあり，識者も「欺かるること」があるほどなので，作者は，「経房の書」が歴史の認識を誤らせる玉の中に混じる「碔砆」のように思い，「恐るべきかな」と言った。

問６＜古典文法＞文末の「たれ」は，助動詞「たり」の已然形。文中に係助詞「こそ」があるときは，係り結びの法則により，文末は已然形になる。

問７＜四字熟語＞「会稽の恥を雪め」は，以前に受けた忘れられない屈辱を晴らす，という意味。「臥薪嘗胆」は，敵を討つために苦労を重ねること。

問８＜古文の内容理解＞安徳天皇が生きているなら，源氏に復讐するために「平家の残党を招き集め」ようと計画すべきなのに，残党を集めようといった相談をすることなく，平家の落人と同じように，安徳天皇の命をつなぎ申し上げたというのはおかしい。

問９＜古文の内容理解＞作者は，「経房の遺書」は『致身録』に「趣きは似て」いるが内容は「非なり」と指摘しており，「実録」というものには，「好事の手」による偽りもあると述べている。

問10＜文学史＞『雨月物語』は，江戸時代に成立した読本で，作者は上田秋成。『曽根崎心中』は，江戸時代に成立した浄瑠璃で，作者は近松門左衛門。『おくのほそ道』は，江戸時代に成立した俳諧紀行文で，作者は松尾芭蕉。

2024年度　狭山ヶ丘高等学校（推薦第3回・推薦第2回）

※英語・数学は推薦第3回，国語は推薦第2回の問題です。

［注意］ この試験では，はじめにリスニングを行います。

【英　語】（65分）〈満点：100点〉

1　（リスニングテスト）　このリスニングテストには**問題A**から**問題C**まであります。英文はそれぞれ2度ずつ読まれます。放送中メモを取っても構いません。

問題A　これから流れる対話を聞き，最後に続く受け答えとして最も適切なものを選び番号で答えなさい。

No. 1　[1]

1　Yes, we'll go to my hometown.　　2　No, we'll go abroad.

3　I want it, too.　　4　I have no kids.

No. 2　[2]

1　You should call me right now.　　2　What time did you call me ?

3　You've found it, too.　　4　But there's a clock on that wall.

No. 3　[3]

1　I've played soccer for two hours.

2　If the score is A, I can join a special math class.

3　I want to play it as hard as I can.

4　It's six thirty, so I have to run there.

問題B　これから流れる対話を聞き，そのあとの質問に対する答えとして最も適切なものを選び番号で答えなさい。

No. 1　[4]

1　She will buy a suitcase first.　　2　She will buy a TV set first.

3　She will buy a washing machine first.　　4　She will buy some clothes first.

No. 2　[5]

1　It is a blue tie wrapped in blue paper.

2　It is a plain tie wrapped in blue paper.

3　It is a striped tie wrapped in plain paper.

4　It is a striped tie wrapped in blue paper.

No. 3　[6]

1　He will pay 82 dollars and 72 cents.　　2　He will pay 92 dollars and 72 cents.

3　He will pay 102 dollars and 72 cents.　　4　He will pay 112 dollars and 72 cents.

問題C　これから流れる英文を聞き，質問に対する答えとして最も適切なものを選び番号で答えなさい。

No. 1　[7]

1　He practiced soccer three days a week.

2　He practiced soccer hard but his soccer skill didn't improve.

3　He got a chance to play soccer as a regular member.

4　His coach did not let him join in any soccer matches.

No. 2 [8]

1 She loves spring because she can wear various T-shirts.

2 She loves summer because she can wear different jackets.

3 She loves autumn because she can choose several combinations of clothes.

4 She loves winter because she can wear thick coats and gloves.

No. 3 [9]

1 They clean White Town twice a year and people in the town join it.

2 They pick up trash on the road along the White River on the second Saturday every month.

3 They ask many people to stop throwing away any trash.

4 They clean the parks on the third Monday of March.

※**＜リスニング問題放送原稿＞**は英語の問題の終わりに付けてあります。

2 次の英文を読み，後の設問に答えなさい。

Most people want to know ①what is in space. There are many galaxies in space. Clouds, planets, and stars make up galaxies. We can see the sun, moon, and stars from Earth. However, we cannot clearly see everything in space from Earth. If you want to see things in space more clearly, you have to use a *telescope. Did you know stars are different colors? We can see the many colors of stars with a telescope. However, if we go into space and use a telescope, we can see farther into our galaxy or even outside of it.

②A space pilot can go to space. These days, space pilots are called astronauts. They travel to space in a spacecraft. These are the men and women exploring space today. When astronauts go into space for a long time, they live in *the International Space Station. The space station is also a spacecraft. However, it doesn't travel away from Earth. The International Space Station is a home in space for its crew members. It has five bedrooms, two bathrooms, and a big window. Astronauts go into space to look at what is there. They study the objects in space. They also do experiments that can help us on Earth. Astronauts have to test the machines inside the space station. They make sure everything is safe in the space station, too. Astronauts usually stay in space for six months. However, a person has stayed in space for 879 days. It is the longest time. Astronauts spend most of their time inside the space station. ③Sometimes astronauts go outside the space station. Going outside is called "taking a spacewalk." When the astronauts go on spacewalks, they have to wear a spacesuit to protect their bodies. They go on spacewalks to fix things on satellites or test new machines outside the spacecraft. They can also do science experiments on spacewalks. ④Astronauts have fun, too. They like to watch sunrises and sunsets when they are in space. Sunrises and sunsets happen every 45 minutes while in space! Astronauts also have some time off each week to rest. They exercise to keep their bodies healthy. They play games with other crew members. They watch movies and read books. They spend time on talking with their families while in space, too. When astronauts are not in space, they work in an office. They write reports about their trips to space. They go to meetings with other office workers. They study how to control robots and other machines used in space. They help plan spacewalks. For now, most astronauts work for the government. Only [⑤] countries have built spacecraft that sent people to space. These countries are the USA, Russia, and China. Less than 600 people in the world have ever traveled to space. However, many people are curious about what happens in space.

As we learn more about living in space, it is becoming easier to go there. Soon, we will need a new kind of space pilot who can fly visitors to space for research, work, and maybe even vacations. This job will be a little different than ⑥that of astronauts. It will be like an airplane pilot, but a pilot flying to space! In university, space pilots can study many subjects. They can study *engineering or *biological science. They can study *physical science or computer science. They can also study math. After university, space pilots need to get experience. Before going to space, they need to practice flying jets. They should practice for at least 1,000 hours. These days, astronaut training can take as (⑦) as three years. ⑧Space pilots will need to do a lot of training, as well. They have to learn how to operate spacecraft. They have to learn what to do in *emergencies in space. They have to learn how to do spacewalks. How can people learn to spacewalk on Earth? They can put on a big suit and work (or walk) in a swimming pool! People who are not space pilots may soon be able to buy tickets on *spacelines to fly to space. It may be similar to how people buy tickets to fly to other countries today. Spacelines will need space pilots to fly their spacecraft. Of course, space pilots will need to have a pilot license. They will also need to complete training at the spaceline they work for. People do not need to work as astronauts before they work as space pilots. However, it is good if they study the same subjects that astronauts study in school. For their flying experience, space pilots may work as either airline or *military pilots. Space pilots can also have experience as fighter or test pilots. Fighter pilots fly jets during wars. Test pilots fly new jets to make sure they are safe.

⑨Space travel is going to be possible for all of us very soon. A few companies are preparing to take tourists on space trips in the near future. *Virgin Galactic is the world's first spaceline. They want people to see the beautiful things in space. They want people of all ages to explore space. They want tourists to experience floating! It is very expensive to buy a ticket to go to space. One ticket can cost over $100,000 dollars! If space tourism becomes very popular, the price will probably become lower in the future. Virgin Galactic plans to use a few different kinds of spacecraft. One spacecraft that can take tourists to space is named SpaceShipTwo. Two pilots will fly SpaceShip Two. This spacecraft can take two pilots *along with six other passengers to space. Being safe while in space is very important. Space tourists will have to do training before going on a trip to space. They can do the training at a *spaceport. A spaceport is like an airport for spacecraft. Space tourists can see what space is like at the spaceport. They will learn about *gravity and how to be comfortable in space. They will also do a health test at the spaceport. Space pilots will need to teach space tourists, too. Space pilots can help with training tourists for space travel at spaceports. They will help passengers learn basic emergency skills for their space travel. In addition to flying a spacecraft, space pilots will be like tour guides for the passengers. They will help tourists with any questions they have about space. Space pilots will help passengers feel more comfortable about going to space. Many people are very interested in going to space. Space tourism will probably become big business in the future. Spacelines will need many space pilots. Does this job sound exciting to you? Maybe you can be a space pilot in the future!

（出典：Shauente Waters *Space Pilots* 改変）

（注） telescope 「望遠鏡」 the International Space Station 「国際宇宙ステーション」

engineering 「工学」　biological science 「生物学」　physical science 「自然科学」
emergency 「緊急事態」　spaceline 「宇宙船の運行会社」　military 「軍の」
Virgin Galactic 「ヴァージンギャラクティック(宇宙船の運行会社名)」
along with 「～といっしょに」　spaceport 「宇宙船基地」　gravity 「重力」

問1　下線部①に関する記述として適切でないものを次の中から選びなさい。 10
1　宇宙には多くの銀河が存在し銀河は惑星と星のみで構成される。
2　宇宙にある太陽，月，星は地球から見ることができる。
3　宇宙にあるすべてのものを地球からはっきりと見られるわけではない。
4　宇宙には様々な色の星があり，望遠鏡を使うことで確認できる。

問2　下線部②に関する記述として最も適切なものを次の中から選びなさい。 11
1　宇宙パイロットは旅行する人々を宇宙飛行士と呼んでいる。
2　宇宙パイロットは寝室のない国際宇宙ステーションで暮らしている。
3　宇宙パイロットは宇宙に長く滞在するためにいくつかの衛星を利用する。
4　宇宙パイロットは宇宙の物体を調べ，実験を行っている。

問3　下線部③に関する記述として最も適切なものを次の中から選びなさい。 12
1　宇宙飛行士が国際宇宙ステーションの外に出るときに宇宙服を着てはいけない。
2　宇宙飛行士が国際宇宙ステーションの外で活動することをスペースウォークという。
3　宇宙飛行士がスペースウォークをする際は実験をしない。
4　宇宙飛行士が国際宇宙ステーションの外で活動できるのは45分間だけである。

問4　下線部④の文と同じ文型の文を次の中から選びなさい。 13
1　Gordon thanked me for coming to his concert.
2　My boss kept silent through the meeting.
3　My aunt always gives me some candies.
4　There is a baby in this room.
5　You must keep this room clean.

問5　⑤ に入れるのに最も適切なものを次の中から選びなさい。 14
1　no　2　one　3　two　4　three

問6　下線部⑥が指すものとして最も適切なものを次の中から選びなさい。 15
1　the job　2　the spacecraft　3　the pilot　4　the vacation

問7　⑦ に入れるのに最も適切なものを次の中から選びなさい。 16
1　far　2　long　3　well　4　soon

問8　下線部⑧に関する記述として最も適切なものを次の中から選びなさい。 17
1　宇宙パイロットはスペースウォークのやり方を学ぶために宇宙に行ってから訓練をする。
2　宇宙パイロットはパイロットの免許を取らなければならない。
3　宇宙パイロットは宇宙船の運行会社に就職してからは訓練がない。
4　宇宙パイロットは航空会社と軍隊の両方でパイロットの経験を積まなければならない。

問9　下線部⑨に関する記述として適切でないものを次の中から選びなさい。 18
1　世界には宇宙船の運行会社がまだほんの数社しかない。
2　現在は宇宙旅行をするためのチケットが10万ドル以上することもある。
3　宇宙旅行をする客は宇宙へ旅行をする前に訓練を行わなくてよい。
4　宇宙旅行をする客は事前に健康診断を受けなければならない。

問10　本文中の内容と合うものを次の中から１つ選びなさい。 19

1　宇宙飛行士はたいてい２年間宇宙に滞在することが仕事として決まっている。
2　宇宙飛行士は休息を取るときは何もせずただ体を休めなければならない。
3　ヴァージンギャラクティックは将来チケットを安くするために新しい宇宙船を開発している。
4　宇宙観光は将来発展する分野であり，宇宙パイロットの需要は増加するだろう。

3　次の英文を読み，後の設問に答えなさい。

〔編集部注…課題文は著作権上の問題により掲載しておりません。作品の該当箇所につきましては次の内容を参考にしてください〕

Jennifer Bassett『Songs from the Soul—Stories from Around the World—』(Oxford University Press)

P.11の冒頭～P.15の最終行(一部省略・改変あり)

（注）breathe 「息をする」　teh-tarik 「テータリック(マレーシアなどにある温かいお茶)」
four-digit 「４桁の」　aircon 「エアコンのある」　whisper 「ひそひそ話す」
bang 「ドンと音がする」

問１　下線部①とあるが，その内容として最も適切なものを次の中から選びなさい。[20]
1　最近そのコーヒー店はたいていチャイが使っているテーブルが空いていた。
2　最近そのコーヒー店はたいてい多くの客でにぎわっていてテーブルが空いていなかった。
3　最近そのコーヒー店はたいてい店の中が閑散としてどのテーブルも空いていた。
4　最近そのコーヒー店はたいてい店に入るには気が重くなることがいくつもあった。

問２　[②]に入れるのに最も適切なものを次の中から選びなさい。[21]
1　much　2　many　3　a number of　4　a few

問３　下線部③とあるが，その理由として最も適切なものを次の中から選びなさい。[22]
1　サミーがどうして宝くじの数字を教えてくれたのかわからなかったから。
2　サミーはチャイから宝くじの券を１枚しかもらえなかったことをけちだと思ったから。
3　サミーはチャイが言った番号が中国では不幸な番号だと言うべきではないと思ったから。
4　サミーはチャイにお茶をおごっていることが喜ばれていると思ったから。

問４　[④]に入れるのに最も適切なものを次の中から選びなさい。[23]
1　often　2　quickly　3　early　4　usually

問５　本文の内容と合うものを次の中から２つ選びなさい。[24]・[25]
1　サミーはチャイと昔からの友人であったが，今はチャイを雇っている店長であった。
2　チャイは体が小さく，後ろポケットから宝くじを取り出すのも簡単であった。
3　チャイは宝くじが当たったら，サミーにエアコンをプレゼントすると約束した。
4　チャイは具合が突然悪くなり，自分の誕生日をつぶやきながら倒れてしまった。
5　サミーはチャイからもらった１枚の宝くじが当たってとても喜んだ。

4　次の各英文の[　]に入る最も適切なものを下の中から選びなさい。

1　I am using my dictionary now, so please use [26].
①　my　②　their　③　his　④　your

2　What is [27] more important than your bike ?

①　much　　②　lot　　③　very　　④　many

3　The people [28] watching the soccer match when I went there.

①　was　　②　were　　③　is　　④　are

4　Please show me [29] you are a good soccer player.

①　it　　②　who　　③　that　　④　to

5　次の各英文の(　)内の語を適切に並べ替えたとき，(　)内で3番目と6番目にくるものを答えなさい。ただし，文頭にくる語(句)も小文字で示してある。

1　(①　cute　②　what　③　this　④　a　⑤　cat　⑥　is)!

3番目は [30]・6番目は [31]

2　(①　the　②　as　③　have　④　clean　⑤　make　⑥　you　⑦　room　⑧　soon　⑨　to) as possible.

3番目は [32]・6番目は [33]

3　To (①　mean　②　the　③　you　④　him　⑤　that　⑥　will　⑦　letter　⑧　send) love him.

3番目は [34]・6番目は [35]

4　(①　help　②　with　③　wanted　④　his　⑤　to　⑥　he　⑦　me　⑧　homework　⑨　him).

3番目は [36]・6番目は [37]

6　次の英文で，文法的な誤りが含まれる下線部を選びなさい。

1　This is ①one of the flowers ②which ③looking like a ④flying butterfly.　[38]

2　I'm afraid ①if he ②won't give me ③his new bike ④tomorrow.　[39]

3　①Remember there ②is a lot of things ③you ④don't have to tell your friends.　[40]

4　When I ①come home, she was ②looking for something ③cold to drink ④in the room.　[41]

7　各組の語の中で，最も強く発音する部分が他と異なるものをそれぞれ1つずつ選びなさい。

1　〔①　ab-sent　②　noth-ing　③　pre-fer　④　lis-ten〕　[42]

2　〔①　or-ange　②　in-vent　③　Sun-day　④　of-fer〕　[43]

3　〔①　med-i-cine　②　Sat-ur-day　③　bas-ket-ball　④　sev-en-teen〕　[44]

8　各組の語の中で，下線部の発音が他と異なるものをそれぞれ1つずつ選びなさい。

1　〔①　tooth　②　root　③　wood　④　zoo〕　[45]

2　〔①　silence　②　united　③　survive　④　prince〕　[46]

3　〔①　gym　②　guy　③　gate　④　gold〕　[47]

＜リスニング問題放送原稿＞

1　(リスニングテスト)　このリスニングテストには**問題A**から**問題C**まであります。英文はそれぞれ2度ずつ読まれます。放送中メモを取っても構いません。

問題A　これから流れる対話を聞き，最後に続く受け答えとして最も適切なものを選び番号で答えなさい。

No. 1

A：　Mom, I want to go abroad this summer.

B：　You do ?

A： So, do you have any plans for this vacation ?
B：
Listen Again

No. 2

A： What time is it now ?
B： Seven o'clock. Why did you ask me ?
A： I lost my smartphone yesterday.
B：
Listen Again

No. 3

A： You have to hurry, Ken. It's six thirty.
B： Mom, I don't want to go to the soccer club tonight.
A： You want to study for the test tomorrow, right ?
B：
Listen Again

問題B　これから流れる対話を聞き，そのあとの質問に対する答えとして最も適切なものを選び番号で答えなさい。

No. 1　※Aは女性，Bは男性

A： I was going to buy a new TV this weekend, but my washing machine broke down. I also want a new suitcase for my trip next week, but I can't buy everything now.
B： So, what will you do ?
A： Well, clean clothes are the most important, aren't they ?
B： Yes, I guess so.
Question： What will the woman buy first ?
Listen Again

No. 2

A： Well, have you decided what to give your friend as a birthday present ?
B： Yes, I think I'll give him this striped tie. Actually, I was thinking of a plain tie at first, but then I remembered he often wears a striped tie.
A： OK. Would you like me to wrap the tie ?
B： Yes, please.
A： Sure. We have a selection of colors for the wrapping paper. Which one do you like ?
B： Let me see . . . Blue, please.
Question： What is the present like ?
Listen Again

No. 3　※Aは女性，Bは男性

A： That will be 102 dollars and 72 cents in total.
B： Can I use a coupon ?
A： I'm sorry but only people who spend 110 dollars or more can get a discount today.
B： I didn't know that. Then I will buy that 10-dollar T-shirt, too.
A： OK. You will get a 20-dollar discount off the total price.
Question： How much will the man pay ?

Listen Again

問題C　これから流れる英文を聞き，質問に対する答えとして最も適切なものを選び番号で答えなさい。

No. 1　※男性

Three years ago, when I was 10, I practiced soccer in a team. There were forty players but I was not a regular member of the team. My team had two practices a week, on Wednesdays and Saturdays. Once a month, we had a soccer match with another soccer team. I could not take part in a match at first, and I wanted to be a regular player. I began to practice soccer hard, and I could play better. After that, the coach told me to join in the next game as a regular member. I was so happy.

Question : What is true about his story ?

Listen Again

No. 2　※女性

In Japan, we have four seasons but these days I don't think so. We have a long summer and a long winter. Where are spring and autumn ? I like autumn the best because I like autumn clothes. I can choose a combination of a long-sleeved shirt and jacket every day. I also like summer. I have many T-shirts and love to select which T-shirt to wear. When it is very hot, I often change my T-shirts. I am happy to wear various T-shirts. However, I don't like spring because I suffer from hay fever.

Question : Which is her favorite season ?

Listen Again

No. 3

White Town has clean up events on the third Monday of March and the second Saturday of September. People who live in the town join these events. In March we have to clean up roads along the White River. It is more than five kilometers long and it takes four hours to finish picking up all the trash. In September, we must clean some public parks. In White Town, there are fifteen public parks and it takes three hours to clean all the parks. A problem is that the number of people who join these events is not increasing.

Question : What do they do for their cleaning events ?

Listen Again

これでリスニングテストを終わります。以降の問題を解いて下さい。

【数　学】（50分）〈満点：100点〉

［注意］(1)　コンパス，定規，分度器，電卓は使用しないのでしまって下さい。

(2)　１つの□には０～９の数が入ります。

(3)　分数はもっとも簡単な形で答えなさい。例えば，$\frac{3}{4}$と答えるところを，$\frac{6}{8}$のように答えてはいけません。

(4)　根号の中の数はできるだけ小さな自然数にしなさい。例えば，$4\sqrt{2}$と答えるところを，$2\sqrt{8}$のように答えてはいけません。

(5)　比はもっとも簡単な整数比で答えなさい。例えば，２：３と答えるところを，４：６のように答えてはいけません。

1　次の$\boxed{1}$～$\boxed{18}$に当てはまる数をマークしなさい。

(1)　$(-0.4)^2 \div 2^4 \times 5 + \frac{1}{2} \times 0.9 = 0.\boxed{1}$

(2)　$2x+3-\frac{3x+4}{3}+\frac{3-2x}{2}=\frac{\boxed{2}\boxed{3}}{\boxed{4}}$

(3)　連立方程式$\begin{cases}2x+3y=6\\3x+2y=-1\end{cases}$の解は，$x=-\boxed{5}$，$y=\boxed{6}$である。

(4)　２次方程式$ax^2+x-6=0$が$x=2$を解に持つとき，$a=\boxed{7}$であり，方程式のもう１つの解は$x=-\boxed{8}$である。

(5)　A，B，Cの３人で100点満点のテストを受けたところ，平均点はちょうど60点であり，Aさんは100点であった。

　Bさんの得点がCさんの得点より高かったことがわかったとすると，Bさんの得点として考えられる最大値は$\boxed{9}\boxed{10}$点，最小値は$\boxed{11}\boxed{12}$点であると判断できる。

(6)　$(a+2b)^2-(a-2b)^2=\boxed{13}ab$である。また，斜辺の長さが21cmでもう１辺の長さが９cmである直角三角形の残りの１辺の長さは$\boxed{14}\sqrt{\boxed{15}\boxed{16}}$ cmである。

(7)　２次方程式$x^2+3x-7=0$の２つの解の和は$-\boxed{17}$であり，積は$-\boxed{18}$である。

2　次の$\boxed{19}$～$\boxed{34}$に当てはまる数をマークしなさい。

図

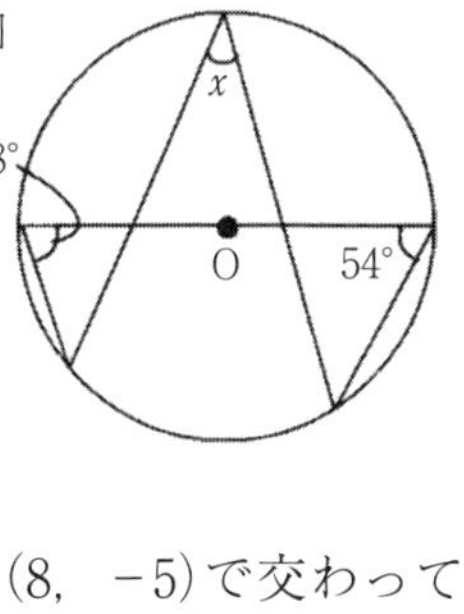

(1)　右の図において，$x=\boxed{19}\boxed{20}$°である。ただし，Oは円の中心である。

(2)　自宅から学校まで３kmの道のりをAさんは毎分300mの速さで歩いて通う。Aさんが自宅を出てちょうど３分後に，Bさんは学校を出てAさんの自宅に向かった。AさんとBさんが出会ったのは，Bさんが学校を出てから150秒後であった。Bさんが一定の速さで走っていたとすると，Bさんは毎分$\boxed{21}\boxed{22}0$ mの速さで走ったことになる。

(3)　a，bを定数とする。xy平面上の直線$y=ax-9$と直線$y=-2x+b$が１点$(8,\ -5)$で交わっているという。

　このとき$a=\frac{\boxed{23}}{\boxed{24}}$，$b=\boxed{25}\boxed{26}$である。また，座標の１目盛分の長さを１cmとするとき，この２直線とy軸とで囲まれた三角形の面積は$\boxed{27}\boxed{28}$ cm^{2}である。

(4)　反比例のグラフ$y=\frac{6}{x}$上の点で，x座標とy座標がともに正の整数であるものは全部で$\boxed{29}$個ある。この$\boxed{29}$個の点のうち，x座標がもっとも小さい点をAとし，x座標が２番目に大きい点をBとすると，点Bのx座標は$\boxed{30}$であり，直線ABの方程式は$y=-\boxed{31}x+\boxed{32}$となる。

(5)　箱の中にたくさんの白球が入っている。この中に赤球を50個入れてよくかき混ぜた。この箱から15個取り出した中に赤球は3個含まれていた。このことから白球は箱の中に約$\boxed{33}\boxed{34}$0個入っていたと推定される。

3　白いサイコロと黒いサイコロが1個ずつある。この2つのサイコロを同時に振って，白いサイコロの出た目をa，黒いサイコロの出た目をbとする。このとき，xy平面上の点A$(a,\ b)$を定める。また，原点をO$(0,\ 0)$とし，B$(1,\ 1)$，C$(3,\ 3)$とする。次の$\boxed{35}$～$\boxed{42}$に当てはまる数をマークしなさい。

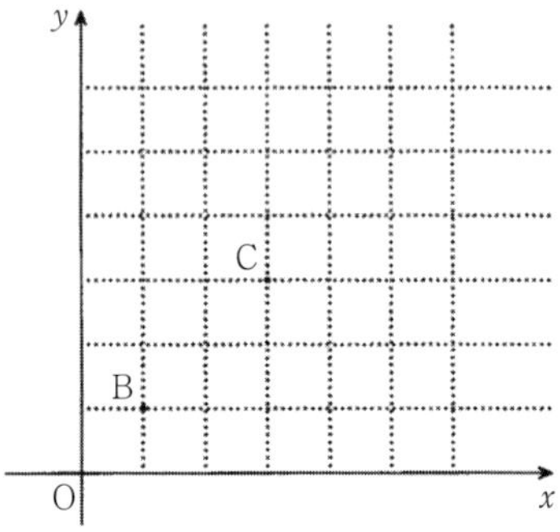

(1)　A，B，Cが同一直線上にある確率は$\dfrac{\boxed{35}}{\boxed{36}}$である。

(2)　三角形ABCが二等辺三角形になる確率は$\dfrac{\boxed{37}}{\boxed{38}}$である。

(3)　三角形ABCが直角三角形になる確率は$\dfrac{\boxed{39}}{\boxed{40}}$である。

(4)　三角形ABCの面積が2となる確率は$\dfrac{\boxed{41}}{\boxed{42}}$である。

4　右の【図】のように，点P$(1,\ -2)$を通る2本の直線が，放物線$y=\dfrac{1}{2}x^2$と4点O，A，B，Cで交わっている。点Oの座標は$(0,\ 0)$であり，OA//CBである。座標の1目盛分の長さを1cmとするとき，次の$\boxed{43}$～$\boxed{50}$に当てはまる数をマークしなさい。

(1)　点Cの座標は$(-\boxed{43},\ \boxed{44})$である。

(2)　点Aの座標は$(\boxed{45},\ \boxed{46})$であり，直線ABの方程式は$y=\boxed{47}x-\boxed{48}$である。

(3)　台形OABCの面積は$\boxed{49}\boxed{50}$ cm^{2}である。

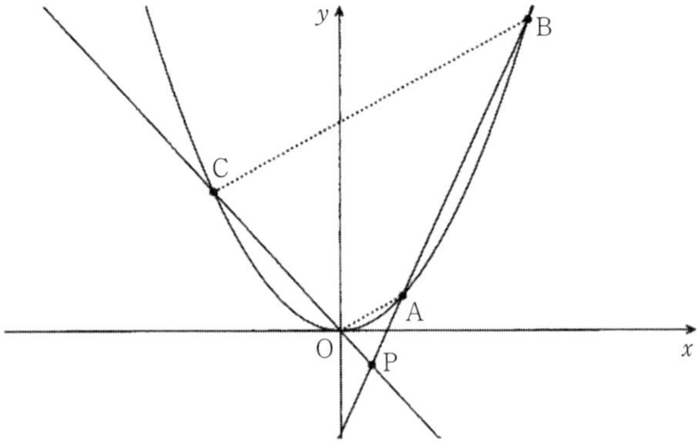

【図】

5　1，2，3，…，12の数字が書かれたカードが1枚ずつ，全部で12枚ある。このカードを信長さん，秀吉さん，家康さんの3人に4枚ずつ配った。3人それぞれ，配られたカードに書かれた4つの数の「2乗の和」を計算したところ，信長さんは151，秀吉さんは228，家康さんは271であった。このとき，3人に配られたカードは何だったかを考えてみよう。次の$\boxed{51}$～$\boxed{73}$に当てはまる数をマークしなさい。

(1)　nが偶数であるとき，n^2を4で割った余りは$\boxed{51}$である。また，nが奇数であるとき，n^2を4で割った余りは$\boxed{52}$である。

151を4で割った余りは$\boxed{53}$であり，271を4で割った余りは$\boxed{54}$であるから，信長さんは奇数のカードを$\boxed{55}$枚，家康さんは奇数のカードを$\boxed{56}$枚持っていることがわかる。秀吉さんの持っているのはすべて偶数のカードである。

(2)　すべての偶数（2～12）の2乗の和は$\boxed{57}\boxed{58}\boxed{59}$であり，小さい4つの偶数（8以下）の2乗の和は

[60][61][62]である。このことを考慮すると秀吉さんの持っているカードは[63]，[64]，[65]，1[66]の4枚とわかる。(ただし[63]＜[64]＜[65]とする)

(3)　nが3の倍数のとき，n^2を3で割った余りは[67]である。nが3で割り切れない整数のとき，n^2を3で割った余りは[68]である。

151も271も3で割った余りは1であるから，秀吉さんの持っているカードを除いた残り8枚の中のうち，[69]。

⓪　信長さんと家康さんはどちらも3の倍数のカードを持っている

①　信長さんと家康さんのどちらかが3の倍数のカードを全部持っている

残った3の倍数の2乗の和を計算することで，信長さんの持っているカードは[70]，[71]，[72]，[73]の4枚であるとわかる。

[70]～[73]は次の選択肢⓪～ⓑから4つ選び，番号または記号をマークしなさい。ただし，順不同とする。

【選択肢】

⓪　1　①　2　②　3　③　4　④　5　⑤　6

⑥　7　⑦　8　⑧　9　⑨　10　ⓐ　11　ⓑ　12

だが、その気持ちとして最も適当なものを次の①〜⑤のうちから一つ選び、番号で答えなさい。解答番号は 40 。

① 何とか生き延びられたからこそ今夜の月を見届けることができたと歌い、僧侶として出家遁世したことを喜ぶ気持ち。

② 命がけで戦ってきたからこそ今夜の月を見届けることは格別であると歌い、武士としての達成感を覚える気持ち。

③ 何とか生き延びられたとはいえ、今夜の月を見届けることは意味のないものと歌い、素浪人として万事を諦観する気持ち。

④ 命をかけてもかけなくても今夜の月には変わりがないと歌い、自然の雄大に対比して人事の卑小さを嘆く気持ち。

⑤ 自らの命を闇夜の中に漂う月として歌い、人生に迷える者として方向性を見失ってしまった絶望した気持ち。

問9 傍線部F「いやその事はただ今またいふべきにあらず」とあるが、瀧川がこのように言った理由として最も適当なものを次の①〜⑤のうちから一つ選び、番号で答えなさい。解答番号は 41 。

① 自らが主君に背いて裏切り者となった以上、敵軍からどんなに憎まれても仕方がないと考えたから。

② 信長の家臣である萱谷を客として招いて話している以上、主君の内情を漏らすことはできないと考えたから。

③ 下間や小寺などの乱世の名臣の武功を引き合いに出して論じたことを後悔して自らの不甲斐なさを感じていたから。

④ 自らが既にこの世の亡者となった以上、敵軍の稚拙な攻め方について今さら改めて論じても仕方がないと思ったから。

⑤ 自らがこのような目に遭ったのはそもそも信長の仕打ちへの逆恨みに起因していたことを恥じていたから。

問10 本文に合致するものとして最も適当なものを次の①〜⑤のうちから一つ選び、番号で答えなさい。解答番号は 42 。

① 萱谷は伊賀国の一揆後に主君の織田信長から柘植と瀧川の安否を探るように厳命されていたが、彼ら二人と出会ったときにはひとまず安堵した。

② 萱谷は伊賀国の一揆後に柘植と瀧川に再会して酒を酌み交わすことができたが、彼らが酒代として手渡したものは彼らが姿を消すとことごとく消え失せてしまった。

③ 仏教への信仰心の厚い萱谷は、伊賀国の一揆により柘植と瀧川が討たれた噂を聞いたときには、主君具時を裏切った報いによるものと考えていた。

④ 伊賀国の一揆後に再会した萱谷が一首詠むことを勧めた際に、柘植が詠んだ和歌は勇ましいものであったが、瀧川のものは悲壮感に溢れるものであった。

⑤ 伊賀国の一揆において柘植と瀧川は織田信長の侵攻に対して深い恨みを抱いていたが、長年交友があった萱谷と再会した際にはその気持ちを打ち明けることはなかった。

① もとの貧賤の身になるはずはあるまい
② もとの貧賤の身になるのだろうか
③ もとの貧賤の身になりつつあるようだ
④ もとの貧賤の身になってはならない
⑤ もとの貧賤の身にもどりたい

(イ) そぞろに 32

① 大げさに　② 無性に　③ 一斉に
④ 大声で　⑤ 突然

(ウ) 嘯きつつ 33

① とぼけて知らないふりをして
② 言葉を言いつくろって
③ 大きなあくびを繰り返して
④ 指笛を吹くまねをして
⑤ 酒を一息に飲み干して

問2 傍線部A「伊勢」の現在の都道府県として最も適当なものを次の①～⑤のうちから一つ選び、番号で答えなさい。解答番号は 34。

① 奈良県　② 三重県　③ 兵庫県
④ 滋賀県　⑤ 神奈川県

問3 傍線部B「信長公」とあるが、織田信長の事績とは**直接関係がないもの**として最も適当なものを次の①～⑤のうちから一つ選び、番号で答えなさい。解答番号は 35。

① 比叡山焼き討ち　② 本能寺の変
③ 安土城の築城　④ 桶狭間の戦い
⑤ 賤ヶ岳の戦い

問4 傍線部C「諸方の手づかひ障りとならん」の解釈として最も適当なものを次の①～⑤のうちから一つ選び、番号で答えなさい。解答番号は 36。

① 近郷のならず者を早く攻め滅ぼさなくては、諸々の軍備の支障となることだろう。
② 近郷のならず者をこのまま攻め滅ぼさずとも、諸々の軍備の支障とはなり得ない。
③ 近郷のならず者を攻め滅ぼさずとも、諸々の軍備の支障となってはならない。
④ 近郷のならず者を攻め滅ぼさないままでは、諸々の軍備の支障となるのだろうか。
⑤ 近郷のならず者をそのうちに攻め滅ぼせば、諸々の軍備の支障とならずに済む。

問5 傍線部D「これは夢にてやあるらんと怪しみながら」とあるが、萱谷がそのように思った理由として最も適当なものを次の①～⑤のうちから一つ選び、番号で答えなさい。解答番号は 37。

① 萱谷はかつて生前の柘植と瀧川の二人と深い親交があり、何があっても必ず再会することを誓い合っていたから。
② 萱谷は前後不覚になるほど酔っ払っていたうえ、山田郡には狐狸が棲みついていることで有名であったから。
③ 萱谷は生前の柘植と瀧川の武功を聞き及んでおり、戦闘中に二人が討たれたという噂が信じられなかったから。
④ 萱谷は柘植と瀧川が討たれたことを事前に聞いていたため、二人に行き会ったときに現実のこととは思えなかったから。
⑤ 萱谷は主君を裏切った柘植と瀧川に対して深い恨みを持ち、いずれ再会して恨みを果たそうと思っていたから。

問6 空欄 X に入る語句として最も適当なものを次の①～⑤のうちから一つ選び、番号で答えなさい。解答番号は 38。

① 馬　② 龍　③ 鶴
④ 犬　⑤ 鼠

問7 空欄 Y に入る枕詞として最も適当なものを次の①～⑤のうちから一つ選び、番号で答えなさい。解答番号は 39。

① 草枕　② 垂乳根の　③ 青丹よし
④ 梓弓　⑤ 久方の

問8 傍線部E「今宵の月をいかで待ちみむ」と下間筑後守が詠ん

前の※8朝倉に方人《かたうど》して、木目《きのめ》峠の城に籠りしを、朝倉討たれて後、平泉寺に隠れて跡をくらまし、※9醒悟発明の道人となりて、

[Y] 引くとはなしに逃れずは　E今宵の月をいかで待ちみむ

と詠ぜしは、名を埋《うづ》みて道《だう》に替へたり。※10荒木摂津守が家人※11小寺官兵衛は、主君の逆心を諫《いさ》めかねて、※12髻《もとどり》きりて、僧になりつつ、

四十年来謀二戦功一《ねんらいせんこうをはかり》
鉄冑着尽折二良弓一《てつちうきつくしてりょうきうをくじく》
※13緇衣編衫靡二人識一《しえへんさんひとのしることなし》
独誦二妙経一詢二梵風一《ひとりめうきやうをじゆしてほんふうをしたふ》

といふ詩を題して、世を逃れたるも尊しや。この二人はその身逆心の君に仕へながら、終によく禍を免かれたり。これ智慮の深きに侍らずや」といふ。柘植うち笑ひていふやう、「この輩は我等のため恥かしからずや。いでその伊賀の一揆ばら、謀は拙《つたな》かりし者を」といふ。瀧川、「Fいやその事はただ今またいふべきにあらず。思へば口惜しきに、ただ酒飲み給へ、萱谷殿」とて、互ひに盃の数重なりて後、萱谷二人に向ひて、「如何《いか》にかたがた、日来《ひごろ》は数奇の道とてもて遊ばるるに、今日の遊びに一首なきか」といふ。「さればとてうち案じつつ柘植《つげの》三郎左衛門、

露霜と消えての後はそれかとも　草葉より外知る人もなし

瀧川三郎兵衛、

埋《うづ》もれぬ名は有明の月影に　身は朽《く》ちながら訪ふ人もなし

と詠みて、二人ながら(イ)そぞろに涙を押し拭《ぬぐ》ひけり。萱谷、歌の言葉いとどあやしく、またこの有様心得がたく驚き思ひて、「いかに日ごろは武勇智謀を心に掛けて、少しも物事に弱げなき気象のともがら、ただ今の歌のさま哀傷深く、涙を流しけるこそ怪しけれ」といふに、二人ながらさらに言葉はなく大息《いき》つきて、(ウ)嘯《うそぶ》きつつ、酒已《すで》になくなれば、「今はこれまでなり」とて座を立ち、暇《いとま》乞《ご》ひして※14半町ばかり行くかと見えしが、召し連れたる中間ばらもろともに跡なく消え失せたり。萱谷大いに驚き、伊賀にて討ち死せし事をやうやう思ひ出だしたり。日は山の端に傾き鳥は梢にやどりを争ふ。人を遣はして酒売る家に質物とせし小袖を取り寄せて見れば、手にとるや等《ひと》しくぼろぼろと砕けて土ほこりの如くになれり。萱谷急ぎ帰りて密かに僧を請じ、二人の菩提を吊《とぶら》ひけるとなり。

（浅井了意『伽婢子』による）

※1　天正…室町時代の年号。一五七三～一五九二。
※2　勧賞…褒賞。恩賞。論功行賞。功労を賞して官位や土地などを授与すること。
※3　中間…武家の召使いの者。
※4　諸葛長民…東晋時代の武将。同僚の劉毅が劉裕に謀殺されたため、決起するもだまし討ちされた。
※5　織田掃部…尾張国日置城主織田忠寛のこと。もとは織田信長の家臣であったが、敵将と内通して日置大膳によって誅殺された。
※6　佐久間右衛門…戦国時代の武将佐久間信盛のこと。織田信長の勘気を買って織田家から追放された。
※7　下間筑後守…戦国時代の武将下間頼照のこと。史実では織田信長の越前国侵攻に際して立ち向かって戦死した。
※8　朝倉に方人して…越前国の武将朝倉義景の味方となって。
※9　醒悟…迷いがはれて悟りを得ること。
※10　荒木摂津守…戦国時代の武将荒木村重のこと。織田信長に重用されるも後に謀叛を起こした。
※11　小寺官兵衛…戦国時代から江戸初期の武将黒田官兵衛孝高（如水）のこと。江戸時代には福岡藩主となる。
※12　髻…たぶさ。髪を頭上で束ねたもの。
※13　緇衣編衫…黒い衣。ここでは僧衣。
※14　半町…現在の距離で約五十五メートル。

問1　波線部(ア)～(ウ)の語句の意味として最も適当なものを後の各語群①～⑤のうちからそれぞれ一つずつ選び、番号で答えなさい。解答番号は[31]～[33]。

(ア)　もとの貧賤にならばや　[31]

② 藤十郎にはまだ演じることのできない演目。
③ 人には絶対に見せてはいけない演目。
④ 困ったときに演じるとっておきの演目。
⑤ 一部の熱心な愛好家にだけ知られている演目。

問8 傍線部F「無知な見物」とはこの本文においてどのような人物のことか。その説明として最も適当なものを次の①～⑤のうちから一つ選び、番号で答えなさい。解答番号は28。
① 歌舞伎に興味を持てない人物。
② 歌舞伎のよしあしがわからない人物。
③ 藤十郎の悩みの本質を認識できない人物。
④ 団十郎の芸をよしとする人物。
⑤ 七三郎に肩を入れる人物。

問9 二ヶ所ある空欄 Y に共通して入る語句として最も適当なものを次の①～⑤のうちから一つ選び、番号で答えなさい。解答番号は29。
① こまぬい ② 曲げ ③ 折っ
④ たたい ⑤ 挙げ

問10 本文の作者である菊池寛は、現在の文藝春秋の創始者で、親交の深かったある作家の業績を記念して賞を設立した。その賞として最も適当なものを次の①～⑤のうちから一つ選び、番号で答えなさい。解答番号は30。
① 川端康成文学賞 ② 谷崎潤一郎賞
③ 芥川龍之介賞 ④ 三島由紀夫賞
⑤ 江戸川乱歩賞

三

次の文章を読んで、以下の問い（問1～10）に答えなさい。

※1天正年中に、A伊勢の国司具教《とものり》公をば武井《たけい》の御所とぞいひける。民部少輔具時《ともとき》は国司の甥《をひ》にて、南伊勢の木作《こづくり》といふ所に住み侍り。この郎等に柘植《つげの》三郎左衛門、瀧川三郎兵衛とて二人の侍あり。武勇智謀ある者なりければ、時にとりて名を施しけり。然《しか》るに国司具教その甥民部少輔、同じく奢《おごり》を極め国民を貪《むさぼ》り、佞奸《ねいかん》の者に親しみ、国政正しからざる故に、行末頼もしからずと思ひ、柘植と瀧川二人心を合はせB信長公に内通して、終《つひ》に伊勢の国を信長公に属《しょく》せしめ、国司を亡《ほろ》ぼし、すなはち※2勧賞《けんじやう》を被《かうぶ》り、立身して権を取り威を震《ふる》ひけり。そのころ伊賀国に一揆起こり、近郷のあぶれ者、武井の城《じゃう》の余党ども多く集まり、要害を構へて楯《たて》こもり、土民百姓を悩まし国郡村里を掠《かす》めしかば、信長公、「早くこれを攻めほさずば大いなる難義に及び、C諸方の手づかひ障《さは》りとならん」とて、軍兵を差し向けられし所に、城中強くして人数多く損じける中に、柘《つ》植《げ》・瀧川二人ながら討たれたり。これによりてあつかひを入れられ、終に信長公に随《したが》ひけり。その後一年ばかりを経て、信長公の家臣菅《すげ》谷《のや》九右衛門、所用ありて山田郡《やまだのこほり》に行きける道にて、柘植・瀧川に行き合ひたり。菅谷思ひけるは、この二人は正しく討ち死にしたりと聞きしに、Dこれは夢にてやあるらんと怪しみながら、立ち向ひ物語するに、柘植いふやう、「久しくて対面す。いざここにて酒一つ飲み給へ」とて、召し連れたる※3中間に仰せ付けて、小袖一つ持たせ酒屋に遣《つか》はし、質物として酒取り寄せ、むしろを借りて道端の草むらに敷かせ、柘植・瀧川・菅谷三人打ち向ひて、数盃を傾けたり。瀧川いふやう、「昔もろこしの※4諸葛長民といふ人は、劉《りゅう》毅《き》が殺されし時これがために軍兵を催し、乱を作《な》さんとして未だ思ひ定めず」。かくて曰《いは》く、「貧賤なれば、富貴を願ふ。富貴になれば必ず危き事に逢ふ。その時また(ア)もとの貧賤にならばやと思ふとも、これもまたかなふべからず。腰に十万貫の銭を纏《まと》ひて、 X にのりて揚州に登るといふ。思ふ儘《まま》なる事はなし。武士《もののふ》と生まれ、その名を後代に伝ふる程の手柄なき者は、必ず恥を万事に残す事古《いにし》へ今ためし多し。遠く他家に求むべからず。※5織田掃部はさしも勲功を致《いた》せしかども、終に日置《へき》大膳に仰せて誅せられ、※6佐久間右衛門は、信長公草業の御時より忠節ありけれども、忽《たちま》ちに追ひ放たれて恥に逢ひたり。歴々の功臣猶ほかくの如し。ましてその外の人さらに行末知り難し」といふ。瀧川がいふやう、「※7下間《しもつま》筑後守は越

問1　波線部(ア)〜(ウ)の語句の本文中での意味として最も適当なものを後の各語群①〜⑤のうちからそれぞれ一つずつ選び、番号で答えなさい。解答番号は19〜21。

(ア)　かまびすしくなる　19

①　物騒になる　②　騒がしくなる
③　信憑性が高くなる　④　忘れられていく
⑤　構われなくなる

(イ)　むげに　20

①　本当に　②　冷淡に　③　熱心に
④　真剣に　⑤　無闇に

(ウ)　たわいもなく　21

①　しっかりした考えもなく
②　そっけなく
③　とんでもなく
④　たいしたこともなく
⑤　どうしようもなく

問2　傍線部A「新しき物を追うのは、人心の常である」とはどういうことか。その説明として最も適当なものを次の①〜⑤のうちから一つ選び、番号で答えなさい。解答番号は22。

①　人は目新しい芸風に心を惹かれやすいということ。
②　人は芸には本来興味がないということ。
③　人の目を引く芸には不変的なものがあるということ。
④　人は常に正しい物を追い求めて芸を追究していくということ。
⑤　人は新しい芸を常に工夫して演じていくべきだということ。

問3　傍線部B「なお」の品詞として最も適当なものを次の①〜⑤のうちから一つ選び、番号で答えなさい。解答番号は23。

①　形容詞　②　連体詞　③　感動詞
④　副詞　⑤　形容動詞

問4　空欄 X に入る「今まで一度もなかったほど」を意味する四字熟語を次の①〜⑤のうちから一つ選び、番号で答えなさい。解答番号は24。

①　前後不覚　②　前代未聞　③　前途洋洋
④　前途多難　⑤　前虎後狼

問5　傍線部C「藤十郎は少しも騒がなかった」理由として最も適当なものを次の①〜⑤のうちから一つ選び、番号で答えなさい。解答番号は25。

①　藤十郎は歌舞伎においては誰の意見にも耳を傾けない人物だから。
②　藤十郎自身の芸と団十郎の芸に違いがないと思ったから。
③　団十郎の芸よりも七三郎の芸の方を恐ろしく感じているから。
④　江戸の歌舞伎と都の歌舞伎を比べるのは失礼と考えたから。
⑤　藤十郎は自分の芸が誰にも負けていない自負があったから。

問6　傍線部D「今度の七三郎に対しては、才牛をあしろうたようには、行かなかった」とあるが、なぜ七三郎をあしらうことができなかったのか。その理由の説明として最も適当なものを次の①〜⑤のうちから一つ選び、番号で答えなさい。解答番号は26。

①　七三郎の芸と藤十郎の芸を比べることで藤十郎は自身の芸の遅れに初めて気付いたから。
②　七三郎の芸を目の当たりにすると、自分の芸の才能のなさを突きつけられた気がしたから。
③　七三郎の芸に惹きつけられていく大衆から自己の変化のない芸事の現状に焦りを覚えたから。
④　七三郎の芸が時代の最先端にあって藤十郎の芸の未熟さを実感したから。
⑤　七三郎の芸は藤十郎の芸に及ぶまでもないもので、あしらう必要もなかったから。

問7　傍線部E「トランプの切り札」とはこの本文においてはどのような意味を持つ比喩か。その説明として最も適当なものを次の①〜⑤のうちから一つ選び、番号で答えなさい。解答番号は27。

①　一般にはまだ発表したことのない演目。

真実な動作《しうち》をさながらに、模《うつ》している七三郎の芸を十分に尊敬もすれば、恐れもした。が、藤十郎は芸能という点からだけでは、自分が七三郎にみじんも劣《おと》らないばかりでなく、むしろ※6右際勝《みぎわまさ》りであることを十分に信じた。従って、今まで足り満ちていた藤十郎の心に不安な空虚《くうきょ》と不快な動揺《どうよう》とを植え付けたのは、七三郎との対抗《たいこう》などという事よりも、もっと深いもっと本質的なある物であった。

彼は、二十の年から四十幾つという今まで、何の不安もなしに、濡事師に扮して来た。そして、藤十郎の傾城買いといえば、※7竜《りゅう》骨車《こっしゃ》にたよる里の童にさえも、聞こえている。また※8京の三座見物たちも藤十郎の傾城買いの狂言と言えば、いつもながら惜《お》しげもない喝采《かっさい》を送っていた。彼が、伊左衛門の※9紙衣《かみこ》姿《すがた》になりさえすれば、見物はたわいもなく喝采した。少しでも客足が薄《うす》くなると、彼は定《き》まって、伊左衛門に扮した。しかも、彼の伊左衛門は、Eトランプの切《き》り札《ふだ》か何かのように、多くの見物と喝采とを、藤十郎に保証するのであった。

が、彼は心のうちで、いつとなしに、自分の芸に対する不安を感じていた。いつも、同じような役に扮して、舌たるい傾城を相手の台詞《せりふ》を言うことが、彼の心のなかに、ぼんやりとした不快を起こすことが度重《たびかさ》なるようになっていた。が、彼はまだいいだろう、まだいいだろうと思いながら、一日延ばしのように、自分の仕なれた喝采を獲《う》るにきまった狂言から、脱《ぬ》け出そうという気を起こさなかったのである。

こうした藤十郎の心に、おそろしい警鐘《けいしょう》はとうとう伝えられたのだ。『またいつもながらの伊左衛門か、藤十郎どのの紙衣姿は、もう幾度見たか、数え切れぬほどじゃ。』と、いう巷の評判は、藤十郎にとっては致命的《ちめいてき》な言葉であった。彼が、おそれたのは、七三郎という敵ではなかった。彼の大敵は、彼自身の芸が行き詰《づ》まっていることである。今までは、比較《ひかく》される物のないために、彼の芸が行き詰まっている事が、F無知な見物にはわからなかったのである。彼は、七三郎の巴之丞を見た時に、傾城買いの世界とは、まるきり違った新しい世界が、舞台の上に、浮き出されている事を感じないわけには行かなかった。ただ浮わついた根も葉もないような傾城買いの狂言とは違うて、一歩深く人の心のうちに踏み入った世界が、舞台の上に展開されて来るのを認めないわけには行かなかった。見物は傾城買いの狂言から、(ウ)たわいもなく七三郎の舞台へ、ひき付けられて行った。が、藤十郎は、見物のたわいもない妄動《もうどう》のうちに、深いもっともな理由のあるのを、看取しないわけには行かなかったのである。

小手先の芸の問題ではなかった。彼は、もっと深い大切な所で、若輩《じゃくはい》の七三郎に一足、取り残されようとしたのである。七三郎の巴之丞が、洛中《らくちゅう》洛外の人気をそそって、同じ芸題《だしもの》で打ち続けるといううわさを聞きながら、藤十郎ははげしい焦燥《しょうそう》と不安の胸を抑《おさ》えて、じっと思案の手を［　Y　］たのである。その時に、ふと彼の心に浮かんだのは、浪華《なにわ》に住んでいる近松門左衛門《ちかまつもんざえもん》の事であった。

（菊池　寛「藤十郎の恋」による）

※1　弥生狂言…三月の興行および演目のこと。
※2　濡事師…歌舞伎で、男女の情事を演ずるのを得意とする役者のこと。
※3　三ヶ津総芸頭…「三ヶ津」とは、京・大坂・江戸の三都のこと。遊女を買って遊ぶ場面を演じる「傾城買い」を得意とすることでつけられた藤十郎の美称。
※4　荒事…歌舞伎で、怪力勇猛の武人とか、超人的な鬼神などを主役とする武張った狂言。
※5　実事…歌舞伎で、分別ある人物を主役とし、身近な事件を写実的に演ずるもの。
※6　右際勝り…際立って勝っていること。
※7　竜骨車…水をすくいあげて田に注ぐ器械のこと。
※8　京の三座…かつて京都にあった、北・南・西の歌舞伎劇場のこと。現在は南座のみ残る。
※9　紙衣姿…伊左衛門の衣装を着た姿のこと。

① 伝統工芸品である箸を色合いが変化するまで長年使い続ける。
② 安価に購入した花瓶で他にもののない床の間に花を活けて飾る。
③ 着なくなった洋服をミシンで縫い直して雑巾として再利用する。
④ 家の階段に足腰の不自由な老後を考えて手すりを取り付ける。
⑤ 購入したソファーをリビングルームに設置して悠々とくつろぐ。

二 次の文章は、菊池寛の「藤十郎の恋」の一節である。文章を読んで以下の問い（問1〜10）に答えなさい。

はたして藤十郎の評価は、狂っていなかった。顔見世狂言にひどい不評を招いた中村七三郎は、年が改まると初春《はつはる》の狂言に、『傾城《けいせい》浅間《あさま》ヶ岳《だけ》』を出して、巴《とも》之丞《のじょう》の役に扮《ふん》した。七三郎の巴之丞の評判は、すさまじいばかりであった。

藤十郎は、得意の夕霧《ゆうぎり》伊左衛門《いざえもん》を出して、これに対抗した。二人の名優が、舞台の上の競争は、都の人々の心をわき立たせるに十分であった。がA新しき物を追うのは、人心の常である。口性《くちさが》なき京童《きょうわらべ》は、

「藤十郎どのの伊左衛門は、いかにも見事じゃ、が、われらは幾度見たか数えられぬほどじゃ。去年の※1弥生狂言《やよいきょうげん》もたしか伊左衛門じゃ。もう伊左衛門には堪能《たんのう》いたしておるわ。それに比ぶれば、七三郎どのの巴之丞は、都にて初めての狂言じゃ。京の※2濡事師《ぬれごとし》とはまた違《ちご》うて、やさしいうちにも、東男《あずまおとこ》のきつい所があるのが、てんとたまらぬところじゃ。」と口々に言いはやした。

動きやすい都の人心は、十年賛嘆《さんたん》し続けた藤十郎の王座から、ともすれば離《はな》れ始めそうな気勢《けはい》を示した。万太夫座の木戸よりも、半左衛門座の木戸の方へと、よりたくさんの群衆が、流れ始めていた。

春狂言の期日が尽《つ》きると、万太夫座はすぐ千秋楽《せんしゅうらく》になったにもかかわらず、半左衛門座はBなお打ち続けた。二月に入っても客足は少しも落ちなかった。二月が終わりになって、いよいよ弥生狂言の季節が、近づいて来たのにもかかわらず、七三郎はなお巴之丞の役に扮して、都大路の人気をいっぱいに背負うていた。「半左衛門座では、弥生狂言も『傾城浅間ヶ岳』を打ち通すそうじゃが、かような例は、玉村千《たまむらせん》之丞《のじょう》河内通《かわちがよ》いの狂言に、百五十日打ち続けて以来、絶えて聞かぬ事じゃ。七三郎どのの人気は、X じゃ。」と、巷《ちまた》の風説は、ただこの沙汰《さた》ばかりのようであった。

こうしたうわさが、(ア)かまびすしくなるにつれ、ひそかに腕を Y て考え始めたのは、坂田藤十郎であった。

※3三ヶ津総芸頭という美称を、長い間享受《きょうじゅ》して来た藤十郎は、自分の芸については、何らの不安もないとともに、十分な自信を持っていた。過ぐる未年《ひつじどし》に才牛《さいぎゅう》市川団十郎が、日本随市川《ずいいちかわ》のかまびすしい名声を担うて、東からはるばると、都の早雲長吉座《はやぐもちょうきちざ》に上って来た時も、藤十郎の自信はビクともしなかった。『お江戸団十郎見しゃいな。』と、江戸の人々が誇るこの珍客《ちんきゃく》を見るために、都の人々が雪崩《なだれ》をなして、長吉座に押《お》し寄せて行った時も、C藤十郎は少しも騒がなかった。ことに、彼が初めて団十郎の舞台を見た時に、彼は心のなかでひそかに江戸の歌舞伎を軽蔑《けいべつ》した。彼は、団十郎が一流編み出したという※4荒事《あらごと》を見て、何という粗野《そや》な興ざめた芸だろうと思って、彼の腹心の弟子《でし》の山下京右衛門《きょうえもん》が、「太夫《たゆう》様、団十郎の芸をいかが思《おぼ》し召《め》さる、江戸自慢《じまん》の荒事とやらをどう思し召さる。」ときいた時、彼はつつましやかな苦笑をもらしながら「※5実事《じつごと》の奥義《おうぎ》の解《げ》せぬ人たちのする事じゃ。また実事のおもしろさの解せぬ人たちの見る芝居じゃ。」と一言《いちごん》の下《もと》にけなし去った。がD今度の七三郎に対しては、才牛をあしろうたようには、行かなかった。

と、いって藤十郎は、(イ)むげに七三郎を恐《おそ》れているのではない。もとより、団十郎の幼稚《ようち》な児騙《ちごだま》しにも似た荒事とは違うて、人間の

答番号は11。

① あまりにもひどく見るに堪えない
② わざわざ見る必要がない
③ 世間から注目もされない
④ どこを見るべきかわからない
⑤ 一目で見渡すことができない

問5 傍線部C「欲深ウサギ」とあるが、この比喩表現の説明として最も適当なものを次の①～⑤のうちから一つ選び、番号で答えなさい。解答番号は12。

① 戦後の飢餓状態にあるかつての日本人が食料に飢えていることを喩えた表現。
② もので溢れた空間で生活するかつての日本人が収納できないことを喩えた表現。
③ 食べ物に不自由しないかつての日本人が食欲を抑えられないことを喩えた表現。
④ 蓄えの多い現代の日本人が住宅内の状況を俯瞰できないことを喩えた表現。
⑤ ものを溜め込んだ現代の日本人がその不便さに気付かないことを喩えた表現。

問6 傍線部D「ものの生産と消費の不毛な結末」とあるが、ここではどういうことか。その説明として最も適当なものを次の①～⑤のうちから一つ選び、番号で答えなさい。解答番号は13。

① 経済成長のために生産量を増やすことになったということ。
② 必要なものと不要なものを区別できなくなったということ。
③ 他の国々と比較して精神性が低くなったということ。
④ なくてもよいものを蓄えるようになったということ。
⑤ ひとつひとつのものを大切にできなくなったということ。

問7 傍線部E「捨てることのみを『もったいない』と考えてはいけない」とあるが、ここではどういうことか。その説明として最も適当なものを次の①～⑤のうちから一つ選び、番号で答えなさい。解答番号は14。

① 買い込んだ余計なものを積極的に捨てるべきだということ。
② 不要なものの大量生産をそもそもやめるべきだということ。
③ ものを使うときにそのありがたさを実感するべきだということ。
④ 必要なものが不足しても我慢するべきだということ。
⑤ 廃棄とは別に再利用の方法も考えるべきだということ。

問8 傍線部F「エゴイスティックな」、H「刹那」とあるが、それぞれを言い換えたものとして最も適当なものを後の各語群①～⑤のうちからそれぞれ一つずつ選び、番号で答えなさい。解答番号は15、16。

F「エゴイスティックな」15

① 利己的な ② 利他的な ③ 持続的な
④ 広範的な ⑤ 段階的な

H「刹那」16

① 感動 ② 歓喜 ③ 理由
④ 日常 ⑤ 瞬間

問9 傍線部G「ものが溢れかえっているダイニングではその風情を味わうことは難しい」とあるが、これはなぜか。その理由として最も適当なものを次の①～⑤のうちから一つ選び、番号で答えなさい。解答番号は17。

① 高踏な緊張が身体に生じて漆器と向き合えないから。
② 際限のないゆるみが身体に生じて漆器と向き合えないから。
③ 余計な背景が作られてしまい漆器と向き合えないから。
④ 室内の他のものの美しさを受け止めようとしてしまうから。
⑤ 漆器の美しさそのものが損なわれてしまうから。

問10 傍線部I「ものに託された暮らしの豊かさも成就しない」とあるが、「ものに託された暮らしの豊かさ」が「成就」したものの具体例として最も適当なものを次の①～⑤のうちから一つ選び、番号で答えなさい。解答番号は18。

充足を実感してきたはずである。

伝統的な工芸品を活性化するために、様々な試みが(オ)コウじられている。[Z]、現在の生活様式にあったデザインの導入であるとか、新しい用い方の提案とかである。自分もそんな活動に加わったこともある。そういう時に痛切に思うのは、漆器にしても陶磁器にしても、問題の本質はいかに魅力的なものを生み出すかではなく、それらを魅力的に味わう暮らしをいかに再興できるかである。漆器が売れないのは漆器の人気が失われたためではない。今日でも素晴らしい漆器を見れば人々は感動する。しかし、それを味わい楽しむ暮らしの余白がどんどんと失われているのである。

伝統工芸品に限らず、現代のプロダクツも同様である。豪華さや所有の多寡ではなく、利用の深度が大事なのだ。よりよく使い込む場所がないと、ものは成就しないし、Iものに託された暮らしの豊かさも成就しない。だから僕たちは今、未来に向けて住まいのかたちを変えていかなくてはならない。育つものはかたちを変える。「家」も同様である。

ものを捨てるのはその一歩である。「もったいない」をより前向きに発展させる意味で「捨てる」のである。どうでもいい家財道具を世界一たくさん所有している国の人から脱皮して、簡潔さを背景にものの素敵さを日常空間の中で開花させることのできる繊細な感受性をたずさえた国の人に立ち返らなくてはいけない。

持つよりもなくすこと。そこに住まいのかたちを作り直していくヒントがある。何もないテーブルの上に箸置きを配する。そこに箸がぴしりと決まったら、暮らしはすでに豊かなのである。

(原　研哉『日本のデザイン――美意識がつくる未来』による)

※1　慈照寺の同仁斎…慈照寺は銀閣寺として知られる臨済宗相国寺派に属する寺院。同仁斎は慈照寺の境内にある東求堂の一室。
※2　桂の離宮…江戸時代初期に皇族・八条宮家により造営された別邸。
※3　雑駁…雑然としてまとまりのないさま。
※4　GDP…国内総生産のこと。

問1　傍線部(ア)～(オ)のカタカナに当てはまる漢字として最も適当なものを後の各語群①～⑤のうちからそれぞれ一つずつ選び、番号で答えなさい。解答番号は[1]～[5]。

(ア)　オン床　[1]
①　音　②　温　③　恩　④　穏　⑤　御

(イ)　達カン　[2]
①　間　②　感　③　完　④　寛　⑤　観

(ウ)　タン緒　[3]
①　単　②　短　③　端　④　胆　⑤　炭

(エ)　キョウ給　[4]
①　協　②　教　③　共　④　供　⑤　京

(オ)　コウじ　[5]
①　講　②　構　③　抗　④　公　⑤　好

問2　空欄[W]～[Z]に入る語として最も適当なものを次の①～⑥のうちからそれぞれ一つずつ選び、番号で答えなさい。ただし、同じ番号を二度用いてはならない。解答番号は[W]が[6]、[X]が[7]、[Y]が[8]、[Z]が[9]。

①　しかし　②　さらに　③　むしろ
④　たとえば　⑤　だから　⑥　ところで

問3　傍線部A「できるだけ空間から物をなくすことが肝要」とあるが、筆者がこのように考えるのはなぜか。その理由として最も適当なものを次の①～⑤のうちから一つ選び、番号で答えなさい。解答番号は[10]。

①　心のゆとりを持つことができるから。
②　新品の購入や経済成長に通じるから。
③　戦後の飢餓状態を再確認できるから。
④　自然の豊かさを噛みしめられるから。
⑤　簡潔さが想像力を養う土台となるから。

問4　傍線部B「目も当てられない」の語句の意味として最も適当なものを次の①～⑤のうちから一つ選び、番号で答えなさい。解容してしまったかもしれない。世界第二位であった※4ＧＤＰを、目に見えない誇りとして頭の中に装着してしまった結果か、あるいは、戦後の物資の乏しい時代に経験したものへの渇望がどこかで幸福を測る感覚の目盛りを狂わせてしまったのかもしれない。秋葉原にしてもブランドショップにしても、過剰なる製品（エ）キョウ給の情景は、ものへの切実な渇望をひとたび経験した目で見るならば、確かに頼もしい勢いに見えるだろう。[X]、いつの間にか日本人はものを過剰に買い込み、その異常なる量に鈍感になってしまった。

しかし、そろそろ僕らはものを捨てなくてはいけない。Ｅ捨てることのみを「もったいない」と考えてはいけない。捨てられるものの風情に感情移入して「もったいない」と感じる心持ちにはもちろん共感できる。しかし膨大な無駄を排出した結果の、廃棄の局面でのみ機能させるのだとしたら、その「もったいない」はやや鈍感に過ぎるかもしれない。廃棄する時では遅いのだ。もしそういう心情を働かせるなら、まずは何かを大量に生産する時に感じた方がいいし、さもなければそれを購入する時に考えた方がいい。もったいないのは、捨てることではなく、廃棄を運命づけられた不毛なる生産が意図され、次々と実行に移されることではないか。

だから大量生産という状況についてもう少し批評的になった方がいい。無闇に生産量を誇ってはいけないのだ。大量生産・大量消費を加速させてきたのは、企業のＦエゴイスティックな成長意欲だけではない。所有の果てを想像できない消費者のイマジネーションの脆弱《ぜいじゃく》さもそれに加担している。ものは売れてもいいが、それは世界を心地よくしていくことが前提であり、人はそのためにものを欲するのが自然である。さして必要でもないものを溜め込むことは決して快適ではないし心地よくもない。

良質な旅館に泊まると、感受性の感度が数ランク上がったように感じる。それは空間への気配りが行き届いているために安心して身も心も解放できるからである。しつらいや調度の基本はものを少なく配することである。何もない簡素な空間にあってこそ、畳の目の織りなす面の美しさに目が向き、壁の漆喰《しっくい》の風情にそそられる。床に活けられた花や花器に目が向き、料理が盛りつけられた器の美しさを堪能できる。そして庭に満ちている自然に素直に意識が開いていくのである。ホテルにしても同様。簡潔に極まった環境であるからこそ一枚のタオルの素材に気を通わせることができ、バスローブの柔らかさを楽しむ肌の繊細さが呼び起こされてくるのである。

これは一般の住まいにも当てはまる。現在の住まいにあるものを最小限に絞って、不要なものを処分しきれば、住空間は確実に快適になる。試しに夥しい物品のほとんどを取り除いてみればいい。おそらくは予想外に美しい空間が出現するはずだ。

無駄なものを捨てて暮らしを簡潔にするということは、家具や調度、生活用具を味わうための背景をつくるということである。芸術作品でなくとも、あらゆる道具には相応の美しさがある。何の変哲もないグラスでも、しかるべき氷を入れてウイスキーを注げば、めくるめく琥珀《こはく》色がそこに現れる。霜の付いたグラスを優雅な紙敷の上にぴしりと置ける片付いたテーブルがひとつあれば、グラスは途端に魅力を増す。逆に、漆器が艶やかな漆黒をたたえて、陰影を礼《らい》讃《さん》する準備ができていたとしても、リモコンが散乱していたり、Ｇものが溢れかえっているダイニングではその風情を味わうことは難しい。

白木のカウンターに敷かれた一枚の白い紙や、漆の盆の上にことりと置かれた青磁の小鉢《こばち》、塗り椀《わん》の蓋を開けた瞬間に香りたつ出し汁のにおいに、ああこの国に生まれてよかったと思うＨ刹那《せつな》がある。そんな高踏な緊張など日々の暮らしに持ち込みたくはないと言われるかもしれない。緊張ではなくゆるみや開放感こそ、心地よさに繋がるのだという考え方も当然あるだろう。家は休息の場でもあるのだ。[Y]、だらしなさへの無制限の許容がリラクゼーションにつながるという考えは、ある種の堕落をはらんではいまいか。ものを用いる時に、そこに潜在する美を発揮させられる空間や背景がわずかにあるだけで、暮らしの喜びは必ず生まれてくる。そこに人は

二〇二四年度　狭山ヶ丘高等学校（推薦第三回・推薦第二回）

※推薦第二回の問題です。

【国　語】（五〇分）〈満点：一〇〇点〉

一　次の文章を読んで、以下の問い（問1～10）に答えなさい。

住空間をきれいにするには、Aできるだけ空間から物をなくすことが肝要ではないだろうか。ものを所有することが豊かであると、僕らはいつの間にか考えるようになった。

高度成長の頃の三種の神器は、テレビ、冷蔵庫、洗濯機、その次は、自動車とルームクーラーとカラーテレビ。戦後の飢餓状態を経た日本人は、いつしか、ものを率先して所有することで、豊かさや充足感を噛み締めるようになっていたのかもしれない。しかし、考えてみると、快適さとは、溢《あふ》れかえるほどのものに囲まれていることではない。むしろ、ものを最小限に始末した方が快適なのである。何もないという簡潔さこそ、高い精神性や豊かなイマジネーションを育む(ア)オン床であると、日本人はその歴史を通して、達(イ)カンしたはずである。

※1慈照寺《じしょうじ》の同仁斎《どうじんさい》にしても、※2桂《かつら》の離宮《りきゅう》にしても、空っぽだから清々しいのであって、ごちゃごちゃと雑貨やら用度品やらで溢れているとしたなら、B目も当てられない。洗練を経た居住空間は、簡素にしつらえられ、実際にこの空間に居る時も、ものを少なくすっきりと用いていたはずである。用のないものは、どんなに立派でも蔵や納戸に収納し、実際に使う時だけ取り出してくる。それが、日本的な暮らしの作法であったはずだ。

しかしながら、今の日本の人々の住宅は、仮に天井をはがして俯《ふ》瞰《かん》するならば、どこの世帯もおおむね夥《おびただ》しいもので溢れかえっているのではないかと想像される。かつて腹ぺこに泣かされたC欲深ウサギは両方の手にビスケットを持っていないと不安なのである。しかし冷静に判断するなら、両方の手に何も持っていない方が、生きていく上では便利である。両手が自由なら、それを振って挨拶もできるし、時には花を活けることもできよう。両の手がビスケットでいつも塞がれていては、そういうわけにもいかない。

ピーター・メンツェルという写真家の作品に『地球家族』と題された写真集がある。これは多様な文化圏の家族を撮影したものだ。それぞれの家族は、全ての家財道具を家の前に持ち出して並べ、家を背景にして写真に収まっている。どのくらいの国や文化、家族の写真が収められていたかは正確に記憶していないけれども、鮮明に覚えているのは、日本人の家財道具が、群を抜いて多かったことである。日本人は、いったいいつの間にこんなにたくさんの道具に囲まれて暮らしはじめたかと、唖然《あぜん》とした気持ちでそれを眺めた。無駄と言い切ることはできないまでも、なくてもよいものたちを、よくぞここまで細かく取り揃《そろ》えたものだとあきれる。別の言い方をするならば、Dものの生産と消費の不毛な結末を静かに指摘しているようなその写真は、僕らがどこかで道を間違えてしまったことを暗示しているようであった。

ものにはそのひとつひとつに生産の過程があり、マーケティングのプロセスがある。石油や鉄鉱石のような資源の採掘に始まる遠大なものづくりの(ウ)タン緒に遡って、ものは計画され、修正され、実施されて世にかたちをなしてくる。［W］広告やプロモーションが流通の後押しを受けて、それらは人々の暮らしのそれぞれの場所にたどり着く。そこにどれほどのエネルギーが消費されることだろう。その大半が、なくてもいいような、※3雑駁《ざっぱく》とした物品であるとしたらどうだろうか。資源も、創造も、輸送も、電波も、チラシも、コマーシャルも、それらの大半が、暮らしに濁りを与えるだけの結果しかもたらしていないとするならば、これほど虚しいことはない。

僕らはいつしか、もので溢れる日本というものを、度を超えて許

2024年度／狭山ヶ丘高等学校（推薦第３回）

英語解答

1 A　No.１　1　No.２　4　No.３　2
B　No.１　3　No.２　4　No.３　2
C　No.１　3　No.２　3　No.３　1

2 問１　1　問２　4　問３　2
問４　1　問５　4　問６　1
問７　2　問８　2　問９　3
問10　4

3 問１　3　問２　1　問３　3
問４　2　問５　4，5

4 １　③　２　①　３　②　４　③

5 １　３番目…①　６番目…⑥
２　３番目…⑨　６番目…⑦
３　３番目…②　６番目…①
４　３番目…⑦　６番目…⑨

6 １　③　２　①　３　②　４　①

7 １　③　２　②　３　④

8 １　③　２　④　３　①

1〔放送問題〕解説省略

2〔長文読解総合―説明文〕

≪全訳≫❶大半の人が宇宙には何があるのかを知りたいと思っている。宇宙には多くの銀河がある。雲，惑星，星が銀河を構成している。地球からは太陽，月，星が見える。しかし，宇宙にある全てのものを地球からはっきりと見ることはできない。宇宙にあるものをもっとはっきりと見たい場合は，望遠鏡を使わなければならない。星がさまざまな色をしていることを知っていただろうか。私たちは望遠鏡でたくさんの星の色を見ることができる。しかし，宇宙へ行って望遠鏡を使えば，銀河系，あるいはその外側すら見通せるのだ。❷宇宙パイロットは宇宙に行ける。近頃は，宇宙パイロットは宇宙飛行士と呼ばれている。彼らは宇宙船で宇宙へ行く。今日，宇宙飛行士とは宇宙を探索する男性と女性だ。長期間宇宙に行く場合，宇宙飛行士は国際宇宙ステーションで暮らす。宇宙ステーションは宇宙船でもある。しかし，それは地球から離れていかない。国際宇宙ステーションはその乗組員たちにとっては宇宙にある家である。寝室が５つ，トイレが２つ，大きな窓が１つある。宇宙飛行士は宇宙にあるものを見るために宇宙へ行く。彼らは宇宙にある物体を研究する。彼らはまた，地球上で私たちの役に立つ実験も行う。宇宙飛行士は宇宙ステーションの内部で機械を検査しなければならない。彼らは宇宙ステーションの中では全てが安全であることも確認する。宇宙飛行士は普通，６か月間宇宙に滞在する。しかし，ある人は879日間宇宙に滞在している。それは最長期間だ。宇宙飛行士はほとんどの時間を宇宙ステーションの中で過ごす。宇宙飛行士は宇宙ステーションの外に出ることもある。外に出ることは「スペースウォーク（宇宙遊泳）をする」と呼ばれる。宇宙遊泳をするとき，宇宙飛行士は体を保護するために宇宙服を着なければならない。彼らは人工衛星に付属している物を修理したり，宇宙船の外で新しい機械を検査するために宇宙遊泳をする。彼らはまた，宇宙遊泳をしながら科学実験も行う。宇宙飛行士は楽しんでもいる。宇宙にいるときに日の出や日の入りを見るのが彼らのお気に入りだ。宇宙にいる間，日の出や日の入りは45分間隔で起こる。宇宙飛行士はまた，毎週まとまった休みをとってくつろぐ。彼らは体を健康的に保つために運動をする。ほかの乗組員たちとゲームをする。映画鑑賞や読書をする。宇宙にいる間も，自分たちの家族と話して時間を過ごす。宇宙にいないとき，宇宙飛行士はオフィスで働く。自らの宇宙飛行に関する報告書を作成する。ほかの事務職員とともに会議に出席する。宇宙で使用するロボットやほかの機械の制御方法を研究する。宇宙遊泳の計画を立てるのを手伝う。現時点では，大半の宇宙飛行士が公務員である。３か国のみが人を宇宙に派遣する宇宙船を建造している。その国はアメリカ，ロシア，中国だ。これまでに宇宙へ行ったのは世界中で600人に満たない。しかし，多くの人が宇宙で起こることに興味がある。❸宇宙での暮らしについてより多くのことがわかってきているので，そこへ行くのがより簡単になっている。やがて私たちには，研究や仕事，ひょっとしたら休暇さえ目的とする訪問者を宇宙に行かせられる新しいタイプの宇宙パイロットが必要となる。この仕事は宇宙飛行士の仕事とは少々異なるだろう。飛行機のパイロットに似ているが，宇宙へと飛んでいくパイロットだ。大学で，宇宙パイロットは多くの学科を勉強できる。彼らは工学や生物学を勉強できる。自然科学やコンピュータ科学を勉強できる。数学も勉強できる。大学卒業後，宇宙パイロットは経験を積む必要がある。宇宙へ行く前に，ジェット機を操縦する訓練が必要だ。少なくとも1000時間は訓練するべきだ。近頃では，宇宙飛行士の訓練に３年もかかることがある。宇宙パイロットも同様に多くの訓練をする必要があるだろう。宇宙船の操作方法を学ばなければならない。宇宙での緊急時に何をすべきかを学ばなければならない。宇宙遊泳のやり方を学ばなければならない。人は地球上でどうやって宇宙遊泳のやり方を学べるのか。彼らは大きなスーツを身に着けて，プールで作業をする（あるいは歩く）ことができる。宇宙パイロットではない人々はもうすぐ，宇宙船の運行会社でチケットを購入して宇宙へと飛んでいけるかもしれない。それは今日，人々がチケットを買って外国へ飛行機で行く状況に似ているかもしれない。宇宙船の運行会社は宇宙船を飛ばすのに宇宙パイロットが必要になる。もちろん，宇宙パイロットはパイロットの免許を持っている必要があるだろう。自分が勤務する宇宙船の運行会社での訓練を修了することも必要だろう。宇宙パイロットとして働く前に宇宙飛行士として働く必要はない。しかし，宇宙飛行士が学校で勉強するのと同じ科目を勉強しておくのが望ましい。飛行経験を積むため，宇宙パイロットが航空会社あるいは軍のパイロットのどちらかとして働くこともあるかもしれない。宇宙パイロットは，戦闘機のパイロットか試験飛行のパイロットとして経験を積むこともできる。戦闘機のパイロットは戦時中にジェット機を操縦する。試験飛行のパイロットは新しいジェット機を操縦して安全かを確認する。**4**宇宙旅行は間もなく私たち全員にとって可能になるだろう。２，３の会社が，近い将来旅行客を宇宙旅行に連れていく準備を進めている。ヴァージンギャラクティックは世界初の宇宙船の運行会社だ。彼らは宇宙にある美しいものを人々に見てもらいたいと思っている。あらゆる年齢の人々に宇宙を探索してもらいたいと思っている。旅行客に浮遊を経験してもらいたいと思っている。宇宙行きのチケットを購入するのは大変お金がかかる。あるチケットは10万ドル以上することもある。宇宙旅行が広く普及すれば，将来おそらく価格が下がるだろう。ヴァージンギャラクティックは２，３の異なる種類の宇宙船を使用する予定だ。旅行客を宇宙に連れていける宇宙船の１つはスペースシップ２という名前だ。２名のパイロットがスペースシップ２を操縦する。この宇宙船は６名の乗客と一緒に２名のパイロットを宇宙へと連れていくことができる。宇宙にいる間，安全でいることが非常に重要だ。宇宙旅行をする客は宇宙へと旅立つ前に訓練を行わなければならないだろう。彼らは宇宙船基地で訓練を行える。宇宙船基地は宇宙船にとっての空港のようなものだ。宇宙旅行をする客は宇宙船基地で宇宙とはどういうものかを理解できる。彼らは重力や宇宙で快適でいる方法について学ぶ。彼らはまた，宇宙船基地で健康診断を受ける。宇宙パイロットは宇宙旅行をする客を指導する必要もある。宇宙パイロットは宇宙船基地で宇宙旅行をする客の訓練を手伝うことができる。彼らは宇宙旅行に向けて乗客が緊急時における基本的な対処技術を学ぶ手助けをする。宇宙船の操縦に加え，宇宙パイロットは乗客にとっての観光ガイドのようなものにもなる。彼らは宇宙に関して旅行者が抱くあらゆる疑問の解決を手助けする。宇宙パイロットは乗客が宇宙へ行くことに関してより快適でいられるように手助けをする。多くの人が宇宙へ行くことにとても興味がある。宇宙旅行はおそらく将来大きなビジネスになるだろう。宇宙船の運行会社は多くの宇宙パイロットを必要とするだろう。この仕事はあなたにとって刺激的に聞こえるだろうか。もしかすると，あなたは将来宇宙パイロットになれるかもしれない。

問１＜要旨把握＞第１段落第３文参照。銀河は雲，惑星，星で構成されている。

問２＜要旨把握＞第２段落第11，12文参照。　object「物体」　experiment「実験」

問3＜要旨把握＞直後の文に，宇宙ステーションの外に出ることは「スペースウォーク(宇宙遊泳)をする」と呼ばれると述べられている。

問4＜文型＞下線部④は Astronauts＝主語(S)，have＝動詞(V)，fun＝目的語(O)，too＝修飾語の第3文型。これと同じ文型は1(Gordon＝S，thanked＝V，me＝O，for coming to his concert＝修飾語)。　2．My boss＝S，kept＝V，silent＝補語(C)，through the meeting＝修飾語の第2文型。　3．My aunt＝S，always＝修飾語，gives＝V，me＝間接目的語(O1)，some candies＝直接目的語(O2)の第4文型。　4．There＝副詞，is＝V，a baby＝S，in this room＝修飾語の第1文型。　5．You＝S，must keep＝V，this room＝O，clean＝C の第5文型。

問5＜適語選択＞直後の文の主語の These countries は，空所を含む Only ［ ⑤ ］ countries を指しており，これは「アメリカ，ロシア，中国」の3か国に当たる。

問6＜指示語＞that は前に述べたこと，物，人などを指し，語の繰り返しを避けるために用いられる。ここでは，主語の job を指している。

問7＜適語選択＞後に three years「3年(　　)」とあることから，long を補って，‘期間’を表す as long as ～「～もの間」の形にする。

問8＜要旨把握＞第3段落最後から8文目参照。「宇宙パイロットはパイロットの免許を持っている必要がある」とある。

問9＜要旨把握＞最終段落第15文参照。「宇宙旅行をする客は宇宙へと旅立つ前に訓練を行わなければならない」とある。

問10＜内容真偽＞1…×　第1段落第15～17文参照。たいてい6か月，最長で879日とある。　2…×　第2段落最後から14～11文目参照。休みの間に運動をしたりゲームをしたりするとある。　3…×　このような記述はない。　4…○　最終段落最後から4，3文目に一致する。

3 〔長文読解総合─物語〕

≪全訳≫❶人は縁起の良い番号と不吉な番号があると信じている。イギリスやアメリカでは13という番号が不吉で，アジア諸国の一部では4という番号が不吉だ。❷チャイとサミーは昔からの友人だ。チャイは毎週宝くじ券をたくさん買う。彼はいつも縁起の良い番号を，大当たりを期待している…。❸チャイはコーヒー店の中にゆっくりと歩いて入り，重苦しく息をした。彼の巨大なおなかがまずドアを通り抜けた。店内を見回して，彼がふだん使っているテーブルを見つけた。それは空いていた。最近そのコーヒー店はたいてい同じ状況だった。彼はどさっと腰を下ろし，コーヒー店の奥にいる小柄なインド人の男にうなずいた。❹「やあ，サミー！　テータリックを1つ，砂糖はスプーン4杯分で」と彼は大声で言った。「いつものだね？」とサミーは愛想よく笑った。❺チャイの顔はほてっていて，ぜいぜいと息をしていた。サミーが来て，友人と一緒に座った。❻「なあ，チャイ！　今日はすごく暑いな。こう暑いとお客さんもあまり来てくれないよ」とサミーは言った。彼は首を横に振った。❼「なあ，サミー」とチャイは言った。「4けた宝くじが当たったら，郊外にエアコンのある大きな家を買って，そこへ行って暮らせるよ！」❽「そうだな。今日の宝くじの番号は買ったのかい？」とサミーが言った。❾「もちろんさ！　見たいか？」とチャイが言った。彼は苦労しながら大きな体を動かし，後ろのポケットからたくさんの宝くじ券を取り出した。❿「君はそいつに金を使いすぎだ！　なあ！　番号の1つを俺に教えてくれないか？　君はいつも幸運をつかんでいただろ」とサミーは笑った。⓫チャイは宝くじで当たることがよくあった。もしかしたらそれは彼の強運だったのかもしれないし，あるいは券を買うのにほとんど全財産を使ったからかもしれない。⓬「そいつはできないな，サミー。俺の番号を言ったら，運がなくなっちまう」とチャイは言った。⓭「それがどうした？」とサミーが言った。「俺は君の親友だろ？　いつもただでお茶を飲ませてやってる」⓮「わかった，わかったよ！」とチャイは言った。

調理場の少年がお茶を持ってきたので，チャイは券をしまった。友人が自分のことを笑うのが気に入らないので，彼は体が熱っぽく，そして少々怒りを感じ始めた。⑮「1つやるよ。これさ！　4－4－4－4！　俺の誕生日だ」とチャイは小声で言った。自分の言うことを誰にも聞かれたくなかったし，息をするのに困難を感じていたので，彼は静かに話した。⑯「ああ…！」とサミーは言いかけたが，やめた。中国語では「4」と「死」という言葉の発音がほぼ同じだと彼は知っていたが，何も言わないことにした。⑰チャイは突然，痛みで目をつむった。胸の辺りに何かがあって，どんどん締めつけられていく感じがした。頭の中で何かがドンと音を立てていて，それが目を痛めた。彼は気分が悪くなった。⑱「おい，チャイ！　どうしたんだ？　大丈夫か？　医者に連れていこうか？」⑲「いや…その必要はない。天気が…。家に帰って寝るよ。きっとよくなるさ」　チャイは立ち上がり，ぜいぜいと息をした。それから再び目をつむり，倒れかけた。彼の友人はあわてて腕をつかんだ。⑳「来い。家まで送るよ」㉑「大丈夫だよ」とチャイは小声で言った。頭は前よりましになった。彼は店の出口を見つけ，自宅への近道となる狭い路地に入った。家々から出た汚水が道を流れ，ひどいにおいがした。料理の強烈なにおいもして，それは店や家々の開けっ放しの勝手口から漂ってきていた。㉒チャイはもっと速く歩こうとした。7時前には帰宅しなければならなかった。㉓彼は歩き続けたが，左腕の感覚を失った。全く何も感じられなかった。顔の片側が痛み始めた。㉔「4－4－4－4…」とチャイは小声で言った。胸の痛みが突然ものすごくひどくなり，息もできず，目も見えなかった。彼は地面に倒れ，周囲には暗闇が迫ってきた。どこかで子どもが叫び声をあげ，料理鍋が一斉にドンと音を立て，パトカーのサイレンが鳴り響いた…。㉕その晩の7時，4けた宝くじの当選番号が読み上げられた。サミーは椅子に座り，目をテレビにやり，震える両手で1枚の宝くじ券を握っていた。徐々に彼の年老いた顔は笑顔になり，満面の笑みがこぼれた…。

問1＜要旨把握＞下線部の same situation「同じ状況」については，その前の部分で説明されている。ここから，コーヒー店でチャイがふだん使っているテーブルが空いていたことが読み取れる。

問2＜適語(句)選択＞money「お金」のような‘数えられない名詞’が「たくさん」という場合に使えるのは，ここでは much のみである。

問3＜文脈把握＞直前に，中国語では「4」と「死」という言葉の発音がほぼ同じだとサミーは知っていたとある。サミーはそのことをチャイに言うべきではないと思ったので，言いかけてやめたのだと考えられる。

問4＜適語選択＞倒れかけた友人の腕をつかむ際の様子を表す語として，quickly「急いで」が適切。

問5＜内容真偽＞1…×　このような記述はない。　2…×　第9段落第2文参照。　3…×　第7段落参照。サミーにエアコンをプレゼントするとは言っていない。　4…○　第17段落および第24段落に一致する。　5…○　最終段落に一致する。

4〔適語選択〕

1．後ろに名詞を必要とせず，1語で「彼のもの」を表せる his が適切。　「私は今自分の辞書を使っているので，彼のものを使ってください」

2．比較級の前に置いて「ずっと，はるかに」という意味を表せる much が適切。　「あなたの自転車よりもはるかに大切なのは何ですか」

3．主語の people は複数扱いで，when の後の動詞が過去形なので，were が適切。　「私がそこへ行ったとき，その人たちはサッカーの試合を見ていた」

4．‘show＋人＋(that＋)主語＋動詞...’で「〈人〉に～ということを示す」。この that は接続詞。「あなたが優れたサッカー選手であることを私に示してください」

5〔整序結合〕

1．語群と文末の！から，‘What (a/an)＋形容詞＋名詞＋主語＋動詞…!’の形の感嘆文をつくるとわかる。　What a cute cat this is！「これはなんてかわいい猫でしょう」

2．主語はYouとして，have to「～しなければならない」を続ける。makeは‘make＋目的語＋形容詞’「～を…(の状態)にする」の形で用いてmake the room cleanとまとめ，have toの後に置く。残ったasとsoonは空所の後の語句とつなげてas soon as possible「できるだけ早く」とする。　You have to make the room clean as soon as possible.「あなたはできるだけ早くその部屋をきれいにしなければならない」

3．Toが文頭にあることと語群から，To send「送ること」という名詞的用法のto不定詞が主語の文になると推測できる。これを‘send＋人＋物’「〈人〉に〈物〉を送る」の形で使ってTo send him the letterとまとめ，will meanを続ける。この後，「～ということ」を意味するthatを置き，最後はyou love himとする。　To send him the letter will mean that you love him.「彼にその手紙を送ることは，あなたが彼を愛していることを意味するだろう」

4．‘want＋人＋to ～’「〈人〉に～してもらいたい」と‘help＋人＋with ～’「〈人〉の～を手伝う」を組み合わせる。　He wanted me to help him with his homework.「彼は私に宿題を手伝ってほしいと思っていた」

6〔誤文訂正〕

1．文中のwhichは主格の関係代名詞で，先行詞をoneと考えた場合，後の動詞はlooksに，the flowersと考えた場合にはlookになる。　「これは飛んでいるチョウのように見える花の1つだ」

2．‘be afraid that＋主語＋動詞’で「残念ながら～だ」を表す。よって，ifではなくthatが正しい。「残念ながら彼は明日私に新しい自転車をくれないだろう」

3．there is/are ～.の文の主語はis/areの後にくる単語になる。この文ではa lot of thingsが主語になるので，isではなくareが正しい。　「友達に言う必要のないことがたくさんあることを覚えておきなさい」

4．wasが使われているので，過去の事柄を表す文だとわかる。よって，現在形のcomeではなく過去形のcameが正しい。　「私が帰宅したとき，彼女は部屋で冷たい飲み物を探していた」

7〔単語のアクセント〕

1．① áb-sent　② nóth-ing　③ pre-fér　④ lís-ten

2．① ór-ange　② in-vént　③ Sún-day　④ óf-fer

3．① méd-i-cine　② Sát-ur-day　③ bás-ket-ball　④ sev-en-téen

8〔単語の発音〕

1．① tooth[uː]　② root[uː]　③ wood[u]　④ zoo[uː]

2．① silence[ai]　② united[ai]　③ survive[ai]　④ prince[i]

3．① gym[dʒ]　② guy[g]　③ gate[g]　④ gold[g]

2024年度／狭山ヶ丘高等学校（推薦第３回）

数学解答

1 (1) 5　(2) 2…1　3…9　4…6
(3) 5…3　6…4
(4) 7…1　8…3
(5) 9…8　10…0　11…4　12…1
(6) 13…8　14…6　15…1　16…0
(7) 17…3　18…7

2 (1) 19…3　20…2
(2) 21…5　22…4
(3) 23…1　24…2　25…1　26…1
27…8　28…0
(4) 29…4　30…3　31…2　32…8
(5) 33…2　34…0

3 (1) 35…1　36…6
(2) 37…1　38…9
(3) 39…1　40…6
(4) 41…2　42…9

4 (1) 43…4　44…8
(2) 45…2　46…2　47…4　48…6
(3) 49…7　50…2

5 (1) 51…0　52…1　53…3　54…3
55…3　56…3
(2) 57…3　58…6　59…4　60…1
61…2　62…0　63…2　64…4
65…8　66…2
(3) 67…0　68…1　69…①　70…②
71…④　72…⑤　73…⑧

1〔独立小問集合題〕

(1)＜数の計算＞与式＝$\left(-\dfrac{2}{5}\right)^2\div16\times5+\dfrac{1}{2}\times\dfrac{9}{10}=\dfrac{4\times5}{25\times16}+\dfrac{1\times9}{2\times10}=\dfrac{1}{20}+\dfrac{9}{20}=\dfrac{10}{20}=\dfrac{1}{2}=0.5$

(2)＜式の計算＞与式＝$\dfrac{6\times2x+6\times3-2(3x+4)+3(3-2x)}{6}=\dfrac{12x+18-6x-8+9-6x}{6}=\dfrac{19}{6}$

(3)＜連立方程式＞$2x+3y=6$……①，$3x+2y=-1$……②とする。①×2より，$4x+6y=12$……①′ ②×3より，$9x+6y=-3$……②′　②′－①′より，$9x-4y=-3-12$，$5x=-15$　$\therefore x=-3$　これを①に代入して，$2\times(-3)+3y=6$，$-6+3y=6$，$3y=12$　$\therefore y=4$

(4)＜二次方程式―解の利用＞方程式 $ax^2+x-6=0$ に解の $x=2$ を代入すると，$a\times2^2+2-6=0$，$4a=4$ より，$a=1$ となる。これをもとの方程式に代入すると，$x^2+x-6=0$ となり，これを解くと，$(x+3)(x-2)=0$ より，$x=-3$，2 となる。よって，もう１つの解は $x=-3$ である。

(5)＜数量の計算＞A，B，Cの３人の平均点が60点であることから，３人の得点の合計は，60×3＝180(点)となり，Aさんが100点であったことから，B，C２人の得点の合計は，180－100＝80(点)となる。よって，Bさんの得点がCさんの得点より高かったことから，Bさんの得点の最大値は80点となる。また，80÷2＝40より，Bさんの得点の最小値は41点となる。

(6)＜平面図形―長さ＞$(a+2b)^2-(a-2b)^2=a^2+4ab+4b^2-(a^2-4ab+4b^2)=a^2+4ab+4b^2-a^2+4ab-4b^2=8ab$……①となる。また，$a+2b=21$……②，$a-2b=9$……③とすると，②＋③より，$2a=30$　$\therefore a=15$　これを②に代入すると，$15+2b=21$，$2b=6$　$\therefore b=3$　よって，斜辺の長さが21cmで，もう１辺の長さが９cmだから，①より，$21^2-9^2=8\times15\times3=360$ となる。したがって，残りの１辺の長さは，$\sqrt{360}=6\sqrt{10}$(cm)となる。

(7)＜二次方程式の応用＞２次方程式の２つの解を α，β とおくと，$x^2+3x-7=(x-\alpha)(x-\beta)$ より，$x^2+3x-7=x^2-(\alpha+\beta)x+\alpha\beta$ となるから，$-(\alpha+\beta)=3$ より，$\alpha+\beta=-3$，$\alpha\beta=-7$ である。

2〔独立小問集合題〕

(1)＜平面図形―角度＞次ページの図１のように，円周上の点をA～Eとし，弦BCを引く。弦ABは円の直径なので，∠ACBは半円の弧に対する円周角となり，∠ACB＝90°である。△ABCにおいて，

$\angle ABC=180^\circ-\angle BAC-\angle ACB=180^\circ-68^\circ-90^\circ=22^\circ$となり，$\angle CBE=\angle ABE-\angle ABC=54^\circ-22^\circ=32^\circ$となる。よって，$\overset{\frown}{CE}$に対する円周角より，$x=\angle CBE=32^\circ$となる。

図１

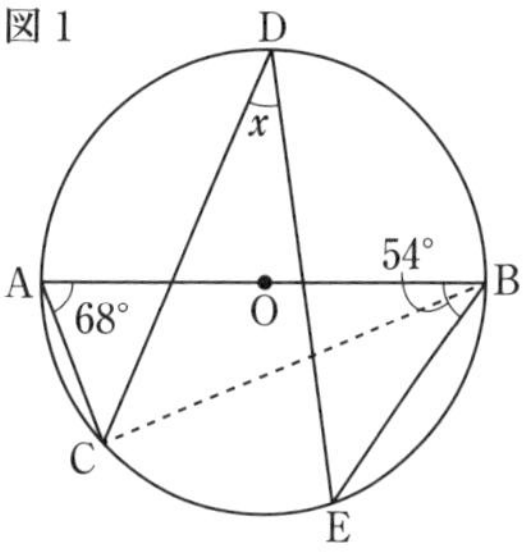

⑵＜**数量の計算**＞ＡさんとＢさんが出会うまでにＡさんは毎分300ｍの速さで３分と150秒，つまり，$\frac{150}{60}=2.5$（分）進んだので，進んだ距離は$300\times(3+2.5)=1650$（ｍ）である。一方，ＢさんはＡさんに出会うまでに，$3\times1000-1650=1350$（ｍ）を2.5分で進んだので，Ｂさんの速さは，$1350\div2.5=540$より，毎分540ｍである。

⑶＜**関数―傾き，切片，面積**＞右図２のように，２直線$y=ax-9$と$y=-2x+b$の交点をＡとし，これらの直線とy軸との交点をそれぞれＢ，Ｃとする。Ａ$(8,\ -5)$より，$y=ax-9$に$x=8$，$y=-5$を代入すると，$-5=a\times8-9$，$8a=4$，$a=\frac{1}{2}$となり，$y=-2x+b$に$x=8$，$y=-5$を代入すると，$-5=-2\times8+b$，$b=11$となる。よって，２直線の式は$y=\frac{1}{2}x-9$，$y=-2x+11$となり，それぞれの切片より，Ｂ$(0,\ -9)$，Ｃ$(0,\ 11)$となる。これより，２直線とy軸で囲まれた△ABCの底辺をBCと見ると，２点のy座標より，$BC=11-(-9)=11+9=20$となる。高さは点Ａのx座標から８となるから，$\triangle ABC=\frac{1}{2}\times20\times8=80$（cm²）となる。

図２

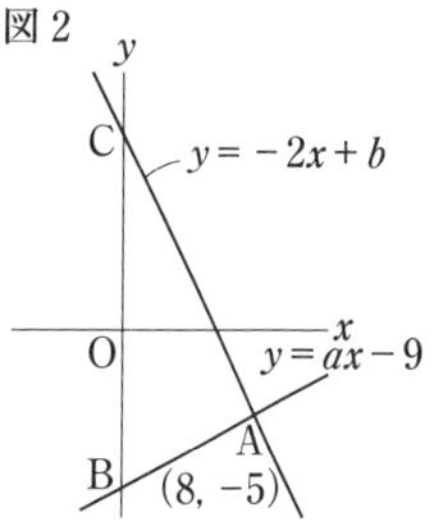

⑷＜**関数―座標，直線の式**＞反比例$y=\frac{6}{x}$のグラフ上の点で，x座標とy座標がともに正の整数になるのは，x座標が６の約数の１，２，３，６となるときで，y座標はそれぞれ，$y=\frac{6}{1}=6$，$y=\frac{6}{2}=3$，$y=\frac{6}{3}=2$，$y=\frac{6}{6}=1$となる。よって，点$(1,\ 6)$，$(2,\ 3)$，$(3,\ 2)$，$(6,\ 1)$の４個ある。また，これらの点の中でx座標が最も小さいのは点$(1,\ 6)$であり，x座標が２番目に大きいのは点$(3,\ 2)$となる。これより，Ａ$(1,\ 6)$，Ｂ$(3,\ 2)$なので，直線ABの傾きは$\frac{2-6}{3-1}=-2$となり，その式を$y=-2x+b$として，点Ａの座標から$x=1$，$y=6$を代入すると，$6=-2\times1+b$，$-2+b=6$より，$b=8$となる。したがって，直線ABの式は，$y=-2x+8$である。

⑸＜**標本調査―母集団の数**＞箱の中から無作為に取り出した15個の球のうち３個が赤球であったことから，箱の中に入っている球のうちの赤球の個数の割合は，$\frac{3}{15}=\frac{1}{5}$であることが推定できる。よって，箱の中の球の個数は，$50\div\frac{1}{5}=250$（個）と考えられるので，白球は，$250-50=200$より，約200個入っていたと推定できる。

3〔**データの活用―確率―サイコロ**〕

⑴＜**確率**＞白，黒２つのサイコロを同時に投げるとき，それぞれ６通りの目の出方があるから，目の出方は全部で$6\times6=36$（通り）ある。また，Ｂ$(1,\ 1)$，Ｃ$(3,\ 3)$より，直線BCの式は$y=x$となる。３点Ａ，Ｂ，Ｃが同一直線上，つまり直線$y=x$上にあるとき，点Ａは，右図１のように，点$(1,\ 1)$，$(2,\ 2)$，$(3,\ 3)$，$(4,\ 4)$，$(5,\ 5)$，$(6,\ 6)$の６通りある。よって，サイコロの目の出方$(a,\ b)$も６通りあるので，求める確率は$\frac{6}{36}=\frac{1}{6}$

図１

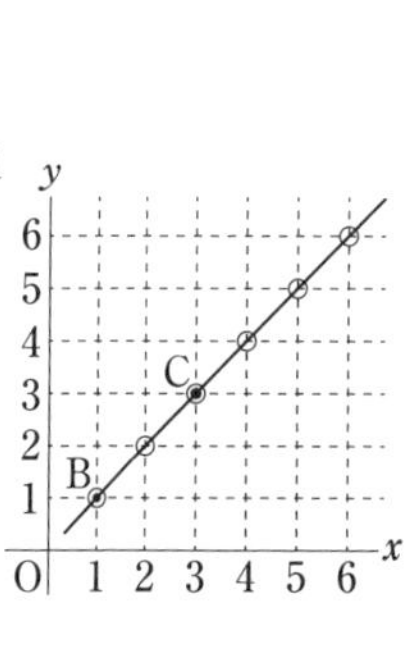

となる。

(2)＜確率＞△ABC が二等辺三角形になる点Aは，右図２のように，AB＝AC となる場合が，点(1，3)，(3，1)の２通りあり，BC＝AC となる場合が，点(1，5)，(5，1)の２通りある。また，BC＝AB となる場合はない。よって，サイコロの目の出方(a，b)は，2＋2＝4(通り)あるので，求める確率は $\frac{4}{36}=\frac{1}{9}$ となる。

図２
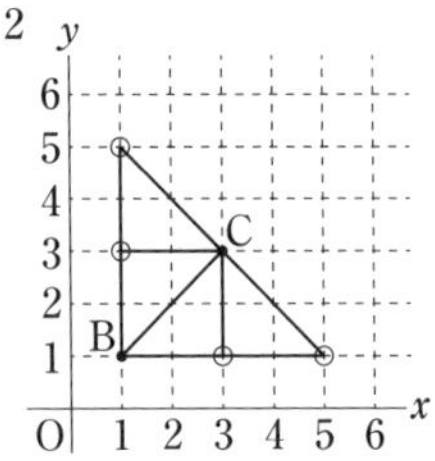

(3)＜確率＞△ABC が直角三角形となる点Aは，右図３のように，辺 BC が斜辺となる場合が，点(1，3)，(3，1)の２通りあり，辺 BC が斜辺ではない場合が，点(1，5)，(2，4)，(4，2)，(5，1)の４通りある。よって，サイコロの目の出方(a，b)は，2＋4＝6(通り)あるので，求める確率は $\frac{6}{36}$ ＝$\frac{1}{6}$ となる。

図３
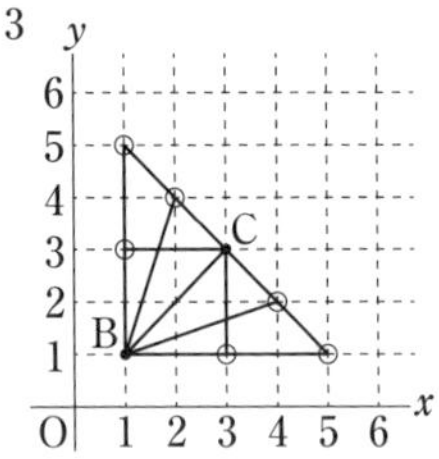

(4)＜確率＞右図４のように，(1，3)の位置に点 A′ をとると，A′B＝2，A′C＝2 となり，△A′BC＝$\frac{1}{2}$×A′B×A′C＝$\frac{1}{2}$×2×2＝2 となる。そして，点 A′ を通り辺 BC に平行な直線上に A′ を移動させても，面積は変わらない。よって，点Aが，点(1，3)，(2，4)，(3，5)，(4，6)のとき，△ABC＝2 となるから，この場合，点Aは４通りある。また，(3，1)の位置に点 A″ をとっても△A″BC＝2 となり，同様に，点 A″ を通り辺 BC に平行な直線を引くと，この直線上の点(3，1)，(4，2)，(5，3)，(6，4)のときも△ABC＝2 となり，この場合も点Aは４通りある。よって，サイコロの目の出方(a，b)は，4＋4＝8(通り)あるので，求める確率は $\frac{8}{36}=\frac{2}{9}$ となる。

図４
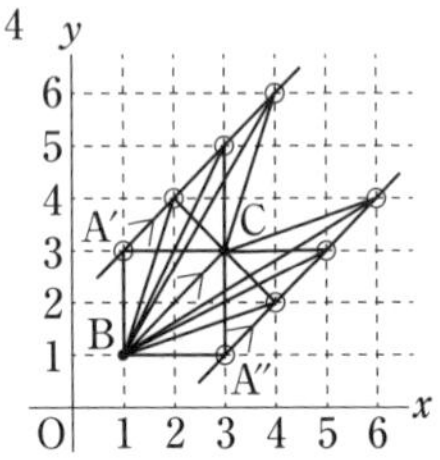

4〔**関数―関数 $y=ax^2$ と一次関数の直線のグラフ**〕

≪基本方針の決定≫(2)　相似な三角形を利用して，２点A，Bの座標を文字を使って表してみよう。

(3)　相似な三角形の面積比を用いる。

(1)＜座標＞右図で，直線 OP は原点を通る直線なので，その式を $y=ax$ として，点Pの座標から $x=1$，$y=-2$ を代入すると，$-2=a\times1$ より，$a=-2$ となる。よって，直線 OP の式は，$y=-2x$ となる。点Cは，この直線と放物線 $y=\frac{1}{2}x^2$ の交点のうち，x 座標が負の点である。そこで，２式から y を消去すると，$\frac{1}{2}x^2=-2x$，$x^2+4x=0$，$x(x+4)=0$ より，$x=0$，-4 となるので，点Cの x 座標は -4 であり，y 座標は，$y=-2\times(-4)=8$ となる。よって，C$(-4,\ 8)$である。

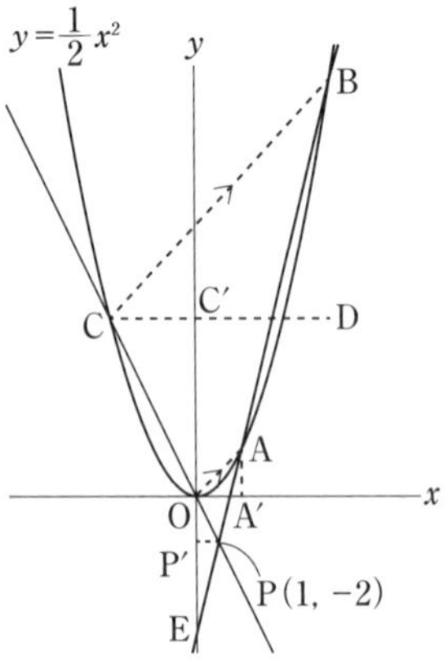

(2)＜座標，直線の式＞右図のように，点P，Cから y 軸に垂線 PP′，CC′ をそれぞれ引くと，PP′∥C′C より，△OPP′∽△OCC′ となる。P(1，－2)，(1)で C(－4，8)より，PP′＝1，CC′＝4 だから，これらの相似比は，OP：CO＝PP′：CC′＝1：4 となる。また，OA∥CB より，△PAO∽△PBC となり，これらの相似比は PO：PC＝PO：(PO＋OC)＝1：(1＋4)＝1：5 となるので，OA：CB＝1：5 である。次に，図のように，点Aから x 軸に垂線 AA′ を引き，点Bを通り，y 軸に平行な直線と直線 CC′ の交点をDとする。こ

のとき，OA∥CB より，△OAA′∽△CBD となり，相似比は OA：CB＝1：5 である。ここで，点Aの x 座標を t とすると，y 座標は $\frac{1}{2}t^2$ と表され，$OA'=t$，$AA'=5t$ と表せるから，$CD=5OA'=5\times t=5t$，$BD=5AA'=5\times\frac{1}{2}t^2=\frac{5}{2}t^2$ となる。よって，点Dの x 座標は $CD-CC'=5t-4$ となり，y 座標は8だから，点Bの x 座標は $5t-4$ であり，y 座標は $\frac{5}{2}t^2+8$ と表せ，$B\left(5t-4,\ \frac{5}{2}t^2+8\right)$ である。点Bは放物線 $y=\frac{1}{2}x^2$ 上にあるので，これに $x=5t-4$，$y=\frac{5}{2}t^2+8$ を代入すると，$\frac{5}{2}t^2+8=\frac{1}{2}(5t-4)^2$ が成り立つ。これを解くと，$5t^2+16=(5t-4)^2$，$5t^2+16=25t^2-40t+16$，$20t^2-40t=0$，$t^2-2t=0$，$t(t-2)=0$ より，$t=0$，2 となる。点Aの x 座標は正なので2となり，y 座標は，$y=\frac{1}{2}\times2^2=2$ となるので，A(2，2)である。さらに，点Bの x 座標は，$5t-4=5\times2-4=6$ であり，y 座標は，$y=\frac{1}{2}\times6^2=18$ となるので，B(6，18)となる。2点A，Bの座標より，直線 AB の傾きは $\frac{18-2}{6-2}=4$ となるから，その式を $y=4x+b$ とおき，点Aの座標より $x=2$，$y=2$ を代入すると，$2=4\times2+b$，$8+b=2$ より，$b=-6$ となる。したがって，直線 AB の式は，$y=4x-6$ である。

(3)＜**面積**＞前ページの図で，OA∥CB より，△POA∽△PCB であり，相似比は，(2)より OA：CB＝1：5 となる。よって，△POA と△PCB の面積比は，△POA：△PCB＝1^2：5^2＝1：25 となるから，△POA：〔台形 OABC〕＝△POA：(△PCB－△POA)＝1：(25－1)＝1：24 となり，〔台形 OABC〕＝24△POA である。ここで，図のように，直線 AB と y 軸の交点をEとすると，(2)で直線 AB の切片が－6 より，OE＝6 となる。これより，△POA の面積を△POA＝△EOA－△EOP として求める。△EOA，△EOP の底辺を共有する EO＝6 と見ると，それぞれの高さは，点A，Pの x 座標より，2，1となる。したがって，△POA＝$\frac{1}{2}\times6\times2-\frac{1}{2}\times6\times1=3$ となるから，〔台形 OABC〕＝24△POA＝24×3＝72(cm^2)である。

5 〔**数と式─数の性質**〕

(1)＜**説明**＞n が偶数のとき，p を整数とすると，$n=2p$ と表され，$n^2=(2p)^2=4p^2$ となり，p^2 は整数なので，n^2 は4の倍数となる。よって，n^2 を4でわった余りは0である。また，n が奇数のとき，$n=2p+1$ と表され，$n^2=(2p+1)^2=4p^2+4p+1=4(p^2+p)+1$ となり，p^2+p は整数なので，n^2 を4でわると1余る。これより，151÷4＝37 あまり3であり，271÷4＝67 あまり3であることから，信長さんと家康さんは奇数のカードを3枚ずつ持っていることがわかる。奇数のカードは1，3，5，7，9，11の6枚なので，残りは全て偶数のカードである。よって，秀吉さんが持っているのは全て偶数のカードとなる。

(2)＜**説明**＞秀吉さんのカードについて考える。偶数のカードは2，4，6，8，10，12の6枚であり，それらの2乗の和は，$2^2+4^2+6^2+8^2+10^2+12^2=4+16+36+64+100+144=364$ となる。また，小さい方の4つの偶数の2乗の和は，$2^2+4^2+6^2+8^2=4+16+36+64=120$ であり，秀吉さんのカードの2乗の和が228であったことから，120より，228－120＝108 大きいことがわかる。よって，$12^2-6^2=144-36=108$ より，2，4，6，8のうち，6の代わりに12を入れればよいので，秀吉さんの持っているカードは，2，4，8，12の4枚となる。

(3)＜**説明**＞n が3の倍数のとき，p を整数とすると，$n=3p$ と表され，$n^2=(3p)^2=9p^2=3\times3p^2$ となり，$3p^2$ は整数なので，$3\times3p^2$ は3の倍数となる。よって，n^2 を3でわった余りは0となる。n が3でわり切れないとき，$n=3p+1$ または $n=3p+2$ と表される。$n=3p+1$ のとき，$n^2=(3p+1)^2=9p^2+6p+1=3(3p^2+2p)+1$ となり，$n=3p+2$ のとき，$n^2=(3p+2)^2=9p^2+12p+4=3(3p^2+4p+1)+1$ となる。よって，$3p^2+2p$ と $3p^2+4p+1$ はどちらも整数だから，n が３でわり切れないときは，n^2 を３でわった余りは１となる。秀吉さんの持っているカードは，(2)より２，４，８，12なので，残りは１，３，５，６，７，９，10，11の８枚となる。これらのカードの中で，３の倍数は３，６，９の３つであり，これらを２乗した数は３でわり切れる。そして，５，７，10，11は３の倍数ではないので，これらを２乗した数は３でわると１余る。また，信長さんと家康さんのカードの数の２乗の和が，ともに３でわって１余ることから，持っている３の倍数カードの枚数について考える。まず，一方が３の倍数のカードを１枚，もう一方が３の倍数のカードを２枚持っているとすると，３の倍数のカードを１枚持っている方は３の倍数でないカードを３枚持っていることになる。このとき，４つの数の２乗は１つが３でわり切れ，３つが３でわると１余るので，４つの数の２乗の和は３でわり切れ，余りは０となる。次に，一方が３の倍数のカードを３枚，もう一方が３の倍数のカードを持っていないとする。このとき，３の倍数を３枚持っている方は３の倍数でないカードを１枚持っていて，４つの数の２乗は３つが３でわり切れ，１つが３でわると１余るので，４つの数の２乗の和を３でわったときの余りは１となる。もう一方は３の倍数でないカードを４枚持っていて，４つの数の２乗は全て３でわると１余るので，４つの数の２乗の和を３でわったときの余りは１となる。つまり，信長さんと家康さんのどちらかが３の倍数のカードを全部持っていることになる。残った３の倍数の２乗の和は，$3^2+6^2+9^2=9+36+81=126$ であり，信長さんの持っているカードの数の２乗の和は151なので，３の倍数でないカードは，$151-126=25=5^2$ より，５となる。したがって，信長さんの持っているカードは，３，５，６，９の４枚である。

2024年度／狭山ヶ丘高等学校（推薦第２回）

国語解答

一 問１ (ア)…② (イ)…⑤ (ウ)…③ (エ)…④ (オ)…①
問２ W…② X…⑤ Y…① Z…④
問３ ⑤ 問４ ① 問５ ⑤
問６ ④ 問７ ②
問８ F…① H…⑤ 問９ ③
問10 ②

二 問１ (ア)…② (イ)…⑤ (ウ)…①
問２ ① 問３ ④ 問４ ②
問５ ⑤ 問６ ③ 問７ ④
問８ ② 問９ ① 問10 ③

三 問１ (ア)…⑤ (イ)…② (ウ)…①
問２ ② 問３ ⑤ 問４ ①
問５ ④ 問６ ③ 問７ ④
問８ ① 問９ ④ 問10 ②

一〔**論説文の読解―文化人類学的分野―日本文化**〕出典：原研哉『日本のデザイン――美意識がつくる未来』。

≪**本文の概要**≫物を所有することが豊かであると私たちは考えているが，住空間をきれいにするには，できるだけ空間から物をなくすことが肝要である。何もないという簡潔さこそが，高い精神性や豊かなイマジネーションを育む環境となることは，日本人自らがその歴史を通して認識しているはずである。しかし，今の日本人の住宅は，どこの世帯もおびただしい物であふれかえっているように想像される。私たちは，物であふれる日本というものを，度を超えて許容してしまったようであり，いつの間にか物を過剰に買い込み，その異常なる量に鈍感になってしまった。しかし，そろそろ私たちは，物を捨てなくてはならない。私たちは，捨てることのみをもったいないと考えるのではなく，廃棄を運命づけられた不毛な生産に対して，もったいないと感じるべきである。現在の住まいから不要なものを処分しきれば，住空間は確実に快適になる。家具や生活用具を深く味わうためにも，物を捨てることは必要である。そうして物に潜在する美を発揮させられる空間があることで，暮らしの豊かさが生まれてくるのである。

問１＜**漢字**＞(ア)「温床」は，物事が起こる原因になる場所や環境のこと。　(イ)「達観」は，将来の情勢を見通したり，道理などを悟ったりすること。　(ウ)「端緒」は，物事の始まりや起点のこと。　(エ)「供給」は，必要に応じて物を与えること。　(オ)「講じる」は，目的を達成するために必要な手段を施す，という意味。

問２＜**接続語**＞W．物は，「計画され，修正され，実施されて世にかたちをなして」きて，加えて，「広告やプロモーション」が流通の後押しをして，「人々の暮らしのそれぞれの場所に」たどりつく。　X．「ものへの切実な渇望をひとたび経験した目」から見ると，過剰な製品の供給は「頼もしい勢い」に見えてくるので，「いつの間にか日本人はものを過剰に」買い込むようになり，「異常なる量に鈍感に」なった。　Y．「緊張ではなくゆるみや開放感こそ」が「心地よさに繋がる」という考え方から「家は休息の場でもある」といえるが，「だらしなさへの無制限の許容がリラクゼーションにつながるという考えは，ある種の堕落をはらんで」いるともいえる。　Z．「伝統的な工芸品を活性化するため」に試みられているさまざまな方策の例として，「現在の生活様式にあったデザインの導入」などが挙げられる。

問３＜**文章内容**＞「何もないという簡潔さこそ」が，「高い精神性や豊かなイマジネーションを育む」ことができる環境となるので，空間からできるだけ「物をなくすこと」は肝要である。

問４＜**慣用句**＞「目も当てられない」は，あまりのひどさに正視することができない，という意味。

問５＜表現＞欲張って両方の手に物を持っていると，「挨拶」もできずに不便であり，「何も持っていない方が，生きていく上では便利」である。今の日本の人々は，物を持っていないと不安なので，家に「夥しいもの」を所有しているが，そのために生活が不便になっていることに気づいていないのである。

問６＜文章内容＞「日本人の家財道具が，群を抜いて多かったこと」を映し出した写真は，日本人が「なくてもよいもの」を驚くほど蓄えていたことをはっきりと示すものであり，日本における「生産と消費」が，結局は実りのないものであったことを明白に示すものであった。

問７＜文章内容＞物を「廃棄」するときだけ「もったいない」と感じるのではなく，「膨大な無駄を排出」する原因である大量生産に対し，私たちは「もったいない」と感じるべきである。もしくは，物を「購入」する際に，「もったいない」ことになるのではないかと，考えるべきである。

問８＜語句＞F.「エゴイスティック」は，自分勝手で利己的であるさま。　H.「刹那」は，きわめて短い時間のこと。

問９＜文章内容＞「無駄なものを捨てて暮らしを簡潔にする」と，「家具や調度，生活用具を味わうための背景をつくる」ことができる。ところが，漆器自体が「艶やかな漆黒をたたえて，陰影を礼讃する準備ができていた」としても，余計な物があって雑然としていると，物の持つよさに向き合うことができないのである。

問10＜文章内容＞物を味わい楽しむ暮らしを生むのに大切なのは，物の「豪華さ」や「所有の多寡」ではなく，「利用の深度」である。安価な生活用具であっても，無駄な物のない簡潔な空間において，「よりよく使い込む」ことができれば，「暮らしの豊かさ」を味わうことができるのである。

二〔小説の読解〕出典：菊池寛『藤十郎の恋』。

問１＜語句＞(ア)「かまびすしくなる」は，耳ざわりなほど騒がしくなる，という意味。　(イ)「むげに」は，むやみに事を行うさま。　(ウ)「たわいもなく」は，しっかりとした思慮もなく，という意味。

問２＜文章内容＞京童たちが，「幾度見たか数えられぬほど」見たことのある藤十郎の「伊左衛門」よりも，「都にて初めて」の七三郎の「巴之丞」の方がよいと言いはやしたように，人の心は，新しいものを追い求めるものなのである。

問３＜品詞＞「なお」は，活用のない自立語で，主として用言を修飾するはたらきを持つ副詞。

問４＜四字熟語＞「前代未聞」は，これまでに聞いたこともないような珍しく変わったことや大変なことのこと。

問５＜文章内容＞藤十郎は，自分の芸について「何らの不安もないとともに，十分な自信を持っていた」ので，都の人々が長吉座に押し寄せたときも，少しも動じなかった。

問６＜文章内容＞藤十郎は，「人間の真実な動作」を演じている七三郎に「尊敬」や「恐れ」を抱いていたが，「芸能という点」だけでは自分の方が勝っていると信じていた。藤十郎が大きな不安を感じたのは，「もっと本質的な」ことで，それは「いつも，同じような役」に扮していて自分自身の「芸が行き詰まっていること」であった。

問７＜表現＞藤十郎にとっての「伊左衛門」は，「多くの見物と喝采」を「保証する」ものだったので，藤十郎は「伊左衛門」をいつでも通用する有力な手段と考えていた。

問８＜文章内容＞七三郎の「巴之丞」が出るまで，歌舞伎の価値を見きわめられない見物客には，藤十郎の芸が「行き詰まっていること」が見抜けなかったため，「伊左衛門」でも客は集まってきた。

問９＜慣用句＞「手〔腕〕をこまぬく」は，何もしないで傍観している，という意味。

問10＜文学史＞芥川龍之介賞は，菊池寛が友人である芥川龍之介の業績を記念して，昭和10(1935)年に創設された。

三〔**古文の読解―仮名草子**〕出典：浅井了意『伽婢子』巻之七，六。

≪現代語訳≫天正年間に，伊勢の国司である具教公のことを武井の御所と呼んでいた。民部少輔の具時は国司の甥で，南伊勢の木作という所に住んでいた。その家臣に柘植三郎左衛門，瀧川三郎兵衛という二人の侍がいた。勇敢で知略にたけている者だったので，当時は名をはせていた。ところが国司の具教とその甥の民部少輔は，同じようにおごり高ぶり国の民を貪り，見た目は従順だが内心は貪欲な者と懇意にし，国政が正しくない方向に向かっていたため，行く末も期待できないと思い，柘植と瀧川の二人は心を合わせ信長公に内通して，ついに伊勢の国を信長公に領有させ，国司を滅ぼし，そのことで恩賞をもらい，身を立てて権勢を振るったのであった。その頃伊賀の国に一揆が起こり，近郷のあぶれ者，武井の城の残党どもがたくさん集まり，とりでを築いて立てこもり，土着民や百姓を苦しめ(その辺りの)郡や村里などを奪い取ったので，信長公は，早期にこれを攻め滅ぼさなければ大きな難儀に及び，諸々の軍備の支障となることだろうと思って，軍兵を差し向けられたが，城側(の抵抗)が強くて多くの人が負傷したその中で，柘植と瀧川の二人も討たれてしまった。このことによって仲裁が入り，(一揆を起こした側は)ついに信長公に従うことになった。その後一年ばかりを経て，信長公の家臣の菅谷九右衛門は，所用があって山田郡に行ったその道すがら，柘植と瀧川に出くわした。菅谷が思ったことには，この二人はまさしく討ち死にしたと聞いたので，これは夢だろうかと不審に思いながらも，向かい合って話をしていると，柘植が言うには，「久しぶりに会いました。さあここで酒を一杯お飲みください」と言って，召し連れていた下僕に言いつけて，小袖を一つ持たせて酒屋にやり，(その小袖を)質物として酒を取り寄せ，むしろを借りて道端の草むらに敷かせ，柘植と瀧川と菅谷の三人は向かい合って，いくつか杯を傾けた。瀧川は，「昔中国の諸葛長民という人は，劉毅が殺されたとき彼のために軍兵を擁して，乱を起こそうとしてまだ決心ができないでいた。そのときに(長民は)，貧しく身分が低い人は，富貴を願う。富貴になると必ず危い目に遭う。そのときに再びもとの貧しく低い身分に戻りたいと思っても，これもまたかなわない。腰に十万貫の銭をつけて，〈鶴〉に乗って揚州に昇る(ようなものだ)と言ったという。(つまり)思ふようになることはない。武士として生まれ，その名を後代に伝えるほどの手柄がない者は，必ず恥をさまざまなことに残すという古今の例がたくさんある。遠くにある他家に(例を)求めてはならない。織田掃部はそれほど勲功を立てていなかったけれども，最後には日置大膳に(信長が)命じて殺され，佐久間右衛門は，信長公の草創時から忠節の心があったが，いきなり追放されて恥辱を受けた。歴々の功臣もやはりこれと同じである。ましてそれ以外の人は全く行く末がわからない」と言う。瀧川は，「下間筑後守《ちくごのかみ》は越前《えちぜん》の朝倉の味方となって，木目峠の城にこもっていたが，朝倉が討たれた後，平泉寺に隠れて行方をくらまし，全てをはっきりと悟った仏道を究めた人となって，／〈梓弓〉引くことをせずに逃れていなかったならば，今夜の月をどうして見られようか／とよんだのは，名を隠して仏道に乗りかえたからである。荒木摂津守の家人である小寺官兵衛は，主君の逆心をいさめることができず，髻を切って，僧になり，／四十年来，戦いでの功績をもくろみ／鉄のよろいやかぶとを着尽くして良い弓も折り捨て／人知れず僧衣をまとい／一人で優れた経を読んで仏の教えを求める／という詩を題することで，世俗から逃れたのも尊いことではないか。この二人は自分の身を逆心の主君に仕えながら，最後にはうまく災いを免れた。これは(先のことまで見通す)知恵が深かったからではないか」と言う。柘植が笑って，「この人たちに比べると我々はなんと恥ずかしいことではないか。ああその伊賀の一揆の者どもは，謀略が拙い者であったのに」と言う。瀧川は，「いやそのことは今また言うべきことではない。思うと残念に思われてくるので，(今は)ただ酒をお飲みください，菅谷殿」と言って，互いに杯を交わす数が重なってから，菅谷は二人に向かい，「どうしてあなたたちは，いつもは趣向を凝らして酒宴を楽しまれているのに，今日の酒宴には一首もないのですか」と言う。「それならば」と言ってあれこれと考えつつ柘植三郎左衛門が，／露や霜のように(命の)消えてしまった後は，ほうむられてここにあることを草葉の他に知る人もいない(とよみ，)／瀬川三郎兵衛は，／埋もれてしまった名は有明の月の光に(照らされるように今も語られるが)，身は朽ちてしまい(この野辺を)訪れる人もいない／とよんで，二人とも無性に涙を押しぬぐった。菅谷は，歌の言葉を不思議に思い，またこの有様にも得心がいかずに驚いて，／「いかにも日頃は勇敢で知略にたけていることを心がけて，少しも物事に弱さを見せない気性のあなたたちが，今の歌の様相は悲しく感傷的で，涙を流しているのは不思議なことです」と言うと，二人とも全く言葉を発せずに大きく息をついて，とぼけて知らないふりをして，「酒がすでになくなったので，今日はここまでです」と言って席を立ち，別れの挨拶をして半町ほど行ったように見えたが，召し連れていた下僕とともに跡形なく消えてしまった。菅谷はとても驚いて，(二人が)伊賀で討ち死にしたことをようやく思い出した。日は山の端に傾き鳥は宿をこずえに求めて争っている。人を遣わして酒を売る家に(行って)質物とした小袖を取り寄せて見てみると，手に取るや否やぼろぼろと砕けて土ほこりのようになってしまった。菅谷は急いで帰るとひそかに僧を呼び，二人の菩提《ほだい》を弔ったということだ。

問１＜古語＞(ア)「ばや」は，自己の願望の意味を表す終助詞で，～たい，などと訳す。　(イ)「そぞろなり」は，心に任せてむやみやたらにするさま。　(ウ)「嘯く」は，わざと知らないふりをする，という意味。

問２＜古典の知識＞「伊勢」は，主に現在の三重県の辺りの旧国名。

問３．「賤ヶ岳《しずがたけ》の戦い」は，天正11(1583)年に近江国《おうみのくに》の賤ヶ岳の辺りで起きた羽柴秀吉と柴田勝家の戦い。

問４＜古文の内容理解＞「手づかひ」は，準備や手配のこと。「ん」は，推量の意味を表す助動詞で，～だろう，などと訳す。信長公は，一揆を起こした近郷のあぶれ者たちを早く攻め滅ぼさなければ，「大いなる難義」となり，諸々の軍備の支障になるだろうと考え，軍兵を差し向けた。

問５＜古文の内容理解＞菅谷は，柘植と瀧川が「討ち死にしたり」と聞いていたので，二人に出くわして，不思議なことだと思いつつも，向かい合って言葉を交わした。

問６＜古文の内容理解＞諸葛長民は，腰に「十万貫の銭」をつけ，鶴に乗って揚州に登るのと同じくらい，全ての願いをかなえるのは不可能なことだと言った。

問７＜和歌の技法＞「梓弓」は，「引く」「張る」などの語を導く枕詞。

問８＜和歌の内容理解＞越前国の朝倉に味方して木目峠の城にこもった下間筑後守は，朝倉が討伐された後，姿を隠して「道人」となったので命を失わずに済んだ。下間筑後守は，逃れていなかったら，今夜の月をどうして見られただろうか，生き延びられたから今夜の月を見ることができ，月のように澄んだ悟りにたどり着けたという気持ちを和歌によんだ。

問９＜古文の内容理解＞瀧川は，自分たちが死んでしまった今となっては，敵のことを「拙かりし者」と言って自分たちの身を嘆いても，どうしようもないと思った。

問10＜古文の内容理解＞菅谷は，柘植と瀧川と酒を飲んで別れた際，二人が跡形もなく消えてしまったので，酒の質物とした小袖を取り寄せて見た。すると，小袖は「ぼろぼろと砕けて土ほこり」のようになった。

2023年度 狭山ヶ丘高等学校（推薦第1回・推薦第2回）

※英語・国語は推薦第1回，数学は推薦第2回の問題です。

［注意］ この試験では，はじめにリスニングを行います。

【英　語】（65分）〈満点：100点〉

1 （リスニングテスト） このリスニングテストには**問題A**から**問題C**まであります。英文はそれぞれ2度ずつ読まれます。放送中メモを取っても構いません。

問題A これから流れる対話を聞き，最後に続く受け答えとして最も適切なものを選び番号で答えなさい。

No. 1 [1]

1 I don't know the station.　　2 I'm not a tourist.

3 I live here.　　4 I'm from France.

No. 2 [2]

1 I don't have any blue hats.　　2 Do you know that man ?

3 You didn't watch TV yesterday, right ?　　4 No way. He's my brother.

No. 3 [3]

1 Oh, it was Thursday yesterday.

2 I don't go to school on Saturday.

3 Why do you think it's Saturday today ?

4 Please wake up. You'll be late.

問題B これから流れる対話を聞き，そのあとの質問に対する答えとして最も適切なものを選び番号で答えなさい。

No. 1 [4]

1 One person is coming.　　2 Two people are coming.

3 Three people are coming.　　4 Four people are coming.

No. 2 [5]

1 She will go to a computer shop.

2 She will plug her computer in.

3 She will turn on her computer.

4 She will ask a shop clerk to check her computer.

No. 3 [6]

1 He will find it in his pocket.　　2 He will find it at the cafeteria.

3 He will find it at Tom's house.　　4 He will find it in his bag.

問題C これから流れる英文を聞き，質問に対する答えとして最も適切なものを選び番号で答えなさい。

No. 1 [7]

1 There are thirty classes of the first-year students.

2 There are ten classes of the first-year students.

3 There are P.E. classes and students play soccer matches.

4 There are math classes and students study with their classmates and other students.

No. 2 [8]

1 You can see more than one hundred kinds of fish.

2 You cannot walk to the aquarium within five minutes.

3 You cannot enjoy a dolphin show in the morning.

4 You can see rare fish when you visit it.

No. 3 [9]

1 Rice, eggs and tomatoes are.

2 Sliced bread, cucumbers, and cheese are.

3 Ham, cucumbers, and sliced bread are.

4 Ham, eggs, and sliced bread are.

※＜**リスニングテスト放送原稿**＞は英語の問題の終わりに付けてあります。

2 次の英文を読み，後の設問に答えなさい。

In his first week of kindergarten, ①Charles Schulz already proved [②] a good artist he was. When the teacher gave the kids in the class paper and crayons, they all lay on the floor to draw. Charles drew a picture of a man *shoveling snow, with a palm tree in the background. It was a funny idea. But he wasn't satisfied with his picture. The shovel didn't look right, but he didn't know how to fix it.

Still, when his teacher saw his drawing, she told him, "Someday, Charles, you're going to be an artist."

When he was six, Charles had a dream to be a cartoonist. He would grow up and create one of the most popular *comic strips — *Peanuts!* Its characters are Charlie Brown, Snoopy, Lucy, Linus, Schroeder, Pigpen, Sally, Woodstock, Peppermint Patty, and more.

[③] all his characters, Charlie Brown was most like Charles. Both were ordinary kids who didn't stand out in a crowd. Like Charlie Brown, Charles was sometimes quiet and shy.

Charles Schulz seemed like a relaxed and happy guy. Inside, however, he was often anxious and worried, even after he became rich and famous. But when he was drawing comics, he felt confident. He loved his job.

Millions of people, from children to adults, read *Peanuts*. Surprisingly, Charles wanted to name his comic strip something else!

Charles M. Schulz was born in Minneapolis, Minnesota, on November 26, 1922. His uncle soon nicknamed him ④Sparky after Spark Plug. Spark Plug was the horse in the popular Barney Google comic strip. All his life, Charles's friends and family would call him Sparky.

Sparky was an only child. He grew up in Saint Paul, a city right next to Minneapolis, with his mom, Dena, and his dad, Carl. Carl owned the Family Barbershop, and they lived nearby.

Sparky was proud of his dad and liked to stay at the barbershop. When Sparky's hair grew long, Carl would cut it. But if a customer came into the shop, Sparky had to move aside. He'd wait around with half a haircut till the customer left. That was embarrassing!

TVs weren't around then. Like most families, the Schulzes listened to radio programs. They had to imagine what all the characters in a series looked like and in their minds "see" the action.

Comics were super popular. Both grown-ups and kids loved them. People spent hours reading the funny papers. The comic strip pages in newspapers were called "the funny papers."

Sparky and his dad would read comics together and discuss them. "What will happen in next week's strips ?" they'd wonder.

In elementary school, Sparky was a good student. He was so smart that he skipped half of the third and fifth grades. He always carried a pencil in his pocket and was great at copying comic characters like Popeye and Mickey Mouse. Other kids asked him [⑤] pictures in their notebooks. At home, he sometimes drew on the *cardboard that came inside his dad's shirts from the laundry because paper was expensive.

For his eleventh birthday, Sparky bought himself a book called *How to Draw Cartoons* by Clare Briggs. He kept practicing and learning.

Sparky often felt lonely without brothers or sisters. He'd go visit his friend Shermy, who lived around the corner. Sparky liked to listen to classical music played by Shermy's mom. On Saturday afternoons, the boys would go to movie theaters to see short films called serials.

On Sundays, the Schulzes sometimes visited Sparky's mom's family at their farm. His cousins were noisy, played rough, and sometimes made fun of him. He was a shy city boy. ⑥Cows and other farm animals seemed scary. He didn't enjoy the trips.

Minnesota had long snowy winters. Kids in Saint Paul would skate on ponds or on spots of ice that formed on sidewalks or streets. Sometimes Sparky's dad *hosed down their yard. The water would freeze into a skating rink perfect for ice hockey. Kids in the neighborhood liked to come over to skate at the Schulzes'.

Sparky enjoyed sports and often forgot his [⑦] in his desire to win. In spring and summer, he played baseball. One summer, something [⑧] happened. A playground *supervisor started a league for Sparky and his friends with four teams. They played two days a week. Sparky was not only chosen as a team manager, but also he played catcher and pitcher. Even though the games didn't start until 9:00 a.m., he used to arrive at 8:30 with the equipment. His *dedication [⑨]. His team won the season championship !

（注） shovel 「～をシャベルですくう」 comic strip 「（新聞・雑誌の）続き漫画」
cardboard 「段ボール」 hose down 「～にホースで水をまく」
supervisor 「監督」 dedication 「献身」

問1 下線部①に関する記述として適切でないものを次の中から選びなさい。[10]

1 幼稚園の頃まだ自分が描く絵には満足していなかったが，どのようにしたら上手に描けるかがわからなかった。

2 先生から将来漫画家になるだろうと言われたが，漫画家にはなりたくないと答えた。

3 平凡な少年で，目立つ方ではなかったし，静かで恥ずかしがりの性格だった。

4 世界的に人気がある漫画を描き，裕福で有名になった後でも，不安に思ったり心配したりする性格は変わらなかった。

問2 [②] に入れるのに最も適切なものを次の中から選びなさい。[11]

1 what　2 how　3 why　4 when

問3 [③] に入れるのに最も適切なものを次の中から選びなさい。[12]

1 In　2 On　3 At　4 Of

問4　下線部④に関する記述として適切でないものを次の中から選びなさい。 13

1　ある有名な漫画に登場する馬にちなんで付けられたあだ名だった。

2　一人っ子で，父は家の近所の理髪店で働いていた。

3　髪が伸びたら父が切ってくれたが，お客さんが来たらお客さんが優先された。

4　父と一緒にテレビを観て，観たものについて二人でよく話した。

問5　⑤ に入れるのに最も適切なものを次の中から選びなさい。 14

1　make　　2　to make　　3　making　　4　made

問6　下線部⑥の文と同じ文型の文を次の中から選びなさい。 15

1　Kumi dances well.

2　Kumi appears happy today.

3　Kumi carried the box to her new house.

4　Kumi made her son a doll.

5　Kumi called her cat Momo.

問7　⑦ に入れるのに最も適切なものを次の中から選びなさい。 16

1　richness　　2　confidence　　3　shyness　　4　art

問8　⑧ に入れるのに最も適切なものを次の中から選びなさい。 17

1　excite　　2　excites　　3　exciting　　4　excited

問9　⑨ に入れるのに最も適切なものを次の中から選びなさい。 18

1　paid off　　2　got off　　3　failed　　4　fell

問10　本文の内容と合うものを次の中から1つ選びなさい。 19

1　Charles は，幼稚園にいた頃に雪をシャベルですくう男を上手に描けたので，将来漫画家になりたいという決意を固めた。

2　Charles は自身の仕事をこよなく愛しており，漫画を描いている時は自信を持つことができた。

3　Charles が描いた漫画のタイトルは *Peanuts* だが，Charles 自身が名付けたもので，満足のいくタイトルだった。

4　Charles は家でもよく絵を描いたが，父からもらった段ボールや紙に有名作品のキャラクターを描いた。

3　次の英文を読み，後の設問に答えなさい。

〔編集部注…課題文は著作権上の問題により掲載しておりません。作品の該当箇所につきましては次の内容を参考にしてください〕

Stephen Rabley「Dino's Day in London」(Pearson English Readers)

P. 1 の 1 行目～P.15の最終行(改変あり)

(注)　£　「ポンド(英国の通貨)」

問1　下線部①の電話の用件として最も適切なものを次の中から選びなさい。 20

1　自分は家族と朝食中だから，代わりにリッツホテルに行って欲しい。

2　自分は9時に遅刻してしまうから，代わりに手紙と50ポンドを届けて欲しい。

3　Gloria Brash のロンドン観光を手伝って欲しい。

4　Dino のロンドン観光を手伝って欲しい。

問2　下線部②で起こった出来事として最も適切なものを次の中から選びなさい。 21

1　バッキンガム宮殿に到着する前にタクシーは止まり，目的地が変更になった。

2　バッキンガム宮殿に到着したが，そこからさらに5分の所にタクシーで行った。

3　バッキンガム宮殿を見物しなかったが，Tommy はタクシーの外で Dino を待った。
4　バッキンガム宮殿を見物し，そこで Dino は20ポンドを使った。

問３　下線部③で起こった出来事として最も適切なものを次の中から選びなさい。[22]
1　ハロッズの向かいにあるレストランで，Dino は20ポンドの昼食を食べた。
2　ハロッズの中にあるレストランで，Dino は20ポンドの昼食を食べた。
3　ハロッズの中で，Tommy は１週間分の食料を購入した。
4　ハロッズの中で，Tommy は20ポンドの昼食を食べた。

問４　下線部④で起こった出来事として最も適切なものを次の中から選びなさい。[23]
1　大英博物館に行きたくないと Dino が言ったので，Tommy は嬉しかった。
2　大英博物館の見学の後，二人はリッツホテルに向かった。
3　大英博物館の向かいの映画館に，Dino は10ポンドを手に向かった。
4　大英博物館に，Dino は10ポンドを手に向かった。

問５　本文の内容と合うものを次の中から２つ選びなさい。[24]・[25]
1　リッツホテルに12歳くらいの男の子が何人かいたため，Tommy は Dino がどの男の子なのかがわからなくなってしまった。
2　Tommy は Gloria Brash が誰なのかを知らなかったため，その息子の Dino がどの男の子なのかもわからなかった。
3　手紙に書かれていた場所には結局どこにも入らなかったので，それまでずっと親切だった Tommy も最終的には怒ってしまった。
4　Tommy が Dino だと思っていた男の子は実は Billy で，Tommy は電話の内容を聞いていた Billy の策略にまんまとはまってしまった。
5　Tommy が Dino だと思っていた男の子は実は Katy で，Tommy は電話の内容を聞いていた Katy の策略にまんまとはまってしまった。

4　次の各英文の[　　]に入る最も適切なものを次の中から選びなさい。

1　We cannot see any [26] near here.
①　fox'es　②　fox's　③　foxes　④　foxs

2　He has many more books than [27].
①　me　②　mine　③　myself　④　my

3　I think he [28] very young.
①　takes　②　watches　③　sees　④　looks

4　She was really sad [29] the news.
①　heard　②　hearing　③　hear　④　to hear

5　次の各英文の（　）内の語を適切に並べ替えたとき，（　）内で３番目と６番目にくるものを答えなさい。ただし，文頭にくる語（句）も小文字で示してある。

1　(①　what　②　is　③　shall　④　it　⑤　I　⑥　day　⑦　you　⑧　tell) today?
３番目は[30]・６番目は[31]

2　(①　know　②　me　③　you　④　where　⑤　let　⑥　go　⑦　could　⑧　to)?
３番目は[32]・６番目は[33]

3　My (①　and　②　plays　③　father　④　soccer　⑤　to　⑥　is　⑦　well-known) everyone in the city.
３番目は[34]・６番目は[35]

4 (① the ② been ③ since ④ have ⑤ for ⑥ this ⑦ waiting ⑧ women ⑨ I) noon.　　３番目は [36]・６番目は [37]

6 次の英文で，文法的な誤りが含まれる下線部を選びなさい。

1 ①If he ②were ③more rich than his father, he ④would not go to the country alone. [38]

2 ①Did you and your father go ②to ③the store ④the last night ? [39]

3 Let's go ①to the lake ②by car, ③won't ④we ? [40]

4 ①Were you surprised ②that the man ③you were talking with ④were from France ? [41]

7 各組の語の中で，最も強く発音する部分が他と異なるものをそれぞれ１つずつ選びなさい。

1 〔① nine-teen ② ef-fect ③ re-port ④ cer-tain〕 [42]

2 〔① sen-tence ② pre-fer ③ re-peat ④ a-sleep〕 [43]

3 〔① med-i-cine ② ac-ci-dent ③ to-geth-er ④ ca-len-dar〕 [44]

8 各組の語の中で，下線部の発音が他と異なるものをそれぞれ１つずつ選びなさい。

1 〔① comb ② come ③ dull ④ number〕 [45]

2 〔① believe ② people ③ steal ④ leather〕 [46]

3 〔① near ② bear ③ pair ④ rare〕 [47]

＜リスニングテスト放送原稿＞

1 （リスニングテスト） このリスニングテストには**問題Ａ**から**問題Ｃ**まであります。英文はそれぞれ２度ずつ読まれます。放送中メモを取っても構いません。

問題Ａ これから流れる対話を聞き，最後に続く受け答えとして最も適切なものを選び番号で答えなさい。

No. 1 ※Ａは女性，Ｂは男性

A : Excuse me, but could you tell me the way to the station ?

B : Oh sorry, I'm a tourist.

A : OK. Thank you. Where are you from ?

B :

Listen Again

No. 2 ※Ａは女性，Ｂは男性

A : Look ! That man is a famous actor.

B : That man in the blue hat ?

A : Yes. I saw him on TV yesterday.

B :

Listen Again

No. 3 ※Ａは女性，Ｂは男性

A : Tom, wake up ! You'll be late for school.

B : Mom, it's Saturday today. I don't have to go to school.

A : It's Friday. You had a club activity yesterday.

B :

Listen Again

問題B　これから流れる対話を聞き，そのあとの質問に対する答えとして最も適切なものを選び番号で答えなさい。

No. 1　※Aは女性，Bは男性

A：　You are coming to my birthday party today, aren't you ?

B：　Well, I wish I could, but I'm very sorry.　I have a stomachache today.

A：　Really ?　That's too bad.　You should get some rest and relax.

B：　Thanks.　I hear Kumi and John are looking forward to the party.

A：　Actually, Kumi called me just now and said she won't be able to come either.　She caught a cold, too.

B：　Oh, so is John going alone ?

A：　He said he'd come with two of his friends.

Question：　How many people are coming to the woman's birthday party ?

Listen Again

No. 2　※Aは女性，Bは男性

A：　Something is wrong with this computer.

B：　What's the matter ?

A：　I'm trying to turn it on but nothing happens.

B：　Maybe you should go to a computer shop.

A：　Wait !　Oh, it's not plugged in !

B：　You should do that first !

Question：　What will the woman do after the conversation ?

Listen Again

No. 3　※Aは男性，Bは女性

A：　Oh my god !　My smartphone has gone somewhere !　I thought I put it in my pocket.

B：　When did you use it last ?

A：　When I had lunch with Jane at the school cafeteria.　I was talking about Tom's new house.　I think that was the last time . . .　No !　I remember I put it in my new bag.

B：　You should always put it in the same place.

Question：　Where will the man find his smartphone ?

Listen Again

問題C　これから流れる英文を聞き，質問に対する答えとして最も適切なものを選び番号で答えなさい。

No. 1　※Iは女性

Hello.　I'm Takako Mizuno.　I am a first-year student at North West High School.　My high school has more than three hundred first-year students.　Each class has around thirty students, so there are ten classes.　In P.E. classes, we have to play games with students in other classes.　Last week, I played a soccer match with my classmates and students from other classes.　We did our best to win the game.　It was exciting.

Question：　How many classes of the first-year students are there in Takako's high school ?

Listen Again

No. 2

Do you know the South East Aquarium ?　It is very popular these days.　I'll tell you about the aquarium. It has different kinds of fish from this area. The number is about seventy. You can also find some rare fish. In the morning and in the afternoon, we have a dolphin show. Many people wait for the show thirty minutes before it starts. In addition, it is close to the station and you can get there within five minutes on foot.

Question : What is true about the South East Aquarium ?

Listen Again

No. 3

My friends taught me their favorite recipes. For example, Jimmy's fried rice is wonderful. You need only rice, eggs, bacon, salt and pepper. It takes only a few minutes to cook it. It is not as difficult as you think. I recommend it. Moreover, Miki's sandwich is also great. You need just sliced bread, ham, cucumbers, mayonnaise, and pepper. Ham is perfect with cucumber. I love it.

Question : What is necessary to make Miki's sandwich ?

Listen Again

これでリスニングテストを終わります。以降の問題を解いて下さい。

【数　学】 (50分) 〈満点：100点〉

［注意］ (1) コンパス，定規，分度器，電卓は使用しないのでしまって下さい。

(2) １つの□には０～９の数が入ります。

(3) 分数はもっとも簡単な形で答えなさい。例えば，$\dfrac{3}{4}$ と答えるところを，$\dfrac{6}{8}$ のように答えてはいけません。

(4) 根号の中の数はできるだけ小さな自然数にしなさい。例えば，$4\sqrt{2}$ と答えるところを，$2\sqrt{8}$ のように答えてはいけません。

(5) 比はもっとも簡単な整数比で答えなさい。例えば，２：３と答えるところを，４：６のように答えてはいけません。

1 　次の $\boxed{1}$～$\boxed{13}$ に当てはまる数をマークしなさい。分数はもっとも簡単な形で答えなさい。

(1) $\dfrac{3}{5}\times\left\{\left(\dfrac{5}{4}-\dfrac{1}{6}\right)+1\right\}-0.25=\boxed{1}$

(2) $\dfrac{ax-3}{2}+\dfrac{3x+2}{4}$ を通分して整理したところ $x-1$ となった。このとき $a=\dfrac{\boxed{2}}{\boxed{3}}$ である。

(3) $(a^2b^3)^4\div(ab^4)^3=a^{\boxed{4}}$

(4) $\left(\dfrac{2+\sqrt{6}}{\sqrt{2}}\right)^2-\sqrt{12}\times\sqrt{2}=\boxed{5}$

(5) 直線 $y=x+5$ と直線 $y=-3x+1$ の交点の座標は $(-\boxed{6},\ \boxed{7})$ である。

(6) ２次方程式 $x^2+ax-15=0$ が $x=3$ を解にもつとき，$a=\boxed{8}$ であり，他の解は $-\boxed{9}$ である。

(7) 赤いサイコロ１個と青いサイコロ１個を同時に振るとき，出た目の差が４である確率は $\dfrac{\boxed{10}}{\boxed{11}}$ である。

(8) 税込価格200円の商品の，定価(10％の消費税を加算する前の価格)は，１$\boxed{12}\boxed{13}$ 円である。ただし，小数点以下は四捨五入して税込み価格としている。

2 　次の $\boxed{14}$～$\boxed{26}$ に当てはまる数をマークしなさい。分数はもっとも簡単な形で答えなさい。

(1) Ａさんが歩く速さは分速60mであり，小走りでは分速100mで進むとする。Ａさんは自宅から出発して，ちょうど２km 先にある駅へ向かう。途中のコンビニまで歩いて行ったが，電車に間に合わなくなりそうだったのでコンビニから駅までは小走りで行った。自宅からコンビニまでの距離が900mであるとすると，Ａさんは自宅から駅までちょうど $\boxed{14}\boxed{15}$ 分後に到着したことになる。

(2) 下図のように，正三角形 ABC の３辺をそれぞれ３等分して，辺と平行な線を引き９分割した図形がある。このとき，辺上にある９個と内部に作られる点Ｏの10個の点を考える。

はじめ点Ａにある動点Ｐが１回の移動で隣の点へ移る。ただし，図の「上」の方の点には移動しないものとする。

３回の移動で辺 BC 上に到達する移動の経路は $\boxed{16}$ 通りあり，５回目の移動で初めて辺 BC 上に到達する移動の経路は $\boxed{17}\boxed{18}$ 通りある。

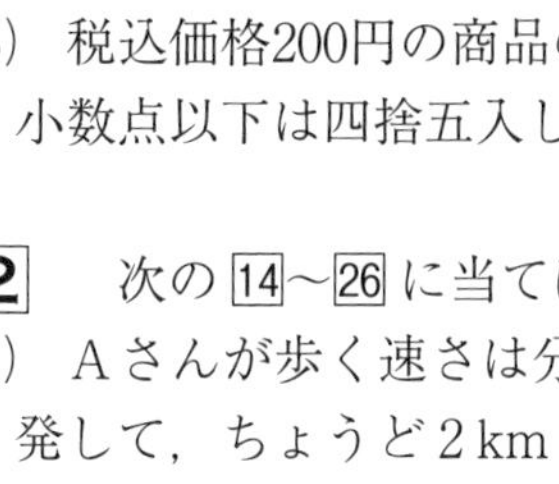

(3)　1辺の長さ3cmの立方体ABCD-EFGHがある。辺AB上にAL：LB＝1：2となる点L，辺BC上にBM：MC＝1：2となる点M，辺BF上にBN：NF＝2：1となる点Nをとる。

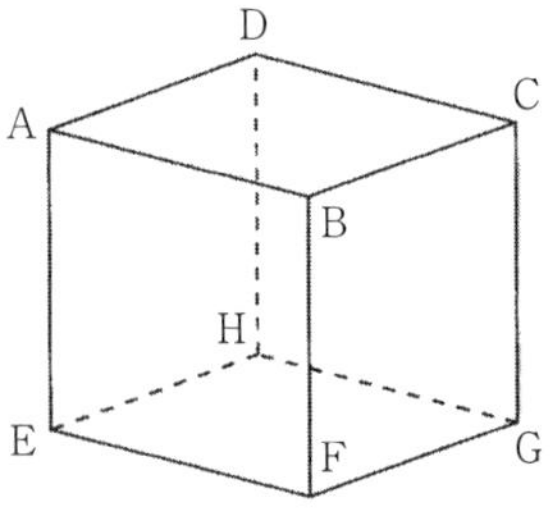

　このとき，四面体BLMNの体積は $\dfrac{\boxed{19}}{\boxed{20}}$ cm^3 である。さらに，三角形LMNの面積が $\sqrt{\boxed{21}}$ cm^2 であることから，点Bから三角形LMNに下した垂線の長さは $\dfrac{\sqrt{\boxed{21}}}{\boxed{22}}$ cmとわかる。同じ解答番号の欄が複数あるので注意すること。

(4)　50人に行った試験(100点満点)の結果をヒストグラムにしたものが下図である。中央値(メジアン)は $\boxed{23}\boxed{24}$ である。モードは $\boxed{25}\boxed{26}$ である。

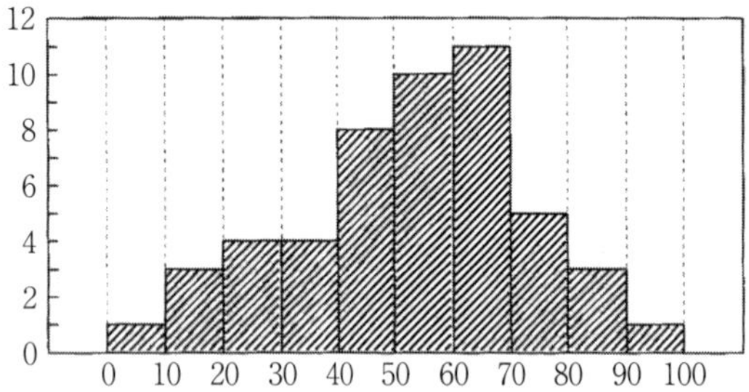

3　次のように規則的に整数が並んでいる。

1，1，2，1，2，3，1，2，3，4，1，2，3，4，5，1，2，…

(1から1までの整数，1から2までの整数，1から3までの整数，…と続いている)

次の $\boxed{27}$～$\boxed{33}$ に当てはまる数をマークしなさい。

(1)　初めて8が登場するのは左から $\boxed{27}\boxed{28}$ 番目である。

(2)　10回目の2が登場するのは左から $\boxed{29}\boxed{30}$ 番目である。

(3)　左から100番目の数は $\boxed{31}$ である。

(4)　左端の数から順に加えていって初めて100を超えるのは左から $\boxed{32}\boxed{33}$ 番目の数を加えたときである。

4　2桁の正の整数 M の十の位と一の位を入れ替えた整数を N とする。ただし，$M>N$ である。

次の $\boxed{34}$～$\boxed{46}$ に当てはまる数をマークしなさい。同じ解答番号の欄が複数あるので注意すること。

(1)　$M+N$ は $\boxed{34}\boxed{35}$ の倍数であり，$M-N$ は $\boxed{36}$ の倍数である。

(2)　M^2-N^2 のとりうる奇数のうち最大のものは $\boxed{37}\boxed{38}\boxed{39}\boxed{40}$ である。

(3)　$\angle A=90^\circ$ である直角三角形ABCにおいて，辺BCの長さが M cm，辺ABの長さが N cm，辺CAの長さが L cmであるとする。L が整数になるときを考える。

M^2-N^2 を $\boxed{34}\boxed{35}\times\boxed{36}$ で割った商が「$\boxed{41}\boxed{42}\times(\text{整数})^2$」となっていればよい。

そのときの M を求めると，$M=\boxed{43}\boxed{44}$ であり，このとき，$L=\boxed{45}\boxed{46}$ である。

5　図１のような辺 AB の長さが２cm である長方形 ABCD の紙がある。点Ｅ，Ｆは辺 BC 上，点Ｍは辺 AB 上，点Ｇは辺 AD 上，点Ｎは辺 DC 上である。

最初にＡ，ＤがそれぞれＢ，Ｃと重なるように MN で折り曲げ，折り目をつけて元の形に広げた。次に点Ｂが辺 AD 上にくるように AE で折り曲げ，折り目をつけて元の形に広げた。このときの点Ｂの移動先はＧではなく，図には記していない。

次に，点Ｍが点Ｅと重なるように FG で折り曲げた。これが図２である。Ａの移動先はＩ，Ｂの移動先はＨである。このとき，Ｇ，Ｃ，Ｉは一直線上にあった。さらに，GI で折り曲げた形が図３である。Ｄの移動先はＪである。

図１

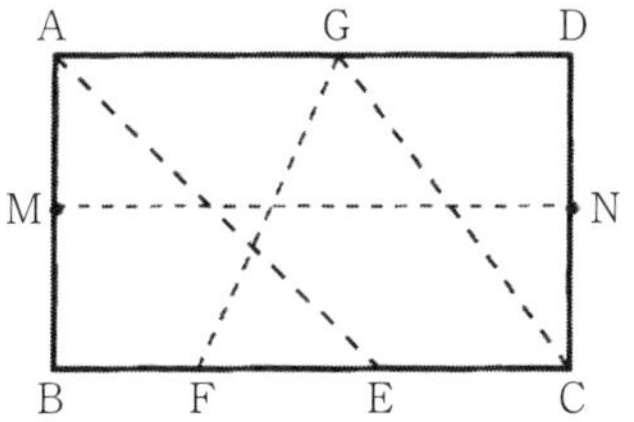

図２

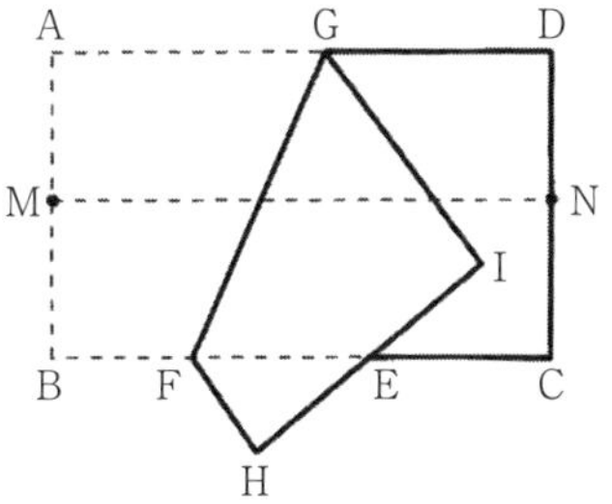

図３

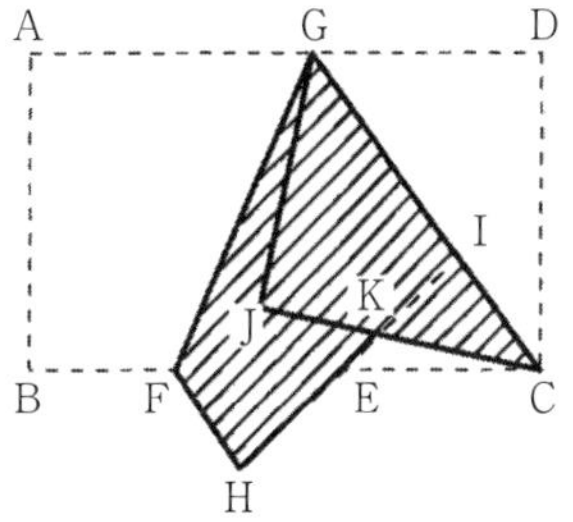

次の 47～63 に当てはまる数をマークしなさい。分数はもっとも簡単な形で答えなさい。

(1)　線分 BM の長さは $\boxed{47}$ cm であり，また，線分 BE の長さは $\boxed{48}$ cm である。

(2)　線分 BF の長さは $\dfrac{\boxed{49}}{\boxed{50}}$ cm である。また，$\angle$MFB＝t° とおくと，$\angle$MEB＝$\dfrac{\boxed{51}}{\boxed{52}}t^\circ$，$\angle$FGA＝$\left(\boxed{53}\boxed{54}-\dfrac{\boxed{55}}{\boxed{56}}t\right)^\circ$ であり，線分 AG の長さは $\dfrac{\boxed{57}}{\boxed{58}}$ cm である。

(3)　図３において，線分 GJ の長さは $\dfrac{\boxed{59}}{\boxed{60}}$ cm である。また，HI と JC の交点をＫとするとき，四角形 GJKI の面積は $\dfrac{\boxed{61}\boxed{62}\boxed{63}}{128}$ cm^2 である。必要ならば，斜線部の面積が $\dfrac{347}{128}$ cm^2 であることを利用しなさい。

逃げたことは武士にあるまじき行いと批判されるに至ったから。

④ 自分で泳げると言い張った宮千代が溺れたことを悲しんでいたにもかかわらず、世の中の人も同情してくれたから。

⑤ 宮千代には後で必ず助けに行くと約束を交わしていたにもかかわらず、世間の人は内情も知らないのにあることないこと噂をしていたから。

問10 傍線部Ｇ「なからん後の世に知られまし」の解釈として最も適当なものを次の①～⑤のうちから一つ選び、番号で答えなさい。解答番号は38。

① 私の死後に世に知られることだろう。
② 私の死後も世に知られるはずはない。
③ 私の死後も世に知られてはならない。
④ 私の死後に世に知られたのである。
⑤ 私の死後に世に知られる方がまだよい。

問11 本文に登場する「筒井順慶」は豊臣秀吉時代の武将であるが、秀吉の一代記となる作品について最も適当なものを次の①～⑤のうちから一つ選び、番号で答えなさい。解答番号は39。

① 『方丈記』　② 『太閤記』　③ 『西遊記』
④ 『太平記』　⑤ 『応永記』

ら一つ選び、番号で答えなさい。解答番号は30。

① 奈良県　② 東京都　③ 和歌山県
④ 滋賀県　⑤ 神奈川県

問3　傍線部B「天晴なる功名せん」の解釈として最も適当なものを次の①～⑤のうちから一つ選び、番号で答えなさい。解答番号は31。

① 素晴らしい手柄など立てられるはずはない。
② 素晴らしい手柄など立てられるものだろうか。
③ 素晴らしい手柄を立ててはならない。
④ 素晴らしい手柄を立ててみせよう。
⑤ 素晴らしい手柄を立ててほしい。

問4　傍線部C「かく」の指す内容として最も適当なものを次の①～⑤のうちから一つ選び、番号で答えなさい。解答番号は32。

① 福寿丸と宮千代が二人揃って脱獄してしまったこと。
② 福寿丸が一人で逃亡した後で宮千代を助けに来たこと。
③ 福寿丸と宮千代が密かに敵勢を呼び寄せていたこと。
④ 福寿丸が宮千代を残して一人で逃げ帰ったこと。
⑤ 福寿丸が逃亡した後、宮千代は食事を取らなかったこと。

問5　空欄 X に入る語句として最も適当なものを次の①～⑤のうちから一つ選び、番号で答えなさい。解答番号は33。

① 葛西　② 鳥屋　③ 箸尾
④ 筒井　⑤ 玄蕃

問6　傍線部D「米野をばただ餌になれと残し置きけん」とあるが、このときの宮千代の心情の解釈として最も適当なものを次の①～⑤のうちから一つ選び、番号で答えなさい。解答番号は34。

① この宮千代を生贄《いけにえ》として置き去りにしたのだろうかという自らの不遇を悲しむ気持ち。
② この宮千代を生贄として置き去りにするはずはないと全面的に相手を信用しきった気持ち。
③ この宮千代を生贄として置き去りにすることは何か事情があったのだろうと相手の状況を察する気持ち。
④ この宮千代を生贄として置き去りにするのは天命によるものだと諦めて、無言のまま覚悟を決める気持ち。
⑤ この宮千代を生贄として置き去りにするのは武士として卑怯な振るまいだと相手の行動を恨む気持ち。

問7　傍線部E「とくとく送り返せよ」とあるが、箸尾がこのように言った理由として最も適当なものを次の①～⑤のうちから一つ選び、番号で答えなさい。解答番号は35。

① 人質を親のところに送り返せば、おそらく敵方も油断するはずだから、そこを一気に攻めれば良いということ。
② 愚かな子ほどかわいいとよく言われるので、人質を親のところに送り返して帰順を勧めるのが良いということ。
③ 愚かな者を人質にとっても状況が理解できず恐れることはないため、人質としての意義はないということ。
④ これほど賢い子を人質にとったら親の嘆きはどれほどかと思い、早く返した方がよいということ。
⑤ このまま絶食が続けば餓死して敵の怒りを招く恐れもあるため、人質を早く送り返して恩情を掛けた方がよいということ。

問8　空欄 Y に入る語句として最も適当なものを次の①～⑤のうちから一つ選び、番号で答えなさい。解答番号は36。

① ぞ　② なむ　③ や
④ か　⑤ こそ

問9　傍線部F「いと安からず思ひをりしに」とあるが、福寿丸がこのように思った理由として最も適当なものを次の①～⑤のうちから一つ選び、番号で答えなさい。解答番号は37。

① 自分も泳ぎが苦手だったのにもかかわらず溺れている者を助けることなど無理であったから。
② 宮千代が普段から自分の悪口を言っていたためこの機会に見捨てたのだが、世間からは薄情者と批判されたから。
③ 見張りの隙を見てどうにか逃げてきたのに宮千代を見捨てて

死したる者の再び甦《よみがへ》りし心地して、歓ぶことかぎりなく、葛西が恩を謝しにけり。かくてこのこと世間に流布し、「福寿丸擒となり。その守りの怠るを見て、密に遁れ帰りたるは、実にも微笑挙動《いみじきふるまひ》なれど、ともに虜《とりこ》とせられたる、而《しか》も己《おのれ》より年も劣れる、宮千代を棄ておきしは、武士の義にそむけり。宮千代才ありて歌を詠じ、それを感じて敵方より、赦《ゆる》して返したれば Y 不測《ふしぎ》の命を佐《たす》かりけれ。それ二人同船なし、その船暴《ふねにはか》に覆《くつがへ》る時、己水練を得たりとて、同僚を棄ておき、己のみ游《およ》ぎ帰《かへ》れる人あらば、これ義といはんか。不義《ふぎ》といはんか。福寿丸が挙動は、これに斉《ひと》しき所為《わざ》なり」と、譏《そし》る人さへ多ければ、(ア)やがて福寿丸が耳に入り、F いと安からず思ひをりしに、またこの両家合戦のことあり、双方※3郊原《かうげん》に対陣《たゐじん》して、挑《いど》み戦ふこと数日なり。然るに越智の陣中より、美々しく鎧《よろひ》逞《たく》ましき馬に騎りて馳せ出だすものあり。箸尾が陣なる葛西勝永、よき敵と見てければ、※4諸拍《もろかく》合はせて馳せ近づき、物をもいはず切りて蒐《かく》る。この方も望む所なりと、太刀抜き翳《かざ》して打ちつ撃れつ。暫時戦ひてありけるが、やがて双方太刀投げ捨て、馬を寄せ合はせて引組《ひっくん》だり。霎時《しばし》こそあれ鞍に屯《たま》らず、両馬が間に撻《だう》と落《お》ち、上を下へと揉み合ひしが、葛西の膂力《ちから》や増《まさ》りけん。つひに引き敷きて首掻き落とすに、余り手弱《たよわ》く覚えければ、冑《かぶと》を脱いでこれを見るに、十五六なる少年にて、眉のかかり鬢《びん》の匂ひ、その艶麗顔《うるはしきかんばせ》なる、(イ)いささか見覚えある心地すれば、※5体《むくろ》をうち返してよく見るに、鎧の引合《ひきあひ》に一枚《ひとひら》の、短冊を結び付けたり。

　　津の国の難波のことのよしあしは G なからん後の世に知られまし

と一首の歌の意を思ふに宮千代を措《お》きて逐電せしを、嘲る人のあるによりその辱《はぢ》を雪《きよ》めんとて、今日討ち死にと思ひ定めぬ。その善悪《よしあし》は亡《な》からん後に、世人定めよといへるなり。葛西はこれを見て落涙《らくるゐ》なし、「福寿丸にてありけるよな。いかなる因縁《いんねん》あればにか。人も多きに再びまで、吾が手に掛かるも不測なり」とて、やや悲嘆してありけるが、やがて※6僕に命じ近きに在る、古遣戸《ふるやりど》をとり寄せて、福寿丸が死骸《しがい》を乗せ、※7舁《かか》して己が陣に帰り、一書を副《そ》へて鳥屋へ送りぬ。鳥屋はわが児の死骸を見て、気も暗《く》れ心も髣髴《ほうふつ》たるが、まづ彼の文を披き見るに、しかしかのよしを記し

　　子を思ふ焼野の(ウ)きぎすほろほろと涙におちの鳥屋鳴らん

（中村経年『積翠閑話』による）

※1　天文永禄…室町時代の年号。一五三二～一五七〇。
※2　縲絏…罪人として牢獄にとらわれること。
※3　郊原…町はずれの野原のこと。
※4　諸拍…「もろあぶみ」のこと。鞍に付属し、鐙革で馬体の左右の外側につるされ、馬に乗り降りするときや乗馬中に騎手の足の重みを支え、馬上での騎手の動きを容易にするもの。
※5　体…ここでは死体のこと。
※6　僕…召使いのこと。
※7　舁して…担ぎ上げさせて。

問1　波線部(ア)～(ウ)の語句の意味として最も適当なものを後の各語群①～⑤のうちからそれぞれ一つずつ選び、番号で答えなさい。解答番号は 27 ～ 29 。

(ア)　やがて 27
①　いつのまにか　②　一斉に
③　すぐに　④　なぜか
⑤　意地悪く

(イ)　いささか 28
①　突然　②　あいにく
③　しっかりと　④　懐かしく
⑤　わずかに

(ウ)　きぎす 29
①　キジ　②　コオロギ　③　蛙
④　犬　⑤　猫

問2　傍線部A「和州」とは「大和国」を意味するが、現在の都道府県ではどこに当たるか。最も適当なものを次の①～⑤のうちか

② 自分の不手際で九官鳥を死なせてしまい夫に合わせる顔がないから。
③ 九官鳥が死んだことを伝えたら夫の具合が急変してしまうのではないかと心配したから。
④ 夫にとって大切な存在であった九官鳥の死を伝えることが心苦しかったから。
⑤ 目障りだった九官鳥が死んで清々した気持ちを夫に気づかれたくなかったから。

問7 傍線部F「手術した胸のなかから熱湯のようにこみあげた」とあるが、このときの沼田の心情として最も適当なものを次の①～⑤のうちから一つ選び、番号で答えなさい。解答番号は24。
① 時間がたつにつれ、手術が成功したことを実感して感慨深い気持ちに浸っている。
② 汚い鳥かごの様子を見て、九官鳥の世話を怠った妻に対する憤りを感じている。
③ 自分の悲痛な叫びを九官鳥が死をもって受け止めてくれたことに気がつき感動している。
④ 鳥かごに残された九官鳥の羽を見て、九官鳥の死を身にしみて感じている。
⑤ 最後まで自分に忠誠を誓っていた九官鳥の死を受け入れられず呆然としている。

問8 沼田にとって、犀鳥や九官鳥はどのような存在であるか。その説明として最も適当なものを次の①～⑤のうちから一つ選び、番号で答えなさい。解答番号は25。
① どんなときも沼田に的確なアドバイスをしてくれる存在。
② 妻や子供よりも長い時間を共に過ごし、体の一部のような存在。
③ 童話の執筆に息詰まると、美しい鳴き声で癒してくれる存在。
④ 沼田の体の異変に気がつき、素早く妻に知らせた命の恩人的存在。
⑤ 誰にも言えない心の内を打ち明けることができる存在。

問9 本文の作者である遠藤周作の作品として最も適当なものを次の①～⑤のうちから一つ選び、番号で答えなさい。解答番号は26。
① 『こころ』 ② 『風立ちぬ』 ③ 『人間失格』
④ 『沈黙』 ⑤ 『羅生門』

三 次の文章を読んで、以下の問い（問1～11）に答えなさい。

※1天文永禄の頃にや。A和州高市《たかしの》郡越智《をち》の郷に越智《をち》玄蕃頭《げんばのかみ》橘《たちばなのとしゆき》利之と聞こえしは、筒井順慶が姪婿《めいむこ》にて、当時英名の聞こえあり。また同国箸尾《はしを》の城主箸尾宮内少輔藤原為春は、筒井順慶が妹婿にて、互ひに威権を争ひつつ、動《ややも》すれば闘諍《とうじやう》に及ぶ。あるとき両家戦ひしに、越智が家人鳥屋九郎左衛門が嫡子福寿丸と、米野《こめの》次郎右衛門が二男宮千代と、ともに陣中に赴きて、少年ながら心雄《こころを》々《を》しく、B天晴《あつぱれ》なる功名せんとて、此処彼処《ここかしこ》馳せまはりしに、味方に後《おく》れ敵に囲まれ、図らず擒《とりこ》となりて二人とも、敵陣に曳《ひ》かれつつ、一族なる葛西《かさい》右衛門勝永これを預りけり。元来《もとより》少年のことなれば、番兵の忽《ゆる》がせなるに、福寿丸は折を得て、密《ひそか》にここを遁《のが》れつつ、難なく本陣へ逃げ帰れり。宮千代一個《ひとり》遺《のこ》されて、始めはCかくとも知らざりしが、これを聞きて大いに憂へ、筆と硯を乞ひうけて、一首の歌を書きて番兵に与へけり。番兵これを披《ひら》き見るに、

　籠に入れし X は抜けてD米野をばただ餌になれと残し置きけん

と、いとをかしく書きなしたれば、これを主人の葛西に見するに、葛西はいとど哀れに思ひ、主君箸尾にかくといへば箸尾は情深き者にてこれを熟々《つくづく》と打ち眺《なが》め、「宮千代いまだ十三歳、しかも※2縲《るい》絏《せつ》の中にありて、かく優なる志、天晴なる少年なり。人の親の子を思ふ、愚なるだに猶ほ慈しむ。況《いは》んやかかる秀才の児を擒にせられたる親の心はいかならん。想像《おもひやる》だにいたはしければ、Eとくとく送り返せよ」と、涙を浮めていひければ、葛西勝永も領承し、宮千代を馬に騎《の》せ、人を副《そ》へて父が許《もと》へ送り返したりければ、米野夫婦は

(ア) 言葉を濁した 16

① 嘘をついた　② 叱責した
③ 曖昧に言った　④ 賞賛した
⑤ 責め立てた

(イ) 芝居じみていた 17

① 激高している様子
② 感情的になっている様子
③ 動揺している様子
④ 予断を許さない様子
⑤ いかにも大げさな様子

(ウ) 憂慮した 18

① 警戒した　② 助言した
③ 優遇した　④ 庇護した
⑤ 許可した

問2 傍線部A「彼女はいつになく陽気を装った声をかけた」とあるが、妻がこのような態度をとったのはなぜか。その理由として最も適当なものを次の①～⑤のうちから一つ選び、番号で答えなさい。解答番号は19。

① 自分が気落ちしていたら、夫が安心して治療に専念することができないと考えたから。
② 新薬のお陰で夫の体調も落ち着き、退院のめどが立ってきたから。
③ 日に日に病状が悪化していく夫を見るのが辛く、現実逃避をしたいと思ったから。
④ 医師から伝えられた余命宣告を夫に気づかれないように気を遣っていたから。
⑤ 風呂敷の包みの中を見て、夫は喜んでくれると期待しているから。

問3 傍線部B「妻にうしろめたかった」とあるが、どのようなことに対してうしろめたく思っているのか。最も適当なものを次の①～⑤のうちから一つ選び、番号で答えなさい。解答番号は20。

① 思うように良い作品を書くことができず、妻に迷惑をかけていること。
② 自分が留守にしている間、家の全てを妻に任せっきりでいること。
③ これまで仕事を優先し、家庭を顧みてこなかったこと。
④ 自分の心の内を話すのが、家族である妻でなく犀鳥のような動物であること。
⑤ あらゆる手を尽くしてもなかなか体調が回復しないこと。

問4 傍線部C「師走」とはもともと旧暦の何月を指していたものか。最も適当なものを次の①～⑤のうちから一つ選び、番号で答えなさい。解答番号は21。

① 一月　② 三月　③ 六月
④ 十月　⑤ 十二月

問5 傍線部D「いつもより大きく音をたてる朝」とあるが、このように感じた沼田の心情として最も適当なものを次の①～⑤のうちから一つ選び、番号で答えなさい。解答番号は22。

① 助かるかどうか分からない手術を目前に控えて緊張している。
② 自分にできることはもう何もないと諦めている。
③ 普段から心配をかけている妻に更に心配をかけ申し訳なく思っている。
④ 病院では思うように執筆活動をすることができずいらだっている。
⑤ 住み慣れた自宅とは違う場所での寝泊まりにうんざりしている。

問6 傍線部E「妻は口ごもった」とあるが、それはなぜか。その説明として最も適当なものを次の①～⑤のうちから一つ選び、番号で答えなさい。解答番号は23。

① 九官鳥をかわいがっていた夫に自分は鳥が嫌いだと告げるのは気が引けたから。

腕には点滴の針が刺しこまれていた。時々、看護婦が来て、まだ半覚醒の彼の血圧をはかり、モルヒネの注射をうった。すべて二度の手術と同じだった。
　数日後、やっと息がつけるようになってから彼はつき添っている妻にたずねた。
「九官鳥は」
「………」
　とE妻は口ごもった。
「あなたの事で手がいっぱいで、病院の屋上においたまま忘れていたの。気がついて見に行ったら……もう死んでいた」
　今更、妻を責めるわけにはいかなかった。死ぬか、生きるかの夫の看病に必死に専心するため、屋上においた九官鳥の面倒まで見きれなかったのだ。
「ごめんなさい」
　沼田はうなずいたが、せめてその鳥籠だけは見たかった。
「鳥籠は」
　と彼は妻の気持を傷つけないようにさりげなく、
「いつまでも放っておくと、看護婦に叱られる」
「夜に捨てておくわ」
「いや捨てるのは勿体《もったい》ない。あの鳥籠、気に入っていたんだ。治ったら、文鳥なんか飼えるかもしれない」
　会話を続けると息苦しく、切開した胸の傷も痛んだ。彼は黙りこんだ。
　夕方、妻は屋上に寄って鳥籠を病室に持ってきてくれた。
「そこに、おいて」
「汚ないわよ。何かに包むから」
「いや、そのままでいい」
　妻が看護婦室に行き、病室に一人残されてから沼田はじっと鳥籠を見つめることができた。止り木にも底にも九官鳥の白褐色の糞がこびりついていた。その糞に黒い羽毛が二本くっついている。その羽毛を見ているうち、毎夜、彼の愚痴を、辛さを聴いてくれた鳥が死んだことを切実に感じた。突然、沼田はあの九官鳥に「どうすればいいんだろ」と叫んだ時の自分の声を思いだした。
（それで、あいつ……身がわりになってくれたのか）
　確信に似た気持が、F手術した胸のなかから熱湯のようにこみあげた。彼自身の人生のなかで、犬や鳥やその他の生きものが、どんなに彼を支えてくれたかを感じた。
　医者たちが(ウ)憂慮した経過は奇蹟的といっていいぐらい良かった。一番、心配されていた気管支漏の検査もパスした時、
「好運だったですねぇ」
　と主治医は沼田と握手して言った。
「安心しました。今だから言いますがね」
「知っていました」と沼田はうなずいた。「五分五分の賭けだったんでしょう。危険率が高くて、先生たちも迷っておられたんでしょ」
「実は……沼田さんの心臓……手術台でしばらく停止したんですよ」
　この時も沼田のまぶたには「は、は、は」と笑う九官鳥と本棚の上から彼を馬鹿にしたように見おろした犀鳥とが浮かんだ。

（遠藤周作『深い河《ディープ・リバー》』による）

※1　犀鳥…東南アジアの熱帯、亜熱帯に生息している大型の鳥。
※2　気胸療法…「気胸」とは肺に穴があき、胸痛や咳、息切れが生じる病気を指し、その治療法のこと。
※3　シューブ…病状が急速に悪化すること。
※4　気管支漏…気管支が元にもどらず拡張してしまう病気。
※5　ルオー…フランスの画家ジョルジェ・ルオー（一八七一〜一九五八）のこと。

問1　波線部(ア)〜(ウ)の本文中での意味として最も適当なものを後の各語群①〜⑤のうちからそれぞれ一つずつ選び、番号で答えなさい。解答番号は16〜18。

「いいのよ、欲しかったんでしょ。わたくしにもそのくらいわかるんだから」
　沼田はＢ妻にうしろめたかった。少年の頃から沼田は心の秘密をいつも人間にではなく犬や鳥にうちあけてきた。今度の場合も、度重なる手術の失敗で滅入った気持をあの犀鳥のような鳥に告白したい願望が心のどこかにあるのを、妻はいつの間にか見ぬいていた。
　しかし、その方がいいという気持も胸にある。どうにもならぬ悩みを妻に話しても彼女が苦しむだけだ。徒《いたず》らに彼女を辛くさせ、重荷を負わせるだけではないか。しかし相手が鳥ならば……沈黙して受け入れてくれる。
「少しは気が晴れた?」と妻は得意げに言った。「久しぶりで嬉しそうな顔をして……」
　面会時間の終了を告げるチャイムがなって、ふたたび荷物を持って病室を出ようとした妻は彼に片目をつぶってみせた。
　籠のなかの二つの止り木を九官鳥は飽きもせず交互に往復していたが、一度も鳴かない。小鳥屋でもこの人間の言葉を真似る鳥にまだ「おはよう」も「こんにちは」も教えこんでいないようだった。
　だが夕食をすませて、そろそろ就寝時間が近くなったころ、鳥籠のなかから「は、は、は」という奇妙な声がした。初めて鳴いたのである。
「はは、はは」という声はこの鳥の性来のものではない。沼田はしばらく考えて、やっとそれが笑い声であることに気がついた。
　たぶん人間の言葉をしゃべる別の九官鳥のそばにおかれたため、見物人の笑い声だけを憶えたのだろう。
　真夜中、沼田は眼をさまし、ベッドの上から鳥籠にかぶせた風呂敷をそっととると、九官鳥は止り木に両脚をかけて、じっと沼田を見た。その眼は本棚にとまって、彼のペンの動きを見ている犀鳥と同じようだった。
「治るかなあ、肋膜は癒着して、今度、手術すれば」と沼田は妻にも語れないことを鳥に話しかけた。
「今度、手術すれば、出血が多い。医者はそれを怖れている。でも俺は寝たきりになるのは嫌だ。どんな事をしても手術をしたい。その気持、わかるだろう」
　九官鳥は首を少し傾け、止り木から止り木に飛んだ。そして、
「は、は、は、は」
と人間の笑い声を真似た。
　毎夜、彼はその九官鳥にだけ自分の悩みや後悔をうち明けた。ちょうど少年の頃、クロにだけ自分の孤独を訴えたように。
「女房には辛い思いをさせたくない。だからお前にだけうち明けるが……死ぬのはやっぱりこわい。生きて、もっといい童話を書きたかった」
「心配なのは、もし俺が死んだら、女房と子供とが、どのように生活するかだ。……どうすればいいんだろ」
　どうすればいいんだろと言った時、沼田は自分の声の響きがあまりに(イ)芝居じみていたのに恥ずかしくなった。しかしそれは嘘偽りのない本心だった。
「は、は、は、は」
　九官鳥は笑い声を出した。それは弱虫の彼を嘲笑するような笑いかたでもあり、励ますような笑い声でもあった。沼田は病室の灯を消し、人生のなかで本当に対話をしてきたのは、結局、犬や鳥とだけだったような気がした。神が何かわからなかったが、もし人間が本心で語るのが神とするならば、それは沼田にとって、その都度、クロだったり、犀鳥だったり、この九官鳥だった。
　賭にも似た三度目の手術はＣ師走に行われた。病室のなかのスチームがＤいつもより大きく音をたてる朝、麻酔をうたれた沼田を乗せたストレッチャーは、看護婦に押されて長い廊下を手術室に向った。(ここを戻る時)天井の無影灯をみながら沼田は思った。(生きているだろうか)
　四時間にわたる手術後、彼はふたたび自分の病室に連れていかれたが、麻酔からさめたのは翌日の朝で、鼻にはゴム管が入れられ、

問9 本文を二つの段落に分けた場合、後半が始まる箇所は[a]～[e]のいずれかである。最も適当なものを次の①～⑤のうちから一つ選び、番号で答えなさい。解答番号は[14]。

① [a]　② [b]　③ [c]　④ [d]　⑤ [e]

問10 本文を二つの段落に分けた場合、後半のテーマとなっているものは何か。最も適当なものを次の①～④のうちから一つ選び、番号で答えなさい。解答番号は[15]。

① 脳神経的基準と進化的基準
② ガードナーによる七つの知能
③ 自省的知能
④ パーソナルな知能

二

次の文章は遠藤周作『深い河《ディープ・リバー》』の一節である。童話作家である沼田は体調を崩し、入院することになり、飼っていた※1犀《さい》鳥《ちょう》を手放すことになった。次に続く本文を読み、以下の問い（問1～9）に答えなさい。

沼田は結局、一年どころか二年も入院した。この間にやっと開発されたばかりの抗生物質も効果をあげ、外科手術を行ったのだが、その手術も、昔の※2気胸療法をうけた沼田の肋膜《ろくまく》が癒着していたため、二度、失敗をした揚句、肺炎で※3シューブを起した。回診にくる主治医も、週一回、若い医師たちを連れて現われる教授も何も口に出して言わなかったが、処置に困っていることは、当惑したようなその表情でわかった。

沼田にしてみれば今後、十年も十五年も生きているだけで、何の活動もできぬ状態になるのは嫌だった。当時、手術に失敗した※4気管支漏《きかんしろう》の患者が生ける屍のような病床生活を送っているのを沼田たち患者はよく知っていた。

「思いきって、切ってください」

と彼は主治医に哀願したが主治医は「ええ、考えてはいるのですが……」と(ア)言葉を濁した。医者たちは二回の手術で更に癒着した沼田の肋膜を剝がすことで、出血が多量になることを怖れていた。

この頃、沼田は一人でよく病院の屋上にのぼり、西の夕焼けを見ながら、そんな自分の姿勢があの犀鳥とそっくりなことに気がついた。鳥籠から出されると犀鳥もまた書斎の窓から葡萄酒色の丹沢や大山の夕焼けを見つめていた。その気持が沼田にはやっと痛いほどはっきりわかる気がした。

今頃、あの鳥、どうしているだろうかと思った。できればふたたびあの犀鳥と病室で夜を過したかった。彼はもう医者や看護婦や妻の前で元気を装うことに疲れ、昔と同じように心の通いあえる相手として人間ではなく犀鳥が欲しかったのだ。※5ルオーの描いたようなみじめで滑稽なピエロを……。

しかし、そんな事は妻にはとても言えなかった。手のかかる子供の世話と家事の合間に病室を訪れてくれる妻に余計な負担をかけることはできなかった。

だがある日、新聞を見ていた彼が渡り鳥の写真を妻に見せて何げなく呟いた。

「何処にいるんだろうな、あの犀鳥」

その時、妻は黙っていたが、三、四日ほど経った時に大きな風呂敷をぶらさげて病室に現われた。

「はい、これ」

ふしぎそうにその風呂敷包みを見る夫にA彼女はいつになく陽気を装った声をかけた。

「あけてごらんなさい」

結び目をほどくと、木作りの四角い鳥籠のなかに黒くうるしを塗ったような九官鳥があわてて羽ばたきをした。

「君」

と沼田は妻の優しさに感動した。

「犀鳥はもういないから、九官鳥で我慢してね」

「俺はね、別にそんな意味で言ったんじゃないんだ」

場合が多いこと。

② ある知的活動をする場合、活動内容ごとに脳内にそれに対応した場所があること。

③ 日常生活から離れた特定の知的活動をするには、脳内の特定の場所を活性化する必要があること。

④ 脳の一部が損傷しても他の脳がその機能を引き受け、同じ機能を果たすことができること。

⑤ 脳は大脳や小脳、脳幹、間脳に分かれていて進化の過程でそれぞれ独自の発達を続けたこと。

問4　空欄 Ｘ 、 Ｙ に入る語として適当なものを次の①～⑤のうちからそれぞれ一つずつ選び、番号で答えなさい。なお同じ番号を二度選んでも良い。解答番号は 8 ～ 9 。 Ｘ は 8 、 Ｙ は 9 。

①　なるほど　②　つまり　③　あるいは

④　しかし　⑤　ところで

問5　傍線部Ｃ「進化的基準」とあるが、ガードナーが知能の独立性の基準として、「進化的基準」を考えたのはなぜか。その理由として最も適当なものを次の①～⑤のうちから一つ選び、番号で答えなさい。解答番号は 10 。

① 言語的知能が発達するためには喉の発達といった身体上の進化との関わりが深いから。

② 人類が進化するうえで多くの知能を相互に連携させることが最大の課題であったから。

③ 人類が他の生物と根本的に違うのは質的に異なる知能を複数有しているから。

④ その知能が発達したのは人類が生き残るためにその知能が無くては解決できない課題があったはずだから。

⑤ ある知能は進化の過程でもとの知能を上書きしたうえで身に着けていくものであるから。

問6　傍線部Ｄ「ＥＱ」とあるが、「ＥＱ」を構成する四つの要素に**含まれないもの**として最も適当なものを次の①～⑤のうちから一つ選び、番号で答えなさい。解答番号は 11 。

①　感情の独立　②　感情の識別　③　感情の利用

④　感情の理解　⑤　感情の調整

問7　傍線部Ｅ「ＩＱ（現在の知能テストで測られる知能）ではなくＥＱ（感情的知能）のほうがずっと重要」とあるが、その理由として最も適当なものを次の①～⑤のうちから一つ選び、番号で答えなさい。解答番号は 12 。

① 人間関係が複雑になった現代ではかつてのように頭が良いだけでは評価されず、優しさが重要になったから。

② 知能テストで測られる知能は知識と計算力を重視しており、その力は社会では役に立たないから。

③ テストで算出する頭の良さより自分や他人の感情を理解することのほうが実際の生活上、重要であるから。

④ ＩＱは対策を立てれば高い得点を獲得できるが、ＥＱは人柄の良さを見るためそもそも得点化されないから。

⑤ ＩＱは人との付き合い方を重要視せず、ＥＱは他人をどう敬うべきかを最重要視しているから。

問8　空欄 Ｚ に入るものとして最も適当なものを次の①～⑤のうちから一つ選び、番号で答えなさい。解答番号は 13 。

① 他人と接する際の自分の内面を分析し、どうすれば人格的に向上できるかを見抜く能力

② 自分と他人の内面を理解し、その理解を対人関係における自分の行動のコントロールに使うことのできる能力

③ 自分の内面を理解し、その理解を対人関係における他人の行動のコントロールに役立たせる能力

④ 他人の動作や行動からその人物がどのような性格か見抜き、その人物に愛情をもって接する能力

⑤ 自分の動作や行動から自分の弱点を見抜き、それを克服することで社会的成功をおさめる能力

ます。自分の内面的な心の動き、とくに感情や情動などについての適切な洞察をもつと同時に、他人の心の動きに対する共感能力をもち、それによって得られた洞察を感情や情動のコントロールに使うことのできる能力をゴールマンは感情的知能と呼び、社会的成功をおさめ幸せな生活を送るためには、E IQ(現在の知能テストで測られる知能)ではなくEQ(感情的知能)のほうがずっと重要だという議論を展開しています。

[e] ガードナーによるもう一つのパーソナルな知能である対人的知能は、他の人たちの気質や気分やドウ(オ)キや意図、あるいは人格特性や、他の人たちが考えたり感じたりしていることに気づく能力、[Y] 他人を理解する能力です。こういった能力が対人関係の中でうまく適応していくにあたって重要な意味をもってくることは、誰もがすぐに納得するでしょう。

ゴールマンのいう感情的知能は、ガードナーの自省的知能の部分だけに限られているわけではなく、対人的知能の部分まで含んだ概念です。つまりゴールマンは、ガードナーのように自省的知能と対人的知能を分けて考えるのではなく、それらがひとまとまりになっているのだと考えています。そしてゴールマンがとくに強調しているのは、他人に対する共感能力です。共感能力は他人との間に実りの大きい協力関係を形成して行くために大きな役割を果たしますが、その共感能力が育つためには、自分の感情を理解しコントロールできなくてはならないとゴールマンは指摘しています。

このように、ガードナーのいうパーソナルな知能と、ゴールマンのいう感情的知能の間には多少の違いはありますが、[Z] が、社会生活を送っていく上できわめて重要な役割を果たすという点については、二人の主張は一致しています。

(山岸俊男『安心社会から信頼社会へ』による)

※1 ガードナー…ハワード・ガードナー。一九四三～。アメリカの心理学者。多重知能理論を提唱した。

※2 ダニエル・ゴールマン…一九四六～。アメリカの心理学者。作家。

問1 傍線部(ア)～(オ)のカタカナに相当する漢字として最も適当なものを、後の各語群①～⑤のうちからそれぞれ一つずつ選び、番号で答えなさい。解答番号は[1]～[5]。

(ア) ブイ [1]
① 意　② 位　③ 胃　④ 異　⑤ 威

(イ) カンテン [2]
① 感　② 観　③ 寒　④ 監　⑤ 幹

(ウ) ハアク [3]
① 把　② 覇　③ 波　④ 破　⑤ 派

(エ) シシン [4]
① 詩　② 市　③ 史　④ 指　⑤ 支

(オ) ドウキ [5]
① 機　② 記　③ 樹　④ 貴　⑤ 奇

問2 傍線部A「知能の多重性」とはどういったことか。最も適当なものを次の①～⑤のうちから一つ選び、番号で答えなさい。解答番号は[6]。

① 知能が知能指数であるIQと感情的知能であるEQとの二種類に分かれていること。
② 知能が頭の良さだけでなく人柄の良さにも影響を与えていること。
③ 知能が脳神経的な基準と進化的基準との両面から測定されるべきものであること。
④ 知能がいくつかの層に分かれ、その最上位に七種類の知能があるということ。
⑤ 知能が単一のまとまりでなくいくつかの質的に異なる知能に分かれていること。

問3 傍線部B「独立したかたちで脳の中に存在していること」とはどういったことか。その説明として最も適当なものを次の①～⑤のうちから一つ選び、番号で答えなさい。解答番号は[7]。

① 特別な才能を有する人間は脳内の特定の部分が発達している

二〇二三年度 狭山ヶ丘高等学校（推薦第一回・推薦第二回）

※推薦第一回の問題です。

【国　語】（五〇分）〈満点：一〇〇点〉

一　次の文章を読んで、以下の問い（問1～10）に答えなさい。

※1ガードナーは、A知能の多重性を考えるにあたって、ある能力が独立の知能として判定されるためには、それがB独立したかたちで脳の中に存在していることを明らかにする必要があると考えました。たとえば脳の特定の(ア)ブイに損傷を受けた人が特定の能力だけを失うことがあれば、その能力は独立の知能として判定される可能性が大きくなります。［X］、特定の活動をしているときに脳のどの部分が活性化しているかをさまざまな装置を使って調べ、特定の知的活動が脳の特定の部分を活性化させている証拠が得られれば、その活動が他の活動とは独立した知能だと判定される可能性が大きくなります。ガードナーが知能の独立性の一つの基準として脳神経的基準を用いているのは、このような理由によります。

　ガードナーが次にあげている基準はC進化的基準です。進化のプロセスを通して環境に対して適応的な心の働きが作られてきたという基本的な(イ)カンテンを受け入れれば、ある特定の知能が独立して存在していることを判定するための一つの基準として、その知能が解決するべき適応課題が環境の中に存在している（あるいは存在していた）かどうかが重要になります。たとえば言語的知能が他の知能と独立に存在していると判定するためには、言語が解決すべき適応課題が、人類の進化の歴史のなかで重要な課題として存在してきたことを論証しなければなりません。

［a］　ガードナーはこれらの脳神経的基準や進化的基準を使って、人間の知能は単一の能力なのではなく、七つの質的に異なる能力から成り立っている、つまり人間の知能には七つの相互に独立した知能があるという説を提出しています。もちろんガードナー自身、彼が指摘した七つの知能がすべてだと言っているわけではありません。研究が進めば知能の数は増えるかもしれないし減るかもしれません。また、知能の境界も変わってくるかもしれません。しかし脳神経的な証拠から見ても、知能を生み出してきた適応課題の種類という点から考えても、現在得られている証拠を検討する限りでは、ほぼ以下の七つの独立の知能を人類はもっているとガードナーは結論しています。

［b］　その七つの知能とは、言語的知能、論理／数学的知能、音楽的知能、空間的知能、身体運動的知能、そして二種類のパーソナルな知能です。パーソナルな知能というのは自分の心や他人の心を理解する能力です。ガードナーがパーソナルな知能を二つに分けているのは、自分の心を理解する能力と他人の心を理解する能力とが、ある程度独立な能力だと考えているからです。ここでは前者を自省的知能、そして後者を対人的知能と呼ぶことにします。

［c］　自省的知能は自分の内面、とりわけ感情や情動を適切に(ウ)ハアクし、意識化して、その結果を行動の(エ)シシンとしてうまく利用する能力です。このような自省的知能が社会的環境への適応に際して重要なことは、われわれのまわりによくいる「自分のことがまったくわかっていない」人が引き起こす問題を考えてみればよくわかります。好きな子に意地悪をして嫌われてしまう子供の例は、自省的知能が十分に発達していない人間が引き起こす問題のうちでも、最もかわいいものです。

［d］　もちろん自分の内面がよくわかっているだけでは不十分で、それが適応的な意味をもつためには、自分の内面についての洞察を、自分の感情を適切にコントロールするために使うことができなくてはなりません。※2ダニエル・ゴールマンは『ＥＱ――心の知能指数』（土屋京子訳、講談社、一九九六年）の中で、ガードナーの研究を引用しながら、自分や他人の心を理解することが、自分の感情をコントロールするための「感情的知能」の重要な側面だとしてい

2023年度／狭山ヶ丘高等学校（推薦第１回）

英語解答

1
A　No.1　4　No.2　4　No.3　1
B　No.1　3　No.2　2　No.3　4
C　No.1　2　No.2　4　No.3　3

2
問1　2　問2　1　問3　4
問4　4　問5　2　問6　2
問7　3　問8　3　問9　1
問10　2

3
問1　4　問2　2　問3　1
問4　3　問5　3，4

4
1　③　2　①　3　④　4　④

5
1　３番目…⑧　６番目…⑥
2　３番目…⑤　６番目…④
3　３番目…④　６番目…⑦
4　３番目…②　６番目…①

6
1　③　2　④　3　③　4　④

7
1　④　2　①　3　③

8
1　①　2　④　3　①

1〔放送問題〕解説省略

2〔長文読解総合―伝記〕

≪全訳≫❶幼稚園の第１週で，チャールズ・シュルツは自分がいかにすばらしいアーティストであるかをすでに証明していた。先生がクラスの子どもたちに紙とクレヨンを渡すと，みんなは床に寝そべって絵を描いた。チャールズはヤシの木を背景にして，雪をシャベルですくっている男の絵を描いた。それはおもしろいアイデアだった。しかし，彼は自分の絵に満足していなかった。シャベルの見た目が悪かったが，その直し方がわからなかったのだ。❷それでも，先生は彼の絵を見て「チャールズ，いつかあなたはアーティストになるわね」と彼に言った。❸チャールズは６歳のとき，漫画家になる夢を抱いた。彼は成長し，最も人気のある続き漫画の１つである『ピーナッツ』を創作することになる。登場人物は，チャーリー・ブラウン，スヌーピー，ルーシー，ライナス，シュローダー，ピッグペン，サリー，ウッドストック，ペパーミント・パティなどだ。❹全ての登場人物の中で，チャーリー・ブラウンがチャールズに最も似ていた。どちらも，大勢の中で目立たない普通の子どもだった。チャーリー・ブラウンのように，チャールズもときとして静かで恥ずかしがり屋だった。❺チャールズ・シュルツはくつろいでいて幸せそうに見えた。しかし，裕福で有名になった後でも，心の中ではしょっちゅう不安で心配だった。だが，彼は漫画を描いているときは，自信があった。彼は自分の仕事が大好きだった。❻子どもから大人まで何百万もの人が『ピーナッツ』を読んでいる。意外にも，チャールズは自分の漫画に別の名前をつけたかった。❼チャールズ・M・シュルツは1922年11月26日，ミネソタ州ミネアポリスで生まれた。彼のおじさんはすぐに，スパークプラグにちなんで，彼にスパーキーというニックネームをつけた。スパークプラグは人気漫画『バーニーグーグル』に登場する馬だ。生涯にわたって，チャールズの友人や家族は，彼をスパーキーと呼んだ。❽スパーキーは一人っ子だった。彼はミネアポリスのすぐ隣にあるセントポールという都市で，お母さんのディナ，お父さんのカールと一緒に育った。カールは家族向けの理髪店を経営しており，スパーキーたちは近くに住んでいた。❾スパーキーはお父さんを自慢に思っており，理髪店にいるのが好きだった。スパーキーの髪が伸びると，カールが切ってくれた。しかし，お客さんがお店に入ってくると，スパーキーは脇に寄らなければならなかった。お客さんが帰るまで，半分しか散髪していない状態で待たされた。それは恥ずかしかった。❿テレビは当時，普及していなかった。大半の家庭と同様に，シュルツ家はラジオ番組を聴いていた。連続ものに出てくる登場人物全員の外見を想像して，頭の中で行動を「見る」しかなかった。⓫漫画は大人気だった。大人も子どもも漫画が大好きだった。人々は何時間もかけて新聞の漫画欄を読んだ。新聞の漫画のページは「漫画欄」と呼ばれていた。⓬スパーキーとお父さんは一緒に漫画を読み，それについて話し合った。彼らは「来週の漫画はどうなるんだろう」と気になっていた。⓭小学校では，スパーキーは優秀な生徒だった。彼はとても賢かったので，3年生と5年生の半分を飛び級した。いつも鉛筆をポケットに入れていて，ポパイやミッキーマウスなどの漫画のキャラクターをまねするのが得意だった。他の子どもたちは，彼にノートに絵を描いてほしいと頼んだ。紙が高価だったので，家では，洗濯屋から戻ってきた父のシャツの中に入っていた段ボールに絵を描くこともあった。⓮11歳の誕生日に，スパーキーはクレア・ブリッグスの『漫画の描き方』という本を自分で買った。彼は練習し続け，学び続けた。⓯スパーキーは兄弟姉妹がいなくて，しばしば寂しさを感じていた。近くに住む友達のシャーミーの家によく遊びに行っていた。スパーキーはシャーミーのお母さんが演奏するクラシック音楽を聴くのが好きだった。土曜日の午後，この少年たちは映画館に行って，続きものと呼ばれる短編映画を見た。⓰日曜日には，シュルツ家はときどき，農場にいるスパーキーのお母さんの家族のところに行った。いとこたちは騒がしく，荒っぽく遊び，ときには彼をからかった。スパーキーは恥ずかしがり屋の都会っ子だった。牛や他の農場の動物が怖く見えた。彼は旅行を楽しめなかった。⓱ミネソタ州の冬は長く，雪が多かった。セントポールの子どもたちは，池の上や，歩道や車道にできた氷の上でスケートをした。ときどき，スパーキーのお父さんは，庭にホースで水をまいた。その水が凍って，アイスホッケーに最適なスケートリンクになった。近所の子どもたちはシュルツ家にスケートをしに来るのが好きだった。⓲スパーキーはスポーツを楽しんでおり，勝ちたくて自分の恥ずかしがりを忘れることが多かった。春と夏には野球をした。ある夏，わくわくすることが起こった。遊び場の管理人が，スパーキーと彼の友人たちのために4チームのリーグを立ち上げたのだ。週に2日，試合をした。スパーキーはチームの監督に選ばれただけでなく，キャッチャーとピッチャーにもなった。試合は午前9時まで始まらないのに，彼は8時半には道具を持って来ていたものだった。彼の献身が報われた。彼のチームはそのシーズンで優勝したのだ。

問1＜要旨把握＞第1～5段落参照。第2段落で先生に「アーティストになるわね」と言われているが，「なりたくないと答えた」という記述はない。

問2＜適語選択＞‘what (a/an)＋形容詞＋名詞＋主語＋動詞…!’の語順の感嘆文の形。howを使う場合は‘how＋形容詞＋主語＋動詞…!’の語順になる。

問3＜適語選択＞‘最上級＋of all＋名詞の複数形’「～の中で最も…だ」の‘of all＋名詞の複数形’が文頭に出た形である。

問4＜要旨把握＞第7～12段落参照。第10段落第1文より，テレビはまだ普及していないことがわかる。また，第12段落より，スパーキーが父とよく話したのは，新聞の漫画についてである。

問5＜語形変化＞‘ask＋人＋to ～’「〈人〉に～するように頼む」の形。

問6＜文型選択＞下線部⑥はCows and other farm animals＝主語(S)，seemed＝動詞(V)，scary＝補語(C)の第2文型。これと同じ文型は2 (Kumi＝S，appears＝V，happy＝C，today＝修飾語)。‘seem＋形容詞’「～のように見える〔思える〕」≒‘appear＋形容詞’で，どちらも‘主語＝形容詞’の関係になる。　1．Kumi＝S，dances＝V，well＝修飾語の第1文型。　3．Kumi＝S，carried＝V，the box＝目的語(O)，to her new house＝修飾語の第3文型。
4．Kumi＝S，made＝V，her son＝間接目的語(O1)，a doll＝直接目的語(O2)の第4文型。
5．Kumi＝S，called＝V，her cat＝O，Momo＝Cの第5文型。

問7＜適語選択＞勝ちたいと思ってスポーツをしているときに，スパーキーが忘れていたことが入る。

スパーキーはshy「恥ずかしがり，内気」だったが(第４段落第３文や第16段落第３文)，スポーツに熱中すると，恥ずかしさなど関係なかったのである。 shyness「恥ずかしさ」 confidence「自信」

問８＜語形変化＞something exciting で「わくわくすること」となる。この後で述べられる野球のリーグ戦がその具体的な内容である。exciting は「(人を) わくわくさせる」，excited は「(人が) わくわくさせられる → わくわくする」という意味になる。

問９＜適語(句)選択＞直後でスパーキーのチームが優勝したことがわかるので，彼がいつも早くグラウンドに来て野球に一生懸命取り組んでいたことが「報われた」のである。pay off で「成果が出る，報われる」という意味。

問10＜内容真偽＞１…× 第１段落後半参照。上手に描けたとは思っていなかった。 ２…○ 第５段落後半に一致する。 ３…× 第６段落参照。別の名前をつけたがっていた。 ４…× 第13段落最終文参照。紙には描いていない。

３〔長文読解総合―物語〕

≪全訳≫❶トミー・グラントはロンドンのタクシードライバーだ。彼はトップタクシーで働いている。ある日，トミーの上司であるサムが，トミーに電話をする。「トミー」とサムは言う。「９時にリッツホテルに来れるか？」「はい」とトミーは言う。「でも，どうしてですか？」 サムと妻は，２人の子どもであるビリーとケイティと一緒に朝食をとっている。「グロリア・ブラッシュがロンドンにいるんだ」とサムが言う。「グロリア・ブラッシュ！」とトミーが言う。「映画スターの！ 彼女をどこに連れていけばいいんですか？」「彼女じゃない」とサムは言う。「彼だ。彼女の12歳の息子のディノくんが，今日ロンドンを見たがっている。お母さんは仕事だ。リッツホテルに君宛ての手紙がある。それから，50ポンドもある。ディノくんの分だ」「ロンドンで１日50ポンドですか！」とトミーは言う。「それは大金ですね」「そうだ」とサムは言う。「その子にとてもよくしてあげるんだぞ，トミー。遅れるなよ」❷８時45分。トミーはリッツホテルに15分早く到着する。彼はホテルのフロントに向かう。「トップタクシーから来ました」と彼は言う。フロントの女性は彼に手紙とお金を渡す。手紙にはこう書いてある。「ディノはロンドンが初めてです。彼を次の場所全てに連れていってください。バッキンガム宮殿，ハロッズ，大英博物館」「了解」とトミーは思う。「さて，ディノくんはいるかな？ 早いのはわかってるが…」 男の子が椅子に座っているのが目に入る。「こんにちは」と彼は言う。「ディノくんかい？」「僕です」と男の子は言う。「トップタクシーの運転手さんですか？」「そうだよ」とトミーは答える。男の子は立ち上がる。「了解」と彼は言う。「行こう」❸まず，トミーはバッキンガム宮殿へ車で向かう。彼はタクシーを止める。「何をしてるの？」とディノがきく。「こんな古いところ見たくないよ」 トミーは彼を見つめる。「でも，私は…」 そのとき，彼はサムの言葉を思い出す。「その子にとてもよくしてあげるんだぞ」「わかった，ディノくん」と彼は言う。「君はどこに行きたいんだい？」❹５分後，トミーは再びタクシーを止める。「ここが行きたい場所なのかい？」と彼はきく。「そうだよ」とディノは答える。「20ポンドもらえる？」「でも，たぶんお母さんは…」「20ポンド欲しいんだ。今！」 トミーはディノにお金を渡す。そして，車の中で座って待つ。❺３時間後，ディノが戻ってくる。「さて，おなかはすいているかい？」とトミーがきく。「うん，すいてるよ」とディノは答える。「ものすごくおなかがすいたよ」 トミーはハロッズへ車で向かう。「この店の中にとてもおいしいレストランがあるんだ」と彼は言う。「こんなとこで食べたくないよ！」とディノは言う。「あそこでお昼を食べたい」「どこ？」とトミーがきく。彼は道路の向かいを見る。ディノは次の20ポンドを持って，ビッグバーガーバーに入る。彼は山盛りの食べ物を食べ，ミルクセーキを４杯飲む。トミーはタクシーの中でお昼を食べる。「ランチに20ポンドも！」と彼は思う。「20ポンドあれば１週間分の食料が買えるのに」❻１時間後，ディノがレストランから出てくる。「あの子にとてもよくしてあげるんだ」とトミーは思う。「今から大英博物館に行きたいかい？」と彼はきく。「いいよ」とディノは答える。トミーは彼を見つめる。「いいのかい？!」　トミーはとても喜ぶ。彼は大英博物館まで車を走らせ，ディノに10ポンドを渡す。「ありがとう」とディノは言う。「ここで待ってて」　そして，博物館の向かいにある映画館に入る。❼４時15分，ディノが映画館から出てくる。トミーは車の中に座っている。彼はとても怒っている。「こ・れ・か・ら・ど・こ・に・行・き・た・い？」と彼はきく。「ああ，リッツに戻ろう」とディノは言う。「疲れたし，夕飯の前にお風呂に入りたい」「よかった」とトミーは思う。❽４時30分，トミーはホテルの前に停車する。「着いたよ」と彼は言う。彼はディノのためにドアを開ける。すると，とても高価なコートを着た美しい女性が目に入る。彼女はリッツから出てきて，彼を見ている。「あの女性を知っている」とトミーは思う。そして彼は思い出す。「もちろん，グロリア・ブラッシュだ！」「あなたはトップタクシーの人？」とグロリアがきく。「そうです」とトミーは言う。「私と一緒に来て」とこの映画スターは言う。彼女はホテルの中に戻っていく。そこでトミーは男の子が椅子に座っているのが目に入る。彼はとても悲しそうだ。「この子がディノよ」と彼女は言う。「でも，でも…」　トミーは言葉が出ない。「私はとても怒ってるの」とグロリアは言う。「でも，この子がディノくんのはずはありません！」とトミーは言う。「あなたね，私は自分の息子はわかるわ！」とグロリアは答える。「ねえ，私の50ポンドはどこ？」　トミーの顔は真っ白になる。彼は窓の外を見る。タクシーはそこにあるが，「ディノ」はいない。❾午後５時。トミーの上司のサムが家にいる。彼は妻とお茶を飲んでいる。ドアが開き，息子のビリーが入ってくる。「おかえり，ビリー」とサムは言う。「学校は楽しかったか？」　ビリーはとても満足そうだ。「うん，おかげさまで」と彼は言う。「とても楽しかったよ」

問１＜要旨把握＞この後に，電話の要件が具体的に書かれている。

問２＜要旨把握＞第３，４段落参照。トミーが待っていたのはタクシーの「中で」なので３は不適。

問３＜要旨把握＞第５段落参照。　across the road「道路の向かいの」

問４＜要旨把握＞第６段落参照。　cinema「映画館」(＝movie theater)

問５＜内容真偽＞１…×　第２段落参照。リッツでトミーの目に入った男の子は１人。　２…×　第１段落参照。グロリア・ブラッシュのことは知っていた。　３…○　第３～７段落前半に一致する。　４…○　第１，９段落に一致する。　５…×　第１，９段落参照。

4〔適語(句)選択〕

１．fox「キツネ」の複数形はfoxes。　「私たちはこの近くでキツネを見ることができない」

２．正式にはHe has many more books than I have.となるが，He has many more books than I.やHe has many more books than me.とすることもできる。　「彼は私よりずっと多くの本を持っている」

３．‘look＋形容詞’「～(の状態)に見える」の形。　「彼はとても若く見えると私は思う」

４．be sad to ～で「～して悲しむ」。‘to ～’は‘感情の原因’を表すto不定詞の副詞的用法。「彼女はその知らせを聞いて本当に悲しんだ」

5〔整序結合〕

１．Shall I ～?「～しましょうか」の文をつくる。動詞はtellなので‘tell＋人＋物事’「〈人〉に〈物事〉を教える」の形を考え，‘物事’の部分は語群から「今日が何曜日か」という意味になると考え，

‘疑問詞＋名詞＋主語＋動詞…’の間接疑問で表す。 Shall I tell you what day it is today ? 「今日が何曜日かあなたに教えてあげましょうか」

2．Could you ～？「～してもらえますか」の文をつくる。let は‘let＋目的語＋動詞の原形’の形をとって「～に…させる」という意味を表すので，この形で let me know とまとめ，know の目的語を‘疑問詞＋to不定詞’の形で where to go「どこに行くべきか」とする。 Could you let me know where to go ?「どこに行くべきか私に教えてくれませんか」

3．主語は My father とする。語群から plays soccer と is well-known to という2つの動詞で始まるまとまりができるので，これを and でつなぐ。be well-known to ～で「～によく知られている」となるので，これが後ろの everyone につながる。 My father plays soccer and is well-known to everyone in the city.「私の父はサッカーをしており，街のみんなによく知られている」

4．have/has been ～ing の現在完了進行形をつくる。this は単数形の名詞につくので，複数形の women ではなく，単数形の noon の前につけ，the を women につける。 wait for ～「～を待つ」 since「～以来」 I have been waiting for the women since this noon.「私は今日の正午からその女性たちをずっと待っている」

6〔誤文訂正〕

1．rich のように1音節の単語の比較級は語尾に er をつけるので，more rich ではなく richer が正しい。なお，この文は‘If＋主語＋動詞の過去形～，主語＋助動詞の過去形…’「もし～なら…だろうに」の形で‘現在の事実と反対の仮定’を表す仮定法過去の文。if節の中の‘動詞の過去形’が be動詞の場合，人称を問わず were を使うのが一般的である。 「もし彼が彼の父親より金持ちなら，田舎に1人で行きはしないだろうに」

2．last night で「昨晩」となるので the は不要。 「あなたとお父さんは昨晩，その店に行きましたか」

3．Let's ～「～しましょう」の文につく付加疑問は shall we ? である。 「湖に車で行きませんか」

4．‘be surprised that＋主語＋動詞’「～ということに驚く」という文で，主語の the man you were talking with「あなたが話していた男性」は，the man と you の間に目的格の関係代名詞が省略された‘名詞＋主語＋動詞…’の形(talk with の目的語である the man が先行詞となって前に出ている)。the man は単数形なので，それに対応する動詞は were ではなく was が正しい。
「あなたが話していた男性がフランス出身であることに驚きましたか」

7〔単語のアクセント〕

1．① nine-téen ② ef-féct ③ re-pórt ④ cér-tain

2．① sén-tence ② pre-fér ③ re-péat ④ a-sléep

3．① méd-i-cine ② ác-ci-dent ③ to-géth-er ④ cá-len-dar

8〔単語の発音〕

1．① comb〔ou〕 ② come〔ʌ〕 ③ dull〔ʌ〕 ④ number〔ʌ〕

2．① believe〔iː〕 ② people〔iː〕 ③ steal〔iː〕 ④ leather〔e〕

3．① near〔iə*r*〕 ② bear〔eə*r*〕 ③ pair〔eə*r*〕 ④ rare〔eə*r*〕

数学解答

1 (1) 1　(2) 2…1　3…2
(3) 5　(4) 5
(5) 6…1　7…4
(6) 8…2　9…5
(7) 10…1　11…9
(8) 12…8　13…2

2 (1) 14…2　15…6
(2) 16…8　17…3　18…6
(3) 19…2　20…3　21…6　22…3
(4) 23…5　24…5　25…6　26…5

3 (1) 27…3　28…6
(2) 29…5　30…7　(3) 9
(4) 32…3　33…4

4 (1) 34…1　35…1　36…9
(2) 37…7　38…6　39…2　40…3
(3) 41…1　42…1　43…6　44…5
45…3　46…3

5 (1) 47…1　48…2
(2) 49…3　50…4　51…1　52…2
53…9　54…0　55…1　56…2
57…7　58…4
(3) 59…3　60…2　61…1　62…6
63…5

1〔独立小問集合題〕

(1)＜数の計算＞与式$=\frac{3}{5}\times\left(\frac{15}{12}-\frac{2}{12}+\frac{12}{12}\right)-\frac{1}{4}=\frac{3}{5}\times\frac{25}{12}-\frac{1}{4}=\frac{5}{4}-\frac{1}{4}=\frac{4}{4}=1$

(2)＜一次方程式の応用＞与式$=\frac{2(ax-3)+(3x+2)}{4}=\frac{2ax-6+3x+2}{4}=\frac{(2a+3)x-4}{4}=\frac{2a+3}{4}x-1$となる。これが$x-1$となったので，$\frac{2a+3}{4}=1$が成り立ち，$2a+3=4$，$a=\frac{1}{2}$である。

(3)＜式の計算＞与式$=\frac{a^2b^3\times a^2b^3\times a^2b^3\times a^2b^3}{ab^4\times ab^4\times ab^4}=a^5$

(4)＜数の計算＞与式$=\frac{4+4\sqrt{6}+6}{2}-2\sqrt{3}\times\sqrt{2}=\frac{10+4\sqrt{6}}{2}-2\sqrt{6}=5+2\sqrt{6}-2\sqrt{6}=5$

(5)＜関数―座標＞直線$y=x+5$と直線$y=-3x+1$の交点のx座標は，２式からyを消去して，$x+5=-3x+1$，$4x=-4$，$x=-1$となる。これを$y=x+5$に代入すると，$y=-1+5$，$y=4$となるから，交点の座標は$(-1,\ 4)$である。

(6)＜二次方程式―解の利用＞二次方程式$x^2+ax-15=0$に，解である３を代入して，$3^2+a\times3-15=0$，$9+3a-15=0$より，$a=2$となる。これより，二次方程式は$x^2+2x-15=0$だから，これを解くと，$(x+5)(x-3)=0$　$\therefore x=-5,\ 3$　よって，他の解は-5である。

(7)＜確率―サイコロ＞赤いサイコロ１個と青いサイコロ１個を同時に振るとき，目の出方はそれぞれ６通りあるから，サイコロの出た目の組は全部で$6\times6=36$(通り)ある。このうち，出た目の差が４なのは，(赤，青)$=(1,\ 5)$，$(2,\ 6)$，$(5,\ 1)$，$(6,\ 2)$の４通りだから，求める確率は$\frac{4}{36}=\frac{1}{9}$である。

(8)＜数量の計算＞定価x円に10%の消費税を加算すると200円になったので，$x\times\left(1+\frac{10}{100}\right)=200$が成り立ち，これを解くと，$x=200\times\frac{10}{11}=181.8\cdots$となる。よって，$181\times1.1=199.1$，$182\times1.1=200.2$だから，定価は182円である。

2〔独立小問集合題〕

(1)＜数量の計算＞自宅からコンビニまでの900mを分速60mで歩いたので，かかった時間は$900\div60=15$(分)である。自宅から駅までは2km，つまり，2000mより，コンビニから駅までは$2000-900=1100$(m)となる。この距離を分速100mで行ったので，かかった時間は$1100\div100=11$(分)である。よって，A さんは自宅を出て $15+11=26$(分)後に駅に到着したことになる。

⑵＜場合の数—経路＞右図 1 のように，点 D～I を定める。点 P が点 A から線分 DE 上の点に移動する経路は A→D，A→E の 2 通りあるように，点 P がどの点にあるときも，1 回の移動で下の方の点に移動する経路は 2 通りある。よって，3 回の移動で辺 BC に到達する移動の経路は $2\times2\times2=8$(通り)ある。次に，5 回目の移動で初めて辺 BC 上に到達するのは，(i) 4 回目の移動で初めて線分 FG 上に到達する場合，(ii) 3 回目の移動で初めて線分 FG 上に到達する場合，(iii) 2 回目の移動で線分 FG 上に到達する場合である。それぞれの場合について，1 回目に点 D へ移動するときを考える。(i)の場合，1～3 回目の移動の経路は A→D→E→D の 1 通りあり，4 回目，5 回目の移動はそれぞれ下の方の点に移動するので，経路は 2 通りずつあり，$1\times2\times2=4$(通り) ある。(ii) の場合，1～4 回目の移動の経路は A→D→E→G→O，A→D→E→O→F，A→D→E→O→G の 3 通りある。5 回目の移動は下の方の点に移動するので，経路は 2 通りずつあり，$3\times2=6$(通り)ある。(iii)の場合，1～4 回目の移動の経路は A→D→F→O→F，A→D→F→O→G，A→D→O→F→O，A→D→O→G→O の 4 通りある。5 回目の移動は下の方の点に移動するので，経路は 2 通りずつあり，$4\times2=8$(通り)ある。よって，1 回目に点 D へ移動するときの経路は $4+6+8=18$(通り)あり，1 回目に点 E へ移動するときの経路も同様に 18 通りある。以上より，5 回目の移動で初めて辺 BC 上に到達する移動の経路は $18\times2=36$(通り)ある。

図 1

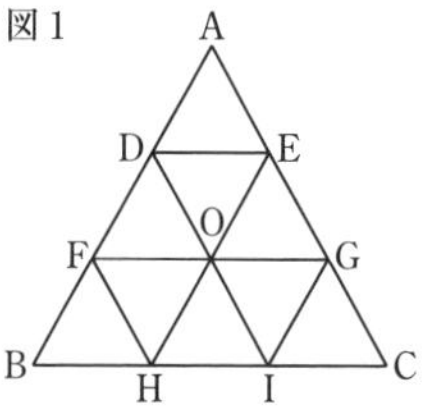

⑶＜空間図形—体積，面積，長さ＞右図 2 で，AL：LB＝1：2，BM：MC＝1：2，BN：NF＝2：1 より，$LB=\frac{2}{1+2}AB=\frac{2}{3}\times3=2$，$BM=\frac{1}{1+2}BC=\frac{1}{3}\times3=1$，$BN=\frac{2}{2+1}BF=\frac{2}{3}\times3=2$ となる。よって，〔四面体 BLMN〕$=\frac{1}{3}\times\triangle LBM\times BN=\frac{1}{3}\times\left(\frac{1}{2}\times2\times1\right)\times2=\frac{2}{3}(\mathrm{cm}^3)$ である。次に，△LBN は LB＝BN＝2 の直角二等辺三角形だから，$LN=\sqrt{2}LB=\sqrt{2}\times2=2\sqrt{2}$ となる。また，△LBM≡△NBM であり，△LBM で三平方の定理より，$ML=\sqrt{LB^2+BM^2}=\sqrt{2^2+1^2}=\sqrt{5}$ となるから，$MN=ML=\sqrt{5}$ である。これより，△LMN は二等辺三角形だから，点 M から底辺 LN に垂線 MI を引くと，点 I は辺 LN の中点となる。よって，$LI=\frac{1}{2}LN=\frac{1}{2}\times2\sqrt{2}=\sqrt{2}$ となるので，△MLI で三平方の定理より，$MI=\sqrt{ML^2-LI^2}=\sqrt{(\sqrt{5})^2-(\sqrt{2})^2}=\sqrt{3}$ となり，$\triangle LMN=\frac{1}{2}\times LN\times MI=\frac{1}{2}\times2\sqrt{2}\times\sqrt{3}=\sqrt{6}(\mathrm{cm}^2)$ である。さらに，点 B から面 LMN に引いた垂線の長さを $h$cm とすると，これは四面体 BLMN の底面を △LMN としたときの高さである。したがって，四面体 BLMN の体積について，$\frac{1}{3}\times\sqrt{6}\times h=\frac{2}{3}$ が成り立ち，$h=\frac{\sqrt{6}}{3}$(cm)となる。

図 2

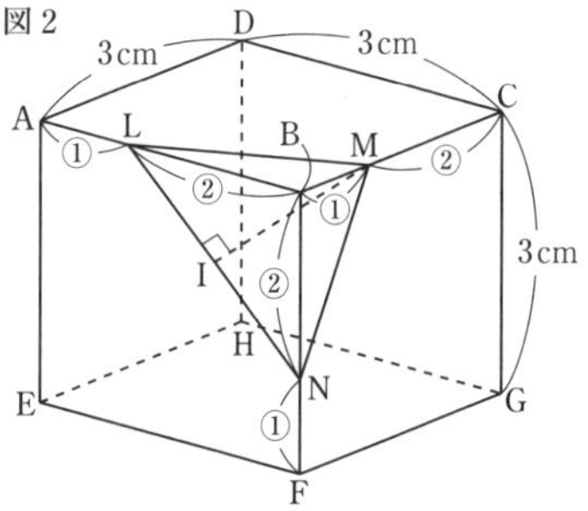

⑷＜データの活用—中央値，モード＞人数は 50 人なので，中央値(メジアン)は点数を小さい順に並べたときの 25 番目と 26 番目の点数の平均値となる。ヒストグラムより，50 点未満が $1+3+4+4+8=20$(人)，60 点未満が $20+10=30$(人)だから，25 番目と 26 番目はともに 50 点以上 60 点未満で，中央値はこの階級の階級値となり，$\frac{50+60}{2}=55$(点)である。また，人数が最も大きい階級は 60 点以上 70 点未満の階級だから，モード(最頻値)は，その階級値の $\frac{60+70}{2}=65$(点)となる。

3 〔特殊・新傾向問題—規則性〕

(1)＜順番＞数の列を(1)，(1，2)，(1，2，3)，(1，2，3，4)，……のように，1から始まる数の組に分ける。n 番目の組には n 個の数があり，最後の数は n だから，8が初めて登場するのは8番目の組である。よって，初めて8が登場するのは左から $1+2+3+4+5+6+7+8=36$(番目)である。

(2)＜順番＞(1)と同様に考えると，2が初めて登場するのは2番目の組だから，10回目に登場するのは11番目の組の左から2番目である。よって，10番目の組の最後の数は左から $36+9+10=55$(番目)だから，10回目に登場する2は，左から $55+2=57$(番目)となる。

(3)＜100番目の数＞(2)より，10番目の組の最後の数は左から55番目だから，13番目の組の最後の数は左から $55+11+12+13=91$(番目)である。よって，100番目の数は，14番目の組の $100-91=9$(番目)の数字だから，9である。

(4)＜順番＞(1)より，8番目の組の最後の数は左から36番目の数だから，7番目の組の最後の数は左から $36-8=28$(番目)の数である。このとき，左端から7番目の組の最後の数までの和は，$1+(1+2)+(1+2+3)+(1+2+3+4)+(1+2+3+4+5)+(1+2+\cdots\cdots+5+6)+(1+2+\cdots\cdots+6+7)=1+3+6+10+15+21+28=84$ である。よって，$84+1+2+3+4+5=99$，$99+6=105$ より，初めて100を超えるのは7番目の組の6番目の数字を加えたときだから，初めて100を超えるのは左から，$28+6=34$(番目)の数を加えたときである。

4 〔数と式—文字式の利用〕

(1)＜文字式の利用＞2けたの正の整数 M の十の位の数を x，一の位の数を y とすると，$M=10x+y$，$N=10y+x$ と表せる。これより，$M+N=(10x+y)+(10y+x)=11x+11y=11(x+y)$ となり，$M-N=(10x+y)-(10y+x)=10x+y-10y-x=9x-9y=9(x-y)$ となる。よって，x，y が自然数より，$x+y$，$x-y$ は整数だから，$M+N$ は11の倍数，$M-N$ は9の倍数である。

(2)＜数の性質＞(1)より，$M+N=11(x+y)$，$M-N=9(x-y)$ だから，$M^2-N^2=(M+N)(M-N)=11(x+y)\times9(x-y)=99(x+y)(x-y)=99(x^2-y^2)$ と表せる。99は奇数だから，M^2-N^2 の値が奇数で最大になるのは x^2-y^2 の値が奇数で最大になるときである。x^2-y^2 の値が奇数になるのは，x^2 と y^2 の一方が奇数，他方が偶数のときである。x^2 が奇数，y^2 が偶数のとき，x^2-y^2 の最大値は $9^2-2^2=77$，x^2 が偶数，y^2 が奇数のとき，x^2-y^2 の最大値は $8^2-1^2=63$ だから，M^2-N^2 のとりうる奇数のうち最大のものは $99\times77=7623$ である。

(3)＜数の性質，長さ＞右図で，三平方の定理と(2)より，$L=\sqrt{\mathrm{BC}^2-\mathrm{AB}^2}=\sqrt{M^2-N^2}=\sqrt{99(x+y)(x-y)}=\sqrt{3^2\times11\times(x+y)(x-y)}$ となるから，L が整数になるとき，a を自然数とすると，$(x+y)(x-y)=11a^2$ と表せる。11は素数だから，$x+y$，$x-y$ のどちらかは11の倍数であり，x，y は1～9のいずれかの自然数だから，11の倍数となるのは $x+y$ で，$x+y=11$ である。また，(1)より，$M=10x+y$，$N=10y+x$ だから，$M>N$ のとき $x>y$ となる。これより，$x+y=11$ となる x，y の組は，$(x,\ y)=(6,\ 5)$，$(7,\ 4)$，$(8,\ 3)$，$(9,\ 2)$ が考えられる。$(x,\ y)=(6,\ 5)$ のとき，$(x+y)(x-y)=(6+5)(6-5)=11\times1=11\times1^2$ となり，適している。$(x,\ y)=(7,\ 4)$ のとき，$(7+4)(7-4)=11\times3$ となり，適さない。$(x,\ y)=(8,\ 3)$ のとき，$(8+3)(8-3)=11\times5$ となり，適さない。$(x,\ y)=(9,\ 2)$ のとき，$(9+2)(9-2)=11\times7$ となり，適さない。よって，L が整数となるのは $(x,\ y)=(6,\ 5)$ のときで，このとき，$M=10\times6+5=65$ であり，$L=\sqrt{3^2\times11\times11\times1^2}=3\times11=33$ である。

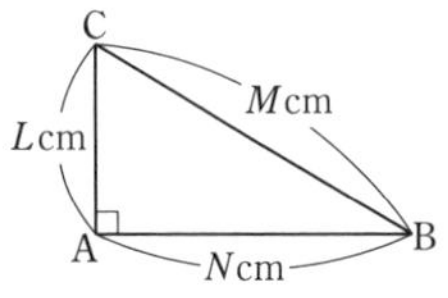

5 〔平面図形—長方形〕

(1)＜長さ＞右図1の四角形ABCDは長方形で，点A，Dがそれぞれ点B，Cに重なるようにMNで折り曲げたので，2点M，Nはそれぞれ辺AB，DCの中点となる。よって，$\mathrm{BM}=\dfrac{1}{2}\mathrm{AB}=\dfrac{1}{2}\times2=1$(cm)である。また，

図1
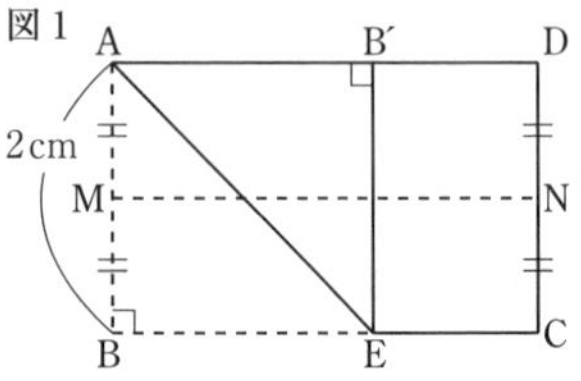

点Bが辺AD上にくるようにAEで折り曲げたとき，点Bの移動先をB′とすると，∠AB′E＝∠ABE＝90°，AB′＝ABとなる。これより，四角形ABEB′は正方形となるので，BE＝AB＝2(cm)である。

(2)＜長さ，角度＞右図2で，BF＝x(cm)とおく。点Mが点Eに重なるようにFGで折り曲げ，2点A，Bの移動先はそれぞれ点I，Hだから，HF＝BF＝x，HE＝BM＝1となり，(1)でBE＝2より，EF＝BE－BF＝2－xと表せる。∠FHE＝90°なので，△FHEで三平方の定理$HF^2+HE^2=EF^2$より，$x^2+1^2=(2-x)^2$が成り立ち，$x^2+1=4-4x+x^2$，$4x=3$，$x=\frac{3}{4}$となり，BF＝$\frac{3}{4}$(cm)である。次に，2点M，Eを結ぶと，2点M，EはGFについて対称な点で，MF＝EFとなり，△MFEは二等辺三角形だから，∠MEB＝∠EMFである。よって，△MFEで内角と外角の関係より，∠MFB＝∠MEB＋∠EMF＝∠MEB＋∠MEB＝2∠MEBとなるから，∠MEB＝$\frac{1}{2}$∠MFB＝$\frac{1}{2}t$°となる。ここで，FGとMEの交点をPとすると，2点M，EがFGについて対称な点なので，FG⊥MEとなる。これより，∠FPE＝90°だから，△PFEの内角の和より，∠EFP＝180°－∠FPE－∠MEB＝180°－90°－$\frac{1}{2}t$°＝$\left(90-\frac{1}{2}t\right)^{\circ}$と表せる。したがって，AD∥BCより，平行線の錯角は等しいので，∠FGA＝∠EFP＝$\left(90-\frac{1}{2}t\right)^{\circ}$である。さらに，点Fから辺ADに垂線FQを引くと，∠FGA＝∠EFP，∠GQF＝∠FPE＝90°より，△GQF∽△FPEとなる。よって，∠GFQ＝∠FEPより，∠GFQ＝∠MEBである。これと，∠GQF＝∠MBE＝90°，QF＝AB＝2よりQF＝BEとなるから，△GQF≡△MBEである。したがって，QG＝BM＝1となり，AQ＝BF＝$\frac{3}{4}$だから，AG＝AQ＋QG＝$\frac{3}{4}+1=\frac{7}{4}$(cm)である。

図2

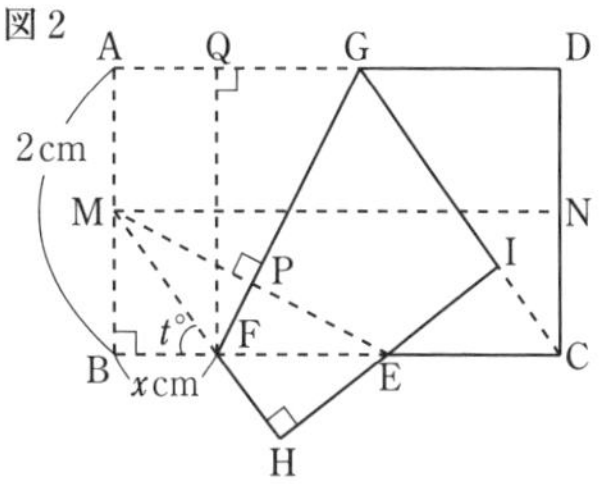

(3)＜長さ，面積＞右上図2で，FGで折り曲げたので，∠FGA＝∠FGIより，∠AGI＝2∠FGA＝$2\left(90-\frac{1}{2}t\right)^{\circ}$＝(180－$t$)°となり，∠IGD＝180°－∠AGI＝180°－(180－t)°＝t°と表せる。3点G，C，Iは一直線上にあるので，∠CGD＝∠MFB＝t°となり，∠CDG＝∠MBF＝90°より，△CDG∽△MBFである。よって，DG：BF＝DC：BMだから，DG：$\frac{3}{4}$＝2：1が成り立ち，DG×1＝$\frac{3}{4}$×2より，DG＝$\frac{3}{2}$となる。右図3で，GCで折り曲げたとき，点Dの移動先が点Jなので，GJ＝DG＝$\frac{3}{2}$(cm)である。次に，FGで折り曲げたので，〔四角形IHFG〕＝〔四角形ABFG〕であり，〔四角形ABFG〕＝$\frac{1}{2}$×(BF＋AG)×AB＝$\frac{1}{2}\times\left(\frac{3}{4}+\frac{7}{4}\right)\times2=\frac{5}{2}$より，〔四角形IHFG〕＝$\frac{5}{2}$となる。これと斜線部分の面積が$\frac{347}{128}$cm^{2}より，△CIK＝$\frac{347}{128}$－〔四角形IHFG〕＝$\frac{347}{128}-\frac{5}{2}=\frac{27}{128}$である。また，GCで折り曲げたので，△GJC＝△GDCであり，△GDC＝$\frac{1}{2}$×DG×DC＝$\frac{1}{2}\times\frac{3}{2}\times2=\frac{3}{2}$より，△GJC＝$\frac{3}{2}$となる。したがって，〔四角形GJKI〕＝△GJC－△CIK＝$\frac{3}{2}-\frac{27}{128}=\frac{165}{128}$(cm^2)である。

図3

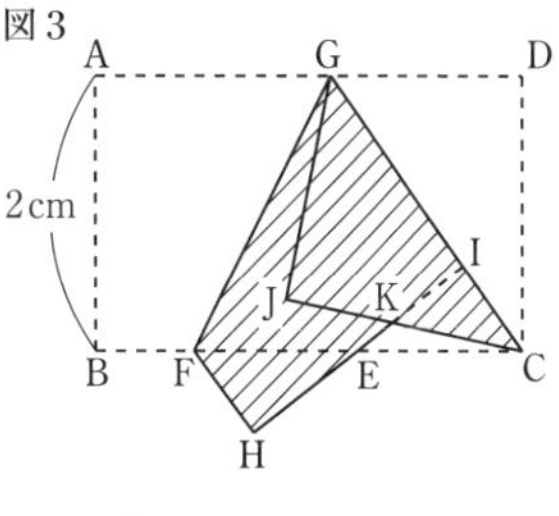

国語解答

一 問１ (ア)…② (イ)…② (ウ)…① (エ)…④ (オ)…①
問２ ⑤ 問３ ②
問４ Ｘ…③ Ｙ…② 問５ ④
問６ ① 問７ ③ 問８ ②
問９ ③ 問10 ④

二 問１ (ア)…③ (イ)…⑤ (ウ)…①
問２ ⑤ 問３ ④ 問４ ⑤
問５ ① 問６ ④ 問７ ③
問８ ⑤ 問９ ④

三 問１ (ア)…③ (イ)…⑤ (ウ)…①
問２ ① 問３ ④ 問４ ④
問５ ② 問６ ① 問７ ④
問８ ⑤ 問９ ③ 問10 ①
問11 ②

一〔説明文の読解―教育・心理学的分野―心理〕 出典；山岸俊男『安心社会から信頼社会へ 日本型システムの行方』「社会的知性と社会的適応」。

≪本文の概要≫ガードナーは，脳神経的基準と進化的基準を使って，人間の知能は単一の能力なのではなく，七つの独立した能力から成り立っているという説を提出した。その七つの知能とは，言語的知能，論理／数学的知能，音楽的知能，空間的知能，身体的知能，そして二種類のパーソナルな知能である。パーソナルな知能とは，自分の心や他人の心を理解する能力で，これを自省的知能と対人的知能と呼ぶとする。自省的知能も対人的知能も，社会的環境に適応していくために重要である。ゴールマンは，他人の心のはたらきに対する共感能力によって得られた洞察を，自分の感情や情動のコントロールに使う能力を感情的知能と呼び，他人に対する共感能力を特に強調する。ゴールマンは，パーソナルな知能をひとまとまりと見る点で，ガードナーとは異なっている。だが，自分と他人の内面を理解し，それを対人関係における自分の行動のコントロールに使える能力が，社会生活できわめて重要な役割を果たすという点については，二人の考えは一致している。

問１＜漢字＞(ア)「部位」と書く。全体の中でのある部分のこと。 (イ)「観点」と書く。物事を観察したり考えたりするときの立場や見地のこと。 (ウ)「把握」と書く。しっかりと理解すること。 (エ)「指針」と書く。方針のこと。 (オ)「動機」と書く。行動や意志決定の原因のこと。

問２＜文章内容＞「多重」は，多く重なっていること。ガードナーは，「脳神経的基準」や「進化的基準」を使って，「人間の知能は単一の能力なのではなく，七つの質的に異なる能力から成り立っている」という説を出した。

問３＜文章内容＞「脳の特定の部位に損傷を受けた人が特定の能力だけを失う」とすれば，その損傷を受けた部位とそれ以外の部位とは，別々の知的活動があるということであり，その損傷を受けた部位の能力は「独立」しているといえる。脳には，知的活動の内容ごとに，それぞれ対応した部位があるのである。

問４＜接続語＞Ｘ．ある能力が「独立したかたちで脳の中に存在していることを明らかにする」ことの例として，「脳の特定の部位に損傷を受けた人が特定の能力だけを失う」ということ，または，「特定の活動をしているときに脳のどの部分が活性化しているかをさまざまな装置を使って調べ，特定の知的活動が脳の特定の部分を活性化させている証拠」を得ることが挙げられる。 Ｙ．「他の人たちの気質や気分や動機や意図，あるいは人格特性や，他の人たちが考えたり感じたりしていることに気づく能力」とは，要するに「他人を理解する能力」のことである。

問５＜文章内容＞「進化のプロセスを通して環境に対して適応的な心の働きが作られてきた」という

前提に立つかぎり，「ある特定の知能が独立して存在している」とすれば，それは「その知能が解決するべき適応課題が環境の中に存在している(あるいは存在していた)」からである。

問６＜文章内容＞EQ，すなわち「感情的知能」の重要な側面は，「自分や他人の心を理解すること」である。「自分の内面的な心の動き，とくに感情や情動などについての適切な洞察」とともに「他人の心の働きに対する共感能力」を持ち(②・④…○)，それにより得られた洞察を自分の「感情や情動のコントロール」に使える能力が(③・⑤…○)，ゴールマンのいう「感情的知能」である。

問７＜文章内容＞「社会的環境への適応」のためには，自分の内面の理解だけでは不十分で，「自分の内面についての洞察を，自分の感情を適切にコントロールするために使うこと」ができなければならない。「自分の内面的な心の動き，とくに感情や情動などについての適切な洞察をもつと同時に，他人の心の働きに対する共感能力」によって得られた「洞察」を，「感情や情動のコントロールに使うことのできる能力」であるEQは，「社会的成功をおさめ幸せな生活を送るため」にはIQよりもずっと重要なのである。

問８＜文章内容＞ガードナーは，「パーソナルな知能」を「自省的知能」と「対人的知能」に分けたが，前者は「社会的環境への適応に際して重要」であり，後者もまた「対人関係の中でうまく適応していくにあたって重要な意味をもって」くる。ゴールマンは，ガードナーが分けた二つの知能をひとまとまりにして考え，「他人に対する共感能力」を特に強調し，「共感能力が育つためには，自分の感情を理解しコントロールできなくてはならない」と指摘した。二人とも，自分の内面を理解し，その理解を対人関係において自分をコントロールするために使うことを重視したのである。

問９＜段落関係＞まず，ガードナーが，人類は七つの独立の知能を持っていると考えたということについて述べられる。そして，その七つの能力のうちの「パーソナルな知能」について，ガードナーの考えとゴールマンの考えを比べながら説明されている。

問10＜主題＞後半は，ガードナーの考えた人間の七つの知能のうちの「パーソナルな知能」についての記述になっている。

二 〔小説の読解〕出典；遠藤周作『深い河』。

問１(ア)＜慣用句＞「言葉を濁す」は，はっきりとは言わない，という意味。　(イ)＜語句＞「芝居じみる」は，芝居をしているように大げさな調子になる，という意味。　(ウ)＜語句＞「憂慮」は，よくない結果になるのではないかと心配すること。

問２＜文章内容＞沼田が「何処《どこ》にいるんだろうな，あの犀鳥」と「呟《つぶや》いた」のを聞きつけた妻は，九官鳥を持ってきた。そして，「欲しかったんでしょ。わたくしにもそのくらいわかるんだから」と言った。妻は，沼田の気持ちを察しており，九官鳥を持ってくれば沼田が喜ぶだろうと思っていたのである。

問３＜文章内容＞妻は「わたくしにもそのくらいわかるんだから」と言った。少年の頃から「心の秘密をいつも人間にではなく犬や鳥に」打ち明けてきた沼田は，「度重なる手術の失敗で滅《め》入《い》った気《き》持《もち》」を，妻ではなく「犀鳥のような鳥に告白したい願望が心のどこかにある」のを妻に「いつの間にか」見抜かれ，気がとがめたのである。

問４＜語句＞「師走」は，旧暦十二月のこと。

問５＜心情＞沼田は，手術に対する不安など「自分の悩みや後悔」を毎夜九官鳥に打ち明けていた。手術室に向かうときも，戻るとき「生きているだろうか」と思っており，沼田は，手術を前に不安を感じ緊張していて，「病室のなかのスチーム」の立てる音も，特別大きく聞こえたのである。

問６＜文章内容＞沼田の看病で手いっぱいだった妻は，九官鳥を「病院の屋上においたまま忘れて」

いて，九官鳥は「死んで」しまっていた。妻は，沼田が九官鳥を大切に思っていたことを知っているので，自分のせいで九官鳥が死んでしまったことをすぐには言えなかったのである。

問７＜心情＞沼田は，手術前に九官鳥に「どうすればいいんだろ」と「嘘偽《うそいつわ》りのない本心」を話していた。その九官鳥は，沼田が手術後「やっと息がつけるように」なるまでの間に死んでしまった。沼田は，九官鳥が自分の「身がわりになってくれた」ように感じて，たまらない気持ちになった。

問８＜文章内容＞沼田は，「医者や看護婦や妻の前で元気を装うことに疲れ，昔と同じように心の通いあえる相手として人間ではなく犀鳥が欲しかった」し，九官鳥を持ってきてもらってからは，毎夜「その九官鳥にだけ自分の悩みや後悔をうち明けた」のだった。

問９＜文学史＞『こころ』は，夏目漱石の小説。『風立ちぬ』は，堀辰雄の小説。『人間失格』は，太宰治の小説。『羅生門』は，芥川龍之介の小説。

三〔古文の読解―随筆〕出典；中村経年『積翠閑話』「義少年」。

≪現代語訳≫天文永禄の頃だろうか。和州高市郡越智の里に越智玄蕃頭橘利之と申した者は，筒井順慶のめいの婿で，当時名声が高かった。また同国箸尾の城主である箸尾宮内少輔藤原為春は，筒井順慶の妹婿で，互いに威光と権力を争いながら，どうかすると闘争になった。あるとき両家が戦ったときに，越智の家来の鳥屋九郎左衛門の嫡子の福寿丸と，米野次郎右衛門の次男の宮千代が，ともに陣中に赴いて，少年ながら勇ましい心を持って，すばらしい手柄を立ててみせようとして，あちこち走り回っていたところ，味方に遅れ敵に囲まれ，はからずも捕虜になって二人とも，敵陣に連れていかれ，一族である葛西右衛門勝永がこれを預かった。もともと少年のことであるので，番兵がいいかげんにしていたので，福寿丸は機会をとらえて，こっそりとここから逃げて，難なく本陣へ逃げ帰った。宮千代は一人残されて，初めはそうだとも知らなかったが，これを聞いて大いに嘆き，筆と硯《すずり》をもらって，一首の歌を書いて番兵に渡した。／番兵がこれを開いて見ると，籠に入れた〈鳥屋〉は抜けて米野はただ餌になれといって残したのだろう／と，とても趣のあるふうで書いてあったので，これを主人の葛西に見せると，葛西はひどくかわいそうに思い，主君の箸尾にこうだと言うと箸尾は情の深い者でこれをよくよく眺め，「宮千代はまだ十三歳，しかも牢獄の中にいて，このように優れた志のある，すばらしい少年である。人の親が子を思うことは，愚かな子でさえなお慈しむものだ。ましてやこのように優れた才能のある子を捕虜にされた親の心はどのようであろう。想像するだけでも痛々しいので，すぐに(宮千代を)送り返せ」と，涙を浮かべて言ったので，葛西勝永も了承し，宮千代を馬に乗せ，人をつけて父のもとへ送り返したところ，米野夫婦は死んだ者が再びよみがえった心地がして，このうえなく喜び，葛西の恩情に感謝した。こうしてこのことが世間に知れわたり，「福寿丸が捕虜となり，その番人が(職務を)怠っているのを見て，こっそりと逃げ帰ったのは，本当に大した振る舞いだが，ともに捕虜にされていて，しかも自分より年も下の，宮千代を見捨てたのは，武士の義に背いている。宮千代は才能があって歌をよみ，それに感動して敵方から，許して返したので思いがけず命が助かった。いったい二人が同じ船に乗り合わせ，その船が突然転覆するとき，自分は泳げるといって，同僚を見捨てて，自分だけ泳いで帰る人がいれば，これを義というだろうか。不義というだろうか。福寿丸の振る舞いは，これと同じ行為だ」と，非難する人まで大勢いたので，すぐに(人々の非難が)福寿丸の耳に入り，(福寿丸は)とても悩ましく思っていたが，またこの両家が争うことがあり，双方が町外れの野原で対陣して，数日戦い合った。そうであるのに越智の陣中から，立派で鎧もたくましい馬に乗って走り出す者がいた。箸尾の陣の葛西勝永は，よい敵と見たので，もろあぶみを合わせて駆け寄り，ものも言わず切りかかった。この方も望むところだと，太刀を抜きかざして打ちつ打たれつとなった。しばらく戦っていたが，そのうちどちらも太刀を投げ捨て，馬を寄せ合わせて取っ組み合った。しばらくはそうしていたが(二人は)鞍《くら》にとどまらず，二頭の馬の間にどっと落ち，上を下へともみ合ったが，葛西の力が勝っていたのだろうか。とうとう（葛西が相手を）押さえつけて首をかき落とすときに，あまりに弱く思われたので，かぶとを脱ぎとってこれを見ると，十五，六歳の少年で，眉のかかりや鬢の匂いや，そのうるわしい顔は，わずかに見覚えがある心地がしたので，死体を返してよく見ると，鎧の引き合いに一枚の，短冊を結びつけてあった。／津の国の難波のことの善《よ》し悪《あ》しは，私の死後に世に知られることだろう／と一首の歌（があった。その歌）の意味を思うに宮千代を置いて逃げ去ったのを，嘲る人がいるのでその恥をそそごうとして，今日討ち死に（をしよう）と思い定めた。その善し悪しは（自分が）死んだ後に，世の人が定めよというのである。葛西はこれを見て涙を流し，「福寿丸だったのだな。どういう因縁があってなのか。人も多いのに二度までも，私の手にかかるのも不思議だ」と，しばらく悲嘆していたが，そのうち召し使いに命じて近くにある，古い遣《や》り戸《ど》を取り寄せて，福寿丸の死骸を乗せ，かつぎ上げさせて自分の陣に帰り，一通の手紙を添えて鳥屋へ（死骸を）送った。鳥屋は我が子の死骸を見て，暗い気持ちになり心もぼんやりとしていたが，まずその手紙を開いて見ると，これこれのことを記し，／子を思う焼け野のキジはほろほろと涙を落として鳴く。それは越智の鳥屋が泣いているのだろう（とあった）。

問１＜古語＞(ア)「やがて」は，すぐに，という意味。　(イ)「いささか」は，少し，わずかに，という意味。　(ウ)「きぎす」は，鳥のキジのこと。

問２＜古典の知識＞「大和国」は，現在の奈良県。

問３＜現代語訳＞「天晴」は，驚くほど優れているさま。「功名」は，手柄を立てること。「せん」は，サ行変格活用の動詞「す」の未然形に，意志の助動詞「ん」がついたもの。

問４＜古文の内容理解＞福寿丸と宮千代は，ともに捕虜になっていたが，福寿丸は，番兵の隙を見て，こっそりと逃げ帰ってしまった。宮千代は，初めは自分だけが取り残されたことを知らなかった。

問５＜和歌の内容理解＞籠に入れた鳥屋の福寿丸が逃げ出し，米野の自分だけが取り残されたと，宮千代は自分の状況をよんだ。「籠」は，鳥籠であり，また二人が閉じ込められた牢獄も指す。

問６＜和歌の内容理解＞宮千代は，籠に入れた鳥屋は抜け出して，米野をただ餌になれと残し置いたのだろうとよんでいる。一人だけ取り残されてしまった宮千代は，その境遇を嘆いているのである。

問７＜古文の内容理解＞箸尾は，宮千代がよんだ歌を見て，親は愚かであっても子を慈しむもので，ましてや，牢獄の中にいて優れた志があり，見事な和歌をよむ，優れた才能を持つ子どもを捕虜にとられた親の気持ちはいかばかりかといって，宮千代の親を気の毒に思った。

問８＜古典文法＞文末の「けれ」は，助動詞「けり」の已然形。係助詞「こそ」があると，係り結びの法則により，文末は已然形になる。

問９＜古文の内容理解＞福寿丸は，逃げ出して帰ることができたが，世間からは，二人で捕虜にされていて，しかも宮千代は福寿丸より年下なのに，その宮千代を見捨てて自分だけ逃げたのは「武士の義」に背いていると非難されたため，悩ましく思った。

問10＜現代語訳＞「まし」は，事実とは異なる仮想を表す助動詞。「なからん後の世」は，自分が死んだ後のこと。今は生きている福寿丸が，自分の死後のことを想像して，死んだ後に知られることだろう，とよんでいる。

問11＜文学史＞豊臣秀吉の生涯を書き記した作品は，『太閤記』と呼ばれている。これは，一つの作品の名称ではなく，秀吉の一代記の総称である。

2023年度 狭山ヶ丘高等学校（推薦第3回・推薦第2回）

※英語・数学は推薦第3回，国語は推薦第2回の問題です。

［注意］ この試験では，はじめにリスニングを行います。

【英　語】（65分）〈満点：100点〉

1 （リスニングテスト） このリスニングテストには**問題A**から**問題C**まであります。英文はそれぞれ2度ずつ読まれます。放送中メモを取っても構いません。

問題A これから流れる対話を聞き，最後に続く受け答えとして最も適切なものを選び番号で答えなさい。

No. 1 [1]

1 I bought it in Japan.　　2 It's 1,800 yen.

3 That glass is cheap.　　4 About 200 ml.

No. 2 [2]

1 Do you know it's Wednesday today ?　　2 I've been at home, too.

3 Yes.　We are hungry.　　4 How about eating lunch together ?

No. 3 [3]

1 Do you want to have green tea ?

2 I don't drink coffee or green tea.

3 Then, can I have some cold water ?

4 Yes, please.　I like hot tea very much.

問題B これから流れる対話を聞き，そのあとの質問に対する答えとして最も適切なものを選び番号で答えなさい。

No. 1 [4]

1 They will come next Tuesday.　　2 They will come next Wednesday.

3 They will come next Thursday.　　4 They will come next Friday.

No. 2 [5]

1 To memorize a lot of words is.

2 To read a lot of books is.

3 To learn a lot about her mother tongue is.

4 To try to use it all the time is.

No. 3 [6]

1 She will stay at home.　　2 She will go hiking.

3 She will stay in bed.　　4 She will go to a library.

問題C これから流れる英文を聞き，質問に対する答えとして最も適切なものを選び番号で答えなさい。

No. 1 [7]

1 Because he had to change trains at North Station.

2 Because he had to hurry to get to North Station by 1:00 p.m.

3 Because he had to wait for the Earth Line until it came.

4 Because he had to take the Sky Line but he missed it.

No. 2 [8]

1 Books about dangerous insects will be.
2 Books about the way to feed insects will be.
3 Books about popular insects in Japan will be.
4 Books about the way to take insects to other countries will be.

No. 3 [9]

1 Because she likes a Hawaiian dish and she has never eaten it before.
2 Because she bought a lot of frozen tuna at the Ocean Shopping Center.
3 Because she wants to make it for her husband and he likes fresh tuna.
4 Because she decided to make it again for her own birthday.

※**<リスニングテスト放送原稿>**は英語の問題の終わりに付けてあります。

2 次の英文を読み，後の設問に答えなさい。

①Technology is all around us. We use it all the time. We use it from the time to wake up till the time to go to bed. Technology is in the clocks beside our beds. It is in the computers on our desks. Technology is in our toys and TVs. It is in our kitchens and bathrooms. We use it to listen to music. We use it to talk with friends on our smartphones. Technology is a part of all of these things. We even use technology when we sleep. There are machines that let us know how much we *snore! Look around you. There is a lot of technology.

Technology is not just in the things around us. ②People can wear technology, too. Some kids have lights in their shoes. Some people have exercise *bracelets. Some people have shirts that heat up and shirts that cool down. Look in stores. You can find all kinds of *wearable technology. There is technology in bracelets, watches, rings, and other *accessories. There is technology in gloves, socks, and hats. What technology do you wear? Where did all of these things come from? They came from the imaginations of wearable technology creators. However, ③these people are not so different from other people. Do you like computers? Do you like math? Do you like science? If so, you might be just like those who made wearable technology found in stores today. Have you heard of a kind of wearable technology called ④a smartwatch? These watches do more than just tell the time. They have games in them. They can play music. They are also phones. These wearable technology creations are very useful. The first smartwatches were made for adults, but now there are smartwatches for kids, too. It takes more than just knowing about science and computers to make wearable technology. Wearable technology creators have to think of new ideas connecting the things people do with the things they wear. Are you creative? Do you like fashion? Wearable technology creators are finding all kinds of ways to match technology and clothes. Imagine having a shirt with a special button on it. Push the button, and the shirt changes to a different color. Wearable technology creators also make [⑤] things to wear. Imagine toy wings that move just like butterfly wings. You cannot fly with them, but they are beautiful and fun to wear.

⑥Technology is always changing. It is always getting better. Soon, our shoes might make electricity for us as we walk. We can turn our energy from walking into power for our phones or watches. In the future, we will have more and more wearable technology, and it will be useful in many different areas of our lives.

Wearable technology is not just for business people or computer people. Technology that we can wear or easily carry all day will be useful for ⑦doctors and *patients. It will be useful for ⑧athletes and soldiers, too. Wearable technology will help doctors take care of people. Doctors will not need many big machines to find out what is wrong with a patient. For example, doctors will have special glasses that can tell them about a patient's health. The glasses will be able to do things such as take *x-rays and check how fast our heart is beating. This will make a doctor's visit easier for patients. More tests can be done by the doctor in his or her office. There will be no need for the doctor or the patient to travel to a big hospital for these kinds of tests. And wearable technology will help patients in other ways, too. They will have wearable technology to help them see, hear, and move better. Wearable technology will help them live better if they have a health problem. It will help people live better when they are old. Athletes will be able to jump higher and run faster with wearable technology. Their wearable technology will *keep track of how their bodies are doing while they exercise. This will help them train better. One day soon, soldiers may be able to fly with wearable wings. They may have clothing that can change to make them hard to see in the dark, in the woods, or in the snow. Technology in special things soldiers wear or carry can help protect them from weapons. Workers will have all kinds of wearable technology. Soon, offices which people work at will look very different. Things like keys, telephones, and computers will be *antiques. The jobs that all of these things do will be done by items people wear to the office. People will have technology in their fingernails. We will have contact lenses that give us directions. We will have computers in our earrings and shirt buttons. If we can think it, we can make it. All it takes is imagination and a good understanding of our technology today. Wearable technology is the future. And wearable technology creators will create the future. What [⑨] job!

（出典：Liana Robinson *Wearable Technology Creators* 改変）

（注） snore 「いびきをかく」 bracelet 「ブレスレット，腕輪」 wearable 「着用可能な」
accessory 「アクセサリー」 patient 「患者」 x-ray 「X線」
keep track of 「～を見失わないようにする」
antique 「アンティーク（古くからある価値のあるもの）」

問１ 下線部①に関する記述として適切でないものを次の中から選びなさい。[10]

1 私たちは科学技術を起きてから寝るまで使っているが，眠っている間は使っていない。
2 ベッドの近くにある時計や机の上にあるコンピューターの中に科学技術は使われている。
3 科学技術は音楽を聴くときや友人とスマートフォンで通話するときに使われている。
4 科学技術がどれぐらいいびきをかいているのかを私たちに知らせてくれる。

問２ 下線部②に関する記述として最も適切なものを次の中から選びなさい。[11]

1 科学技術は私たちの身の回りにはあるが，身につけることはできない。
2 科学技術によって温まったり冷えたりするシャツを着る人がいる。
3 着用可能な科学技術はブレスレットや腕時計や指輪のみである。
4 着用可能な科学技術を使ったものは多くの子どもたちの想像に由来している。

問３ 下線部③の文と同じ文型の文を次の中から選びなさい。[12]

1 Yuki's uncle gave her a new toy yesterday.
2 The little girl kept her eyes closed.
3 Kota will buy a new bike this afternoon.
4 That dish tastes sweet.

5 Some people are talking in the cafe.

問4 下線部④に関する記述として最も適切なものを次の中から選びなさい。13

1 スマートウォッチは時刻を正確に伝えてくれることしかできない。
2 スマートウォッチは大人用にも子供用にも作られている。
3 スマートウォッチを作るためには時計のことに詳しくなければならない。
4 スマートウォッチを作る人には人々が身につけるものと人々がすることを結びつける考えはない。

問5 ⑤ に入れるのに最も適切なものを次の中から選びなさい。14

1 light 2 heavy 3 fun 4 boring

問6 下線部⑥に関する記述として適切でないものを次の中から選びなさい。15

1 科学技術は絶えずより良くなろうとしている。
2 科学技術によって歩いているときに私たちの靴が電気を生み出すかもしれない。
3 科学技術によって歩くことが携帯電話や時計のエネルギーを生み出すかもしれない。
4 科学技術は将来私たちの生活のあらゆる部分を便利にしてくれるだろう。

問7 下線部⑦に関する記述として適切でないものを次の中から選びなさい。16

1 科学技術によって医者は人々を治療する手助けを得るだろう。
2 科学技術によって医者が患者を診察するときに大きな機械を使う必要がなくなるだろう。
3 科学技術によって医者は特別な眼鏡でＸ線を手軽に使えるようになるだろう。
4 科学技術によって医者は指先で患者の心拍数を測れるようになるだろう。

問8 下線部⑧に関する記述として最も適切なものを次の中から選びなさい。17

1 科学技術によって運動選手が年を取ったときに足が遅くなるのを防ぐことができる。
2 科学技術によって運動選手が運動をしている間の自分の状態を知ることができる。
3 科学技術によって兵士が着用可能なプロペラで空を飛ぶことができる。
4 科学技術によって兵士が森の中や雪の中で相手から見つけられやすい服装にできる。

問9 ⑨ に入れるのに最も適切なものを次の中から選びなさい。18

1 an interesting 2 a strange 3 an expensive 4 a cheap

問10 本文中の内容と合うものを次の中から１つ選びなさい。19

1 スマートフォンはブレスレットのように私たちの手首に着けて使うことができる。
2 スマートウォッチはもともと最先端のファッションとして作られた。
3 科学技術によって兵士は兵器から彼らを守る特別なものを身につけることになるだろう。
4 科学技術によって人々の想像力はより豊かなものになるだろう。

3 次の英文を読み，後の設問に答えなさい。

〔編集部注…課題文は著作権上の問題により掲載しておりません。作品の該当箇所につきましては次の内容を参考にしてください〕

Jan Carew「Lost Love and Other Stories」(Pearson English Readers)
P.16の７行目～P.19の８行目(改変あり)

(注) country 「土地」

問1 下線部①とあるが，その内容として最も適切なものを次の中から選びなさい。20

1 他の若者と話すことが嫌いであった。
2 他の若者が笑っていることが好きだった。
3 女性たちと話すことのほうが他の若者と話すよりましだった。

4　女性たちと一緒にいるときに心配になることはなかった。

問2　[②] に入れるのに最も適切なものを次の中から選びなさい。[21]

1　confident　　2　afraid　　3　rich　　4　mean

問3　下線部③とあるが，その内容として最も適切なものを次の中から選びなさい。[22]

1　その臆病な男はこのお守りを持っていると他の女性と話すことができるようになった。

2　その臆病な男はこのお守りを失くしてしまい，戦争のときに逃げることになった。

3　その臆病な男はこのお守りを持っていると心配ごとが薄れて，戦争のときにリーダーシップを発揮した。

4　その臆病な男はこのお守りを失くしてしまい，戦争のときに持っていなかった。

問4　[④] に入れるのに最も適切なものを次の中から選びなさい。[23]

1　sadly　　2　happily　　3　slowly　　4　quickly

問5　本文の内容と合うものを次の中から2つ選びなさい。[24]・[25]

1　戦争が危険なのでその臆病な男は戦争のときに兵士になることを断った。

2　道の側で立っていたお年寄りは耳が聞こえなかった。

3　その臆病な男は道の側で立っていたお年寄りを道の反対側に連れて行った。

4　その臆病な男は戦争のときに前方で倒れたリーダーを助け出した。

5　その臆病な男の勇敢な行動に周りの兵士たちはうんざりした。

4　次の各英文の[　]に入る最も適切なものを次の中から選びなさい。

1　Was [26] difficult for Ted to play the guitar?

①　it　　②　he　　③　that　　④　this

2　This is your pencil, isn't [27]?

①　yours　　②　it　　③　this　　④　you

3　The little boy [28] English over there isn't my brother.

①　spoken　　②　speaks　　③　spoke　　④　speaking

4　Did he [29] the letter to his mother yesterday?

①　sent　　②　sat　　③　seat　　④　send

5　次の各英文の(　)内の語を適切に並べ替えたとき，(　)内で3番目と6番目にくるものを答えなさい。ただし，文頭にくる語(句)も小文字で示してある。

1　(①　and　②　my　③　name　④　a　⑤　bird　⑥　bought　⑦　is　⑧　uncle　⑨　its) cute.　　3番目は[30]・6番目は[31]

2　(①　a　②　mother　③　beautiful　④　watch　⑤　what　⑥　has　⑦　your)!　　3番目は[32]・6番目は[33]

3　(①　what　②　you　③　me　④　to　⑤　taken　⑥　would　⑦　was　⑧　tell) the house?　　3番目は[34]・6番目は[35]

4　(①　so　②　not　③　thought　④　the　⑤　I　⑥　were　⑦　tall　⑧　as　⑨　men).　　3番目は[36]・6番目は[37]

6　次の英文で，文法的な誤りが含まれる下線部を選びなさい。

1　I ①am sure ②that we have found ③that the doll ④that she was looking for.　[38]

2　I ①want to give ②the nice dress ③for ④her.　[39]

3　I was ①surprised at the big lion ②which was ③sleeping ④on front of me.　40
4　I ①thought there ②was ③a lot of waters ④in the blue glass.　41

7　各組の語の中で，最も強く発音する部分が他と異なるものをそれぞれ１つずつ選びなさい。

1　〔①　weap-on　②　main-tain　③　break-fast　④　en-gine〕　42
2　〔①　stom-ach　②　ab-sent　③　class-mate　④　pol-lute〕　43
3　〔①　e-lev-enth　②　yes-ter-day　③　ex-er-cise　④　pho-to-graph〕　44

8　各組の語の中で，下線部の発音が他と異なるものをそれぞれ１つずつ選びなさい。

1　〔①　gray　②　laid　③　let　④　ate〕　45
2　〔①　cook　②　woman　③　pull　④　shoulder〕　46
3　〔①　swum　②　beside　③　rice　④　plays〕　47

＜リスニングテスト放送原稿＞

1　（リスニングテスト）　このリスニングテストには**問題Ａ**から**問題Ｃ**まであります。英文はそれぞれ２度ずつ読まれます。放送中メモを取っても構いません。

問題Ａ　これから流れる対話を聞き，最後に続く受け答えとして最も適切なものを選び番号で答えなさい。

No. 1　※Ａは女性，Ｂは男性

Ａ：　This glass is very beautiful.
Ｂ：　Yes.　It's made in Japan and it's a little expensive.
Ａ：　I really want it.　How much water can I put in it？
Ｂ：
　Listen Again

No. 2　※Ａは女性，Ｂは男性

Ａ：　Ted, where are you？　I've been waiting so long.
Ｂ：　Hi Mary.　I'm at home, but why？
Ａ：　Really？　We have plans to have lunch together today！
Ｂ：
　Listen Again

No. 3　※Ａは女性，Ｂは男性

Ａ：　Which do you want, tea or coffee？
Ｂ：　Can I have green tea？　I usually drink coffee or green tea.
Ａ：　I'm sorry.　We don't have green tea.　How about having hot coffee？
Ｂ：
　Listen Again

問題Ｂ　これから流れる対話を聞き，そのあとの質問に対する答えとして最も適切なものを選び番号で答えなさい。

No. 1　※Ａは男性，Ｂは女性

Ａ：　My parents are coming to stay at my house next week.
Ｂ：　Our school festival is going to be held next Tuesday and Wednesday, so why don't you ask them to come？

A： They will come next Thursday, so they won't be here then.
B： That's too bad but we'll have a school party on Friday night, so will you ask them to join us if they can？
A： Sounds good！ They'll be happy to hear that.
Question： When will the man's parents probably come to his school？
Listen Again

No. 2 ※Aは男性，Bは女性
A： I hear you've learned to speak Japanese. How have you learned it？
B： I have memorized many words and read a lot of books.
A： What is the most important thing？
B： I think it's important to try to use Japanese like your mother tongue. If you really want to master Japanese, try to speak it all the time.
A： I see.
Question： What is the most important for the woman to master Japanese？
Listen Again

No. 3 ※Aは男性，Bは女性
A： I hear Ken and Mary are going hiking next Sunday. I want to join them. What do you think？
B： I'm sure they won't say no. I hope it will be sunny that day.
A： Why don't you come with us？
B： I wish I could. I have a lot to read at home for my studies.
A： You can do that after coming back home, can't you？
B： I'll be so tired after hiking that it will be tough for me to read many difficult books. I might fall asleep before finishing my homework.
Question： What will the woman probably do next Sunday？
Listen Again

問題C これから流れる英文を聞き，質問に対する答えとして最も適切なものを選び番号で答えなさい。

No. 1

Hello. I'm Yusuke Miura. I'll tell you about my trouble. Two weeks ago, I had to get to North Station by one p.m. So, I took the Earth Line at West Station. It is the fourth stop from West Station but an accident happened. The Earth Line stopped completely. I changed trains at Center Station to the Sky Line. I ran in the station to catch the train. I took the Sky Line and arrived at North Station at one thirty p.m. I was so tired.
Question： Why was Yusuke so tired？
Listen Again

No. 2

Welcome to Mountain Bookstore. This month, we have a special event to introduce books about insects. We will show you picture books of insects, books about the way to keep insects at home, and books about endangered insects in the world. These books are popular around the world, so we will recommend them with confidence. In addition, if you buy two books, you can get a ten percent discount ticket. Please check it.

Question : What books will be introduced at the special book event ?

Listen Again

No. 3 ※男性

My mother is going to visit the Ocean Shopping Center by car. She needs fresh tuna, an avocado, and soy sauce to make a Poke Bowl. It is a Hawaiian dish and she has tried it in Hawaii with my father. She never forgot the taste and she decided to make it again for my father's birthday. It is on January twentieth. She believes he will be happy because he likes fresh tuna.

Question : Why is the man's mother going to make a Poke Bowl ?

Listen Again

これでリスニングテストを終わります。以降の問題を解いて下さい。

【数　学】（50分）〈満点：100点〉

［注意］(1)　コンパス，定規，分度器，電卓は使用しないのでしまって下さい。

(2)　１つの□には０～９の数が入ります。

(3)　分数はもっとも簡単な形で答えなさい。例えば，$\frac{3}{4}$ と答えるところを，$\frac{6}{8}$ のように答えてはいけません。

(4)　根号の中の数はできるだけ小さな自然数にしなさい。例えば，$4\sqrt{2}$ と答えるところを，$2\sqrt{8}$ のように答えてはいけません。

(5)　比はもっとも簡単な整数比で答えなさい。例えば，２：３と答えるところを，４：６のように答えてはいけません。

1　次の $\boxed{1}$～$\boxed{19}$ にあてはまる数をマークしなさい。分数はもっとも簡単な形で答えなさい。

(1)　$\left(-\frac{1}{2}\right)^3-\{(-1)^3\div 2\}^2$ を計算すると，$-\frac{\boxed{1}}{\boxed{2}}$ となる。

(2)　$\sqrt{400}-\sqrt{80}-2\sqrt{5}(2\sqrt{5}-1)$ を計算すると，$-\boxed{3}\sqrt{5}$ となる。

(3)　$0.25x-0.5-\frac{3x-2}{5}$ を計算すると，$-\frac{\boxed{4}x+\boxed{5}}{\boxed{6}0}$ となる。

(4)　$3x(x-1)-36$ を因数分解すると，$3(x-\boxed{7})(x+\boxed{8})$ となる。

(5)　方程式 $x^2-6x+3=0$ の解は，$x=\boxed{9}\pm\sqrt{\boxed{10}}$ である。

(6)　連立方程式 $\begin{cases}8x+7y=1\\7x+8y=1\end{cases}$ の解は，$x=y=\frac{1}{\boxed{11}\boxed{12}}$ である。

(7)　$(\sqrt{5}-1):2=2:(\sqrt{5}+1)$ である。同様にして，$(\sqrt{2}+1):1=\boxed{13}:(\sqrt{2}-1)$ である。

これより，右図において△ABC∽△DEF であり，AC＝3cm，BC＝$(\sqrt{2}+1)$cm，EF＝1cm であるとき，DF＝$(3\sqrt{\boxed{14}}-\boxed{15})$cm である。

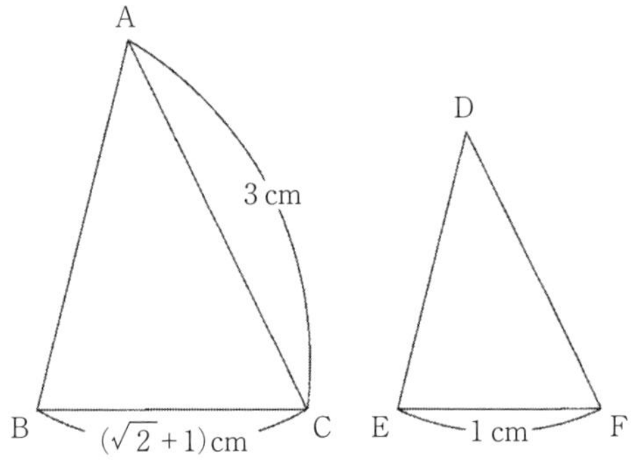

(8)　$a=1-\sqrt{2}-\sqrt{3}$ であるとき，$(a+\sqrt{\boxed{16}})^2=(1-\sqrt{2})^2$ である。

これより，$x^2+\boxed{17}\sqrt{\boxed{16}}\,x+\boxed{18}\sqrt{\boxed{19}}=0$ の解のうちの１つは $x=1-\sqrt{2}-\sqrt{3}$ である。同じ解答番号の欄が複数あるため注意すること。

2　次の $\boxed{20}$～$\boxed{35}$ にあてはまる数をマークしなさい。

(1)　右の表は，ある高校の職員80名の職員の年齢について，度数をまとめたものである。表の中の a，b，c はそれぞれ

$a=0.\boxed{20}$，$b=\boxed{21}\boxed{22}$，$c=1\boxed{23}$

である。（d の値は答える必要はありません。）ただし，職員はすべて21歳以上であるものとする。

年齢	度数(人)	相対度数
21歳以上30歳以下	28	0.35
31歳以上40歳以下	16	a
41歳以上50歳以下	b	0.25
51歳以上60歳以下	c	d
61歳以上	4	0.05

(2)　濃度が３％の食塩水Ａと６％の食塩水Ｂを混ぜたら，５％の食塩水Ｃとなり，その重さは500ｇであった。食塩水Ｃの中に含まれる食塩の量が $\boxed{24}\boxed{25}$ ｇである。また，食塩水Ａに含まれる食塩の量は $\boxed{26}$ ｇである。

(3)　右図において4点A，B，C，Dは半径が5 cmである円Oの周上の点であり，ABは円Oの直径，Eは線分AB，CDの交点であり，また$\overset{\frown}{AC}:\overset{\frown}{CB}=2:3$である。このとき，$\overset{\frown}{BC}$の長さは$\boxed{27}\pi$ cmであり，点Dの位置にかかわらず$x°=\angle CDA=\boxed{28}\boxed{29}°$である。

　△ABDの面積が最も大きくなるように点Dをとると，$y°=\angle CEB=\boxed{30}\boxed{31}°$である。

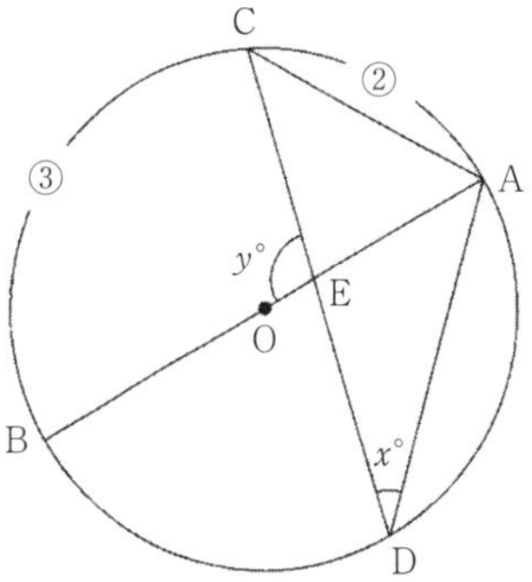

(4)　2次関数$y=2x^2$において，xの変域が$-2 \leqq x \leqq \sqrt{3}$であるとき，$y$の変域は$\boxed{32} \leqq y \leqq \boxed{33}$である。また，2次関数$y=2x^2$のグラフ上の2点A，Bを通る直線の傾きが2，また点Aと点Bのx座標の差が3であるとき，点Aと点Bのy座標の差は$\boxed{34}$であり，点Aのx座標の方が点Bのx座標より小さいとすると，点Aのx座標は$-\boxed{35}$である。

3　右図のように，3つのマスA，B，Cがあり，最初はAのマスにコマをおく。1から4の数字が書かれた4枚のカードがあり，これらを1列に並べ，並べたカードによって以下のようなルールでコマを移動する。

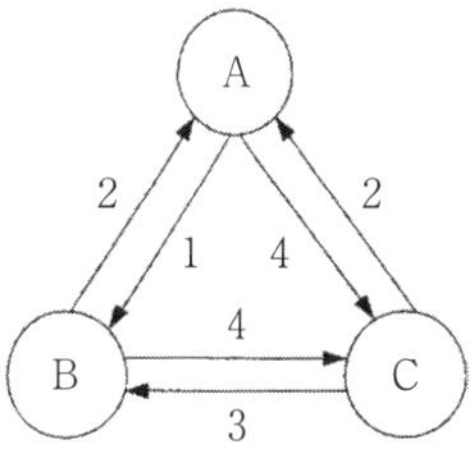

- コマがあるマスから引かれた矢印の横に書かれた数とカードの数が同じであればその矢印の先のマスに移動する。
- 並べたカードの順に移動をし，移動が出来なくなったらそこで止まる。

　例えば，並べたカードの順が4，3，2，1であれば，AのマスからA→C→B→A→Bと移動し，最後にいたマスはBである。

　例えば，並べたカードの順が1，3，2，4であれば，最初は1のカードのためAからBに移動するが，次のカードの3が書かれた矢印がBから引かれていないためBで止まり，それ以降は移動できないので最後にいたマスはBである。

　次の$\boxed{36}$～$\boxed{42}$にあてはまる数をマークしなさい。ただし，分数はもっとも簡単な形で答えなさい。

(1)　4枚のカードの並べ方は$\boxed{36}\boxed{37}$通りある。また，1，2，3，4の順に並べたとき，最後にいるマスは$\boxed{38}$である。$\boxed{38}$にあてはまるものは，下のA群から選びその番号をマークしなさい。

(2)　Aから一度も移動しない確率は$\dfrac{\boxed{39}}{\boxed{40}}$である。

(3)　最後にいたマスが$\boxed{41}$である確率が最も低く，最後にいた確率が最も高いマスの確率の$\dfrac{1}{\boxed{42}}$倍である。$\boxed{41}$にあてはまるものは，下のA群から選びその番号をマークしなさい。

A群（$\boxed{38}$，$\boxed{41}$の選択肢）

⓪　A　　①　B　　②　C

4 右図において，3点A，B，Cはともに2次関数 $y=-\frac{2}{3}x^2$ 上の点，点Dは y 軸上の点であり，四角形ABCDは平行四辺形である。直線BCと y 軸との交点をEとし，また直線AOとBCの交点をFとする。点Aの x 座標は正であり，線分ABは x 軸に平行である。また，点Cの y 座標は点Bの y 座標よりも小さいものとする。次の $\boxed{43}$〜$\boxed{57}$ にあてはまる数をマークしなさい。分数はもっとも簡単な形で答えなさい。

図

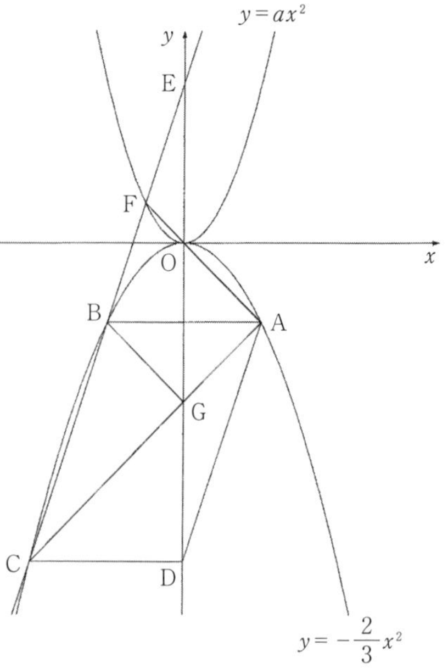

(1) 点Aの x 座標が3の場合，点Cの座標は $(-\boxed{43},\ -\boxed{44}\boxed{45})$ である。

(2) 点Dの座標が $\left(0,\ -\frac{8}{3}\right)$ の場合，点Bの y 座標は $-\frac{\boxed{46}}{\boxed{47}}$ である。

(3) 点Bの x 座標と y 座標が同じ値である場合，点Bの x 座標は $-\frac{\boxed{48}}{\boxed{49}}$，点Eの y 座標は $\boxed{50}$，点Fの x 座標は $-\frac{\boxed{51}}{\boxed{52}}$ である。また，△EFAは△BCGの面積の $\frac{\boxed{53}}{\boxed{54}}$ 倍である。

(4) 点Aの位置にかかわらず，AO：OFは一定であり，AO：OF $=\boxed{55}$：1である。また，点Fを通る2次関数 $y=ax^2$ も点Aの位置にかかわらず常に同じであり，$a=\frac{\boxed{56}}{\boxed{57}}$ である。

5 AC＝BCである△ABCがある。辺BC，CAをそれぞれ一辺とする直角二等辺三角形BCD，ACEを図のようにとり，辺AEとBDの交点をF，辺ACとBDの交点をG，辺AEとCDの交点をHとした。BG $=\sqrt{2}$ cm，CG $=\sqrt{5}$ cmとして，次の $\boxed{58}$〜$\boxed{66}$ にあてはまる数をマークしなさい。分数はもっとも簡単な形で答えなさい。

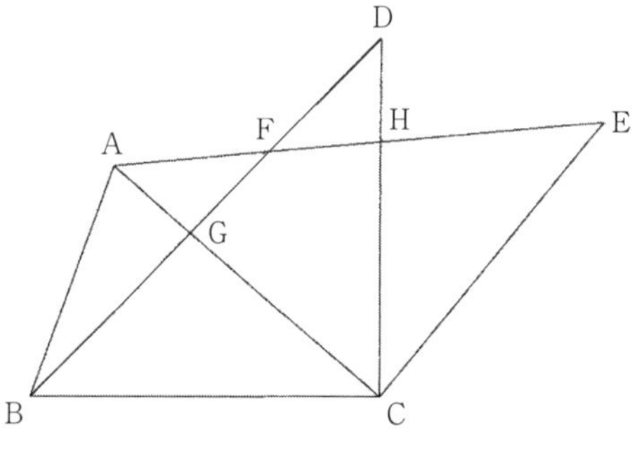

(1) ∠GBC＝45°に着目して，線分BG，CGの長さを利用して線分BCの長さを求めるとBC $=\boxed{58}$ cmである。

(2) EH $=\sqrt{\boxed{59}}$ cmである。

またDH $=(\boxed{60}-\sqrt{\boxed{61}})$ cmであることから，DF $=\frac{\boxed{62}\sqrt{\boxed{63}}-\boxed{64}\sqrt{10}}{2}$ cmである。

(3) 点DからACに垂線をおろしその交点をIとする。このとき，GI $=\frac{\boxed{65}\sqrt{5}}{\boxed{66}}$ cmである。

みに、逆に狩人に詰め寄ろうとしていた。

② 当初は狩人からの追跡に恐怖心が募っていた草浪は住民の加勢を得てもなお狩人に恐れを抱かずにはいられなかった。

③ 当初狩人からの追跡にも無関心であった草浪は住民の説得により狩人に恐怖を覚えつつも平静を装っていた。

④ 当初狩人の追跡におかしさを覚えずにはいられなかった草浪は、住民を聴衆に得て狩人を笑わせようと滑稽な顔をした。

⑤ 当初狩人からの追跡に親しみを覚えた草浪は住民の公認を得て、改めて狩人を仲間として迎え入れようとしている。

問11 本文『猿著聞集』の書名のもととなった『古今著聞集』の成立時代と文学ジャンルについて最も適当なものを、後の①～⑤のうちからそれぞれ一つずつ選び、番号で答えなさい。解答番号は 40 ～ 41 。

【成立時代】 40

① 奈良時代　② 平安時代　③ 鎌倉時代
④ 江戸時代　⑤ 明治時代

【文学ジャンル】 41

① 物語　② 随筆　③ 説話
④ 史書　⑤ 軍記

解答番号は32。

① もし人だったならば尋ねてみるまでもない
② 確かに人だったので尋ねてみようかと思う
③ もし人であったならば尋ねなかったのに
④ もし人であったならば尋ねたはずなのに
⑤ 確かに人だったので尋ねてみなかったのだ

問4 傍線部C「一人の狩人あへぎあへぎ走り来て」とあるが、この理由として最も適当なものを次の①～⑤のうちから一つ選び、番号で答えなさい。解答番号は33。

① 狩人は道に迷ってしまい途方に暮れていたところ、たまたま通りかかった草浪の姿を見かけたから。
② 狩人は山賊をねらって撃ったつもりだったが、外れて猿に当たってしまったから。
③ 狩人は暴れ猿を追い出すつもりで威嚇して撃ったが、その場で草浪の姿を見かけたから。
④ 狩人は猿を脅すつもりで撃ってしまったが、本当に猿に命中してしまったと思ったから。
⑤ 狩人は猿を撃ったつもりだったが、誤って人に当たってしまったと思ってしまったから。

問5 空欄 X に入る語句として最も適当なものを次の①～⑤のうちから一つ選び、番号で答えなさい。解答番号は34。

① このは　② このみ　③ こざる
④ こぐり　⑤ こぶし

問6 傍線部D「子細あらじ」の解釈として最も適当なものを次の①～⑤のうちから一つ選び、番号で答えなさい。解答番号は35。

① 詳しいことはよくわからない。
② 特にけがなどはしていない。
③ 猿の行方は見当がつかない。
④ 特別な理由は見当たらない。
⑤ 鉄砲の弾はここにあるよ。

問7 傍線部E「助けよ助けよ」とあるが、草浪が叫んだ理由として最も適当なものを次の①～⑤のうちから一つ選び、番号で答えなさい。解答番号は36。

① 狩人の正体は実は山賊であり、草浪を一度油断させながらその金品をねらって襲いかかってきたから。
② 狩人は猿に危害を加えた草浪に怒りを覚えて突然襲いかかってきたと思ったから。
③ 草浪は先ほど歌を詠んで友好的に別れた狩人が心変わりして襲ってきたと思ったから。
④ 草浪は狩人が先ほどの和歌によって愚弄されたことに気づいて襲いかかってきたと思ったから。
⑤ 草浪は狩人に襲われたという素振りをしてこの人里で同情を買い、無賃で宿泊しようと考えたから。

問8 空欄 Y に入る語句として最も適当なものを次の①～⑤のうちから一つ選び、番号で答えなさい。解答番号は37。

① なら　② なり　③ なる
④ なれ　⑤ なろ

問9 傍線部F「さること」の指す内容として最も適当なものを次の①～⑤のうちから一つ選び、番号で答えなさい。解答番号は38。

① 狩人が逃げ去った猿の行方をいつまでも知りたがっていたこと。
② 狩人が草浪に対して自らの和歌を披露したいと思っていたこと。
③ 狩人が草浪に猟銃を渡して弟子入りしたいと考えていること。
④ 狩人は草浪に山賊が出没していると忠告したかったこと。
⑤ 狩人は草浪の詠んだ和歌をもう一度教えてもらいたかったこと。

問10 草浪の心情の変化についての説明として最も適当なものを次の①～⑤のうちから一つ選び、番号で答えなさい。解答番号は39。

① 当初狩人からの追跡に恐れを覚えていた草浪は住民の数を頼

A丹波国《たにはの》に行きけり。何とかしけん。道をたがへ、いと(ア)さうざうしき山のなからにぞ入りたる。とかくして、※1岨《そは》づたひゆけば、岩のはざまに一本の松のいと※2そびやぎたるがある。ここにてしばし立ちとどまり、四方を見かへるところに、松の梢に物の音す。何にかあらんと目をとめてよく見れば、大いなる猿の枝のまにまにつたひゆくにぞありける。「B人ならばもの問はましものを」と、ひとりごつ折から、たちまち鉄砲の声こだまに響きて、草浪が立てる後ろの松の小枝《さえだ》をうちをりける。こは山賊《やまだち》などのわざにこそありけめと、そぞろ恐ろしくなりて立ち退《の》かんとししところに、C一人の狩人あへぎあへぎ走り来て、草浪を見て驚き、「おのれ梢の猿をこそうちとめまく思ひつれ。ここに人のおはしつることはゆめばかりも知らざりき。さばれことはなかりきや」と問ひけるにぞ、「D子細あらじ」と答へたる。この時、猿はいづこへか逃げ去りけん。見えずなりにき。狩人は(イ)そぞろに※3ものしことをうちわびつつ帰らんとす。草浪とどめて路のほどを問ひければ、いとまめやかに教へけり。草浪喜びを述べつつ、別るるときたはぶれに、

　狩人のねらひはそれて猿よりも［　X　］一つを拾ひつるかな

と詠みければ、狩人もうち笑ひて別れけり。さばれ草浪はかれまた鉄炮もて後ろよりわれをうつこともこそありなめなど疑ひ思へば、やすき心もあらで、足とくも走りゆくところに、又後ろに物音して人はせ来《く》。何にかと見かへれば、かの狩人なり。草浪さてはかなはじとひたすらに逃げければ、狩人は声あげてひたぶる(ウ)よばふを、耳にもかけず走りければ、やうやくにして人里ある方に出でたり。草浪うれしくある家に走り入りて、「E助けよ助けよ」と叫びければ、ありあふ人々みな出で来。狩人もつづきて入り来にけり。草浪身がまへしてにらまへをれば、狩人は息つぎあへず、「先に詠まれたる歌を紙に書きてたまはるべし。※4表装《へうさう》して床にかけおかまく思ひつれば、さてこそかくはよばひまゐらせたん［　Y　］」と言ひければ、Fさることとはつゆばかりも知らざりき。ただひたすら恐ろしくのみ思ひなして、※5あたら衣一つ汗に浸ししことよとて、はじめて心おちゐて、やがて短冊※6取うでて歌書きて取らせけり。人々をかしがりてみなうち笑ひてやまざりき。とある人の物語りし。

（八島定岡『猿著聞集』による）

※1　岨…山の急斜面。険しい場所。
※2　そびやぎたる…高くそびえている。
※3　ものし…不快なこと。
※4　表装…書画の保存と鑑賞のために布・紙などで縁どりや裏打ちなどをして掛軸・額に仕立てること。
※5　あたら…惜しいことに。
※6　取うでて…取り出して。

問1　波線部(ア)～(ウ)の語句の意味として最も適当なものを後の各語群①～⑤のうちからそれぞれ一つずつ選び、番号で答えなさい。解答番号は［28］～［30］。

(ア)　さうざうしき　［28］
①　複雑な　②　危険な　③　快適な
④　殺風景な　⑤　物騒な

(イ)　そぞろに　［29］
①　無性に　②　一斉に　③　非常に
④　困難に　⑤　急激に

(ウ)　よばふ　［30］
①　泣き叫ぶ　②　よろめく
③　呼び続ける　④　弱りきる
⑤　這いつくばる

問2　傍線部A「丹波国」について黒豆で有名な丹波篠山市が置かれている現在の都道府県として最も適当なものを次の①～⑤のうちから一つ選び、番号で答えなさい。解答番号は［31］。
①　栃木県　②　兵庫県　③　埼玉県
④　山形県　⑤　福岡県

問3　傍線部B「人ならばもの問はましものを」の解釈として最も適当なものを次の①～⑤のうちから一つ選び、番号で答えなさい。

⑤ 申し込みをしたのにメモリアル・ベンチに両親が座ることはないということ。

問6　空欄 X に入る言葉として最も適当なものを次の①～⑤のうちから一つ選び、番号で答えなさい。解答番号は 23 。

① はやく帰ってきて　② また次の春で
③ ありがとう　④ おやすみなさい
⑤ 待っているよ

問7　傍線部E「うん、」とあるが、このうなずきに込められた洋行の心情として最も適当なものを次の①～⑤のうちから一つ選び、番号で答えなさい。解答番号は 24 。

① 震災が起きてからずっと心の奥にしまっていた両親への思いを星野さんに聞いてもらい、やっと前に進むことができると安堵している。
② 近年は両親と疎遠になっていたのが、両親が残したメモリアル・ベンチに座ることで離れていた心の距離を縮めるきっかけができたと喜んでいる。
③ 両親の死を受け入れることができず逃げるようにしてここにやってきたが、星野さんから両親の話を聞きこのままではいけないと自分を奮い立たせている。
④ 産卵を終えた鮭を見て、必死に生きようとする姿に励まされもう一度自分の病気とも向きあってみようと勇気を出そうとしている。
⑤ メモリアル・ベンチに座り、両親の面影をたどることで気持ちを整理することができ冬を越えてやってくる春を待ちたいという穏やかな気持ちになっている。

問8　傍線部F「虹がいくつものかけらになった」とあるが、ここで用いられている表現として最も適当なものを次の①～⑤のうちから一つ選び、番号で答えなさい。解答番号は 25 。

① 直喩　② 隠喩　③ 掛詞
④ 擬人法　⑤ 対句

問9　次は、本文について話し合った三人の生徒の会話である。空欄 Ⅰ ・ Ⅱ に入るものを後の①～⑥のうちからそれぞれ一つずつ選び、番号で答えなさい。解答番号は 26 ～ 27 。 Ⅰ は 26 、 Ⅱ は 27 。

生徒A―洋行はなかなか両親が見つからないことに、どのように向き合ったら良いのか決めかねていたね。
生徒B―そんな時に届いたのが北海道M町からの手紙という訳だ。
生徒C―実際に両親が決めた場所に設置されたメモリアル・ベンチを見て洋行は、思い出と共に現実と向き合っているように感じたよ。
生徒B― Ⅰ
生徒C―確かに。両親のことを考えるときに、手術をした左胸を触る動作をするのも印象的だったね。
生徒A― Ⅱ

① 左胸に影ができて手術したのも「運命」であり、両親が見つからないのも「運命」だと考えているから自然と動作にでているのではないかな。
② 唯一の手がかりであるベンチを見に来たということはそれだけ両親が見つからないことに焦っているのだと思う。
③ 左胸の痛みの原因は両親が行方不明ということだから、そのこととなると自然と体が反応しているんだと思う。
④ ベンチに座って息を吐き出す瞬間は洋行の中にあった言葉にできない感情も一緒に出せたんじゃないかな。
⑤ ベンチから見える川を泳ぐ産卵を終えた鮭に両親の姿を重ね合わせてこらえきれない様子だった。
⑥ ベンチに座った瞬間、幼い頃に戻っていて両親の呼び方も「お父ちゃん」と「お母ちゃん」だったね。

三

次の文章を読んで、以下の問い（問1～11）に答えなさい。

和泉の国に堺の金井草浪、常に旅に行くことを好みけり。ある時、

④ 日がだんだん短くなってきた秋の夕暮れ
⑤ 冬の訪れを知らせるような雷雨

(イ) 遡上 17
① 群れで一気に泳ぐこと
② 敵から必死に逃げていること
③ 流れに身をまかせること
④ 流れをさかのぼること
⑤ 周囲を気にせず自由に泳ぐこと

(ウ) たゆたっている 18
① 行く手を阻まれて右往左往している様子
② 周囲を気にせずゆったりと泳いでいる様子
③ 子孫繁栄のために必死にもがいている様子
④ 負傷して尾びれを動かすのが億劫な様子
⑤ ゆらゆらと漂っている様子

問2 傍線部A「……」に込められた星野さんの心情として最も適当なものを次の①～⑤のうちから一つ選び、番号で答えなさい。解答番号は19。
① 洋行の発言があまりにも小さい声だったので聞き取れず、なんと返事をしたら良いか分からず困っている。
② 洋行の寂しげな様子と発言に、改めて自分が送った手紙が洋行やその家族を傷つけてしまったと反省している。
③ 洋行の「ちょっと後悔したんじゃないかなあ」という言葉に対して、その言葉の意図がつかめず不安に思っている。
④ 洋行の発言があまりにも軽々しい様子であったため、このベンチを設置するまでの努力を侮辱されたと思って憤慨している。
⑤ 洋行がわざと明るく振る舞っていることに気がつき、何もできない自分の無力さをひしひしと感じ言葉を詰まらせている。

問3 傍線部B「まぶたの裏がじわじわと熱くなってきた」とあるが、その理由として最も適当なものを次の①～⑤のうちから一つ選び、番号で答えなさい。解答番号は20。
① 自分の目でベンチを見て改めて両親がいないことを実感したから。
② メッセージプレートの余白部分から、両親らしさを感じることができたから。
③ 両親のこだわりが詰まったベンチを見ることができて満足していたから。
④ 想像以上のベンチのできばえに妻や娘を連れてこなかったことを後悔していたから。
⑤ メッセージプレートの刻印が両親との思い出を蘇らせたから。

問4 傍線部C「変わることのないふるさと」とは鮭にとってどのようなふるさとか。その説明として最も適当なものを次の①～⑤のうちから一つ選び、番号で答えなさい。解答番号は21。
① 周囲の様子などが変わっても秋になると帰るべき場所。
② 川の規模は変わっても安心して余生を送ることができる場所。
③ 数年の期間が空いても子育てに専念することができる場所。
④ 住んでいる人は変わっても昔のままの風景を維持している場所。
⑤ 自分が好きなときに気軽に帰ってくることができる場所。

問5 傍線部D「運命について思う」とあるが、ここでいう「運命」とはどのようなことを指しているか。その説明として最も適当なものを次の①～⑤のうちから一つ選び、番号で答えなさい。解答番号は22。
① 必死に探しているが両親の安否に関して手がかりもないということ。
② 星野さんから自分の知らない両親の話を聞くことができたということ。
③ 自分の気持ちは止まっていても季節は関係なく巡ってくるということ。
④ 手術をした左胸の痛みがなかなか消えずむしろ強くなってきているということ。

太陽に雲がかかって、水面の光のかけらが消えた。山のほうから風が吹きわたって、梢《こずえ》に残っていた桜の葉を何枚も散らした。
　洋行は大きく吸い込んだ息を止め、左胸に手をあてて、両親のベンチの真ん中に座った。
　洋行を真ん中に、両親が左右に立つ、そんな写真を子どもの頃に何枚も撮った。
　左胸に手をあてたまま背もたれに体を預け、胸に溜《た》まっていた息をゆっくりと吐き出すと、自然と頬がゆるんだ。遊歩道に人影はなかったが、芝生の広場で、着ぶくれした幼い子どもがお母さんと遊んでいるのが見えた。川を背にしたほうが、不思議と川のせせらぎがよく聞こえる。
　雲が切れた。また顔を覗かせた太陽を見上げ、まばゆさに目を細めて、まぶたを閉じた。
　左胸をそっと撫《な》でる。
　D運命について思う。
　悲しみはある。ないと言えば嘘《うそ》になる。けれど、悔しさや無念や恨みだけは抱くまい、と自分に言い聞かせる。ひとはそのために、運命のせいにするという知恵を授かったのかもしれない。
　冬が来て、また春がめぐって、桜が咲き、鮭の稚魚は海を目指して泳ぎだす。
　春の次は夏だ。夏には、おじいちゃんになる。
　秋には少し長い休みをとって、ふるさとに帰ろう。雑草が伸び放題になっているはずの我が家の土地の処分を、つまりは老いた自分とふるさととの関係を、ちゃんと考えなければならない。
　冬が来る。※5肋間神経痛《ろっかんしんけいつう》は寒いとしんどいらしい。もっとつらい痛みも覚悟している。
　運命だ、と目を開けずにつぶやいた。肋骨の下に痛みが走り、両手で胸を抱いた。体を横に向けて、ベンチの背に頬をこすりつけるようにして痛みを流した。メッセージプレートに頬が触れる。吹きさらしの冷たさが心地よかった。なにも刻んでいない余白のなめらかさは、残念ながら感じ取ることはできなかったけれど。
　痛みの波が去ってから体を起こし、まっすぐ座り直して、冬を越えたあとに待つ春を、また思う。次の春も、また次の春も、おだやかな暖かい日がつづくといい。
　そうだよね、と両親の顔を思い浮かべ、「親父」と「おふくろ」ではなく、子どもの頃のように両親を呼んだ。
　お父ちゃん。
　お母ちゃん。
　もう一言、感謝でもお別れでもない言葉を探して、声に出して言った。
「[X]」
　閉じたまぶたの隙間に温かいものがにじみ、虹の色に光った。
　目を開けた。Eうん、と一度だけうなずいた。
　太陽を見つめてまたたくと、F虹がいくつものかけらになった。

（重松　清『また次の春へ』による）

※1　英里子や奈々…洋行の妻と娘のこと。
※2　左胸の影…五月にレントゲン検査で発見され、検査の結果手術をすることになった。
※3　堰堤…貯水、砂防などの目的で、川の流れや土砂をせき止めるためのコンクリートでできた堤防。
※4　洟…鼻水。
※5　肋間神経痛…肋骨の下を走る神経に何らかの原因で痛みが生じること。

問1　波線部(ア)～(ウ)の本文中の意味として最も適当なものを後の各語群①～⑤のうちからそれぞれ一つずつ選び、番号で答えなさい。解答番号は[16]～[18]。

(ア)　小春日和　[16]
①　晩秋から初冬にかけての穏やかな晴天
②　梅雨が明けた頃のからっとした快晴
③　冬の寒さが和らいだ暖かな春の日差し

じりの泥のにおいと、そして濃密に立ちこめていた死の気配としか呼びようのない湿り気が、よみがえる。
それを振り払いたくて、わざと軽く笑って言った。
「おふくろ、もしも実物のベンチを見たら、ちょっと後悔したんじゃないかなあ」
「A……気に入ってもらえなかった、ってことですか?」
「いえ、そうじゃなくて、こんなにプレートに余白があるんだったら、遠慮せずになにかメッセージを書いてもらえばよかった、って」
星野さんも、やだ、と笑った。
「親父もおふくろも、そういうところでヘンに遠慮しちゃう性格なんですよ」
まいっちゃうよなあ、と首をかしげながら、ぽっかりと空いたプレートの余白を見ていたら、Bまぶたの裏がじわじわと熱くなってきた。
(ア)小春日和《こはるびより》の午後だった。こんなにおだやかな晴れの日は今年最後かもしれませんね、と車の中で星野さんが言っていた。山のほうは先週冠雪《かんせつ》したらしい。桜の葉もほとんど散り落ちて、もうじき長い冬が来る。
あ、と星野さんが声をあげる。「思いだしました、いま言われて」
ベンチを置く場所を決めるために、星野さんの案内で河畔の遊歩道を歩いていた両親は、この遊歩道をとても気に入って、「春になったら必ずまた来ます」と言った。
桜の咲く頃——という意味でもある。だが、両親は、もう一つの理由を星野さんに話していた。「この川、鮭が(イ)遡上《そじょう》するんです」
今年はもう遡上の季節は終わりかけているが、両親が訪れた去年の十月は、まさにシーズンのまっただ中だった。
「護岸工事をして水深が昔よりずっと浅くなっちゃったんですけど、それでも、がんばって上ってくるんです。体のほとんどが水面から出ても、浅瀬をビチャビチャ跳ねながら必死に上って、傷だらけになって※3堰堤《えんてい》をジャンプして越えていくんです」
両親もそれを見た。
ちょうどいまベンチが置いてある場所にたたずんで、星野さんが訝《いぶか》しく思うほど、じっと、しばらく身動きもせずに、ふるさとに帰ってきた鮭を見つめていた。
「春になると、今度は卵からかえった稚魚が川を下るんです。海に向かって泳いでいって、そのまま、もう何年も帰ってこないんですよね。今度ふるさとの川に帰ってくるときは、産卵して一生を終えるときで……」
星野さんは※4洟《はな》を啜《すす》り、大きく息をついてからつづけた。
「春になって、稚魚が海に向かう頃に、またここに来ます、っておっしゃってました。お父さんもお母さんも」
洋行は黙ってうなずいて、岸辺のぎりぎりまで歩いて川面《かわも》を覗き込んだ。
ふるさとの川にも鮭は上ってくる。時季になると、父親は近所のひとたちと一緒に、イクラ狙いの密漁を防ぐために河口を見回っていた。
今年の秋も、鮭は帰ってきただろう。変わり果ててしまったふるさとは、それでも、C変わることのないふるさとなのだろう。
「もう遡上はほとんど終わってますから、鮭はいないかもしれませんね」
そう言って、洋行の隣で川に目をやった星野さんは、「あ、ほら、あそこ」と少し上流のほうを指差した。「産卵を終えた鮭です」
全身が傷ついて白くなった鮭が、川底に沈んでいた。端のほうがちぎれた尾びれが、水の流れに(ウ)たゆたっている。陽射しを浴びせたせせらぎは、細かな光のかけらになった。その無数の光に包まれて、鮭は静かに眠る。
星野さんは「管理事務所にちょっと顔を出して来ます」と歩きだした。一人にしてくれた気づかいに感謝しながら、洋行は川底の鮭から目をそらすことなく、ただじっと見つめつづけた。

問9　傍線部G「ステレオタイプ」と同じような意味を表す語として最も適当なものを次の①～⑤のうちから一つ選び、番号で答えなさい。解答番号は14。

①　レッテル　②　エチケット　③　アプローチ
④　ストレス　⑤　コントラスト

問10　本文の内容として最も適当なものを次の①～⑤のうちから一つ選び、番号で答えなさい。解答番号は15。

①　人間は他の動物と違って物事を直観で判断し、行動するということは少ない。
②　慣習や習慣と呼ばれるものも物理学から見ると意味がない場合が多い。
③　学校教育で学んだ物理学は日常生活とかけ離れており実用性がない。
④　素朴理論も多くの場合後には科学的に正しいことが証明される。
⑤　大人でも日常生活においては論理的な思考や科学的な知識に基づかない推論を簡単に口に出してしまう。

二

東京で暮らす洋行《ひろゆき》のもとに北海道のM町から両親宛の手紙が転送された。洋行の両親は東日本大震災で津波にのみ込まれ行方不明になっている。本文は、洋行の知らぬ間に両親が申し込んでいた北海道M町にあるメモリアル・ベンチを見に行く場面である。これを読んで、以下の問い（問1～9）に答えなさい。

三月から五月頃にかけて、洋行は遺体安置所をめぐりつづけた。数えきれないほどの遺体を目の当たりにして、それが両親のなきがらではないことを確かめて、また次の遺体へ目を移す。

どの遺体も泥で黒く汚れていた。腕や脚が不自然に折れ曲がったり、ちぎれていたりする遺体も多かった。

こんなにもたくさんの遺体を目にしたのは、もちろん生まれて初めてだった。※1英里子や奈々は安置所へは決して行かせなかった。そのことだけは、たとえ他人からどう言われようとも、間違ってはいなかったぞ、と自分の判断を肯定したい。

最初の数日間は、両親に似た年格好の遺体が別人だとわかるたびに安堵《あんど》のため息をついていたが、やがて、早く見つけてやりたい、身内のもとに連れ帰ってやりたい、という思いのほうが強くなってきた。

悲しみを受け止める覚悟はできていた。だが、その覚悟は、どこにも落ち着き先を見つけられないまま、胸の奥に漂いつづけるしかなかった。

※2左胸の影はそこから生まれてしまったのではないかと、ときどき真剣に思う。

両親のメモリアル・ベンチは、桜並木がつづく河畔の遊歩道にあった。おとな三人でゆったり、少し詰めれば四人でも座れそうな、大ぶりのベンチだった。

背もたれの真ん中に取り付けられたステンレスのメッセージプレートは、名前以外に四十字までのメッセージを入れられるサイズだった。だが、申し込み用紙にあったとおり、両親はローマ字表記の二人の名前しか入れていない。おかげで余白の部分が大きすぎて、なんだかひどく間が抜けていた。

「親父とおふくろは、このベンチに座ったんですか？」

星野さんは申し訳なさそうに首を横に振った。メモリアル・ベンチは申し込みがあってから製作に取りかかる。十二月頃にできあがったものの、雪の積もる時季に入ってしまったので、設置は春まで延期された。

「設置工事をしたのは三月二十日です」

「じゃあ、もう……」

遺体安置所をめぐっていた頃だ。

停電で薄暗い体育館の床に何百もの遺体が並んだ光景と、海水交てマイナス極へ流れる。

③ ミニトマトの苗を四月頃に植えると、七、八月頃に収穫できる。

④ 初詣には元旦の朝八時に地元の神社へ家族と一緒に足を運んでいる。

⑤ ビルの屋上から五キログラムの鉄球と十キログラムの鉄球を落下させても落下速度は変わらない。

問6 傍線部Ｅ「幼児には、むしろ直線軌道になるという予測が少なからず見られる」とあるが、その理由として最も適当なものを次の①～⑤のうちから一つ選び、番号で答えなさい。解答番号は[10]。

① 日常経験から導き出される科学的な推論ができないから。

② 幼児の直観は物理学の本質に近いものがあるから。

③ 年齢を重ねた人のほうが中途半端な物理の知識に惑わされるから。

④ 日常経験から作り上げる間違った推論をしないから。

⑤ 幼児は現代教育に毒される以前の力学を身につけているから。

問7 傍線部Ｆ「図４」とあるが、図４は「曲がったホースの問題の正答率」を示した図で、「幼児期にはむしろ正答率が高く、年齢とともに誤答が多くなる。再び正答率が高くなるのは、物理学の教育の効果と考えられる。（ ）内は被験者の人数。」との説明が付されている。次の①～⑤の図のうちから図４として最も適当なものを一つ選び、番号で答えなさい。解答番号は[11]。

①

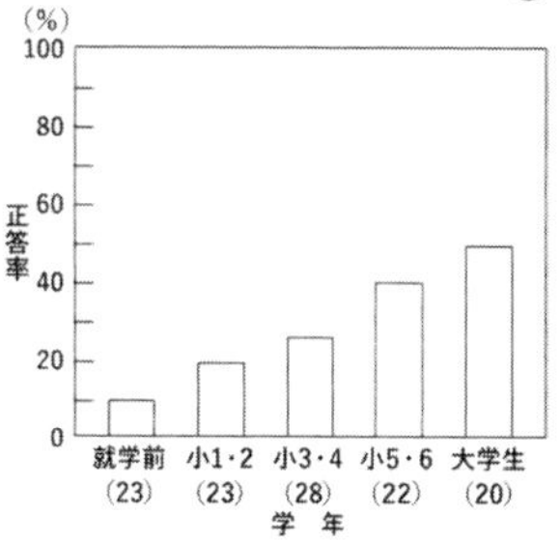

③

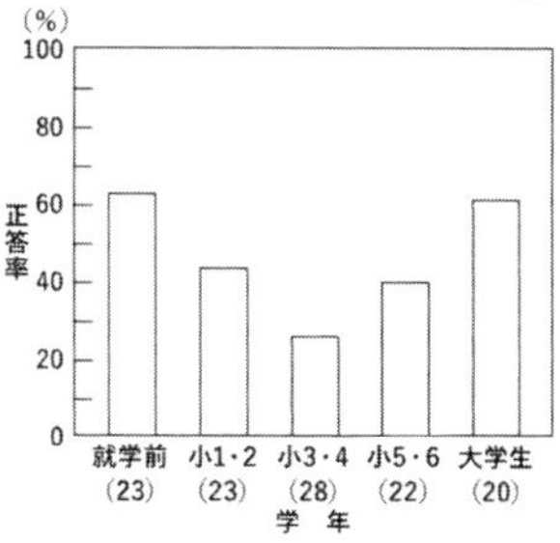

⑤

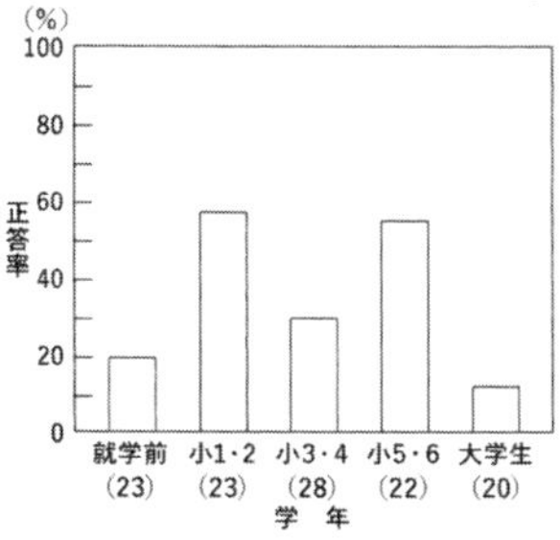

②

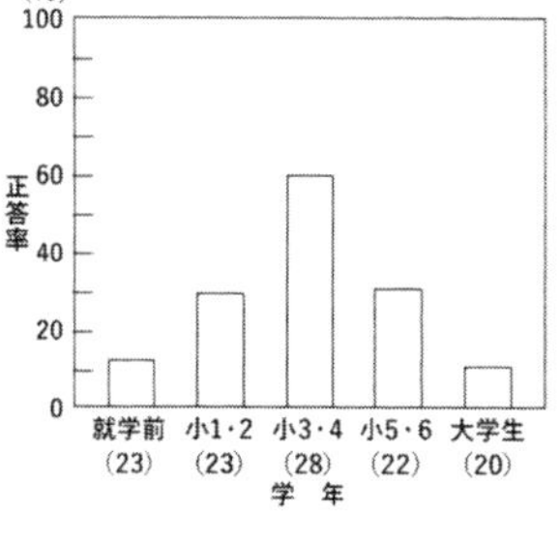

④

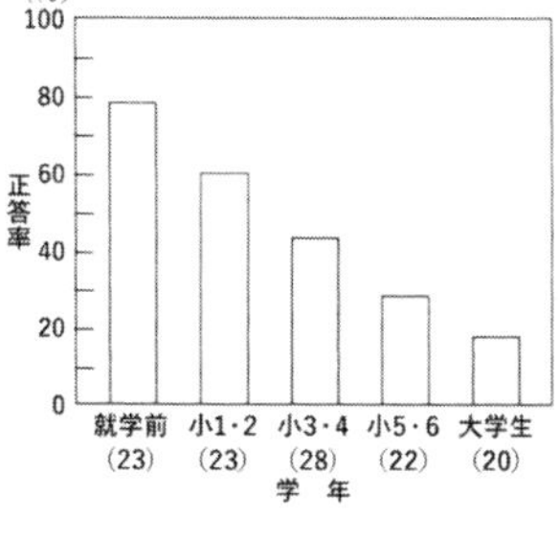

問8 空欄[X]、[Y]に入る語として適当なものを次の①～⑤のうちからそれぞれ一つずつ選び、番号で答えなさい。なお、同じ番号を二度選んでも良い。解答番号は[12]～[13]。[X]は[12]、[Y]は[13]。

① それから　② たとえば　③ もしくは

④ なぜなら　⑤ しかし

※2　スキーマ…一般化された知識。人間の認知過程を説明する際に用いられる概念の一つ。

問1　傍線部(ア)～(オ)のカタカナに相当する漢字として最も適当なものを、後の各語群①～⑤のうちからそれぞれ一つずつ選び、番号で答えなさい。解答番号は[1]～[5]。

(ア)　キユウ　[1]
①記　②期　③機　④既　⑤杞

(イ)　サイハイ　[2]
①采　②祭　③際　④最　⑤採

(ウ)　コショウ　[3]
①故　②顧　③呼　④固　⑤鼓

(エ)　ギンミ　[4]
①未　②身　③味　④実　⑤見

(オ)　ジショウ　[5]
①象　②生　③照　④証　⑤称

問2　傍線部A「トップダウン的に理解する」とあるが、「トップダウン」と対になる概念に「ボトムアップ」がある。「ボトムアップ的に理解する」とはどうすることか。最も適当なものを次の①～⑤のうちから一つ選び、番号で答えなさい。解答番号は[6]。

①　人は愚かだという前提に立って物事を慎重に理解すること。
②　構成する要素の一つ一つを分析して、分析された特徴から理解すること。
③　事前に人間が持っている知識や経験などから全体像をイメージした上で理解すること。
④　自分の意見は持たず、雰囲気を察知して物事を理解すること。
⑤　一つ一つ努力を積み重ねていった結果、自分の能力を理解すること。

問3　傍線部B「図1」とあるが、その後のスキーマ(a)、(b)、(c)、それぞれにあてはまる図㋐、㋑、㋒の組み合わせとして最も適当なものを次の①～④のうちから一つ選び、番号で答えなさい。解答番号は[7]。

①　(a)㋐　(b)㋑　(c)㋒
②　(a)㋑　(b)㋐　(c)㋒
③　(a)㋒　(b)㋐　(c)㋑
④　(a)㋐　(b)㋒　(c)㋑

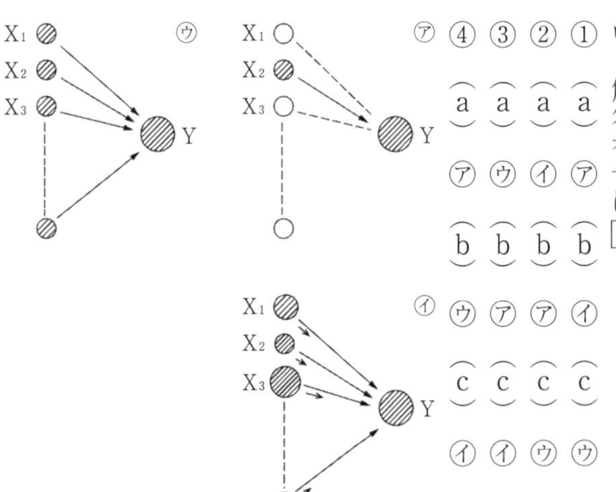

図1　さまざまなタイプの因果スキーマ

問4　傍線部C「多要因十分条件スキーマ」にあてはまる例として最も適当なものを次の①～⑤のうちから一つ選び、番号で答えなさい。解答番号は[8]。

①　てるてる坊主をつるした翌日は晴天だった。
②　空港を飛び立った旅客機が十五分後、離陸した空港へ引き返した。
③　自国開催のオリンピックで過去最多のメダルを目指す。
④　一億円獲得を狙って一万円分宝くじを購入する。
⑤　ケガで休んでいた選手が復帰後、移籍したチームで活躍した。

問5　傍線部D「素朴理論」にあてはまる例として最も適当なものを次の①～⑤のうちから一つ選び、番号で答えなさい。解答番号は[9]。

①　太陽は毎日、地球上空を東から西へ猛烈な速度で移動する。
②　電球と電池を導線で結ぶと電流はプラス極から電球を経由し

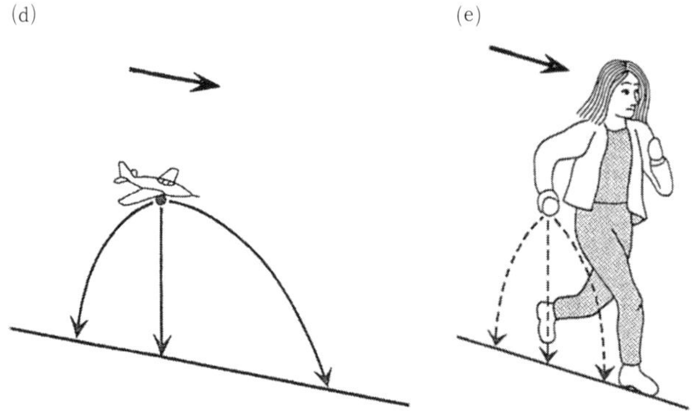

図２　物体が垂直に落ちるという信念
(d)は動いている飛行機から落とした爆弾，(e)は走っている人が落としたボール。地上で静止している人から見ると軌跡は放物線になるはずだが，垂直に落ちるという解答が非常に多い。なかには，うしろに落ちるという被験者もいる。

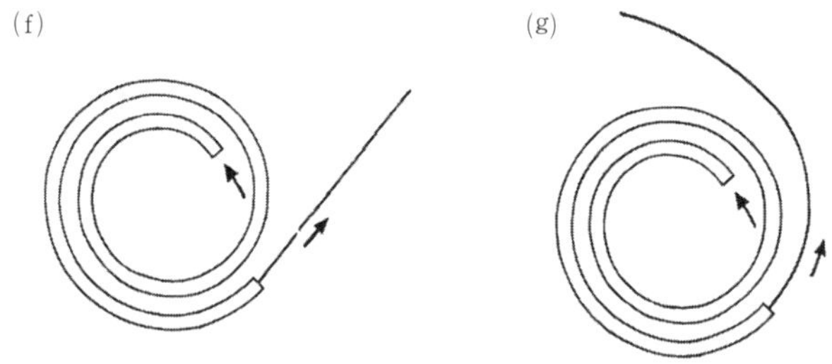

図３　曲がったホースから飛び出すボールの軌跡は？

ろ直線軌道になるという予測が少なからず見られることである。ところが、年長児になるにつれ、曲線軌道を予測することが圧倒的に多くなり、正答率が下がっていくのである（F図4）。これはもちろん、そのような場面を観察したから生じたわけではない。観察すれば正答するはずなのである。むしろ、他の経験から抽出した何らかのルールを過度に一般化してしまうために生じるものと見ることができる。素朴物理学は、ニュートン力学以前の力学、すなわちアリストテレスの力学や、中世の力学に近い性質をもっているといわれている。［X］運動している物体は、その運動（直線運動とか円運動）を続けさせるような「運動力（impetus）」を中に蓄えており、外からの力が加わらなくなると運動力を放出してしだいに静止すると考えていたりする。

　素朴理論は、一定の範囲でそれなりにいろいろなジ(オ)ショウを理解できる説明となっており、子どもが世界を構造的に認識するようになった現われともいえる。［Y］学校教育などを通じて科学的な知識体系を学んだ後も、根強く残るやっかいなしろものでもある。実際、大人でも直観的な判断を求められたときには、むしろ素朴理論に基づいた推論をしてしまうことが少なくない。科学的な知識のほうがすっかり忘れ去られ、素朴理論だけが信念として残ってしまうことは、大学生に中学理科程度の問題を出してみるとすぐわかる。また、社会心理学でよく話題になるのは、Gステレオタイプと呼ばれる人間の特性に関する類型的な素朴信念である。「イタリア人は陽気だ」とか「やせた人は神経質だ」とかいうように、おうおうにして過度の一般化を含んでいる。こうした信念が、未来のできごとの予測に使われるだけでなく、因果の推論に使われることは想像にかたくない。陽気にふるまっている人を見たときに、「ああ、彼はイタリア人だから」と原因帰属して、納得してしまうことになるのである。

（市川伸一『考えることの科学』による）

※１　ケリー…ハロルド・ケリー（一九二二〜）。アメリカの社会心理学者。

二〇二三年度　狭山ヶ丘高等学校（推薦第三回・推薦第二回）

※推薦第二回の問題です。

【国　語】〈五〇分〉〈満点：一〇〇点〉

一　次の文章を読んで、以下の問い（問1～10）に答えなさい。

さて、何度も観察できないような状況では、人間は安易に原因を推測せずに保留するだろうか。どうも日常生活を見ていると、そんなことはなさそうだ。たった一度の経験からでも、私たちは因果的な説明をつくりあげて現象を解釈してしまうことがよくある。つまり(ア)キユウ知識に基づいて、いったいこの状況はどういう状況かを判断し、Aトップダウン的に理解するというやり方をとる。

こうしたときに使われる因果に関する一般的な知識として、※1ケリーが提唱したのが因果※2スキーマ（causal schema）である。因果スキーマにはいくつかのタイプがある。もっとも単純なのは、「ある原因Xが生じたとき（そしてそのときのみ）、結果Yが生じる」というものだ。このときは、Yの原因をXに帰属させるしかない。しかし、B図1のように、もっと複雑な因果関係のありかたについても、私たちは知っている。たとえば「複数の要因X_1、X_2、……のすべてが満足されれば、ある結果Yが生じる」というような「多要因必要条件スキーマ」と名づけられたものを考えてみよう（ａ）。このスキーマがあてはまる例としては、非常に困難な達成課題を成し遂げるような場合がある。選手の才能や努力、監督の(イ)サイハイ、練習の環境など、さまざまな条件がそろわないと、全国高校野球で優勝はできないと考えられる。すると「母校が甲子園で優勝した」ということを聞いたときに、このスキーマが喚起されるならば、こうしたすべての条件が満たされていたのだろうと推測される。

「複数の要因X_1、X_2、…のうち、少なくともどれか一つが起きれば、ある結果Yが生じる」というようなものもあり、これは「C多要因十分条件スキーマ」という（ｂ）。結果Yが生じたときに、このスキーマが喚起されれば、どれかの要因が生じたということが推測される。さらに「複数の要因のそれぞれが効果を及ぼすが、確率的な変動を含んで結果が生じる」というようなスキーマもある（ｃ）。入学試験に合格するなどというのは、これに属するといえそうだ。受験生の能力や努力、志望校の難易度というような要因もあるが、体調や出題といった不確定な要素も作用している。こうした場合には、何に帰属するかの個人差は大きいに違いない。（中略）

ところで、推論に使われるのは、右に述べたような一般的で抽象的な因果に関するスキーマだけではない。もっと領域固有的な知識や、（場合によっては誤った）信念もあるだろう。車のエンジンは温度が低いとかかりにくくなることを知っていれば、スキー場でかからなくなったときに、エンジンにお湯をかけるなどしてすぐに対処できる。エンジンがかからないという事態に、右に述べた「多要因十分条件スキーマ」をあてはめれば、エンジンの(ウ)コショウとか、バッテリーがあがったとか、いろいろの候補が考えられる。しかし、直接的な経験的知識がある場合には、いちいち因果スキーマが喚起して考えられる要因を(エ)ギンミしていくという推論方法はとりそうにない。

私たちが日常経験からつくりあげた素朴な信念は、D素朴理論（naive theory）という体系をなしていることがある。物理を例にとれば、力と運動、熱、電流などについて人々が根強くもっている素朴理論があり、総称して素朴物理学（naive physics）と呼ばれる。たとえば、走っている人や飛んでいる飛行機から落とした物体が、図2のように地上で静止している人から眺めたときにも垂直に落ちると考えたり、図3(f)のように曲がったホースから飛び出た物体の軌跡が、実際は直線になるにもかかわらず、(g)のような渦巻き状になると考えてしまったりする。

この曲がったホースの問題でおもしろいのは、E幼児には、むし

2023年度／狭山ヶ丘高等学校(推薦第３回)

英語解答

1 A No.1 4 No.2 1 No.3 3
B No.1 4 No.2 4 No.3 1
C No.1 2 No.2 2 No.3 3

2 問１ 1 問２ 2 問３ 4
問４ 2 問５ 3 問６ 4
問７ 4 問８ 2 問９ 1
問10 3

3 問１ 1 問２ 2 問３ 3
問４ 4 問５ 3，4

4 1 ① 2 ② 3 ④ 4 ④

5 1 ３番目…⑥ ６番目…①
2 ３番目…③ ６番目…②
3 ３番目…⑧ ６番目…⑦
4 ３番目…⑥ ６番目…⑦

6 1 ③ 2 ③ 3 ④ 4 ③

7 1 ② 2 ④ 3 ①

8 1 ③ 2 ④ 3 ④

1〔放送問題〕解説省略

2〔長文読解総合―説明文〕

≪全訳≫❶科学技術は私たちの周りの至るところにある。私たちはいつもそれを使っている。私たちはそれを朝起きたときから寝るときまで使っている。科学技術はベッドの横の時計の中にある。それは机の上にあるコンピューターの中にある。おもちゃやテレビの中にある。台所や浴室の中にある。私たちは音楽を聴くために科学技術を使っている。私たちはスマートフォンで友人と話すために科学技術を使っている。科学技術はこうした全てのものの一部である。私たちは眠っているときでさえ科学技術を使っている。どれくらいいびきをかいているのかを私たちに知らせてくれる機械もあるのだ。周りを見回してみるといい。たくさんの科学技術がある。❷科学技術は身の回りのものの中だけではない。人々は科学技術を身につけることもできる。ライトのついた靴を履いている子どもがいる。運動用のブレスレットをつけている人がいる。暖かくなるシャツや涼しくなるシャツを着ている人がいる。店の中を見てみてほしい。あらゆる種類の着用可能な科学技術が見つかる。ブレスレットや腕時計，指輪，その他のアクセサリーの中に科学技術がある。手袋や靴下，帽子の中に科学技術がある。あなたはどんな科学技術を身につけているだろうか。こうした全てのものはどこから生まれたのだろうか。それは，着用可能な科学技術のクリエイターたちの想像力から生まれたのだ。しかし，こういった人たちは，他の人たちとそんなに違わない。あなたはコンピューターが好きだろうか。数学は好きだろうか。科学は好きだろうか。もしそうなら，あなたは，今，店で見つかる着用可能な科学技術をつくった人たちと全く同じかもしれない。スマートウォッチと呼ばれる一種の着用可能な科学技術について聞いたことがあるだろうか。この腕時計は，単に時刻を伝えるだけではない。ゲームが入っている。音楽を再生できる。電話にもなる。このような着用可能な科学技術を使ったものはとても便利だ。最初のスマートウォッチは大人用だったが，今では子ども用のスマートウォッチもある。着用可能な科学技術をつくるには，科学やコンピューターについて単に知っている以上のことが必要だ。着用可能な科学技術のクリエイターたちは，人々がしていることと人々が身につけているものを結びつける新しいアイデアを思いつく必要がある。あなたは創造的だろうか。ファッションは好きだろうか。着用可能な科学技術のクリエイターたちは，科学技術と服を組み合わせるあらゆる種類の方法を見つけている。特別なボタンがついたシャツを持っていると想像してみてほしい。ボタンを押すと，シャツが違う色に変化する。着用可能な科学技術のクリエイターたちは，身につけるのが楽しいものもつくっている。チョウの羽と全く同じように動くおもちゃの羽を想像してほしい。その羽を使って飛ぶことはできないが，その羽は美しく，身につけるのが楽しい。❸科学技術は常に変化している。それは常に良くなっている。やがて，歩いているときに，靴が私たちのために電気をつくるかもしれない。私たちは歩行のエネルギーを，携帯電話や腕時計の電力に変えられる。将来，私たちはますます多くの着用可能な科学技術を手にして，それは私たちの生活の多くの異なる領域で役立つだろう。❹着用可能な科学技術は，ビジネス関係者やコンピューター関係者のためだけのものではない。一日中身につけたり，簡単に運んだりできる科学技術は，医者や患者にも役立つだろう。こうした科学技術は，運動選手や兵士にも役立つだろう。着用可能な科学技術は，医者が人々の世話をするのに役立つだろう。医者は，患者のどこが悪いのかを見つけるために，たくさんの大きな機械を必要としなくなるだろう。例えば，医者は患者の健康状態を教えてくれる特別な眼鏡を利用できるようになるだろう。この眼鏡は，X線の撮影や心拍数の確認などができる。これにより，医者の診察が患者にとってより楽になる。さらに多くの検査を医者は自分の診療室で行うことができる。医者も患者も，この種の検査のために大病院へ行く必要がなくなるだろう。さらに，着用可能な科学技術は，他の点でも患者の役に立つだろう。患者は見やすく，聞きやすく，動きやすくするのに役立つ，着用可能な科学技術を手にするだろう。着用可能な科学技術は，患者に健康問題があれば，患者を生活しやすくするのに役立つだろう。それは患者が年をとったとき，生活しやすくするのに役立つだろう。運動選手は着用可能な科学技術によって，より高く跳び，より速く走れるだろう。着用可能な科学技術は，運動選手が運動しているときの体の動く様子を記録してくれる。これは，運動選手がさらに良い練習をするのに役立つだろう。いつか近いうちに，兵士は着用可能な羽を使って空を飛べるかもしれない。暗闇や森や雪の中で兵士を見えにくくするために変化する服を着ているかもしれない。兵士が身につけたり携帯したりする特別なものにおける科学技術は，兵器から兵士を守るのに役立つ可能性がある。働く人たちは，あらゆる種類の着用可能な科学技術を手にするだろう。まもなく，人々が働くオフィスは大きく変わって見えるだろう。鍵や電話，コンピューターといったものはアンティークになるだろう。これら全てのものがしている仕事は，人々がオフィスに身につけていくものによってなされるだろう。人々は爪の中に科学技術を持つようになるだろう。私たちは道を教えてくれるコンタクトレンズを着用するだろう。私たちはイヤリングやシャツのボタンの中にコンピューターを持つようになるだろう。もし私たちが考えることができれば，それはつくれる。必要なのは，想像力と，現在の科学技術への十分な理解だけだ。着用可能な科学技術は未来である。そして，着用可能な科学技術のクリエイターたちが未来をつくる。なんとおもしろい仕事だろうか。

問１＜要旨把握＞第１段落参照。終わりから４文目に，We even use technology when we sleep. とある。

問２＜要旨把握＞第２段落参照。２は第５文の内容に一致する。　heat up「熱くなる，暖まる」　cool down「冷める，涼しくなる」

問３＜文型＞下線部③は these people＝主語（S），are not＝動詞（V），so different＝補語（C），from other people＝修飾語の第２文型。これと同じ文型は４（That dish＝S，tastes＝V，sweet＝C）。　１．Yuki's uncle＝S，gave＝V，her＝間接目的語（O1），a new toy＝直接目的語（O2），yesterday＝修飾語の第４文型。　２．The little girl＝S，kept＝V，her eyes＝目的語（O），closed＝Cの第５文型。　３．Kota＝S，will buy＝V，a new bike＝O，this afternoon＝修飾語の第３文型。　５．Some people＝S，are talking＝V，in the cafe＝修飾語の第１文型。

問４＜要旨把握＞下線部④直後の６文参照。２は下線部④の６文後の内容に一致する。　adult「大人」　kid「子ども」（＝child）

問５＜適語選択＞前後の内容から，クリエイターがつくるものには身につけて楽しいものもあるということが読み取れる。２文後にも fun to wear という同様の表現がある。

問６＜要旨把握＞第３段落参照。最終文で書かれているのは「多くの部分」であり，「あらゆる部分」ではない。

問７＜要旨把握＞第４段落前半参照。心拍数については第６，７文に記述があり，「指先で」ではなく，特殊な「眼鏡で」測れるようになるとある。

問８＜要旨把握＞第４段落後半参照。２は段落中ほどのTheir wearable technology will keep track of ... で始まる文の内容に一致する。

問９＜適語句選択＞本文はwearable technology「着用可能な科学技術」の可能性を伝える内容であり，それを生み出す仕事はとても「興味深い」と言える。

問10＜内容真偽＞１・２・４…×　そのような記述はない。　３…○　第４段落終わりから13文目に一致する。　protect「～を守る」　weapon「兵器，武器」

３〔長文読解総合―物語〕

≪全訳≫❶私はとても臆病な若者だった。他の若者と話すのは好きではなかった。私は怖がっていた。「彼らは私を笑うだろう」と私は思っていた。❷女性たちはもっとひどかった。私は女性に一度も話しかけたことがなかった。私はいつも女性を怖がっていた。❸今は臆病な人たちを助けようとしている。私は当時を思い出すので，決して彼らを笑ったりしない。私は当時，とても惨めだった。❹当時，祖国と外国の間で戦争があった。私は兵士にならねばならなかった。私が，である。私はいつも怖がっていたが，兵士にならねばならなかった。そして，それはとても危険だった。❺私は怖がっていた。他の兵士たちはそのことについて話さなかったが，彼らは知っていた。「彼らは私を笑っている」と私は思った。「彼らは怖がっていない」　私は間違っていたのだが，それは知らなかった。私はとても恥ずかしく思っていた。❻ある日，私は町にいた。２日間の休暇をもらい，他の兵士たちとは離れていた。私は友達と一緒ではなかった。友達は１人もいなかった。私はとても惨めだった。私はいくつかの店をゆっくりと通り過ぎた。❼お年寄りが道のそばに立っていた。道路を通る車は多くなかった。「なぜ彼は道路を歩いて渡らないのだろう？　彼は怖がっているのだろうか？」と私は思った。❽私は彼の近くに行って，そして，彼の目を見た。「ああ」と私は思った「これでわかった。彼は目が見えないのだ！　道を渡りたいけど，助けなしでは行けないのだ」❾他の人たちは，彼のそばを足早に通り過ぎていった。彼らは職場や自宅に行かなければならなかった。彼らは彼を助けなかった。時間がなかったのだ。❿しかし，私には時間があった，しかもたくさん。「私は何もしていない」と私は思った。「どうして彼を助けられないことがあるだろうか？　私は彼を怖がりはしないだろう」⓫私はそのお年寄りの腕を取り，彼が道路を渡るのを手伝った。⓬「ありがとう！」と彼は言った。彼は手で私のコートを触った。「これは兵士のコートだ」，と彼は言った。「君は兵士なのか？」⓭「はい」⓮ひょっとしたら，私は悲しい声でそう言ったのかもしれない。お年寄りは手を上着の中に入れた。そして，何かを取り出して，それを私にくれた。⓯「これを持っていきなさい。これは君を助けるだろう。これを身につければ，君は大丈夫だよ。君に何も悪いことは起きないさ」と彼は言った。⓰彼は立ち去り，私は手の中にあるものを見た。それは小さなお守りで，かわいいが変な形だった。⓱「これは女の子が使うようなものだ」と私は思って，それをコートの中に入れた。⓲次の日，私たちは戦争に向かった。私は怖かった――とても怖かったが，コートの中のお守りを思い出した。「ひょっとしたら，このお守りが私を助けてくれるかもしれない」と私は思ったので，そのお守りを持っていった。⓳突然，私は怖くなくなった。なぜだろう。私にはわからなかった。お守りのおかげだったのか。⓴その日はひどい１日だった。兵士たちが私の周りで死んでいった。「ひょっとしたら，次は私が死ぬかもしれない」と私は思った。しかし，私は怖くなかったのだ。㉑私たちのリーダーは勇敢な男だった。彼は私たちの先頭に立ち，私たちは彼についていった。突然，彼は倒れた。彼は地面に倒れ，動かなくなった。他の兵士たちは立ち止まった。彼らは怖がっていた。㉒「ひょっとしたら，リーダーは死んでいないかもしれない。行って見てみよう」と私は思った。㉓私は彼のところへ行った。戦闘は悪化していたが，私は怖くなかった。「私はお守りを持っている」と私は思った。「私は大丈夫だ」㉔私はリーダーをもっとましな場所に連れ戻し，そして彼を見た。彼は真っ白で，具合が悪かったが，死んでいなかった。彼は目を開き，私にほほ笑みかけた。㉕彼は話した。簡単にではなかったが，私は彼の言葉が聞こえた。「先頭に立て！」と彼は言った。「兵士たちはお前についていく」　兵士たちは私についてきて，私たちはその日，善戦した。㉖その後，私は快調だった。後に，私はリーダーにもなった。兵士たちは喜び，私についてきた。そのとき，みんなは私を笑わなかった。㉗「でも，これでいいのだろうか？」と私は思った。「私はあまり勇敢ではない。お守りのおかげにすぎない」㉘私はみんなにお守りのことは言わなかった。私は初めて友達ができて，喜んだ。㉙ある日，私たちは重要な橋を占拠しなければならなかった。その橋には大勢の兵士がいて，彼らは大きな銃を持っていた。土地は開けていて，木は一本もなかった。とても危険で，私の兵士たちは怖がっていた。㉚「俺たちは死ぬんだ」と彼らは言った。㉛私は彼らに言った。「聞くんだ。私が先に行くから，とても速く橋まで走るんだ。怖がるな。向こうだって私たち全員は殺せない。私についてくれば，あの橋を取れる」㉜私は手をコートの中に入れた。しかし，お守りはそこにはなかった。㉝「私はどうしたらいいのだろう？」と私は思った。「お守りがないと勇敢になれない」㉞私は兵士たちの顔を見た。彼らはもう怖がっていなかった。㉟私はこう思った。「私の言葉が彼らを助けている。彼らは今，怖がっていない。彼らは私を待っている。彼らはどこでも私についてくる。私は彼らのリーダーだから，怖がることはできない」㊱私は叫んだ。「行くぞ！」㊲私たちは走った。私たちは橋にたどり着いた。兵士数名を失ったが，橋に着いた！　そして，橋を取ったのだ！㊳私はあの日を決して忘れないだろう。そのとき，私は勇者についてあることを学んだ。勇者も怖がっている。しかし，それは勇者を止めはしないのだ。

問１＜要旨把握＞第１，２段落参照。１は第１段落第２文の内容に一致する。

問２＜適語選択＞お年寄りが道路を歩いて渡らない理由となるものを選ぶ。　afraid「怖がる」　confident「自信がある」

問３＜要旨把握＞第18，19段落より，心配ごとが薄れたこと，第26段落以降より，リーダーシップを発揮したことがわかる。

問４＜適語選択＞戦争中の，重要な橋を取りに行く場面である。　quickly「速く」(≒ fast)⇔ slowly「ゆっくりと」

問５＜内容真偽＞１…×　第４段落参照。断ってはいない。　２…×　第８段落参照。「耳が聞こえなかった」のではなく「目が見えなかった」。　３…○　第７～11段落に一致する。　４…○　第21～24段落に一致する。　５…×　第26段落参照。勇敢な行動をとった男がリーダーになったことに兵士たちは喜び，彼についてきた。

4〔適語選択〕

１．‘It is ～ for … to —’「…が〔…にとって〕—することは～だ」の構文。本問では過去形の疑問文になっている。　「テッドにとってギターを弾くのは難しかったですか」

２．付加疑問文(「～ですよね」と念を押したり，確認を求めたりする言い方)では，前半が肯定文のとき，‘(助)動詞の否定形＋主語を受ける代名詞＋?’を文末につける。This を受ける代名詞は it。「これはあなたの鉛筆ですよね」

３．「あそこで英語を話している小さな男の子」という意味になればよいので，現在分詞(～ing)を選ぶ。The little boy speaking English over there は‘名詞＋分詞＋その他の語句’の形(現在分詞の形容詞的用法)。　「あそこで英語を話している小さな男の子は，私の兄〔弟〕ではない」

4．‘send＋物＋to＋人’「〈物〉を〈人〉に送る」　send－sent－sent　「彼は昨日，手紙をお母さんに送りましたか」

5〔整序結合〕

1．語群に its(it の所有格)があるので，a bird「1羽の鳥」と its name「その名前」というまとまりができる。また bought があるので，これを述語動詞として使うと My uncle bought a bird とまとまる。残りは its name is とまとめて文末の形容詞 cute「かわいい」につなげ，この2つの文を and でつなぐ。　My uncle bought a bird and its name is cute.「私のおじが1羽の鳥を買い，その名前がかわいい」

2．‘What (a/an)＋形容詞＋名詞＋主語＋動詞…!’の形の感嘆文をつくればよい。 What a beautiful watch your mother has!「なんと美しい腕時計をあなたのお母さんは持っているのでしょう」

3．ていねいな‘依頼’を表す Would you ～?「～してもらえますか」の文をつくる。Would you の後は‘tell＋人＋物事’「〈人〉に〈物事〉を教える」の形を続ける。‘物事’の部分を what was taken to the house という疑問詞が主語の間接疑問にする。これは‘take *A* to *B*’「*A* を *B* に持っていく」の受け身形で，‘*A*’が疑問詞 what になっている形である。　Would you tell me what was taken to the house?「何が家に持っていかれたかを私に教えてもらえますか」

4．‘not so〔as〕～ as …’「…ほど～ではない」の形をつくる。主語と動詞を The men were として，The men were not so tall as とまとめ，最後に I thought を置く。　The men were not so tall as I thought.「その男たちは，私が思っていたほど背が高くなかった」

6〔誤文訂正〕

1．後半の the doll that she was looking for は，「彼女が探していた人形」という意味で正しい(この that は目的格の関係代名詞)。have found の目的語は the doll という名詞になるので，その前の that は不要である。　「彼女が探していた人形を私たちが見つけたと私は確信している」

2．‘give＋物＋to＋人’で「〈物〉を〈人〉に与える」となるので，for ではなく to が正しい。この形で前置詞に to を用いる動詞はほかに send，show，lend，tell などがある。一方，前置詞に for を用いる動詞には make，find，cook などがある。　「私は彼女にそのすてきなドレスをあげたい」

3．in front of ～で「～の正面で」という意味なので，on ではなく in が正しい。　「私は目の前で寝ている大きなライオンに驚いた」

4．water「水」は‘数えられない名詞’なので複数形にはならない。waters ではなく water が正しい。‘数えられない名詞’は単数扱いなので，②の was は正しい。　「その青いグラスの中にたくさんの水が入っていると私は思っていた」

7〔単語のアクセント〕

1．① wéap-on　② main-táin　③ bréak-fast　④ én-gine

2．① stóm-ach　② áb-sent　③ cláss-mate　④ pol-lúte

3．① e-lév-enth　② yés-ter-day　③ éx-er-cise　④ phó-to-graph

8〔単語の発音〕

1．① gray[ei]　② laid[ei]　③ let[e]　④ ate[ei]

2．① cook[u]　② woman[u]　③ pull[u]　④ shoulder[ou]

3．① swum[s]　② beside[s]　③ rice[s]　④ plays[z]

2023年度／狭山ヶ丘高等学校（推薦第3回）

数学解答

1 (1) 1…3　2…8　(2) 2
(3) 4…7　5…2　6…2
(4) 7…4　8…3
(5) 9…3　10…6
(6) 11…1　12…5
(7) 13…1　14…2　15…3
(8) 16…3　17…2　18…2　19…2

2 (1) 20…2　21…2　22…0　23…2
(2) 24…2　25…5　26…5
(3) 27…3　28…3　29…6　30…9
31…9
(4) 32…0　33…8　34…6　35…1

3 (1) 36…2　37…4　38…⓪
(2) 39…1　40…2
(3) 41…②　42…8

4 (1) 43…6　44…2　45…4
(2) 46…2　47…3
(3) 48…3　49…2　50…3　51…3
52…4　53…3　54…4
(4) 55…2　56…4　57…3

5 (1) 3
(2) 59…2　60…3　61…5　62…9
63…2　64…3
(3) 65…2　66…5

1〔独立小問集合題〕

(1)＜数の計算＞与式 $=-\frac{1}{8}-(-1\div 2)^2=-\frac{1}{8}-\left(-\frac{1}{2}\right)^2=-\frac{1}{8}-\frac{1}{4}=-\frac{1}{8}-\frac{2}{8}=-\frac{3}{8}$

(2)＜数の計算＞与式 $=\sqrt{20^2}-\sqrt{4^2\times 5}-2\sqrt{5}\times 2\sqrt{5}-2\sqrt{5}\times(-1)=20-4\sqrt{5}-20+2\sqrt{5}=-2\sqrt{5}$

(3)＜式の計算＞与式 $=\frac{1}{4}x-\frac{1}{2}-\frac{3x-2}{5}=\frac{5x-10-4(3x-2)}{20}=\frac{5x-10-12x+8}{20}=\frac{-7x-2}{20}=-\frac{7x+2}{20}$

(4)＜式の計算―因数分解＞与式 $=3x^2-3x-36=3(x^2-x-12)=3(x-4)(x+3)$

(5)＜二次方程式＞解の公式より，$x=\frac{-(-6)\pm\sqrt{(-6)^2-4\times 1\times 3}}{2\times 1}=\frac{6\pm\sqrt{24}}{2}=\frac{6\pm 2\sqrt{6}}{2}=3\pm\sqrt{6}$

(6)＜連立方程式＞$8x+7y=1$ ……①，$7x+8y=1$ ……②とする。①×8より，$64x+56y=8$ ……①′ ②×7より，$49x+56y=7$ ……②′ ①′－②′より，$64x-49x=8-7$，$15x=1$　$\therefore x=\frac{1}{15}$　これを①に代入して，$\frac{8}{15}+7y=1$，$7y=\frac{7}{15}$　$\therefore y=\frac{1}{15}$

(7)＜平面図形―長さ＞$(\sqrt{2}+1):1=a:(\sqrt{2}-1)$ とすると，$1\times a=(\sqrt{2}+1)(\sqrt{2}-1)$ より，$a=(\sqrt{2})^2-1^2=2-1=1$ となる。よって，$(\sqrt{2}+1):1=1:(\sqrt{2}-1)$ ……(*)である。次に，△ABC∽△DEFより，AC：DF＝BC：EFである。AC＝3，BC＝$\sqrt{2}+1$，EF＝1だから，3：DF＝$(\sqrt{2}+1):1$ が成り立ち，(*)より，3：DF＝$1:(\sqrt{2}-1)$ となる。よって，DF×1＝$3\times(\sqrt{2}-1)$ より，DF＝$3\sqrt{2}-3$(cm)である。

(8)＜二次方程式―解の利用＞$a=1-\sqrt{2}-\sqrt{3}$ より，$a+\sqrt{3}=1-\sqrt{2}$ だから，$(a+\sqrt{3})^2=(1-\sqrt{2})^2$ となる。同様に，$x=1-\sqrt{2}-\sqrt{3}$ のとき，$(x+\sqrt{3})^2=(1-\sqrt{2})^2$ が成り立つ。両辺を展開して整理すると，$x^2+2\sqrt{3}x+3=1-2\sqrt{2}+2$，$x^2+2\sqrt{3}x+3-1+2\sqrt{2}-2=0$，$x^2+2\sqrt{3}x+2\sqrt{2}=0$ となるので，$x=1-\sqrt{2}-\sqrt{3}$ は二次方程式 $x^2+2\sqrt{3}x+2\sqrt{2}=0$ の解の1つである。

2〔独立小問集合題〕

(1)＜データの活用―度数，相対度数＞職員全体の人数は80人で，表より，31歳以上40歳以下の度数は16人だから，相対度数 a は，$a=16\div 80=0.2$ である。また，41歳以上50歳以下の相対度数は0.25だから，度数 b は，$b=80\times 0.25=20$（人）である。よって，51歳以上60歳以下の度数 c は，$c=80-(28+16+20+4)=12$（人）となる。

(2)＜連立方程式の応用＞濃度3%の食塩水Aを xg，濃度6%の食塩水Bを yg混ぜたとすると，食塩水の量について，$x+y=500$……①が成り立つ。また，食塩水Aに含まれる食塩の量は $x\times\dfrac{3}{100}=\dfrac{3}{100}x$(g)，食塩水Bに含まれる食塩の量は $y\times\dfrac{6}{100}=\dfrac{3}{50}y$(g)で，これらの和は食塩水Cに含まれる食塩の量と等しい。濃度が5%の食塩水Cの量は500gだから，食塩水Cに含まれる食塩の量は $500\times\dfrac{5}{100}=25$(g)であり，食塩の量について，$\dfrac{3}{100}x+\dfrac{3}{50}y=25$……②が成り立つ。①，②を連立方程式として解く。②×100より，$3x+6y=2500$……②′　②′−①×3より，$6y-3y=2500-1500$，$3y=1000$　$\therefore y=\dfrac{1000}{3}$　これを①に代入して，$x+\dfrac{1000}{3}=500$　$\therefore x=\dfrac{500}{3}$　よって，食塩水Aの量は$\dfrac{500}{3}$gで，その中に含まれる食塩の量は$\dfrac{500}{3}\times\dfrac{3}{100}=5$(g)である。

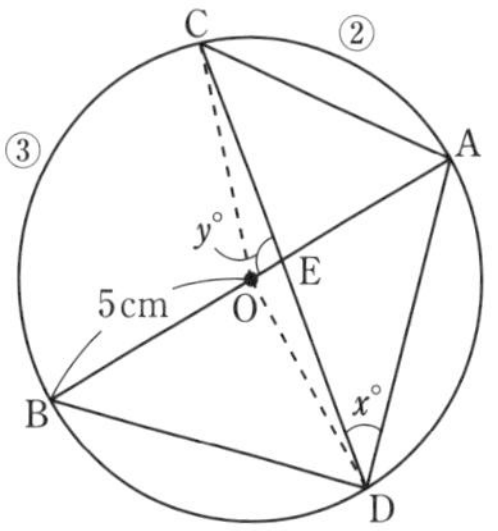

(3)＜平面図形―長さ，角度＞右図で，中心Oと2点C，Dを結ぶ。$\overset{\frown}{AC}:\overset{\frown}{CB}=2:3$より，$\angle AOC:\angle BOC=2:3$である。線分ABは円Oの直径だから，$\angle BOC=180^\circ\times\dfrac{3}{2+3}=108^\circ$であり，$\overset{\frown}{BC}=2\pi\times5\times\dfrac{108^\circ}{360^\circ}=3\pi$(cm)となる。また，$\angle AOC=180^\circ-\angle BOC=180^\circ-108^\circ=72^\circ$だから，$\overset{\frown}{AC}$に対する円周角と中心角の関係より，$x^\circ=\angle CDA=\dfrac{1}{2}\angle AOC=\dfrac{1}{2}\times72^\circ=36^\circ$である。次に，△ABDの面積が最も大きくなるのは，底辺をABと見たときの高さが最も大きくなるときだから，OD⊥ABとなるときである。このとき△ODAは直角二等辺三角形だから，$\angle OAD=45^\circ$となる。したがって，△AEDで，$\angle AED=180^\circ-\angle OAD-\angle CDA=180^\circ-45^\circ-36^\circ=99^\circ$だから，対頂角より，$y^\circ=\angle CEB=\angle AED=99^\circ$である。

(4)＜関数―変域，**y**座標，**x**座標＞関数$y=2x^2$において，xの絶対値が大きいほどyの値は大きくなる。xの変域が$-2\leqq x\leqq\sqrt{3}$の場合，xの絶対値の最小値は$x=0$なので，$x=0$のとき，yは最小値$y=0$をとる。また，$\sqrt{3}<\sqrt{4}$，$\sqrt{3}<2$より，-2は$\sqrt{3}$よりも絶対値が大きいので，$x=-2$のとき，yは最大値$y=2\times(-2)^2=8$をとる。よって，yの変域は$0\leqq y\leqq8$である。次に，関数$y=2x^2$のグラフ上の2点A，Bを通る直線の傾きが2で，点Aのx座標の方が点Bのx座標より小さいとき，点Aのx座標をtとおくと，2点A，Bのx座標の差が3より，点Bのx座標は$t+3$となる。直線ABの傾き2は，関数$y=2x^2$において，xの値がtから$t+3$まで増加するときの変化の割合に等しく，このときのyの増加量が点Aと点Bのy座標の差となる。したがって，$\dfrac{〔y\text{の増加量}〕}{〔x\text{の増加量}〕}=〔\text{変化の割合}〕$より，〔$y$の増加量〕＝〔変化の割合〕×〔$x$の増加量〕となるから，求める$y$座標の差は，$2\times\{(t+3)-t\}=2\times3=6$である。さらに，点A，Bの$x$座標がそれぞれ$t$，$t+3$より，$y$座標はそれぞれ$2t^2$，$2(t+3)^2$だから，$y$の増加量について，$2(t+3)^2-2t^2=6$が成り立つ。これを解くと，$(t+3)^2-t^2=3$より，$t=-1$となるから，点Aの$x$座標は$-1$である。

3〔データの活用―確率―カード〕

図1

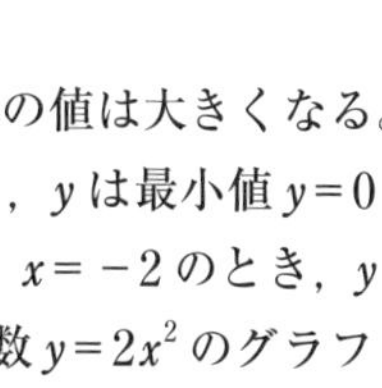

(1)＜並べ方，コマの移動＞最初のカードが1の場合の並べ方は右図1のように6通りある。最初のカードが2，3，4の場合も同様にそれぞれ6通りある。よって，並べ方は全部で$6\times4=24$(通り)ある。また，1，2，3，4の順に並べたとき，コマは1のカードによって，AからBに移動し，2のカードによって，Aに移動するが，3の書かれた矢印がAからは引かれていないので，それ以降は移動できない。したがって，最後にいるマスはAとなる。

(2)＜確率＞Aから一度も移動しない場合は，最初のカードが2か3の場合である。最初のカードが2の場合と3の場合はそれぞれ6通りあるから，Aから一度も移動しない場合は$6\times2=12$(通り)ある。

よって，求める確率は$\frac{12}{24}=\frac{1}{2}$となる。

(3)＜確率＞最初のカードが2，3である計12通りの場合は，Aから一度も移動しないので，最後にいるマスはAである。最初のカードが1の場合は，前ページの図1，最初のカードが4の場合は右図2のようになる。よって，最後にいるマスがAである場合は$12+4=16$(通り)，Bである場合は6通り，Cである場合は2通りある。したがって，最後にいたマスがCである確率が最も低く，その確率は$\frac{2}{24}=\frac{1}{12}$であり，最後にいたマスがAである確率が最も高く，その確率は$\frac{16}{24}=\frac{2}{3}$だから，最も低い確率は最も高い確率の$\frac{1}{12}\div\frac{2}{3}=\frac{1}{8}$(倍)である。

図2

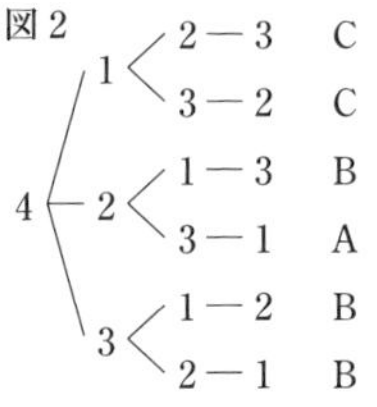

4〔関数―関数 $\boldsymbol{y=ax^2}$ と一次関数のグラフ〕

(1)＜座標＞右図で，2点A，Bはy軸について対称な関数$y=-\frac{2}{3}x^2$のグラフ上にあり，線分ABはx軸と平行だから，2点A，Bはy軸について対称である。これより，点Aのx座標が3のとき点Bのx座標は-3であり，$\mathrm{AB}=3-(-3)=6$となる。よって，四角形ABCDは平行四辺形だから，$\mathrm{CD}=\mathrm{AB}=6$であり，点Cの$x$座標は$-6$である。点Cも関数$y=-\frac{2}{3}x^2$のグラフ上の点だから，$y=-\frac{2}{3}\times(-6)^2=-24$より，C$(-6,\ -24)$となる。

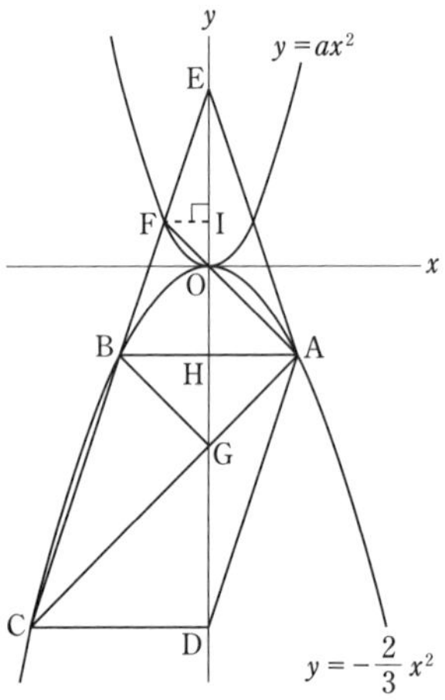

(2)＜$\boldsymbol{y}$座標＞右図で，CD∥BAより，線分CDはx軸と平行だから，2点C，Dのy座標は等しく，D$\left(0,\ -\frac{8}{3}\right)$より，点Cの$y$座標は$-\frac{8}{3}$である。点Cは関数$y=-\frac{2}{3}x^2$のグラフ上の点だから，$-\frac{8}{3}=-\frac{2}{3}x^2$より，$x^2=4$　$\therefore x=\pm2$　よって，点Cのx座標は-2だから，$\mathrm{AB}=\mathrm{CD}=2$であり，点Bの$x$座標は$2\div2=1$より，$-1$である。点Bも関数$y=-\frac{2}{3}x^2$のグラフ上の点だから，$y$座標は$y=-\frac{2}{3}\times(-1)^2=-\frac{2}{3}$である。

(3)＜$\boldsymbol{x}$座標，$\boldsymbol{y}$座標，面積比＞$t<0$として，B$(t,\ t)$とおくと，$t=-\frac{2}{3}t^2$が成り立つ。これを解くと，$2t^2+3t=0$，$t(2t+3)=0$　$\therefore t=0,\ -\frac{3}{2}$　$t<0$より，$t=-\frac{3}{2}$だから，点Bのx座標は$-\frac{3}{2}$となり，B$\left(-\frac{3}{2},\ -\frac{3}{2}\right)$である。このとき，A$\left(\frac{3}{2},\ -\frac{3}{2}\right)$であり，$\mathrm{CD}=\mathrm{AB}=\frac{3}{2}-\left(-\frac{3}{2}\right)=3$より，点Cの$x$座標は$-3$なので，$y=-\frac{2}{3}\times(-3)^2=-6$より，C$(-3,\ -6)$となる。よって，直線BCの傾きは$\left\{-\frac{3}{2}-(-6)\right\}\div\left\{-\frac{3}{2}-(-3)\right\}=3$だから，その式を$y=3x+b$とおくと，C$(-3,\ -6)$を通るので，$-6=3\times(-3)+b$，$b=3$となり，直線BCの式は$y=3x+3$である。これより，点Eの$y$座標は3となる。次に，直線OAの傾きは$-\frac{3}{2}\div\frac{3}{2}=-1$であり，その式は$y=-x$となる。点Fは直線$y=-x$と$y=3x+3$の交点である。2式から$y$を消去して，$-x=3x+3$より，$-4x=3$，$x=-\frac{3}{4}$となり，点Fの$x$座標は$-\frac{3}{4}$である。さらに，△EFA＝△OEF＋△OEA，△BCG＝△ABC－△ABGとして，それぞれの三角形の面積を求める。△OEF，△OEAで底辺をOEと見ると，点Eのy座標が3より$\mathrm{OE}=3$となり，高さはそれぞれ点F，Aのx座標より$\frac{3}{4}$，$\frac{3}{2}$だから，△EFA$=\frac{1}{2}\times3\times\frac{3}{4}+\frac{1}{2}\times3\times$

$\frac{3}{2}=\frac{27}{8}$である。また，前ページの図で，線分ABとy軸の交点をHとすると，HA∥CDより，△AHG∽△CDGとなるから，HG：DG＝HA：DC＝$\frac{3}{2}$：3＝1：2となる。HD＝$-\frac{3}{2}-(-6)=\frac{9}{2}$だから，HG＝$\frac{1}{1+2}$HD＝$\frac{1}{3}\times\frac{9}{2}=\frac{3}{2}$である。したがって，△BCG＝$\frac{1}{2}\times3\times\frac{9}{2}-\frac{1}{2}\times3\times\frac{3}{2}=\frac{9}{2}$となる。以上より，△EFAの面積は△BCGの面積の$\frac{27}{8}\div\frac{9}{2}=\frac{3}{4}$(倍)である。

(4)＜比例定数＞前ページの図で，四角形ABCDが平行四辺形より，AD∥ECなので，△AOD∽△FOEとなり，AO：FO＝DO：EOとなる。ここで，点Aのx座標をsとおくと，A$\left(s,\ -\frac{2}{3}s^2\right)$で，CD＝AB＝$2s$となるから，点Cの$x$座標は$-2s$であり，$y$座標は$y=-\frac{2}{3}\times(-2s)^2=-\frac{8}{3}s^2$となり，点Dの$y$座標も$-\frac{8}{3}s^2$である。よって，点Aの$y$座標より点Hの$y$座標も$-\frac{2}{3}s^2$なので，HD＝$-\frac{2}{3}s^2-\left(-\frac{8}{3}s^2\right)=2s^2$となる。また，EB∥ADより，△BEH∽△ADHとなり，EH：DH＝BH：AH＝1：1だから，EH＝HD＝$2s^2$となる。これより，点Eのy座標は$-\frac{2}{3}s^2+2s^2=\frac{4}{3}s^2$なので，DO：EO＝$\left\{0-\left(-\frac{8}{3}s^2\right)\right\}:\frac{4}{3}s^2=\frac{8}{3}s^2:\frac{4}{3}s^2$＝2：1より，AO：OF＝AO：FO＝DO：EO＝2：1となる。次に，点Fからy軸に垂線FIを引くと，HA∥FIより，△AOH∽△FOIとなり，AH：FI＝OH：OI＝AO：FO＝2：1となる。A$\left(s,\ -\frac{2}{3}s^2\right)$より，AH＝$s$，OH＝$\frac{2}{3}s^2$だから，FI＝$\frac{1}{2}$AH＝$\frac{1}{2}s$，OI＝$\frac{1}{2}$OH＝$\frac{1}{2}\times\frac{2}{3}s^2=\frac{1}{3}s^2$より，F$\left(-\frac{1}{2}s,\ \frac{1}{3}s^2\right)$となる。したがって，関数$y=ax^2$のグラフが点Fを通るとき，$\frac{1}{3}s^2=a\times\left(-\frac{1}{2}s\right)^2$が成り立つ。これを解くと，$\frac{1}{3}s^2=a\times\frac{1}{4}s^2$より，$s^2\neq0$だから，$\frac{1}{3}=\frac{1}{4}a$，$a=\frac{4}{3}$となる。

5〔平面図形―三角形〕

≪基本方針の決定≫(2)　△GBC≡△HEC，△HDF∽△HECに気づきたい。　(3)　△DGI，△DCIに注目する。

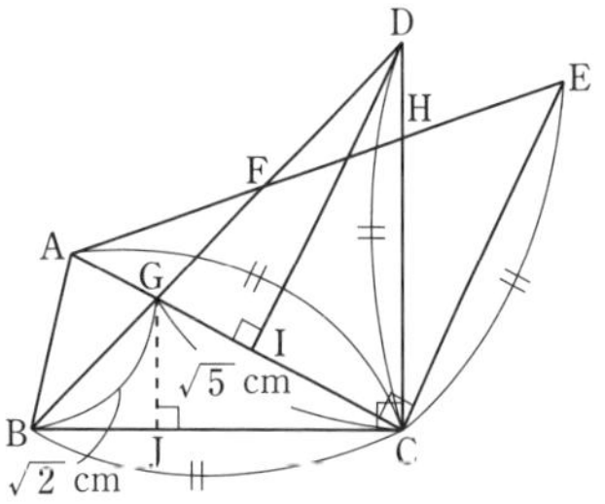

(1)＜長さ＞右図で，△BCDは直角二等辺三角形で，∠GBC＝45°だから，点Gから辺BCに垂線GJを引くと△GBJも直角二等辺三角形となり，GJ＝BJ＝$\frac{1}{\sqrt{2}}$BG＝$\frac{1}{\sqrt{2}}\times\sqrt{2}=1$である。よって，△GJCで三平方の定理より，JC＝$\sqrt{\mathrm{CG}^2-\mathrm{GJ}^2}=\sqrt{(\sqrt{5})^2-1^2}=\sqrt{4}=2$だから，BC＝BJ＋JC＝1＋2＝3(cm)となる。

(2)＜長さ＞右図の△GBCと△HECにおいて，AC＝BC，AC＝ECより，BC＝EC，∠GBC＝∠HEC＝45°である。また，∠GCB＝∠BCD－∠GCH＝90°－∠GCH，∠HCE＝∠ACE－∠GCH＝90°－∠GCHより，∠GCB＝∠HCEである。よって，1組の辺とその両端の角がそれぞれ等しいので，△GBC≡△HECとなり，EH＝BG＝$\sqrt{2}$(cm)である。また，CH＝CG＝$\sqrt{5}$，DC＝BC＝3だから，DH＝DC－CH＝$3-\sqrt{5}$(cm)となる。次に，△HDFと△HECにおいて，∠DHF＝∠EHC(対頂角)，∠HDF＝∠HEC＝45°より，2組の角がそれぞれ等しいので，△HDF∽△HECである。したがって，DF：EC＝DH：EHであり，EC＝BC＝3，DH＝$3-\sqrt{5}$，EH＝$\sqrt{2}$だから，DF：3＝$(3-\sqrt{5})$：$\sqrt{2}$が成り立つ。これより，DF×$\sqrt{2}=3\times(3-\sqrt{5})$，DF＝$\frac{9-3\sqrt{5}}{\sqrt{2}}=\frac{9\sqrt{2}-3\sqrt{10}}{2}$(cm)となる。

(3)＜長さ＞GI＝x(cm)とおくと，IC＝CG－GI＝$\sqrt{5}-x$と表せる。△BCDは直角二等辺三角形だから，

$DB=\sqrt{2}BC=\sqrt{2}\times 3=3\sqrt{2}$ であり，$DG=DB-BG=3\sqrt{2}-\sqrt{2}=2\sqrt{2}$ となる。よって，△DGI，△DCI でそれぞれ三平方の定理より，$DI^2=DG^2-GI^2=(2\sqrt{2})^2-x^2=8-x^2$，$DI^2=DC^2-IC^2=3^2-(\sqrt{5}-x)^2=9-(5-2\sqrt{5}x+x^2)=-x^2+2\sqrt{5}x+4$ となるから，$8-x^2=-x^2+2\sqrt{5}x+4$ が成り立つ。これを解くと，$2\sqrt{5}x=4$，$x=\frac{2\sqrt{5}}{5}$(cm) となる。

≪別解≫前ページの図で，$\triangle DGC=\frac{1}{2}\times GC\times DI$ である。GJ∥DC であり，(1)より，BJ：BC＝1：3 だから，GD：BD＝(3－1)：3＝2：3 である。これより，$\triangle DGC=\frac{2}{3}\triangle BCD=\frac{2}{3}\times\left(\frac{1}{2}\times 3\times 3\right)=3$ であるから，$3=\frac{1}{2}\times\sqrt{5}\times DI$ が成り立ち，$DI=\frac{6}{\sqrt{5}}$ となる。よって，$GD=2BG=2\times\sqrt{2}=2\sqrt{2}$ だから，△DGI で三平方の定理より，$GI=\sqrt{GD^2-DI^2}=\sqrt{(2\sqrt{2})^2-\left(\frac{6}{\sqrt{5}}\right)^2}=\sqrt{\frac{4}{5}}=\frac{2\sqrt{5}}{5}$(cm) となる。

2023年度／狭山ヶ丘高等学校（推薦第２回）

国語解答

一　問１　(ア)…④　(イ)…①　(ウ)…①　(エ)…③
(オ)…①
問２　②　問３　③　問４　②
問５　①　問６　④　問７　③
問８　Ｘ…②　Ｙ…⑤　問９　①
問10　⑤

二　問１　(ア)…①　(イ)…④　(ウ)…⑤
問２　③　問３　②　問４　①
問５　①　問６　④　問７　⑤
問８　②　問９　Ⅰ…④　Ⅱ…①

三　問１　(ア)…④　(イ)…①　(ウ)…③
問２　②　問３　④　問４　⑤
問５　②　問６　②　問７　③
問８　④　問９　⑤　問10　①
問11　成立時代　③
文学ジャンル　③

一〔説明文の読解―教育・心理学的分野―心理〕出典；市川伸一『考えることの科学　推論の認知心理学への招待』「因果関係を推論する」。

≪本文の概要≫私たちは，たった一度の経験からでも，因果的な説明をつくりあげて現象を解釈してしまうことがよくある。こうしたときに使われる因果に関する一般的な知識として，因果スキーマがある。これには，「多要因必要条件スキーマ」，「多要因十分条件スキーマ」，「複数の要因のそれぞれが効果を及ぼすが，確率的な変動を含んで結果が生じる」というようなスキーマなど，いくつかのタイプがある。ところで，推論に使われるのは，それだけではなく，もっと領域固有的な知識や，信念もあるだろう。私たちが日常経験からつくりあげた素朴な信念は，素朴理論という体系をなしていることがある。それは誤った推論であるが，他の経験から抽出した何らかのルールを過度に一般化してしまうために，そのような誤りが生じるものと見ることができる。素朴理論は，一定の範囲でそれなりにいろいろな事象を理解できる説明となっており，大人でも直観的な判断を求められたときには素朴理論に基づいた推論をしてしまうことが少なくない。

問１＜漢字＞(ア)「既有」と書く。すでにあること。　(イ)「采配」と書く。指揮，指図のこと。　(ウ)「故障」と書く。正常にはたらかない状態のこと。　(エ)「吟味」と書く。詳しく調べること。　(オ)「事象」と書く。事柄のこと。

問２＜語句＞「ボトムアップ」は，下層部から上層部に発議や提案をし，それをもとに意思決定が行われる方式をいう。一般に物事の処理・理解の仕方としては，個々の要素や情報を集めて，そこから理解や認識を成立させることをいう。

問３＜文章内容＞(a)「複数の要因X_1，X_2，……のすべて」が満足されることが直接「ある結果Ｙ」につながるので，要因と結果を全て実線で結んだものがよい（…㋒）。　(b)「複数の要因X_1，X_2，…のうち，少なくともどれか一つ」が「ある結果Ｙ」につながっていればよい（…㋐）。　(c)「複数の要因のそれぞれが効果を及ぼす」が，それが「ある結果Ｙ」につながるときには，「確率的な変動」という他の要因も加わる（…㋑）。

問４＜文章内容＞「多要因十分条件スキーマ」は，「複数の要因X_1，X_2，……のうち，少なくともどれか一つが起きれば，ある結果Ｙが生じる」というものである。旅客機は，正常な飛行の妨げになりかねない要因が一つでもあれば，いったん飛び立った後でも空港へ引き返すことになる。

問５＜文章内容＞「素朴理論」を成り立たせているのは，「私たちが日常経験からつくりあげた素朴な信念」である。私たちは，太陽が東の空から昇って西の空へと沈んでいくのを日常的に見ているため，地球の方が自転しているのだと考えることなく，太陽が上空を東から西へと移動するかのように思ってしまう。

問６＜文章内容＞「素朴理論」は，もとはといえば，「私たちが日常経験からつくりあげた素朴な信念」である。幼児の場合は，日常経験自体が大人に比べてはるかに少ないため，日常経験から誤った推論をすることも少ない。

問７＜資料＞図の縦軸は正答率，横軸は学年を示している。「就学前」の正答率が，学年が上がるにつれて一度下がり，さらに学年が上がると再び上がっていくのは，③。

問８＜接続語＞Ｘ．「素朴物理学」の例として，「運動している物体は，その運動(直線運動とか円運動)を続けさせるような『運動力(impetus)』を中に蓄えており，外からの力が加わらなくなると運動力を放出してしだいに静止する」という考えが挙げられる。　Ｙ．「素朴理論」は，「子どもが世界を構造的に認識するようになった現われともいえる」けれども，「学校教育などを通じて科学的な知識体系を学んだ後も，根強く残るやっかいなしろもの」でもある。

問９＜語句＞「ステレオタイプ」は，型にはまったイメージのこと。「イタリア人」というと「陽気」と決めてかかるように，ある人物や事物に断定的な評価や意味づけをする，つまり「レッテル」を貼ることだといってよい。「エチケット」は，礼儀やマナーのこと。「アプローチ」は，接近すること，また接近の仕方のこと。「ストレス」は，外部の環境や出来事などが心身にとって負担となること。「コントラスト」は，明るい部分と暗い部分などの対照のこと。

問10＜要旨＞人間は，日常的経験に基づいて「素朴理論」で推論をすることがよくあり，「大人でも直観的な判断を求められたときには，むしろ素朴理論に基づいた推論をして」しまいがちである(①…×，⑤…○)。「素朴理論」は日常の「経験から抽出した何らかのルールを過度に一般化してしまうために生じるもの」で，「一定の範囲でそれなりにいろいろな事象を理解できる説明」になってはいるが，推論の仕方としては誤りである(④…×)。慣習や習慣と物理学の関係や，学校で学ぶ物理学と日常生活の関係は，本文中では特に述べられていない(②・③…×)。

二 〔小説の読解〕出典；重松清『また次の春へ』。

問１＜語句＞(ア)「小春日和」は，初冬頃の，春のように暖かく穏やかな天気のこと。　(イ)「遡上」は，川の流れをさかのぼっていくこと。　(ウ)「たゆたう」は，一定の位置にとどまらずにただよう，という意味。

問２＜心情＞洋行は，「おふくろ，もしも実物のベンチを見たら，ちょっと後悔したんじゃないかなあ」と言った。メモリアル・ベンチの管理者である星野さんは，それを聞いて，「気に入ってもらえなかった」ということだろうかと思い，不安になって一瞬言葉につまった。

問３＜心情＞洋行は，プレートに余白があることをめぐって星野さんに「親父もおふくろも，そういうところでヘンに遠慮しちゃう性格なんですよ」と言った。そして，両親らしさを感じ取ったことで，今も行方不明のままの両親のことをあらためて思い，涙が出そうになった。

問４＜文章内容＞サケは，「十月」には「遡上」してくる。川で産まれた稚魚は，春に川を下って「海に向かって泳いで」いき，「そのまま，もう何年も帰ってこない」が，「産卵して一生を終えるとき」には「ふるさとの川に帰って」くる。そのふるさとが「変わり果てて」しまっていたとしても，それでもサケにとっては必ず帰るべきところなのである。

問５＜文章内容＞洋行は，両親が申し込んでいたメモリアル・ベンチを見に来て，両親に思いをはせた。両親が津波にのみ込まれて今も行方不明のままであることについて「悲しみはある。ないと言えば嘘になる」が，洋行はそれを「運命のせい」にしようとしていた。

問６＜文章内容＞洋行は，両親と過ごした子どもの頃を思い，「子どもの頃のように両親を呼んだ」うえで，もう一言，両親に向けて言うような言葉で「感謝でもお別れでもない言葉」を声に出して言った。

問７＜心情＞洋行は，両親が申し込んでいたメモリアル・ベンチを見に来て，両親のことを考えていた。「運命」という言葉で自分の気持ちに整理をつけていった洋行は，「冬を越えたあとに待つ春を，また思」った。両親のことを思うと涙も出そうになるが，彼は現実を受けとめて穏やかな気持ちになることができた。

問８＜表現技法＞「虹」は，涙を指す。そしてその「虹」が「いくつものかけらになった」とは，気持ちがふっ切れたことを表している。その比喩が，比喩であることを明示する「～のような(ように)」などの語句を用いずに表現されている。

問９＜文章内容＞Ⅰ．洋行は，一人になった後，「大きく吸い込んだ息を止め，左胸に手をあてて，両親のベンチの真ん中に座った」が，それから息を吐き出し，「運命」について考え，また，土地の処分のことや自分の体調のことなどもあれこれ思い，気持ちの整理をつけていくことができた。
Ⅱ．洋行は，両親のことを考えながら左胸をなでていた。その動作から，両親が行方不明なのも左胸の手術も「運命」として受け入れようとしていることがうかがえる。

三〔古文の読解―随筆〕出典；八島定岡『猿著聞集』巻之一。

≪現代語訳≫和泉国の堺の金井草浪は，常に旅に行くことを好んでいた。あるとき，丹波国に行った。どうしたのだろうか。道を間違え，とても殺風景な山の真ん中に入った。あれこれして，山の急斜面づたいに行くと，岩の間に一本の松でとても高くそびえているのがある。ここで少しの間立ちどまり，四方を見返していたところ，松の梢《こずえ》で物の音がする。何だろうかと目をとめてよく見ると，大きな猿が枝から枝へ伝ってゆくのだった。「もし人であったならば尋ねたはずなのに」と，独り言を言っていたちょうどそのとき，急に鉄砲の音が響きわたって，草浪が立っている後ろの松の小枝を折った。これは山賊などのしわざだったのだろうと，何となく恐ろしくなって他の場所へ移ろうとしたところに，一人の狩人があえぎながら走ってきて，草浪を見て驚き，「私は梢にいる猿を撃ちとめようと思ったのです。ここに人がいらっしゃることは全く知りませんでした。何はともあれ無事でしたか」と尋ねたのに対して，(草浪は)「特にけがなどはしていない」と答えた。このとき，猿はどこかへ逃げ去ったようだった。姿が見えなくなった。狩人は無性に不快なことを(したことを)わびながら帰ろうとする。草浪は(その狩人を)呼びとめて道を尋ねると，(狩人は)とても誠実に教えた。草浪は礼を述べながら，別れるとき軽い気持ちで，／狩人の狙いはそれて猿(去る)よりも木の実(この身)を拾ったことだ／とよんだので，狩人も笑って別れた。とはいえ草浪はその狩人がまた鉄砲を持って後ろから自分のことを撃つこともあるだろうなどと疑わしく思ったので，安心もできずに，足早に走っていくところに，また後ろで物音がして人が走ってくる。何だろうと振り返って見ると，その狩人である。草浪はこれではかなうまいと思ってひたすらに逃げたので，狩人は声を上げてひたすら呼び続けるのを，(草浪は)耳にもかけず走ったところ，やっと人里のある場所に出た。草浪はうれしく思ってある家に走って入って，「助けてくれ助けてくれ」と叫んだので，居合わせた人々が皆出てくる。狩人も続いて入ってきた。草浪が身構えをしてにらみつけているので，狩人は息をつぐこともできず，「先ほどおよみになった歌を紙に書いてください。表装して床の間にかけておきたいと思ったので，それでこのようにお呼びし続けたの〈です〉」と言ったので，そういうこととは全く知らなかった。ただひたすら恐ろしいとばかり思って，惜しいことに衣を一つ汗に浸したことだよと，初めて心が落ち着いて，すぐに短冊を取り出して歌を書いて与えた。人々はおかしがって皆笑いが止まらなかった。とある人が話した。

問1＜古語＞(ア)「さうざうし」は，(あるべきものがなくて)物足りない，殺風景だ，という意味。(イ)「そぞろに」は，むやみに，という意味。　(ウ)「よばふ」は，何度も呼ぶ，呼び続ける，という意味。

問2＜古典の知識＞「丹波国」は，現在の兵庫県の北東部から京都府にかけた地域。

問3＜現代語訳＞「人ならば」は，人だったら，という仮定を表す。「まし」は，実際とは異なることの仮想を表す助動詞で，(もし～であったら)～であるだろうに，という意味。全体として，(実際は人ではなかったが)もし人だったら尋ねたはずなのに，という意味になる。

問4＜古文の内容理解＞狩人は，この場に人がいるとは全く思いもせずに，「梢の猿」を撃とうと思った。ところが，撃ち誤ったらしいと気づき，慌てて走ってきて，草浪がいるのを見て驚いた。

問5＜和歌の内容理解＞狩人の狙いはそれて，猿ではなく木の実を拾ったことだ，という内容の歌である。道に迷って山に入ってしまっていた草浪は，狩人の狙いがそれたために，狩人が去らずに自分に道を教えてくれたことを喜んでいるのである。

問6＜現代語訳＞「子細」は，ここでは差し支えのこと。狩人は猿を撃つつもりで撃ち誤り，草浪に「ことはなかりきや」と尋ねたが，草浪は特に差し支えはない，つまり，特にけがなどはしていない，と答えたのである。

問7＜古文の内容理解＞草浪は狩人に道を教えてもらい，歌をよんで，狩人も笑った。そのように友好的にその場は過ぎたのであったが，そうして別れてから，草浪は，その狩人が鉄砲を持って後ろから草浪を撃つということもあるのではないかという疑いを抱いた。そして実際後ろからその狩人がついてきていたので，これは襲われる，と思ったのである。

問8＜古典文法＞上に係助詞の「こそ」があるので，係り結びの法則により，文末は已然形になる。

問9＜古文の内容理解＞狩人は草浪を追いかけてきて何度も呼んだが，それは，先ほど草浪がよんだ歌を表装して床の間にかけておくためにその歌を紙に書いてもらおうと思ったからだった。草浪は，狩人がそのようなことを考えて追いかけてきていたのだとは全く知らなかった。

問10＜古文の内容理解＞狩人といったん別れた後，後ろから狩人が追ってくることに気づいた草浪は，襲われるという恐怖を感じて人家に駆け込み，助けを求めた。すると，居合わせた人々が集まってきたので，それを頼みに，草浪は身構えて狩人をにらみつけた。

問11＜文学史＞『古今著聞集』は，鎌倉時代に成立した説話集である。

2022年度　狭山ヶ丘高等学校（推薦第１回・推薦第２回）

※英語・国語は推薦第１回，数学は推薦第２回の問題です。

［注意］　この試験では，はじめにリスニングを行います。

【英　語】（65分）〈満点：100点〉

1　（リスニングテスト）　このリスニングテストには**問題Ａ**から**問題Ｃ**まであります。英文はそれぞれ２度ずつ読まれます。放送中メモを取っても構いません。

問題Ａ　これから流れる対話を聞き，最後に続く受け答えとして最も適切なものを選び，記号で答えなさい。

No. 1　[1]

1　The movie will start at 2 p.m.
2　This is about 700 yen.
3　I have several minutes.
4　It's not good for your health.

No. 2　[2]

1　Where did you go ?
2　I have enough troubles.
3　I want to be as rich as you.
4　Oh, you have to work hard.

問題Ｂ　これから流れる対話を聞き，そのあとの質問に対する答えとして最も適切なものを選び，記号で答えなさい。

No. 1　[3]

1　He will pay 20 dollars.　　2　He will pay 50 dollars.
3　He will pay 80 dollars.　　4　He will pay 100 dollars.

No. 2　[4]

1　It is 1113.　　2　It is 1130.
3　It is 1213.　　4　It is 1230.

問題Ｃ　これから流れる英文を聞き，質問に対する答えとして最も適切なものを選び，記号で答えなさい。

No. 1　[5]

1　They planted thirty pumpkins in the school garden.
2　They planted thirteen pumpkins in the school garden.
3　They planted seventeen potatoes in the school garden.
4　They planted sixteen eggplants in the school garden.

No. 2　[6]

1　I can play catch with them on the grass.
2　I can walk and run with them on the grass.
3　I can play with them in the training ground.
4　I can play baseball with them without asking the staff.

※＜リスニングテスト放送原稿＞は英語の問題の終わりに付けてあります。

2 次の英文を読み，後の設問に答えなさい。

[①] February 26, 2012, seventeen-year-old ②Trayvon Martin left his father's girlfriend's home, in a gated community in Sanford, Florida, to get a quick snack. He bought a bag of Skittles and an Arizona Iced Tea. After Trayvon threw his gray hoodie over his head to protect himself from the rain, he walked home.

As Trayvon made his way back into his quiet community, a man named ③George Zimmerman watched him from his car and reached for his cell phone. Over the last several years, George called the police many times to report people in his neighborhood. However, every "*suspicious" person George reported was a Black male.

"We've had some *break-ins in my neighborhood," George told the police. "And there's a real suspicious guy. This guy looks like he's bad or he's on drugs or something."

The police officer asked George questions as his car door was opening. "Are you following him?" she asked. "We don't need you to do that."

George answered, "Okay."

But he left his car and continued following Trayvon on foot. At the corner, George began to attack the teenager, and a fight began. Moments later, shots rang out, and seventeen-year-old Trayvon Martin fell to the concrete sidewalk, only seventy yards from his destination.

④Trayvon Martin was a teenager who loved video games and fixing things. He liked trying new things like snowboarding and visiting New York City to see a Broadway play. He had dreams of becoming a pilot someday. Instead, Trayvon was gunned down before he even had the opportunity to attend his high-school *prom. And the man who killed him was still free to walk around his gated community, and patrolling for more "suspicious people."

Disappointment ran through the Black community. In the United States, there is ⑤a history of treating Black lives like they don't *matter. Many people who *commit crimes against Black people are not punished for their actions. Fifty-seven years before Trayvon Martin's death, two white men in Mississippi killed fourteen-year-old Emmett Till after a white woman *accused him of *flirting with her. Emmett's killers were found not *guilty. Twenty-one years before Trayvon's death, in Los Angeles, a Korean convenience-store owner shot fifteen-year-old Latasha Harlins to death after accusing her of stealing a bottle of orange juice. A California *jury decided that Latasha's killer was guilty, but a judge only *sentenced the shop owner to five years of *probation.

The Black community demanded justice for Trayvon so strongly that his death made national news. The police finally arrested George Zimmerman, but he said it was self-defense, and in 2013, he was found not guilty of murdering Trayvon.

The evening after the George Zimmerman *verdict, community organizer Alicia Garza posted a letter to Black people on Facebook. She wrote, "I continue to be surprised about how [⑥] Black lives matter." Alicia asked everyone in her community to stop giving up on Black life.

Then she ended her post by saying, "I love you. I love us. Our lives matter." Later, Alicia's friend, Patrisse Cullors, changed the last [⑦] words into the now famous hashtag: #BlackLives Matter.

Later Alicia and Patrisse met Opal Tometi at a leadership training program for Black organizing. The three women kept in touch over social media. The Black Lives Matter movement began with three friends who wanted change. But the movement wouldn't be successful soon. They started

⑧ — but placed big importance on working together.

As the #BlackLivesMatter hashtag became famous on social media, some people began pushing back against the organization. They said the Black Lives Matter movement excluded other groups. #BlackLivesMatter didn't mean that Black people didn't care about other races. Activists were simply calling attention to the fact that in the United States — and around the world — people forgot that Black lives mattered, too. ⑨The Black Lives Matter movement set a mission. It was to help the world remember.

For Alicia, Patrisse, Opal, and every person involved in the Black Lives Matter movement, changing Black people's way of seeing the world and themselves is one big way to free themselves from white *supremacy and *oppression. The Black Lives Matter movement will continue to work on changing Black people's situation.

（注） suspicious 「疑わしい」　break-in 「不法侵入」　prom 「高校の卒業記念ダンスパーティー」
matter 「重要だ，大切だ」　commit 「～を犯す」　accuse ～ of… 「…の理由で～を告発する」
flirt 「うわきをする」　guilty 「有罪の」　jury 「陪審員団」
sentence ～ to… 「～に…の刑を処する」　probation 「執行猶予(刑をすぐに行わないこと)」
verdict 「評決」　supremacy 「優位」　oppression 「圧迫」

問1　① に入れるのに最も適切なものを次の中から選びなさい。 7

1 In　2 On　3 At　4 During

問2　事件当日の下線部②に関する記述として適切でないものを次の中から選びなさい。 8

1　父の恋人の家を出て，おやつを購入した。
2　雨が降っていたので，頭に灰色のフードを被っていた。
3　携帯電話を手にしながら，家へ歩いていた。
4　襲われてけんかが始まり，銃で撃たれた。

問3　下線部③に関する記述として適切でないものを次の中から選びなさい。 9

1　疑わしい人がいることを，これまでに何度も警察に通報したことがあった。
2　薬物を使用していたため，誤った情報を警察に通報してしまった。
3　警察の忠告を無視して，疑わしい男性を徒歩で追跡した。
4　後に逮捕されたが，正当防衛を主張して無罪になった。

問4　事件前の下線部④に関する記述として最も適切なものを次の中から選びなさい。 10

1　テレビゲームをするのが大好きだった。
2　物を修理するのはあまり好きではなかった。
3　スノーボードや演劇を観ることは好きではなかった。
4　高校の卒業記念ダンスパーティーに参加したことがあった。

問5　下線部⑤に関する記述として最も適切なものを次の中から選びなさい。 11

1　今から57年前に2人の白人男性が14歳の黒人男性を殺害したが，その2人の白人男性は無罪になった。
2　1955年に2人の白人男性が14歳の黒人男性を殺害したが，その2人の白人男性は有罪になった。
3　今から21年前にある韓国人が15歳の黒人女性を銃殺したが，その韓国人は執行猶予5年になった。

4　1991年にある韓国人が15歳の黒人女性を銃殺したが，その韓国人は執行猶予５年になった。

問６　⑥ に入れるのに最も適切なものを次の中から選びなさい。 12

1　a small　　2　small　　3　a little　　4　little

問７　⑦ に入れるのに最も適切なものを次の中から選びなさい。 13

1　two　　2　three　　3　six　　4　nine

問８　⑧ に入れるのに最も適切なものを次の中から選びなさい。 14

1　high　　2　short　　3　big　　4　small

問９　下線部⑨の文と同じ文型の文を次の中から選びなさい。 15

1　Tom sings very well.

2　Tom looks happy today.

3　Tom took me to a big park.

4　Tom gave me a golden ring.

5　Tom named his dog Taro.

問10　本文の内容と合うものを次の中から１つ選びなさい。 16

1　アメリカ合衆国の歴史において黒人に対する差別や迫害はあったものの，2012年の事件が起きるまでBlack Lives Matter運動が起こることはなかった。

2　Trayvon MartinはGeorge Zimmermanに対して先にけんかを仕掛けたことが理由で，George Zimmermanの正当防衛が認められた。

3　Black Lives Matter運動を始めたのは３人の女性であるが，ネットを通じての連絡よりも実際に会って話し合うことを通じて運動の盛り上げ方を考えた。

4　Black Lives Matter運動は他の人種の人々の命よりも黒人の命を重く取り扱うことを目指しており，運動を始めた３人の女性もそれを望んでいる。

3　次の英文を読み，後の設問に答えなさい。

On the last day before Christmas, I hurried to the department store to buy the gifts I didn't manage to buy earlier. When I saw all the people there, I thought "①This is going to take forever. There's always too much to do at Christmas time. It's difficult to find a place to park the car. All the stores are crowded and I have to wait in line forever to pay for my things. I wish I could just go to sleep and wake up when Christmas is over."

While looking at toys for my kids, I noticed a small boy pressing a doll against his chest. He kept touching the doll's hair and looking sad. I didn't have time to worry about him, so I carried on with my shopping.

When I went back to the toy section, the little boy was still holding the doll. Finally, I walked over to him and asked why he wanted the doll so much. He said, "My little sister Kelly loved this doll and wanted it for Christmas. She was [②] that Santa Claus would take it to her." I replied that maybe Santa Claus would bring it to her after all, and not to worry. But he said sadly, "③No, Santa Claus can't take it to her."

His eyes were so sad as he said, "Kelly is gone. Daddy says that Mommy is also going soon, so I thought that she could take the doll with her." My heart nearly stopped. The boy looked up at me and said, "I told Daddy to tell Mommy not to go yet. I want her to wait until I get back from the store." Then he showed me a very nice picture of himself laughing and said, "I also want Mommy to take this picture with her because I don't want her to forget me. But, the store clerk says I don't have enough money to buy this." Then he looked at the doll again.

I quickly reached for my wallet and took out a few bills. I said, "Let's check again. Maybe you do have enough money." I added some of my money to his while he was not seeing and we counted it. There was enough for the doll, and even some extra. He said, "I have enough!" Then he looked at me and added, "I also wanted to have enough money to buy a white rose for my Mommy, and now ④I can! You know, my Mommy loves white roses."

Two days after I met the little boy, I read in the newspaper that a drunk driver hit a car carrying a young woman and a little girl. The little girl died right away, and the mother passed away a few days later. I thought they must surely be the little boy's mother and sister. And, the newspaper said the mother's *funeral would be held the next day. I couldn't stop myself from buying a lot of white roses and going to the funeral home. The body of the young woman was lying there.

When I arrived at the funeral home, the young woman was holding a beautiful white rose in her hand, and the picture of the little boy and the doll were placed on her chest. The little boy was sitting in the front *row, crying and crying. He seemed so sad. It broke my heart.

I left the place. I felt that my life was changed forever.

（出典：Miho Harada *The Doll and the White Rose* 改変）

（注） funeral 「葬式」 row 「列」

問1 私が下線部①のように考えた理由として適切なものを次の中から選びなさい。17

1 クリスマスの時期にはやらなければならないことがあまりにも多いから。

2 車を停める場所を見つけられなかったから。

3 あらゆる店が多数の買い物客で混雑しているから。

4 会計を済ませるために長時間並んで待たなければならないから。

問2 ② に入れるのに最も適切なものを次の中から選びなさい。18

1 sure not 2 not sure 3 sure so 4 so sure

問3 小さな男の子が下線部③と言ったのはなぜか。最も適切なものを次の中から選びなさい。19

1 妹は死んでしまっていて現在天国にいるから。

2 サンタクロースは妹が欲しがっている人形がどれかわからないと思ったから。

3 小さな男の子と妹は現在離れ離れで暮らしているから。

4 サンタクロースは人形を買うのに十分なお金を持っていないと思ったから。

問4 下線部④に関して，小さな男の子は何をすることができると言ったか。最も適切なものを次の中から選びなさい。20

1 ママに白いバラを一本買うこと

2 ママに白いバラをたくさん買うこと

3 妹に人形を一体買うこと

4 妹に写真を一枚渡すこと

問5 本文の内容と合うものを次の中から2つ選びなさい。21・22

1 私は小さな男の子が人形を胸に抱きかかえているのを一目見た瞬間に小さな男の子に歩み寄って話しかけた。

2 小さな男の子は妹がクリスマス前に死んだことを知っていたが，母が死ぬとは思っていなかった。

3 小さな男の子の話を聞いた私は，気づかれないようにしながら男の子の所持金にお金を足してあげた。

4　小さな男の子に会った二日後の新聞記事には，飲酒運転による交通事故で若い女性と小さな女の子が死亡したと書かれていた。

5　私は葬儀場に行き，若い女性と小さな女の子の遺体に白いバラの花束をお供えすることができた。

4　次の各英文の［　］に入る最も適切なものを下の中から選びなさい。

1　[23] there a fox and a cat in that large box ?
①　Is　②　To see　③　Find　④　Were

2　Is it a good thing [24] able to run fast ?
①　to be　②　be　③　is　④　was

3　The man [25] threw a ball to me didn't know anything about it.
①　who　②　what　③　why　④　didn't

4　Please tell me why [26] standing over there.
①　he did　②　do they　③　she was　④　are you

5　次の各英文の(　)内の語を適切に並べ替えたとき，(　)内で３番目と６番目にくるものを答えなさい。ただし，文頭にくる語(句)も小文字で示してある。

1　I (①　than　②　father　③　much　④　me　⑤　his　⑥　thought　⑦　was　⑧　older).　３番目は [27]・６番目は [28]

2　(①　has　②　you　③　it　④　that　⑤　do　⑥　in　⑦　been　⑧　know　⑨　snowing) country ?　３番目は [29]・６番目は [30]

3　(①　brother　②　very　③　studying　④　go　⑤　his　⑥　was　⑦　to　⑧　hard) to college.　３番目は [31]・６番目は [32]

4　(①　playing　②　is　③　chess　④　room　⑤　boy　⑥　that　⑦　his　⑧　in) Tom.　３番目は [33]・６番目は [34]

6　次の英文で，文法的な誤りが含まれる下線部を選びなさい。

1　I don't think ①that ②running boy is ③two centimeter ④taller than me.　[35]

2　He ①wasn't able to ②get there because she didn't ③have ④some maps.　[36]

3　She ①has ②already made her room ③clean, ④doesn't she ?　[37]

4　①Not only ②him but also ③she was very ④interesting at the meeting.　[38]

7　各組の語の中で，最も強く発音する部分が他と異なるものをそれぞれ１つずつ選びなさい。

1　〔①　sand-wich　②　sub-urb　③　main-tain　④　weap-on〕　[39]

2　〔①　grand-fa-ther　②　med-i-cine　③　pres-i-dent　④　im-por-tant〕　[40]

3　〔①　cam-er-a　②　an-y-thing　③　a-part-ment　④　beau-ti-ful〕　[41]

8　各組の語の中で，下線部の発音が他と異なるものをそれぞれ１つずつ選びなさい。

1　〔①　heart　②　hers　③　burn　④　thirsty〕　[42]

2　〔①　milk　②　dinner　③　will　④　sign〕　[43]

3　〔①　theme　②　thought　③　though　④　through〕　[44]

＜リスニングテスト放送原稿＞

1　（リスニングテスト）　このリスニングテストには**問題A**から**問題C**まであります。英文はそれぞれ２度ずつ読まれます。放送中メモを取っても構いません。

問題A　これから流れる対話を聞き，最後に続く受け答えとして最も適切なものを選び，記号で答えなさい。

No. 1

A： Why are you eating so fast ?

B： I want to go and see a movie in the afternoon.

A： I see.　How much time do you have for eating ?

B：

Listen again.

No. 2

A： I want to do something exciting.

B： How about going abroad ?　Traveling is exciting, isn't it ?

A： Well, it's very nice if I have enough money.

B：

Listen again.

問題B　これから流れる対話を聞き，そのあとの質問に対する答えとして最も適切なものを選び，記号で答えなさい。

No. 1　※Aは女性，Bは男性

A： May I help you ?

B： How much is this shirt ?

A： Fifty dollars.　But if you buy two, we can give you a 20% discount.

B： Then, I'll get this blue one and that red one.

Question： How much will the man pay ?

Listen again.

No. 2

A： May I use your bike ?

B： Of course.　The lock number is my birthday.

A： Thanks.　Is that November 13th ?

B： No.　December.　Don't you remember that ?

Question： What is the correct lock number ?

Listen again.

問題C　これから流れる英文を聞き，質問に対する答えとして最も適切なものを選び，記号で答えなさい。

No. 1

Hello.　I'm Saki Maruyama.　I am a first year student at North High School.　There are thirty students in my class.　Yesterday we had a science class.　My classmates and I dug some holes and planted some vegetables.　We planted seventeen potatoes, sixteen egg plants, and thirteen pumpkins.　We gave some water to them.　We enjoyed planting vegetables in our school garden.

Question： How many pumpkins did Saki and her classmates plant ?

Listen again.

No. 2

Here you are. This is a map of West Park. You can see a lot of interesting spots on this map. You can walk and run in the training ground. You can play with your dogs there, but you must not go on the grass with them. Next to the training ground, this is the baseball field. You can play catch with your friends and play a game with others. Before you play baseball here, you need to ask the staff when you can use the field. Have fun !

Question : What can you do with your dogs in West Park ?

Listen again.

これでリスニングテストを終わります。次のページ以降の問題を解いて下さい。

【数　学】（50分）〈満点：100点〉

［注意］(1) コンパス，定規，分度器，電卓は使用しないのでしまって下さい。

(2) １つの□には０～９の数が入ります。

(3) 分数はもっとも簡単な形で答えなさい。例えば，$\frac{3}{4}$ と答えるところを，$\frac{6}{8}$ のように答えてはいけません。

(4) 根号の中の数はできるだけ小さな自然数にしなさい。例えば，$4\sqrt{2}$ と答えるところを，$2\sqrt{8}$ のように答えてはいけません。

(5) 比はもっとも簡単な整数比で答えなさい。例えば，２：３と答えるところを，４：６のように答えてはいけません。

1　次の $\boxed{1}$～$\boxed{17}$ にあてはまる数をマークしなさい。

(1) $-3^2+(-4)^2-(-5)\times(-6)=-\boxed{1}\boxed{2}$

(2) $x=5$，$y=\frac{2}{3}$ のとき，$\frac{3(x+2y)}{3}-\frac{2x-y}{2}$ の値は $\frac{\boxed{3}}{\boxed{4}}$ である。

(3) 連立方程式 $\begin{cases}2x-3y=1\\3x+y=7\end{cases}$ の解は，$x=\boxed{5}$，$y=\boxed{6}$ である。

(4) $\frac{4(\sqrt{2}+\sqrt{3})}{\sqrt{2}}\times\sqrt{0.75}$ を計算すると，$\boxed{7}\sqrt{2}+\boxed{8}\sqrt{3}$ となる。

(5) 大小２つのさいころを同時に投げるとき，出た目の数の和が９になる確率は $\frac{\boxed{9}}{\boxed{10}}$ である。

(6) ２次方程式 $x^2-ax+12=0$ が $x=3$ を解に持つとき，$a=\boxed{11}$ であり，もう一つの解は $x=\boxed{12}$ である。

(7) 関数 $y=-2x^2$ について，x の変域が $-2\leqq x\leqq -1$ であるとき，y の変域は $-\boxed{13}\leqq y\leqq -\boxed{14}$ である。

(8) $\left(1-\frac{1}{2^2}\right)\left(1-\frac{1}{3^2}\right)\left(1-\frac{1}{4^2}\right)\left(1-\frac{1}{5^2}\right)\left(1-\frac{1}{6^2}\right)=\frac{\boxed{15}}{\boxed{16}\boxed{17}}$ である。

2　次の $\boxed{18}$～$\boxed{35}$ にあてはまる数をマークしなさい。

(1) ２つの相似な球の体積の比が27：64のとき，その相似比は $\boxed{18}$：$\boxed{19}$ である。ただし，比は最も簡単な整数で答えよ。

(2) 次の選択肢のうち，y が x に比例するものは $\boxed{20}$，y が x に反比例するものは $\boxed{21}$，y が x の関数でないものは $\boxed{22}$ である。

選択肢
① 100ページの本を読んでいるとき，残りのページ数 x と読んだページ数 y の関係。
② 半径 x cm の球の表面積 y cm^2 という関係。
③ 歯数40の歯車Ａと歯数50の歯車Ｂがかみあっているとき，歯車Ａの回転数 x と歯車Ｂの回転数 y の関係。
④ 分速 y mの速さで x 分歩き，１km 進んだときの x と y の関係。
⑤ 正の整数 y に対して，その約数の個数 x という関係。

(3) 次のページの図のＡ，Ｂ，Ｃ，Ｄは円周上の点であり，BD は直径，$\angle ACB=37°$，$\overset{\frown}{BC}:\overset{\frown}{CD}=3:2$ である。$\angle DBA=x°$，$\angle BAC=y°$ とすると，$x=\boxed{23}\boxed{24}$，$y=\boxed{25}\boxed{26}$ である。

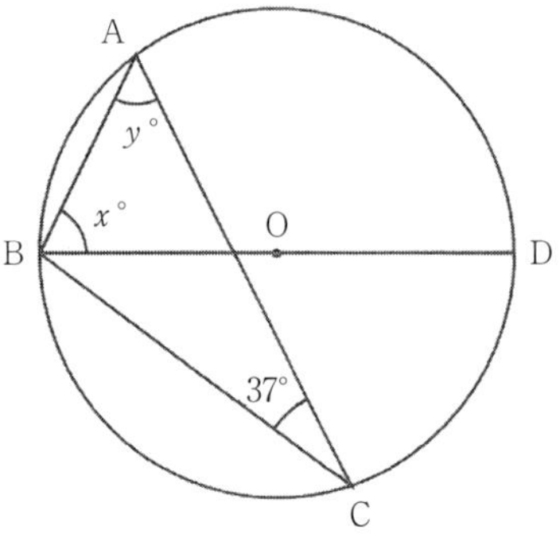

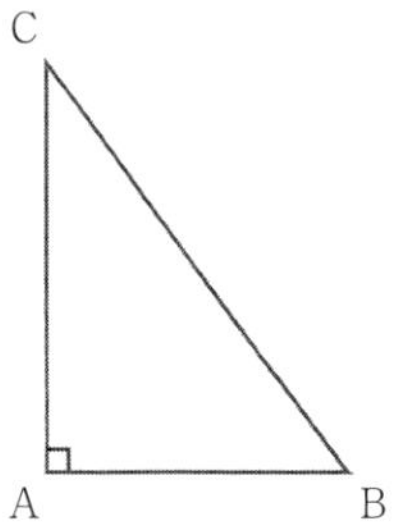

(4) 右の図のように，AB＝3cm，AC＝4cm であるような直角三角形 ABC を考える。線分 AC を△ABC を含む平面内で頂点Bのまわりに1回転したとき，通過する部分の面積は $\boxed{27}\boxed{28}\pi\,\text{cm}^2$ である。また，線分 BC を直線 AC を軸として空間内で1回転したとき，通過する部分の面積は $\boxed{29}\boxed{30}\pi\,\text{cm}^2$ である。

(5) 2022を素因数分解すると，$2022=2\times3\times\boxed{31}\boxed{32}\boxed{33}$ となる。この $\boxed{31}\boxed{32}\boxed{33}$ という整数は $\boxed{34}^4+\boxed{35}^4$ と表すことができる。ただし，$\boxed{34}<\boxed{35}$ とする。

3 濃度10％の食塩水が100ｇ入っている容器Aと，5％の食塩水が100ｇ入っている容器Bがある。これらの食塩水に，次の操作を行う。

操作 容器Aから x ｇの食塩水を取り出し，空の容器Cに入れる。その後，容器Bから x ｇの食塩水を取り出し，空の容器Dに入れる。容器Cに入っていた食塩水を全て容器Bに，容器Dに入っていた食塩水を全て容器Aに移し，よくかき混ぜる。

次の $\boxed{36}$～$\boxed{44}$ にあてはまる数をマークしなさい。

(1) 操作を行う前，容器Aに入っている食塩の量は $\boxed{36}\boxed{37}$ g，容器Bに入っている食塩の量は $\boxed{38}$ g である。

(2) 操作を1回行った後，容器Aに入っている食塩の量は $\left(\boxed{39}\boxed{40}-\dfrac{x}{\boxed{41}\boxed{42}}\right)$ g である。操作を2回行った後，容器Aの食塩水の濃度が7.6％となるとき，$x=\boxed{43}\boxed{44}$ である。ただし，$x<50$ とする。

4 次の $\boxed{45}$～$\boxed{58}$ にあてはまる数をマークしなさい。

関数 $y=2x^2$ のグラフ C_1 と関数 $y=-x^2$ のグラフ C_2 がある。また，点A(1, 0)をとる。点Aを通る傾き $\dfrac{1}{2}$ の直線 l の方程式は $y=\dfrac{1}{2}x-\dfrac{\boxed{45}}{\boxed{46}}$ であるから，C_2 と l の交点のうち，x 座標が小さいものをBとすると，その座標はB$(-\boxed{47},\ -\boxed{48})$ であり，$\text{AB}=\sqrt{\boxed{49}}$ である。

C_1 上の点D$\left(-\dfrac{1}{2},\ \dfrac{1}{2}\right)$ に対し，$\text{BD}=\dfrac{\sqrt{10}}{\boxed{50}}$ であるから，$\angle\text{ABD}=\boxed{51}\boxed{52}^\circ$ とわかる。また，△ABD の面積は $\dfrac{\boxed{53}}{\boxed{54}}$ であることから，△PAB の面積が1となるような点Pを直線 l の上側にとると，点Pは直線 $y=\dfrac{\boxed{55}}{\boxed{56}}x+\dfrac{\boxed{57}}{\boxed{58}}$ をえがく。

5　一辺の長さが12cmである正三角形ABCの内部に点Pをとり，辺AC，CB，BAに関して点Pと対称な点Q，R，Sをそれぞれとり，またPQとACの交点をH，PRとBCの交点をＩ，PSとABの交点をＪとする。次の$\boxed{59}$～$\boxed{71}$にあてはまる数をマークしなさい。

(1)　△ABCの面積は$\boxed{59}\boxed{60}\sqrt{\boxed{61}}$ cm^2である。

(2)　Pの位置にかかわらず∠SAQの角の大きさは$1\boxed{62}\boxed{63}$°であり，$\mathrm{AQ}=2\sqrt{a}$ cmであるとき，△SAQの面積は$\sqrt{\boxed{64}}\,a$ cm^2となる。

(3)　AH＝8cm，$\mathrm{PH}=2\sqrt{3}$ cm，$\mathrm{PI}=\sqrt{3}$ cmであるとき，CI＝$\boxed{65}$ cm，BS＝$\boxed{66}\sqrt{\boxed{67}\boxed{68}}$ cm，AJ＝$\boxed{69}$ cmであり，また，△SQRの面積は$\boxed{70}\boxed{71}\sqrt{\boxed{64}}$ cm^2である。$\boxed{64}$には同じ数字が入るので注意すること。

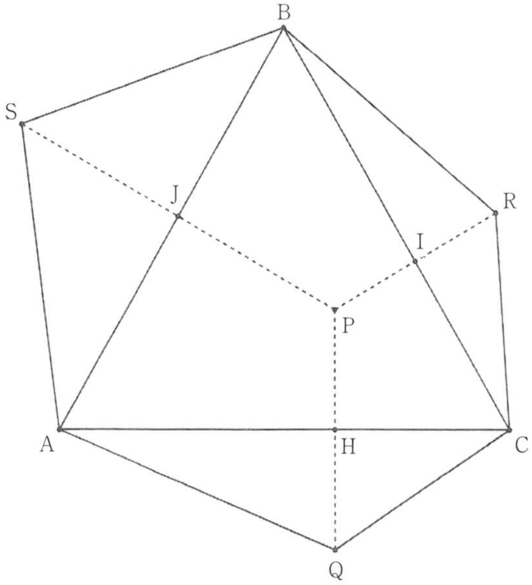

③ たいそう速い
④ 全く速くない
⑤ たいして速くない

(ウ) おらべど 32
① 喚《わめ》いたけれども　② 質問をすると
③ だまそうとしたが　④ 激怒して
⑤ 賞賛したので

問2　傍線部A「それ」とはどのようなことを指しているか。最も適当なものを次の①～⑤のうちから一つ選び、番号で答えなさい。解答番号は33。
① 山の麓に降りて行き、新しい酒を持ってくること。
② 僧たちと一緒に御堂に籠もり、仏道修行に励むこと。
③ 自分のことを馬鹿にしていた者たちに復讐すること。
④ これまで犯してきた罪を全て懺悔《ざんげ》すること。
⑤ 恐ろしい神がいる山に登り、印を置いてくること。

問3　空欄 X に入る語として最も適当なものを次の①～⑤のうちから一つ選び、番号で答えなさい。解答番号は34。
① ぞ　② なむ　③ や　④ こそ　⑤ か

問4　傍線部B「是かづきて下りなん」の解釈として最も適当なものを次の①～⑤のうちから一つ選び、番号で答えなさい。解答番号は35。
① これをかついで下りるべきか。
② これをかついできっと下りよう。
③ これをかついで下りるしか助かる方法がない。
④ これをかついで下りることに何の意味があるのか。
⑤ これをかついで下りることは不可能だ。

問5　傍線部C「かるげに」の品詞として最も適当なものを次の①～⑤のうちから一つ選び、番号で答えなさい。解答番号は36。
① 名詞　② 動詞　③ 形容詞
④ 形容動詞　⑤ 助動詞

問6　傍線部D「こたへなくて」・E「いと悲しく」の動作主として最も適当なものを次の①～⑤のうちからそれぞれ一つずつ選び、番号で答えなさい。解答番号はDは37、Eは38。
① 大蔵　② 友達　③ 親
④ 箱　⑤ 作者

問7　本文の内容として**適当でないもの**を次の①～⑤のうちから一つ選び、番号で答えなさい。解答番号は39。
① 大蔵はどうすることも出来ず、箱にしがみついているしかなかった。
② 神が恐ろしく山で修行している僧たちでさえも、申の時刻を過ぎると山から下りてくる。
③ 大蔵は印をつけるのではなく、箱を持って帰ろうとした。
④ 大蔵は夜が明けてやっと地上に投げ出された。
⑤ 友人たちは大蔵が神に殺されてしまうことを恐れて、必死に引き留めた。

を愚かなことだと思っているね。

③　生徒C―女主人はスミレよりココアのほうをかわいがっているね。男主人はスミレだけをかわいがっている。

④　生徒D―ネコたちは世界について知ることでネコという種族が人間に依存しないで暮らす方法を探しているんだね。

⑤　生徒E―ネコたちは自然にお互いの愛情を表現できるけど、主人たちはそれが上手にできないからどんどん孤独が深まってことだね。

⑥　生徒F―ネコたちはヒトが互いに争いながらあくせくと文明を築いてきたことを馬鹿にしているね。

問10　この作品は夏目漱石の小説『吾輩は猫である』の影響のもとに執筆された作品である。次の①～⑤のうちから夏目漱石の作品を一つ選び、番号で答えなさい。解答番号は 29 。

①　『それから』　②　『城の崎にて』　③　『舞姫』
④　『鼻』　⑤　『人間失格』

三

次の文章を読んで、以下の問い（問1～7）に答えなさい。

むかし今をしらず。伯耆《はうき》の国大智大権現《だいごんげん》の御山《おやま》は、恐しき神のすみて、夜はもとより、昼も※1申《さる》の時過ぎては、寺僧《じそう》だにくだるべきは下り、(ア)行ふべくはおこなひ明《あか》すとなん聞ゆ。麓《ふもと》の里に、夜毎わかきあぶれ者等集り、酒のみ、博奕《ばくち》打ちて争ひ遊ぶ宿あり。けふは雨降りて、野山のかせぎゆるされ、※2午時《うまのとき》よりあつまり来て、跡無《あとな》きかたり言《ごと》してたのしがる中に、腕だてして、口とき男あり。憎しとて、「おのれは強き事いへど、お山に夜のぼり、しるし置きて帰れ。さらずば、力ありとも心は臆したり」とて、あまたが中に恥《はづ》かしむ。「Aそれ何事かは。こよひのぼりて、正しくしるしおきてかへらむ」とて、酒のみ物くひみちて、小雨なれば蓑笠《みのかさ》かづきて、ただ今出でゆく。友達が中に、老いて心有るは、「無やくの争ひ也。※3渠《かれ》必ず神に引きさき捨てられん」と、眉をひそめていへど、追い止めむともさらにせず。

此の大蔵と云ふは、足も(イ)いとはやし。まだ日高きに、※4御堂のあたりにゆきて、見巡《みめぐ》るほどに、日やや傾きて、物凄《すざま》しく風吹きたち、檜原《ひはら》杉むらさやさやと鳴りとよむ。暮れはてて人なきにほこり、「此のあたり何事もなし。山の僧の驚《おどろ》かすに X あれ」とて、雨晴れたれば、みの笠投げやり、火切り出してたばこのむ。いと暗う成りて、さらば上《かみ》の社《やしろ》にとて、木《こ》むらが中を、落葉踏み分け、ふみはららかしてのぼるのぼる。※5十八丁とぞ聞きし。ここに来て何のしるしをかおかんとて、見巡るに、ぬさたいまつる箱の大きなるが有り。「B是《これ》かづきて下りなん」とて、重きをCかるげに打ちかづきてんとするに、此の箱ゆらめき出でて、手足おひ、大蔵を安々と引き提げ、空にかけり上る。ここにて心よわり、「ゆるせよ」、「助けよ」と(ウ)おらべど、Dこたへなくて飛びかけり行くほどに、Eいと悲しく、ここに打ちはめられやするとて、今は箱をつよくとらへてたのみたり。夜漸《やうや》く明けぬ。神は箱を地に投げおきてかへりたり。

（『春雨物語』による）

※1　申の時…現在の午後三～五時。
※2　午時…現在の正午頃。
※3　渠…三人称。あいつ。大蔵のこと。
※4　御堂…寺院、また仏像を安置した堂。
※5　十八丁…約一九六二メートル。「丁」は距離の単位である。

問1　波線部(ア)～(ウ)の語句の意味として最も適当なものを後の①～⑤のうちからそれぞれ一つずつ選び、番号で答えなさい。解答番号は 30 ～ 32 。

(ア)　行ふ　30
①　喧嘩　②　仏道修行　③　葬儀
④　学業　⑤　結婚

(イ)　いとはやし　31
①　見違えるほど速くなった
②　一般的な速さだ

事を重視しているから。

④　ネコは日常、楽をすることを大事にするが、人間は我慢することを大事にするから。

⑤　人間は仕事が忙しいことに誇りを持っているが、それは無能の証であるから。

問3　傍線部B「空を駆ける黄金の弓」とあるが、ここで使われている比喩表現を何と言うか。最も適当なものを次の①～⑤のうちから一つ選び、番号で答えなさい。解答番号は21。

①　換喩　②　直喩　③　暗喩
④　枕詞　⑤　掛詞

問4　傍線部C「ヒト」とあるが、人間をカタカナで「ヒト」と表現したのはなぜか。その理由として最も適当なものを次の①～⑤のうちから一つ選び、番号で答えなさい。解答番号は22。

①　ネコはイヌと違って人間にへつらう気がないことを示すため。

②　ネコはイヌと比べて人間への愛情が低いことを示すため。

③　ネコは人類の文明がいずれ滅びると考えていることを示すため。

④　ネコが飼い主を他の生き物と違う特別な存在と考えていることを示すため。

⑤　ネコが人間を生き物としてイヌやネコと同列に考えていることを示すため。

問5　空欄 X に当てはまるものとして最も適当なものを次の①～⑤のうちから一つ選び、番号で答えなさい。解答番号は23。

①　ヒトらしい道徳的な台詞だった

②　ヒトらしい愚かな台詞だった

③　ヒトらしい的を射た台詞だった

④　ヒトらしからぬ愚かな台詞だった

⑤　ヒトらしからぬ的を射た台詞だった

問6　傍線部D「さあ、お仕事しましょう」とあるが、この言葉の背景にあるネコたちの気持ちとして最も適当なものを次の①～⑤のうちから一つ選び、番号で答えなさい。解答番号は24。

①　無意味だと分かっていながら、自分たちが夫婦の会話のきっかけになればよいという気持ち。

②　関係が冷え切った夫婦に、家族としてどうにか夫婦間の愛情を取り戻させようという気持ち。

③　愚かな飼い主とはいえ、愛玩動物としてできるだけかわいがってもらいたいという気持ち。

④　夫婦の膝に乗り、夫婦を観察してなぜ関係が冷え切っているのか知りたいという気持ち。

⑤　養ってくれている主人たちに「かわいいネコ」としての責務を果たそうという気持ち。

問7　本文でココアが話し手となっている会話表現（鍵かっこでくくられた箇所）はいくつあるか。最も適当なものを次の①～⑤のうちから一つ選び、番号で答えなさい。解答番号は25。

①　3　②　4　③　5　④　6　⑤　7

問8　この作品において作者はネコをどういう存在と考えているか。最も適当なものを次の①～⑤のうちから一つ選び、番号で答えなさい。解答番号は26。

①　ネコはだれしも全体主義者である。

②　ネコは徹底した個人主義者である。

③　ネコは民主主義を重んじる。

④　ネコは専制主義を重んじる。

⑤　ネコは皆、成果主義者である。

問9　次に示すのは本文を読んだ後、六人の生徒が本文の内容について意見を述べている場面である。本文の説明として適当なものを、次の①～⑥の中から**二つ**選び、番号で答えなさい。解答の順序は問わない。解答番号は27・28。

①　生徒A―スミレは人間にペットとして飼われることに嫌悪感を抱いているね。ココアはそんなことはないけど。

②　生徒B―ココアは女主人が薄情な男主人に依存していること

にむかう。男主人からの返事はない。ふたりが顔をあわせるのはここから真夜中までの三十分間だけだった。生活のリズムがずれているのだ。夕食があたたまると、スミレがいつの間にかやってきた。念話が送られてくる。

「Dさあ、お仕事しましょう」

ココアは女主人に抱かれ、スミレは男主人のひざに跳びのった。会話のまったくない三十分をなんとか耐えられるようにする。それが二匹のネコの毎日の労働だった。ココアは妻の担当で、スミレが夫の担当だった。この夫婦は悪い人たちではない。けれど、おたがいに対する思いやりを表現することができないのだ。なぜ、関係が冷え切っているのか、二匹にはわからなかった。念話ができないせいかもしれない。心が読めないのは不便なことだった。

テレビのスポーツニュースが終わると、女主人はいった。

「明日早いから寝るね」

おやすみはいわない。いつもの夜の挨拶だった。

「ああ」

男主人もおやすみはいわない。缶ビールをのみながら、野球のナイトゲームのダイジェストを見ている。リビングをでていく妻の背中も見なかった。スミレの念話が届く。

「今夜のおつとめもおしまい」

スミレがひざから跳びおりると、男主人がいった。

「いっちゃうのかにゃん、チュミちゃんは冷たいにゃん」

ココアもさっと身を翻《ひるがえ》して、階段にむかった。スミレにいう。

「ヒト族がつかうネコ語だけは、慣れることができないわね。ああ寒気がする」

「ほんとに。なあにあの『にゃん』って。馬鹿じゃないの」

二匹は寄り添って、踊り場の窓から夜の街を見つめた。肩を寄り添わせる。孤独の対処法はそれだけでいいのだが、ふたりの主人がそれに気づくことは残された時間ではもうないように思えた。

（石田衣良『ココアとスミレ』による）

問1　波線部㋐〜㋒の本文中での意味として最も適当なものを後の各語群①〜⑤のうちからそれぞれ一つずつ選び、番号で答えなさい。解答番号は17〜19。

㋐　疎密　17

①　真ん中に集まること
②　見えないけれど存在すること
③　逃げていくことと探すこと
④　幅広いことと狭苦しいこと
⑤　まばらなことと細かいこと

㋑　便宜　18

①　特別なはからい
②　高額な給与
③　ありふれたもてなし
④　わずかばかりの配慮
⑤　深い思いやり

㋒　味気ない　19

①　粗雑であらっぽい
②　感じやすく涙もろい
③　面白みがなくつまらない
④　不憫で哀しい
⑤　優柔不断で気難しい

問2　傍線部A「人間たちって、ほんとうに不思議ね」とあるが、なぜネコにとって人間が不思議であるのか。その理由として最も適当なものを次の①〜⑤のうちから一つ選び、番号で答えなさい。解答番号は20。

①　人間は未来の出来事を予測するが、その予測はほぼ実現した試しがないから。
②　ネコにとって大事な今という時間を、人間が軽視して生きているから。
③　ネコは自分の食事だけを重視し、人間は明日の人類全体の食

ちは今日もよくやっている。といっても、そのようにネコにサービスできるのは、ネコの側がそれを許しているからで、深い意味などないのだ。

ネコ族は誇り高いので、日常的なサービスの(イ)便宜《べんぎ》を受けたからといって、イヌ族のようにCヒトという生きものに忠誠を誓うことはなかった。それよりも無私のサービスを提供させることで、ヒトの道徳心の向上の手助けをしているくらいのつもりである。ネコがいなければ、ヒトのような愚かな生きものはモノを造り、金を稼ぎ、互いに争いあうことしかできない低レベルの文明以外に生みだすことはないだろう。無私のサービスや単に「かわいいネコ」を愛《め》でるという無条件の喜びがなければ、ヒトの多くが明日にも絶望し、数千年続くヒト文明が滅んでもおかしくはない。

遠く離れた、階段の踊り場からスミレの念話がきこえてきた。

「あなたのひとり言はすこしおおき過ぎる。人類の文明が滅んでも、わたしたちはまったく困らないと思うけど。誇りをもたないイヌのように生活のすべてをヒトに依存してはいないのだから」

ココアも念話を返した。

「そうね。イヌは自分たちで獲物を探すこともできない。ヒトからエサをもらわなければ、ひと月と生きてはいけないでしょう。わたしたちのように自然のなかでトリやネズミを狩ることもできない」

（中略）

この家の女主人が帰ってきたのは、暗くなって一時間ほどたってからだった。ヒトの年齢はネコにはよくわからないが、三十年以上は生きているらしい。二足歩行のこの大型の生きものはたいへんな長命種族だ。

「ただいま、ココア、スミレ。今ごはんにするからね」

女主人が帰宅して最初にするのは、二匹の夕食の世話だった。といってもシニア用のドライフードを皿にだし、缶のツナを半分ずつその横にのせるだけである。さして食欲はなかったが、ココアとスミレは礼儀として女主人のまえで軽く食事をした。背中を撫でられながらゆっくりと味わう夕食は悪くないものだ。半分ほど残しておくのは、夜中に空腹になってからたべる分だった。

「あなたたちはいいわねえ。たべて、寝て、お散歩して、またたべて。心配ごとなんてぜんぜんないんでしょうね」

X 。心配はないが、この世界は驚異的な謎《なぞ》に満ちている。一生をかけて考え続けてもわからない世界の謎をひとつかふたつ、自分で納得できる解答を得て、この世を去る。それが真に高等な生物の課題であるとは、ヒトには理解できないようだった。

「まったくうちの人ときたら。今夜もまた終電。結婚って、こんなに(ウ)味気ないものだったのかな。さあ、ごはんにしましょう」

女主人はため息をついて、ふたり分の夕食をつくった。金目鯛《きんめだい》の焼き魚と根菜たっぷりのみそ汁と小松菜の煮びたし。音を消したテレビニュースを見ながら、ひとりで済ませる。すこしもおいしそうではなかった。スミレは定番の階段のうえにいき夜空を眺めていたが、ココアは女主人が心配になり、テーブルのしたで女主人の足に身体をこすりつけてやった。

「生きものはみなひとりで生まれて、ひとりで死んでいく。それはヒト族が好むロマンチックな愛情でも乗り越えられない壁なんだよ」

この女主人は好ましい性格をしていた。ネコ族の常識を教えてやりたかった。女主人は風呂にはいった。ひと缶だけビールをのんだ。そのあいだずっと音を消したテレビを眺めていた。ヒト族はなぜこれほど孤独に弱いのだろうか。シャワーの音がきこえるあいだ、テレビが誰もいないリビングルームにさまざまな色と光を散らすのを、ココアは観察していた。

男主人が帰ってきたのは、真夜中の三十分まえだった。

「ただいま」

帰宅の挨拶はあるが、あとは無言。

「ごはん、たべてないよね」

疲れた顔で女主人は動きだした。皿と茶碗をもって、電子レンジうものも社会問題化している。【資料】に示したものは、迷惑メールを防止するために定められた法律の一部である。この【資料】から読み取れるものとして、**適当でないもの**を次の①〜⑤のうちから一つ選び、番号で答えなさい。解答番号は16。

① 事前に広告・宣伝を目的とした内容のメールを受信することに同意した人に送信することは可能である。

② 広告・宣伝を目的とした内容のメールは、相手の同意がなくとも送信者の氏名等が表記されていれば送信することが可能である。

③ 自身のメールアドレスを広く一般に公表している個人に対しては同意がなくても、広告・宣伝を目的としたメールを送信することが可能である。

④ 広告・宣伝メールとの取引関係がある人に対しては同意を得なくてもメールを送信することが可能である。

⑤ 広告・宣伝メールの送信に同意しなかった相手でも、それ以外の用件を伝えるメールに広告や宣伝を付することは可能である。

二

次の文章は、石田衣良《いら》の小説『ココアとスミレ』の一節である。これを読んで、以下の問い(問1〜10)に答えなさい。

「わたしたちネコ族と違って……」

階段のうえのほうから先住猫・ココアの声がした。メスのサバトラで、目の色はグリーンだ。声といっても人間のように声帯を振わせ、空気中に(ア)疎密《そみつ》な音の波を放出するような無様な方法ではない。ネコの会話は精神波を直接相手の脳に送り届ける念話がメインだ。

「A人間たちって、ほんとうに不思議ね」

屋上にあがる日当たりのいい階段のステップ三段したで、ココアより一歳年下の後輩猫・スミレが念話でこたえる。こちらはメスの三毛で、目は明るい茶色。

「ええ、あんなふうにいそがしい、いそがしいって、馬鹿《ばか》みたい。なぜ、人間たちは明日の予定表ばかり見ているのかしら」

スミレは肉球のあいだをなめ、前足の表をなめた。濡《ぬ》れた毛を頭に撫《な》でつけ、髪を整えている。最近はあごの横の毛先をすこし立たせるのがお気に入りのヘアスタイルだ。

「それはほんとうの意味で、今という時間を生きられないからじゃないかな。やってくるかどうかわからない明日の心配をして、もうやり直すことのできない昨日のことを悔やんでいる。今を豊かに生きられない。それが人間という気の毒な生きものよ」

遅い午後の陽ざしが心地よかった。この階段は夏は温室のように暑くてつかえないのだ。真夏を除くスリーシーズンは二匹の快適なサンルームである。スミレは首を傾《かし》げて肩の毛をなめた。太陽光にあたったせいで、すこし酔《す》っぱく香ばしいビタミンCの味がする。

「そうだよね、人間という生きものは時間の感覚がおかしいから、あんなふうに何百年もまえのことにこだわったり、未来が怖くて人類滅亡なんて騒いだりするんだよ。気の毒に」

ココアとスミレはゆったりとくつろいで、傾いていく遅い午後の太陽を眺めた。人間ならほんの数秒しか、みつめていられないだろう。太陽の軌跡に気づくこともないのだ。B空を駆ける黄金の弓。ネコの瞳《ひとみ》は剃刀《かみそり》のように細くなって、あの軌跡を観測することができる。

初夏の空を太陽が刻々と移動し、雲が駆けていくのを、二匹のネコは気がつけば三十分ほど見つめていた。それはたいへん満足いくもので、ココアとスミレはもうその日の仕事は十分だと思ったものだ。

ココアは立ちあがるとひと伸びして、階段をおりていった。浴室のまえにおいてあるエサの皿を見にいく。シニアネコ用のドライフードと缶のフードがならべておかれていた。生のほうをすこしたべて、ゆっくりと水をのんだ。水をとりかえ、食事を用意し、人間たができるから。
③　同じ情報を一斉に配信し、それを記録でき受け手も宛先を見ればその情報が共有されているかどうかわかりやすく、電話と比べると相手との時間を占有せずに済むから。
④　電話には必ず出なければいけないという暴力性があったが、メールには自分の都合のよい時に見れば良いが記録をとるという点でまだまだ不十分な部分があるから。
⑤　メールは「伝える相手」を増やす力があり送受信の記録も容易に残しやすいが、災害時には途中で情報が変わっていく可能性もあるから。

問6　傍線部D「うわさは短命化しやすいのかもしれない」とあるが、なぜか。その説明として最も適当なものを次の①～⑤のうちから一つ選び、番号で答えなさい。解答番号は15。
①　東日本大震災のときに送信されたメールには、チェーンメール独特の表現があり、ネット社会のマナーの浸透によって拡散が抑止されたから。
②　似た情報が矢継ぎ早に現れることでその信憑性に疑義が生じるなど、うわさが広がると同時にそのうわさに疑問を持つ人たちも多数現れ、チェックされて真実が速く示されるから。
③　みんなが言っていることが「うわさ」の信憑性につながるのだが、メールでのうわさは誰がどのくらい言っているかわからないので信じられないから。
④　当事者による否定だけでは「うわさ」が消えることにはならず、マスメディアによる報道によって真実が明らかにされなければならないから。
⑤　善意によって転送されるので、だれも疑うことなく真実として受け止めてしまい「うわさ」ではなく「本当のこと」になってしまうから。

問7　波線部「メールの利用によってうわさが拡散するスピードが上がった」とあるが、メールの利便性から悪質な迷惑メールとい

【資料】

特定電子メールの送信の適正化等に関する法律（抄）

●特定電子メール…営利を目的とする団体や個人が、広告や宣伝を行うためのメールのこと。

第二章　特定電子メールの送信の適正化のための措置等

（特定電子メールの送信の制限）

第三条　送信者は、次に掲げる者以外の者に対し、特定電子メールの送信をしてはならない。

一　あらかじめ、特定電子メールの送信をするように求める旨又は送信をすることに同意する旨を送信者に対し通知した者

二　前号に掲げるもののほか、自己の電子メールアドレスを送信者又は送信委託者に対し通知した者

三　前二号に掲げるもののほか、当該特定電子メールを手段とする広告又は宣伝に係る営業を営む者と取引関係にある者

四　前三号に掲げるもののほか、自己の電子メールアドレスを公表している団体又は個人（個人にあっては、営業を営む者に限る。）

2　前項第一号の通知を受けた者は、特定電子メールの送信をするように求めがあったこと又は送信をすることに同意があったことを証する記録を保存しなければならない。

3　送信者は、第一項各号に掲げる者から特定電子メールの送信をしないように求める旨（一定の事項に係る特定電子メールの送信をしないように求める場合にあっては、その旨）の通知を受けたときは、その通知に示された意思に反して、特定電子メールの送信をしてはならない。ただし、電子メールの受信をする者の意思に基づき広告又は宣伝以外の行為を主たる目的として送信される電子メールにおいて広告又は宣伝が付随的に行われる場合その他のこれに類する場合は、この限りでない。

ベルが鳴り、呼出しを行った電話番号が表示され、携帯者は、公衆電話などで表示された連絡先に電話をすれば、用件の内容を知ることができるシステムであった。呼出しに電子メールを用いて短い電文を送ることもできた。

※2　輻輳…電話やデータ通信といった通信が同時に集中してしまい（通常通りに処理できなくなり）通信困難に陥る状況。

※3　チェーンメール…受信者に対して他者への転送を促すメール。特に巧妙な文面を用いて受信者に不特定多数への転送を促すメールのこと。

問1　傍線部(ア)～(オ)のカタカナに相当する漢字として最も適当なものを後の各語群①～⑤のうちからそれぞれ一つずつ選び、番号で答えなさい。解答番号は[1]～[5]。

(ア)　タズねて　[1]
①　訪　②　質　③　喚　④　詰　⑤　尋

(イ)　メズラしく　[2]
①　朕　②　賃　③　陳　④　沈　⑤　珍

(ウ)　変ヨウ　[3]
①　容　②　擁　③　養　④　様　⑤　要

(エ)　シュウ囲　[4]
①　集　②　週　③　周　④　州　⑤　衆

(オ)　検ショウ　[5]
①　勝　②　賞　③　証　④　正　⑤　症

問2　空欄[a]～[d]に入る語として最も適当なものを次の①～⑥のうちからそれぞれ一つずつ選び、番号で答えなさい。なお、同じ番号を二度使っても良い。解答番号は[a]は[6]、[b]は[7]、[c]は[8]、[d]は[9]。

①　ただし　②　まず　③　なぜなら
④　しかし　⑤　そして　⑥　たとえば

問3　傍線部A「表1」の内容をもとにして、空欄[X]・[Y]・[Z]に入る語句を次の①～⑥のうちからそれぞれ一つずつ選び、番号で答えなさい。なお、同じ番号は**二度使ってはならない**。解答番号は[X]は[10]、[Y]は[11]、[Z]は[12]。

①　仕事シーン　②　増加
③　減少　④　プライベートでの利用
⑤　仕事での利用　⑥　趣味・娯楽シーン

問4　傍線部B「メールの非同期性」とあるが、それは何か。その説明として最も適当なものを次の①～⑤のうちから一つ選び、番号で答えなさい。解答番号は[13]。

①　相手の時間を奪うことなく都合の良いときに確認できる一方、返信しなくてはいけないという強迫観念を引き起こすような暴力的なメディアにもなり得るということ。

②　相手と都合を合わせずに連絡できるメリットがあるが、誹謗中傷などを送ることができる暴力的なものだということ。

③　メールは相手を煩わせたくない時に多用されており、重要な用件で使われることは絶対にないということ。

④　潜在的な「伝える相手」を拡大させているメールは、相手の気持ちに配慮することなく自分の都合の良いことを伝えることができるということ。

⑤　やり取りする者同士の時間を一致させる必要がないため、用件のハードルが下がりメールでの連絡は非常に増加しているということ。

問5　傍線部C「小中学校では従来の電話連絡網に加え、学校からのメールによる一斉配信システムを導入するところが増えている」とあるが、それはなぜか。その説明として最も適当なものを次の①～⑤のうちから一つ選び、番号で答えなさい。解答番号は[14]。

①　電話はかけ手が優位な暴力的なメディアであるが、メールは相手の都合を無視して気兼ねなく送信することができるから。

②　ケータイの普及により「用件」のハードルは失われており、相手を煩わせることなく気軽に連絡しその内容も記録すること

し悪しとは別に、ありふれたことになっている。

かつてであれば、このような話は直接会ったときに友だちに話すような「ちょっとした話題」であり、電話でわざわざ伝えるほどのことではない。しかし、メールでならその場で報告し、有名人に偶然出くわしたという「ちょっとしたうれしい気持ち」をその場で共有してもらえる。あるいは、ロケをやっているところに出くわし、近所に住む友だちにメールを送る。重要ではないが、日常生活のなかでの「ちょっとした非日常への招待」をメールで送るのである。

いずれも、特定の相手に必ず知らせようというのではなく、複数の相手に送り、「関心を持つ人がいればよい」程度で送られるのであり、メールの気楽さが生み出すコミュニケーションのありようだ。「いま、ロケをやっている」が「〇日にロケに来る」までは、うわさの変(ウ)ヨウとしてはそう遠くない。

ほかにも、都市伝説のようなオチのついた話や幸せになるという画像など、気楽に転送でき、相手にさほど迷惑をかけるわけでもないようなものもメールで広まっている。

（中略）

記録性と善意について、もう一つの事例から考えることにしよう。東日本大震災時に首都圏を中心に広まった「有害物質を含んだ雨が降る」といううわさは地震当日の夕方に生まれ、翌日にかけて爆発的に広がったが、多くの人はこれを「事実」、あるいは「ありそうな話」だとして、「友達に知らせてあげよう」と善意から転送した。

というのも、当日、東北地方太平洋側での地震や大津波による甚大な被害状況と並んで、東京圏で盛んにテレビに映っていたのが、精油所の火災の様子であり、「火災により有害物質が降る」という内容は、多くの人にとって「ありそうな話」と感じられるものであったからだ。筆者の(エ)シュウ囲で聞いた範囲でも、普段はあまりやりとりのない人からこのうわさについてのメールを受け取った人や複数の人からこのメールを受け取った人が少なくなかった。

[d]、このメールを受け取った人すべてが、うわさを広げたのではない。文面に「なるべく多くの人に伝えてください」というチェーンメール特有の文がついていることや多くの友人から短時間に似たような、しかし、細部の異なる文面のメールが届いたことなどから、このうわさがチェーンメールになっていることに気がついた人も多かった。「チェーンメールは転送しない」といったネット社会のマナーの浸透が、ある程度うわさ拡散を食い止めたと言える。

また、口頭で伝えられる場合、違う人から同じ話を何度か聞くと、「みんなが言っている」と考えられ、うわさの信憑性を増すこととなるのだが、似てはいるが細部の異なる文面のメールが短時間に届くとなると逆効果となる。似たようなメールのうち、どれが正しいのか、この情報の発信元は医師会なのか、消防なのかなどと、少し冷静にメールを見ることができる。

さらに、ツイッターでは、早くからその「根拠」を求めるつぶやきも発せられ、検(オ)ショウ作業を行う人も現れた。コスモ石油の公式ページや自治体の発表、マスメディアの情報という「根拠」を確認した上で、うわさが虚偽の情報であるとして拡散を止めようとするつぶやきが増加していくことで、ツイッターでのうわさはメールより早く収束に向かったのである。爆発的に広まることで、うわさはそれを信じる人だけでなく、疑問を持つ人にも多く出会うのだ。

（中略）

メールの利用によってうわさが拡散するスピードが上がったと言われるが、早く広まるがゆえに早く収束する。内容が文章として残るメールは、口伝えで広がるうわさより情報を批判的に検討しやすいこともあって、Dうわさは短命化しやすいのかもしれない。

（松田美佐『うわさとは何か』による）

※設問の都合で、一部表記を変更したところがある。

※1　ポケベルことページングサービス…ポケットに入る小型の携帯用無線受信端末、およびそれを利用した電文サービス。無線呼出しサービスあるいはページングサービスともいう。携帯者のポケット

こちらが都合のよいときにメールを送っておけば、相手も自分の都合に合わせて読み、返事をすることが可能である。

（中略）

基本的にはメールはそのときに相手を煩わせるほどではないが伝えたいことを伝えるのに用いられるのであり、通話よりメールが増えている理由の一つはここにある。ケータイの普及によって下がった「用件」のハードルは、メールによってさらに下がり、より「気軽な用件」での連絡をメールは増加させている。メールで電話をかけてもよいかを(ア)タズねてから、電話で直接話すといった使い方も(イ)メズラしくない。

（中略）

次に、記録性である。対面や電話での会話は録音をしない限り、そのまま残ることはない。[a]、文字情報を送り合うメールの場合、基本的に送り合ったメッセージが相互の手元に残る。メッセージの中身だけではなく、それがいつ誰から誰に送られたものなのか、という伝達経路についての記録も残る。さらに、メールはデジタル情報であるがゆえに複製が容易である。多くの人に同じものを送付したり、送られてきたメッセージを転送したりするのも簡単で日常的に行われている。

このようにメールの特徴を捉えると、多くの人に効率よく情報を伝えるには対面や電話よりメールが適していることがわかる。東日本大震災以降、C小中学校では従来の電話連絡網に加え、学校からのメールによる一斉配信システムを導入するところが増えている。災害後などの非常時には電話が※2輻輳《ふくそう》し、つながりにくくなるという問題点を別にしても、伝達に時間がかかり、途中で情報が歪《ゆが》むことを考えるとあまり複雑な情報を流せない電話連絡網に対し、同じ情報を一斉に多くの人に届けることができ、しかもそれが保存されるメールの利点は大きいからだ。

また、同じ情報をメンバーが共有していることをお互いに知っていることも重要である。自分宛に来たメールの宛先に他の人のアドレスもあれば、その人も同じ情報を共有していることがわかる。仕事上のメールであっても、プライベートなメールであっても、その情報は自分だけに宛てられたものなのか、それとも他の人とも共有されているものなのか、メールの「内容」だけでなく、宛先記録という「形式」から読み取り、メール「内容」の解釈に利用できる。二人だけの場で語られたことなのか、それとも同席する人が他にもいるのか、といった違いと似ているが、口頭で交わされる話と異なり、「内容」とともに共有された「形式」――いつ、誰から誰宛に出されたものなのか――もまた記録に残る。

このような特徴を持つメールは、内容や目的、状況に応じて、対面のコミュニケーションや通話などと使い分けられている。

（中略）

以上のようなメールの特徴を踏まえ、メールで広がるうわさについて三つの角度から考えたい。第一に気軽なうわさ、第二に記録性とうわさ、第三にメディア・ミックス化するうわさである。

[b]、気軽なうわさである。わざわざ電話で伝えるほどではない「ちょっとした話題」が転送され広まるのは、メールが電話以上に「気楽な用件」を拡大させたからだ。[c]、タレントが○日にロケに来るといううわさや、テレビ番組の企画で※3チェーンメール実験を行っているとのうわさなどが広まり、騒ぎとなったことがある。もちろん、メールを転送した人のなかには、そのタレントや番組の企画に関心を持った人もいるだろうし、相手が関心を持つにちがいないと転送した人もいるであろう。しかし、それほど自分が関心を持っていなくても、また、相手が関心を持つかどうかわからなくても、ちょっとした話題やネタとして気軽に転送できるのはメールだからである。

タレントやスポーツ選手などの有名人が来店したことを、店員がブログやツイッターに書き込み、問題となったケースがいくつかあるが、たまたま街で有名人に出くわしたことを友だちにメールで報告したり、撮った写真を転送したりすることは、そのこと自体のよ

二〇二二年度 狭山ヶ丘高等学校（推薦第一回・推薦第二回）

※推薦第一回の問題です。

【国語】（五〇分）〈満点：一〇〇点〉

一 次の文章を読んで、以下の問い（問1～7）に答えなさい。

ケータイは普及が進むにつれ、通話よりメールのほうがよく利用されるようになってきている。

ケータイで文字メッセージサービスが始まったのは一九九六年四月のことだ。当時若年層を中心に※1ポケベルことページングサービスが流行していたことを受けて、ケータイ単体で文字のやりとりができるようなサービスが導入されたのである。翌一九九七年には電子メール（インターネット経由のメール）サービスが始まり、若年層を先頭に、二〇〇〇年代前半には幅広い年齢層に利用が広がっていった。

表1　1日あたりの通話・メール利用時間（分）

2005年

情報メディア行動		全体シーン 利用時間（分／日）	仕事シーン 利用時間（分／日）	その他シーン 利用時間（分／日）
電話	通話をする（携帯電話）	7.83	2.89	4.97
	通話をする（固定電話）	11.71	5.65	5.56
メール	メールを読む書く（携帯電話）	15.65	2.57	12.68
	メールを読む書く（パソコン）	11.65	6.69	4.95
インターネット	チャット機能やメッセンジャーを使う（パソコン）	1.79	0.17	1.50
	サイトを見る（携帯電話）	1.36	0.22	1.06
	サイトを見る（パソコン）	10.32	2.20	7.91
	サイトに書き込む（携帯電話）	0.14	0.02	0.09
	サイトに書き込む（パソコン）	0.96	0.09	0.88

2010年

情報メディア行動		全体シーン 利用時間（分／日）	仕事シーン 利用時間（分／日）	その他シーン 利用時間（分／日）
電話	通話をする（携帯電話）	8.60	3.33	5.21
	通話をする（固定電話）	10.25	6.58	3.65
メール	メールを読む書く（携帯電話）	20.55	3.28	17.01
	メールを読む書く（パソコン）	19.73	11.62	8.01
インターネット	チャット機能やメッセンジャーを使う（パソコン）	0.70	0.15	0.55
	サイトを見る（携帯電話）	9.47	0.81	8.37
	サイトを見る（パソコン）	18.64	4.64	13.94
	サイトに書き込む（携帯電話）	1.55	0.41	1.13
	サイトに書き込む（パソコン）	1.43	0.47	0.97

注記：なお、「仕事シーン」とは「仕事」での利用、「その他シーン」とは「身じたく・家事・子どもや家族の世話」、「飲食」、「移動」、「買い物をする」、「趣味・娯楽・休息・その他」での利用をまとめたものである。

出典：総務省情報通信国際戦略局情報通信経済室　2011『ICTインフラの進展が国民のライフスタイルや社会環境等に及ぼした影響と相互関係に関する調査報告書』http://www.soumu.go.jp/johotsusintokei/linkdata/h23_06_houkoku.pdf

（中略）

A表1は、先に引用した東京大学大学院情報学環の「日本人の情報行動」調査の二〇〇五年と一〇年のデータを比較するものである。ケータイからのメールは［X］が中心である一方、パソコンからのメールは「［Y］」での利用のほうが多いことがわかる。また、二〇〇五年と一〇年を比較すると、「通話」より「メール」や「サイト」の利用時間の［Z］幅が大きいことも見て取ることができる。

では、メールというメディアの「メッセージ」はどこにあるのか。通話は声を用いて、直接話をすることであるのに対し、メールは文字や記号を用いて、文章や言葉、絵など視覚的な情報を送り合う。ここでは、口伝えでのうわさとの違いを考える上で影響の大きい二つの特徴を挙げておきたい。

それは、文字メディアであるがゆえの非同期性と記録性である。後者には加えて、複製が容易であり、同じものを一斉に多数に送付できるというデジタル情報が持つ特徴も重要である。

まず、Bメールの非同期性についてであるが、これは、コミュニケーションする者同士が時間を共有しないことを指す。

電話はしばしば暴力的なメディアと言われてきた。電話をかける人は自分がつながりたい相手とのコミュニケーションを自分が好きなときに始めることができるが、かかってきた人はどんなときでも応答しなければならない。電話はかけ手が優位なメディアであり、「こちらの都合を考えずにかかってくる」とは電話嫌いがよく挙げる理由である。

このような特徴を持つ電話と比べると、メールはコミュニケーションをする者同士が時間を共有する必要がない。

英語解答

1 A　No. 1　3　No. 2　4
B　No. 1　3　No. 2　3
C　No. 1　2　No. 2　3

2 問１　2　問２　3　問３　2
問４　1　問５　4　問６　4
問７　2　問８　4　問９　3
問10　1

3 問１　4　問２　4　問３　1
問４　1　問５　3，4

4 1　④　2　①　3　①　4　③

5 1　３番目…②　６番目…⑧
2　３番目…⑧　６番目…⑦
3　３番目…⑥　６番目…⑧
4　３番目…①　６番目…⑦

6 1　③　2　④　3　④　4　②

7 1　③　2　④　3　③

8 1　①　2　④　3　③

1〔放送問題〕解説省略

2〔長文読解総合─説明文〕

≪全訳≫❶2012年２月26日に，17歳のトレイボン・マーティンは，フロリダ州サンフォードのゲーティッドコミュニティにある父親の恋人の家を出て，手軽な軽食を買いに行った。彼はスキットルズ１袋とアリゾナ・アイスティーを買った。雨から身を守るために灰色のフードを頭から被《かぶ》り，家に向かって歩いた。❷トレイボンが静かなコミュニティに戻る途中，ジョージ・ジマーマンという男が車から彼を監視し，携帯電話に手を伸ばした。過去数年間，ジョージは何度も警察に電話し，近所にいる人たちを通報してきた。しかし，彼が通報した「疑わしい」人物は全員，黒人男性だった。❸「近所で不法侵入が数件あった」とジョージは警察に言った。「そして，本当に疑わしい男がいる。この男は見るからに悪くて，ドラッグか何かやってるようだ」❹警官はジョージの車のドアを開けながら，彼に質問をした。「あの人を尾行しているのですか？」と彼女は尋ねた。「そんなことをする必要はありません」❺ジョージは「わかった」と答えた。❻しかし，彼は車から離れて，徒歩でトレイボンの後をつけ続けた。通りの角でジョージはその10代の若者を襲い出し，けんかが始まった。そのすぐ後，銃声が鳴り響き，17歳のトレイボン・マーティンはコンクリートの歩道に倒れた。家からわずか70ヤード（64m）ほどだった。❼トレイボン・マーティンはテレビゲームと修理を愛する若者だった。新しいことをやってみるのが好きだった。例えば，スノーボードをしたり，ニューヨークに行ってブロードウェイの舞台を見たり。いつかパイロットになるという夢もあった。にもかかわらず，高校の卒業記念ダンスパーティーに出る機会すら得る前に，射殺されてしまった。そして，彼を殺した男は，いまだに自由にゲーティッドコミュニティを歩き回って，さらなる「疑わしい人物」をパトロールしていた。❽失望が黒人社会を駆け巡った。アメリカには，黒人の命を重要でないかのように扱ってきた歴史がある。黒人に対する犯罪を犯す人の多くが，その行為に対して罰せられていないのだ。トレイボン・マーティンの死の57年前，ミシシッピ州である白人女性が14歳のエメット・ティルにちょっかいを出されたと訴えた後，２人の白人男性が彼を殺害した。エメットを殺した２人は無罪となった。トレイボンの死の21年前，ロサンゼルスで韓国人のコンビニ店主が15歳のラターシャ・ハーリンズを射殺した。彼女がオレンジジュース１瓶を盗んだという理由によるものだった。カリフォルニア州の陪審員団はラターシャを殺した店主を有罪としたが，判事は店主を５年の執行猶予の刑に処しただけだった。❾黒人社会はトレイボンに対する正義を非常に強く求めたので，彼の死は全米のニュースとなった。警察は最終的にジョージ・ジマーマンを逮捕したが，彼は正当防衛を主張し，2013年，トレイボン殺害の件に関して無罪を宣告された。❿ジョージ・ジマーマンの評決翌日の夜，コミュニティのまとめ役であるアリシア・ガーザは黒人たちに向けての手紙をフェイスブックに投稿した。彼女は「黒人の命がいかに軽視されているかに関して，私は驚かされ続けている」と書いた。アリシアは，コミュニティ全員に対して，黒人の命を見捨てないでほしいと求めた。⓫そして，彼女は投稿をこう締めくくった。「あなたたちを愛しています。私たちを愛しています。私たちの命は重要です」　その後，彼女の友人のパトリッセ・カラーズが最後の３語を今や有名なハッシュタグ #BlackLivesMatter に変えた。⓬その後，アリシアとパトリッセは黒人たちをまとめるためのリーダーシップ訓練プログラムでオーパル・トメティに出会った。３人の女性はSNSで連絡を取り合った。BLM 運動は変化を求める３人の友人から始まった。しかし，この運動はすぐには成功しなかった。彼女たちは小さなことから始めたが，協力を重視した。⓭ハッシュタグ #BlackLivesMatter がSNSで有名になるにつれて，一部の人々がこの運動に反発し始めた。BLM 運動が他集団を排除していると言ったのだ。#BlackLivesMatter は，黒人が他の人種を気にしないという意味ではなかった。活動家たちが単に注意を集めたかったのは，アメリカ，そして世界中で，黒人の命も重要であるということを人々が忘れているという事実だった。BLM 運動は１つの使命を掲げた。それは，世界中の人々が忘れていることを思い出すのを手伝うことだった。⓮アリシア，パトリッセ，オーパルと，BLM 運動に参加する全員にとって，世界や自分自身に対する黒人の見方を変えることは，自らを白人優位や抑圧から解放する１つの強力な方法である。BLM 運動は，黒人の状況を変えることに取り組み続けるだろう。

問１＜適語選択＞「何月何日」などの‘特定の日時’につく前置詞は on。

問２＜要旨把握＞第１，２，６段落参照。携帯電話を持っていたのはジョージ・ジマーマン(第２段落第１文)。

問３＜要旨把握＞第２～６，９段落参照。トレイボン・マーティンについて「ドラッグか何かやっている」と勝手な言いがかりをつけた(第３段落第３文)。自分が薬物を使用していたわけではない。

問４＜要旨把握＞第７段落参照。第１文に，Trayvon Martin was a teenager who loved video games とある。

問５＜要旨把握＞下線部を含む文は「アメリカには，黒人の命を重要でないかのように扱ってきた歴史がある」という意味。ここでの like は「～のように」の意味の接続詞。treat は「～を扱う」。その歴史は同じ第８段落で説明されている。１と３はどちらも「今から～年前」ではなく「トレイボン・マーティンの死の～年前」である。

問６＜適語(句)選択＞何の罪もない黒人の少年を殺害した男性が無罪になったことを受けてのSNS上での投稿内容であることと選択肢から，「黒人の命がいかに重要でない(ように扱われている)」という意味になるとわかる。動詞 matter「重要である」を「ほとんど～ない」の意味で修飾するのは little。

問７＜適語選択＞‘change ～ into …’で「～を…に変える」。この前で紹介した投稿の最後の「３語」である Our lives matter を #BlackLivesMatter に変えたのである。

問8＜適語選択＞この後に続く but placed big importance on … に着目すれば，big と‘逆接’の関係になる small が入ると判断できる。この small は「小規模に」という意味の副詞。

問9＜文型＞下線部⑨は The Black Lives Matter movement＝主語(S)，set＝動詞(V)，a mission＝目的語(O)の第３文型。これと同じ文型は３(Tom＝S，took＝V，me＝O，to a big park＝修飾語)。　1．Tom＝S，sings＝V，very well＝修飾語の第１文型。　2．Tom＝S，looks＝V，happy＝補語(C)，today＝修飾語の第２文型。　4．Tom＝S，gave＝V，me＝間接目的語(O1)，a golden ring＝直接目的語(O2)の第４文型。　5．Tom＝S，named＝V，his dog＝O，Taro＝C の第５文型。

問10＜内容真偽＞1…○　第８～12段落に一致する。　2…×　第６段落第２文参照。先にけんかを仕掛けたのはジョージ・ジマーマンである。　3…×　第12段落第２文参照。SNS を通じて連絡を取っている。　4…×　第13段落後半参照。黒人の命も重要であるということを訴えることが BLM 運動の目的である。

3〔長文読解総合―物語〕

≪全訳≫❶クリスマス前日，私は前もって買えなかったプレゼントを買うために，デパートへと急いだ。大勢の人がデパートにいるのを見て，「これはかなり時間がかかりそうだ」と思った。クリスマスの時期は，いつもやることが多すぎる。車をとめる場所を見つけるのも難しい。全ての店が混んでいて，買い物の支払いのために列になってずっと待たねばならない。ただ寝て，クリスマスが終わったときに起きられればいいのに，と思う。❷自分の子ども用のおもちゃを見ていると，小さな男の子が人形を胸に押しつけているのに気づいた。彼はずっと人形の髪を触って，悲しそうな顔だった。私は彼を心配する時間もなかったので，買い物を続けた。❸おもちゃ売り場に戻ると，その小さな男の子はまだ人形を抱いていた。結局，私は彼の方に歩いていって，なぜその人形がそんなに欲しいのか尋ねた。彼はこう言った。「妹のケリーがこの人形が大好きで，これをクリスマスに欲しがっていたんだ。サンタクロースが人形を自分に持ってきてくれるととても強く信じていたんだ」　私は，そのうちサンタクロースが人形を彼女に持っていってくれるはずよ，心配しないで，と答えた。でも，彼は悲しそうにこう言った。「ううん，サンタクロースは人形を彼女に持っていけないよ」❹彼はとても悲しげな目をしながら，こう言った。「ケリーは行っちゃったんだ。パパは，ママももうすぐ行くって言うから，ママがこの人形を一緒に持っていけると思ったんだ」　私の心臓は止まりかけた。彼は私を見上げて，こう言った。「ママにまだ行かないように言ってってパパに言ったんだ。ママに僕が店から帰るまで待っててほしいんだ」　そして，彼は自分が笑っているとてもすてきな写真を私に見せて，こう言った。「それから，ママにこの写真を持っていってほしいんだ。ママに僕のことを忘れてほしくないから。でも，店員さんは，僕にはこの人形を買えるだけのお金はないって言うんだ」　そして，彼はまた人形を見た。❺私はすばやく自分の財布に手を伸ばし，数枚の紙幣を取り出した。「もう１回調べてみましょう。あなたは十分なお金を持っているかもしれないわよ」と私は言った。私は彼が見ていない間に，私のお金をいくらか彼のお金に加え，２人でそれを数えた。人形を買うのに十分，さらに余分なお金すらあった。彼は「僕は十分持ってる！」と言った。そして，彼は私を見て，こうつけ加えた。「白いバラをママに買えるだけのお金も欲しかったんだけど，もう買えるよ！　ママはね，白いバラが大好きなんだ」❻その小さな男の子に会った２日後，酔っぱらったドライバーが，若い女性と小さな女の子を乗せた車にぶつかったと新聞で読んだ。女の子は即死，母親も数日後に亡くなっていた。彼のお母さんと妹に違いない，と私は思った。そして，新聞によれば，母親の葬式は翌日に行われる予定だった。私は自分を抑えきれずに，たくさんの白いバラを買って，葬儀場へ向かった。若い女性の遺体がそこには横たわっていた。❼私が葬儀場に着くと，若い女性は１本の美しい白いバラを手に持ち，小さな男の子の写真と人形が彼女の胸の上に置かれていた。あの小さな男の子は最前列に座って，ひたすら泣いていた。とても悲しそうだった。私の心は引き裂かれた。❽私は葬儀場を出た。私は自分の人生が永遠に変えられたのを感じた。

問１＜文脈把握＞下線部は，クリスマスプレゼントを買いにデパートに来た女性が店の混雑ぶりを見て思った言葉。take forever は「とても長く(時間が)かかる」という意味。あまりにも店が混んでいるため，買い物を終わらせるのに時間がかかると嘆いているのである。

問２＜適語句選択＞妹のケリーが欲しがっていた人形を抱いていた少年のセリフ。ケリーはクリスマスにその人形をもらえると強く信じていたのだと考えられる。be sure that ～「～ということを確信している」の sure を so「とても」で強調した形。so は sure の前に置く。

問３＜文脈把握＞直後の文参照。Kelly is gone. は Kelly died.「ケリーは死んだ」を遠回しに言う表現。ここの意味に確信が持てなくても，第６段落第２文に The little girl(＝Kelly) died とある。

問４＜英文解釈＞下線部を含む文の「白いバラをママに買えるだけのお金も欲しかったんだけど，もうできる(＝買える)よ」という意味から，can の後には，前の部分と重複する buy a white rose for my Mommy が省略されているとわかる。このように，英語では前に出た語(句)が繰り返しになる場合，繰り返しとなる語(句)は通例省略される。

問５＜内容真偽＞１…×　第２段落参照。最初は声をかけなかった。　２…×　第４段落参照。母の死が近いことも理解している。　３…○　第５段落第１～４文に一致する。　４…○　第６段落第１，２文に一致する。　５…×　第６段落最終文～第７段落第１文参照。葬儀場にあったのは「若い女性の遺体」だけである。また，花を供えたという記述もない。

４〔適語(句)選択〕

１．‘there＋be動詞＋主語’「(主語)がいる〔ある〕」の構文の疑問文。‘主語’に当たる a fox and a cat は複数である。　「キツネと猫があの大きな箱の中にいましたか」

２．‘It is ～ to …’「…することは～だ」の形式主語構文の疑問文。　be able to ～「～できる」「速く走れるのは良いことですか」

３．主語の The man に対応する述語動詞は didn’t know なので空所から me までは The man を修飾する関係代名詞節。選択肢の中で‘人’を先行詞とする関係代名詞は who だけ。直後が動詞なので主格の関係代名詞である。　「ボールを私に投げてくれた男性は，そのことを何も知らなかった」

４．‘tell＋人＋物事’「〈人〉に〈物事〉を伝える」の‘物事’の部分が‘疑問詞＋主語＋動詞...’の間接疑問になった形である。空所の直後が standing なので，‘be動詞＋～ing’の進行形にする。　「なぜ彼女はあそこに立っていたのか，私に教えてください」

５〔整序結合〕

１．‘I thought(＋that)＋主語＋動詞...’の形で，that節の‘主語＋動詞...’の部分を比較級の文にまとめる。much は「ずっと」の意味で比較級を強調する副詞として比較級 older の前に置く。　I thought his father was much older than me.「彼の父親は私よりずっと年上だと思っていた」

2．‘Do you know(＋that)＋主語＋動詞…?’の形で，that節の‘主語＋動詞…’の部分を‘天候’を表すitを主語にし，動詞はhas been ～ing「ずっと～し続けている」の現在完了進行形にする。 Do you know it has been snowing in that country?「あの国で雪がずっと降り続けているのを知っていますか」

3．‘主語＋動詞’はHis brother was studyingに決まる。この後はvery hardを続け，残りはto不定詞の副詞的用法でその‘目的’を表す。 His brother was studying very hard to go to college.「彼の兄〔弟〕は，大学へ行くためにとても一生懸命勉強していた」

4．まずThat boy is Tomという骨組みをつくり，残りはplaying chess in his roomとまとめてThat boyを後ろから修飾する(現在分詞の形容詞的用法)。 That boy playing chess in his room is Tom.「部屋でチェスをしている男の子はトムだ」

6〔誤文訂正〕

1．twoは複数なので，two centimetersが正しい。 「走っているあの男の子が私より2センチ背が高いとは思わない」

2．文後半はshe didn’tと否定文なのでsomeではなくanyが正しい。 「彼女が地図を持っていなかったので，彼はそこに着けなかった」

3．She has already made …という現在完了形の付加疑問文なので，doesn’t she?ではなくhasn’t she?が正しい。 「彼女は自分の部屋をもうきれいにしたんですよね」

4．‘not only *A* but (also) *B*’「*A*だけでなく*B*も」の形で主語になる部分なので，目的格のhimではなく主格のheが正しい。 「彼だけでなく彼女も，会議で周りの関心を集めていた」

7〔単語のアクセント〕

1．① sánd-wich ② súb-urb ③ main-táin ④ wéap-on

2．① gránd-fa-ther ② méd-i-cine ③ prés-i-dent ④ im-pór-tant

3．① cám-er-a ② án-y-thing ③ a-párt-ment ④ béau-ti-ful

8〔単語の発音〕

1．① heart[ɑː*r*] ② hers[əː*r*] ③ burn[əː*r*] ④ thirsty[əː*r*]

2．① milk[i] ② dinner[i] ③ will[i] ④ sign[ai]

3．① theme[θ] ② thought[θ] ③ though[ð] ④ through[θ]

2022年度／狭山ヶ丘高等学校(推薦第２回)

数学解答

1 (1) 1…2　2…3
(2) 3…5　4…3
(3) 5…2　6…1
(4) 7…3　8…2
(5) 9…1　10…9
(6) 11…7　12…4
(7) 13…8　14…2
(8) 15…7　16…1　17…2

2 (1) 18…3　19…4
(2) 20…③　21…④　22…⑤
(3) 23…5　24…3　25…5　26…4
(4) 27…1　28…6　29…1　30…5
(5) 31…3　32…3　33…7　34…3
35…4

3 (1) 36…1　37…0　38…5
(2) 39…1　40…0　41…2　42…0
43…4　44…0

4 45…1　46…2　47…1　48…1
49…5　50…2　51…4　52…5
53…5　54…4　55…1　56…2
57…1　58…2

5 (1) 59…3　60…6　61…3
(2) 62…2　63…0　64…3
(3) 65…5　66…2　67…1　68…3
69…7　70…3　71…3

1〔独立小問集合題〕

(1)＜数の計算＞与式 $=-9+16-30=-23$

(2)＜式の計算＞与式 $=(x+2y)-\left(x-\frac{y}{2}\right)=x+2y-x+\frac{y}{2}=\frac{5}{2}y=\frac{5}{2}\times\frac{2}{3}=\frac{5}{3}$

(3)＜連立方程式＞$2x-3y=1$……①，$3x+y=7$……②とする。①＋②×3 より，$2x+9x=1+21$，$11x=22$　∴$x=2$　これを②に代入して，$6+y=7$　∴$y=1$

(4)＜数の計算＞$\frac{4(\sqrt{2}+\sqrt{3})}{\sqrt{2}}=\frac{4(\sqrt{2}+\sqrt{3})\times\sqrt{2}}{\sqrt{2}\times\sqrt{2}}=\frac{4\sqrt{2}(\sqrt{2}+\sqrt{3})}{2}=2\sqrt{2}(\sqrt{2}+\sqrt{3})$，$\sqrt{0.75}=\sqrt{\frac{3}{4}}=\frac{\sqrt{3}}{\sqrt{4}}=\frac{\sqrt{3}}{2}$ より，与式 $=2\sqrt{2}(\sqrt{2}+\sqrt{3})\times\frac{\sqrt{3}}{2}=\sqrt{2}\times\sqrt{3}\times(\sqrt{2}+\sqrt{3})=\sqrt{2}\times\sqrt{3}\times\sqrt{2}+\sqrt{2}\times\sqrt{3}\times\sqrt{3}=2\sqrt{3}+3\sqrt{2}=3\sqrt{2}+2\sqrt{3}$ となる。

(5)＜確率―さいころ＞さいころの目は1〜6の6通りなので，大小2つのさいころの目の出方は，全部で $6\times6=36$(通り)ある。このうち，目の数の和が9になるのは，(大，小)＝(3，6)，(4，5)，(5，4)，(6，3)の4通りだから，求める確率は $\frac{4}{36}=\frac{1}{9}$ となる。

(6)＜二次方程式―解の利用＞$x^2-ax+12=0$ に解である $x=3$ を代入すると，$3^2-a\times3+12=0$ より，$a=7$ となる。よって，二次方程式は $x^2-7x+12=0$ であり，これを解くと，$(x-3)(x-4)=0$　∴$x=3, 4$　よって，もう1つの解は $x=4$ である。

(7)＜関数―変域＞関数 $y=-2x^2$ においては，x の絶対値が大きいほど y の値は小さくなるので，x の変域が $-2\leqq x\leqq-1$ のとき，y の値は $x=-2$ で最小，$x=-1$ で最大となる。よって，$y=-2\times(-2)^2=-8$，$y=-2\times(-1)^2=-2$ より，y の変域は $-8\leqq y\leqq-2$ である。

(8)＜数の計算＞与式 $=\left(1-\frac{1}{4}\right)\times\left(1-\frac{1}{9}\right)\times\left(1-\frac{1}{16}\right)\times\left(1-\frac{1}{25}\right)\times\left(1-\frac{1}{36}\right)=\frac{3}{4}\times\frac{8}{9}\times\frac{15}{16}\times\frac{24}{25}\times\frac{35}{36}=\frac{7}{12}$

≪別解≫与式 $=\left(1-\frac{1}{2}\right)\left(1+\frac{1}{2}\right)\left(1-\frac{1}{3}\right)\left(1+\frac{1}{3}\right)\left(1-\frac{1}{4}\right)\left(1+\frac{1}{4}\right)\left(1-\frac{1}{5}\right)\left(1+\frac{1}{5}\right)\left(1-\frac{1}{6}\right)\left(1+\frac{1}{6}\right)=\frac{1}{2}\times\frac{3}{2}\times\frac{2}{3}\times\frac{4}{3}\times\frac{3}{4}\times\frac{5}{4}\times\frac{4}{5}\times\frac{6}{5}\times\frac{5}{6}\times\frac{7}{6}=\frac{1}{2}\times\frac{7}{6}=\frac{7}{12}$ となる。

2〔独立小問集合題〕

(1)＜空間図形─相似比＞相似な立体の体積の比は相似比の3乗に等しい。よって，$27:64=3^3:4^3$ より，相似比は $3:4$ である。

(2)＜関数＞①〔残りのページ数〕＝〔本全体のページ数〕－〔読んだページ数〕より，$y=100-x$，$y=-x+100$ となる。よって，y は x の一次関数であるが，比例ではない。　②球の表面積の公式より，$y=4\pi x^2$ である。よって，y は x の2乗に比例する。　③歯数40の歯車Aは x 回転する間に歯車Bと $40x$ 回かみ合い，歯数50の歯車Bは y 回転する間に歯車Aと $50y$ 回かみ合うから，$40x=50y$ が成り立ち，$50y=40x$，$y=\frac{4}{5}x$ となる。よって，y は x に比例する。　④分速 y m の速さで x 分歩いて，1km，つまり1000m 進むから，$y\times x=1000$ より，$y=\frac{1000}{x}$ となる。よって，y は x に反比例する。　⑤例えば，正の整数6の約数は1，2，3，6の4個だが，約数が4個である正の整数は8など複数ある。よって，約数の個数 x が決まっても，正の整数 y はただ1つには決まらないから，y は x の関数ではない。

図1

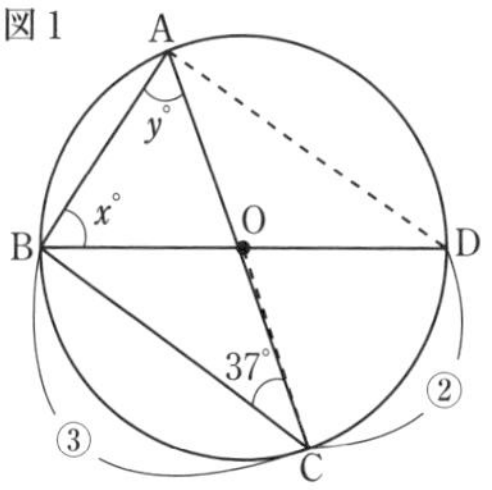

(3)＜平面図形─角度＞右図1で，点Aと点D，点Oと点Cを結ぶ。$\overset{\frown}{AB}$ に対する円周角より，$\angle ADB=\angle ACB=37°$ となる。線分BDは直径だから，$\angle BAD=90°$ であり，△ABDで，$x°=180°-90°-37°=53°$ となる。また，$\overset{\frown}{BC}:\overset{\frown}{CD}=3:2$ より，$\angle BOC=180°\times\frac{3}{3+2}=108°$ だから，$\overset{\frown}{BC}$ に対する円周角と中心角の関係より，$y°=\frac{1}{2}\angle BOC=\frac{1}{2}\times108°=54°$ である。

図2

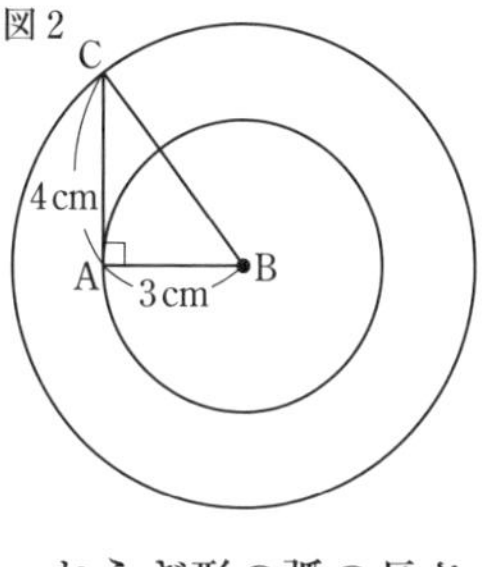

(4)＜平面図形，空間図形─面積＞右図2で，△ABCを含む平面内において，点Bを中心として線分ACを1回転したとき，線分ACが通過する部分は，点Aが通過してできる円と，点Cが通過してできる円の間にはさまれた部分となる。△ABCで三平方の定理より，$BC=\sqrt{AB^2+AC^2}=\sqrt{3^2+4^2}=\sqrt{25}=5$ だから，求める面積は $\pi\times5^2-\pi\times3^2=16\pi$ (cm^2) となる。次に，線分BCを，直線ACを軸として空間内で1回転したとき，通過する部分は，底面の半径が $AB=3$ で，母線の長さが $BC=5$ である円錐の側面となる。この円錐の側面を展開図で表したときのおうぎ形の中心角を $x°$ とすると，おうぎ形の弧の長さと底面の円の周の長さが等しいことから，$2\pi\times5\times\frac{x°}{360°}=2\pi\times3$ が成り立つ。これより，$\frac{x°}{360°}=\frac{3}{5}$ となるので，この円錐の側面積，つまり線分BCが通過する部分の面積は $\pi\times5^2\times\frac{x°}{360°}=\pi\times25\times\frac{3}{5}=15\pi$ (cm^2) となる。

(5)＜数の性質＞$2022\div2=1011$，$1011\div3=337$ より，$2022=2\times3\times337$ となる。また，$a^4+b^4=337$（ただし，$a<b$）とする。このとき，$a^4<b^4$ で，$337\div2=168.5$，$3^4<168.5<4^4$ だから，a の値は3以下の自然数である。$a=1$ のとき，$1^4+b^4=337$，$b^4=336$ となるが，$336=2^4\times3\times7$ だから，これを満たす整数 b はない。$a=2$ のとき，$2^4+b^4=337$，$b^4=321$，$321=3\times107$ より，適さない。$a=3$ のとき，$3^4+b^4=337$，$b^4=256$，$256=2^8=4^4$ だから，$b=4$ で適する。よって，$337=3^4+4^4$ と表すことができる。

3〔数と式─二次方程式の応用〕

(1)＜数量の計算＞濃度10％の食塩水100gに含まれる食塩の量は $100\times\frac{10}{100}=10$ (g)，濃度5％の食塩水100gに含まれる食塩の量は $100\times\frac{5}{100}=5$ (g) である。

(2)＜二次方程式の応用＞1回操作を行うと，容器Aの食塩水に含まれる10gの食塩の$\frac{x}{100}$が取り出され，容器Bの食塩水中の食塩5gの$\frac{x}{100}$が容器Aに移るから，容器Aの食塩の量は，$10\times\left(1-\frac{x}{100}\right)+5\times\frac{x}{100}=10-\frac{x}{20}$(g)となる。このとき，容器Bの食塩の量は，$5\times\left(1-\frac{x}{100}\right)+10\times\frac{x}{100}=5+\frac{x}{20}$(g)である。よって，2回目の操作終了後の容器A中の食塩の量は，$\left(10-\frac{x}{20}\right)\times\left(1-\frac{x}{100}\right)+\left(5+\frac{x}{20}\right)\times\frac{x}{100}=10-\frac{x}{10}+\frac{x^2}{1000}$(g)と表せる。濃度7.6%の食塩水100g中には$100\times\frac{76}{1000}=7.6$(g)の食塩が含まれているから，$10-\frac{x}{10}+\frac{x^2}{1000}=7.6$が成り立つ。両辺を1000倍して解くと，$10000-100x+x^2=7600$，$x^2-100x+2400=0$，$(x-40)(x-60)=0$　∴$x=40$，60　$x<50$だから，$x=40$である。

4〔関数—関数 $y=ax^2$ と一次関数のグラフ〕

≪基本方針の決定≫△PABと△ABDは辺ABを共有していることから考える。

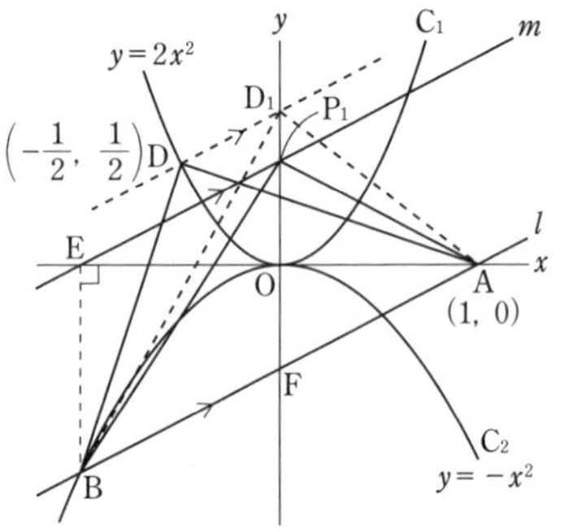

＜解説＞右図で，傾きが$\frac{1}{2}$である直線lの式を$y=\frac{1}{2}x+b$とおくと，A(1, 0)を通るので，$0=\frac{1}{2}\times1+b$より，$b=-\frac{1}{2}$となり，直線lの式は$y=\frac{1}{2}x-\frac{1}{2}$である。点Bは，この直線と関数$y=-x^2$のグラフの交点だから，2式から$y$を消去して，$-x^2=\frac{1}{2}x-\frac{1}{2}$，$2x^2+x-1=0$，解の公式より，$x=\frac{-1\pm\sqrt{1^2-4\times2\times(-1)}}{2\times2}=\frac{-1\pm\sqrt{9}}{4}=\frac{-1\pm3}{4}$となり，$x=\frac{-1-3}{4}=-1$，$x=\frac{-1+3}{4}=\frac{1}{2}$である。小さい方が点Bの$x$座標だから，点Bの$x$座標は$-1$であり，$y=-(-1)^2=-1$より，B$(-1, -1)$となる。図のように，点Bから$x$軸に垂線BEを引くと，E$(-1, 0)$より，AE$=1-(-1)=2$，BE$=0-(-1)=1$だから，△AEBで三平方の定理より，AB$=\sqrt{\mathrm{AE}^2+\mathrm{BE}^2}=\sqrt{2^2+1^2}=\sqrt{5}$である。同様に，D$\left(-\frac{1}{2}, \frac{1}{2}\right)$と点Bの$x$座標の差は$-\frac{1}{2}-(-1)=\frac{1}{2}$，$y$座標の差は$\frac{1}{2}-(-1)=\frac{3}{2}$だから，三平方の定理より，BD$=\sqrt{\left(\frac{1}{2}\right)^2+\left(\frac{3}{2}\right)^2}=\sqrt{\frac{10}{4}}=\frac{\sqrt{10}}{2}$となる。さらに，2点A, Dの$x$座標の差は$1-\left(-\frac{1}{2}\right)=\frac{3}{2}$，$y$座標の差は$\frac{1}{2}-0=\frac{1}{2}$だから，AD$=\sqrt{\left(\frac{3}{2}\right)^2+\left(\frac{1}{2}\right)^2}=\sqrt{\frac{10}{4}}=\frac{\sqrt{10}}{2}$である。よって，△ABDで，AD：BD：AB$=\frac{\sqrt{10}}{2}:\frac{\sqrt{10}}{2}:\sqrt{5}=1:1:\sqrt{2}$となり，△ABDはAD＝BDの直角二等辺三角形だから，∠ABD＝45°，△ABD$=\frac{1}{2}\times$AD$\times$BD$=\frac{1}{2}\times\frac{\sqrt{10}}{2}\times\frac{\sqrt{10}}{2}=\frac{5}{4}$である。次に，△$\mathrm{P_1AB}$の面積が1となるような点$\mathrm{P_1}$を$y$軸上の直線$l$より上側の部分にとり，点$\mathrm{P_1}$を通り直線ABに平行な直線$m$を引く。このとき，直線$m$上のどこに点Pをとっても，△PAB＝△$\mathrm{P_1AB}$＝1となるので，△PAB＝1となるような点Pを直線lの上側にとるとき，点Pが描く直線は直線mとなる。さらに，点Dを通り直線ABに平行な直線を引きy軸との交点を$\mathrm{D_1}$とすると，△$\mathrm{ABD_1}$＝△ABD$=\frac{5}{4}$となるから，△$\mathrm{P_1AB}$：△$\mathrm{ABD_1}=1:\frac{5}{4}=4:5$より，△$\mathrm{P_1AB}=\frac{4}{5}$△$\mathrm{ABD_1}$である。よって，直線$l$と$y$軸の交点をFとすると，$\mathrm{P_1F}=\frac{4}{5}\mathrm{D_1F}$である。直線$\mathrm{DD_1}$の式を$y=\frac{1}{2}x+n$とし，点Dの座標を代入すると，$\frac{1}{2}=\frac{1}{2}\times\left(-\frac{1}{2}\right)+n$，$n=\frac{3}{4}$となるから，$\mathrm{OD_1}=\frac{3}{4}$であり，直線$l$の切片よりOF$=\frac{1}{2}$で，$\mathrm{D_1F}=\mathrm{OD_1}+$

$OF=\frac{3}{4}+\frac{1}{2}=\frac{5}{4}$だから，$P_1F=\frac{4}{5}\times\frac{5}{4}=1$である。したがって，$OP_1=P_1F-OF=1-\frac{1}{2}=\frac{1}{2}$だから，点Pは直線$y=\frac{1}{2}x+\frac{1}{2}$を描く。

5 〔平面図形—正三角形〕

≪基本方針の決定≫(2)　辺ACは線分PQの垂直二等分線になっている。　(3)　(2)の辺AQの長さと△SAQの面積の関係を利用する。

図1

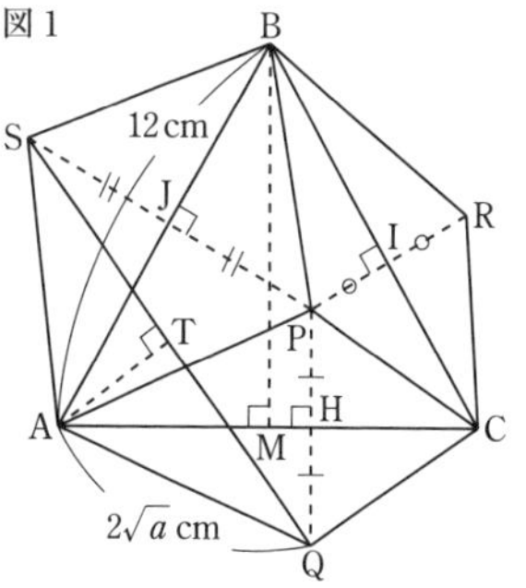

(1)＜面積＞右図1で，頂点Bから辺ACに垂線BMを引くと，△ABCは1辺が12cmの正三角形だから，△ABMは3辺の比が$1:2:\sqrt{3}$の直角三角形となる。よって，$BM=\frac{\sqrt{3}}{2}AB=\frac{\sqrt{3}}{2}\times12=6\sqrt{3}$だから，$\triangle ABC=\frac{1}{2}\times AC\times BM=\frac{1}{2}\times12\times6\sqrt{3}=36\sqrt{3}\,(\mathrm{cm}^2)$となる。

(2)＜角度，面積＞右図1で，2点P，Qは辺ACに関して対称な点だから，PH＝QH，PQ⊥ACであり，辺ACは線分PQの垂直二等分線である。これより，AP＝AQ，CP＝CQだから，△ACP≡△ACQであり，∠PAC＝∠QACより，∠PAQ＝∠PAC＋∠QAC＝2∠PACとなる。同様に，△ABP≡△ABSより，∠PAS＝2∠PABとなる。よって，∠SAQ＝∠PAS＋∠PAQ＝2∠PAB＋2∠PAC＝2(∠PAB＋∠PAC)＝2∠BAC＝2×60°＝120°である。また，AP＝AQ，AP＝ASより，△SAQはAQ＝ASの二等辺三角形で，∠SAQ＝120°だから，点Aから底辺SQに垂線ATを引くと，$\angle QAT=\frac{1}{2}\angle SAQ=\frac{1}{2}\times120^\circ=60^\circ$となる。これより，△QATは3辺の比が$1:2:\sqrt{3}$の直角三角形であり，$AQ=2\sqrt{a}$のとき，$AT=\frac{1}{2}AQ=\frac{1}{2}\times2\sqrt{a}=\sqrt{a}$，$QT=\sqrt{3}AT=\sqrt{3}\times\sqrt{a}=\sqrt{3a}$，$SQ=2QT=2\sqrt{3a}$となる。したがって，$\triangle SAQ=\frac{1}{2}\times SQ\times AT=\frac{1}{2}\times2\sqrt{3a}\times\sqrt{a}=\sqrt{3}a\,(\mathrm{cm}^2)$である。

図2

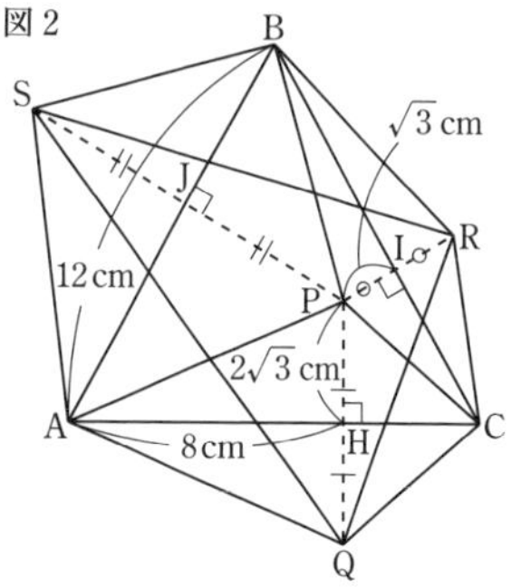

(3)＜長さ，面積＞右図2で，HC＝AC－AH＝12－8＝4だから，△PHCで三平方の定理より，$PC=\sqrt{PH^2+HC^2}=\sqrt{(2\sqrt{3})^2+4^2}=\sqrt{28}=2\sqrt{7}$であり，△PICで三平方の定理より，$CI=\sqrt{PC^2-PI^2}=\sqrt{(2\sqrt{7})^2-(\sqrt{3})^2}=\sqrt{25}=5\,(\mathrm{cm})$となる。これより，BI＝BC－CI＝12－5＝7だから，△PBIで，$BP=\sqrt{PI^2+BI^2}=\sqrt{(\sqrt{3})^2+7^2}=\sqrt{52}=2\sqrt{13}$である。よって，△ABP≡△ABSより，$BS=BP=2\sqrt{13}\,(\mathrm{cm})$となる。また，△APHで，$AP=\sqrt{AH^2+PH^2}=\sqrt{8^2+(2\sqrt{3})^2}=\sqrt{76}=2\sqrt{19}$である。ここで，$AJ=x\,(\mathrm{cm})$とおくと，$BJ=AB-AJ=12-x$と表せ，△APJで，$PJ^2=AP^2-AJ^2=(2\sqrt{19})^2-x^2$，△BPJで，$PJ^2=BP^2-BJ^2=(2\sqrt{13})^2-(12-x)^2$となるから，$(2\sqrt{19})^2-x^2=(2\sqrt{13})^2-(12-x)^2$が成り立つ。これを解くと，$76-x^2=52-(144-24x+x^2)$，$24x=168$，$x=7$となるから，AJ＝7(cm)である。次に，△SQR＝〔六角形AQCRBS〕－△SAQ－△QCR－△RBSである。△ACP≡△ACQ，△BCP≡△BCR，△ABP≡△ABSより，〔六角形AQCRBS〕＝△ACP＋△ACQ＋△BCP＋△BCR＋△ABP＋△ABS＝2△ACP＋2△BCP＋2△ABP＝2(△ACP＋△BCP＋△ABP)＝2△ABC＝$2\times36\sqrt{3}=72\sqrt{3}$となる。(2)より$AQ=2\sqrt{a}$のとき，$\triangle SAQ=\sqrt{3}a$だから，$AQ=AP=2\sqrt{19}$より，$a=19$とすると，$\triangle SAQ=\sqrt{3}\times19=19\sqrt{3}$となる。同様にして，$CQ=PC=2\sqrt{7}$より$\triangle QCR=\sqrt{3}\times7=7\sqrt{3}$，$BS=2\sqrt{13}$より$\triangle RBS=\sqrt{3}\times13=13\sqrt{3}$となるから，$\triangle SQR=72\sqrt{3}-19\sqrt{3}-7\sqrt{3}-13\sqrt{3}=33\sqrt{3}\,(\mathrm{cm}^2)$である。

2022年度／狭山ヶ丘高等学校（推薦第１回）

国語解答

一　問１　(ア)…⑤　(イ)…⑤　(ウ)…①　(エ)…③
　　　　(オ)…③
　　問２　a…④　b…②　c…⑥　d…①
　　問３　X…④　Y…①　Z…②
　　問４　⑤　　問５　③　　問６　②
　　問７　②

二　問１　(ア)…⑤　(イ)…①　(ウ)…③
　　問２　②　　問３　③　　問４　⑤
　　問５　②　　問６　⑤　　問７　④
　　問８　②　　問９　⑤，⑥　　問10　①

三　問１　(ア)…②　(イ)…③　(ウ)…①
　　問２　⑤　　問３　④　　問４　②
　　問５　④　　問６　D…④　E…①
　　問７　⑤

一〔論説文の読解―社会学的分野―情報〕出典；松田美佐『うわさとは何か』。

≪本文の概要≫ケータイは普及が進むにつれ，通話よりメールの方がよく利用されるようになっている。メールは，コミュニケーションする者どうしが，時間を共有する必要がないという非同期性を持っており，メールの普及によって，より「気軽な用件」での連絡が増えている。また，メールは，メッセージが相互の手もとに残るという記録性があり，複製して，多くの人に同じものを送付したり転送したりするのも簡単である。メールは，多くの人に効率よく情報を伝えるのに適しているのである。「ちょっとした話題」が，「関心を持つ人がいればよい」程度の考えで，複数の人に送られて広まるのは，メールの気楽さが生み出すコミュニケーションのありようである。東日本大震災時も，「火災により有害物質が降る」といううわさが，メールを通して広まった。ただ，このうわさは，チェーンメールであることに気づいた人も多く，また，似ているが細部の異なる文面のメールが短時間に届いたことから，受け手が冷静にメールを見ることができた。さらに，ツイッターでうわさの検証作業を行う人も現れて，ツイッターでのうわさは，メールより早く収束に向かった。内容が文章として残るメールは，情報を批判的に検討しやすく，うわさは短命化しやすいのかもしれない。

問１＜漢字＞(ア)音読みは「尋問」などの「ジン」。　(イ)音読みは「珍品」などの「チン」。　(ウ)「変容」は，姿や様子などが変わること。　(エ)「周囲」は，ある人や物のまわりのこと。　(オ)「検証」は，物事を実際に調査して事実であることを証明すること。

問２＜接続語＞a．「対面や電話での会話は録音をしない限り，そのまま残ることはない」が，逆に「メールの場合，基本的に送り合ったメッセージが相互の手元に残る」ものである。　b．「メールで広がるうわさ」について，最初に第一の「気軽なうわさ」という角度から考えたい。　c．「タレントが○日にロケに来るといううわさ」やチェーンメール実験のうわさなどが広まり，騒ぎとなったことは，「メールが電話以上に『気楽な用件』を拡大させた」ことの例である。　d．「普段はあまりやりとりのない人」や「複数の人」から「このうわさについてのメールを受け取った人」は，「少なくなかった」が，そうはいっても「このメールを受け取った人すべてが，うわさを広げた」のではない。

問３＜資料＞X．「ケータイからのメール」を仕事で使う時間は，2005年が2.57分で，2010年が3.28分。それ以外で使う時間は2005年が12.68分で，2010年が17.01分。したがって，仕事以外の，プライベートでの利用が「中心」である。　Y．「パソコンからのメール」を仕事で使う時間は，2005年が6.69分で，2010年が11.62分。それ以外で使う時間は2005年が4.95分，2010年が8.01分。したがって，仕事での利用の方が多い。　Z．携帯電話の「通話」での利用時間は，2005年が7.83分，2010年が8.60分。一方，「メール」や「サイト」の利用時間は，2005年が17.15分，2010年が31.57分。したがって「通話」より「『メール』や『サイト』の利用時間」の増加幅が「大きい」ことが見て取れる。

問４＜文章内容＞メールは，やりとりする者どうしが「時間を共有する必要がない」という「非同期性」があり，自分の都合に合わせて利用できるため，メールの普及とともに，「用件」のハードルが下がって，「気軽な用件」で連絡する人が増えたのである。

問５＜文章内容＞メールは受け手の都合を無視することがなく，「同じ情報を一斉に多くの人に届けること」や，内容を「保存」することができる。さらに「宛先記録」から，情報が誰と「共有されているものなのか」もわかるため，学校から多数の家庭への連絡に適しているのである。

問６＜文章内容＞メールを通して「爆発的に広まる」うわさは，「似たような，しかし，細部の異なる」情報が，「短時間に届く」ことで，うわさに「疑問を持つ人」も多く現れ，うわさの「信憑性」について「批判的に検討」されて，事実が早々に明らかになりやすいのである。

問７＜資料＞①第三条第１項第一号によると，「送信をすることに同意する旨を送信者に対し通知した者」には，「特定電子メールの送信」ができる(…○)。　②受信者の同意がなく，かつ「特定電子メール」に送信者の氏名などが表記されていた場合についてはふれられていない(…×)。　③第三条第１項第四号によると，同意がなくても，「自己の電子メールアドレスを公表している」個人には，「特定電子メールの送信」ができる(…○)。　④第三条第１項第三号によると，同意がなくても，「特定電子メールを手段とする広告」や「宣伝」に関わる営業を行う者と「取引関係にある者」には，「特定電子メールの送信」ができる(…○)。　⑤第三条第３項によると，「広告又は宣伝以外の行為」を目的とするメールに，「広告又は宣伝が付随的に行われる場合」は，受信者の同意がなくても，「特定電子メールの送信」ができる(…○)。

〔編集部注：法律の条文は，条・項・号の順番で区分されていて，項には算用数字を用いる。なお，「第１項」は表記をしないというルールがあるため，問題文の資料の第三条は，厳密には「第三条第１項　送信者は〜」となる。〕

二〔小説の読解〕出典；石田衣良『ココアとスミレ』。

問１＜語句＞(ア)「疎密」は，粗くまばらであることと細かいこと。　(イ)「便宜」は，状況に適した，特別なはからいのこと。　(ウ)「味気ない」は，物事のおもしろみが感じられないさま。

問２＜文章内容＞人間が「明日の予定表ばかり見て」いたり，「何百年もまえのことにこだわったり」して，「今という時間」を見つめて生きようとしないことが，ネコにとっては「不思議」なのである。

問３＜表現技法＞「太陽の軌跡」を，「空を駆ける黄金の弓」にたとえている。暗喩は，ある事物を，「〜ようだ」などを用いずに別のものにたとえる表現技法。

問４＜表現＞本文では「ネコ」や「イヌ」と同じく，人間も「ヒト」とカタカナで表記されており，ネコが「ヒト」を特別扱いせず，同じ「生きもの」の一種として受けとめていることを表している。

問５＜文章内容＞ネコたちは，「心配ごとなんてぜんぜんない」というネコに対する女主人の考えを，

「愚かな生きもの」である「ヒト」らしく，「真に高等な生物の課題」を理解しないものだと考えた。

問６＜心情＞ネコたちは，「日常的なサービス」を受ける代わりに，かわいい飼いネコとして女主人と男主人の相手をして，夫婦が「会話のまったくない三十分をなんとか耐えられるようにする」ことを「毎日の労働」と受けとめており，今夜もその務めを果たそうと考えたのである。

問７＜状況＞「わたしたちネコ族と違って…」と「人間たちって，ほんとうに不思議ね」は，「階段のうえ」からココアがスミレに話しかけたときの言葉。「それはほんとうの意味で，今という時間を生きられないからじゃないかな」は，ヒトに対するスミレの疑問に答えるココアの言葉。「そうね。イヌは自分たちで獲物を探すこともできない」は，階段の踊り場にいるスミレに「念話を返した」ときのココアの言葉。「生きものはみなひとりで生まれて，ひとりで死んでいく」は，「女主人の足」に身体をこすりつけたときのココアの言葉。「ヒト族がつかうネコ語だけは，慣れることができないわね」は，「ネコ語」で話しかける男主人について，スミレに話しているココアの言葉である。

問８＜主題＞本文では，ネコは「イヌのように生活のすべてをヒトに依存」しない，個々に自立した「誇り高い」生き物であり，「生きものはみなひとりで生まれて，ひとりで死んでいく」という，個人主義的な考えを持った存在として描かれている。

問９＜要旨＞ココアもスミレも，ヒトがネコにサービスすることを許し，「人間たちは今日もよくやっている」と評価している(①…×)。ネコたちは，ヒトを「モノを造り，金を稼ぎ，互いに争いあうことしかできない低レベルの文明」しか生み出せない，「愚かな生きもの」だと考えている(⑥…○)。ネコは「生活のすべてをヒトに依存してはいない」生き物なので，「人類の文明が滅んでも，わたしたちはまったく困らない」とスミレは言っている(④…×)。ココアは，女主人を「好ましい性格」と感じており，男主人との関係が冷えきって「孤独」になっている女主人を「心配」している(②…×)。女主人と男主人で，かわいがるネコが違うのではなく，二人が「会話のまったくない三十分をなんとか耐えられる」ように，「ココアは妻の担当」を，「スミレが夫の担当」をして，それぞれの相手をする仕事をしている(③…×)。「孤独の対処法」は相手と「肩を寄り添わせる」だけでいいのに，二人の主人はそれに気づいておらず，「おたがいに対する思いやりを表現すること」ができないので，孤独を癒やせないのだと，ネコたちは考えている(⑤…○)。

問10＜文学史＞『それから』は，明治42(1909)年に発表された夏目漱石の小説。『城の崎にて』は，大正６(1917)年に発表された志賀直哉の小説。『舞姫』は，明治23(1890)年に発表された森鷗外の小説。『鼻』は，大正５(1916)年に発表された芥川龍之介の小説。『人間失格』は，昭和23(1948)年に発表された太宰治の小説。

三〔古文の読解─読本〕出典；上田秋成『春雨物語』。

≪現代語訳≫いつの頃かはわからない。伯耆の国大智大権現のお山は，恐ろしい神が住んでいて，夜はもちろん，昼も申の時を過ぎると，寺の僧でさえ(山を)下りられる者は下り，修行しなければならない者は(お堂にこもって)修行して夜を明かすそうである。山の麓の里に，夜ごとに若いならず者たちが集まり，酒を飲み，ばくちを打って遊ぶ家があった。今日は雨が降って，野山での労働が免除され，午の時から集まってきて，根拠もない話などして楽しがっている中に，腕力を誇って，軽率な口をきく男がいた。(ある者が，その男を)憎らしく思って，「お前は強いことを言うが，お山に夜登り，証拠を置いて帰ってみろ。それができないならば，力があっても心は臆病なのだ」と言って，大勢の中で侮辱した。「それが何だというのか。今夜(山に)登って，確かに証拠を置いて帰ってこよう」と言って，酒を飲み腹いっぱいに飯を食って，小雨が降っていたので蓑笠を着て，すぐに出ていった。友達の中で，年輩で分別のある(者)は，「無意味な争いだ。あいつは必ず神に引き裂かれて捨てられるだろう」と，眉をひそめて言ったが，追いかけて止めようとは全くしない。

この大蔵という(男)は，足もたいそう速い。まだ日が高いのに，お堂の辺りまで行って，(辺りを)見回すうちに，日が少し傾いて，何とも寒々とした風が吹き立ち，ひのきや杉の木立がざわざわと音を立ててざわめく。日がすっかり暮れて人気がないのを得意になって，「この辺りは何事もない。山の僧が(我々を)驚かしただけであろう」と言って，雨が上がったので，蓑笠を投げやって，火を起こしてたばこをのんだ。たいそう暗くなって，それでは上の社まで(行こう)と思って，森の中を，落ち葉を踏み分け，踏み散らしてどんどん登っていく。(社まで)十八丁と聞いた。ここまで来て何の証拠を置こうかと思って，見回すと，ささげ物を差し上げる大きな箱があった。「これをかついできっと下りよう」と思って，重い(箱)を軽々とかつごうとしたところ，この箱がゆらめき出して，手足が生え，大蔵をやすやすと引っ提げて，空に駆け上がった。これには(大蔵も)弱り果てて，「許してくれ」，「助けてくれ」とわめいたけれども，答えはなくて，(空を)飛び駆けていくうちに，(大蔵は)不気味な波の音を聞き，たいそう悲しく，ここに投げ込まれるのだろうかと，今は箱を強くつかまえて頼りにしていた。夜がようやく明けた。神は箱を地に投げ置いて帰っていった。

問１＜古語＞㋐「行ふ」は，ここでは，読経など仏道の修行をする，という意味。　㋑「いと」は，とても，非常に，という意味。　㋒「おらぶ」は，大きな声で叫ぶ，という意味。「ど」は，逆接の接続助詞で，～けれども，～だが，という意味。

問２＜古文の内容理解＞大蔵は，友人の挑発に対して，「恐しき神」の住む山に夜登って，「しるし」を置いて帰ることなど，何ということもないと答えた。

問３＜古典文法＞係助詞「こそ」が文中にある場合，係り結びの法則によって，文末が已然形に変化する。「ぞ」「なむ」「や」「か」が文中にある場合は，文末が連体形に変化する。

問４＜現代語訳＞「なん」は，強意を示す助動詞「ぬ」の未然形「な」と，意志を示す助動詞「ん」の連語で，きっと～しよう，という強い意志を表す。

問５＜古典文法＞「かるげに」は，形容動詞「かるげなり」の連用形。

問６＜古文の内容理解＞D．大蔵を捕らえた箱は，「助けよ」という叫びに答えずに空を駆けていった。　E．大蔵は，箱につかまって空を飛ぶうちに「波の音」を聞き，たいそう悲しくなった。

問７＜古文の内容理解＞お山には，恐ろしい神が住んでいて，修行僧たちも，「申の時」が過ぎると下山していた(②…○)。大蔵は，山へ登って証拠を置いてこいと友人に挑発されて，山へ出かけた。友人の中でも「老いて心有る」者は，大蔵が神に引き裂かれて殺されるのではないかと心配したが，追いかけてまで止めようとはしなかった(⑤…×)。大蔵は山に登り，どんな証拠を置いていくかを考えたが，「ぬさたいまつる箱」を見つけて，それをかついで山を下りようとした(③…○)。すると箱から手足が生え，大蔵を捕らえて空へ駆け上がった。大蔵は心細くなり，「箱をつよくとらへて」いた(①…○)。夜が明けて，ようやく神は箱とともに大蔵を投げ出して帰っていった(④…○)。

2022年度 狭山ヶ丘高等学校（推薦第3回・推薦第2回）

※英語・数学は推薦第３回，国語は推薦第２回の問題です。

［注意］ この試験では，はじめにリスニングを行います。

【英　語】（65分）〈満点：100点〉

1 （リスニングテスト） このリスニングテストには**問題A**から**問題C**まであります。英文はそれぞれ２度ずつ読まれます。放送中メモを取っても構いません。

問題A これから流れる対話を聞き，最後に続く受け答えとして最も適切なものを選び，記号で答えなさい。

No. 1　1

1　Because I am going to see him now.

2　Do you know the doctor ?

3　Yes.　I was in the hospital for three days.

4　I went to see him too late in the evening.

No. 2　2

1　We should cook Italian food faster.

2　Italy has many kinds of dishes.

3　I think they will come at noon.

4　OK, I like Italy very much.

問題B これから流れる対話を聞き，そのあとの質問に対する答えとして最も適切なものを選び，記号で答えなさい。

No. 1　3

1　He will pay 11 cents.　　2　He will pay 70 cents.

3　He will pay 7 dollars.　　4　He will pay 10 dollars.

No. 2　4

1　It starts at 6:00.　　2　It starts at 7:30.

3　It starts at 8:00.　　4　It starts at 9:30.

問題C これから流れる英文を聞き，質問に対する答えとして最も適切なものを選び，記号で答えなさい。

No. 1　5

1　Because he wants to watch judo in the Olympics.

2　Because he wants to study math in Japan.

3　Because he wants to learn how to write e-mails in Japanese.

4　Because he wants to practice judo with Japanese students.

No. 2　6

1　Some people leave their garbage near the river.

2　Many people come and have a BBQ near the river.

3　Many people swim in the river and destroy the environment.

4　Some people swim in the river and others fish along the river.

※＜リスニングテスト放送原稿＞は英語の問題の終わりに付けてあります。

2 次の英文を読み，後の設問に答えなさい。

①Milka Duno is from Caracas, Venezuela. She is an engineer with *degrees from universities in Venezuela and Spain. Her education was important to her family and she only started to *race at twenty-four years old.

Schoolwork was always important to Milka and she was a very good student. She started school in 1976, at four years old. After a short time, her teacher called her “the best student.”

“I loved to read,” Milka says. “On vacation, my bag was always heavy with books.”

After school, she went to university in Caracas. Then she went to the University of Madrid. By 1996, she had four degrees. ②She was an engineer, too.

To many Venezuelans, engineering was a man’s job. But for Milka, all jobs were open to all people. She was an engineer because she loved cars.

“I liked to look at their engines,” Milka says. “And I always wanted to drive and race cars. One of my role models was the *Finnish racing champion Mika Hakkinen. I wanted his success.”

A racing teacher was important but there were not many good teachers in Caracas.

③“*I* was my teacher,” Milka says. “But I was not always a good student.” She remembers, and smiles. Sometimes, young Milka went up and down the roads near her house in her mother’s car. But she didn’t ask her mother first !

After university, Milka was a very good driver. She had a car from her mother and father, and she was very happy. One day, ④she and some friends went to a race circuit and she raced cars for the first time. For Milka, that day was very important. It was the start of a new life.

“I loved the noise of the engines,” Milka says. “And I loved to drive quickly.”

She started to race and she did very well. In 1996, ⑤she raced in the important Venezuelan GT Championship. This was for sports cars. There were a lot of very good male drivers in the race but Milka finished second.

Her mother and father were not very happy about this. But Milka was now an engineer.

“With no success in racing, there is always a job in engineering for me,” she said.

After this, her mother and father did not stop their daughter from racing. But Milka did not want to stay in Venezuela.

“There are no good racing school here,” she said. “The United States is the place for me.” In 1999, she said goodbye to her family and went to the Skip Barber Racing School in the United States. Her teacher for that year was Chris Mitchum. ⑥In 2000, she was in her first race in the United States. She was twenty-eight years old. Success did not come in that race but it came later in the year. She raced in the Ferrari Challenge for small sports cars and she won. She was the first female winner of that race.

For three years she was in a lot of important races and she did very well. But there were no wins in those years. Her first [⑦] win came in 2004. She was the first female winner of the Homestead-Miami Speedway race.

Two years later, her best race was the 24 Hours of Daytona. This is a very difficult race for thirty or forty sports cars. Teams of drivers do not stop racing for twenty-four hours, and many cannot finish. Milka and her team came in at number eight.

A lot of big race car teams wanted Milka. In 2007, she was one of the SAMAX Motorsport team’s best drivers. In that year’s 24 Hours of Daytona race she finished second. This was the [⑧] finish for a female driver in that race.

"Milka is a very good driver," people said. "But can she move up to the Indy races and win ?" Her first Indy races were not successful. She had engine problems and some of the male drivers were unhappy with her.

"She's slow," they said. "One of us is going to hit her car one day."

"Are the Indy races right for Milka ?" people asked.

Then, in the Chicagoland Speedway race, she finished at number fifteen of forty drivers.

In 2008, Milka was a driver with the Dreyer and Reinbold Racing Team. She raced very well but again there were engine problems with some of her cars. For the second time, her best race was the Chicagoland Speedway. She finished at number fourteen.

"Sometimes, the best things in life come late," Milka says. Racing is not the only important thing in Milka's life. In 2008 she was in the movie *Speed Racer*. "Speed" is a young racing driver. He wants to win an important race. In the movie, ⑨<u>Milka plays a driver in the same race.</u>

Milka loves her racing and her movie work.

（注） degree 「学位」　race 「競走する，(車など)を競走させる」　Finnish 「フィンランド人の」

問１　下線部①に関する記述として適切でないものを次の中から選びなさい。[7]

1　ミルカはベネズエラ出身でベネズエラとスペインの大学でエンジニアの学位を取得した。
2　ミルカは４歳から学校に通い，先生から認められる成績優秀な生徒であった。
3　ミルカは家族から学校に通うときに支援されなかったが，なんとか学校に通った。
4　ミルカは読書をすることを好み，休日はたいてい彼女の鞄は多くの本で大変重かった。

問２　下線部②に関する記述として最も適切なものを次の中から選びなさい。[8]

1　ミルカは1976年までに４つの学位を取ってエンジニアになった。
2　ミルカは車のことがとても好きで，車のエンジンを見ることが好きだった。
3　ミルカがアメリカに行ったのは，ベネズエラでは男性しかエンジニアになれなかったからだ。
4　ミルカを除き，ベネズエラ人の多くは人生の模範をミカ・ハッキネンとしていた。

問３　下線部③に関する記述として最も適切なものを次の中から選びなさい。[9]

1　ミルカは今までの人生で１度も誰かから教わることがなかった。
2　ミルカは周りにあまり良い先生がおらず，自分で学ばなければならなかった。
3　ミルカは両親と仲良くできず，困ったときでさえ何も尋ねることができなかった。
4　ミルカはミカ・ハッキネンに指導してもらうことをお願いしたが，断られた。

問４　下線部④の文と同じ文型の文を次の中から選びなさい。[10]

1　Miki's father bought her a new doll last night.
2　The young boy left his umbrella on the train.
3　Daisuke rides on his bike in the park.
4　Your idea made me happy.
5　Jacob's car is new and red.

問５　下線部⑤に関する記述として適切でないものを次の中から選びなさい。[11]

1　ミルカはたくさんの男性の運転手のいる中でとても良い成績を残した。
2　ミルカがスポーツカーのレースで勝つことを両親はうれしく思わなかった。
3　ミルカはレースで勝てないことを考えて，運転手をやめてエンジニアになった。
4　ミルカの両親はミルカがレースに出ることを止めなかった。

問６　下線部⑥の年にミルカにあった出来事を次の中から選びなさい。［12］
　１　ミルカは両親のいるベネズエラを去り，アメリカに渡った。
　２　ミルカはアメリカの学校で先生のクリス・ミッチャムに出会った。
　３　ミルカはアメリカでの最初のレースで初めて優勝することができた。
　４　ミルカはフェラーリチャレンジで初めて女性で優勝することができた。
問７　［⑦］に入れるのに最も適切なものを次の中から選びなさい。［13］
　１　small　　２　big　　３　short　　４　long
問８　［⑧］に入れるのに最も適切なものを次の中から選びなさい。［14］
　１　better　　２　worse　　３　best　　４　worst
問９　下線部⑨とあるが，一致するレースを次の中から選びなさい。［15］
　１　the Venezuelan GT Championship
　２　the race Milka won for the first time
　３　the Homestead-Miami Speedway race
　４　the race the main character of the movie wants to win
問10　本文の内容と合うものを次の中から１つ選びなさい。［16］
　１　ミルカは22歳のときにマドリードにある大学を卒業した。
　２　ミルカは28歳のときにアメリカで初めてレースに出た。
　３　ミルカは32歳のときに24時間耐久レースで２位になることができた。
　４　ミルカは38歳のときに映画に運転手として出演することができた。

３　次の英文を読み，後の設問に答えなさい。

A long time ago in Vietnam, there was a good king. He only had one daughter, so he brought a poor boy into his house. He let the boy become his son. Many years later, the boy became a wise and kind young man. The king decided he would be the perfect husband for his daughter. So the two got married and had children. The king was happy because his kingdom would continue even after he died.

But there were some bad people in the kingdom, and they did not think a poor boy should become a king. They started to say bad things about the young man to the king. "He has no respect for you, my king."

The king didn't listen at first, but they kept talking. "I heard that he will kill you to become a king. He also said that he was greater than you."

The king wondered, "Are the people right ?" ①<u>So finally, the king sent the young man, his daughter and their children to an island far away.</u> "If he really is great, they will live."

The king was sad because he thought they would all die.

The young man and his family started a new life on the island. It was a very difficult life. They ［　②　］ to make their own house and find food to eat.

One day, the young man saw some yellow sea birds which were eating black seeds on the beach. "I don't know what kind of seeds they are, but a seed is a seed. I will plant them for my family."

Soon, *vines grew from the seeds, then flowers, then big round fruits. "I have never seen a fruit like this. It is green on the outside but red inside. I wonder how it tastes." And the young man ate the fruit. He surprisingly thought, "it is delicious !" His whole family loved this fruit and decided to call it watermelon.

They started to sell watermelon to *sailors [③] by the island. "This is delicious! I want to trade some of my spices for your watermelons!" Soon more sailors came to the island to get watermelons.

The family now had a comfortable life, but they missed their country. So one day, the young man wrote his name on many watermelons and put them into the sea. They *floated away, and one watermelon reached the king.

The king saw the young man's name and said, "They are alive!" The king tasted this new fruit and felt so proud of his son. ④He knew now that he really was great and smart. So the king brought the young man's family back to the kingdom, and they lived happily ever after.

（出典：NHK Enjoy Simple English）

（注） vine 「つる植物」 sailor 「船乗り」 float away 「流れていく」

問1 下線部①とあるが，その理由として最も適切なものを次の中から選びなさい。[17]
1 王様は息子と王女に結婚祝いを与えたかったから。
2 王様は息子に王様になってほしくなかったから。
3 王様は息子が優れているかどうか試そうとしたから。
4 王様は息子と王女に島で平和に暮らしてほしかったから。

問2 [②]に入れるのに最も適切なものを次の中から選びなさい。[18]
1 have　2 has　3 having　4 had

問3 [③]に入れるのに最も適切なものを次の中から選びなさい。[19]
1 pass　2 passes　3 passing　4 past

問4 下線部④とあるが，その理由として最も適切なものを次の中から選びなさい。[20]
1 王様の息子が島で生き残り，おいしい果物を作っていることを王様が知ったから。
2 王様の息子が手紙を王様に送り，彼の家族が生きていることを王様に伝えることができたから。
3 王様の息子が島で長い間生き残ることができたが，王様に一切連絡をすることがなかったから。
4 王様の息子が海で船乗りに助けられ，彼の家族と別に生活していると連絡してきたから。

問5 本文の内容と合うものを次の中から2つ選びなさい。[21]・[22]
1 王様には３人の娘がいて，彼は１人の貧しい男の子を連れてきて自分の息子にした。
2 王様は１人の貧しい男の子に娘の結婚相手になってほしいと思っていた。
3 悪い人たちは王様に娘の結婚相手は素晴らしいと何度も伝えた。
4 黄色の海鳥が大きな丸い果物を食べていたが，王様の息子はそれがおいしいと思わなかった。
5 王様の息子はスイカを育て，それを船乗りに売っていた。

4 次の各英文の[　]に入る最も適切なものを下の中から選びなさい。

1 My hair is very short, but yours [23] long.
① have　② has　③ are　④ is

2 I didn't have anything [24].
① cold drink to　② to drink cold
③ cold to drink　④ to cold drink

3 She has lived in Saitama [25] about four years.
① in　② since　③ ago　④ for

4 She [26] better go to the hospital in the evening.
① have　② has　③ had　④ has had

5　次の各英文の(　)内の語を適切に並べ替えたとき，(　)内で３番目と６番目にくるものを答えなさい。ただし，文頭にくる語(句)も小文字で示してある。

1　Tell (①　to　②　the　③　me　④　fast　⑤　how　⑥　catch　⑦　cat　⑧　running).　３番目は 27 ・６番目は 28

2　(①　surprised　②　teacher　③　at　④　was　⑤　who　⑥　you　⑦　the) is Mr. Smith.　３番目は 29 ・６番目は 30

3　(①　take　②　she　③　to　④　many　⑤　does　⑥　care　⑦　have　⑧　of) dangerous cats ?　３番目は 31 ・６番目は 32

4　(①　my　②　want　③　help　④　brother　⑤　room　⑥　clean　⑦　I　⑧　the　⑨　to).　３番目は 33 ・６番目は 34

6　次の英文で，文法的な誤りが含まれる下線部を選びなさい。

1　I know ①that no other ②classmates ③is as tall ④as me.　35

2　Did Tom and Bob run ①so fast ②that you ③cannot ④catch them ?　36

3　I ①am taught French ②by two women, and both ③is very kind ④to me.　37

4　①Don't you ②know when he ③will come ④to home tonight ?　38

7　各組の語の中で，最も強く発音する部分が他と異なるものをそれぞれ１つずつ選びなさい。

1　〔①　foot-ball　②　moun-tain　③　noth-ing　④　a-gainst〕　39

2　〔①　Sep-tem-ber　②　pho-to-graph　③　yes-ter-day　④　sud-den-ly〕　40

3　〔①　prob-a-bly　②　gov-ern-ment　③　mu-si-cian　④　dif-fer-ent〕　41

8　各組の語の中で，下線部の発音が他と異なるものをそれぞれ１つずつ選びなさい。

1　〔①　slept　②　believe　③　technique　④　fifteen〕　42

2　〔①　tail　②　plant　③　able　④　taken〕　43

3　〔①　passion　②　nation　③　fashion　④　question〕　44

＜リスニングテスト放送原稿＞

1　（リスニングテスト）　このリスニングテストには**問題Ａ**から**問題Ｃ**まであります。英文はそれぞれ２度ずつ読まれます。放送中メモを取っても構いません。

問題Ａ　これから流れる対話を聞き，最後に続く受け答えとして最も適切なものを選び，記号で答えなさい。

No. 1

A :　Are you OK ?　You saw a doctor yesterday, right ?

B :　Yes, I did, but he told me to see him again today.

A :　Why ?　Was there a problem ?

B :

Listen again.

No. 2

A :　What should we cook for the party ?

B :　Mmm, how about Italian food ?

A :　Some of the guests don't like pasta.

B :

Listen again.

問題B　これから流れる対話を聞き，そのあとの質問に対する答えとして最も適切なものを選び，記号で答えなさい。

No. 1　※Aは女性，Bは男性

A :　May I help you ?

B :　How much is this apple ?

A :　70 cents.　But if you buy ten, you can get one more for free.

B :　I see.　I'll buy ten.

Question :　How much will the man pay ?

Listen again.

No. 2

A :　I don't want to miss the new TV drama.　I have to go.

B :　So early ?

A :　It takes one and a half hours to get home.　If I don't take the eight o'clock train, I will miss the beginning.

B :　Then, you'd better hurry.

Question :　What time does the new TV drama start ?

Listen again.

問題C　これから流れる英文を聞き，質問に対する答えとして最も適切なものを選び，記号で答えなさい。

No. 1

Tommy is my best friend and sometimes we exchange e-mails.　He lives in Australia and studies Japanese.　He wants to visit Japan in the future.　He is interested in judo because he watched it in the Olympics last year.　He wants to visit a *dojo* and practice judo with Japanese students.　He also wants to visit *Budokan*, because it is one of the most famous buildings for judo.　I'll take him there when he comes to Japan.

Question :　Why does Tommy want to visit Japan ?

Listen again.

No. 2

The East River is a famous river in my town.　It is calm and clean.　Some people swim in the river and others have a BBQ by the river.　But when they come and have a BBQ, people who visit this river sometimes throw away their garbage near it.　I think they should take their garbage home after they enjoy themselves.　We have to keep the river clean.

Question :　What is the problem of the East River ?

Listen again.

これでリスニングテストを終わります。次のページ以降の問題を解いて下さい。

【数　学】（50分）〈満点：100点〉

［注意］(1) コンパス，定規，分度器，電卓は使用しないのでしまって下さい。

(2) １つの□には０～９の数が入ります。

(3) 分数はもっとも簡単な形で答えなさい。例えば，$\frac{3}{4}$ と答えるところを，$\frac{6}{8}$ のように答えてはいけません。

(4) 根号の中の数はできるだけ小さな自然数にしなさい。例えば，$4\sqrt{2}$ と答えるところを，$2\sqrt{8}$ のように答えてはいけません。

(5) 比はもっとも簡単な整数比で答えなさい。例えば，２：３と答えるところを，４：６のように答えてはいけません。

1 　次の $\boxed{1}$～$\boxed{16}$ にあてはまる数をマークしなさい。

(1) $-2\left(\frac{1}{28}-\frac{3}{7}\div(-0.25)\right)$ を計算すると，$-\frac{\boxed{1}}{2}$ となる。

(2) $1-\frac{x+1}{2}-\frac{x-1}{6}$ を計算すると，$\frac{-\boxed{2}x+\boxed{3}}{3}$ となる。

(3) $\left(-\frac{2}{3}a^2b^3\right)^2\div\left(-\frac{8}{3}ab^2\right)$ を計算すると，$-\frac{a^{\boxed{4}}b^{\boxed{5}}}{\boxed{6}}$ となる。

(4) $x^2:(x+1)=3:1$ を満たす数 x は，$x=\frac{3\pm\sqrt{\boxed{7}\boxed{8}}}{2}$ である。

(5) $(x+1)(x+3)-15$ を因数分解すると，$(x+\boxed{9})(x-\boxed{10})$ となる。

(6) $(\sqrt{3}-\sqrt{6})^2-(2\sqrt{\boxed{11}}-1)^2$ を計算すると，$-\boxed{12}\sqrt{2}$ となる。

(7) $2x+2y=x+4y=12$ を満たす数 x，y は，$x=\boxed{13}$，$y=\boxed{14}$ である。

(8) $x=\sqrt{3}+1$，$y=\sqrt{3}-1$ のとき，$xy=\boxed{15}$ であり，$x^2y+xy^2=\boxed{16}\sqrt{3}$ である。

2 　次の $\boxed{17}$～$\boxed{35}$ にあてはまる数をマークしなさい。

(1) 半径が３cmの球の体積と，底面が正方形で高さが 4π cmである四角すいの体積が等しいとき，四角すいの底面の正方形の一辺の長さは $\boxed{17}\sqrt{\boxed{18}}$ cmである。

(2) a，b，c，d はすべて２以上の整数であり，どの２数をとっても１以外の公約数をもたない。以下の①～⑦の計算結果で，⓪と等しい数となるのは，$\boxed{19}$ と $\boxed{20}$ である。(順不同)

⓪ $a\div b\times c\div d$　① $a\times b\div c\times d$　② $a\div(b\times c)\div d$　③ $a\div(b\times c\times d)$

④ $a\div b\div(c\div d)$　⑤ $a\div(b\div c\times d)$　⑥ $a\div(b\div d\div c)$　⑦ $a\times(c\div d)\div b$

(3) カードが３枚あり，１枚には表と裏にそれぞれ１と６が，別の１枚には表と裏にそれぞれ２と５が，別の１枚には表と裏にそれぞれ３と４が書かれている。最初は，右図のように表が１，２，３であるように１列に並べる。

コインを３回振り，１回目に振ったコインが裏の場合は左から１枚目のカードをひっくり返す。表の場合はそのままにする。２回目，３回目もコインが裏の場合は左からそれぞれ２枚目，３枚目のカードをひっくり返す。表の場合はそのままにする。このとき，表になったカードに書かれた３枚の数をこの順に３桁の数としてみるときに，これが６の倍数である確率は $\frac{\boxed{21}}{\boxed{22}}$ である。

(4) Ａ君は歩く速さは分速50mであり，走る速さは時速15kmである。走る速さは分速になおすと，分速 $\boxed{23}\boxed{24}$0mである。

A君は家を出て750m離れた学校に向かって**歩き**はじめたが，途中のP地点で忘れ物に気づき**走って**家に戻った。忘れ物を取った後に再び学校に向かってP地点までは**走り**，そこからは**歩いて**学校に向かったところ，予定より7分遅れて学校に着いた。家に戻って忘れ物を捜し家を出るまでの時間は5分である。このとき，家からP地点までは0.$\boxed{25}\boxed{26}$ kmである。

(5)　$216=2^{\boxed{27}}\times 3^{\boxed{28}}$ である。

また，$(2^2\times 3)\times(\boxed{29}\times 3^{\boxed{30}})=216$ であるから，$2^2\times 3=12$ も $\boxed{29}\times 3^{\boxed{30}}=\boxed{31}\boxed{32}$ も216の約数である。同じ解答番号が複数あるので注意すること。

216の正の約数の和 $1+2+3+4+6+\cdots+216=600$ であることを利用して，216の正の約数の逆数の和を考えると

$$\frac{1}{1}+\frac{1}{2}+\frac{1}{3}+\frac{1}{4}+\frac{1}{6}+\cdots+\frac{1}{216}=\frac{\boxed{33}\boxed{34}}{\boxed{35}}$$

となる。

3　ある大教室への机の配置を考えてみる。次の $\boxed{36}$～$\boxed{48}$ にあてはまる数をマークしなさい。

(1)　感染症対策のため，横○列縦△個にそろえた机の配置(次ページの図の⑤のような状態)から，以下の2つのルールで席を抜くことにした。

> Ⅰ.「左から奇数番目の列は前から偶数番目の机を，偶数番目の列は前から奇数番目の机を抜く。」
>
> または
>
> 「左から奇数番目の列は前から奇数番目の机を，偶数番目の列は前から偶数番目の机を抜く。」
>
> Ⅱ. 抜いた後，左から偶数番目の列と奇数番目の列の机の個数の差が1となるようにする。

このように机を抜き，①～④のように，どの机も前後左右に机がない状態となるようにした。例えば，①は横8列，縦15個にそろえた状態から，「左から奇数番目の列は前から偶数番目の机を抜き」つまり左から1番目，3番目，5番目，…の列からは前から2番目，4番目，6番目，…の机を抜き，「左から偶数番目の列は前から奇数番目の机を抜く」つまり左から2番目，4番目，6番目，…の列からは前から1番目，3番目，5番目，…の机を抜いた形である。②は横8列，縦15個にそろえた状態から，「左から奇数番目の列は前から奇数番目の机を抜き，左から偶数番目の列は前から偶数番目の机を抜く」操作を行った形である。①は抜いた後の奇数番目の列の机は8個，偶数番目の列の机は7個であるから差は1となっており，②も左から奇数番目の列の机が7個，偶数番目の列の机が8個で，やはり差が1であり，上記のⅡを満たす。

さて，このような感染症対策の机の配置を，列数と1列の最大の机の数で「横○列縦最大△個」と呼ぶことにする。①と②は「横8列，縦最大8個」，③と④はどちらも「横9列，縦最大8個」である。

「横8列，縦最大8個」のとき，いずれの机の配置でも必要な机の個数は全部で $\boxed{36}\boxed{37}$ 個であり，

「横11列，縦最大10個」のとき，必要な机の個数は全部で $\boxed{38}\boxed{39}\boxed{40}$ 個または $\boxed{38}\boxed{39}\boxed{41}$ 個である。

($\boxed{38}\boxed{39}\boxed{40}<\boxed{38}\boxed{39}\boxed{41}$ となるように答えること。同じ解答番号の欄が複数あるので注意すること。)

机の個数が全部で138個のとき，横12列ならば，縦最大 $\boxed{42}\boxed{43}$ 個である。

① （横８列，縦最大８個）

② （横８列，縦最大８個）

③ （横９列，縦最大８個）

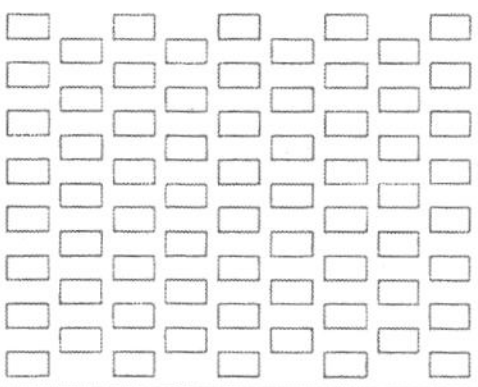

④ （横９列，縦最大８個）

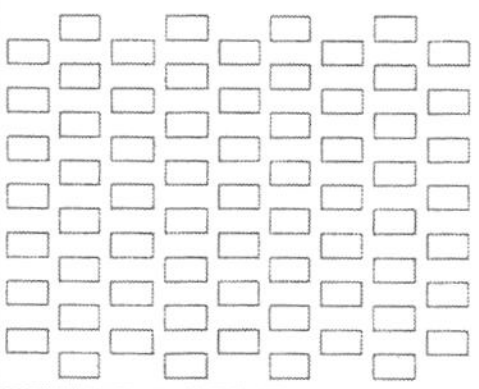

(2) 感染症対策が不要になれば，以下のルールの席の形にする。

Ⅰ．各列の机の個数は１種類または２種類
Ⅱ．２種類の場合，その差は３以下
Ⅲ．同じ机の個数の列はすべて隣り合う

各列の机の個数が１種類とは，すべての列が同じ個数であるため，⑤のような配置をいう。各列の机の個数が２種類の場合の例が⑥～⑧である。

⑥は１列の個数が13と15の２種類であり，その差は15－13＝2で３以下であり上記のⅡに適する。また，15個の列と13個の列がすべて隣り合っているため，上記のⅢに適する。⑦，⑧も同様に条件を満たしていることが分かる。

さて，この配置を以下のように呼ぶことにする。

どの列の机の個数も同じ場合，例えば⑤を「横８列，縦15個」と呼ぶ。

１列あたりの机の個数が異なる場合は，例えば⑥～⑧をすべて「横８列，縦最大15個」と呼ぶ。ただし「横８列，縦最大15個」に⑤は含めない。

「横８列，縦最大15個」のとき，必要な机の個数の最小値は $\boxed{44}\boxed{45}$ 個である。

「横11列，縦最大15個」で机の個数が全部で145個であるとき，１列あたりの個数は15個と $\boxed{46}\boxed{47}$ 個の２種類あり，１列あたりの個数が15個の列は $\boxed{48}$ 列ある。

⑤ （横８列，縦15個）

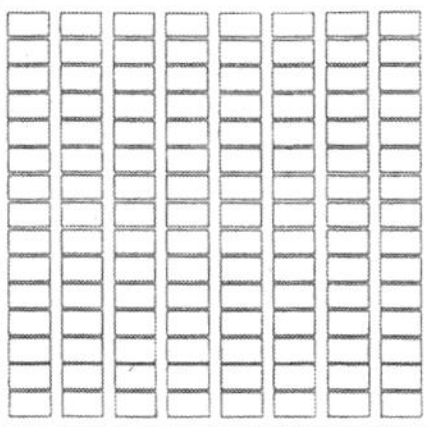

⑥ （横８列，縦最大15個）

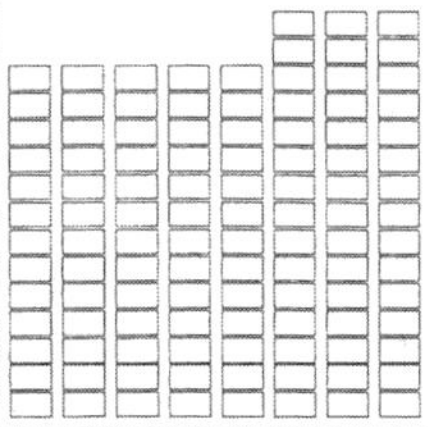

⑦ （横８列，縦最大15個）

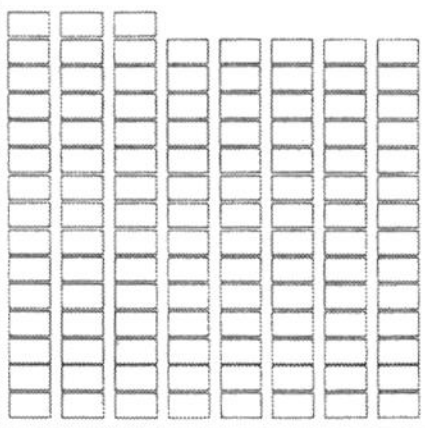

⑧ （横８列，縦最大15個）

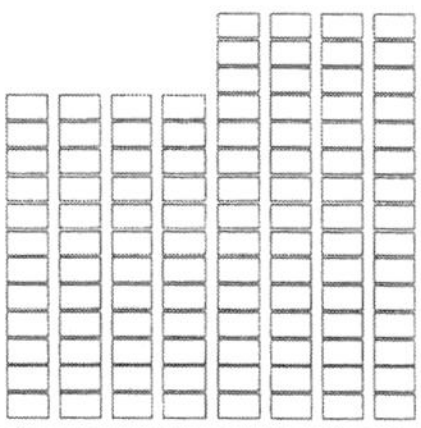

4　右図のように，3直線 l，m，n と長方形PQRSがある。直線 l は原点を通り，m とA(2, 2)で交わる。直線 m は x 軸と(4, 0)で交わり，また直線 n とBで交わる。直線 n は傾きが -3 であり，直線 l と点Cで交わり，点Cの y 座標は -1 である。

長方形PQRSは，頂点P，Q，Rがそれぞれ直線 n，l，m 上である。また，Pの x 座標は -2 より大きく，-1 未満であり，辺PQは x 軸と平行である。次の $\boxed{49}$～$\boxed{56}$ にあてはまる数をマークしなさい。

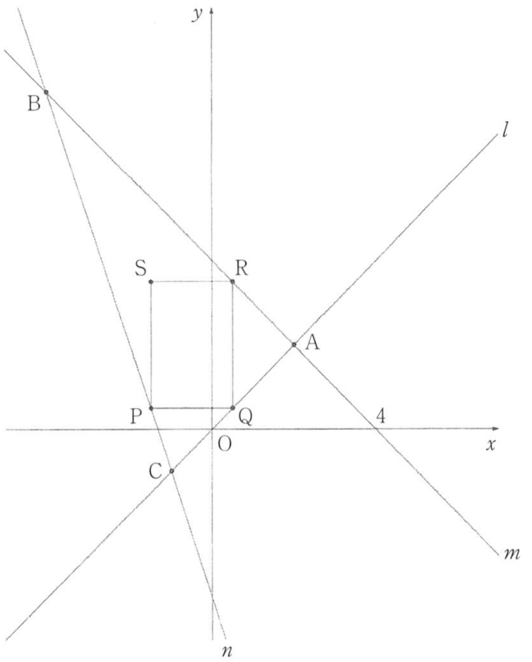

(1)　直線 n の y 切片は $-\boxed{49}$ であり，点Bの座標は $(-\boxed{50},\ \boxed{51})$ である。また，Pの x 座標が $-\dfrac{5}{3}$ であるならばSの y 座標は $\boxed{52}$ である。

(2)　辺SPの長さが3となる場合，Pの x 座標は $-\dfrac{\boxed{53}}{\boxed{54}}$ である。

(3)　点Bを通り，長方形PQRSの面積を2等分する直線が，△ABCの面積も2等分する場合，Pの x 座標は $-\dfrac{\boxed{55}}{\boxed{56}}$ である。

5　長さ4 cmの線分ABを直径とする円 C_1，点Aを中心とする半径5 cmの円 C_2 がある。点Bにおける C_1 の接線と，円 C_2 の交点を図のようにそれぞれC，Dとし，直線ACと円 C_1，C_2 の交点のうち，A，Cと異なるものをそれぞれE，Fとする。次の $\boxed{57}$～$\boxed{72}$ にあてはまる数をマークしなさい。

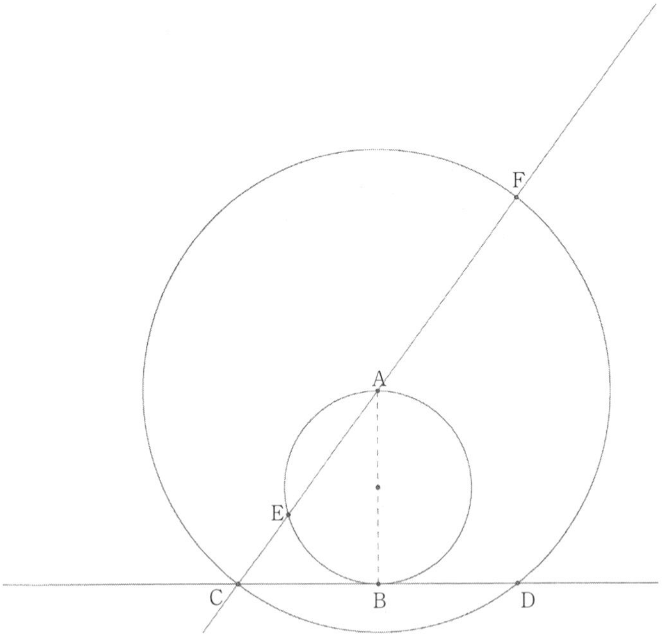

(1)　BC $=\boxed{57}$ cm，DF $=\boxed{58}$ cmである。

また，BE $=\dfrac{\boxed{59}\boxed{60}}{\boxed{61}}$ cmである。

(2)　3点B，C，Eを通る円を C_3 とし，2円 C_2 と C_3 の交点のうちC以外の点をG，直線BGと円 C_1 の交点のうちB以外の点をHとすると，GE：EH $=\boxed{62}:\boxed{63}$，AH：BG $=\boxed{64}:\boxed{65}$ である。

(3)　直線GBと円 C_2 の交点のうちG以外の点をIとする。∠IGC $=\boxed{66}\boxed{67}^\circ$ であり，IA $=\boxed{68}$ cmである。

また，AH $=\dfrac{\boxed{69}\boxed{70}\sqrt{\boxed{71}\boxed{72}}}{\boxed{71}\boxed{72}}$ cmである。

のを次の①～⑤のうちから一つ選び、番号で答えなさい。解答番号は38。

① 福島県　② 茨城県　③ 島根県
④ 滋賀県　⑤ 鳥取県

問4 傍線部C「無念におもふうちに」とあるが、大仏はどのようなことを「無念」に思っているのか。その説明として最も適当なものを次の①～⑤のうちから一つ選び、番号で答えなさい。解答番号は39。

① 体格に合う家がなく、住む場所がなかなか決まらないこと。
② 気が小さく、仔牛でさえも怖くて捕まえることができないこと。
③ 体は大きいが、力がなく周囲から笑いものになっていること。
④ 周囲の期待に応えたい気持ちが、空回りして迷惑をかけていること。
⑤ 修行をするのに適した場所がなく、思うように力がだせないこと。

問5 傍線部D「けれ」とあるがこの助動詞の意味として最も適当なものを次の①～⑤のうちから一つ選び、番号で答えなさい。解答番号は40。

① 完了　② 過去　③ 詠嘆
④ 打消　⑤ 推量

問6 X に入る語として最も適当なものを次の①～⑤のうちから一つ選び、番号で答えなさい。解答番号は41。

① ける　② けら　③ けり
④ けれ　⑤ けよ

問7 傍線部E「洛中・洛外」とあるがこれは何か。最も適当なものを次の①～⑤のうちから一つ選び、番号で答えなさい。解答番号は42。

① 天界と地上のこと。
② 格闘場の内側と外側のこと。
③ 城の中とその外側のこと。
④ 日本の国内と海外のこと。
⑤ 京の都の内側と外側のこと。

問8 本文は『西鶴諸国ばなし』である。この作品と同じ時代に成立した作品として最も適当なものを次の①～⑤のうちから一つ選び、番号で答えなさい。解答番号は43。

① 『枕草子』　② 『竹取物語』　③ 『古事記』
④ 『奥の細道』　⑤ 『方丈記』

三　次の文章を読んで、以下の問い（問1～8）に答えなさい。

長崎《ながさき》半左衛門が、※1柄杓《ひしやく》の曲づくしを、※2面妖《めいよ》とおもへば、京の樵木町《こりきまち》に、若い者ども集まりて、たばね木《ぎ》、山のごとくつみかさね、下よりは※3三間《げん》高し。上より、「茶が呑《の》みたい」と(ア)どよめば、※4天目《てんもく》に入れながらなぐる。すこしもこぼさず取る事、A幾度《いくたび》にてもあぶなからず。またB近江《おうみ》の湖にて、白髭《しらひげ》の岩飛び、吉野《よしの》の滝おとし、これ皆※5練磨《れんま》なり。飛鳥井殿《あすかゐどの》の、※6烏帽子付《えぼしづ》けの鞠《まり》を見て、油売一升はかりて、銭の穴より、雫《しづく》も外《ほか》へもらさず、通しけるとなり。「たとへば、無筆なる者、将棋《しやうぎ》の駒《こま》書くに同じ」と、巧者《こうしや》なる人の申し伝へし。

その頃、下鳥羽《しもとば》の車使《くるまつか》ひに大仏《おおぼとけ》の孫七とて、その生れつき、千《せん》人《にん》にもすぐれて、都がよひに、東寺《とうじ》あたりの小家へはいる事を、あたまつかへて、迷惑す。されどもすこしも力なくて、※7達者事《たつしやごと》に、ひけをとる事たびたびなり。一斗《と》のおもめ、片手にてはあがらず、世間の笑ひものぞかし。この里の若者、一石《こく》二斗《と》を、※8中差《ちゆうざ》しにする者(イ)あまたなり。

大仏《おおぼとけ》一代、C無念におもふうちに、男子ひとり、※9まうけぬるに、(ウ)おとなしくなる事をまちかね、はや取立《とりだ》ちの時分より、六尺三寸の棒を持ちならはせ、三歳《さい》の時は、はや一斗の米をあぐる。それより段々仕込み、八歳《さい》の春の頃《ころ》、手なれし牛の、子をうみけるに、荒神《くわうじん》の宮めぐりもすぎて、やうやう牛の子もかたまり、我と草村《くさむら》にかけまはるをとらへて、はじめてかたげさせけるに、何《なに》の子《し》細《さい》もなく持ちDければ、毎日三度づつかたげしに、次第に牛は車引くほどになれども、そもそもより持ちつづけぬれば、九歳時《どき》もとらへて、中差しにするを、見る人興を覚ましぬ。

後《のち》に親仁《おやぢ》にはかはり、E洛中《らくちゆう》・洛外《らくぐわい》の大力《だいぢから》、十五歳《さい》より鳥羽《とば》の小仏《こぼとけ》とぞ名乗《なの》り[X]。

（井原西鶴『西鶴諸国ばなし』による）

※1　柄杓の曲づくし…柄杓を使ってする曲芸。
※2　面妖…不思議だ。
※3　三間…約五・五メートル。
※4　天目…茶碗の一種。
※5　練磨…学問や技芸など、修行を重ねて身につけること。
※6　烏帽子付けの鞠…庭で鞠を蹴りあげる貴族の遊び。
※7　達者事…力仕事のこと。
※8　中差し…頭上に持ちあげる。
※9　まうけぬる…生まれた。

問1　波線部(ア)～(ウ)の語の意味として最も適当なものを後の①～⑤のうちから一つずつ選び、番号で答えなさい。解答番号は[34]～[36]。

(ア)　どよめば　[34]
①　噂話をして　②　大声で言うと
③　動揺して　④　恐れおののいて
⑤　はやし立てて

(イ)　あまたなり　[35]
①　ごくわずかであった　②　稀少であった
③　一般的であった　④　数多くいた
⑤　目立っていた

(ウ)　おとなしくなる事を　[36]
①　眠るのを　②　落ち着くのを
③　反省するのを　④　口を出さなくなるのを
⑤　成長するのを

問2　傍線部A「幾度にてもあぶなからず」の解釈として最も適当なものを次の①～⑤のうちから一つ選び、番号で答えなさい。解答番号は[37]。

①　何度やっても失敗しなかった。
②　度々挑戦しやっと成功した。
③　回数を重ねて安定するようになった。
④　機会がなく練習できなかった。
⑤　いつ取り組んでも心もとなかった。

問3　傍線部B「近江」とは現在の何県にあたるか、最も適当なも生徒A―内大臣はそもそもは夕霧と雲井雁の結婚に反対だったようだね。
生徒B―大宮が仲介に入ってまとめようとしたけどうまくいかなかったらしい。
生徒C―源氏は夕霧を軽く扱った内大臣に立腹していたようだね。
生徒A―でも結局内大臣が折れて結婚を認めたけど、何でかな。
生徒B―やはり子供の時からかわいがってきた夕霧への愛情があったからだろうね。
生徒C―［ X ］
生徒A―内大臣は歌で和解の気持ちを表現しているね。
生徒B―［ Y ］
生徒C―夕霧の一途さが、とうとう結婚に結びついたね。

① 夕霧は歌で「いくかへり露けき春」と涙を流す春が何度もあったといってるね。
② 内大臣は権力者の源氏に配慮して結婚を許可したんだよ。
③ けれども夕霧は内大臣の仕打ちに腹が立っていたようだね。
④ 夕霧は歌で「花のひもとく」と将来の立身出世をアピールしているね。
⑤ それに加えて、夕霧は真面目で将来の出世も期待できるからでもあるよね。
⑥ 確かに内大臣は夕霧の歌人としての才能に惚れ込んでいるようだね。

問8 この作品は古典作品である『源氏物語』を現代語訳また、翻案した作品である。次の①～⑤のうちから『源氏物語』の成立した時代として最も適当なものを次の①～⑤のうちから一つ選び、番号で答えなさい。解答番号は32。

① 奈良　② 平安　③ 鎌倉
④ 室町　⑤ 江戸

問9 本文における人物関係図として最も適当なものを次の①～⑤のうちから一つ選び、番号で答えなさい。解答番号は33。

①
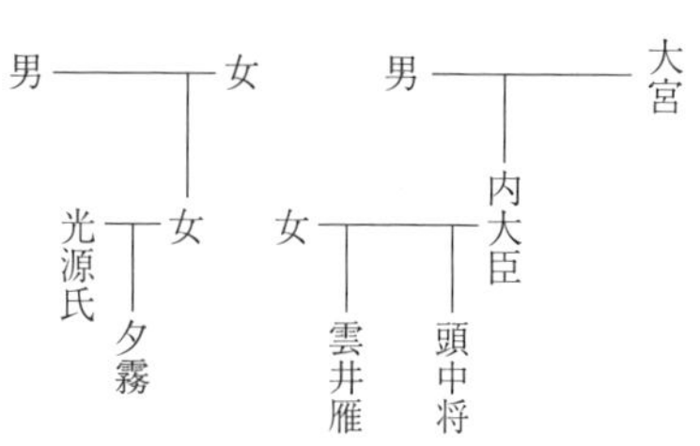

③
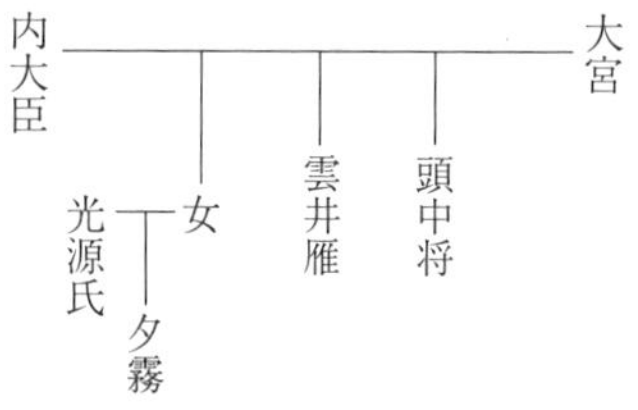

⑤
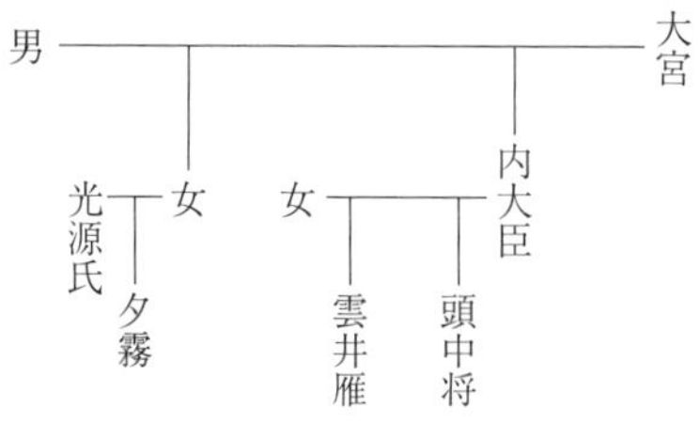

②
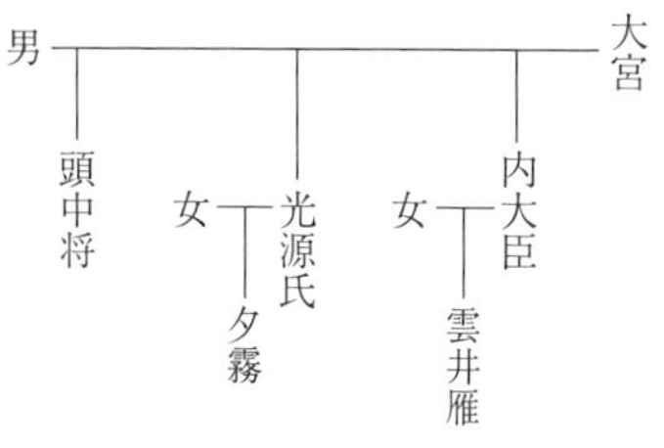

④
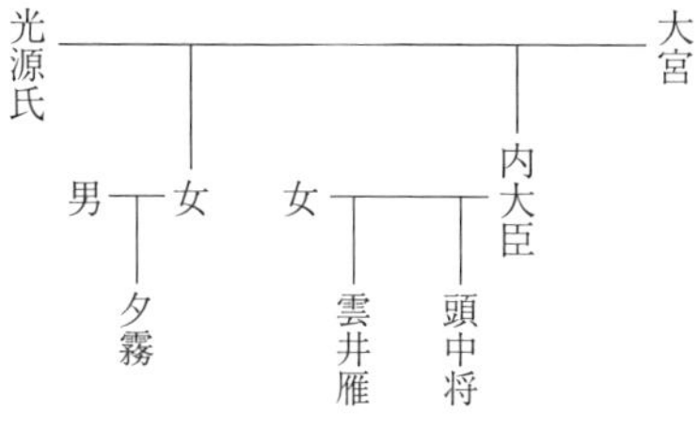

① 裕福な者の義務　② 失敗から得た教訓
③ 普段の心掛け　④ 学んだ知識
⑤ 訓練した技術

(カ) 放縦 25

① 意欲がなく何もしないこと
② 身内を優遇すること
③ 規律がなくわがままなこと
④ 粗暴で荒々しいこと
⑤ 無計画で粗雑であること

問3 傍線部A「慇懃な態度で用心している」とあるが、夕霧がそうする理由として最も適当なものを次の①～⑤のうちから一つ選び、番号で答えなさい。解答番号は 26。

① 一族が集まっている中で、仲たがいしている内大臣とひと悶着起こさないように気を遣っているから。
② 内大臣に、雲井雁と夕霧との恋愛関係を認めてもらうため、頑張ってご機嫌を取ろうと思っているから。
③ 内大臣に、雲井雁と夕霧との恋愛関係を否定されたため、反抗的な態度を取ろうと思っているから。
④ 内大臣に、雲井雁と夕霧とが恋愛関係にあることを知られてはならないと思っているから。
⑤ 雲井雁と夕霧とが恋愛関係にあることについて、内大臣が立腹していると思っているから。

問4 傍線部B「郷愁にも似た思い」とあるが、この説明として最も適当なものを次の①～⑤のうちから一つ選び、番号で答えなさい。解答番号は 27。

① 昔からかわいがってきた夕霧を裏切ったことについて反省するような思い。
② 幼い頃から夕霧をかわいがってきたその年月について懐かしむような思い。
③ 亡き大宮を中心に一族が仲良く暮らしていた田舎に帰りたいような思い。
④ 人間の命のはかなさに思いを馳せ、仲直り出来ないことに焦るような思い。
⑤ 自分の若いころの恋愛を思い出し、若者のさわやかな恋愛に憧れるような思い。

問5 傍線部C「雲井雁を主上か東宮に納れよう」とあるが、この説明として最も適当なものを次の①～⑤のうちから一つ選び、番号で答えなさい。解答番号は 28。

① 仏様への信仰心を示すため、娘を清水寺や東寺に預けること。
② 神仏への信仰心を示すため、娘を石清水八幡宮や法隆寺に預けること。
③ 自分の権力基盤の強化のため、娘を天皇か皇太子の妻にすること。
④ 自分の権力基盤の強化のため、娘を大臣か参議の妻にすること。
⑤ 自分の権力基盤の強化のため、娘を女帝か中宮にすること。

問6 傍線部D「歌のこころ」とあるが、その内容として最も適当なものを次の①～⑤のうちから一つ選び、番号で答えなさい。解答番号は 29。

① 長年もめたせいで結婚が遅れてしまったのが残念である。
② 主君が愛情を持って接すれば、家臣も忠義を持って答えるものだ。
③ 人間の心の裏側は分からないが、自分自身を頼りにしよう。
④ お互い腹を割って話せば、こんなつらい目に合わなくて済んだのに。
⑤ あなたが心を開いてくれるなら、私もあなたを大事にしよう。

問7 次に掲げるのは、本文について話し合った三人の生徒の会話である。空欄 X ・空欄 Y に入るものを後の①～⑥のうちからそれぞれ一つずつ選び、番号で答えなさい。解答番号は X は 30、 Y は 31。

とも心得ていられよう。いつまでも昔のことにこだわらずに、ひとつ、私の年齢《とし》に免じて許してほしいものだ」

　内大臣は酔いにかこつけて、長年のしこりを吐き出してしまいたいようであった。

「許すとはとんでもない。私は、亡き母上や祖母上の代りと思って、伯父上にお仕えしておりますものを。ゆきちがいがあったとすれば、私の至らぬためです」

　と青年は心から伯父に詫《わ》びた。彼はいまは伯父の好意を信じてもいい気になっていた。

　内大臣も、快さそうであった。

〈春日さす藤のうら葉の　うらとけて　君し思はばわれも頼まん〉

と古い歌をゆるゆると朗誦《ろうしょう》する。たがいに心とけたこの場にふさわしい、いい歌である。

　そのD歌のこころに添うごとく、頭の中将が紫の色濃い藤の花房を折って、客の盃に添えた。夕霧は酒をつがれて、困っている。

　内大臣は、

〈紫にかごとはかけん藤の花　まつより過ぎてうれたけれども〉

と歌を口ずさんだ。

　内大臣の心は、これではっきり、夕霧にもわかった。

慶《よ》きことが、のびのびになりましたなあ、待ちましたぞ、今日の喜びの日を。しかし結婚が延びたのも、もとはといえば、こちらのせい、怨《うら》みますまい、あなたを。

　そういう意味の歌だからである。

　夕霧は盃を持ち、形ばかり拝舞《はいぶ》した。そのさまは好もしいものだった。

　この盃は、花嫁の父から婿への盃である。

　夕霧も歌で返す。

〈いくかへり露けき春をすぐしきて　花のひもとく折にあふらん〉

やっとお許しがでましたか。この喜びにあうまで、幾春、辛《つら》い思いを過ごしたことやら。

（田辺聖子『新源氏物語』による）

※1　六條院…光源氏の屋敷。
※2　傲岸…いばっていて、人に頭をさげないこと。
※3　とつおいつ…ああすればよいかこうすればよいかと迷うさま。
※4　むきつけ…無遠慮なこと。
※5　二藍…色の名前。明るく渋い青紫色のこと。
※6　ゆかしく…しとやかで気品がある。

問1　波線部(ア)「上達部」、(ウ)「紛糾」、(エ)「権高」の本文中での読みとして最も適当なものを後の各語群①～⑤のうちからそれぞれ一つずつ選び、番号で答えなさい。解答番号は[20]～[22]。

(ア)　上達部　[20]
①　じょうたつぶ　②　うえたちぶ
③　うえたちめ　④　かんだちめ
⑤　かんたつふ

(ウ)　紛糾　[21]
①　ぷんきょう　②　ぶんきょう　③　ふんきゅう
④　ふっきょう　⑤　ふっきゅう

(エ)　権高　[22]
①　ごんのだか　②　ごんたか　③　げんごう
④　けんこう　⑤　けんだか

問2　波線部(イ)「気が置ける」、(オ)「たしなみ」、(カ)「放縦」の本文中での意味として最も適当なものを後の各語群①～⑤のうちからそれぞれ一つずつ選び、番号で答えなさい。解答番号は[23]～[25]。

(イ)　気が置ける　[23]
①　遠慮する　②　腹が立っている
③　敬意を払う　④　気兼ねなく接する
⑤　嫌悪する

(オ)　たしなみ　[24]

〈なかなかに　折りや惑《まど》はん藤の花　たそがれ時のたどたどしくは〉

〈伯父上のお考えを、それと推量してもよいのでしょうか？　迷っています。ほんとにおゆるし頂けるのか、そうでないのか、途方にくれます〉

という意味がこめられてある。

「珍しいご招待だから上《あが》ってしまった。君、この歌がおかしいようだったら、直してくれないか」

と夕霧は、頭の中将にいった。

「とんでもない、痛み入るよ。……お供をさせて頂こう、このまますぐ」

頭の中将はうながしたが、

「いや、気の張る随身《ずいじん》はおことわりだよ」

といって夕霧は頭の中将を帰した。

夕霧は父の前に、内大臣の手紙を持っていって、話した。

「どう思われます？」

「うむ。何か考えていられるのだろうな。先方から折れて出られたとなれば、これでまあ、亡き大宮への不孝の罪も消えようというものだ。大宮が仲介の労をとられようとしたのに、先方は一向、おきき入れなかったのだからな」

源氏も、こと内大臣に対しては、傲岸な態度を崩さない。

「そうではないでしょう。案外、下ごころもなく、藤の花を賞《め》でる宴会かもしれません」

夕霧はわざとそう言ったが、胸がとどろいている証拠に、頬《ほお》を赤く染めていた。

「何にせよ、わざわざの使者だ、早く出かけた方がよい」

源氏はそういったが、息子の衣裳《いしょう》に目をとめて、

「その直衣《のうし》は色が濃すぎて安っぽくみえる。非参議や役のない若者には※5二藍《ふたあい》もよいものだが、そなたは参議で中将なのだから、今日はことに身づくろいして、も少しよいものを着てゆくがよい」

源氏は自身の衣裳の中から、ことに立派な直衣に、下襲《したがさね》の美々しいのをとりそろえ、夕霧の供の者に持たせた。

青年は自分の部屋で念入りに身づくろいした。果して、今夜の宴で首尾よくいって、恋人に再会できるかどうか――青年の手は緊張と期待で震えている。

夕霧の中将は入念に身づくろいしてたそがれもすぎたころ、先方が待ちかねている中を、内大臣邸に着いた。

主《あるじ》がわの公達《きんだち》、頭の中将をはじめ七、八人がうちつれて出迎える。みな美しい貴公子たちだが、夕霧はきわだってすぐれた風采にみえた。

内大臣は、鄭重《ていちょう》に夕霧をもてなすよう、指図していた。冠をつけて座に出ようとして、北の方や、若い女房たちにいった。

「のぞいてごらん。じつにいい青年だ。年がいくにつれ立派になってゆく人だ。態度がおちついて重厚なところは、父君の源氏の大臣《おとど》よりすぐれているかもしれんな。父君の方は愛嬌《あいきょう》があって皆に好かれたが、少し軟派で、実務の面では、やや(カ)放縦に流れた。しかしこの人は真面目《まじめ》で学才もあり、気立ても男らしい。世間の評判もいいよ」

内大臣は、身なりをととのえ、礼をつくして夕霧と会った。

かたい挨拶《あいさつ》はかたちばかりにして、すぐ、くだけた会話になった。

「春の花は美しいが、みな、すぐ散ってしまうのが惜しいね。そこへ来ると藤は、ややおくれて咲くのが※6ゆかしくていいものだ」

と内大臣は藤にみとれながらいう。

月は昇ったが、おぼろにあたりは霞んでいる。盃《さかずき》がめぐり、管絃のあそびがはじまった。

「いえ、私はもう……」

内大臣は空酔《そらよ》いして、しきりに夕霧に盃を強いた。

青年は困って辞退していた。

「そういわずに。あなたは天下の秀才だから、長老を大切にするこ

夕霧も、春の夕のあわれにさそわれたか、

「雨模様だ」

と人々が言い騒いでいるのも耳に入らず、空をながめてうっとりしていた。内大臣はそれをみると、（かつてないことだが）心うごかされ、何かしら、B郷愁にも似た思いで、夕霧に対する愛情がこみあげてきた。

思えば雲井雁《くもいのかり》の事件の前は、内大臣はこの甥《おい》をよく可愛がり、甥もまた伯父《おじ》になついていた。早く母を失った甥を、内大臣はふびんに思い、息子のように目をかけたものだった。

雲井雁とあやまちを起こしたからといって、甥をにくむのは、行き過ぎではなかったろうか？　亡き大宮がいわれたように、雲井雁と結婚させるとしたら、夕霧くらいよくできた婿はあるまい。自分がC雲井雁を主上《かみ》か東宮《とうぐう》に納《い》れようと思ったばかりに、ことは(ウ)紛糾し、反目《はんもく》と誤解がいりみだれてしまったのだ……。

内大臣はおぼえず知らず、夕霧のほうへ、笑みをふくんで歩み寄っていた。

「今日はご苦労だったね、中将」

と夕霧の袖《そで》を引いて話しかけた。

「なぜそう、よそよそしくする。今日の法会《ほうえ》の縁を思うだけでも、もっとうちとけて親しくしてほしいものだ。もうおい先も長くない年寄りの私に、つれなくするとは恨めしいではないか……」

「は。いやべつに、私は」

と青年はかたくなっていた。

「亡きおばあさまも、伯父上をたよりにさせて頂くようにとご遺言《ゆいごん》がありましたが、……どうも伯父上のご機嫌《きげん》を損じた様子なので、恐縮してご遠慮申上げておりました」

折から雨風がはげしくなり、人々はいそいで散ってしまったが、夕霧は伯父の言葉をしきりに考えていた。

なぜ急に伯父は親しみをみせて、寄ってきたのか。何か、意図があるのか。

もしや雲井雁を、自分にゆるそうというのか。いや、まさかあの※2傲岸《ごうがん》で(エ)権高な伯父が。

青年は※3とつおいつ考えて、寝もやらずその夜は明かしてしまったのである。

内大臣はあの法会の日以来、意地も折れて、夕霧と和解する、よき折もがな、と思いつづけていた。

四月はじめであった。庭先の藤の花が面白く咲き乱れ、例年より色濃く美しいと人々は賞美して、このまま見過ごすのも残念など、管絃の遊びを催すことになった。

内大臣のもくろみは、夕霧を招くことにあった。

雲井雁と結婚してもよい、いや、結婚して下され、と正面切って話し合うような、はしたない※4むきつけなことはできない。花の宴にかこつけ、何ごとも優雅に自然に、なだらかにたのしく、ことをはこばなければならぬ。

教養ある貴族の(オ)たしなみとして。

内大臣は、長男の頭《とう》の中将を使者にたてた。

「いつぞやの花かげの対面は、あわただしくて名残《なご》り惜しく思われました。今日、おひまがあればお越し下さい」

という口上に添えて手紙がある。

〈わが宿の藤のいろ濃きたそがれに　尋ねやは来ぬ　春の名残を〉

歌の通りに美事《みごと》な色の藤の花房の一枝に、文《ふみ》はつけてあった。

夕霧は胸がとどろいた。この歌は、

（大君来ませ、婿にせん）

という意味ではないか。

（ゆるす。雲井雁をゆるす。そなたは今夜からわが家の婿君。美々《びび》しくみやびやかに、威を張って来られよ）

という意味ではないか。

夕霧はどきどきしながら、とりあえず礼をいって歌を返した。

① 客体　② 相対　③ 主体
④ 絶対　⑤ 存在

問8　傍線部D「物のひとつとしての身体は『わたしの身体』になる」とは、どういうことか。その説明として最も適当なものを次の①～⑤のうちから一つ選び、番号で答えなさい。解答番号は17。

① 道具の使用に限定されない身体の運動のこと。
② ある特定の行為の〈式〉が定着し身体において反復不可能になること。
③ 「わたし」と「物」との区別がなされないということ。
④ 習慣の獲得ということ。
⑤ とくに意識もしないで自分の思いのままにすべてを操れること。

問9　傍線部E「ひとは使っている気でいてじつは道具に使われていることになかなか気づかないのである」とは、どういうことか。その説明として最も適当なものを次の①～⑤のうちから一つ選び、番号で答えなさい。解答番号は18。

① 道具を使うことは異なる構造を受け容れることで自己を拡げていくということ。
② 道具を使うことは道具の特性を理解することであり、その特性を知りすぎることで翻弄させられることもあるということ。
③ 道具を使うことは道具に支配されることであり、自己のなかに異なる構造を受け容れることで自己が変質するということ。
④ 道具を使うことは愉しさも怖さもある非常にリスクのある行為で、それは異なる構造を自己に受け容れることで〈わたし〉が変えられる不安があるということ。
⑤ 道具を使うことは自分たちが気付いている以上に深い関係があるが、意識的ではない私たちは絶対にそのことに気が付かないということ。

問10　次はこの文章を読んだ生徒たちの会話である。文章の内容を踏まえて、この会話中の空欄に入る最も適当なものを後の①～⑤のうちから一つ選び、番号で答えなさい。解答番号は19。

生徒A―筆者は、自身の息子の例を用いて「握る」という行為がどのように成立するかを説明しているね。
生徒B―そうだね。「握る」という行為は、「摑む」という行為の試行錯誤によって可能になっていくと述べているね。
生徒C―その試行錯誤のなかで、摑もうとしている指と、摑む対象である「物」が分離していることを理解していくんだね。
生徒A―そのように［　　　］していくことが、「つかふ」ということなんだね。

① ある〈式〉を更新しながら構造を統制
② 使用していく過程で〈わたし〉が変容
③ 異なる構造を受け容れることで能力を開花
④ 〈わたし〉のふるまいや活動の構造を固定化
⑤ 「習う」ことで考えようと

二

次の文章は、田辺聖子の小説『新源氏物語』の一節である。今は亡き大宮の命日にあたり、一族が寺にお参りする場面である。これを読んで、以下の問い（問1～9）に答えなさい。

内大臣は子息あまたひきつれて威勢もあたりを払うばかり、(ア)上達部もたくさん参り集《つど》うたが、その中でも夕霧の中将はぬきんでた風采《ふうさい》と挙措《きょそ》である。りりしくて、しかも猛《たけ》からず、おちついていて美しい貴公子だった。

夕霧は内大臣に対しては(イ)気が置けるとみえて、A慇懃《いんぎん》な態度で用心している。それを、内大臣はことさら目をとどめて見ていた。御布施《おふせ》など、※1六條院からも出された。夕霧は、やさしかった祖母宮の御供養なので、ことに心をつくしてつとめた。

夕方、みんなが帰りかけるころであった。花は散り乱れ、夕霞《ゆうがすみ》がおぼろにたちこめる物なつかしい春の夕べ、内大臣は心そそられて思わず立ちつくしている。

(オ) モ倣 [5]

① 模　② 藻　③ 喪　④ 毛　⑤ 茂

問2 空欄[a]～[d]に入る語として最も適当なものを次の①～⑥のうちからそれぞれ一つずつ選び、番号で答えなさい。なお、同じ番号を二度使ってもよい。解答番号は[a]は[6]、[b]は[7]、[c]は[8]、[d]は[9]。

① つまり　② たとえば　③ まず
④ しかし　⑤ ところで　⑥ むしろ

問3 波線部P「イニシアティヴ」、Q「混沌」とあるが、それぞれを言い換えたものとして最も適当なものを次の①～⑤のうちから一つずつ選び、番号で答えなさい。解答番号はPは[10]、Qは[11]。

P「イニシアティヴ」
① 領有権　② 占有権　③ 主導権
④ 独占権　⑤ 既得権

Q「混沌」
① カオス　② アウラ　③ コード
④ ジレンマ　⑤ トポス

問4 傍線部A「『使用』を、『自由である』ことと何かを『意のままにできる』こととの観念連鎖のなかにはめ込まない」とあるが、どういうことか。その説明として最も適当なものを次の①～⑤のうちから一つ選び、番号で答えなさい。解答番号は[12]。

① 「つかふ」ということは、支配や統御を象徴する出来事だということ。
② 「つかふ」ということは、使う者と使われる物という分離が前提として含まれているということ。
③ 「つかふ」ということは、使用と被使用の二項対立のように見えるが、能力を拡張していくことで道具なども自己の一部になっていくということ。
④ 「つかふ」ということは、何かを道具や手段として使用するに先立って、まず身体を使って「使う」能力そのものを獲得するプロセスがあるということ。
⑤ 「つかふ」ということは、まず手に取り摑まねばならないが、乳児はなかなかそれができず物事をイメージすることができないということ。

問5 傍線部B「非対称の力関係」とあるが、どういう関係のことか。その説明として最も適当なものを次の①～⑤のうちから一つ選び、番号で答えなさい。解答番号は[13]。

① 使う側と利用する側が「人馬一体」となっている関係。
② 異質な存在が一つに溶け合うような関係。
③ 使う側に独占する力があり、使う者と使われる物が分離している関係。
④ 使う側に超越的な力があり、使う者と使われる物が分離している関係。
⑤ 使う側が優位であり、使う者と使われる物が分離している関係。

問6 傍線部C「この時期にはだから『いない、いない、ばあ』といった遊びにきゃっきゃっと歓ぶ」とあるが、それはなぜか。その説明として**適当でないもの**を次の①～⑤のうちから一つ選び、番号で答えなさい。解答番号は[14]。

① どのようなものが目の前に現れても、混在していると認識しているから。
② 主体と客体という隔たりが生じているから。
③ 「親」と「ハンカチ」が混沌のなかで同一化しているから。
④ 「じぶん」とそれ以外のものが分離した状態になっていると認識していないから。
⑤ 「親」と「自分」が別の存在として対峙しているという理解ができていないから。

問7 空欄[X]・[Y]に入る適語を次の①～⑤のうちからそれぞれ一つ選び、番号で答えなさい。解答番号は[X]は[15]、[Y]は[16]。

になされるようになる。そのうち道路状況の把握にも慣れ、鼻唄でも歌いながら、同乗者とおしゃべりもしながら、運転できるようになる〈式〉はこうしてどんどん更新されてゆく……。とくに意識しないでもからだが勝手に動くようになること、これが習慣の獲得ということなのだ。

この過程で、同時にもうひとつ別の更新が起こる。それは意識の切っ先が道具の表面もしくは先端へと移行するということである。杖を使い慣れてくると、地面を探る感覚の先端は指と杖とが接触する面から杖の先端へと移行する。新しい靴を履きはじめたときは足と靴底との接触面に意識が集中しているのに、靴が足になじんでくると意識の切っ先が靴底、つまりは靴が地面に接する面へと延びてゆくように、である。楽器を弾くときは指と楽器とが接するところから楽譜のほうへ意識は向かうようになる。運転しているときも、意識は身体と自動車の装備との接触面から、自動車の先端部へと、さらに前方へと拡張してゆく。狭い道に入り込みそうになっても、ちょうど歩いているときにそこが通り抜けられるか瞬時にわかるように、クルマがそこを通り抜けられるか、それまた瞬時にわかるようになる。道具を使う〈わたし〉は、その意識のなかに、その活動のなかに、道具を呑み込み、併合してゆくのである。いいかえると、〈わたし〉はそれまでできなかったことができるようになる、つまりその能力を拡張してゆくのである。

ここで注意を要するのは、能力を拡張してゆくこの過程が、同時に、道具の特性が〈わたし〉のなかに流れ込んでくる逆向きの過程でもあるということだ。道具を使うことは道具の構造と交わり、それになじんでゆくということであり、そのなかで〈わたし〉のふるまいや活動の構造も否応《いやおう》もなく変換されてゆく。使用とは、使用者がみずからの構造を物に押しつける、つまりそれを統制下に置くということではなく、異なる構造を受け容れることで逆に自己を拡げてゆくということなのである。道具を呑み込んでゆく過程は、道具に呑み込まれてゆく過程でもあるということなのだ。そしてこれが知らぬまに人の「第二の自然」(second nature)となっている。

こういうことが道具使用のあらゆる場面で起こるにもかかわらず、ひとは使用においてみずからが明確なイニシアティヴをもつと勘違いしている。Eひとは使っている気でいてじつは道具に使われていることになかなか気づかないのである。携帯電話やスマートフォンひとつとっても、使っているのか使われているのか、さだかでないときのほうがきっと多い。ここに何かを使うことの愉しさも怖さもある。使う者の自己変容ということである。使うものと使われるもののあいだには、気づかれている以上に深い交わりがあるということである。

このことを裏書きしているようにおもわれるのは、習慣を表わす語である。日本語で習慣が身につくことを表わす語に、「慣らふ」がある。「慣らふ」は、ものごとをくりかえしおこなっているあいだにそれが「第二の自然」になること、つまりは「馴《な》る」ことであるとともに、「倣ふ」ないしは「習ふ」——「習う」はもちろん「学ぶ」(「真似《まね》ぶ」)ことでもある——こと、つまり、「慣らふ」べきものを(オ)モ倣することでもある。

(鷲田清一『つかふ ～使用論ノート～』による)

※1 遡行…流れをさかのぼって行くこと。

問1 傍線部(ア)～(オ)のカタカナに相当する漢字として最も適当なものを後の各語群①～⑤のうちからそれぞれ一つずつ選び、番号で答えなさい。解答番号は1～5。

(ア) コク々 1
① 告 ② 酷 ③ 黒 ④ 国 ⑤ 刻

(イ) チらかっている 2
① 産 ② 散 ③ 酸 ④ 参 ⑤ 讃

(ウ) ナン儀 3
① 難 ② 何 ③ 軟 ④ 南 ⑤ 娚

(エ) 根ゲン的 4
① 厳 ② 減 ③ 源 ④ 限 ⑤ 言

るものと触れているものが同一のものであるとの了解が生まれ、そこから※1遡行《そこう》的に指も「じぶんの指」として理解されると同時に、摑もうとしている哺乳瓶がじぶんとは異なる「物」としてあることが了解されてゆく。現われる「物」と、現われに立ち会っている「じぶん」とが隔たり、分離しはじめるわけだ。そうしてはじめて、「わたし」が「哺乳瓶」を摑み、支えているという意識が生まれる。「わたし」がそれを持つ X であり、哺乳瓶は「わたし」に持たれる Y であるという、「使用」の前提となる事態が生まれるのである。

　これは、何かを道具や手段として使用するに先立って、まずは身体を使って「使う」能力そのものを獲得するプロセスがあることを示している。『贈与論』で有名なマルセル・モースに倣っていえば、道具を用いる技法に先立って、それが可能となる前提として、まずは「身体の技法」(techniques du corps)があるということである。

　これはたしかに「身体の使用」(l'usage du corps)ではあるのだが、しかし道具としてのそれの使用なのではない。それを言うなら、 b 「摑む」という行為の〈式《スキーム》〉を身につけるとでも言うべきであろう。手を使って物を摑むということができるようになると、摑むということは身体のあらゆる部位に浸透していって、脚で摑むことも脇で摑むこともできるようになる。行為のある〈式〉が一般化すると言ってもいいし、それが身体の各部位に転移すると言ってもいい。

　わかりやすい例をひとつ。書くという行為である。

　鉛筆を持って字を書くという行為は、思いのほか(ウ)ナン儀なものである。そういう行為をあたりまえのようにできるようになるには相当な時間を要する。 c 、いったん字を書くという行為に習熟したら、あとは身体のどこでもそれをすることができる。鉛筆で字を書くには、鉛筆を持つ指、それを書くということにふさわしく動かすための手首や肘の用い方、そして姿勢まで巻き込んだ身体使用の〈式〉、 d はスタイルが定着することが必要である。そしていったん、そういうスタイルが「鉛筆で書く」という行為として定着すれば、それはすぐに身体のあらゆる部位に転移してゆく。たとえばこれまでいちども練習していないのに、黒板にチョークで、鉛筆で字を書くに際していちども使わなかった、つまり練習すらしなかった肘や肩の関節を動かして、書くことができる。求められれば、砂場で足でおなじ字を書くこともできるし、腰の動きでその字形をなぞることすらできる。

　こうした〈式〉もしくはスタイルは、いったん身体のどこかに定着すれば、他のいずれの身体部位においても反復可能なものとなる。そういう意味で「一般的」なものである。そういう行為のさまざまな「一般式」を束ねたものとしてわたしたちの身体はある。いや、
D物のひとつとしての身体は「わたしの身体」になる。身体(body)は〈物体〉(body)のひとつ――bodyとしての身体の了解はすでにそれを対象として自己から隔てたところに成り立つ――である前に、まずは〈式〉としてあるということである。

　これを別の言葉でいいかえると、使うということは、道具の使用に限定されるものではないということである。道具の使用は、それを使う者と使われる物との分離を前提としている。しかしそういう分離が生まれる前提として、さらに別の、より根(エ)ゲン的な使用の次元があるということである。

　ある特定の行為の〈式〉の定着とその転移、それを別の言葉でいえば、習慣の獲得ということになる。習慣の獲得とは、身体の新しい用法を身につけるということだ。杖の使い方、包丁の使い方、楽器の弾き方・吹き方、自転車の乗り方、自動車の運転の仕方を習得し、それをとくに意識することもなくあたりまえのようにできるようになるということだ。たとえば、クルマの運転を習いはじめたばかりの頃は、ハンドルの感触、スイッチの位置、ペダルの操作などにばかり気を取られ、クルマの前方の状況にまでじゅうぶんに注意がゆかない。しかしそれらの操作に習熟してゆくにつれて、意識は道路の状況に向かい、操作じたいは意識の陰に隠れ、いわば自動的

二〇二二年度　狭山ヶ丘高等学校（推薦第三回・推薦第二回）

※推薦第二回の問題です。

【国　語】（五〇分）〈満点：一〇〇点〉

一　次の文章を読んで、以下の問い（問1～10）に答えなさい。

「使用」の孕《はら》む問題性が際立ったかたちで浮上する場面として、これまで他者の使用という場面にばかり注目してきたが、使用・利用といえば、［　a　］は道具としての物の使用、家畜の使用がある。資源の利用がある。物は使い込むことで、家畜は使いこなすことで、馴染《なじ》んでくる。使い込むなかでそれを知りつくすところまでくると、これを自在に扱えるようになる。とくに構えることなくつきあえるようになる。漆器《しっき》は使えば使うほど艶《つや》が出る。茶碗もそれを使うたびに、服や靴なら着、履くたびごとに、手に、体に、しっくりと馴染んでくる。鰻《こて》光りという言葉にあるような鈍い輝きが射《さ》してきもする。「人馬一体」という言葉にあるように、もとはといえば異質な存在が一つに溶けあうような境地もある。

そこで次に、A「使用」を、「自由である」ことと何かを「意のままにできる」こととの観念連鎖のなかにはめ込まないよう気をつけながら、「つかふ」ということの豊饒《ほうじょう》さをあらためて濃《こま》やかに描きだしてしてみたい。「つかふ」は、支配や統御の徴《しるし》ではなく、むしろ強さと弱さとが(ア)コク々とめくれ返る、人のいのちの運動をもっともよく徴しづける出来事だとおもうからである。

人が物を、別の人を使う。それもみずからの意志するものの実現のために、その道具として、手段として、利用する。このように、使う側にPイニシアティヴのあるのが、使うといういとなみである。ということは、「使用」には、使う者と使われる物ないしは人の分離ということが前提として含まれる。そう、B非対称の力関係がそこには厳然としてあるようにおもわれる。

何かある物を道具として使うためには、それをまず手にとり、摑《つか》まねばならない。この摑むという動作は、握るという能力が備わってはじめて可能となると考えられやすい。握る能力がなくてどうして摑めるか、というふうにである。しかし、そもそも握るという能力はどのようにして獲得されたのかと考えてみると、握力とそれにもとづく使用という事態が、それまでの、摑むという行動の試行錯誤のなかで可能となったことがわかる。

（中略）

乳児は未《いま》だ何かを使う「主体」ではない。乳児の感覚はQ混沌《こんとん》とした現象のなかに埋もれている。(イ)チらかっている。同一の「物」なるものをまだ知らないし、それを摑む「じぶん」というものの意識もない。Cこの時期にはだから「いない、いない、ばあ」といった遊びにきゃっきゃっと歓ぶ。子どもの前から親が急に消える。突然、（ハンカチの、という理解もなしに）白い幕が現われる。が、次の瞬間にはまた親が戻ってくる。ハンカチの向こうに、現われたり隠れたりする「親」がいるということが未だ理解できずに、出現と消滅の交替に翻弄されるのだ。そんなことをくり返しているうち、やがて「親」は現われたり消えたりするのではなく、いまは見えないけれどもほんとうはハンカチの向こうにずっといて、ハンカチの陰に隠れたり、ぬっと現われたりするだけのことだということを学んでゆく。「親」は消失したのではないのだ。そうなるともう、「いない、いない、ばあ」はちっとも怖くなくなる。遊びは終わる。遊びは終わって、「親」は向こうに、「じぶん」はこちらに、別の存在として対峙《たいじ》しているという理解が生まれる。「主体」と「客体」という隔たりが生まれるのである。

そもそも哺乳瓶をいじっているあいだにも、おなじような出来事が起こる。はじめは、じぶんの指先が視野に現われても、それをじぶんの指先などとはおもわない。きっといろいろなものといっしょに、ごたまぜになって現象しているだけである。そういう混沌のなかで、両手の指先がときおり触れあうなかで、じぶんがいま見てい

英語解答

1 A No.1 4 No.2 2
B No.1 3 No.2 4
C No.1 4 No.2 1

2 問1 3 問2 2 問3 2
問4 3 問5 3 問6 4
問7 2 問8 3 問9 4
問10 2

3 問1 3 問2 4 問3 3
問4 1 問5 2，5

4 1 ④ 2 ③ 3 ④ 4 ③

5 1 ３番目…① ６番目…⑦
2 ３番目…⑤ ６番目…③
3 ３番目…⑦ ６番目…⑥
4 ３番目…⑨〔①〕 ６番目…④〔③〕

6 1 ② 2 ③ 3 ③ 4 ④

7 1 ④ 2 ① 3 ③

8 1 ① 2 ② 3 ④

1〔放送問題〕解説省略

2〔長文読解総合―伝記〕

≪全訳≫❶ミルカ・デュノーはベネズエラのカラカス出身だ。彼女はベネズエラとスペインの大学の学位を持つエンジニアである。彼女の教育は家族にとって重要だったので，彼女がレースを始めたのはようやく24歳になってからだった。❷学業はミルカにとって常に重要で，彼女は優秀な生徒だった。彼女は1976年に４歳で学校に通い始めた。まもなく，先生は彼女を「最も優秀な生徒」と呼んだ。❸「私は読書が大好きでした」とミルカは言う。「休暇になると，私のかばんはいつも本で重かったです」❹卒業後，彼女はカラカスの大学に進学した。それから，マドリード大学に進学した。1996年までに，彼女は４つの学位を取得した。彼女はエンジニアでもあった。❺多くのベネズエラ人にとって，エンジニアは男性の仕事だった。しかしミルカにとっては，全ての仕事は全ての人々に開かれていた。彼女は車が大好きだったので，エンジニアになった。❻「エンジンを見るのが好きでした」とミルカは言う。「それに，ずっと，車を運転してレースに出たかったんです。私のロールモデルの１人はフィンランド人のレーシングチャンピオンのミカ・ハッキネンでした。彼のように成功したかったんです」❼レースの先生は重要だが，カラカスには良い先生があまりいなかった。❽「私自身が，私の先生だったのです」とミルカは言う。「でも，私はいつも良い生徒だったわけではありません」 彼女は思い出して，ほほ笑む。ときどき，幼いミルカは母親の車で家の近くの道路を上り下りしていた。しかし，彼女が最初に母親に頼んだわけではなかった！❾大学卒業後，ミルカは運転が非常にうまかった。両親に車をもらって，とても幸せだった。ある日，彼女と友達数人はサーキットに行き，初めてレースをした。ミルカにとって，その日はとても大切だった。新しい人生の始まりだったのだ。❿「私はエンジンの音が大好きでした」とミルカは言う。「それに，速く走るのも大好きでした」⓫彼女はレースを始め，成績はとても良かった。1996年に，ベネズエラの重要なGT選手権に参戦した。これはスポーツカーが対象だった。レースには優秀な男性ドライバーが多数いたが，ミルカは２位でゴールした。⓬両親はこのことをあまり喜んでいなかった。しかし，ミルカは今やエンジニアだった。⓭「レースで成功しなくても，私にはエンジニアの仕事が必ずあるの」と彼女は言った。⓮この後，両親は娘がレースに出るのを止めなかった。しかし，ミルカはベネズエラに残りたくなかった。⓯「ここには，良いレーシングスクールがないの」と彼女は言った。「アメリカが私のための場所だわ」 1999年に彼女は家族に別れを告げ，アメリカのスキップバーバー・レーシングスクールに入学した。その年の先生はクリス・ミッチャムだった。2000年に，彼女はアメリカで初めてレースに出場した。28歳のときだった。成功したのはそのレースではなく，同じ年の後半だった。彼女は小型スポーツカー対象のフェラーリチャレンジに参戦し，優勝したのだ。彼女はそのレースで女性として初めて優勝した。⑯3年間，彼女は多くの重要なレースに参加し，成績はとても良かった。しかし，この間に優勝はなかった。彼女の初の大きな勝利が訪れたのは，2004年だった。ホームステッド・マイアミ・スピードウェイのレースで女性として初めて優勝したのだ。⑰2年後，彼女のベストレースはデイトナ24時間レースだった。これは，スポーツカー30〜40台が参加する非常に難しいレースだ。ドライバーのチームは24時間レースを続けなくてはならず，多くのチームは完走できない。ミルカのチームは8位でゴールした。⑱多くの大手レーシングカーチームがミルカを欲しがった。2007年に彼女はSAMAXモータースポーツチームのベストドライバーの1人となった。その年のデイトナ24時間レースで，彼女は2位でゴールした。これは，同レースの女性ドライバーで最高の結果だった。⑲「ミルカは優秀なドライバーだ」と人々は言った。「でも，彼女はインディレースに進出し，勝てるだろうか？」　彼女の最初のインディレースはうまくいかなかった。エンジントラブルがあり，男性ドライバーの一部は彼女に不満だった。⑳「彼女は遅い」と彼らは言った。「そのうち，我々の誰かが彼女の車にぶつかるぞ」㉑「インディレースはミルカに合っているのか？」と人々は疑問に思った。㉒そして，シカゴランド・スピードウェイのレースで，彼女はドライバー40人中15位でゴールした。㉓2008年，ミルカはドレイヤー＆ラインホールド・レーシングチームのドライバーになった。非常に良いレースをしたが，またしても車の一部でエンジントラブルが発生した。彼女のベストレースは再び，シカゴランド・スピードウェイだった。彼女は14位でゴールした。㉔「ときとして，人生の最良のものは遅れてやってきます」とミルカは言う。レースだけが彼女の人生で大切なものではない。2008年に，彼女は映画『スピード・レーサー』に出演した。「スピード」は若きレーシングドライバーだ。彼は大事なレースで勝ちたがっている。映画の中で，ミルカは同じレースに参加するドライバーを演じている。㉕彼女はレースも映画の仕事も大好きなのだ。

問１＜要旨把握＞第1〜3段落参照。ミルカの家族にとって教育は重要だった(第1段落第3文)のだから，家族は支援していたと考えられる。

問２＜要旨真偽＞第4〜6および15段落参照。2は，第5段落最終文と第6段落第1文の内容に一致する。

問３＜要旨把握＞直前の文参照。レースについては，カラカスに良い先生があまりいなかったため，自ら学んでいたのである。

問４＜文型＞下線部④はshe and some friends＝主語(S)，went＝動詞(V)，to a race circuit＝修飾語の第1文型。これと同じ文型は3（Daisuke＝S，rides＝V，on his bike＝修飾語，in the park＝修飾語)。　1．Miki's father＝S，bought＝V，her＝間接目的語(O1)，a new doll＝直接目的語(O2)，last night＝修飾語の第4文型。　2．The young boy＝S，left＝V，his umbrella＝目的語(O)，on the train＝修飾語の第3文型。　4．Your idea＝S，made＝V，me＝O，happy＝補語(C)の第5文型。　5．Jacob's car＝S，is＝V，new and red＝Cの第2文型。

問５＜要旨把握＞第11，12，14段落参照。レーシングドライバーをやめたという記述はない。

問６＜要旨把握＞同じ段落の終わりの3文参照。later in that yearのthat yearは下線部の2000を受けている。

問７＜適語選択＞bigには「重要な，目立った」という意味がある。他の選択肢はwinを修飾する語としてはどれも不自然である。

問８＜適語選択＞直前の文で述べた，デイトナ24時間レースでの2位という成績が，女性ドライバーとしてどんな結果かを考える。

問９＜語句解釈＞下線部のthe same raceとは，文脈から前の文にあるan important raceのことだとわかる。これは，4.「映画の主人公が勝ちたいと思っているレース」である。

問10＜内容真偽＞ミルカの年齢については，第2段落第2文より，1976年で4歳ということがわかるので，これに基づき計算する。　1…×　第4段落第3文参照。1996年は「24歳」である。　2…○　第15段落第5，6文に一致する。　3…×　第18段落第2，3文参照。2007年は「35歳」である。　4…×　第24段落第3文および最終文参照。2008年は「36歳」である。

3〔長文読解総合―物語〕

≪全訳≫❶昔々，ベトナムに立派な王様がいた。王様には一人娘しかいなかったので，貧しい男の子を家に連れてきた。彼はその子を自分の息子にした。何年もたって，その子は賢くて優しい若者になった。王様はこの子なら娘の完璧な夫になると判断した。それで2人は結婚し，子どもをもうけた。王様は，自分の死後も王国が続くだろうから，幸せだった。❷しかし，悪い人たちが王国にいて，彼らは貧しい少年が王様になるべきでないと考えた。彼らはその若者の悪口を王様に言い始めた。「彼はあなたを尊敬していませんよ，王様」❸王様は最初は聞かなかったが，彼らは言い続けた。「彼はあなたを殺して王様になるつもりだと聞きました。彼は自分があなたより偉いとも言っていました」❹王様は「人々は正しいのだろうか」と不思議に思った。そこでついに，王様は若者と娘とその子どもたちを遠くの島へ送り出した。「もし彼が本当に偉大なら，家族は生きていけるだろう」❺王様はみんな死んでしまうと思っていたので，悲しかった。❻若者とその家族は，島で新しい生活を始めた。それはとても大変な生活だった。家族は自分自身の家をつくり，食べ物を探さなければならなかった。❼ある日，若者は，浜辺で黒い種を食べている黄色い海鳥を見かけた。「どんな種類の種かわからないが，種は種だ。この種を家族のために植えてみよう」❽やがて，種からつる植物，そして花，さらには大きな丸い果実が出てきた。「こんな果実は今までに見たことがない。外は緑で，中は赤い。どんな味がするんだろう」そして，若者はその果実を食べた。彼は意外にも「おいしい！」と思った。家族全員がこの果物をとても気に入り，それをスイカと呼ぶことに決めた。❾家族は，島を通りかかった船乗りたちにスイカを売り始めた。「これはおいしい！　私の持っている香辛料のいくらかと，あなたのスイカを交換してほしい！」　やがて，より多くの船乗りがスイカを手に入れるために島にやってきた。❿家族は今や快適な暮らしをしていたが，自分の国が恋しかった。そこである日，若者は自分の名前をたくさんのスイカに書き，それを海に流した。スイカは流れていき，1個が王様に届いた。⓫王様は若者の名前を見て「みんな生きている！」と言った。王様はこの新しい果物を味わい，自分の息子をとても誇らしく思った。王様は今や，若者が本当に偉大で賢いことを知った。そこで，王様は若者の家族を王国に連れ戻し，全員がその後ずっと幸せに暮らした。

問1＜文脈把握＞直後のIf he really is great, they will live.から，若者が自分を王様より偉いと言っているといううわさを確かめるために島送りにしたことが読み取れる。

問2＜適語選択＞A long time ago(第1段落第1文)の話で，全体として過去形で書かれている。

問3＜適語選択＞pass by ～で「～を通過する」という意味。sailors passing by the islandで「島を通りかかった船乗りたち」となる。これは現在分詞passingで始まる語句が前の名詞sailorsを修飾する‘名詞＋分詞＋語句’の形(現在分詞の形容詞的用法)。

問4＜文脈把握＞下線部の主語Heはthe king，thatの後のheはthe young manのこと。王様は，若者の名前が書かれたスイカが流れ着いたのを見て，彼らが島で生きているとわかったのである。

問5＜内容真偽＞1…×　第1段落第2文参照。娘は1人だけである。　2…○　第1段落第2～5文に一致する。　3…×　第2，3段落参照。すばらしいと伝えたのではなく，悪口を吹き込んでいた。　4…×　第7段落第1文参照。黄色の海鳥が食べていたのは黒い種。　5…○　第7段落～第9段落第1文に一致する。

4〔適語(句)選択〕

1．yours＝your hair なので，My hair と同様に単数形の is で受ける。「髪の毛(全体)」の意味の hair は‘数えられない名詞’。　「私の髪はとても短いが，あなたの髪は長い」

2．something など -thing で終わる代名詞を形容詞と to不定詞(形容詞的用法)の両方で修飾するとき，‘-thing＋形容詞＋to不定詞’という語順になる。　(類例) something hot to eat「(食べるための温かい何か→)何か温かい食べ物」　「私は冷たい飲み物を何も持っていなかった」

3．現在完了‘継続’用法の文。‘期間’を表す前置詞は for。　「彼女は埼玉に約４年間住んでいる」

4．had better ～「～した方がいい」　「彼女は夕方に病院に行った方がいい」

5〔整序結合〕

1．命令文。‘tell＋人＋物事’「〈人〉に〈物事〉を伝える」の形をつくり，‘物事’の部分を how to ～「～する方法」の形で how to catch the cat とする。残りは running fast とまとめて the cat を後ろから修飾する(現在分詞の形容詞的用法)。　Tell me how to catch the cat running fast.「速く走っている猫を捕まえる方法を私に教えて」

2．The teacher is Mr. Smith. が文の骨組み。who を主格の関係代名詞として使って The teacher を修飾する関係代名詞節をつくる。　be surprised at ～「～に驚く」　The teacher who was surprised at you is Mr. Smith.「あなたに驚いていた先生は，スミス先生です」

3．疑問文なので Does she で始め，have to ～「～しなければならない」と take care of ～「～の世話をする」を組み合わせる。　Does she have to take care of many dangerous cats?「彼女は多くの危険な猫の世話をしなければならないのですか」

4．want to ～「～したい」と‘help＋人(＋to) ～’「〈人〉が～するのを手伝う」の形を組み合わせると，I want to help my brother clean the room.「私は兄〔弟〕が部屋を掃除するのを手伝いたい」となる。または，‘want＋人＋to ～’「〈人〉に～してほしい」と help (to) ～「～するのを手伝う」の形を組み合わせると，I want my brother to help clean the room.「私は兄〔弟〕に部屋を掃除するのを手伝ってほしい」となる。

6〔誤文訂正〕

1．‘no other＋単数名詞＋動詞＋as ～ as …’で「…ほど～な—はない」という意味となるので，classmates ではなく単数形の classmate が正しい。　「私ほど背の高いクラスメートはいないことを，私は知っている」

2．主節の Did Tom and Bob run に合わせて can't も couldn't と過去形にする。　「トムとボブはあなたが追いつけないほど速く走ったのですか」

3．both(＝two women)は複数形なので，対応する be動詞は is ではなく are が正しい。　「私は２人の女性からフランス語を教わっていて，どちらも私にとても親切です」

4．「家に帰る」というときは come〔go〕home という。この home は「家に〔へ〕」という意味の副詞なので，前置詞 to は不要。　「彼が今夜いつ帰宅するか，知りませんか」

7〔単語のアクセント〕

1．①　fóot-ball　②　móun-tain　③　nóth-ing　④　a-gáinst

2．①　Sep-tém-ber　②　phó-to-graph　③　yés-ter-day　④　súd-den-ly

3．①　prób-a-bly　②　góv-ern-ment　③　mu-sí-cian　④　díf-fer-ent

8〔単語の発音〕

1．①　slept[e]　②　believe[iː]　③　technique[iː]　④　fifteen[iː]

2．①　tail[ei]　②　plant[æ]　③　able[ei]　④　taken[ei]

3．①　passion[ʃən]　②　nation[ʃən]　③　fashion[ʃən]　④　question[tʃən]

数学解答

1
(1) 7　(2) 2…2　3…2
(3) 4…3　5…4　6…6
(4) 7…2　8…1
(5) 9…6　10…2
(6) 11…2　12…2
(7) 13…4　14…2
(8) 15…2　16…4

2
(1) 17…3　18…3
(2) 19…⑤　20…⑦
(3) 21…1　22…4
(4) 23…2　24…5　25…2　26…5
(5) 27…3　28…3　29…2　30…2
31…1　32…8　33…2　34…5
35…9

3
(1) 36…6　37…0　38…1　39…0
40…4　41…5　42…1　43…2
(2) 44…9　45…9　46…1　47…3
48…1

4
(1) 49…4　50…4　51…8　52…3
(2) 53…3　54…2
(3) 55…8　56…5

5
(1) 57…3　58…8　59…1　60…2
61…5
(2) 62…3　63…4　64…4　65…3
(3) 66…9　67…0　68…5　69…1
70…2　71…7　72…3

1〔独立小問集合題〕

(1)＜数の計算＞与式$=-2\left\{\frac{1}{28}-\frac{3}{7}\div\left(-\frac{1}{4}\right)\right\}=-2\left\{\frac{1}{28}-\frac{3}{7}\times(-4)\right\}=-2\left(\frac{1}{28}+\frac{12}{7}\right)=-2\left(\frac{1}{28}+\frac{48}{28}\right)$
$=-2\times\frac{49}{28}=-\frac{7}{2}$

(2)＜式の計算＞与式$=\frac{6-3(x+1)-(x-1)}{6}=\frac{6-3x-3-x+1}{6}=\frac{-4x+4}{6}=\frac{-2x+2}{3}$

(3)＜式の計算＞与式$=\frac{4a^4b^6}{9}\div\left(-\frac{8ab^2}{3}\right)=\frac{4a^4b^6}{9}\times\left(-\frac{3}{8ab^2}\right)=-\frac{4a^4b^6\times3}{9\times8ab^2}=-\frac{a^3b^4}{6}$

(4)＜二次方程式＞$x^2\times1=(x+1)\times3$ より，$x^2=3x+3$，$x^2-3x-3=0$ となる。よって，解の公式より，$x=\frac{-(-3)\pm\sqrt{(-3)^2-4\times1\times(-3)}}{2\times1}=\frac{3\pm\sqrt{21}}{2}$ である。

(5)＜式の計算―因数分解＞与式$=x^2+4x+3-15=x^2+4x-12=(x+6)(x-2)$

(6)＜式の計算＞$\boxed{11}=x$，$\boxed{12}=y$ とする。$(\sqrt{3}-\sqrt{6})^2-(2\sqrt{x}-1)^2=3-2\sqrt{18}+6-(4x-4\sqrt{x}+1)=9-6\sqrt{2}-4x+4\sqrt{x}-1=(8-4x)+(-6\sqrt{2}+4\sqrt{x})$ となる。これが$-\sqrt{2}y$ となるので，根号を含まない部分は 0 となる。よって，$8-4x=0$ とすると，$x=2$ となる。このとき，$(8-4\times2)+(-6\sqrt{2}+4\sqrt{2})=-2\sqrt{2}$ となる。したがって，$-2\sqrt{2}=-\sqrt{2}y$ より，$y=2$ である。
〔編集部注：$2\sqrt{\boxed{11}}$ を無理数として解いた。〕

(7)＜連立方程式＞$2x+2y=12$……①，$x+4y=12$……②とする。①÷2 より，$x+y=6$……①′　②－①′より，$4y-y=12-6$，$3y=6$　∴ $y=2$　これを①′に代入して，$x+2=6$　∴ $x=4$

(8)＜数の計算＞$xy=(\sqrt{3}+1)(\sqrt{3}-1)=(\sqrt{3})^2-1^2=3-1=2$ である。また，$x^2y+xy^2=xy(x+y)$ と変形すると，$x+y=(\sqrt{3}+1)+(\sqrt{3}-1)=2\sqrt{3}$ より，$x^2y+xy^2=2\times2\sqrt{3}=4\sqrt{3}$ となる。

2〔独立小問集合題〕

(1)＜空間図形―長さ＞半径が 3cm の球の体積は$\frac{4}{3}\pi\times3^3=36\pi$ となる。四角錐の底面の正方形の 1 辺の長さを $x$cm とすると，高さが 4π cm なので，四角錐の体積は$\frac{1}{3}\times x^2\times4\pi=\frac{4}{3}\pi x^2$ と表せる。よって，球と四角錐の体積が等しいとき，$36\pi=\frac{4}{3}\pi x^2$ が成り立つ。これを解くと，$x^2=27$ より，$x=$

$\pm\sqrt{27}=\pm3\sqrt{3}$ となり，$x>0$ だから，$x=3\sqrt{3}$ (cm)である。

⑵＜式の計算＞⓪は，与式$=\frac{ac}{bd}$である。①は，与式$=\frac{abd}{c}$，②は，与式$=a\div bc\div d=\frac{a}{bcd}$，③は，与式$=a\div bcd=\frac{a}{bcd}$，④は，与式$=a\div b\div\frac{c}{d}=\frac{ad}{bc}$，⑤は，与式$=a\div\frac{bd}{c}=\frac{ac}{bd}$，⑥は，与式$=a\div\frac{b}{cd}=\frac{acd}{b}$，⑦は，与式$=a\times\frac{c}{d}\div b=\frac{ac}{bd}$となる。どの分数も約分されないから，⓪と等しい数となるのは⑤と⑦である。

⑶＜確率―カードとコイン＞コインを３回振るとき，表，裏の出方は全部で $2\times2\times2=8$(通り)あり，３けたの数は８通りできる。３けたの数が６の倍数になるとき，一の位の数は偶数になるから，左から３枚目のカードをひっくり返して４にするため，３回目に振ったコインは裏にならなければいけない。このときできる３けたの数は 124，154，624，654 で，このうち６の倍数となるのは，それぞれの位の数の和が３の倍数となる 624 と 654 の２通りだから，求める確率は$\frac{2}{8}=\frac{1}{4}$である。

⑷＜数量の計算，一次方程式の応用＞15km は 15000m，１時間は 60 分だから，$15000\div60=250$ より，時速 15km は分速 250m である。また，家から学校までは 750m で，歩く速さは分速 50m だから，家から学校まで歩いたときに，かかる時間は $750\div50=15$(分)である。ここで，家からＰ地点までの距離を xm とすると，Ｐ地点から学校までは $750-x$m と表せる。かかった時間は，家からＰ地点までは$\frac{x}{50}$分，Ｐ地点から家までは分速 250m で走ったから$\frac{x}{250}$分，家に戻って忘れ物を捜し家を出るまでの時間は５分で，家からＰ地点までも$\frac{x}{250}$分，Ｐ地点から学校までの $750-x$m は歩いたので$\frac{750-x}{50}$分である。よって，$\frac{x}{50}+\frac{x}{250}+5+\frac{x}{250}+\frac{750-x}{50}=15+7$ が成り立つ。これを解くと，$5x+x+1250+x+3750-5x=5500$，$2x=500$ より，$x=250$(m)となるから，家からＰ地点までは 0.25km である。

⑸＜数の性質，数の計算＞$216=2\times2\times2\times3\times3\times3=2^3\times3^3$ である。また，$(2^2\times3)\times(2\times3^2)=216$ だから，$2^2\times3=12$ も $2\times3^2=18$ も 216 の約数である。216 の正の約数は 1，2，3，4，6，8，9，12，18，24，27，36，54，72，108，216 だから，逆数の和は，$\frac{1}{1}+\frac{1}{2}+\frac{1}{3}+\frac{1}{4}+\frac{1}{6}+\frac{1}{8}+\frac{1}{9}+\frac{1}{12}+\frac{1}{18}+\frac{1}{24}+\frac{1}{27}+\frac{1}{36}+\frac{1}{54}+\frac{1}{72}+\frac{1}{108}+\frac{1}{216}=\frac{216+\cdots\cdots+6+4+3+2+1}{216}=\frac{600}{216}=\frac{25}{9}$である。

3〔数と式―一次方程式の応用〕

⑴＜数量の計算，一次方程式の応用＞「横８列，縦最大８個」のとき，左から奇数番目の机の個数が７個，偶数番目の机の個数が８個の場合と，左から奇数番目の机の個数が８個，偶数番目の机の個数が７個の場合がある。どちらの場合も，机の個数が７個の列が４列，机の個数が８個の列が４列だから，必要な机の個数は全部で $7\times4+8\times4=60$(個)となる。「横 11 列，縦最大 10 個」のとき，(ⅰ)左から奇数番目の机の個数が９個，偶数番目の机の個数が 10 個の場合と，(ⅱ)左から奇数番目の机の個数が 10 個，偶数番目の机の個数が９個の場合がある。(ⅰ)の場合，机の個数が９個の列が６列，机の個数が 10 個の列が５列だから，必要な机の個数は $9\times6+10\times5=104$(個)となり，(ⅱ)の場合，机の個数が 10 個の列が６列，机の個数が９個の列が５列だから，必要な机の個数は $10\times6+9\times5=105$(個)となる。また，机の個数が全部で 138 個で，横 12 列のとき，１列の最大の机の個数を x 個とすると，机の個数が x 個の列が６列，机の個数が $x-1$ 個の列が６列となる。よって，机の全部の個数について，$6x+6(x-1)=138$ が成り立ち，これを解いて，$6x+6x-6=138$，$12x=144$，$x=12$ (個)である。

⑵＜数量の計算，一次方程式の応用＞各列の机の個数が２種類の場合，各列の机の個数の差は３以下

だから，「横 8 列，縦最大 15 個」のとき，各列の机の個数の最小値は $15-3=12$(個)となる。よって，必要な机の個数が最小となるのは，机の個数が 15 個の列が 1 列，12 個の列が $8-1=7$(列)のときだから，最小値は $15\times1+12\times7=99$(個)である。「横 11 列，縦最大 15 個」のとき，机の個数が 15 個の列を y 列とすると，もう一方の種類の机の個数の列は $11-y$ 列と表せる。縦最大 15 個より，もう一方の種類の机の個数は 12 個，13 個，14 個の場合が考えられる。机の個数は全部で 145 個だから，もう一方の種類の机の個数が 12 個のとき，$15y+12(11-y)=145$ が成り立つ。これを解くと，$3y=13$，$y=\frac{13}{3}$となり，y は整数なので適していない。13 個のとき，$15y+13(11-y)=145$ より，$2y=2$，$y=1$ となり，適している。14 個のとき，$15y+14(11-y)=145$ より，$y=-9$ となり，適していない。したがって，1 列当たりの個数は 15 個と 13 個の 2 種類あり，15 個の列は 1 列ある。

4 〔関数―一次関数のグラフ〕

≪基本方針の決定≫(2)　点 P の x 座標をもとに各点の座標を文字でおき，点 Q，R の y 座標を文字を使って表す。　(3)　長方形の面積を 2 等分する直線は対角線の交点を通る。

(1)＜切片，座標＞右図 1 で，直線 l は原点と A(2, 2)を通るので，傾きは $\frac{2}{2}=1$ であり，直線 l の式は $y=x$ となる。点 C は直線 l 上にあり，y 座標が -1 だから，$-1=x$，$x=-1$ より，C$(-1,\ -1)$となる。直線 n の傾きは -3 だから，その式は $y=-3x+b$ とおける。これが点 C を通るので，$-1=-3\times(-1)+b$，$b=-4$ より，直線 n の式は $y=-3x-4$ となるから，直線 n の y 切片は -4 である。また，直線 m は A(2, 2)と点(4, 0)を通るから，傾きは $\frac{0-2}{4-2}=-1$ となり，その式は $y=-x+c$ とおける。これが点 A を通るので，$2=-2+c$，$c=4$ より，直線 m の式は $y=-x+4$ となる。点 B は直線 m と直線 n の交点だから，$y=-x+4$，$y=-3x-4$ を連立方程式として解くと，$x=-4$，$y=8$ となり，B$(-4,\ 8)$である。点 P は直線 n 上にあるので，x 座標が $-\frac{5}{3}$のとき，$y=-3\times\left(-\frac{5}{3}\right)-4=1$ である。PQ∥〔x 軸〕より，点 Q と点 P の y 座標は等しく 1 であり，点 Q は直線 l 上にあるので，$1=x$，$x=1$ より，Q(1, 1)となる。さらに，RQ∥〔y 軸〕より，点 R と点 Q の x 座標は等しいので 1 となり，点 R は直線 m 上にあるので，$y=-1+4=3$ である。したがって，SR∥PQ∥〔x 軸〕より，点 S と点 R の y 座標は等しいので 3 となる。

図 1

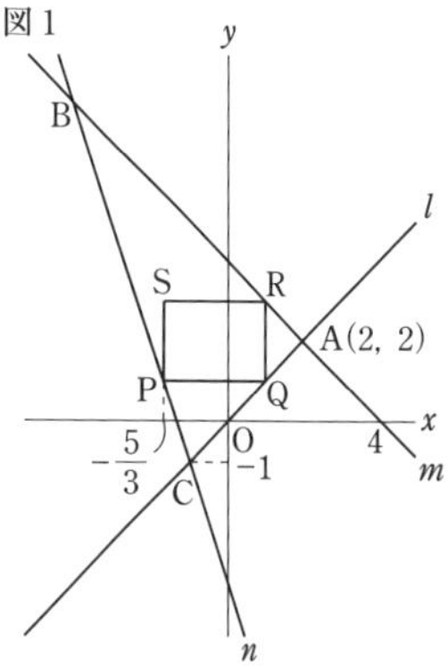

(2)＜x 座標＞点 P の x 座標を t とする。(1)と同様に考えて，3 点 P，Q，R の座標を t で表すと，P$(t,\ -3t-4)$，Q$(-3t-4,\ -3t-4)$となり，$y=-(-3t-4)+4=3t+8$ より，R$(-3t-4,\ 3t+8)$となる。よって，$\mathrm{SP}=\mathrm{RQ}=3t+8-(-3t-4)=6t+12$ と表せ，SP $=3$ のとき，$6t+12=3$ が成り立つから，$6t=-9$ より，$t=-\frac{3}{2}$となる。これは，$-2<t<-1$ に適している。

(3)＜x 座標＞右図 2 で，長方形 PQRS の対角線の交点を M とすると，長方形 PQRS の面積を 2 等分する直線は点 M を通る。また，直線 BM と線分 AC との交点を N とすると，直線 BM が △ABC の面積も 2 等分する場合，AN＝CN となり，点 N は線分 AC の中点となる。点 P の x 座標を t とすると，(2)より，P$(t,\ -3t-4)$，R$(-3t-4,\ 3t+8)$となる。点 M は線分 PR の中点だから，x 座標は $\frac{t+(-3t-4)}{2}=-t-2$，y 座標は $\frac{(-3t-4)+(3t+8)}{2}=2$ より，M$(-t-2,\ 2)$となる。点 N は線分 AC の中点だから，x 座標は $\frac{2+(-1)}{2}=\frac{1}{2}$，$y$ 座標

図 2

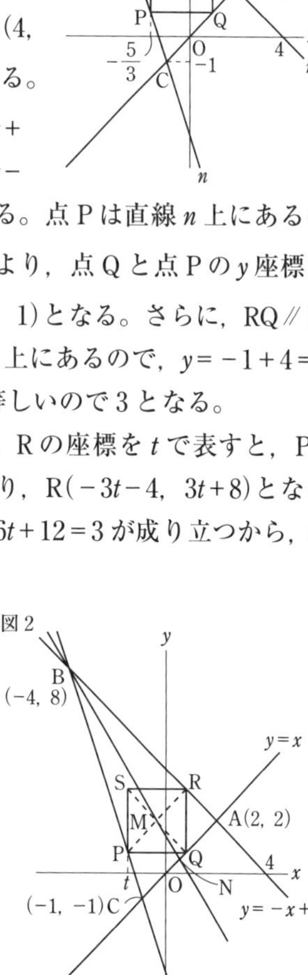

は$\frac{2+(-1)}{2}=\frac{1}{2}$より，N$\left(\frac{1}{2},\ \frac{1}{2}\right)$となる。直線BMは2点B，Nを通るので，傾きは$\left(\frac{1}{2}-8\right)\div\left\{\frac{1}{2}-(-4)\right\}=-\frac{5}{3}$となり，その式は$y=-\frac{5}{3}x+d$とおける。これがB$(-4,\ 8)$を通るので，$8=-\frac{5}{3}\times(-4)+d$，$d=\frac{4}{3}$より，直線BMの式は$y=-\frac{5}{3}x+\frac{4}{3}$となる。点Mは直線BM上にあるので，$2=-\frac{5}{3}(-t-2)+\frac{4}{3}$が成り立ち，$6=-5(-t-2)+4$，$6=5t+10+4$，$5t=-8$より，$t=-\frac{8}{5}$となる。これは，$-2<t<-1$に適している。

5〔平面図形―円〕

《基本方針の決定》(1)，(2)　三角形の相似を利用する。

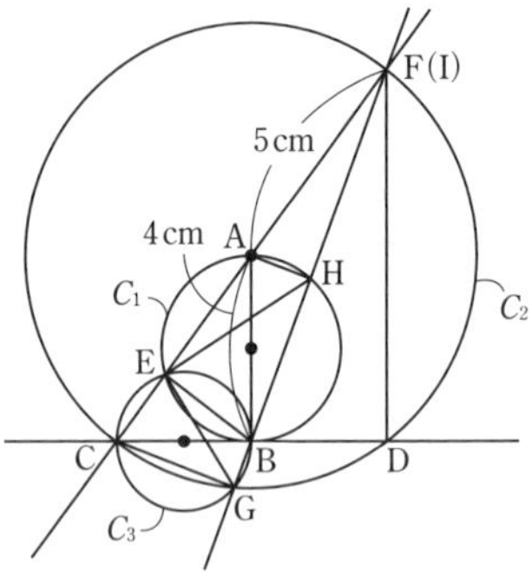

(1)＜長さ＞右図で，$\angle ABC=90^\circ$だから，△ABCで三平方の定理より，$BC=\sqrt{AC^2-AB^2}=\sqrt{5^2-4^2}=\sqrt{9}=3$(cm)である。また，点Aは辺FCの中点，線分ABは弦CDの垂直二等分線より，点Bは辺DCの中点だから，△FDCで中点連結定理より，$DF=2BA=2\times4=8$(cm)である。さらに，△ABCと△AEBにおいて，$\angle BAC=\angle EAB$(共通)であり，線分ABが円C_1の直径より，$\angle AEB=90^\circ$だから，$\angle ABC=\angle AEB=90^\circ$となる。これより，2組の角がそれぞれ等しいから，△ABC∽△AEBとなる。よって，BC：BE＝AC：ABより，3：BE＝5：4が成り立ち，$5BE=3\times4$より，$BE=\frac{12}{5}$(cm)となる。

(2)＜長さの比＞右上図の△HEGと△ABCにおいて，円C_1で，$\overset{\frown}{BE}$に対する円周角より，$\angle EHG=\angle BAC$となる。また，円C_3で，$\overset{\frown}{BE}$に対する円周角より，$\angle HGE=\angle ACB$となる。よって，△HEG∽△ABCであり，(1)より$BC=3$だから，GE：EH＝CB：BA＝3：4である。次に，△ABHと△BCGにおいて，線分ABは円C_1の直径だから，$\angle AHB=90^\circ$である。また，$\angle BEC=180^\circ-\angle AEB=180^\circ-90^\circ=90^\circ$だから，線分BCは円$C_3$の直径であり，$\angle BGC=90^\circ$である。これより，$\angle AHB=\angle BGC$となる。さらに，円$C_2$の$\overset{\frown}{GD}$に対する円周角より，$\angle GCD=\angle GFD$である。線分FCは円$C_2$の直径だから，$\angle FDC=\angle ABC=90^\circ$より，AB∥FDとなり，錯角は等しいから，$\angle HBA=\angle GFD$となる。よって，$\angle HBA=\angle GCB$である。以上より，△ABH∽△BCGだから，AH：BG＝AB：BC＝4：3である。

(3)＜角度，長さ＞右上図で，(2)より$\angle BGC=90^\circ$であり，点Iは直線GB上の点だから，$\angle IGC=\angle BGC=90^\circ$である。よって，線分ICは円$C_2$の直径となるので，点Iは点Fと一致する。よって，$IA=FA=5$(cm)である。また，(2)より$\angle AHB=90^\circ$だから，$\angle FHA=180^\circ-\angle AHB=180^\circ-90^\circ=90^\circ$であり，$\angle FHA=\angle FEB=90^\circ$である。また，$\angle AFH=\angle BFE$(共通)だから，△FAH∽△FBEである。したがって，AF：BF＝AH：BEである。点Bは線分CDの中点だから，$BD=BC=3$である。これより，△FDBで三平方の定理を利用して，$BF=\sqrt{DF^2+BD^2}=\sqrt{8^2+3^2}=\sqrt{73}$となるから，$5:\sqrt{73}=AH:\frac{12}{5}$が成り立つ。これを解くと，$\sqrt{73}AH=5\times\frac{12}{5}$より，$AH=\frac{12\sqrt{73}}{73}$(cm)となる。

2022年度／狭山ヶ丘高等学校（推薦第２回）

国語解答

一 問１ (ア)…⑤ (イ)…② (ウ)…① (エ)…③
(オ)…①
問２ a…③ b…⑥ c…④ d…①
問３ P…③ Q…① 問４ ③
問５ ⑤ 問６ ②
問７ X…③ Y…① 問８ ④
問９ ① 問10 ②

二 問１ (ア)…④ (ウ)…③ (エ)…⑤
問２ (イ)…① (オ)…③ (カ)…③
問３ ⑤ 問４ ② 問５ ③
問６ ⑤ 問７ X…⑤ Y…①
問８ ② 問９ ⑤

三 問１ (ア)…② (イ)…④ (ウ)…⑤
問２ ① 問３ ④ 問４ ③
問５ ② 問６ ① 問７ ⑤
問８ ④

一〔論説文の読解―哲学的分野―哲学〕出典；鷲田清一『つかふ　使用論ノート』。

≪本文の概要≫使用・利用といえば，使う側にイニシアティヴがあり，使う者と使われる物の分離が前提として含まれるように思われる。乳児にはそうした分離はなく，自分の指先が視野に現れても，自分の指だとは思わない。だが，両手の指先が時折触れ合う中で，自分の見ているものと触れているものが，同一のものだと了解するようになり，遡行的に，指を自分の指として理解し，つかもうとしている哺乳瓶が，自分とは異なる「物」であることを了解していく。ここで「わたし」がつかむ主体であり，哺乳瓶が持たれる客体であるという，「使用」の前提となる事態が生まれる。これは，何かを道具や手段として使用するに先立って，身体を使って「使う」能力そのものを獲得するプロセスであり，行為の〈式〉を身につけることである。身体使用の〈式〉が定着すれば，それは身体のあらゆる部位に転移して，他の身体部位においても反復可能になる。この状態は，使う者と使われる物の分離が生まれる前提としての，より根源的な使用の次元である。〈式〉が更新される過程で，道具を使う「わたし」は，自分の意識や活動の中に道具をのみ込み，その能力を拡張していく。同時に，道具の特性に「わたし」がなじみ，振る舞いや活動の構造が変容していく。人は，使用において，自らがイニシアティヴを持つと勘違いしているが，実は道具に使われていることに気づきにくい。使う者と使われる物の間には，気づかれている以上に，深い交わりがあるのである。

問１＜漢字＞(ア)「刻々」は，だんだんと進み，変化するさま。　(イ)音読みは「散乱」などの「サン」。　(ウ)「難儀」は，難しくて面倒であるさま。　(エ)「根源」は，物事を成り立たせるおおもとのこと。　(オ)「模倣」は，他人や他の事物のまねをすること。

問２＜接続語＞a．「使用・利用」といえば，最初に挙げられるものには，「道具としての物の使用，家畜の使用」がある。　b．「身体の技法」を獲得して使うことは，「道具としてのそれの使用」ではなく，どちらかといえば，「『摑む』という行為の〈式〉を身につけるとでも言うべき」である。　c．「鉛筆を持って字を書くという行為」を「あたりまえのようにできるようになるには相当な時間を要する」が，その反面，「いったん字を書くという行為に習熟したら，あとは身体のどこでもそれをすること」ができる。　d．鉛筆で字を書くには，「鉛筆を持つ指，それを書くということにふさわしく動かすための手首や肘の用い方，そして姿勢まで巻き込んだ身体使用の〈式〉」というもの，言い換えると「スタイル」が定着することが必要である。

問３＜語句＞Ｐ．「イニシアティヴ」は，主導権のこと。多くの人を率いて物事を進めること。

Ｑ．「混沌」は，物事が無秩序に入り乱れて混乱しているさま。外来語では「カオス」と言い換えられる。「アウラ〔オーラ〕」は，人や物に漂っている独特の雰囲気のこと。「コード」は，規定。また，記号や符号のこと。「ジレンマ」は，二つの相反する事柄の間で板挟みになること。「トポス」は，場所。また，修辞論上の場所という意味で，主題や論点をいう。

問４＜文章内容＞「つかふ」ということは，使う側が道具から何の影響も受けずに，自由に道具を「支配」し，思いのままに「統御」することではなく，道具を使用することを通して，自己の身体に「道具を呑み込んで」いき，「能力を拡張して」いく過程である。それは同時に，使う側が，道具の構造に合わせて，「ふるまいや活動の構造」を変化させていくことでもある。

問５＜文章内容＞人が何かを「みずからの意志するものの実現のため」に「使う」ということは，一見，「使う者と使われる物ないしは人」が分離しており，「使う側」が「イニシアティヴ」をとって，思いのままに道具や人を使うというように，「使う側」に力が偏っているように思われる。

問６＜文章内容＞乳児の感覚は，「混沌とした現象のなかに埋もれて」いて，「『じぶん』というものの意識」はなく，「いろいろなものといっしょに，ごたまぜ」になっている（①・④…○）。したがって，「親」も「ハンカチ」も別のものという感覚もなければ，「『親』は向こうに，『じぶん』はこちらに，別の存在として対峙している」という，「『主体』と『客体』という隔たり」も理解していない（②…×，③・⑤…○）。そのような状態の中で行われる「いない，いない，ばあ」は，乳児にとって，混沌の中で「出現と消滅の交替に翻弄される」現象なのである。

問７＜文章内容＞乳児の意識の中で，「現われる『物』と，現われに立ち会っている『じぶん』とが隔たり，分離しはじめる」ことによって，「わたし」が，自分自身の意志で哺乳瓶を持つという行動を行う存在であり（…Ｘ），哺乳瓶は，「『わたし』に持たれる」ための客観的な対象物であるという（…Ｙ），「『使用』の前提となる」意識が生まれる。

問８＜表現＞「物のひとつとしての身体」に，さまざまな「身体使用の〈式〉」を「定着」させ，「他のいずれの身体部位においても反復可能なもの」にすることで，身体は「わたしの身体」になる。そのような「ある特定の行為の〈式〉の定着とその転移」が行われ，「意識しないでもからだが勝手に動くように」なった状態を，「別の言葉」でいえば，「習慣の獲得」ということになる。

問９＜文章内容＞人は，自分が一方的に道具を使用しているように考えているが，道具を使うことは，「道具の構造と交わり，それになじんでゆく」ことでもあり，道具を使うのに適した形に，「〈わたし〉のふるまいや活動の構造」も変容せざるをえない。道具を使うことは，自分の身体とは「異なる構造を受け容れること」によって，「自己を拡げてゆく」ことなのである。

問10＜要旨＞「握る」という行為は，何かを「摑む」という行為の試行錯誤の中で，摑もうとしている指と，摑む物が別のものとして分離していることを理解することで可能になる。このように，何かを「使用」して「能力を拡張してゆく」過程で，自分の身体とは「異なる構造を受け容れる」ことにより，「使う者の自己変容」を起こしていくことが，「つかふ」ということといえる。

二 〔小説の読解〕出典；田辺聖子『新源氏物語』。

問１＜漢字＞(ア)「上達部」は，大臣と大納言，中納言，参議，三位以上の位にある貴族のこと。

(ウ)「紛糾」は，事態がこじれてもめること。　(エ)「権高」は，気位が高く，いばっているさま。

問２＜語句＞(イ)「気が置ける」は，遠慮したりする必要がなく，心から打ち解けられる，という意味の「気が置けない」の反対表現で，打ち解けにくい，という意味。　(オ)「たしなみ」は，ふだんからの心得のこと。　(カ)「放縦」は，規律を守らず勝手気ままであるさま。

問３＜心情＞内大臣は，娘の雲井雁を「主上か東宮」と結婚させるつもりだったが，おいである夕霧が，無断で雲井雁と「恋人」になるという「あやまち」を起こした。そのため内大臣は怒り，二人の結婚を許さずにいた。夕霧は，伯父の怒りが解けていないと思って「用心」し，「慇懃な態度」を取っていたのである。

問４＜表現＞「雲井雁の事件」で，内大臣は夕霧を「にくむ」ようになっていたが，その事件以前は，おいの夕霧を「よく可愛がり，甥もまた伯父になついて」いた。そして今の夕霧を見て，かつての「夕霧に対する愛情」がよみがえり，内大臣は，懐かしさを抱いたのである。

問５＜文章内容＞「主上」は，帝のことで，「東宮」は，皇太子のこと。帝か皇太子のどちらかに娘の雲井雁を嫁がせることは，内大臣が帝や皇太子の義理の父となることであり，権力基盤の強化につながる。

問６＜和歌の内容理解＞「春日さす藤のうら葉の　うらとけて　君し思はばわれも頼まん」は，春の暖かな日のさし込む藤の「うら」葉ではないが，あなたが「うらとけて」くれるのなら，私もあなたを頼みにしよう，という意味の古歌である。ここでは，夕霧が自分を許して打ち解けてくれるならば，自分も夕霧を娘婿として大切にしようという，和解の気持ちを表している。

問７＜要旨＞Ｘ．内大臣は，夕霧は「真面目で学才」があり，将来必ず出世することが予想できる男で，「夕霧くらいよくできた婿はあるまい」と考えている。　Ｙ．夕霧のよんだ返歌の「露けき春」は，涙がちに過ごした春のこと。何度涙がちの春を過ごしてきて，望みのかなう，この花開く時節に巡り合えたのだろうか，という意味の歌で，長年一途に雲井雁を思い続けて，ようやく結婚を許された喜びを表現している。

問８＜文学史＞『源氏物語』は，平安時代中期に紫式部によって著された長編物語。

問９＜状況＞内大臣と夕霧は，伯父とおいの関係。夕霧は，源氏の息子で，雲井雁は，内大臣の娘。内大臣の子には，他にも「長男の頭の中将」がいる。大宮は，夕霧にとって「やさしかった祖母宮」である。また，大宮の「仲介の労」を，内大臣が聞き入れなかったことを，源氏が「不孝の罪」と言っているように，大宮と内大臣は，母と息子の関係。さらに，夕霧が内大臣のおいであることと，「亡き母上や祖母上の代りと思って，伯父上にお仕えしておりますものを」と言っていることから，夕霧の「亡き母上」が，内大臣と兄妹であることが推測できる。

三〔古文の読解―浮世草子〕出典；井原西鶴『西鶴諸国ばなし』。

≪現代語訳≫長崎半左衛門の，柄杓の曲芸を，不思議だと思えば，(その一方で，)京の樵木町に，若い者たちが集まって，束ねた薪を，山のように積み重ねて，地面からは三間もの高さにする。(薪の山に登った者が)上から，「茶が飲みたい」と大声で言うと，(別の者が下から)天目茶碗に(茶を)入れたまま投げ上げる。(薪の山に登った者が)少しも(茶を)こぼさずに受け取ることは，何度やっても失敗しなかった。また近江の琵琶湖で，白髭の岩飛びや，吉野の滝おとしも，これらは皆修行を重ねて身につけた技である。飛鳥井殿の，烏帽子をつけての蹴鞠《けまり》を見て，油売りが(油を)一升量って，銭の穴から，雫も外へ漏らさず，通したという。「(こうした技は)例えば，文字を知らない者が，(修行を重ねて)将棋の駒(の字)を書くのと同じである」と，ものをよく知った人が申し伝えていた。

その頃，下鳥羽の車引きに大仏の孫七という者がいて，その生まれつき(の体格)が，千人の人々よりも優れて，都通いのときに，東寺辺りの小さな家へ入ることを，頭がつかえて，困っていた。だが少しも力がなくて，力仕事で，他の者たちに負けることがたびたびあった。一斗の重さが，片手では持ち上がらず，世間の笑い者であった。この里の若者は，一石二斗を，頭上に持ち上げる者が数多くいた。

大仏が，無念に思っているうちに，男子が一人，生まれたので，成長するのを待ちかねて，早くもつかまり立ちの頃から，六尺三寸の棒を持つことを覚えさせ，三歳のときには，早くも一斗の米を持ち上げた。(孫七は)それからだんだんと教え込んでいったが，(息子が)八歳の春の頃に，飼って手なずけていた牛が，子を産んだのだが，(その子牛の)牛荒神の宮参りも済んで，だんだんと牛の子の体もしっかりして，自分だけで草むらを駆け回るようになったのをつかまえて，初めて(息子に)かつがせたところ，何の問題もなく持ち上げたので，(息子は，それ以後)毎日三回ずつかついでいたところ，しだいに牛は車を引くほどに(大きく)なったけれども，(息子は)最初から持ち上げ続けていたので，九歳のときも(牛を)つかまえて，頭上に持ち上げたのを，見る人はひどく驚いた。

後に(息子は)父親とは違って，洛中洛外の怪力男(として有名になり)，十五歳から鳥羽の小仏と名乗ったという。

問１＜古語＞(ア)「どよむ」は，大声で騒ぐ，という意味。ここでの「ば」は，順接の確定条件で，～すると，という意味。　(イ)「あまた」は，数がたくさんであるさま。　(ウ)「おとなしくなる」は，大人になる，成長していく，という意味。

問２＜現代語訳＞「ず」は，打ち消しの助動詞で，「あぶなからず」は，危ないことはない，という意味。茶の入った天目茶碗を「すこしもこぼさず取る事」を何度やっても，失敗しそうな危なさがなかったということである。

問３＜古典の知識＞「近江」は，現在の滋賀県で，「近江の湖」は，琵琶湖のことである。

問４＜古文の内容理解＞大仏の孫七は，自分の体格が「千人にもすぐれて」いるのに，少しも力がなくて，「世間の笑ひもの」になっていたことを，「無念」に思っていた。

問５＜古典文法＞「けれ」は，過去を示す助動詞「けり」の已然形。

問６＜古典文法＞係り結びの法則により，文中の係助詞「ぞ」に呼応して，文末は連体形の「ける」になる。

問７＜古典の知識＞「洛」は，都のことで，主に京都を指す。したがって，「洛中」は京都の中のことであり，「洛外」は京都の外のことである。

問８＜文学史＞『西鶴諸国ばなし』は，江戸時代に井原西鶴が著した浮世草子。『おくのほそ道』は，江戸時代に松尾芭蕉が著した俳諧紀行文。『枕草子』は，平安時代に清少納言が著した随筆。『竹取物語』は，平安時代に成立した物語。『古事記』は，奈良時代に太安万侶が編さんした歴史書。『方丈記』は，鎌倉時代に鴨長明が著した随筆。

2021年度 狭山ヶ丘高等学校（推薦第３回・推薦第１回）

※英語は推薦第３回，数学・国語は推薦第１回の問題です。

［注意］ この試験では，はじめにリスニングを行います。

【英　語】 （65分）〈満点：100点〉

1 （リスニングテスト） このリスニングテストには**問題A**から**問題C**まであります。英文はそれぞれ２度ずつ読まれます。放送中メモを取っても構いません。

問題A これから流れる対話を聞き，最後に続く受け答えとして最も適切なものを選び番号で答えなさい。

No. 1 [1]

1 I will go to France by plane.　　2 I've been there twice.

3 Italy is a beautiful country.　　4 I'm going to fly there.

No. 2 [2]

1 It's difficult for me to be a movie star.

2 I don't know anything about stars.

3 I got interested when I went to my father's hometown.

4 You can't find any stars in this season.

問題B これから流れる対話を聞き，そのあとの質問に対する答えとして最も適切なものを選び番号で答えなさい。

No. 1 [3]

1 He went to bed at 22:00.　　2 He went to bed at 23:00.

3 He went to bed at 24:00.　　4 He went to bed at 1:00.

No. 2 [4]

1 They need 80 postcards.　　2 They need 90 postcards.

3 They need 100 postcards.　　4 They need 110 postcards.

問題C これから流れる英文を聞き，質問に対する答えとして最も適切なものを選び番号で答えなさい。

No. 1 [5]

1 She was taught many English words by Kota.

2 She couldn't understand Kota's English very well at first.

3 She wanted to be able to speak English like Kota.

4 She studied English for the first time in Canada.

No. 2 [6]

1 He cannot go to school because of money problems.

2 He gave up taking classes, but he is practicing making a robot inside his house.

3 His teachers and classmates are able to talk with him on the phone.

4 His teacher asks him questions, and he answers them through his robot.

※＜**リスニングテスト放送原稿**＞は英語の問題の終わりに付けてあります。

2　次の英文を読み，後の設問に答えなさい。

[　①　] August 20, 2018, a Monday morning in Stockholm, Sweden, a girl in a blue *hoodie and yellow raincoat was on her bike and rode from her home to the Swedish *parliament building. Her name was ②Greta Thunberg. She was fifteen years old, and she was skipping school.

Was she doing it for fun ?

No. Just the opposite. She had a very serious purpose. She was going to the building to *protest a worst climate problem. A few months before, a newspaper ran an essay written by her about her fears for the environment. "I want to feel safe," she wrote. "How can I feel safe when I know we are in the worst climate problem in human history ?" So, she decided to take action.

Greta brought a hundred *flyers to give to people. She also had a wooden sign. Her father helped her make it. ③It was painted white and in large black letters, the message in Swedish read: "School *Strike for Climate." Her strike meant that, in protest, she decided not to go to school.

This was the first day of her strike. Greta sat against a wall of the parliament building. She wanted other young people to join her. But nobody did.

All day long, people passed by her. Nobody took a flyer. The next day, however, there she was. Back at the same spot. But no one joined her.

Like so many teenagers born in the twenty-first century, Greta understood the power of [　④　]. She posted a photo of herself holding her sign on Instagram and Twitter. She called a few Swedish newspapers to tell them about her strike to call attention to climate change. Then, a couple of local papers sent reporters.

After that, Greta's strike started to grow. More and more young people joined Greta at the parliament building. Like her, they wanted the Swedish government to take action by passing laws helping stop global warming. The planet needed to be saved. It was Greta's belief that adults were the problem. They weren't doing necessary things to save the planet. Young people wanted them to see that.

Here, let's see the beginning of Greta's story.

Greta seemed to have everything wanted by a child. She had loving and creative parents. Her mother, Malena Ernman, was a well-known opera singer. Her father, Svante, was a writer and actor. Her little sister, Beata, was three years younger and respected Greta. And then there was Moses, Greta's golden retriever.

Greta's parents always taught Greta and Beata to be responsible about the environment. They turned off lights when they didn't need to be on. They didn't waste water. They often rode bikes [　⑤　] taking their car. And when electric cars started to be sold, they bought ⑥one.

Greta was *sensitive, smart, and serious. Greta liked horses, dogs, ballet, and learning to play the piano. She often read books. And she was a deep thinker. She sometimes seemed more like an adult than a kid.

Then, when she was eight, something happened in school, and that changed Greta's life.

Her class watched a film about global warming. From that film, Greta learned that *ice caps at the North and South Poles were melting. This was dangerous for *polar bears living near there. It surprised everyone in the class to learn about this. But after the film was over, the other children were able to go on with the rest of their days. Not Greta. She could only think about the polar bears. If global warming was the problem, why was no one stopping it ?

⑦Greta's worrying grew worse and worse. [⑧] the time of her eleventh birthday, she could only think about global warming. She stopped eating. She stopped playing the piano. She stopped going to school. She even stopped talking. For hours, she just sat with Moses and touched him.

Malena and Svante tried everything to make Greta eat more. But nothing worked. ⑨Greta lost more than twenty pounds. Svante *described this time as "the worst nightmare for a parent." His child was suffering, and he wasn't able to help her !

（出典：Jill Leonard　*Who Is Greta Thunberg ?* 改変）

（注）hoodie 「フード付きの服」　parliament 「議会」　protest 「～に抗議する」
flyers 「ビラ」　Strike 「ストライキ」　sensitive 「感受性が鋭い」
ice caps at the North and South Poles 「北極と南極の氷原」
polar bears 「ホッキョクグマ」　describe ～ as … 「～を…だと述べる」

問１　[①] に入れるのに最も適切なものを次の中から選びなさい。[7]

1　In　2　On　3　At　4　During

問２　下線部②に関する記述として適切でないものを次の中から選びなさい。[8]

1　青色のフード付きの服と黄色のレインコートを着ていた。
2　自転車で議会の建物に向かっていた。
3　単なる楽しみで学校をサボっていた。
4　環境問題に関心が強かった。

問３　下線部③の指すものとして最も適切なものを次の中から選びなさい。[9]

1　新聞　2　ビラ　3　看板　4　手紙

問４　[④] に入れるのに最も適切なものを次の中から選びなさい。[10]

1　TV　2　radio　3　strikes　4　social media

問５　[⑤] に入れるのに最も適切なものを次の中から選びなさい。[11]

1　instead of　2　because of　3　in addition to　4　in front of

問６　下線部⑥の指すものとして最も適切なものを次の中から選びなさい。[12]

1　a light　2　an electric car　3　water　4　a bike

問７　下線部⑦の文と同じ文型の文を次の中から選びなさい。[13]

1　Tom goes to school by train.
2　This flower smells nice.
3　She put the book on the table.
4　My mother chose me a shirt and a tie.
5　He kept it a secret.

問８　[⑧] に入れるのに最も適切なものを次の中から選びなさい。[14]

1　By　2　For　3　Since　4　From

問９　Gretaが下線部⑨のようになったのはなぜか，最も適切なものを次の中から選びなさい。[15]

1　授業で見た映画をきっかけに，熊を食べてはいけないと思ったから。
2　授業で映画を見た後，クラスの友人と一切遊ばなくなったから。
3　授業で見た映画で学んだ環境問題の研究に，日々懸命に励んだから。
4　授業で見た映画で学んだ環境問題のことばかりを考えて，食事をやめたから。

問10　本文の内容と合うものを次の中から選びなさい。［16］

1　Gretaは15歳の時に初めて抗議活動を行ったが，誰の力も借りずに全て自分の力だけで活動を行った。

2　Gretaが抗議活動を行う数か月前に彼女のエッセイがある新聞紙に掲載されたおかげで，彼女の抗議活動に多くの若者が加わった。

3　InstagramやTwitterを利用するだけでなく，地元の新聞社にも連絡を取ることで，Gretaの抗議活動は盛り上がった。

4　Gretaが普段通りの生活を送ることができなくなった時，Gretaの両親は彼女を救うために何もしようとしなかった。

3　次の英文を読み，後の設問に答えなさい。

One Friday, when I was walking home from high school, I saw the new kid, ①Kyle. It looked like he was carrying all of his books. I thought to myself, "Why would anyone take home all their books on a Friday? He must be a real *nerd." I went back to thinking about my own weekend plans: football with my friends, then later a party.

I walked on. Then some kids were running toward Kyle, and ran into him. They knocked the books out of his arms and *tripped him so he landed in the ground. His glasses went flying, and landed in the grass about 10 feet away. He looked up so sadly. He was almost crying.

So I went over and helped him pick up his books, and handed him his glasses. "Those boys are so bad," I told him. Kyle started to smile and said, "Hey thanks!" I could see I really cheered him up. Kyle moved to the area a few weeks earlier, and those boys did the same thing to him almost every day. "But they won't be doing it again!" he said angrily. "Forget them Kyle," I said, and invited him to play football on ［　②　］ with me and my friends. He said yes.

It was a great weekend with Kyle and my friends, and as we got to know him more, we all liked him more. Monday morning came, and there was Kyle with all his books again. "Sorry, you didn't get much time to look at all those books," I joked. He just laughed and handed me half of them to carry.

Kyle and I became best friends, and over the next four years although he never took all his books home on weekends, he found a lot of time to study. We became *seniors, so he was planning to be a doctor, while I was going to study for business on a football *scholarship. A lot of things changed ［　③　］ our time at high school, but especially for Kyle. Each year, one student is chosen by the teachers to make a speech at the high school leaving ceremony. This year they chose Kyle.

As he started his speech, he *cleared his throat, and began, "This is a time of year for thanking all the people helping us *make it through high school — our parents, our teachers, our sisters and brothers, but mostly our friends. I am here to tell all of you that being a friend to someone is the best gift given by you. I am going to tell you a story."

I could not believe my ears as Kyle began to tell everyone the story of the first day of us. He was planning to kill himself that weekend! He took all the books from his locker because he didn't want his mom to do it later. Then, once more, those boys attacked him. "But, I was saved. My friend saved me."

I heard the *gasp in the crowd as this ordinary, yet now popular, boy told us all about his weakest moment. "If you remember one thing," Kyle continued, "remember that we all have the power to change people's lives. On that unhappy day, my friend might be able to keep walking but he chose to help me. And that changed everything. We all have the [④] to make other people happy or sad, not just for a minute but for a lifetime."

（出典：Miho Harada　*The Story of Kyle* 改変）

（注）nerd 「ガリ勉屋」　trip 「～を転ばせる」　seniors 「最上級生」
scholarship 「奨学金」　cleared his throat 「せき払いをした」
make it through 「～を何とかやり遂げる」　gasp 「はっと息をのむこと」

問１　下線部①に関する記述として最も適切なものを次の中から選びなさい。[17]

1　毎日，教科書などの本を全て家に持ち帰っていた。
2　毎週末，友人と一緒にサッカーをするのが習慣だった。
3　教科書などの本を両腕に抱えており，眼鏡をかけていた。
4　急いで走っていたら，別の少年たちに偶然ぶつかってしまった。

問２　[②]に入れるのに最も適切なものを次の中から選びなさい。[18]

1　Friday　　2　Saturday　　3　Monday　　4　Tuesday

問３　[③]に入れるのに最も適切なものを次の中から選びなさい。[19]

1　during　　2　while　　3　for　　4　on

問４　[④]に入れるのに最も適切なものを次の中から選びなさい。[20]

1　time　　2　story　　3　friend　　4　power

問５　本文の内容と合うものを次の中から2つ選びなさい。[21]・[22]

1　私がKyleと初めて会った日，Kyleが自殺を考えていたことに私は一目見ただけで気付いたので，Kyleを助けることに決めた。
2　私がKyleを助けた後二人は親友になり，協力して教科書などの本を全て家に持ち帰ったり，わざとぶつかってくる少年たちに立ち向かったりした。
3　Kyleは多大な時間を勉強に費やして医師になることを目指しており，私はフットボールの奨学金をもらってビジネスを学ぼうとしていた。
4　Kyleが教科書などの本を全て家に持ち帰っていたのは，家でたくさん読書しようとしていたからではなく，自殺した後に母の手をわずらわせないためだった。
5　Kyleが高校の卒業式でスピーチを行った際，聴衆の中には驚いたり，幸せな気持ちになったり，悲しい気持ちになったりする人がいた。

4　次の各英文の[　]に入る最も適切なものを下の中から選びなさい。

1　I can see some [23] on that green roof.
①　leaf　　②　leafs　　③　leave　　④　leaves

2　The girl ran so fast in the sports festival [24] she became the leader.
①　that　　②　those　　③　to　　④　too

3　Who [25] the room every morning ?
①　clean　　②　cleans　　③　cleaning　　④　have clean

4　How [26] water do you have in your glass ?
①　long　　②　many　　③　much　　④　often

5 次の各英文の( )内の語を並べ替えたとき，( )内で3番目と6番目にくるものを答えなさい。ただし，文頭にくる語(句)も小文字で示してある。

1 (① was ② good ③ invite ④ it ⑤ to ⑥ a ⑦ very ⑧ idea) him here. 3番目は 27 ・ 6番目は 28

2 (① the ② yesterday ③ sick ④ has ⑤ been ⑥ since ⑦ dog)? 3番目は 29 ・ 6番目は 30

3 (① going ② are ③ play ④ what ⑤ sport ⑥ you ⑦ to) tomorrow? 3番目は 31 ・ 6番目は 32

4 He (① lot ② by ③ of ④ was ⑤ until ⑥ people ⑦ he ⑧ loved ⑨ a) died. 3番目は 33 ・ 6番目は 34

6 次の英文で，文法的な誤りが含まれる下線部を選びなさい。

1 I have ①a small dog ②in my house and ③it's tail ④is very short. 35

2 I ①think ②this cat is ③prettiest ④in my town. 36

3 He ①would like ②to eat ③as much as she ④is. 37

4 ①Which ②is the language ③use the ④most in that country? 38

7 各組の語の中で，最も強く発音する部分が他と異なるものをそれぞれ1つずつ選びなさい。

1 〔① mes-sage ② in-vite ③ ab-sent ④ vil-lage〕 39

2 〔① po-si-tion ② Aus-tral-ia ③ ex-er-cise ④ un-hap-py〕 40

3 〔① cen-ti-me-ter ② nec-es-sar-y ③ in-ter-est-ed ④ com-mu-ni-cate〕 41

8 各組の語の中で，下線部の発音が他と異なるものをそれぞれ1つずつ選びなさい。

1 〔① caught ② fall ③ boat ④ all〕 42

2 〔① cool ② wool ③ pool ④ noon〕 43

3 〔① school ② technique ③ headache ④ machine〕 44

＜リスニングテスト放送原稿＞

1 (リスニングテスト) このリスニングテストには**問題A**から**問題C**まであります。英文はそれぞれ2度ずつ読まれます。放送中メモを取っても構いません。

問題A これから流れる対話を聞き，最後に続く受け答えとして最も適切なものを選び番号で答えなさい。

No. 1

A: Do you have any plans for this summer? Last year, you went to France, right?

B: I have a very big plan! A trip to Italy!

A: Wow, that's great! How will you go there?

Listen again.

No. 2

A: Look at that star! It's very beautiful.

B: That is a very famous star in this season.

A: I didn't know you knew a lot about stars.

Listen again.

問題B　これから流れる対話を聞き，そのあとの質問に対する答えとして最も適切なものを選び番号で答えなさい。

No. 1

A： Good morning. I'm so sleepy.

B： Did you stay up late?

A： No, but today I had to get up at 4. So I slept for only 5 hours.

B： Wow. Then you should go to bed earlier tonight.

Question： What time did the man go to bed last night?

Listen again.

No. 2

A： Well, how many postcards do we need?

B： I want 30, and Dad wants 50.

A： And I need 20.

B： Oh, I almost forgot! I must buy 10 for Mom, too.

Question： How many postcards do they need in total?

Listen again.

問題C　これから流れる英文を聞き，質問に対する答えとして最も適切なものを選び番号で答えなさい。

No. 1

Hi. I'm Maiko. I went to Canada last year to study English. I joined a local language school for a month. One of the students there was Japanese. His name was Kota, and he was in Canada for two years. He taught me many things in English. His English was really good. I thought that I wanted to be a good English speaker like him someday. Now I study English harder than before I went to Canada.

Question： Which is true about Maiko?

Listen again.

No. 2

Chris is a junior high school student. He has a serious problem with his back, and cannot go to school. But he doesn't give up. Now he is able to take classes by using a robot. Chris uses his robot inside his house. Chris's teachers and classmates are able to see his face on the screen of the robot. During the class, his teacher can ask him questions and he can answer them like the other students.

Question： Which is true about Chris?

Listen again.

【数　学】（50分）〈満点：100点〉

［注意］(1)　コンパス，定規，分度器，電卓は使用しないのでしまって下さい。

(2)　１つの□には０～９の数が入ります。

(3)　分数はもっとも簡単な形で答えなさい。例えば，$\frac{3}{4}$と答えるところを，$\frac{6}{8}$のように答えてはいけません。

(4)　根号の中の数はできるだけ小さな自然数にしなさい。例えば，$4\sqrt{2}$と答えるところを，$2\sqrt{8}$のように答えてはいけません。

(5)　比はもっとも簡単な整数比で答えなさい。例えば，２：３と答えるところを，４：６のように答えてはいけません。

1　次の$\boxed{1}$～$\boxed{18}$にあてはまる数をマークしなさい。

(1)　$\frac{11}{6}\div(0.375\times0.5)$を計算すると，$\frac{\boxed{1}\boxed{2}}{\boxed{3}}$である。

(2)　連立方程式$\begin{cases}4x-5y=3\\2y=x+3\end{cases}$の解は，$x=\boxed{4}$，$y=\boxed{5}$である。

(3)　方程式$(x+2)^2=5$の解は$x=-\boxed{6}\pm\sqrt{\boxed{7}}$である。

(4)　$(-2)^3\div0.4\div(-0.02)^2\div(-200^2)$を計算すると，$\frac{\boxed{8}}{\boxed{9}}$である。

(5)　$\frac{6}{\sqrt{18}}-(\sqrt{2}-2)^2$を計算すると，$-\boxed{10}+\boxed{11}\sqrt{\boxed{12}}$である。

(6)　$x=\sqrt{2}$，$y=6$のとき，$x^2+2\left\{\frac{(2x-y)^2}{6}-\frac{2x(x-y)}{3}\right\}$の値は$\boxed{13}\boxed{14}$である。

(7)　税抜価格750円の弁当をコンビニで購入する際，持ち帰りの場合に適用される消費税は８％であるが，店内で飲食すると「外食」の扱いとなり，10％の消費税が適用される。このとき，持ち帰るときと店内で飲食するときで，支払う金額の差は$\boxed{15}\boxed{16}$円である。

(8)　２つの関数$y=ax^2$と$y=4x$について，xの値が-1から３まで変化するときの変化の割合がいずれもbであるとき，$a=\boxed{17}$，$b=\boxed{18}$である。

2　次の$\boxed{19}$～$\boxed{33}$にあてはまる数をマークしなさい。

(1)　ある正の数から１を引いて２乗した値は，２を足してから４倍した値と等しくなる。その正の数は$\boxed{19}$である。

(2)　右の図１のxの値は$\boxed{20}\boxed{21}$°である。

(3)　右の図２の直角三角形を，直線lを軸として１回転させてできる回転体の体積は$\frac{\boxed{22}}{\boxed{23}}\pi\text{cm}^3$である。

図１

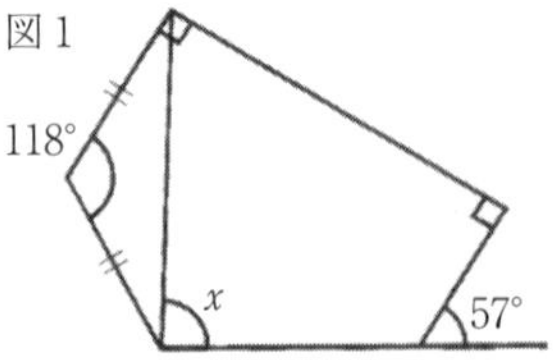

図２

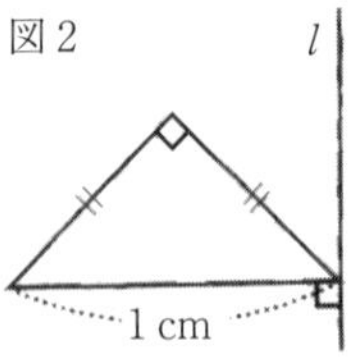

(4)　次のア～オのうち，常に正しいもの全ての組み合わせは$\boxed{24}$である。$\boxed{24}$にあてはまるものを，以下の選択肢から選んで答えよ。

ア．$a>0$，$b<0$のとき，$a+b>0$，$ab<0$

イ．$a>0$，$b<0$のとき，$ab>0$，$ab^2>0$

ウ．$a>0$，$b<0$のとき，$ab<0$，$a^2b<0$

エ．連続する２つの自然数の和は奇数，積は偶数。

オ．連続する２つの奇数の和は４の倍数，積は奇数。

選択肢

⓪ ウ，エ　　① イ，オ　　② ウ，オ　　③ ア，ウ，オ

④ イ，エ，オ　　⑤ イ，ウ，エ　　⑥ ア，エ，オ　　⑦ ウ，エ，オ

(5) A$(-1,\ 3)$とする。y軸が∠AOBの二等分線となるように，放物線$y=2x^2$上に点Bをとる。このとき，直線OBの式は$y=\boxed{25}x$であり，点Bの座標は$\left(\dfrac{\boxed{26}}{\boxed{27}},\ \dfrac{\boxed{28}}{\boxed{29}}\right)$である。

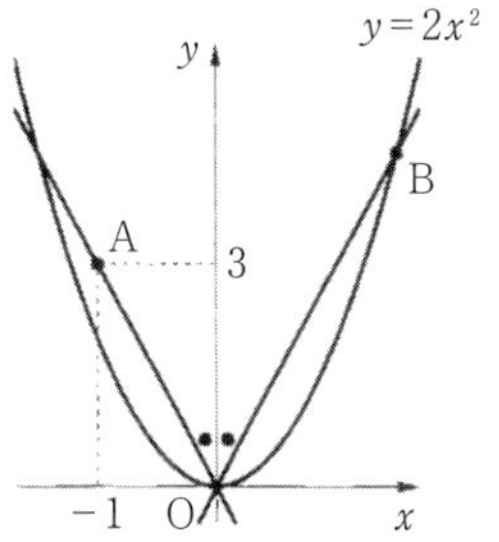

(6) 下図のように，○と×を並べていく。このとき，10回目に新たに並ぶ×の数は$\boxed{30}\boxed{31}$個である。○の総数が1513個になるのは$\boxed{32}\boxed{33}$回目の操作の直後である。

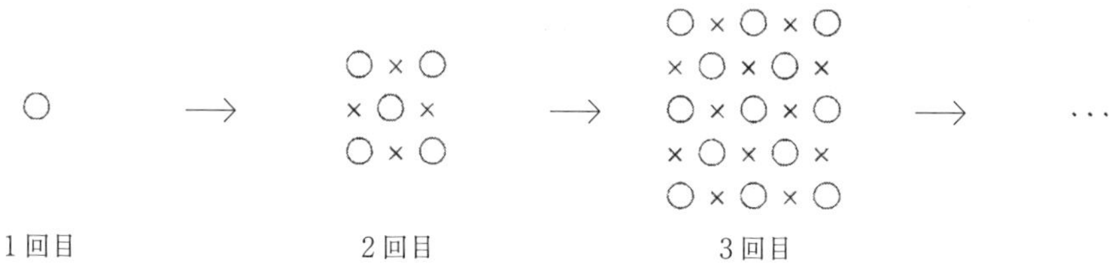

3 図のように，関数$y=ax^2$のグラフと直線が2点A，Bで交わっている。ただし，A$(-2,\ 2)$であり，点Bのx座標は正，y座標が18である。次の$\boxed{34}$～$\boxed{41}$にあてはまる数をマークしなさい。

(1) aの値は$\dfrac{\boxed{34}}{\boxed{35}}$であり，直線ABの式は$y=\boxed{36}x+\boxed{37}$である。

(2) 原点を通り，△OABの面積を二等分する直線の式は$y=\boxed{38}x$である。

(3) 直線ABに平行で，△OABの面積を二等分する直線の式は$y=\boxed{39}x+\boxed{40}\sqrt{\boxed{41}}$である。

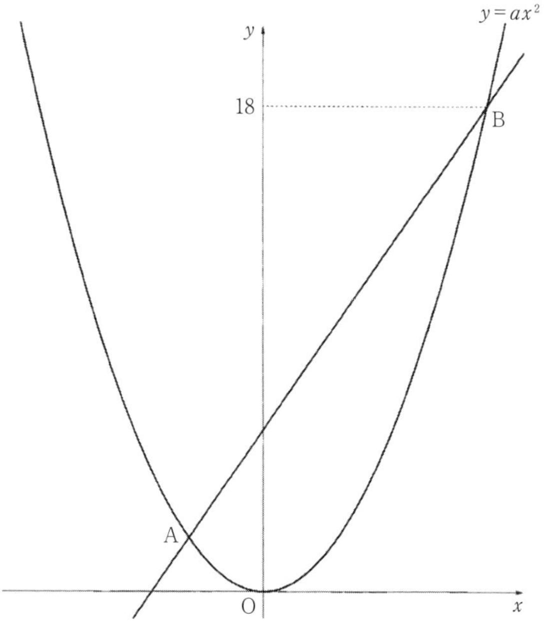

4　図のようなAB＝2cm，AC＝3cmである平行四辺形ABCDにおいて，∠BACの二等分線と，点Bを通り，ACに平行な直線との交点をEとする。AEとBCの交点をP，ACとDEの交点をQとする。次の[42]～[51]にあてはまる数をマークしなさい。

(1)　∠BAP＝[42]＝[43]であり，BE＝[44]cmである。

[42]，[43]にあてはまるものを下から選び番号をマークしなさい。ただし，[42]に入る番号は，[43]に入るものよりも小さいものとします。

⓪　∠ABC　　①　∠ADE
②　∠AEB　　③　∠AED
④　∠APB
⑤　∠CAD　　⑥　∠CAE
⑦　∠CBE　　⑧　∠CQD

(2)　△APCと△EPBの面積の比は[45]：[46]であり，△EPBの面積は平行四辺形ABCDの面積の$\frac{[47]}{[48][49]}$倍である。

(3)　AQ：QC＝[50]：[51]である。

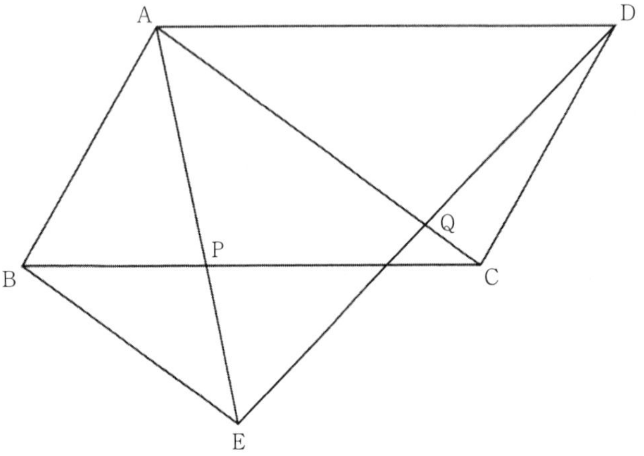

5　図のように，2点A(3，5)，B(6，8)がある。次の[52]～[63]にあてはまる数をマークしなさい。

(1)　点Aを通り，線分OBに平行な直線の式は，$y=\frac{[52]}{[53]}x+[54]$である。

(2)　△OPBの面積が△OABの面積と一致するように，点Pをy軸上の正の部分にとると，そのy座標は[55]となる。また，△OQBの面積が△OABの面積と一致するように，点Qをx軸上の正の部分にとると，そのx座標は$\frac{[56]}{[57]}$である。

(3) (2)の点Qと点Aを対角線の両端とする平行四辺形ACQDを考える。ただし，頂点C，Dは直線OB上にあり，そのうち原点に近いほうをCとする。この平行四辺形ACQDの面積が△OABの面積と一致するとき，点Cの座標は$\left(\frac{\boxed{58}}{\boxed{59}},\ \frac{\boxed{60}}{\boxed{61}}\right)$である。また，△ACQと△ACPの面積の比は，$\boxed{62}$：$\boxed{63}$である。

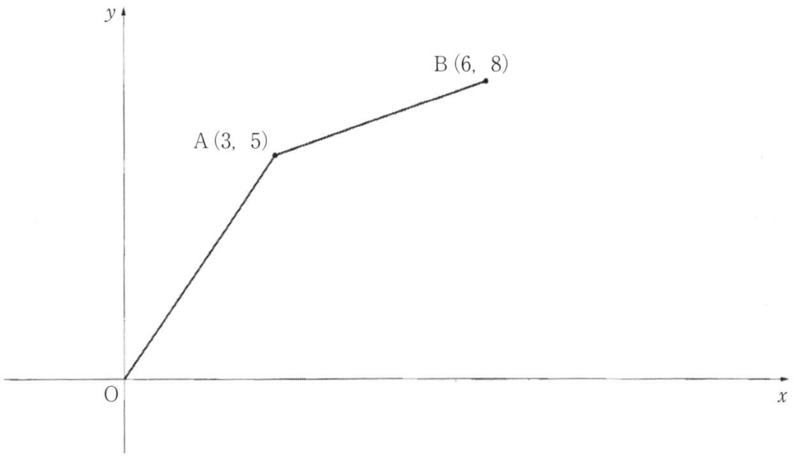

問8　傍線部F「いはれなきにあらず」の理由として最も適当なものを次の①～⑤のうちから一つ選び、番号で答えなさい。解答番号は38。

①　平家滅亡における義経の戦術があまりに手際がよく、兄頼朝から非常に警戒されていたから。

②　義経の風貌が世間で評判となるほど美しく、兄頼朝からの無用な嫉妬を買っていたから。

③　義経の身勝手な振るまいには大将としての資質に欠けるところが見られたから。

④　そもそも義経の武将としての業績にはほとんど評価できるところがなかったから。

⑤　義経について根も葉もない噂が世間に広まり、周囲から誤解されていたから。

問9　空欄Y に当てはまる語句として最も適当なものを次の①～⑤のうちから一つ選び、番号で答えなさい。解答番号は39。

①　花　②　冬　③　氷　④　墨　⑤　雨

問10　傍線部G「その悪しき所をすて、よき所をとる」と同義の四字熟語として最も適当なものを次の①～⑤のうちから一つ選び、番号で答えなさい。解答番号は40。

①　呉越同舟　②　金城湯池　③　取捨選択

④　朝三暮四　⑤　首鼠両端

問11　本文の筆者は他者の見解についてどのように対処すべきであると述べているか。その解釈として最も適当なものを、次の①～⑤のうちから一つ選び、番号で答えなさい。解答番号は41。

①　誰かが人をほめたりけなしたりした場合には、できる限り参考にした方がよい。

②　誰かが人をほめたりけなしたりした場合には、必ず反論を試みた方がよい。

③　誰かが人をほめたりけなしたりした場合には、まず欠点を注視した方がよい。

④　誰かが人をほめたりけなしたりした場合には、常にその状況を考えるべきである。

⑤　誰かが人をほめたりけなしたりした場合には、即座に席を立ち去った方がよい。

ここでは義経が愛妾静御前と別れた逸話を指す。

問1　波線部(ア)～(ウ)の語句の意味として最も適当なものをそれぞれ後の各語群①～⑤のうちから一つずつ選び、番号で答えなさい。解答番号は[29]～[31]。

(ア)　こぞりて　[29]

①　こっそりと　②　大げさに　③　一斉に
④　一時的に　⑤　不思議と

(イ)　おはしまさざりけり　[30]

①　気づかれなかった　②　勝負にならなかった
③　思われていなかった　④　いらっしゃらなかった
⑤　おっしゃらなかった

(ウ)　たえたる　[31]

①　華麗なる　②　衰微した　③　苦悩した
④　忍耐強い　⑤　強靭なる

問2　傍線部A「況んや一人は誉め、一人は毀るをや」の解釈として最も適当なものを次の①～⑤のうちから一つ選び、番号で答えなさい。解答番号は[32]。

①　まして一人はほめて一人はそしることなどは非常識である。
②　まして一人はほめて一人はそしる理由はいつも全く同じである。
③　まして一人はほめて一人はそしる場合にも同様のことが言える。
④　まして一人はほめて一人はそしることなどは考えられない。
⑤　まして一人はほめて一人はそしることに疑問の余地が残る。

問3　二つの空欄[X]に当てはまる語句として最も適当なものを次の①～⑤のうちから一つ選び、番号で答えなさい。解答番号は[33]。

①　ぞ　②　なむ　③　や　④　か　⑤　こそ

問4　傍線部B「信濃の国」の現在の都道府県名として最も適当なものを次の①～⑤のうちから一つ選び、番号で答えなさい。解答番号は[34]。

①　栃木　②　奈良　③　埼玉
④　長野　⑤　福井

問5　傍線部C「真宗」とは「浄土真宗」のことであるが、この宗派の開祖として最も適当な人物を次の①～⑤のうちから一つ選び、番号で答えなさい。解答番号は[35]。

①　法然　②　親鸞　③　西行
④　行基　⑤　栄西

問6　傍線部D「いかでか公論あるべき」とあるが、この箇所において筆者はどのように考えているか。その理由として最も適当なものを次の①～⑤のうちから一つ選び、番号で答えなさい。解答番号は[36]。

①　そもそも天下に公論などというものはなく、批評する者の中でもその価値観は自ずと異なっているから。
②　批評する者だけが天下の公論を知っているが、批評される者にとってはそこにまで思い至ることは少ないから。
③　批評する者は天下の公論によってはいるものの、必ずしも批評される側の立場に寄り添って考えることはないから。
④　価値観は人それぞれ違うものであるが、たいていは批評を受けるたびに天下の公論を身につけていくようになるから。
⑤　批評する者は天下の公論を振りかざしているつもりだが、その偽善的な態度は周囲の者から既に見破られているから。

問7　傍線部E「一人はつかれて遠しといはん」の解釈として最も適当なものを次の①～⑤のうちから一つ選び、番号で答えなさい。解答番号は[37]。

①　一人は疲れても遠いと言うはずはない。
②　一人は疲れても遠いと言うだろうか、いや言わない。
③　一人は疲れて遠いと言うことだろう。
④　一人は疲れて遠いと言ってほしい。
⑤　一人は疲れても遠いと言うことができない。

かる。

⑤ 「嬉しいことだったようで」など、「父」の心情については「康平」の視点から推察するように語られ、詳しく明示はされない。

問10 本文中にある『渋江抽斎』は森鷗外の作品である。この人物の作品として最も適当なものを次の①～⑤のうちから一つ選び、番号で答えなさい。解答番号は**28**。

① 『たけくらべ』 ② 『細雪』 ③ 『それから』
④ 『青年』 ⑤ 『斜陽』

三

次の文章を読んで、以下の問い（**問1～11**）に答えなさい。

毀誉《きよ》は人の大節《たいせつ》なり。然《しか》りといへども世(ア)こぞりて誉《ほ》むるもかならず察すべし。人こぞりて毀《そし》るも必ず察すべし。A況《いは》んや一人は誉め、一人は毀るをや。たとへば、訟事《うつたへごと》あらんに、両方理なりと思へばこそ、互に言ひ募《つの》りてやまざるものなり。これを奉行の裁かんに、兎角《とかく》ひとりは勝ち一人は負くべし。勝ちたる人は奉行を誉め、負けたる人は毀ることとなり。又悪しき人なりとも、それにともなふ人は、これをよしと思へば［X］交はるなれ。我がよしと思ふをば誉め、我が悪しと思ふをば毀る習ひなれば、その毀誉によりてその人の善悪も分《わか》ちがたし。おなじ一盃の酒ながら、上戸《じやうご》は酔《ゑ》ひておもしろきものなりといひ、下戸《げこ》は酔ひて苦しきものなりといふ、まして人伝《ひとづて》などに聞かんことは覚束なきことなり。（中略）B信濃の国園原《そのはら》といへる所に木あり。遠くより見れば帚《ははき》の形の如《ごと》し。よつてこれを帚木《ははきぎ》といふ。されど近づきてみれば帚に似たる所もなく打ち繁れりとかや。誠に遠くより見聞くと、親しく見聞くは、多くはこの帚木の類《たぐひ》なるべし。凡《およ》そ人の物を批判するも、吾好む所を［X］誉むるものなれ。※1俠士《おとこだて》に歌詠む人の評判させ、日蓮宗にC真宗の評判させんに、Dいかでか公論あるべき。同じ道を二人して行かむに、一人は健やかにしてこの道近しといひ、E一人はつかれて遠しといはん。これ道に違ひあるにあらず、心に違ひあればなり。たとへば義経のことを論じて、義経をよしと思ふ人のいはんには、「この人誠に幼きより常人《ただうど》には(イ)おはしまさざりけり。ともに天を戴《いただ》かざる讎《あだ》を報ぜんと、夜々※2院を出でて剣をうち、遥かに秀衡が人となりを見立て、これより飛鳥《とぶとり》も落つるばかりの勢ひの平家を二三年のうちに攻めほろぼし、亡父《なきちち》の恥辱《ちじよく》をすすぎ、法皇《ほうわう》の※3宸襟《しんきん》をやすめ奉《たてまつ》り、再び(ウ)たえたる源氏をおこし、兄頼朝を天下の武将と仰《あを》がしめたり」といふ。又義経に不満《みたざる》人は、「なるほどこの人戦争一通りは自由を得たる人ながら、平氏を亡《ほろ》ぼし恣《ほしいまま》に※4忠盛の女《むすめ》をいれ、梶原景時《かぢはらかげとき》と詮《せん》なき口論、大将たらん人のしわざに似ず。然《しか》るを都に逃げのぼり、頼朝追討の院宣《いんせん》を申しうけ、※5腰越《こしごへ》より追《お》ひかへされしも、Fいはれなきにあらず。※6芳野山にてはひとりの静《しづか》に別れかね、児女子《じじよし》の涙を絞られし」など、一人の義経、よしと思ふ人の論と、悪しとおもふ人の論は、まことに雪と［Y］なるべし。Gその悪しき所をすて、よき所をとる。これ人を用ゆるの道なり。その悪しきをば悪しとし、よきをばよきとする、これ公《おほやけ》の論なり。またその分々の相応についていふことあり。鼠を甚《はなは》だ大なりといふとも、牛の小さきには及ばじ。蛇を甚だ短しといふとも、蚯蚓《みみず》よりは長かるべし。今日人をよしといひて誉むるも、悪しといひて毀るも、その場その場を考ふべし。

（三浦梅園『梅園叢書』による）

※1 俠士…男としての面目が立つように振る舞うこと。強きをくじき、弱きを助け、命を捨てても信義を重んじること。また、そのような人。俠客。
※2 院…寺院のこと。ここでは鞍馬寺などのことを指すか。
※3 宸襟…天子の心のこと。ここでは後白河法皇の心を指す。
※4 忠盛の女…正しくは清盛の娘建礼門院徳子のことか。
※5 腰越より追ひかへされしも…元暦二（一一八五）年、源平合戦で活躍した源義経が兄頼朝と不和により相模国腰越（現在の神奈川県鎌倉市）で心情をつづった書状を送ったが、追い返された故事を指す。
※6 芳野山にては…芳（吉）野山は現在の奈良県吉野郡にある山稜の総称。

号で答えなさい。解答番号は21。

① 「カンちゃん」からの言葉に腹立たしさを覚える一方で、その指摘はどこか的を射ているような気がしたから。
② 手厳しい言葉は、実は「カンちゃん」自身に言い聞かせている言葉であり、自分に向けられたものではないと分かっていたから。
③ 確固とした考えがあって決めたことについてあれこれと口を挟んでくる「カンちゃん」にはかける言葉がなかったから。
④ 「カンちゃん」の言葉は図星であり、そこで初めて自身の浅薄さに気づくとともに自分に対して腹が立ったから。
⑤ 怒りを通り越して「カンちゃん」を恨む気持ちが芽生え、もはや言葉を交わす気にもなれなかったから。

問4 空欄 X に当てはまる語句として最も適当なものを、次の①～⑤のうちから一つ選び、番号で答えなさい。解答番号は22。

① 手 ② 口 ③ 気 ④ 骨 ⑤ 血

問5 傍線部C「次はなにを読めとは言わなかった」とあるが、その理由の説明として最も適当なものを次の①～⑤のうちから一つ選び、番号で答えなさい。解答番号は23。

① 「康平」の読みたいものが分からなくなっていたから。
② 何を言っても「康平」は助言を受け入れなさそうだから。
③ 思いつく限りの作品を教えてしまったから。
④ 次に読むべき本は必然的に歴史に関するものになると考えたから。
⑤ 自らの意欲と興味に任せる方が学びを得ると考えたから。

問6 空欄 Y に当てはまる語句として最も適当なものを次の①～⑤のうちから一つ選び、番号で答えなさい。解答番号は24。

① 雲 ② 霧 ③ 風 ④ 空 ⑤ 砂

問7 傍線部D「俺のよりもうまい中華そばが、ここから生まれるぜ」とあるがこれはどういう意味か。「父」の発言の真意を説明したものとして最も適当なものを次の①～⑤のうちから一つ選び、番号で答えなさい。解答番号は25。

① 「康平」が乱読を続けていけば、いずれ料理の知識が書かれた書物に出会い、よりおいしい中華そばを作る手立てを得るであろうということ。
② 本を読み、保管するために本業ではない大工仕事までこなしてしまった「康平」の姿勢が、中華そばを作る際にも活きてくるであろうということ。
③ 自らの外側にある知識を求め続ける姿勢が、ひいては中華そば作りなど様々な局面で良い影響を及ぼすのではないかということ。
④ 中華そばには関係のない読書に熱を上げ、本業をおろそかにする「康平」に対して皮肉を言うことで釘を刺そうとしている。
⑤ 自分よりもおいしい中華そばが作れると励ますことで、今は読書に向いている熱意を、再び本業へと向けさせようとしている。

問8 空欄 Z に共通して当てはまる語句として最も適切なものを次の①～⑤のうちから一つ選び、番号で答えなさい。解答番号は26。

① 雅文体 ② 口語体 ③ 文語体
④ 漢文訓読体 ⑤ 四六駢儷体

問9 本文の語りの特徴の説明として**適当でないもの**を次の①～⑤のうちから一つ選び、番号で答えなさい。解答番号は27。

① 「この野郎、歩いて帰りやがれ。そう思って」のように、「康平」の心内語がたびたび地の文の中で語られる。
② 擬音語や擬態語、比喩などは一貫して用いておらず、「康平」という個人の歴史を語るような簡潔な文体である。
③ 一貫して「康平」の視点に寄り添って語られており、「康平」の一人称的な語りになっている。
④ 本文の結びの部分で、それまでの語りが、現在の「康平」が書棚を見つめながら過去を回想する構成になっていたことが分

「これか？　お前がもう何回も読んだってのは」
と言って『渋江抽斎』をひらいた。
「息子がそこまで入れ揚げた本を俺も読んでみるか」
「難しくて退屈になったら飛ばして読んだらいいよ」
と康平は言った。
「生意気なこと言いやがって。ちゃんと完読してやるさ」
　しかし四日後の早朝、厨房を掃除し、裸足になって換気扇の羽根をタオルで磨いている康平の顔の前に『渋江抽斎』を突き出し、
「俺には読めねえ。ギブアップだ」
と父は言って苦笑いを向けた。
「確かに日本語なんだけどな、俺にはその日本語の意味がわからねえ。これは［Z］じゃあないよなぁ」
「いや、［Z］だよ。だけど鷗外の文体での［Z］だから、いまはほとんど使わない語句とか用語だらけの部分もあるんだ」
「お前、よく読めたなぁ」
「そのために漢和辞典と国語辞典を買ったよ。フリガナのついてない漢字がたくさんあったし、読めても意味のわからない言葉も多かったしね」
　康平はそのころ月に五万円の給料を貰っていたが、ほとんどは本代に消えたのだ。康平が頼んだわけではないのに、父は翌月から七万円に上げてくれた。
「いつのまにか八百数十冊だ」
と康平は父の苦笑いを思い浮かべながらつぶやいた。
　元はといえば、カンちゃんだ。そして、俺の恩師は常連客だった清瀬さんだ、と康平は思った。

（宮本　輝『灯台からの響き』による）

※1　アルゴリズム…問題を解決するための方法・手順のこと。
※2　マメタン…英単語帳の一種。

問1　波線部(ア)～(ウ)の本文中での意味として最も適当なものを後の各語群①～⑤のうちから一つずつ選び、番号で答えなさい。解答番号は[17]～[19]。

(ア)　愚にもつかない　[17]
①　すぐれた　②　似つかわしくない
③　粗雑な　④　くだらない
⑤　難しい

(イ)　粛然と　[18]
①　つつしんで　②　静粛に
③　大人っぽく　④　自然と
⑤　驚いたように

(ウ)　耽溺　[19]
①　時間を費やすこと　②　お金を使うこと
③　夢中になること　④　精通すること
⑤　大切に思うこと

問2　傍線部A「突然、カンちゃんは言ったのだ」とあるがこの時の「カンちゃん」の言葉を、「康平」はどのように受け止めているか。その説明として最も適当なものを次の①～⑤のうちから一つ選び、番号で答えなさい。解答番号は[20]。
①　疲れている「カンちゃん」に気が遣えず、つまらない話ばかりする自分に対する怒りだと受け止めている。
②　親しい間柄だからこそ、会えなくなる前にあえて厳しく戒め、助言をしてくれたと考えている。
③　「カンちゃん」が自分自身に言い聞かせているのだと分かりながら、どこかで自分のことのように感じている。
④　見て見ぬふりをしていたコンプレックスをあらためて自覚するよう促してくれたのだと考えている。
⑤　高校を中退したこともあり教養や知識がない自分に同情しつつ、どこかで小馬鹿にしていると感じている。

問3　傍線部B「そう言い返したかったが、康平はひとことも言葉を口にしないまま」とあるが、なぜ言い返さなかったのか。その理由として最も適当なものを次の①～⑤のうちから一つ選び、番

「これは史伝だけど、ぼくは鷗外の最高傑作だと思ってるんだ。これを読了できたら、康平くんの心のなかに数千人の人間の歴史が生まれてるよ」
　康平は必ず読み切りますと約束して、また都心の大型書店に行き、『渋江抽斎』を手に入れた。
　そのときすでに康平のなかには読書という下地ができていて、古典や名作の凄さが多少はわかるようになっていたが、自分では気づかなかった。
『渋江抽斎』にはてこずった。実在した渋江抽斎という江戸時代の学者の周りにいた人々の履歴や、どうでもよさそうなエピソードや、その係累のそれぞれの個性や特技などが事細かく描かれていて、退屈で、おもしろくもなんともなくて、何回その文庫本を放り出そうとしたかしれない。
　だが、最後の数ページにさしかかったとき、康平は、ひとりの人間が生まれてから死ぬまでには、これほど多くの他者の無償の愛情や労苦や運命までもが関わっているのかと(イ)粛然と身を正すようになっていた。
「そうか、それを感じたか。よし、あとは自分が本屋に行って、読みたいと思った本を読んだらいいよ」
　と清瀬は言い、C次はなにを読めとは言わなかった。
『渋江抽斎』の影響で、康平は歴史に興味を持ち始めていた。
　作者が想像力で創り上げた架空の人物よりも、実際にこの世を生きた実在の人物のほうがはるかに魅力があるという気がしたのだ。
　康平はまず、歴史そのものを知らなくてはならないと考えた。
　だが、歴史といっても Y を摑むほどに多岐にわたるし、英単語を覚えるための※2マメタンのようにAからZまでを暗記すればいいというわけではない。
　康平は、次にトルストイの『戦争と平和』を読み、ゴーゴリの『外套』も読み、ロシアの歴史に関する本を数冊買ってロシア革命について学んだ。読んでいるうちに数冊では足りなくなり、十数冊の歴史書が並んだ。
　その次はフランス革命について学んだあと、再び『渋江抽斎』を読み、江戸期から明治・大正に及ぶ期間の歴史書に(ウ)耽溺した。島崎藤村の『夜明け前』はそのころに読んだのだ。
　父は、康平の突然の読書熱に気づいていたし、その最初の指南役が清瀬五郎という常連客であることも知っていたくせに、長いあいだ、知らぬふりをつづけた。
　それ以後、康平の読書量はさらに増えつづけて、手当たり次第の乱読の時期を迎えたが、つねに『渋江抽斎』と『夜明け前』からは離れなかった。読書に疲れると、いつもこの二作に戻っていった。
　康平が二十七歳のとき、本の置き場に困るようになり、「まきの」の二階を自分用に使わせてくれと父に頼んだ。
「本てのは重いからなぁ、床が抜けないか？」
　と言ったが、物置として使っていた二階が息子の読書用の部屋に変わることは、父にとっては嬉しいことだったようで、すぐに許してくれた。
　すでに百冊以上になっていた康平の蔵書は「まきの」の二階に移されて、康平が大工仕事をして壁に取り付けた書架に整然と並んだとき、父は、腕組みをしながらそれを眺め、
「D俺のよりもうまい中華そばが、ここから生まれるぜ」
　と言った。
「うちの中華そばは父ちゃんので完成してるよ」
　お世辞でなく、康平はそう思っていたのだ。
「冗談じゃない。どんな料理にも、完成された味なんてないさ。『まきの』の中華そばのスープには、なにか一味足りないんだ。ひょっとしたら一味多いのかもしれないけど、俺はそれがなんなのか、どうしてもわからねえ。思いつくものを足したり引いたりしてきたが、その一味が出せないんだよ」
　五十四歳の父は、書架に並んだ本のなかから、いちばん背表紙が汚れている文庫本を出して、

お前の話がなぜおもしろくないか教えてやろうか。お前が知ってるのはラーメンのことだけなんだ。じゃあ、職人と呼ばれる職業の人間はみんなおもしろくないのか。そうじゃないよ。牧野康平という人間がおもしろくないんだ。それはなぁ、お前に『雑学』ってものが身についてないからさ。大学ってところはなぁ、専門の学問を学ぶよりも、もっと重要なことが身につくところなんだ。諧謔《かいぎゃく》、ユーモア、議論用語、※1アルゴリズム……。それらを簡単に言うと『雑学』だ。女の話から、なぜか進化論にと話は移って、ゲノムの話になり、昆虫の生態へと移り、いつのまにかカルタゴの滅亡とローマ帝国の政治っていう歴史学に変わってる。どれも(ア)愚にもつかない幼稚な話だよ。でも、それによって各人が読んだり聞いたりして得た『雑学』の程度の差が露呈するんだ。康平、お前にはその雑学がまったくないんだ」

　康平は屈辱で顔が真っ赤になり、

「俺は高校中退だからな」

　としか言い返せなかった。

「高校を中退したのはお前の勝手だろう。家が貧乏で仕方なく働くしかなかったってわけじゃないだろう」

　この野郎、歩いて帰りやがれ。そう思って車のキーを持って立ち上がると、カンちゃんは言った。

「康平、とにかく本を読むんだ。小説、評論、詩、名論文、歴史書、数学、科学、建築学、生物学、地政学に関する書物。なんでもいいんだ。雑学を詰め込むんだ。活字だらけの書物を読め。優れた書物を読みつづける以外に人間が成長する方法はないぞ」

　もしかしたら、カンちゃんは自分に言い聞かせているのではないだろうかと康平は思った。

　えらそうに言うな。俺が高校も卒業しなかったから小馬鹿にしてやがる。俺には俺の考えがあって「まきの」の跡を継ごうと思ったんだ。

　Bそう言い返したかったが、康平はひとことも言葉を口にしないまま、その夜はカンちゃんを車の助手席に乗せて家まで送った。

　俺には俺の考えがあってだと?

どんな考えなんだ。ただ学校に行きたくなかっただけではないか。

　カンちゃんへの腹立ちは、そのうち強い恨みに変わっていきかけたが、日を置かずにカンちゃんが大阪に転勤になると知ったとき、あの日にはもうそれが内定していたのだなと悟って、康平はこんどは自分に腹がたってきた。

　カンちゃんが大阪に行ってしまって一か月ほどたって、五年くらい前から「まきの」を週に二、三回訪れる老人がかつては高校の数学の教師であったことを知った。

（中略）

「きみは[X]惜しみしないな。若いのに立派だな」

　人に褒められたことのない康平は嬉しくて、チャーシュウを切りながら珍しく言葉を交わしているうちに、老人の来歴を知ったのだ。

　清瀬五郎という名の老人はそのとき、六十五歳だった。

　清瀬が次にやって来たとき、康平は、本を読みたいのだが、なにを読めばいいのかわからないと言った。でも、ちゃんとした本を読みたい、と。

　清瀬は焼酎のお湯割りを口に含み、それからポケットのメモ用紙を出して、「モンテ・クリスト伯　アレクサンドル・デュマ」と書いた。

「ただ難しいだけじゃしょうがない。書物はおもしろくないとね。まずこれから文学の世界に入ろう。これを読了したら次に読む本を教えるよ」

　と清瀬は言った。

　商店街の本屋になかったので、休みの日に都心に出て、康平は『モンテ・クリスト伯』の文庫本を買った。読み終わるのに十日かかった。

　清瀬が次に読めと勧めたのは、ユゴーの『レ・ミゼラブル』で、その次は森鷗外の『渋江抽斎』だった。

③ 対人行動が苦手な人が好むものであったから。
④ 社会的にさげすまされていたから。
⑤ 憎しみの対象であったから。

問8 傍線部D「既にゼロ年代を終えた現在でも、セカイ系をめぐる議論は相変わらず盛んである」とあるが、それはなぜか。その理由として最も適当なものを次の①〜⑤のうちから一つ選び、番号で答えなさい。解答番号は14。

① 「セカイ系」という言葉の「新しさ」を立証する評論が発表され、多くの論者が議論に参加し異例の活況をみせたことで「セカイ系」をめぐる議論が多くなり結果として今でも決着がついていないから。
② 「セカイ系」という言葉が徐々に修正され拡張していったことでその意味を掘り下げようとする人々が増加し、その意味についての議論が非常に活発になり他のジャンルなどに進出するようになったから。
③ 「セカイ系」という言葉の定義が拡張されたことと、「セカイ系」は古い想像力であり自分だけでも生き残ろうという新しい想像力が交錯することがゼロ年代であったという議論が登場したから。
④ 「セカイ系」は「世界をコントロールしようという意思」と「成長という観念への拒絶の意志」というふたつの要素を重視しており、こうした新しい定義は美術の世界にまで拡張していったから。
⑤ 「セカイ系」という言葉は元来の意味から拡張されていき他の分野にまで広がっていったと同時に、「セカイ系」を分析していくことで議論が活発化され、プロレスのように議論が混乱していったから。

問9 傍線部E「俎上に載せた」とはどういう意味か。最も適当なものを次の①〜⑤のうちから一つ選び、番号で答えなさい。解答番号は15。

① 批判の対象として、攻撃すること。
② 問題としてとりあげ、論じること。
③ 至上の価値があるものとして祭りあげること。
④ 検討すべき事項として、批判すること。
⑤ 喧嘩の根拠としてとりあげること。

問10 傍線部F「セカイ系の『新しさ』を逆説的に立証し、論壇や文壇などの新たな舞台で展開する素地を整えた」とはどういうことか。その説明として最も適当なものを次の①〜⑤のうちから一つ選び、番号で答えなさい。解答番号は16。

① 『ゼロ年代の想像力』はゼロ年代を代表する批評家を批判することで、「セカイ系」をめぐる議論を意図的に活性化させたということ。
② 『ゼロ年代の想像力』は内容には十分でないところもあるものの、「セカイ系」がもつ新しさに言及できているということ。
③ 『ゼロ年代の想像力』はこれまで論じられてきた内容と逆のことを表明することで、議論の盛り上がりを呼び起こしたということ。
④ 『ゼロ年代の想像力』はセカイ系を批判することで、逆にセカイ系をめぐる議論の下地を別の地点に置き換えてしまったということ。
⑤ 『ゼロ年代の想像力』はこれまで論じられてきた見解に意図的に異を唱えることで、「セカイ系」にはまだ議論する余地が残っていることを示したということ。

二

次の文章を読み、以下の問い(問1〜10)に答えなさい。

その日、カンちゃんは出張帰りで疲れていたのか、あまり気乗りしないようだったが、いつものように二百球打つと、レストランでビールを飲んだ。どんな話をしていたのか康平は忘れたが、A突然、カンちゃんは言ったのだ。

「お前と話してるとおもしろくなくて、腹がたってくるんだ。康平、問1　傍線部(ア)～(オ)のカタカナに相当する漢字として最も適当なものを後の各語群①～⑤のうちからそれぞれ一つずつ選び、番号で答えなさい。解答番号[1]～[5]。

(ア)　ツイ随　[1]
①追　②対　③堆　④遂　⑤終

(イ)　アえて　[2]
①逢　②飽　③敢　④会　⑤和

(ウ)　トウ乗　[3]
①登　②搭　③当　④棟　⑤党

(エ)　カッ期的　[4]
①客　②画　③覚　④格　⑤角

(オ)　陳プ　[5]
①不　②負　③付　④夫　⑤腐

問2　空欄[X]～[Z]に当てはまる語句として最も適当なものを次の①～⑤のうちからそれぞれ一つずつ選び、番号で答えなさい。解答番号は[X]が[6]、[Y]が[7]、[Z]が[8]。

①すなわち　②いわゆる　③また
④例えば　⑤だが

問3　傍線部A「それ」とはどういうことか。その説明として最も適当なものを次の①～⑤のうちから一つ選び、番号で答えなさい。解答番号は[9]。

① サブカルチャーの文脈で多用される「セカイ系」という小さな日常を扱った世界観のこと。
② 「ぼく」と「きみ」の日常と終末のような非日常が中間項を持たずに意識されている世界観のこと。
③ 「ぼく」と「きみ」にのみ着目した中間項のない、限りなく小さな世界観のこと。
④ 「ぼく」と「きみ」の二者関係によって成り立つ日常と大きな非日常とが対立する世界観のこと。
⑤ サブカルチャーの文脈で多用される「セカイ系」という日常と非日常を掛け合わせた世界観のこと。

問4　空欄[甲]に当てはまる語句として最も適当なものを次の①～⑤のうちから一つ選び、番号で答えなさい。解答番号は[10]。

①鷗外　②龍之介　③直哉　④鏡花　⑤漱石

問5　空欄[乙]に当てはまる語句として最も適当なものを次の①～⑤のうちから一つ選び、番号で答えなさい。解答番号は[11]。

①『人間失格』　②『暗夜行路』　③『金色夜叉』
④『安愚楽鍋』　⑤『田舎教師』

問6　傍線部B「そうした特徴を備えた『エヴァ』以前の先行作品がセカイ系にくくられることはほとんどなく、『エヴァ』がセカイ系の起源であるとの前提は揺るがない」とあるが、それはなぜか。その理由として最も適当なものを次の①～⑤のうちから一つ選び、番号で答えなさい。解答番号は[12]。

① 『エヴァ』が発表当時の現実と共通するところが多く、結果として社会に与えた影響が大きかったから。
② 『エヴァ』より前に発表された作品には、それを見たり読んだりしていた人々が見ていた現実は描かれていなかったから。
③ 『エヴァ』には非常に新しい要素が多く盛り込まれており、社会の中で熱狂的に受け入れられたから。
④ 『エヴァ』の影響を独自に消化した作品が多く出現したことで、『エヴァ』が唯一の存在となったから。
⑤ 『エヴァ』の精巧なメカニックデザインが熱狂的なファンを生み出したことで、この作品を中心に語られるようになったから。

問7　傍線部C「漢字の『世界』をアエてカナの『セカイ』と開いて表記する」のは、それはなぜか。その理由として最も適当なものを次の①～⑤のうちから一つ選び、番号で答えなさい。解答番号は[13]。

① 漢字では理解できないから。
② 現実とかけはなれているようなものだから。

短期間の流行にとどまることなく、ドッグイヤーの渦中にあっていまだに多くの人々の関心の対象であり続けているのだろうか。私の考えるところ、それには主にふたつの理由が挙げられる。

ひとつはセカイ系の定義が、当初のそれから徐々に修正・拡張されていったことである。例えば、セカイ系を初めて批評のE俎上に載せたとされる笠井潔は、セカイ系について「セカイ系における（略）セカイは、現実的な日常空間でも妄想的な戦闘空間でもない。前者に属する無力な少年と後者に属する陰惨化した戦闘美少女が接触し、キミとボクの恋愛空間が生じる第三の領域がセカイなのだ」と述べ、「方法的に社会領域を消去した物語」として肯定的に位置づけているし、また元永柾木は「世界をコントロールしようという意志」と「成長という観念への拒絶の意志」というふたつの要素を重視している。これらの立場は、批評家であると同時にミステリーやシナリオの実作者でもある彼らが自らの創作理論として導入したものなのだが、これらの新しい定義は、従来はほぼSFやジュブナイルものに限られていたセカイ系の対象領域をミステリーや伝奇ものなどの他のジャンルへと大きく押し広げることになった。特に活気づいたのがライトノベルであり、『エヴァ』に次ぐ大ヒットを記録した『涼宮ハルヒの憂鬱』をはじめ多くの話題作が生まれたことは記憶に新しい。またさすがに牽強付会な印象を免れないとはいえ、美術評論家の黒瀬陽平が椹木野衣の『日本・現代・美術』を美術評論におけるセカイ系の試みとして位置づけようとしたことなども、定義の拡張の一例と言えるかもしれない。

そしてもうひとつが、宇野常寛の『ゼロ年代の想像力』という挑発的なセカイ系批判の登場である。二〇〇七年に「SFマガジン」誌上で連載が開始され、翌年に単行本として出版された同書の反響は絶大で、近年の論壇ではもっとも大きな出来事のひとつに数えられる。同書における宇野の議論は明快で、セカイ系は引きこもりのような「古い想像力」に由来する時代遅れの産物であり、それに対して、他者を蹴落としてでも自分だけは生き残ろうとするサヴァイヴ感を基調とする決断主義を「新しい想像力」の産物として位置づけ、ゼロ年代のカルチャーマップを両者の交錯する場として描き出してみせた。既に述べたように、セカイ系はもう古いという議論は同書以前から既に為されていたし、セカイ系の定義の修正や拡張に対する目配りも十分ではない。またセカイ系と決断主義の事例として挙げられている作品の選択には強い恣意性を指摘することもできる。しかし、それらの決して少なくない欠点にもかかわらず、同書は多大な反響を獲得し、ゼロ年代の終盤に現れたもっとも重要な批評的達成のひとつとみなされている。それはやはり、同書がゼロ年代を代表する批評家にしてセカイ系の擁護者として認知されていた東浩紀を仮想敵として定め、自らのセカイ系批判を新しい世代の論客による東浩紀批判としても成立させるという明確な戦略を持っていたからだ。宇野の目論見の正しさは、当の東が宇野の批判に対して正面切って応答し、また他の論者も数多く論戦に加わるなど、［Z］「論壇プロレス」が異例の活況を呈したことによって証明された。その意味では、『ゼロ年代の想像力』の最大の貢献は、Fセカイ系の「新しさ」を逆説的に立証し、論壇や文壇などの新たな舞台で展開する素地を整えたことにあるのかもしれない。

（暮沢剛巳『キャラクター文化入門』による）

※1　ゼロ年代…二〇〇〇年以降の流行文化や社会風俗、またその時代そのもののこと。
※2　マトリックス…（そのものの）母体。
※3　フォロワー…その活動を追っている者のこと。
※4　リソース…資源。
※5　アッパー系…社交的で積極的な性格というネットスラング。
※6　バズワード…人に関心を持ってもらうため、もっともらしい説明が付けられた専門用語のこと。
※7　ドッグイヤー…IT業界の技術進化の早さを、犬の成長が人と比べて速いことに例えた俗語。
※8　アクチュアリティ…現実性。

多くの文学作品にひとり語りの激しい場面やキャラクターは登場するし、ジャンルを問わず多くの先行作品にもひとり語りは発見されるだろう。孤独な少年や少女のひとり語りという様態それ自体は昔からよくあるもので、決して新しくもなければ珍しくもないのだ。

にもかかわらず、Bそうした特徴を備えた『エヴァ』以前の先行作品がセカイ系にくくられることはほとんどなく、『エヴァ』がセカイ系の起源であるとの前提は揺るがない。これはすなわち、セカイ系という言葉が「ひとり語りの激しい」部分のみならず、同時代の現実とも対応していた終末論的な舞台設定、精巧なメカデザイン、「萌え」と直結するキャラクターデザイン等々、『エヴァ』という(エ)カッ期的な作品の持つ様々な要素と深くシンクロしていたことを意味している。

『エヴァ』のインパクトは極めて大きく、テレビシリーズが放映を終了し、二本の劇場用映画が公開を終えた後も熱狂はさめる気配がなかった。多くのフォロワーが生まれたのは当然だが、多くの亜流に混じって、その影響を独自に消化した作品も散見されるようになった。[X]既出の『ほしのこえ』であり『最終兵器彼女』であり『イリヤの空　UFOの夏』などである。アニメ映画、マンガ、ライトノベルといった具合に、これらの三作品は発表されたメディアの形態も違えば、恋愛観をはじめとする登場人物の性格付けや舞台設定や作品を見終えた(読了した)後の感覚もそれぞれかなり異なっている。だが多くのファンは、そうした細かな違いよりもこれらの作品に発見される共通点、すなわち物語の主人公である「ぼく」と、「ぼく」が思いを寄せるヒロイン「きみ」の二者関係によって成り立つ小さな日常と、正体も意図もわからない敵との際限の無い闘いを通じて、「世界の終わり」「この世の終わり」といったスケールの大きな非日常とが、「家族」「学校」「職場」「地域」「国家」といった中間項を排除することによって成立している世界観に注目した。『エヴァ』の熱狂から数年を経過したゼロ年代の初頭に出現したこれらの作品は、セカイ系という言葉によってくくられるようになったのである。

C漢字の「世界」をアえてカナの「セカイ」と開いて表記するこの言葉には、侮蔑的なニュアンスが抜きがたくこびりついている。実際、セカイ系は当初明らかに蔑称として用いられることが多かった。いわく、設定が単純で非現実的すぎる、展開の速すぎるジェットコースター悲劇のようだ、省略が多すぎてキャラクターの細やかな機微が描かれていない、所詮は対人行動が苦手な引きこもりの想像力に過ぎない、等々。[Y]、この一見単純で稚拙な世界観が現代の日本社会においてある種の切迫したリアリティをもって受け止められたことは『エヴァ』の記録的な大ヒットが証明するとおりである。『エヴァ』を起源として生まれた、もともとはネット上の※6バズワードに過ぎなかったはずのこの言葉は、いつしかオタク系文化を語る上で欠かせないキー概念となり、さらには文学、映画、演劇、音楽等、当初の枠組みを越えて文化の各ジャンルにまで影響を及ぼすようになったのである。

とはいえ、流行り廃りは世の常であり、※7ドッグイヤーともいわれる昨今、そのサイクルは極めて速い。代表作と目される作品の登場した時期がゼロ年代初頭に集中していることからもわかるように、時代の潮目が変わったゼロ年代の半ば以降は、「セカイ系はもう古い」というフレーズがしきりに囁かれるようになった。確かに、ゼロ年代前半の盛期に比べて先述の定義に即したタイプの作品が、ジャンルを問わず明らかに減少していることは事実であるし、その限りでは流行現象としてのセカイ系の退潮に疑いの余地はない。

しかし、D既にゼロ年代を終えた現在でも、セカイ系をめぐる議論は相変わらず盛んである。しかも、多くの論者は過去形の話題を歴史として相対化しているというよりも、現在進行形のホットな話題に積極的に介入しているように見受けられる。古い古いと言われつつも、セカイ系はいまだ※8アクチュアリティを失っていないのだ。

ではなぜ、一見陳(オ)プで荒唐無稽な想像力に立脚したセカイ系は、

二〇二一年度　狭山ヶ丘高等学校（推薦第三回・推薦第一回）

※推薦第一回の問題です。

【国語】（五〇分）〈満点：一〇〇点〉

一　次の文章を読んで、以下の問い（問1～10）に答えなさい。

セカイ系が※1ゼロ年代のサブカルチャー批評の文脈でもっとも多くの関心を集めた問題系のひとつであることに大方の異論はないであろう。キャラクター論である本書でも、当然のことながらその問題系を無視することはできず、そのために一章というヴォリュームを費やすことになった。

既に再三再四各方面で言及されていることであるので今さらという気もするが、まずはセカイ系の基本的なアウトラインを確認しておこう。セカイ系とは、主にゼロ年代の前半に、マンガ、アニメ、ライトノベル、美少女ゲームといったコンテンツ全般を通じて、多くの作品に共有されていたテーマや物語の※2マトリックスを名指すために用いられるようになった言葉である。Aそれは以下に述べるような世界観を的確に言い表していたため、短期間のうちに爆発的に広まることとなった。すなわち、物語の主人公である「ぼく」と、「ぼく」が思いを寄せるヒロイン「きみ」の二者関係によって成り立つ小さな日常と、正体も意図もわからない敵との際限の無い闘いを通じて、「世界の終わり」「この世の終わり」といったスケールの大きな非日常とが、「家族」「学校」「職場」「地域」「国家」といった中間項を排除することによって成立している世界観である。新海誠のアニメ映画『ほしのこえ』（二〇〇二年）、高橋しんのマンガ『最終兵器彼女』（二〇〇〇～〇一年）、秋山瑞人のライトノベル『イリヤの空　UFOの夏』（二〇〇一～〇三年）など、ほぼ同時期に発表された各々媒体の異なる作品に共通するこの世界観は、ゼロ年代の文化シーンにある種のアクセントを加えることになったのである。

このセカイ系という言葉は主にネットを介して急速に広まったため、その起源はどうにも特定しがたい。かくいう私自身、セカイ系という言葉に初めて接したのがいつ・どこであったかなどまったく思い出せない。ただ、セカイ系という概念の基点が『新世紀エヴァンゲリオン』（以下で『エヴァ』）であったという了解は広く共有されている。詳細は後に触れるが、一九九五年に放映されたこのSFロボットアニメの反響は極めて大きく、その商業的成功はその後のカルチャーシーンを大きく書き換えてしまう力を持っていた。またその成功に(ア)ツイ随しようとする多くの※3フォロワーの出現は後に「ポスト・エヴァンゲリオン症候群」とも名指されることになったのである。

ここで興味深い仮説を紹介しておこう。今しがたセカイ系の起源は特定しがたいと書いたばかりだが、(イ)アえてそれを試みた論者がいる。ライターの前島賢がその人で、彼はウェブサイト「ぷるにえブックマーク」の作者ぷるにえ氏が二〇〇二年十月三十一日に行った「セカイ系って結局何なのよ」という書き込みが最初の事例ではないかと主張しているのだ。まずはその書き込みを紹介しておこう。

（中略）

この書き込みがセカイ系を名指した最初の例であるという見解には、ネットで異説も指摘されるなど、正確かどうかは判断しかねる。『エヴァ』がセカイ系的想像力の※4リソースであるという前提が既にこの時期に確立されていたことは実感できる。『エヴァ』は確かに「ひとり語りの激しい」作品である。シンジはパイロットであるにもかかわらず、しばしばエヴァへの(ウ)トウ乗を拒否して自問自答を繰り返すし、綾波は一貫して寡黙で、容易に他者には胸襟を開かない。※5アッパー系で饒舌なアスカでさえも、心の奥底には深い孤独を抱えていて、それが終盤の精神崩壊へと繋がっていく。もちろん、「ひとり語り」は『エヴァ』の専売でも何でもない。甲の『こころ』や太宰の乙を例に出すまでもなく、

2021年度／狭山ヶ丘高等学校(推薦第３回)

英語解答

1　A　No.１　4　No.２　3
　B　No.１　2　No.２　4
　C　No.１　3　No.２　4

2　問１　2　問２　3　問３　3
　問４　4　問５　1　問６　2
　問７　2　問８　1　問９　4
　問10　3

3　問１　3　問２　2　問３　1
　問４　4　問５　3，4

4　１　④　２　①　３　②　４　③

5　１　３番目…⑥　６番目…⑧
　２　３番目…⑦　６番目…⑥
　３　３番目…②　６番目…⑦
　４　３番目…②　６番目…③

6　１　③　２　③　３　④　４　③

7　１　②　２　③　３　④

8　１　③　２　②　３　④

1 〔放送問題〕解説省略

2 〔長文読解総合―ノンフィクション〕

≪全訳≫❶2018年８月20日，月曜日の朝，スウェーデンのストックホルムで，青いパーカーと黄色いレインコートを着た１人の少女が自転車に乗って，自宅からスウェーデンの国会議事堂に向かっていた。彼女の名前はグレタ・トゥーンベリ。彼女は15歳で，学校をさぼっていた。❷彼女は楽しみのためにそうしていたのだろうか。❸そうではない。全く反対だ。彼女には非常に重大な目的があった。彼女は最悪の気候問題に抗議するためにその建物に向かっていたのだ。数か月前，ある新聞が，環境に対する懸念について彼女が書いたエッセーを掲載した。「私は安心感を得たいのです」と彼女は書いた。「人類史上最悪の気候問題の真っただ中にいるとわかっていて，どうして安心だと感じることができるでしょうか」　それで，彼女は行動を起こそうと決意した。❹グレタは人々に配るために100枚のビラを持ってきた。また，木製の看板も持っていた。父親が，彼女がそれをつくるのを手伝ったのだ。その看板は白く塗られていて，大きな黒い文字で，スウェーデン語のメッセージが書かれていた。「気候のための学校ストライキ」　彼女のストライキとはつまり，抗議のために学校に行かないことにしたという意味である。❺この日は彼女のストライキの初日だった。グレタは議事堂の壁に寄りかかって座った。彼女は他の若者たちに自分の仲間に入ってほしかった。だが，誰もそうしなかった。❻一日中，人々が彼女のそばを通り過ぎていった。誰もビラを受け取らなかった。しかし翌日も彼女はそこにいた。同じ場所に戻ってきたのだ。だが，彼女に加わる人は誰もいなかった。❼21世紀生まれの多くのティーンエイジャーと同様に，グレタはソーシャルメディアの力を理解していた。彼女は自作の看板を掲げた自分の写真をインスタグラムとツイッターに投稿した。彼女は２，３のスウェーデンの新聞社に電話をかけて，気候変動に対する注意を喚起するための自分のストライキについて彼らに語った。すると，２つの地元の新聞社が記者を派遣してきた。❽その後，グレタのストライキは規模が拡大し始めた。議事堂でグレタの仲間に加わる若者がどんどん増えたのだ。彼女と同様に，彼らはスウェーデン政府が地球温暖化を止めるのに役立つ法律を可決することで行動を起こすことを求めていた。この惑星を救わなければならなかった。大人たちが問題なのだというのがグレタの信念だった。彼らはこの惑星を救うために必要なことをしていなかった。若者たちは大人たちにそのことを理解してほしかったのだ。❾さてここで，グレタの物語の始まりについて見てみよう。❿グレタは子どもが望むあらゆるものを持っているようだった。彼女には愛情深く創造的な両親がいた。彼女の母，マレーナ・エルンマンは有名なオペラ歌手だった。彼女の父のスヴァンテは作家で俳優だった。彼女の妹，ベアタは３歳下でグレタを尊敬していた。それからグレタの飼っているゴールデンレトリバーのモーゼがいた。⓫グレタの両親はいつもグレタとベアタに環境に関して責任を持つようにと教えていた。つける必要のないときには照明を消した。水を無駄使いしなかった。車に乗る代わりに自転車に乗ることが多かった。そして電気自動車が売り出されたときにはそれを買った。⓬グレタは感受性が鋭く，聡明で真面目だった。グレタは馬と犬とバレエと，ピアノ演奏を習うことが好きだった。彼女はよく本を読んだ。そして思慮深かった。彼女はときおり子どもよりも大人のように見えることがあった。⓭そして彼女が８歳のとき，学校であることが起こり，それがグレタの人生を変えた。⓮彼女のクラスは地球温暖化に関する映画を見た。その映画から，グレタは北極と南極の氷原が溶けつつあることを知った。これはその近くで暮らすホッキョクグマにとって危険なことだった。この事実について知り，クラスの皆は驚いた。しかし，その映画が終わると，他の子どもたちは，その後はいつもどおりの１日を過ごすことができた。グレタはそうではなかった。彼女はホッキョクグマのことしか考えられなかった。地球温暖化が問題となっているのなら，どうしてそれを止めようとする人がいないのか。⓯グレタの悩みはどんどん悪化していった。11歳の誕生日までには，彼女は地球温暖化のことしか考えられなくなっていた。彼女は食べるのをやめた。ピアノを弾くのをやめた。学校へ行くのをやめた。話すことさえやめてしまった。何時間もの間，彼女はモーゼと一緒にただ座って，彼に触れていた。⓰マレーナとスヴァンテはグレタにもっと食べさせるためにあらゆることをやってみた。だが何一つうまくいかなかった。グレタは20ポンド以上もやせてしまった。スヴァンテはこのときのことを「親にとって最悪の悪夢」だったと述べた。自分の子どもが苦しんでいるのに，彼女を助けることができなかったのだ。

問１＜適語選択＞‘日付’の前に置く前置詞 on。

問２＜要旨把握＞第１段落最終文～第３段落第１文参照。彼女が学校に行かないのには真面目な目的があった。

問３＜指示語＞下線部以降は，「それ」は白く塗られ黒く大きな文字でスウェーデン語のメッセージが書かれていたという内容。ここに当てはめて意味が通るのは前にある a wooden sign「木製の看板」である。

問４＜適語(句)選択＞現代の若者としてグレタは(　　)の力を理解していた，とあり，この後彼女がインスタグラムやツイッターといったSNSに看板を掲げた自分の写真を投稿し，意見を世間に発信したことが述べられている。

問５＜適語句選択＞instead of ～「～の代わりに」　because of ～「～が理由で」　in addition to ～「～に加えて」　in front of ～「～の前で，正面で」

問６＜指示語＞電気自動車が売り出されると，彼らはそれを買った，という文脈なので，one は an electric car「電気自動車」のことだとわかる。

問７＜文型＞下線部⑦は Greta's worrying＝主語(S)，grew＝動詞(V)，worse and worse＝補語(C)の第２文型。これと同じ文型は２(This flower＝S，smells＝V，nice＝C)。　1．Tom＝S，goes＝Vで残りは修飾語句の第１文型。　3．She＝S，put＝V，the book＝Oで残り

は修飾語句の第３文型。　４．My mother＝S，chose＝V，me＝間接目的語(O１)，a shirt and a tie＝直接目的語(O２)の第４文型。　５．He＝S，kept＝V，it＝O，a secret＝Cの第５文型。

問８＜適語選択＞８歳のときに学校で環境問題に関する映画を見て以来，地球温暖化に対する意識が高まって，それから次第に悩みがひどくなり，11歳になる頃には生活に支障が出るほど環境問題で頭がいっぱいになってしまった，という文脈。この by は「～までには」という意味。

問９＜文脈把握＞第14段落～16段落第２文参照。学校で環境問題に関する映画を見たのがきっかけで，地球温暖化のことしか考えられなくなり，悩みすぎて食事をとれなくなった結果，体重が20ポンド以上も減ってしまったことがわかる。

問10＜内容真偽＞１…×　第４段落第３文参照。看板をつくるのを父が手伝った。　２…×　第３～５段落参照。新聞にエッセーが掲載された数か月後に抗議活動を行ったが当初は誰も関心を示さなかった。　３…○　第７段落～第８段落第２文に一致する。　４…×　第16段落第１文参照。

３〔**長文読解総合─物語**〕

≪全訳≫❶ある金曜日，高校から家まで歩いていたときに，カイルという新入生を見かけた。彼は自分の本を全て持ち運んでいるようだった。僕はこう思った。「どうして金曜日に自分の本を全部家に持って帰ったりするんだ？　彼はきっとすごいガリ勉屋なんだな」　僕は再び自分の週末の予定について考え始めた──友達とフットボールをして，その後はパーティーだ。❷僕は歩き続けた。すると何人かの子どもらがカイルに向かって走っていき，彼にぶつかった。彼らはカイルの腕から本をたたき落として彼を転ばせたので，カイルは地面に倒れてしまった。彼の眼鏡は飛んでいき，10フィート離れた草むらに落ちた。彼はとても悲しげに顔を上げた。彼は今にも泣き出しそうだった。❸そこで僕はそちらへ行って彼が本を拾うのを手伝い，彼に眼鏡を手渡した。「あの男子たちはほんとに悪い奴らだね」と僕は彼に言った。カイルは笑顔を見せ始めてこう言った。「ねえ，ありがとう！」　僕は自分が彼を本当に元気づけられたのだとわかった。カイルはこの地域に数週間前に引っ越してきたのだが，あの男子たちはほぼ毎日彼に対して同じことをしていたのだった。「でも，もうあんなことはさせないぞ！」と彼は腹立たしげに言った。「あいつらのことは忘れなよ，カイル」と僕は言い，土曜日に僕と僕の友人と一緒にフットボールをしようと彼を誘った。彼はそうすると言った。❹カイルと僕の友人たちとともにすばらしい週末を過ごし，僕らがカイルのことをよりよく知るにつれ，僕らはみんな彼のことをますます好きになった。月曜日の朝になると，本を全部抱えたカイルが再び現れた。「ごめんな，その本を全部見るだけの時間なんてなかっただろ」と僕は冗談を言った。彼はただ笑って，その本を半分運んでくれと僕に手渡してきた。❺カイルと僕は親友になり，その後４年にわたり，彼は週末に全ての本を家に持ち帰ることは決してなかったが，多くの時間を勉強にあてていた。僕らは最上級生になり，彼は医者になろうと考えていた一方，僕はフットボールの奨学金でビジネスを学ぶつもりでいた。僕らの高校時代の間にたくさんのことが変化したが，特にカイルにとってはそうだった。毎年，高校の卒業式でスピーチをする生徒が１人，教師たちによって選抜される。今年はカイルが選ばれた。❻スピーチを始めるにあたり，彼はせき払いをすると，こう始めた。「１年のうちで，僕たちが高校生活をなんとかやり遂げるのを援助してくださった全ての方々──両親，先生方，兄弟姉妹，そして何より友人の皆さんに感謝する時期となりました。誰かの友達になるということが皆さんの与えうる最高の贈り物だということを，皆さんにお伝えしたくて僕は今この場に立っています。１つお話をさせてください」**7**カイルが皆に僕らが初めて出会った日のことを話し始めたとき，僕は自分の耳を疑った。彼はあの週末，自殺するつもりだったというのだ！　彼が自分のロッカーから本を全て持ち帰ったのは，後で自分の母親にそんなことをさせたくなかったからだったのだ。そして，またもやあの男子たちが彼を攻撃してきた。「でも，僕は救われました。僕の友人が僕を救ってくれたのです」**8**このごく普通の，だが今や人気者の少年が，自分が最も弱かった瞬間のことをあらいざらい僕らに語って聞かせているときに，群衆の中にはっと息を飲む音が聞こえた。「皆さんが１つのことを覚えていてくださるのなら」とカイルは続けた。「僕らは皆，人々の人生を変える力を持っているということを忘れないでください。あの不幸な日に，僕の友人はそのまま歩き続けることもできたかもしれません，でも彼は僕を助けることを選んでくれたのです。そしてその行動が全てを変えてくれました。僕らは皆，他の人たちを幸せにも不幸にもする力を持っていて，それは一瞬だけのことではなく，一生涯続くものなのです」

問１＜要旨把握＞第１段落第２文および第２段落第４文参照。３はこの内容に一致する。

問２＜適語選択＞第１段落最終文に，weekend「週末」に友人とフットボールをする予定だったとある。

問３＜適語選択＞高校時代の間，自分たちは大きく変化した，という文脈。「～の間」という意味の前置詞 during が適する。なお，while も「～の間」の意味を持つが，これは接続詞で後ろに‘主語＋動詞’が必要なため，ここでは不適切。

問４＜適語選択＞３文前に we all have the power to change people's lives とあり，空所を含む文はこの言い換えになっている。

問５＜内容真偽＞１…×　第７段落第１，２文参照。卒業式でカイルが語るまで知らなかった。２…×　第５段落第１文参照。本を全部持ち帰ったのは出会った日だけ。　３…○　第５段落第１，２文と一致する。　４…○　第７段落第３文と一致する。　５…×　このような記述はない。

4 〔適語(句)選択〕

１．some「いくつかの～」の後で leaf「葉」は‘数えられる名詞’なので，複数形の leaves が適切。「あの緑色の屋根の上に何枚かの葉っぱが見える」

２．‘so ～ that …’「とても～なので…」の形にする。　「その少女は体育祭でとても速く走ったので，リーダーになった」

３．主語の Who「誰が」は３人称単数扱いなので，cleans を選ぶ。　「誰が毎朝この部屋を掃除しているのですか」

４．water「水」は‘数えられない名詞’‘how much＋数えられない名詞’で「どれくらいの～」と‘量’を尋ねる表現。　「あなたのグラスには水がどのくらい入っていますか」

5 〔整序結合〕

１．‘It is ～ to …’「…することは～だ」の形にする。It was で始め，‘～’は a very good idea とまとめる。to の後の‘…’は invite him here とする。　It was a very good idea to invite him here.「彼をここに招待するというのはとても良いアイディアだった」

２．‘have/has＋過去分詞’の現在完了形の疑問文にする。The dog has been sick を疑問文の語順にして Has the dog been sick とし，since は yesterday の前に置いて「昨日から」の意味にする。　Has the dog been sick since yesterday?「その犬は昨日からずっと具合が悪いのですか」

3．What sport「何のスポーツ」を疑問詞として文頭に置き，you are going to play「あなたはプレーするつもりだ」を疑問文の語順にして are you going to play とする。　be going to ～「～するつもりだ」　What sport are you going to play tomorrow?「明日あなたは何のスポーツをするつもりですか」

4．'be＋過去分詞＋by ～'「～によって…される」の受け身形にする。He was loved by ～ の'～'は a lot of people とし，until は「～まで(ずっと)」の意味の接続詞として用いて until he died「彼が死ぬまで」とする。　He was loved by a lot of people until he died.「彼は亡くなるまで多くの人に愛された」

6〔誤文訂正〕

1．it's tail の部分は，「それ(＝小さな犬)のしっぽ」という意味だと考えられるので，③は it is，または it has の短縮形である it's ではなく，it の所有格の its「それの」にする。　「私は家の中で小さな犬を飼っていて，そのしっぽはとても短い」

2．形容詞の最上級には the をつけるのが原則なので，③は the prettiest とする。　「このネコは私の町で一番かわいいと思う」

3．would like to ～ で「～したいと思う」。「彼は彼女が食べるのと同じくらいたくさん食べたい」という文意と考えられるので，④は is ではなく，eat「食べる」という一般動詞を受ける３人称単数現在形の does とする。

4．Which is the language?「どれが言語か」が文の骨組みで，③以下は language を修飾する部分。「あの国で話されている言語」という意味だと考えられるので，③は原形ではなく used として「～される」という意味の過去分詞の形容詞用法にする。　「あの国で最も使われている言語はどれですか」

7〔単語のアクセント〕

1．①　més-sage　②　in-víte　③　áb-sent　④　víl-lage

2．①　po-sí-tion　②　Aus-trál-ia　③　éx-er-cise　④　un-háp-py

3．①　cén-ti-me-ter　②　néc-es-sar-y　③　ín-ter-est-ed　④　com-mú-ni-cate

8〔単語の発音〕

1．①　caught[ɔː]　②　fall[ɔː]　③　boat[ou]　④　all[ɔː]

2．①　cool[uː]　②　wool[u]　③　pool[uː]　④　noon[uː]

3．①　school[k]　②　technique[k]　③　headache[k]　④　machine[ʃ]

数学解答

1 (1) 1…8　2…8　3…9
(2) 4…7　5…5
(3) 6…2　7…5
(4) 8…5　9…4
(5) 10…6　11…5　12…2
(6) 13…1　14…4
(7) 15…1　16…5
(8) 17…2　18…4

2 (1) 7　(2) 20…8　21…8
(3) 22…1　23…4　(4) ⑦
(5) 25…3　26…3　27…2　28…9
29…2
(6) 30…3　31…6　32…2　33…8

3 (1) 34…1　35…2　36…2　37…6
(2) 5　(3) 39…2　40…3　41…2

4 (1) 42…②　43…⑥　44…2
(2) 45…9　46…4　47…2　48…1
49…5
(3) 50…5　51…1

5 (1) 52…4　53…3　54…1
(2) 55…1　56…3　57…4
(3) 58…3　59…8　60…1　61…2
62…1　63…1

1〔独立小問集合題〕

(1)＜数の計算＞与式$=\frac{11}{6}\div\left(\frac{375}{1000}\times\frac{5}{10}\right)=\frac{11}{6}\div\left(\frac{3}{8}\times\frac{1}{2}\right)=\frac{11}{6}\div\frac{3}{16}=\frac{11}{6}\times\frac{16}{3}=\frac{88}{9}$

(2)＜連立方程式＞$4x-5y=3$……①，$2y=x+3$……②とする。②より，$-x+2y=3$……②′　①+②′×4より，$-5y+8y=3+12$，$3y=15$　∴$y=5$　これを②に代入すると，$10=x+3$　∴$x=7$

(3)＜二次方程式＞$x+2=\pm\sqrt{5}$　∴$x=-2\pm\sqrt{5}$

(4)＜数の計算＞与式$=-8\div\frac{4}{10}\div\left(-\frac{2}{100}\right)^2\div(-40000)=-8\div\frac{2}{5}\div\left(-\frac{1}{50}\right)^2\div(-40000)=-8\div\frac{2}{5}\div\frac{1}{2500}\div(-40000)=-8\times\frac{5}{2}\times2500\times\left(-\frac{1}{40000}\right)=\frac{8\times5\times2500\times1}{2\times40000}=\frac{5}{4}$

(5)＜平方根の計算＞与式$=\frac{6}{3\sqrt{2}}-(2-4\sqrt{2}+4)=\frac{6\times\sqrt{2}}{3\sqrt{2}\times\sqrt{2}}-(6-4\sqrt{2})=\frac{6\sqrt{2}}{6}-6+4\sqrt{2}=\sqrt{2}-6+4\sqrt{2}=-6+5\sqrt{2}$

(6)＜式の値＞与式$=x^2+2\left\{\frac{(2x-y)^2-2\times2x(x-y)}{6}\right\}=x^2+2\left(\frac{4x^2-4xy+y^2-4x^2+4xy}{6}\right)=x^2+2\times\frac{y^2}{6}=x^2+\frac{y^2}{3}$として，$x=\sqrt{2}$，$y=6$を代入すると，与式$=(\sqrt{2})^2+\frac{6^2}{3}=2+12=14$となる。

(7)＜数の計算＞税抜価格が750円で持ち帰るときの税率は８％なので，このときの消費税は，$750\times\frac{8}{100}=60$(円)となり，店内で飲食するときの税率は10％なので，このときの消費税は，$750\times\frac{10}{100}=75$(円)となる。よって，持ち帰るときと店内で飲食するときで，支払う金額の差は消費税の差と等しいので，$75-60=15$(円)である。

(8)＜関数―比例定数，変化の割合＞関数$y=ax^2$で，$x=-1$のとき，$y=a\times(-1)^2=a$，$x=3$のとき，$y=a\times3^2=9a$だから，xの値が-1から３まで変化するときの変化の割合は，$\frac{9a-a}{3-(-1)}=2a$となる。また，関数$y=4x$の変化の割合は４で一定である。２つの関数について，xの値が-1から３まで変化するときの変化の割合はいずれもbだから，$b=2a$，$b=4$となる。これより，$2a=4$が成り立ち，$a=2$となる。

2〔独立小問集合題〕

(1)＜**二次方程式の応用**＞ある正の数をxとすると，xから1を引いて2乗した値は$(x-1)^2$と表せ，xに2を足してから4倍した値は$(x+2)\times4$と表せる。これらの値が等しいとき，$(x-1)^2=(x+2)\times4$が成り立つ。これを解くと，$x^2-2x+1=4x+8$，$x^2-6x-7=0$，$(x+1)(x-7)=0$より，$x=-1$，7となり，$x>0$より，$x=7$である。

(2)＜**図形—角度**＞右図1のように点A～Eを定める。△ABEはAB＝AEの二等辺三角形だから，$\angle ABE=(180^\circ-118^\circ)\div2=31^\circ$より，$\angle EBC=\angle ABC-\angle ABE=90^\circ-31^\circ=59^\circ$となる。また，$\angle CDE=180^\circ-57^\circ=123^\circ$となる。四角形BCDEの内角の和は360°だから，$\angle x=360^\circ-(\angle EBC+\angle BCD+\angle CDE)=360^\circ-(59^\circ+90^\circ+123^\circ)=88^\circ$である。

図1

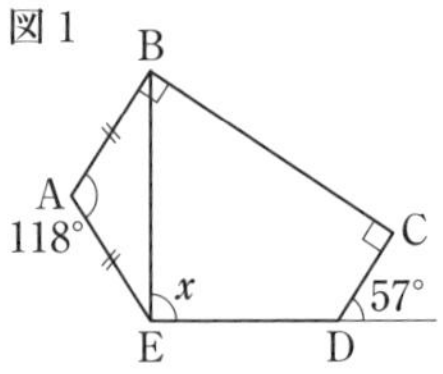

(3)＜**図形—体積—回転体**＞右図2のように直角三角形の頂点をA，B，Cとして，点Aから直線lに垂線ADを引き，直線BAと直線lとの交点をEとする。△ABCを直線lを軸として1回転させてできる立体は，△EBCがつくる円錐から△EADがつくる円錐と△CADがつくる円錐を除いた立体となる。△ABCが直角二等辺三角形より，$\angle ABC=45^\circ$だから，△EBCも直角二等辺三角形となり，EC＝BC＝1となる。また，$AC=\frac{1}{\sqrt{2}}BC=\frac{1}{\sqrt{2}}\times1=\frac{1}{\sqrt{2}}=\frac{\sqrt{2}}{2}$となる。$\angle DCA=\angle DCB-\angle ACB=90^\circ-45^\circ=45^\circ$より，△ADCは直角二等辺三角形だから，$AD=DC=\frac{1}{\sqrt{2}}AC=\frac{1}{\sqrt{2}}\times\frac{\sqrt{2}}{2}=\frac{1}{2}$となり，$ED=EC-DC=1-\frac{1}{2}=\frac{1}{2}$となる。よって，求める立体の体積は，$\frac{1}{3}\times\pi\times BC^2\times EC-\frac{1}{3}\times\pi\times AD^2\times ED-\frac{1}{3}\times\pi\times AD^2\times DC=\frac{1}{3}\times\pi\times1^2\times1-\frac{1}{3}\times\pi\times\left(\frac{1}{2}\right)^2\times\frac{1}{2}-\frac{1}{3}\times\pi\times\left(\frac{1}{2}\right)^2\times\frac{1}{2}=\frac{1}{3}\pi-\frac{1}{24}\pi-\frac{1}{24}\pi=\frac{1}{4}\pi$ (cm^3)である。

図2

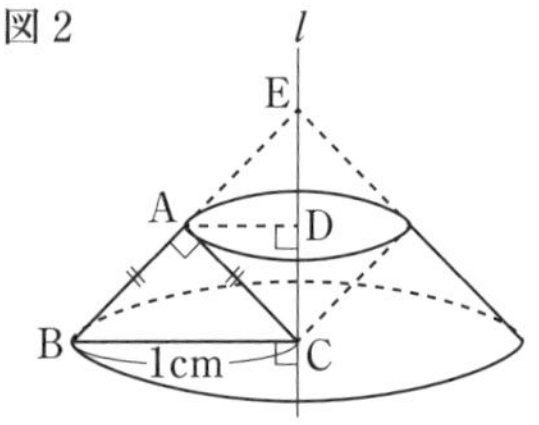

(4)＜**数の性質—正誤問題**＞ア…誤。bの絶対値がaの絶対値より大きいとき，$a+b<0$となる。
イ…誤。$a>0$，$b<0$のとき，$ab<0$となる。　ウ…正。$a>0$，$b<0$のとき，$ab<0$となる。また，$a>0$のとき$a^2>0$だから，$a^2b<0$となる。　エ…正。連続する2つの自然数は1つが奇数，もう1つが偶数となるので，和は奇数，積は偶数である。　オ…正。連続する2つの奇数を整数xを用いて$2x+1$，$2x+3$と表すと，$(2x+1)+(2x+3)=4x+4=4(x+1)$となり，$(x+1)$は整数より，$4(x+1)$は4の倍数となる。また，奇数と奇数の積は奇数である。

(5)＜**関数—直線の式，座標**＞右図3で，y軸が∠AOBの二等分線となることから，直線OAと直線OBはy軸について対称である。よって，直線OB上には点Aとy軸について対称な点(1，3)がある。これより，直線OBの傾きは$\frac{3}{1}=3$なので，その式は$y=3x$である。点Bは放物線$y=2x^2$と直線$y=3x$の交点だから，2式からyを消去して，$2x^2=3x$となり，これを解くと，$2x^2-3x=0$，$x(2x-3)=0$より，$x=0$，$\frac{3}{2}$となる。$x>0$より，点Bのx座標は$\frac{3}{2}$だから，これを$y=3x$に代入すると，$y=3\times\frac{3}{2}=\frac{9}{2}$より，$B\left(\frac{3}{2}，\frac{9}{2}\right)$である。

図3

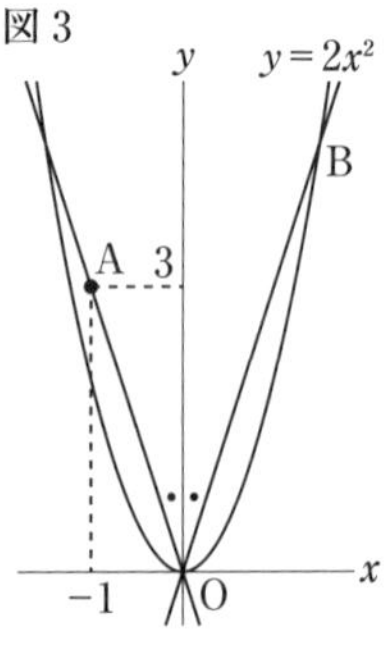

(6)＜**特殊・新傾向問題—規則性**＞次ページの図4で，縦，横に並ぶ○と×の個数は，1回目は1個，2回目は3個，3回目は5個と，1個からはじまり2個ずつ増えているので，n回目に縦，横に並ぶ○と×の個数は，$1+2\times(n-1)=1+2n-2=2n-1$(個)となる。これより，9回目と10回目に縦，

横に並ぶ○と×の個数はそれぞれ，$2\times9-1=17$(個)，$2\times10-1=19$(個)となるので，○と×の総数はそれぞれ，$17^2=289$(個)，$19^2=361$(個)となる。よって，10回目に新たに並ぶ記号の総数は，$361-289=72$(個)であり，図4より，○と×は同じ個数ずつ増えているので，新たに並ぶ×の個数は，$72\div2=36$(個)である。また，1回目は○が1個であり，2回目以降は○と×が同じ個数ずつ増えていくので，○の総数が1513個のとき，×の総数は1512個となり，○と×の総数は，$1513+1512=3025$(個)となる。このとき，$3025=55^2$より，縦，横に並ぶ記号の個数は55個となる。したがって，$2n-1=55$より，$n=28$だから，○の総数が1513個になるのは28回目の操作の直後である。

図4

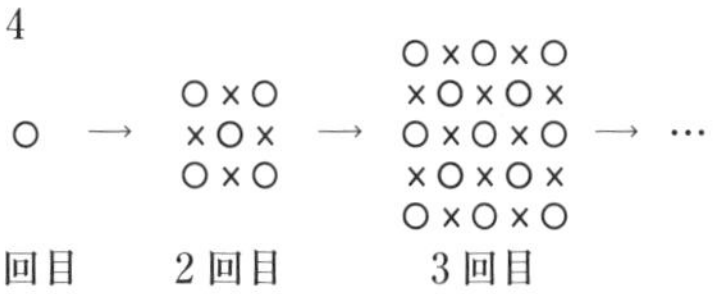

3〔関数―関数 $y=ax^2$ と直線〕

≪基本方針の決定≫(3)　相似な図形に注目する。

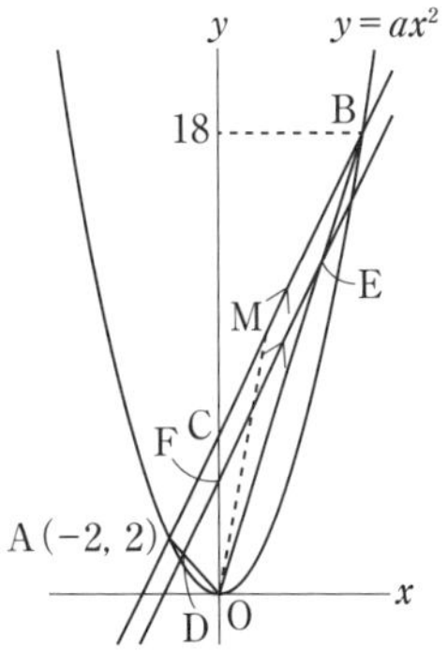

(1)**＜比例定数，直線の式＞**右図で，A$(-2,\ 2)$は関数 $y=ax^2$ のグラフ上にあるので，$2=a\times(-2)^2$，$2=4a$，$a=\dfrac{1}{2}$ である。これより，点Bは放物線 $y=\dfrac{1}{2}x^2$ 上にあり，y 座標が18なので，$18=\dfrac{1}{2}x^2$，$36=x^2$，$x=\pm6$ となり，$x>0$ より，$x=6$ となる。よって，B$(6,\ 18)$となり，直線ABの傾きは $\dfrac{18-2}{6-(-2)}=2$ となるので，その式は $y=2x+b$ とおける。これが点Aを通るので，$2=2\times(-2)+b$，$2=-4+b$，$b=6$ となる。したがって，直線ABの式は $y=2x+6$ である。

(2)**＜直線の式＞**右上図で，直線AB上に点Mをとる。直線OMが△OABの面積を2等分するとき，AM＝BMとなるので，点Mは線分ABの中点である。これより，点Mの x 座標は $\dfrac{-2+6}{2}=2$，y 座標は $\dfrac{2+18}{2}=10$ だから，M$(2,\ 10)$となる。よって，直線OMの傾きは $\dfrac{10}{2}=5$ より，直線OMの式は $y=5x$ である。

(3)**＜直線の式＞**右上図で，直線ABと y 軸との交点をCとすると，(1)より，直線ABの式は $y=2x+6$ だから，C$(0,\ 6)$となる。また，直線ABに平行な直線と線分OA，OBとの交点をそれぞれD，Eとし，直線DEと y 軸との交点をFとする。直線DEが△OABの面積を2等分するとき，$\triangle ODE=\dfrac{1}{2}\triangle OAB$ より，△ODEと△OABの面積比は1：2となる。DE∥ABより，△ODE∽△OABであり，$\triangle ODE:\triangle OAB=1:2=1^2:(\sqrt{2})^2$ より，これらの三角形の相似比は $1:\sqrt{2}$ となる。これより，$OD:OA=1:\sqrt{2}$ であり，DE∥ABだから，$OF:OC=OD:OA=1:\sqrt{2}$ より，$OF=\dfrac{1}{\sqrt{2}}OC=\dfrac{1}{\sqrt{2}}\times6=3\sqrt{2}$ となり，F$(0,\ 3\sqrt{2})$である。よって，直線DEの傾きは直線ABの傾きと等しく2となり，切片は $3\sqrt{2}$ なので，その式は $y=2x+3\sqrt{2}$ である。

4〔平面図形―平行四辺形〕

≪基本方針の決定≫(3)　QC＝$x$cmとおき，AQ：QCを x を用いて2通りに表す。

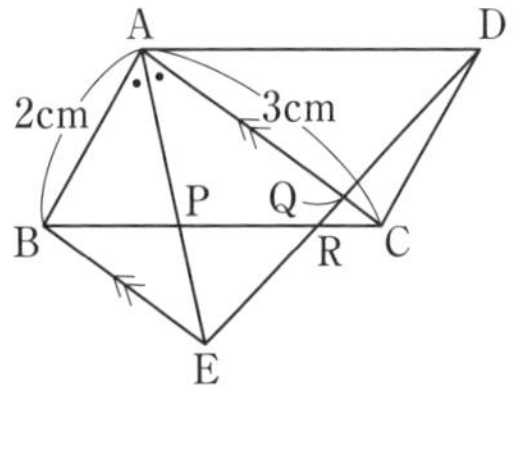

(1)**＜角度，長さ＞**右図で，線分AEは∠BACの二等分線だから，∠BAP＝∠CAEとなる。また，AC∥BEより，平行線の錯角は等しいので，∠CAE＝∠AEBだから，∠BAP＝∠AEBである。これより，△BAE

は二等辺三角形となるので，BE＝AB＝2(cm)である。

(2)＜**面積比**＞前ページの図で，AC∥BE より，△APC∽△EPB である。(1)より，BE＝2だから，AC：BE＝3：2より，△APC と△EPB の相似比は3：2となるので，面積の比は，△APC：△EPB ＝$3^2：2^2$＝9：4である。これより，△EPB＝$\frac{4}{9}$△APC となる。また，PC：PB＝AC：BE＝3：2より，PC：BC＝3：(2＋3)＝3：5となり，△APC と△ABC の底辺をそれぞれ PC，BC と見ると，高さが等しいので，△APC：△ABC＝PC：BC＝3：5である。これより，△APC＝$\frac{3}{5}$△ABC となる。さらに，平行四辺形の面積は対角線により2等分されるので，△ABC＝$\frac{1}{2}$▱ABCD となる。よって，△EPB＝$\frac{4}{9}\times\frac{3}{5}$△ABC＝$\frac{4}{9}\times\frac{3}{5}\times\frac{1}{2}$▱ABCD＝$\frac{2}{15}$▱ABCD となるので，△EPB の面積は▱ABCD の面積の$\frac{2}{15}$倍である。

(3)＜**長さの比―相似**＞前ページの図で，線分 BC と線分 DE の交点を R とし，QC＝x とする。AC∥BE より，△EBR∽△QCR である。これより，BR：CR＝BE：CQ＝2：x となり，AD＝BC だから，AD：CR＝BC：CR＝(BR＋CR)：CR＝$(2+x)：x$ となる。また，AD∥BC より，△QAD∽△QCR だから，AQ：CQ＝AD：CR＝$(2+x)：x$ となる。ここで，AC＝3，QC＝x より，AQ：QC＝$(3-x)：x$ と表すこともできるので，$(2+x)：x=(3-x)：x$ が成り立つ。これを解くと，$(2+x)\times x=x\times(3-x)$，$2x+x^2=3x-x^2$，$2x^2-x=0$，$x(2x-1)=0$ より，$x=0$，$\frac{1}{2}$ となり，$x>0$ より，$x=\frac{1}{2}$ となる。よって，AQ：QC＝$\left(3-\frac{1}{2}\right)：\frac{1}{2}$＝5：1である。

5〔**関数―一次関数**〕

≪**基本方針の決定**≫(3)　面積比については，線分 AD と PQ の位置関係に着目する。

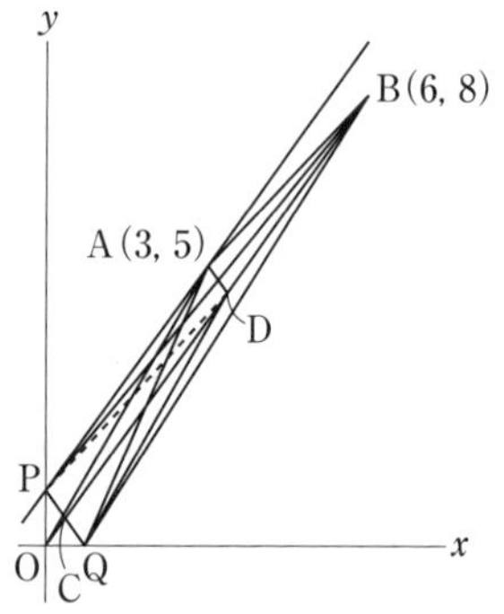

(1)＜**直線の式**＞右図で，直線 OB の傾きは $\frac{8}{6}=\frac{4}{3}$ より，線分 OB に平行な直線の傾きも$\frac{4}{3}$となるので，求める直線の式は $y=\frac{4}{3}x+b$ とおける。これが，A(3，5)を通るので，$5=\frac{4}{3}\times3+b$，$5=4+b$，$b=1$ となる。よって，点 A を通り，線分 OB に平行な直線の式は $y=\frac{4}{3}x+1$ である。

(2)＜**座標―等積変形**＞右図で，△OPB と△OAB の底辺を OB と見ると，△OPB＝△OAB となるとき，高さが等しいから，AP∥OB となる。よって，点 A を通り直線 OB に平行な直線と y 軸との交点が P となる。(1)より，直線 AP の式は $y=\frac{4}{3}x+1$ だから，P(0，1)より，点 P の y 座標は1となる。また，△OQB＝△OAB のとき，△OQB＝△OPB となる。△OQB の底辺を OQ と見ると，高さは点 B の y 座標より8となり，△OPB の底辺を OP＝1と見ると，高さは点 B の x 座標より6となるので，△OQB＝△OPB のとき，$\frac{1}{2}\times$OQ$\times8=\frac{1}{2}\times1\times6$ が成り立つ。これを解くと，4OQ＝3より，OQ＝$\frac{3}{4}$ となるので，点 Q の x 座標は$\frac{3}{4}$である。

(3)**＜座標，面積比＞**前ページの図で，点Cのx座標をtとおくと，(1)より，直線OBの式は$y=\frac{4}{3}x$となり，点Cは直線OB上にあるので，$\mathrm{C}\left(t,\ \frac{4}{3}t\right)$と表せる。▱ACQDの面積は対角線CDにより2等分されるので，▱ACQD＝△OABのとき，△DCQ$=\frac{1}{2}$▱ACQD$=\frac{1}{2}$△OABとなる。(2)より，△OAB＝△OQB$=\frac{1}{2}\times\frac{3}{4}\times8=3$だから，△DCQ$=\frac{1}{2}\times3=\frac{3}{2}$である。ここで，△DCQ＝△ODQ－△OCQとして，△ODQと△OCQの底辺をOQと見ると，(2)より，OQ$=\frac{3}{4}$となる。△ODQの高さは2点D，Qのy座標の差で表され，▱ACQDにおいて，2点D，Qのy座標の差は2点A，Cのy座標の差と等しいので，$5-\frac{4}{3}t$となる。また，△OCQの高さは点Cのy座標より，$\frac{4}{3}t$となる。これより，△ODQ$=\frac{1}{2}\times\frac{3}{4}\times\left(5-\frac{4}{3}t\right)=\frac{15}{8}-\frac{1}{2}t$，△OCQ$=\frac{1}{2}\times\frac{3}{4}\times\frac{4}{3}t=\frac{1}{2}t$となり，△DCQの面積について，$\frac{3}{2}=\frac{15}{8}-\frac{1}{2}t-\frac{1}{2}t$が成り立つ。これを解くと，$t=\frac{3}{8}$となり，$y=\frac{4}{3}\times\frac{3}{8}=\frac{1}{2}$より，$\mathrm{C}\left(\frac{3}{8},\ \frac{1}{2}\right)$となる。このとき，直線CQの傾きは，$\left(0-\frac{1}{2}\right)\div\left(\frac{3}{4}-\frac{3}{8}\right)=-\frac{4}{3}$，直線PQの傾きは，$(0-1)\div\left(\frac{3}{4}-0\right)=-\frac{4}{3}$より，2つの直線は点Qを通り傾きが等しいので，一致し，点Cは直線PQ上の点となる。さらに，AD∥CQより，AD∥PQだから，△ACQ＝△DCQ，△ACP＝△DCPとなる。ここで，▱ACQDにおいて，△DCA＝△DCQとなり，AP∥DCより，△DCA＝△DCPだから，△DCQ＝△DCPである。よって，△ACQ＝△DCQ＝△DCP＝△ACPだから，△ACQ：△ACP＝1：1である。

2021年度／狭山ヶ丘高等学校(推薦第１回)

国語解答

一
問１　(ア)…①　(イ)…③　(ウ)…②　(エ)…②　(オ)…⑤
問２　X…④　Y…⑤　Z…②
問３　②　問４　⑤　問５　①
問６　①　問７　④　問８　③
問９　②　問10　⑤

二
問１　(ア)…④　(イ)…①　(ウ)…③
問２　②　問３　①　問４　④
問５　⑤　問６　①　問７　③
問８　②　問９　③　問10　④

三
問１　(ア)…③　(イ)…④　(ウ)…②
問２　③　問３　⑤　問４　④
問５　②　問６　①　問７　③
問８　③　問９　④　問10　③
問11　④

一〔**論説文の読解―芸術・文学・言語学的分野―芸術**〕出典；暮沢剛巳『キャラクター文化入門』。

≪本文の概要≫セカイ系は，ゼロ年代のサブカルチャー批評の文脈で，多くの関心を集めた。セカイ系とは，物語の主人公である「ぼく」とヒロイン「きみ」の二者関係によって成り立つ小さな日常と，正体も意図もわからない敵との際限のない闘いを通じた「世界の終わり」「この世の終わり」といったスケールの大きな非日常とが，家族，学校，職場，地域，国家といった中間項を排除することによって成立している世界観のことである。セカイ系という概念の基点は，『新世紀エヴァンゲリオン』である。一見単純で稚拙な世界観は，当初侮蔑的なニュアンスで語られてきたが，現代日本社会において，ある種の切迫したリアリティをもって受け止められたことは，『エヴァ』の記録的な大ヒットが証明するとおりである。セカイ系がいまだに多くの人の関心の対象であり続けている理由は，セカイ系の定義が徐々に修正され拡張されていったからだろう。セカイ系の対象領域は，ミステリーや伝奇ものなど他のジャンルへと大きく押し広げられた。また，挑発的な批判も登場し，セカイ系の新しさを逆説的に立証することで，論壇や文壇など，新たな舞台で展開する素地を整えているのである。

問１＜**漢字**＞(ア)「追随」と書く。後につき従っていくこと。　(イ)「敢(えて)」と書く。困難な状況や抵抗をおして物事を行うさま。　(ウ)「搭乗」と書く。航空機や船舶などに乗り込むこと。　(エ)「画期的」と書く。新しく時代を区切るほど目覚ましいさま。　(オ)「陳腐」と書く。ありふれていてつまらないこと。

問２．X＜**接続語**＞「エヴァ」のインパクトはきわめて大きく，その影響を独自に消化した作品が見られるようになり，例としては，『ほしのこえ』『最終兵器彼女』『イリヤの空　UFOの夏』などが挙げられる。　Y＜**接続語**＞「セカイ系」は，設定が単純で非現実的すぎる，展開が速すぎる，省略が多すぎる，所詮は引きこもりの想像力にすぎないなどと侮蔑されたが，一方で，この世界観は，現代の日本社会において「ある種の切迫したリアリティをもって受け止め」られた。　Z＜**表現**＞宇野の批判に対して東が「正面切って応答し，また他の論者も数多く論戦に加わる」など，世間一般にいわれている「論壇プロレス」が活況を呈したのである。

問３＜**指示語**＞物語の主人公である「ぼく」と，ヒロイン「きみ」の「二者関係によって成り立つ小さな日常」と，この世の終わりのような「スケールの大きな非日常」とが，家族，学校，戦場，地域，国家といった「中間項を排除することによって成立している世界観」が，「セカイ系」の基本的なアウトラインである。

問４＜**文学史**＞『こころ』は，大正３(1914)年に発表された，夏目漱石の小説。

問５＜文学史＞『人間失格』は，昭和23(1948)年に発表された，太宰治の小説。『暗夜行路』は，大正10～昭和12(1921～37)年に発表された，志賀直哉の小説。『金色夜叉』は，明治30～35(1897～1902)年に発表された，尾崎紅葉の小説。『安愚楽鍋』は，明治４～５(1871～72)年に発表された，仮名垣魯文の小説。『田舎教師』は，明治42(1909)年に発表された，田山花袋の小説。

問６＜文章内容＞『エヴァ』は，先行する多くの作品と同様，孤独な少年少女の一人語りの様態をとっていたが，それのみではなく，終末論的な設定や精巧なメカデザイン，「萌え」と直結するキャラクターデザインなどさまざまな要素が，「同時代の現実とも対応していた」のである。

問７＜文章内容＞「設定が単純で非現実的すぎる，展開の速すぎるジェットコースター悲劇のようだ，省略が多すぎてキャラクターの細やかな機微が描かれていない」などと批判された単純で稚拙な世界観は，「侮蔑的なニュアンス」をもってあえて「カナ」で表記されたのである。

問８＜文章内容＞セカイ系が，いまだに多くの人々の関心の対象であり続けている理由は二つ考えられる。一つは，セカイ系の定義が徐々に「修正，拡張」され，肯定的に位置づけられたことである。もう一つは，セカイ系は古い想像力に由来する「時代遅れの産物」であり，「他者を蹴落としてでも自分だけは生き残ろうとするサヴァイヴ感を基調とする決断主義」を「新しい想像力」の産物だと位置づけて，両者の交錯する場がゼロ年代のカルチャーだとする，挑発的なセカイ系批判が登場したことで，多くの論者が論戦に加わり，新たな展開の素地を整えたからである。

問９＜慣用句＞「俎上に載せる」は，物事や人物を取り上げ，それについて批評する，という意味。

問10＜文章内容＞宇野常寛は，「挑発的なセカイ系批判」を行った。彼が新しい世代の論客として，セカイ系を明確な戦略を持って挑発的に批判したことによって，刺激された多くの論客が登場するなど，セカイ系についての論戦が「活況を呈した」といえるのである。

二〔小説の読解〕出典；宮本輝『灯台からの響き』。

問１＜語句＞(ア)「愚にもつかない」は，ばかばかしくて取るに足りない，という意味。　(イ)「粛然」は，つつしむさま。　(ウ)「耽溺」は，あることに熱中すること。

問２＜文章内容＞康平は，最初はカンちゃんが自分を小馬鹿にしているように感じ，腹立ちが強い恨みに変わっていきかけたが，「大阪に転勤になる」カンちゃんが，会えなくなる前にあえて厳しい言葉を自分に投げかけてくれたのだと悟って，今度は「自分に腹がたってきた」のである。

問３＜文章内容＞屈辱で顔が真っ赤になり，腹が立った康平だが，カンちゃんの厳しい言葉をかみしめて，「俺には俺の考えがあってだと？／どんな考えなんだ。ただ学校に行きたくなかっただけではないか」と自分自身を振り返ったのである。

問４＜慣用句＞「骨惜しみ」は，手間をかけることや労苦を嫌がること。手間や労苦を嫌がらず働いていて立派だと客に褒められ，康平はうれしくなったのである。

問５＜文章内容＞康平は，『渋江抽斎』を読んで，一人の人間の一生に「多くの他者の無償の愛情や労苦や運命までもが関わっている」ことを知ったと告げた。それを聞いて清瀬は，『渋江抽斎』を読了した康平にはもうアドバイスは必要なく，興味や関心に従って自分で本選びができると考えたのである。

問６＜慣用句＞「雲を摑む」は，物事が漠然としてとらえどころがない，という意味。

問７＜文章内容＞「どんな料理にも完成された味なんてない」のである。「優れた書物を読みつづけ」，知識を吸収したことで成長している康平には，ラーメンづくりにおいてもより深みのある味が出せるのではないかと，父は期待しているのである。

問８＜文章内容＞「確かに日本語なんだけど」，その日本語の意味がわからず，『渋江抽斎』はふだん使っている「口語体」の文章とは思えないと，父は感じたのである。鷗外の文体の「口語体」であるので，「いまはほとんど使わない語句とか用語だらけの部分」もあって，『渋江抽斎』を読むには，漢和辞典，国語辞典が必要だったと，康平は答えたのである。

問９＜表現＞康平の心中語としては「俺には俺の考えがあってだと？／どんな考えなんだ。ただ学校に行きたくなかっただけではないか」「元はといえば，カンちゃんだ」などもあり，康平の自省的な性質が表されている(①…○)。擬態語などは用いず，康平が彼自身の過去を振り返るような文体である(②…○)。康平が，本を読み始めて「いつのまにか八百数十冊」になったとき，カンちゃんの言葉や清瀬さんとの出会いを振り返るという構成になっている(④…○)。「カンちゃんは〜あまり気のりしないよう」など，父やカンちゃんの心情については，康平による推察の形で語られている(⑤…○)。「そのときすでに康平のなかには読書という下地ができていて，〜自分では気づかなかった」など，康平による一人称の語りではなく，第三者の視点で康平自身の歴史を振り返るように描かれている(③…×)。

問10＜文学史＞『青年』は，明治43(1910)年に発表された，森鷗外の小説。『たけくらべ』は，明治28〜29(1895〜96)年に発表された，樋口一葉の小説。『細雪』は，昭和18〜23(1943〜48)年に発表された，谷崎潤一郎の小説。『それから』は，明治42(1909)年に発表された，夏目漱石の小説。『斜陽』は，昭和22(1947)年に発表された，太宰治の小説。

三〔**古文の読解―随筆**〕出典；三浦梅園『梅園叢書』。

≪現代語訳≫そしられたりほめられたりすることは大いに重要なことである。しかし世間が一斉にほめるということはおかしいと思うべきである。人が一斉にそしるということもおかしいと察するべきである。まして一人はほめて，一人はそしる場合にも同様のことがいえる。例えば，訴訟がある場合，両方の者が自分が正しいと思うからこそ，互いに主張してやめないのである。これを奉行が裁くとき，ともすれば一人が勝って一人は負けるようになる。勝った人は奉行をほめ，負けた人はそしるのである。また悪い人であっても，その人と交わる人は，これをよいと思うからこそ交わるのである。自分がよいと思うものをほめ，自分が悪いと思うものをそしるのが世の常だから，その毀誉によってその人の善悪を判断するのは難しい。同じ一杯の酒でも，酒飲みは酔って愉快なものだと言い，飲めない人は酔って苦しいものだと言うわけで，まして人づてに聞くようなことは疑わしいことなのだ。(中略)信濃の国の園原という所に木が生えていた。遠くから見るとほうきの形に似ている。それゆえこれを帚木と言う。けれども近づいてみるとほうきに似たところもなく茂っていたとかいうことだ。本当に遠くから見聞するのと，近くで見聞するのでは，多くの場合この帚木と同じ類だろう。だいたい人がものを批評するのは，自分が好むところをほめるものなのだ。侠客《きょうきゃく》に歌人の評判をさせ，日蓮宗の信者に真宗の評判をさせるとしたら，どうして公平な議論ができるだろう。同じ道を二人して行くようなときも，一人は健康でこの道は近いと言い，一人は疲れて遠いと言うことだろう。これは道に違いがあるのではなく，心に違いがあるからなのだ。例えば義経のことを論じて，義経をよいと思う人が言うには，「この人は本当に幼い頃から普通の人ではいらっしゃらなかった。(父の)かたきを討とうと，夜ごと寺を出て剣のけいこをし，遠く(奥州の)秀衡の人となりを見定めて，それから飛ぶ鳥を落とす勢いであった平家を二三年のうちに攻め滅ぼし，亡き父の無念を晴らし，後白河法皇の御心をやすめ申し上げ，衰微した源氏を再興し，兄頼朝を天下の武将として人々に仰がせたのだ」と言う。一方義経に不満な人は，「なるほどこの人は戦争については自由自在に戦える人ではあったが，平氏を滅ぼし忠盛の娘を思いどおりにし，梶原景時と無益な口論をするなど，大将たるべき人の行動とも思えない。腰越から追い返されたのも，理由がないのではない。それなのに都に逃げ帰り，頼朝追討の院宣を受け，吉野山では静御前と別れられず，女や子の同情を得たことよ」などと，一人の義経に（対し），よいと思う人の論と，よくないと思う人の論は，まさに雪と〈墨〉（ほど違う）だろう。その悪いところを捨てて，よいところをとる。これが人を用いる道である。悪いところを悪いとし，よいところをよいとする，これが公平な議論である。また能力のつり合いについても言いたいことがある。ネズミを非常に大きいと言っても，牛の小さいものには及ばない。蛇をたいそう短いと言っても，ミミズよりは長いだろう。人をよいと言ってほめるのも，悪いと言ってそしるのも，その場その場で考えなくてはならない。

問１＜古語＞(ア)「こぞりて」は，一人残らず，という意味。　(イ)「おはします」は，「あり」の尊敬語で，いらっしゃる，という意味。「ざり」は，打ち消しの助動詞「ず」の連用形。　(ウ)「たえ」は，絶える，という意味の動詞「たゆ」の連用形。「たる」は，完了の助動詞「たり」の連体形。

問２＜現代語訳＞「況んや〜をや」は，前に述べたことを受けて，以下のことについて，どうして改めて言う必要があるだろうか，いやない，という意味を表す漢文的表現で，言うまでもなく，まして，などと訳す。世間の人全てがほめる場合，そしる場合はよく考えるべきだが，まして，一人はほめ，一人はそしる場合は，もちろんよく調べ考えなければならないのである。

問３＜古典文法＞文中に係助詞「こそ」があると，係り結びの法則により文末は已然形で結ぶ。「交はるなれ」の「なれ」は，推定の助動詞「なり」の已然形。「誉むるものなれ」の「なれ」は，断定の助動詞「なり」の已然形。

問４＜古典の知識＞現在の長野県の古名は，信濃の国。栃木県の古名は，下野の国。奈良県の古名は，大和の国。埼玉県の古名は，武蔵の国。福井県の古名は，越前の国，および若狭の国。

問５＜古典の知識＞親鸞は，浄土真宗の開祖。法然は，浄土宗の開祖。西行は，鎌倉時代初期の僧で歌人。行基は，社会事業を行った奈良時代の僧。栄西は，南栄から臨済宗を伝えた僧。

問６＜古文の内容理解＞人がものを批評するのは，自分が好むところをほめるものであり，侠客に歌人の評判をさせ，日蓮宗の信者に真宗の評判をさせるとしたら，公平な議論など期待できないのである。批評する者それぞれの好みや感情，価値観に違いがあり，公平な議論というものは存在しないと考えるべきなのである。「いかでか〜べき」は，どうして〜だろうか，という意味の反語表現。

問７＜現代語訳＞「いはん」の「ん」は，推量の助動詞で，言うだろう，と訳す。同じ道でも，ある者は健康で近いと言い，別の者は疲れて遠いと言うだろう。

問８＜古文の内容理解＞「いはれ」は，理由のこと。勝手な振る舞いや無意味な口論など，大将としてふさわしくない行動があったから追い返されたのだと，義経を批判する人は言うのである。

問９＜慣用句＞「雪と墨」は，物事が正反対であること。

問10＜四字熟語＞「取捨選択」は，多くのものの中から良いものを選び取り，悪いものを捨てること。「呉越同舟」は，敵対する者どうしが行動をともにすること。「金城湯池」は，守りの堅い城のこと。「朝三暮四」は，目の前の差異にこだわって，結果が同じになることに気づかないこと。「首鼠両端」は，どうしたらよいか決めかねてぐずぐずしていること。

問11＜古文の内容理解＞批評する者それぞれの好みや感情，価値観に違いがある以上，公平な批評や議論というものは存在しないと考えるべきである。同じ対象についてほめる人もそしる人もいるのだから，どのような状況でそう批評するのかをよく考えるべきなのである。

Memo

2021年度　狭山ヶ丘高等学校(推薦第２回)

【英　語】（65分）〈満点：100点〉

［注意］ この試験では，はじめにリスニングを行います。

1 （リスニングテスト） このリスニングテストには**問題Ａ**から**問題Ｃ**まであります。英文はそれぞれ２度ずつ読まれます。放送中メモを取っても構いません。

問題Ａ これから流れる対話を聞き，最後に続く受け答えとして最も適切なものを選び番号で答えなさい。

No. 1 [1]

1 I want to help you.　　2 Thank you, I will.

3 Because I have to study harder.　　4 No problem.

No. 2 [2]

1 Thanks. I was not tired at all.

2 It's difficult to choose "right" or "left."

3 You're kidding. I just watched a soccer game on TV.

4 You should go to a hospital tomorrow.

問題Ｂ これから流れる対話を聞き，そのあとの質問に対する答えとして最も適切なものを選び番号で答えなさい。

No. 1 [3]

1 She will get there at 18:10.　　2 She will get there at 18:45.

3 She will get there at 19:00.　　4 She will get there at 19:15.

No. 2 [4]

1 The man will buy 46 chocolates.

2 The man will buy 26 chocolates.

3 The man will buy 16 chocolates.

4 The man will buy 6 chocolates.

問題Ｃ これから流れる英文を聞き，質問に対する答えとして最も適切なものを選び番号で答えなさい。

No. 1 [5]

1 He practices soccer even before breakfast.

2 His father is very good at soccer dribbling.

3 His school's soccer team has training even after dinner.

4 He thinks he plays soccer too much every day.

No. 2 [6]

1 The Arctic ocean has a lot of garbage because the Arctic has many people living there.

2 German researchers have found that the garbage in the Arctic ocean increased so much.

3 Fish don't try to eat plastic bags, but other animals may try to eat them.

4 We shouldn't eat fish because the number of fish is decreasing in the Arctic ocean.

※＜**リスニングテスト放送原稿**＞は英語の問題の終わりに付けてあります。

2 次の英文を読み，後の設問に答えなさい。

All over the world, *sailors are famous for telling stories. Some of these stories are not true. One of the most famous sailors, Sinbad the Sailor, tells the stories of his adventures at sea in ①the book *Arabian Nights*. At the beginning of each adventure, Sinbad is bored with life at home and decides to go on a sea journey. In each story, he loses his ship — usually in a storm — and the sea carries him to a strange and wonderful land. There are many dangers for him. But he is never afraid. He kills the monsters, finds bags of gold, and sails home in a new ship as a rich man.

Stories about sea adventures are [②] all over the world. People always thought that rich future was waiting for them somewhere across the oceans. Some hoped to be lucky, like Sinbad, and find bags of gold waiting for them on an unknown island. Others used their ships to attack villages. They arrived early in the morning or late at night, and then killed, burned, and stole. ③The Vikings did this a thousand years ago. Their long, narrow boats — called longships — were better and faster than any other boat. For two hundred years, the North Atlantic belonged to them. Nobody could stop them. You could not ask them to go away ; you had to pay them to go away — with lots of gold.

This is because the Vikings were [④] too. They had other ships. Those ships were bigger and wider, and the Vikings used them to travel to some countries. They went to these countries to trade, to buy and sell. They sold wood and fish, and bought silver and glass — but they also bought and sold people. These people were *slaves — they belonged to and worked for others for no money. The Vikings were not the first people to trade in slaves, and they were not the last. But ⑤they taught the rest of the world an important lesson : ships were the future. To be rich and important, countries needed good, strong, fast ships.

International trade — a trade between different countries — was much easier with ships. For hundreds of years, a lot of the trade between Asia and Europe had to go over the land. [⑥] in 1498, a Portuguese sailor, Vasco da Gama, sailed around the south of Africa for the first time. He arrived in the Indian Ocean and opened the eastern sea road to Asia. Six years before this, Christopher Columbus tried to find the western sea road to Asia. He did not get to the Pacific Ocean, because there was land in the way, but he was one of the first Europeans to visit America. The first person to find the western sea road into the Pacific was another Portuguese sailor, Ferdinand Magellan. In 1522, his ship Victoria was the first ship to sail all the way around the world. International trade was ready to begin.

Today, people make international business journey in airplanes, but ships are more important than ever for moving things around the world. Modern ships carry things in large metal boxes called ⑦containers. Each container is about six meters long — and they say that one container can hold 48,000 bananas ! The largest container ship in the world, the Emma Maersk, is about 400 meters long and can carry 11,000 containers — that is 528 million bananas !

Because of modern ships, international trade is faster and better. Is it the same for the fishing business ? Modern fishing ships are very good at finding and catching fish, but perhaps they are too good. In 1497, John Cabot found Newfoundland. When he arrived at the sea near the coast of Newfoundland, the water was full of fish. It was like [⑧]. For hundreds of years after this, fishermen came to the place to catch fish. But in 1992, the fishing stopped. There were not enough fish.

The story of Newfoundland is an important lesson for us. It is [⑨-a] to think that there is no end to the gold waiting for us. It is [⑨-b] to think that there is no end to the fish in the sea.

（出典：Barnaby Newbolt *Oceans* 改変）

（注） sailors 「船乗り」 slaves 「奴隷」

問1 下線部①に関する記述として適切なものを次の中から選びなさい。[7]

1 それぞれの冒険は主人公が故郷での生活が退屈になり船旅に出ることから始まる。

2 船旅の途中で，主人公は毎回嵐によって自分の船を失うことになる。

3 主人公はなんとか目的地にたどり着くが，そこは奇妙で不思議な場所である。

4 冒険の最後には，毎回主人公が裕福な男から新しい船を奪って故郷に帰る。

問2 [②] に入れるのに最も適切なものを次の中から選びなさい。[8]

1 dangerous　2 the same　3 lucky　4 surprise

問3 下線部③に関する記述として適切なものを次の中から選びなさい。[9]

1 朝早くか夜遅くに，村人に気づかれないように盗みを働いていた。

2 非常に速く動くことのできる細長い形の船に乗っていた。

3 およそ200年の間，世界中の海は彼らのものであった。

4 彼らに去ってもらうためにいくらお金を払っても無駄であった。

問4 [④] に入れるのに最も適切なものを次の中から選びなさい。[10]

1 sailors　2 slaves　3 ship makers　4 business people

問5 下線部⑤の文と同じ文型の文を次の中から選びなさい。[11]

1 Bob loves dogs very much.　2 Bob always looks happy.

3 Bob gave Sue a present yesterday.　4 Bob calls his dog Charlie.

問6 [⑥] に入れるのに最も適切なものを次の中から選びなさい。[12]

1 For example　2 In fact　3 But　4 Moreover

問7 下線部⑦に関する記述として最も適切なものを次の中から選びなさい。[13]

1 古くから船で運ぶものを入れるために使われてきた歴史がある。

2 6メートルほどの長さがあり，たいていはバナナを入れるのに使われる。

3 世界で一番長いものは400メートルほどの長さがある。

4 11,000個あれば，バナナを5億本以上も入れることができる。

問8 [⑧] に入れるのに最も適切なものを次の中から選びなさい。[14]

1 catching fish　2 finding gold

3 catching slaves　4 finding ships

問9 [⑨-a] [⑨-b] に共通して入れるのに最も適切なものを次の中から選びなさい。[15]

1 important　2 true　3 better　4 wrong

問10 本文の内容と合うものを次の中から選びなさい。[16]

1 SinbadやVikingはArabian Nightsという本に登場する有名な船乗りであり，物語の語り手でもある。

2 ヨーロッパからアジアへの航路が開かれたのは，ヨーロッパ人が初めてアメリカを訪れた時よりも後のことである。

3 今日，外国への出張において航空機がよく使われることによって船の重要性が低くなってきたことは大きな問題となっている。

4 Emma Maerskに乗ったJohn Cabotが魚を捕り続けた話は，私たちにとって重要な教訓が含まれている。

3　次の英文を読み，後の設問に答えなさい。

〔編集部注…課題文は著作権上の問題により掲載しておりません〕

「Between Two Worlds」Stephen Rabley　改変あり

問1　下線部①の示す人物として最も適切なものを次の中から選びなさい。[17]

1　Joanna　2　Jane　3　Mary　4　Sister Clark

問2　[②] に入れるのに最も適切なものを次の中から選びなさい。[18]

1　something　2　anything　3　everything　4　nothing

問3　下線部③に関する記述として最も適切なものを次の中から選びなさい。[19]

1　Joannaと共にシドニーの病院に来て，毎日Maryのベッドのそばに座って看病をしていた。

2　Joannaの熱心な働きのおかげでMaryは故郷に帰ることができるのだということをPaulに伝えた。

3　看護師の一人が辞めようとしているため，PaulにJoannaを新しい看護師として雇うことを提案した。

4　Maryが故郷に帰るのに付いていく看護師は，新人のJoannaが良いのではないかということをPaulに提案した。

問4　下線部④とあるが，そのように思った理由として最も適切なものを次の中から選びなさい。[20]

1　一生懸命働いていることをほめてくれる同僚ばかりの職場だったから。

2　人が多く活気にあふれていて，長時間散歩をしても飽きない場所だったから。

3　とても美しい場所で，見るものやすることがたくさんあったから。

4　以前からあこがれていた場所に，とうとう来ることができたから。

問5　本文の内容と合うものを次の中から2つ選びなさい。[21]・[22]

1　JoannaはMaryとシドニーの病院へ行ったが，Maryが回復した後，シドニーに留まることを考えたものの，最終的には故郷に戻ることにした。

2　JoannaがMaryとシドニーの病院へ行った時，PaulからMaryの病は絶望的だと言われたが，Joannaがあきらめず看病した結果，Maryは奇跡的に回復した。

3　JoannaはBobと共にMaryをシドニーの病院へ連れて行ったが，Maryが回復した後，JoannaもBobも町で絵画を見たことで早く故郷に戻りたくなった。

4　Maryをシドニーの病院に連れていくことになった時，母親のJaneは他の子供を置いては行けないと言ったため，Joannaは休暇を利用してMaryについて行った。

5　Maryがシドニーから帰ってきた時，BobとJoannaは二人ともMaryとJaneに手を振りながらThe Bluebirdに乗り込んだ。

4　次の各英文の[　]に入る最も適切なものを下の中から選びなさい。

1　How long [23] you waited for him ?

①　have　②　were　③　did　④　are

2　[24] we go to the dance party next Friday ?

①　Did　②　Let's　③　Let　④　Shall

3　She sometimes [25] to the movie theater.

①　to go　②　going　③　go　④　goes

4　Tom is the tallest boy [26] the three.

①　on　②　in　③　of　④　at

5 次の各英文の(　)内の語を適切に並べ替えたとき，(　)内で3番目と6番目にくるものを答えなさい。ただし，文頭にくる語(句)も小文字で示してある。

1　I (①　so　②　have　③　borrowed　④　didn't　⑤　pens　⑥　his　⑦　any　⑧　I).　3番目は 27 ・ 6番目は 28

2　(①　hot　②　you　③　anything　④　drink　⑤　do　⑥　with　⑦　have　⑧　to) you ?　3番目は 29 ・ 6番目は 30

3　(①　that　②　a　③　cat　④　thought　⑤　was　⑥　very　⑦　I　⑧　big　⑨　it).　3番目は 31 ・ 6番目は 32

4　(①　hotter and　②　to　③　when　④　getting　⑤　went　⑥　it　⑦　hotter　⑧　was　⑨　I) bed.　3番目は 33 ・ 6番目は 34

6 次の英文で，文法的な誤りが含まれる下線部を選びなさい。

1　This ①is the fish ②be brought ③by my younger brother ④in his car.　35

2　①What country ②is you going ③to visit ④during the next vacation ?　36

3　①Please ask her ②buy ③that new bike ④for me.　37

4　①Who ②did this beautiful ③picture drawn ④by ?　38

7 各組の語の中で，最も強く発音する部分が他と異なるものをそれぞれ1つずつ選びなさい。

1　〔①　mu-sic　②　sim-ple　③　with-out　④　an-gry〕　39

2　〔①　pres-i-dent　②　en-gi-neer　③　res-tau-rant　④　vol-ley-ball〕　40

3　〔①　sev-en-teen　②　cap-i-tal　③　grand-fa-ther　④　news-pa-per〕　41

8 各組の語の中で，下線部の発音が他と異なるものをそれぞれ1つずつ選びなさい。

1　〔①　spring　②　tired　③　bring　④　skin〕　42

2　〔①　eight　②　baby　③　bed　④　dangerous〕　43

3　〔①　sure　②　society　③　works　④　saving〕　44

<リスニングテスト放送原稿>

1 (リスニングテスト)　このリスニングテストには**問題A**から**問題C**まであります。英文はそれぞれ2度ずつ読まれます。放送中メモを取っても構いません。

問題A　これから流れる対話を聞き，最後に続く受け答えとして最も適切なものを選び番号で答えなさい。

No. 1

A : Why do you have a big bag ?　It's really big !

B : Yeah, it's very heavy.　I have a lot of textbooks in it.

A : Do you want me to help you ?

Listen again.

No. 2

A : You look very tired.　Are you OK ?

B : There was a big match yesterday.　I was too excited and got tired.

A : Oh, you played really hard in the match, right ?

Listen again.

問題B　これから流れる対話を聞き，そのあとの質問に対する答えとして最も適切なものを選び番号で答えなさい。

No. 1

A： Hello, this is Kumi speaking.　I will get to your home early.

B： What time？　Our party is going to start at seven p.m.

A： Maybe, fifteen minutes early.

B： OK.　No problem.　See you then.

Question： What time will the woman arrive at the man's home？

Listen again.

No. 2　※Aは男性，Bは女性

A： These chocolates are good.　I'll buy 30.

B： No way！　10 is enough！

A： I see. . . .　But maybe Tom and John will want some . . .

B： OK.　Then you can buy 6 more.

Question： How many chocolates will the man buy？

Listen again.

問題C　これから流れる英文を聞き，質問に対する答えとして最も適切なものを選び番号で答えなさい。

No. 1

Hello.　I'm Sam.　I like playing soccer, so I'm going to talk about soccer and me.　I wake up early to practice dribbling with my father.　After that, I take a shower, have breakfast, and go to school.　I'm on my school's soccer team, so I take part in practice every day.　I take part in the local soccer club training after dinner, three times a week.　It's hard but I'm happy that I can play soccer so much！

Question： Which is true about Sam？

Listen again.

No. 2

There are very few people living in the Arctic.　However, some German researchers have found a lot of garbage in the Arctic ocean.　They say that there is twenty times more garbage than ten years ago.　Ocean garbage is dangerous.　Fish and other animals can die.　For example, they may not be able to breathe if they eat plastic bags.　Ocean garbage is dangerous for us, too.　We might eat fish with pieces of plastic in it.

Question： Which is true about the garbage in the Arctic ocean？

Listen again.

【数　学】（50分）〈満点：100点〉

［注意］(1)　コンパス，定規，分度器，電卓は使用しないのでしまって下さい。

(2)　1つの□には0～9の数が入ります。

(3)　分数はもっとも簡単な形で答えなさい。例えば，$\frac{3}{4}$ と答えるところを，$\frac{6}{8}$ のように答えてはいけません。

(4)　根号の中の数はできるだけ小さな自然数にしなさい。例えば，$4\sqrt{2}$ と答えるところを，$2\sqrt{8}$ のように答えてはいけません。

(5)　比はもっとも簡単な整数比で答えなさい。例えば，2：3と答えるところを，4：6のように答えてはいけません。

1　次の $\boxed{1}$～$\boxed{20}$ にあてはまる数をマークしなさい。

(1)　$\left(-\frac{1}{2}+\frac{1}{3}\right)^2\div\frac{1}{4}\times\frac{1}{5}$ を計算すると，$\frac{\boxed{1}}{\boxed{2}\boxed{3}}$ である。

(2)　$\frac{x+1}{2}-\frac{x}{5}-\frac{3x-1}{10}$ を計算すると，$\frac{\boxed{4}}{\boxed{5}}$ である。

(3)　$\sqrt{8}(2-\sqrt{2})(2+\sqrt{2})$ を計算すると，$\boxed{6}\sqrt{\boxed{7}}$ である。

(4)　$a=-\frac{3}{2}$ のとき，$(3a^2+a-1)+(a^2-4a)$ の値は $\frac{\boxed{8}\boxed{9}}{\boxed{10}}$ である。

(5)　方程式 $x^2-5x-m=0$ の解の1つが -2 のとき，m の値は $\boxed{11}\boxed{12}$ となり，もう一つの解は $x=\boxed{13}$ である。

(6)　連立方程式 $\begin{cases} x:(y-1)=1:2 \\ 4x-3y=11 \end{cases}$ の解は $x=-\boxed{14}$，$y=-\boxed{15}\boxed{16}$ である。

(7)　$(-2a^2b^{\boxed{17}})^2\div\frac{1}{2}a^3b^4=\boxed{18}ab^2$ である。

(8)　方程式 $(x-2)(2x+3)-(3x-4)=0$ の解は $x=\boxed{19}\pm\sqrt{\boxed{20}}$ である。

2　次の $\boxed{21}$～$\boxed{33}$ にあてはまる数をマークしなさい。

(1)　1個120円のリンゴと1個150円の梨を合わせて10個買ったところ，合計金額が1320円となった。このとき買ったリンゴは $\boxed{21}$ 個である。

(2)　AD∥BC，AD＝6cm，BC＝10cmである下の図1のような台形ABCDにおいて，辺ABの中点をE，辺DCの中点をFとする。このとき，EFの長さは $\boxed{22}$ cmである。

(3)　下の図2において，2直線 l，m は平行であり，△ABCは正三角形である。このとき，$\angle x$ の大きさは $\boxed{23}\boxed{24}$°である。

図1

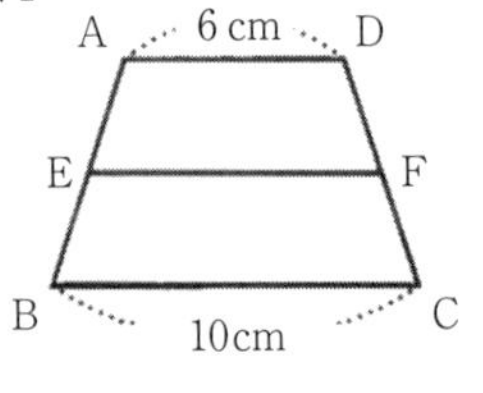

図2

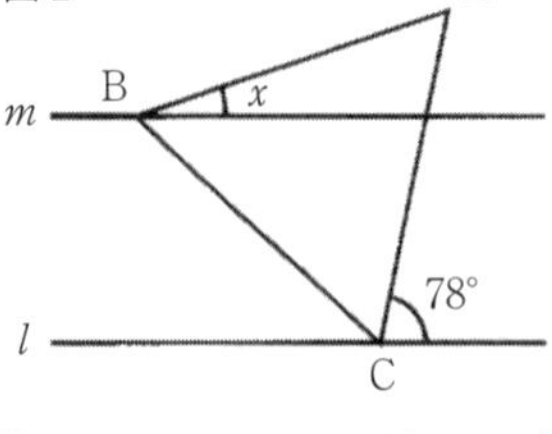

図3

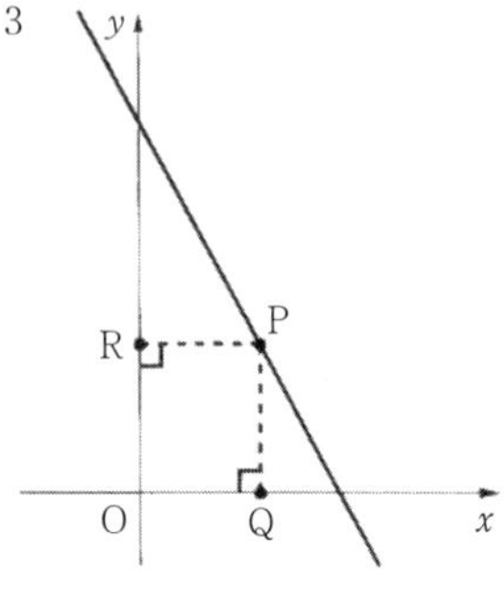

(4)　右の図3のように，直線 $y=-3x+5$ のグラフ上の点Pから x 軸，y 軸それぞれに垂線PQ，PRを引いたところ，四角形OQPRが正方形となった。このとき，点Pの x 座標は $\frac{\boxed{25}}{\boxed{26}}$ である。ただし，点Pの x 座標，

y 座標はともに正である。

(5)　$A=1\times2\times3\times\cdots\times10$ は $A=2^{\boxed{27}}\times3^{\boxed{28}}\times5^{\boxed{29}}\times7$ と素因数分解できる。よって，$\sqrt{\dfrac{An}{11}}$ が整数となるような自然数 n のうち，最も小さいものは $\boxed{30}\boxed{31}$ である。また，A の百の位の数字は $\boxed{32}$ である。

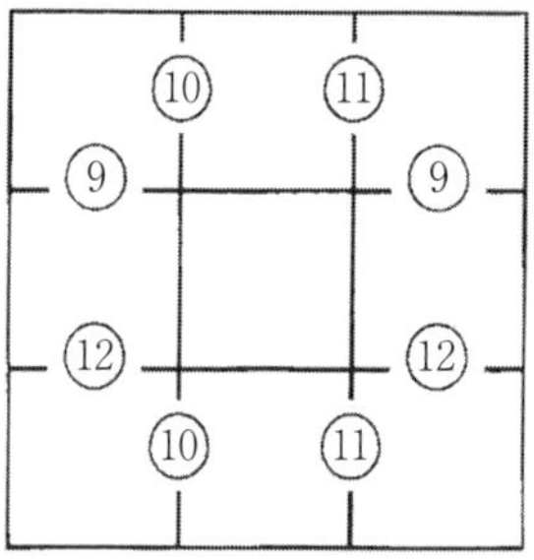

(6)　右図のように，3×3のマス目がある。9個のマスの中には，1～9の数字を1つずつ入れる。ただし，同じ数字は2度使えないものとする。このとき，丸数字は隣り合うマスに入る2つの数字の和を表している。中央のマスに入る数字は $\boxed{33}$ である。

3　図のように，面積が6 cm^2 の正六角形がある。はじめ，2点P，Qは頂点A上にあるとする。さいころを2回投げ，1回目に出た目の数だけ点Pを，2回目に出た目の数だけ点Qを，それぞれ反時計まわりに移動し，3点A，P，Qを結んでできる図形について考える。次の $\boxed{34}$～$\boxed{40}$ にあてはまる数をマークしなさい。

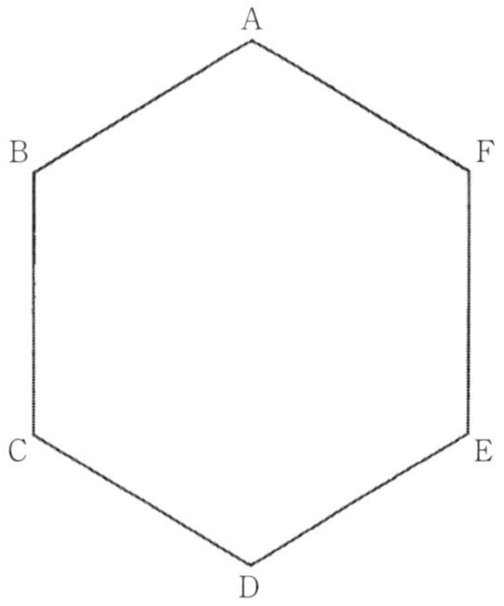

(1)　3点A，P，Qのつくる図形が正三角形となる確率は $\dfrac{\boxed{34}}{\boxed{35}\boxed{36}}$ である。

(2)　3点A，P，Qのつくる図形が三角形とならない確率は $\dfrac{\boxed{37}}{\boxed{38}}$ である。

(3)　3点A，P，Qのつくる図形が面積1 cm^2 の三角形となる確率は $\dfrac{\boxed{39}}{\boxed{40}}$ である。

4　次のページの図のように，直線 $y=x\,(x\geqq0)$ のグラフと放物線 $y=\dfrac{1}{2}x^2\cdots$① と $y=\dfrac{1}{4}x^2\cdots$② のグラフの交点をそれぞれA，Bとし，直線 $y=-\dfrac{1}{2}x\,(x\leqq0)$ のグラフと放物線①，②の交点をそれぞれC，Dとする。次の $\boxed{41}$～$\boxed{54}$ にあてはまる数をマークしなさい。

(1)　点A，Cの座標はA($\boxed{41}$，$\boxed{42}$)，C$\left(-\boxed{43},\ \dfrac{\boxed{44}}{\boxed{45}}\right)$ である。また，直線ACの式は $y=\dfrac{\boxed{46}}{\boxed{47}}x+\boxed{48}$ である。

(2)　△ACDと△ABDの面積の比は $\boxed{49}:\boxed{50}$ である。

(3)　四角形ABDCの面積は，$\dfrac{\boxed{51}}{\boxed{52}}$ となる。また，その面積を2等分し，点(2，0)を通る直線の傾きは $-\dfrac{\boxed{53}}{\boxed{54}}$ である。

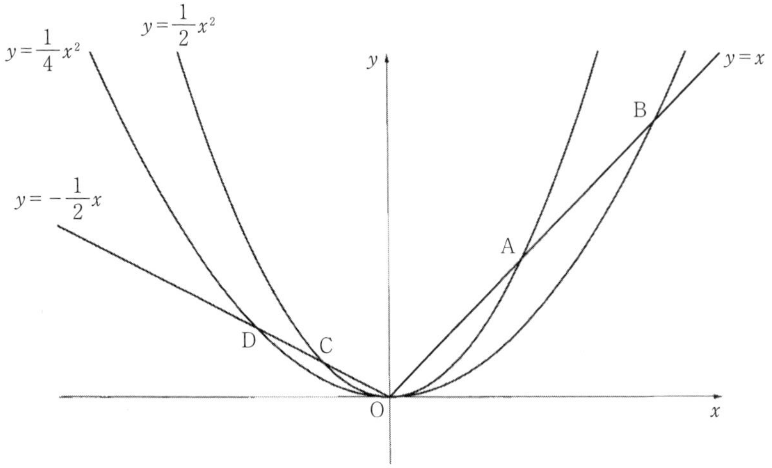

5　図のように，１辺の長さが6 cmの立方体ABCD-EFGHがある。この立方体を平面で切ったときの立体の体積を考える。次の $\boxed{55}$〜$\boxed{66}$ にあてはまる数をマークしなさい。

(1)　辺EA，EF，GF，GC，DC，DAをそれぞれ1：2に分ける点をP，Q，R，S，T，Uとする。これら６点を通る平面で立方体を切ったときの図が下に与えられている。３直線BC，UT，RSは１点で交わる。その交点をＩとしたとき，BC：CI＝$\boxed{55}$：$\boxed{56}$ が成り立つ。

(2)　(1)の立体において，頂点Ｂをふくむほうの立体の体積は $\dfrac{\boxed{57}\boxed{58}\boxed{59}}{\boxed{60}}$ cm^3 であり，六角形PQRSTUを底面とし，Ｂを頂点とする六角錐の体積は $\dfrac{\boxed{61}\boxed{62}\boxed{63}}{\boxed{64}}$ cm^3 である。

(3)　辺EF，FGの中点をそれぞれM，Nとする。３点D，M，Nをふくむ平面で立方体を切ったとき（図の立体とは違うので注意），平面と辺AEの交点をＶとする。このとき，AV：VE＝$\boxed{65}$：$\boxed{66}$ が成り立つ。

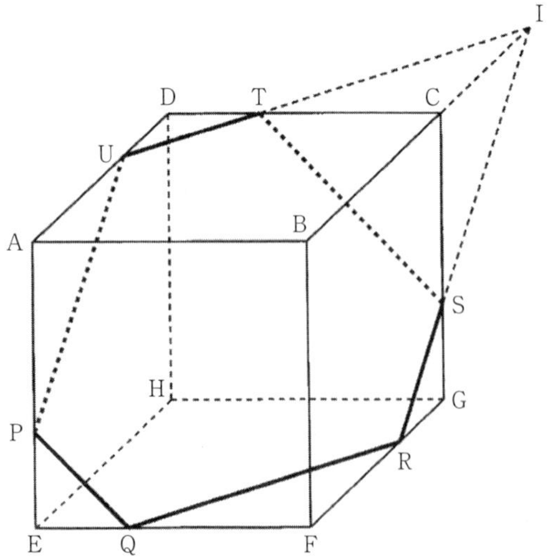

⑤ 誰が要点を示さないことがあろうか。

問6 傍線部D「しかじかのよし」の説明として最も適当なものを次の①～⑤のうちから一つ選び、番号で答えなさい。解答番号は36。

① 大納言のところで評価された歌は、実のところ山時鳥を直接見ないで詠んだものであったこと。
② 大納言から提示されたお題で詠んだ山時鳥の歌が評価されて世間の人々の口にまでのぼっていたこと。
③ 大納言に見せた歌が評価されたばかりでなく、歌にちなんだあだ名まで頂戴していたこと。
④ 大納言に見せた歌題が待宵の侍従のものと趣向が似通っているとの指摘を受けていたこと。
⑤ 大納言に見せて評価された歌は、実のところ内心ではそのできばえにあまり自信がなかったこと。

問7 傍線部E「誠にさる事や侍りし」の解釈として最も適当なものを次の①～⑤のうちから一つ選び、番号で答えなさい。解答番号は37。

① 本当に美仲が大納言さまの屋敷を突然立ち寄ることなどあったのでしょうか。
② 本当に大納言さまが美仲の歌をほめるという事実があったのでしょうか。
③ 当時の初瀬路には本当に山時鳥しか鳴いていなかったのでしょうか。
④ 本当にその歌は美仲自身が詠んだものだったのでしょうか。
⑤ 本当に当時の大納言さまの体調はすぐれていらっしゃったのでしょうか。

問8 傍線部F『万葉集』の関連の深い歌人として最も適当なものを次の①～⑤のうちから一つ選び、番号で答えなさい。解答番号は38。

① 小野小町　② 松尾芭蕉　③ 紀貫之
④ 柿本人麻呂　⑤ 藤原定家

問9 二つの空欄 Y に共通して当てはまる語句として最も適当なものを次の①～⑤のうちから一つ選び、番号で答えなさい。解答番号は39。

① ぞ　② なむ　③ や　④ か　⑤ こそ

問10 傍線部G「の」と文法的に同じ用法として最も適当なものを次の①～⑤のうちから一つ選び、番号で答えなさい。解答番号は40。

① 嵐吹く三室の山のもみぢ葉は龍田の川の錦なりけり
② 春過ぎて夏来にけらし白妙の衣ほすてふ天の香具山
③ 嘆きつつひとり寝る夜の明くる間はいかに久しきものとかは知る
④ 小倉山峰の紅葉葉《もみぢば》心あらば今ひとたびのみゆき待たなむ
⑤ いにしへの奈良の都の八重桜けふ九重ににほひぬるかな

問11 傍線部H「東満もをかしさをこらへて家に帰りけるとぞ」とあるが、その理由として最も適当なものを次の①～⑤のうちから一つ選び、番号で答えなさい。解答番号は41。

① 東満の指摘を受けた美仲は自身の歌語の誤りをなかなか認めようとはしなかったが、その際に少しばかり見せたとぼけた様子が非常におかしかったから。
② 東満の指摘を受けた大納言は自身の評価が間違っていたことをすぐには認めなかったが、その後発表した和歌中に自らの過失を諧謔的に詠み込む手法に風流心を感じていたから。
③ 東満の指摘を受けた雑掌が、美仲に対する評価は大納言自身によるものではなく、美仲の弟子たちの虚言に過ぎないと答えてすぐに奥に引っ込んでしまったから。
④ 東満の指摘を受けても美仲の弟子たちが師の評価を高めるべく躍起となり、あちらこちらで師の和歌に関する功績を吹聴してまわっていたから。
⑤ 東満の指摘を受けた大納言はその意見に賛同したため、結果的に今回の適切な判断を下した東満自身の評価にもつながることになったから。

と申しければ、雑掌も答へにさしつまりて、「いかでさる事侍らん。そは美仲が弟子どもなどが、おのが師の歌をかがやかさんとて、殿の御名をかりて、浮きたる事をかまへ出でたるに Y 侍りけめ」とて、そこそこにして奥つ方へはひ入りて、またと出でざりければ、H東満もをかしさをこらへて家に帰りけるとぞ。

（清水浜臣『泊洦筆話』による）

※1　享保元文…江戸中期の年号である「享保」と「元文」のこと。一七一六～一七四一。
※2　復古の志…和学に対する志。
※3　初瀬…現在の奈良県桜井市あたりの地名。後出の「泊瀬」も同じ。
※4　何がし大納言殿…当時の堂上歌人である武者小路実陰のことか。
※5　待宵の侍従、物かはの蔵人、伏柴の加賀、沖石の讃岐…それぞれ代表歌がその呼び名に込められた歌人のことを指す。
※6　稲荷山…京都にある伏見稲荷大社のこと。
※7　羽倉東満…江戸中期の国学者荷田春満《かだのあづままろ》のこと。
※8　雑掌…公家の家司のこと。
※9　『日本紀』…『日本書紀』のこと。
※10　はるけたくて…疑いを晴らしたくて

問1　波線部(ア)～(ウ)の語句の意味として最も適当なものをそれぞれ後の各語群①～⑤のうちからそれぞれ一つずつ選び、番号で答えなさい。解答番号は 29 ～ 31 。

(ア)　いささか 29
①　いつまでも　②　やはり　③　非常に
④　自然と　⑤　わずかに

(イ)　をこがましき 30
①　ばかばかしい　②　難解な　③　あどけない
④　気の毒な　⑤　お節介な

(ウ)　おほけなく 31
①　すばらしいことに　②　分不相応にも　③　人知れず
④　このように　⑤　いつの間にか

問2　傍線部A「山時鳥」が表す季節として最も適当なものを次の①～⑤のうちから一つ選び、番号で答えなさい。解答番号は 32 。
①　春　②　夏　③　秋　④　冬　⑤　雑

問3　傍線部B「今の世にかくばかりの歌よみ出だすべき人またあるべしとも覚えず」とあるが、Wの和歌の説明として最も適当なものを次の①～⑤のうちから一つ選び、番号で答えなさい。解答番号は 33 。
①　「隠口」が初瀬の枕詞であることを踏まえており、山時鳥が姿を消した理由まで巧みに歌に詠み込んでいる。
②　「隠口」が初瀬の枕詞であることを踏まえたうえに、その名称に山時鳥の鳴き声を掛けて歌に詠み込んでいる。
③　「隠口」が初瀬の枕詞であることを踏まえつつ、山時鳥の鳴き声のほか何も聞こえない静寂な様子まで歌に詠み込んでいる。
④　「隠口」が初瀬の枕詞であることを踏まえながらも、山時鳥に投影して詠み手自身の孤独で高潔な心情まで歌に詠み込んでいる。
⑤　「隠口」が初瀬の枕詞であることを踏まえたばかりでなく、山時鳥がまだ山中に籠《こ》もっている意味に掛けて歌に詠み込んでいる。

問4　二つの空欄 X に共通して当てはまる語句として最も適当なものを次の①～⑤のうちから一つ選び、番号で答えなさい。解答番号は 34 。
①　初瀬路　②　初音　③　稲荷山
④　隠口　⑤　時鳥

問5　傍線部C「誰かは点つかん」の解釈として最も適当なものを次の①～⑤のうちから一つ選び、番号で答えなさい。解答番号は 35 。
①　誰が点数をつけないことがあろうか。
②　誰が欠点と非難することがあろうか。
③　誰が点検を怠らないことがあろうか。
④　誰が汚点を残さないことがあろうか。

うちから一つ選び、番号で答えなさい。解答番号は 26 。

① 「俺」の温かさに触れたことで、心の傷が完全に癒えたわけではないものの、それに囚われずに生きていこうと決意している。

② 「俺」の温かさと幸福を感じ、過去の辛い出来事を乗り越えることができた実感と安心感を覚えている。

③ 「俺」が「灯」を気遣って遊園地に連れてきてくれたことを察し、これ以上「透」を心配させないために本心を偽っている。

④ 「俺」と自分が同じようにパンについて考えていたことが面白おかしく感じられ、辛い過去を忘れることができている。

⑤ 幸せの象徴であるメリーゴーランドとそれを造る「俺」の温かさに触れ、自身の幸福な現状にようやく気づき、今からでも人生をやり直そうと決意している。

問9 本文の語りや表現の特徴の説明として**適当でないもの**を次の①～⑤のうちから一つ選び、番号で答えなさい。解答番号は 27 。

① 一貫して「俺」の視点から語られており、「灯」の心中については詳しく語られない。

② 本文中の会話はすべて直接話法で語られており、心情の動きが分かりやすく描かれている。

③ 作中では食べ物が大きな意味を持っており、色の表現にも食べ物に関する語彙が多く用いられている。

④ 比喩表現を豊富に用いており、直喩法や擬人法などが各所に効果的にちりばめられている。

⑤ 擬音語や擬態語を多く用いることで、事物や人の動きに臨場感を持たせている。

問10 本文の作者である「彩瀬まる」は、直木賞の受賞候補者になったことがある。直木賞と同じく菊池寛によって創設された文学賞に芥川賞があるが、芥川龍之介の作品として最も適当なものを次の①～⑤のうちから一つ選び、番号で答えなさい。解答番号は 28 。

① 『お伽草紙』　② 『山椒魚』　③ 『蜘蛛の糸』
④ 『たけくらべ』　⑤ 『刺青』

三 次の文章を読んで、以下の問い（問1～11）に答えなさい。

※1享保元文の頃、柳瀬美仲といふ歌よみありけり。(ア)いささか※2復古の志もありけるとぞ。ある時の歌に

W　※3初瀬路や初音《はつね》きかまく尋ねてもまだ隠口《こもりく》の A山時鳥《やまほととぎす》

といふ歌をよみて、おのれもいみじうよみ得たりと思ひて、日頃親しう物学び聞こえまゐらする※4何がし大納言殿の御許《おんもと》に参りて、この歌見せ奉《たてまつ》るに、いとめでくつがへらせ給《たま》ひて、「B今の世にかくばかりの歌よみ出だすべき人またあるべしとも覚えず。かのいにしへの※5待宵《まつよひ》の侍従、物かはの蔵人、伏柴《ふししば》の加賀、沖石《おきのいし》の讃岐《さぬき》などがためしに効《なら》ひて、今より X の美仲とあざなつくとも、C誰かは点つかん」とほめ給はせしかば、美仲身に余るうれしさに、帰るすなはち、知れる限りの人々にも、Dしかじかのよし語り聞かせてほこりけるを、※6稲荷山の神職※7羽倉東満《はくらあづままろ》このよしを聞きて、(イ)をこがましき事と思ひつつ、やがて大納言殿の御許に参りて、※8雑掌某とかいへるに逢ひて申しけるやうは、「伝へうけたまはるに、このごろ美仲が歌に、『まだこもりくの』といふ歌よみて、いたく殿の御褒詞に預《あづか》り侍《はべ》りしよし。E誠にさる事や侍りし。おのれも物の心知りそめし程より、歌の事に深く心を寄せ侍るが、『こもりく』といふ詞は、古く『古事記』※9『日本紀』『F万葉集』にわたりて、皆泊瀬の枕詞にて侍るを、その枕詞をかく秀句に言ひかくるのみならず、五言にのみいふべき詞を、上にまだの二言をそへて七言の句に用ひ侍る事、古歌に絶えて例《ためし》なき事に侍り。いかでこの歌をほめさせ給ひて、(ウ)おほけなく X の美仲などいふあざ名つけとはのたまはせしならん。こはさだめて、辻大路の浮きたる語り言に Y は侍らめ。殿Gのたまはせしならば、歌の事地に落ちたりとや申し侍らん。いと嘆かはしくこそ。この疑ひうけたまはり、※10はるけたくて、ことさらにまで来侍りしなり」

(ウ) 反芻 19

① 繰り返し味わう　② 振り返って反省する
③ 嫌な記憶を抑圧する　④ 他のものにも見出す
⑤ 受け入れない

問2　二つの空欄 X に共通して当てはまる語句として最も適当なものを次の①～⑤のうちから一つ選び、番号で答えなさい。解答番号は 20。

① 大　② 本　③ 一　④ 唯　⑤ 祖

問3　傍線部A「遠くで電車の音が聞こえる」という表現はどのような効果を持つか。その説明として最も適当なものを次の①～⑤のうちから一つ選び、番号で答えなさい。解答番号は 21。

① 「灯」の話に身が入らず、意識が外へと向いている様子を表している。
② 「灯」の幼さや煮え切らない様子に耐えきれず、話を聞く気もなくなっている。
③ 「俺」の心中のざわつきを表す情景描写である。
④ 軽やかに響く電車の音が重苦しい空気と対比され、滑稽さを醸し出している。
⑤ 二人の間の緊迫感と部屋の静けさを際立たせている。

問4　傍線部B「少しおびえた目をしてこちらを見返した」とあるが、この時の灯の心情の説明として最も適当なものを次の①～⑤のうちから一つ選び、番号で答えなさい。解答番号は 22。

① 過去のトラウマが蘇ってしまい、不安定な状態になっている。
② 「俺」が何を言っているのか分からず恐怖を覚えている。
③ パンを食べても良いのかが分からず不安になっている。
④ 嫌われたくないという一心で、すがるような思いでいる。
⑤ 試そうとしている「俺」の意図を察し、混乱している。

問5　傍線部C「俺は、これを、かなしい食べものだって思う」とあるが、なぜ「かなしい」のか。その理由として最も適当なものを次の①～⑤のうちから一つ選び、番号で答えなさい。解答番号は 23。

① 誰かに作ってもらわないと食べられないものであり、「灯」自身の力では幸せになれないことが分かってしまうから。
② 安心感を得る食べ物であるが、それは幸福感ではなく、辛かった過去が前提になっているから。
③ 「灯」にとって作った「俺」のことは関係なく、あくまでも過去の出来事と「徹夫」の優しさを味わう食べ物だから。
④ 小さな頃の温かな記憶に浸るための食べ物だが、それは今の辛い現実から目を背けているにすぎないから。
⑤ 現在の「俺」との生活の幸福を味わうように見えるが、「灯」は辛かった過去を思い出して比較をすることでしかそれを感じ取れないから。

問6　傍線部D「そうしなよ、とうながす」とあるが、この時の透の心情の説明として最も適当なものを次の①～⑤のうちから一つ選び、番号で答えなさい。解答番号は 24。

① 冷凍するという行動の意図は分かっているが、強く言っても変わることはないと諦めかけている。
② 冷凍保存するのはやめてほしいと考えているが、あえて突き放して勝手にさせることで成長を促そうとしている。
③ 夜中に食べ過ぎるのは良くないが、今だけは「灯」に甘えさせてやろうと考えている。
④ 食べたい気持ちも理解できるが、これ以上食べるのは精神的にも良くないのでやめさせようとしている。
⑤ 冷凍することの反復は望ましくないと思いつつ、無理はさせずに優しく支えていこうとしている。

問7　空欄 Y に当てはまる語句として最も適当なものを次の①～⑤のうちから一つ選び、番号で答えなさい。解答番号は 25。

① 頭　② 目　③ 肘　④ 膝　⑤ 眉

問8　傍線部E「もう、だいじょうぶかもしれない」とあるが、ここでの「灯」の心情の説明として最も適当なものを次の①～⑤の床に段差を作らないこと。細かな決定事項を積み重ねて、この世にないものへ近づけてゆく。

　半年後、完成したメリーゴーランドに俺は灯を連れて行った。紅葉《もみじ》がちょうど見頃を迎えた、肌寒い日だった。灯は肩にウール製の※2タータンチェックのストールを巻いていた。

　赤や緑の鞍をつけた馬たちが、いつか音楽の授業で聴いたことがあるようなクラシックに合わせて走り出す。完成したばかりということもあって、メリーゴーランドの周りには親子連れの列ができていた。そばのベンチに並んで腰かけ、しばらくのあいだ美しい馬と、それにまたがる客の笑顔が回るのを黙って眺めた。電飾が輝きを強め、白馬の背中が乳色に光る。誰だって馬が本物でないことは分かっている。それでも、照れまじりの微笑は花畑のようだ。

「乗ってみない?」

　うながすと、紙コップのココアをすすっていた灯はむずがゆそうに口元を動かした。

「照れちゃう」

「俺なんか動作確認で百回以上乗ったけど、何回乗ってもけっこう楽しかったよ」

　飲み終えたコップをくず入れに放り、灯の冷えた手を取って列へ並ぶ。十五分ほどで順番が回り、灯は少し迷って桃色の鞍がついた白馬を、俺はその隣の栗毛の馬を選んでまたがった。

「その白いの、製造の奴らに※3ホワイトベッセルって呼ばれてた」

「ええ、なにそれ」

「競馬好きなやつがいるんだ」

「やっと乗ったんだから、夢を壊さないでよ!」

　彼女が噴き出すように笑って間もなく、流れ始めたメロディに馬たちは息を吹き返す。

　目玉焼きを一枚、丁寧に焼くぐらいの時間をかけて、きらびやかな夢の旅路は終わった。楽しかった、と息を切らせる灯の頬が染まっている。汗ばんで火照《ほて》った手を引いて台座から降りれば、背後で次の回のメロディが響き始めた。

　帰りはスーパーに立ち寄って食材を買い込む予定になっている。車へ戻り、卵あったっけ、葱《ねぎ》買わなきゃ、とそれぞれに冷蔵庫の中身を思い出して口にする最中に、俺は常備している冷凍枝豆がそろそろ切れることを思い出した。あとあれ、と言いかけたところで、一息早く灯が「パン」と呟いた。

「Eもう、だいじょうぶかもしれない」

　顔を向けると、彼女は笑っていた。持ち上げられた口角がほんの一瞬、ふるりとひくつく。それに、気づかないふりをして頷いた。

「そうか」

「代わりに、さっきのメリーゴーランドみたいなパンが食べたい」

「すごい無茶ぶりだな!　苺《いちご》とか入れればいいのか?」

「スーパーで一緒に考えて」

　分かった、と頷いて車のエンジンをかけた。アクセルを踏み、それまでの景色を置いていく。夢の馬のいななきが、遠くで聞こえたような気がした。

（彩瀬まる「かなしい食べもの」による）

※1　不二家…老舗の洋菓子店。
※2　タータンチェック…多色の糸で織った、格子状の織物。
※3　ホワイトベッセル…競走馬の名前。

問1　波線部(ア)〜(ウ)の本文中での意味として最も適当なものを後の各語群①〜⑤のうちからそれぞれ一つずつ選び、番号で答えなさい。解答番号は17〜19。

(ア)　したたかに　17
①　ひどく　②　少し　③　なんとなく
④　気分よく　⑤　皆そろって

(イ)　定型句　18
①　あいまいな表現　②　その場しのぎの言葉
③　意味のない言葉　④　決まり文句
⑤　格式高い言葉遣い

めて泊めてもらった日、私が自宅でパンが焼けるって事を珍しがって、喜んだから」

　食べてるとなんだか安心するの、と灯は続けた。

「足が、しっかりと地面に着く感じ。世の中ってこういうものだって、ちゃんと思い出せて、なにかいやなことがあってもあんまり悲しくないの」

「冷凍した？」

「え？」

「その頃も、パンを」

　灯は不思議そうに首を傾《かし》げ、した、と一つ頷《うなず》いた。

　古い傷をこねて安堵するのは、彼女の母親と同じ癖なのだろうか。もっとも痛かった瞬間を(ウ)反芻し続け、忘れない。忘れられないのかもしれない。頭の中で戦いが終わらない。灯の実家で感じた汚水の臭いが鼻先をよぎる。いやで、いたたまれなくて、仕方がなかった臭い。

　少し考えさせてくれ、と言って、俺はソファから立ち上がった。

（中略）

　焼いている最中に灯が目を覚ました。下着を身につけ、ふらふらしながらトイレへ立ち、用を済ませてから不思議そうに電気のついた台所と、ソファに座る俺を交互に見つめる。俺は雑誌を閉じ、灯に声をかけた。

「パン、もうすぐ焼けるから。食べたかったら食べて」

　灯は答えず、かかしのようにしばらく立ったままでいた。やがて動きだし、橙色《だいだいいろ》の光を放つオーブンレンジの中を覗き、また少しぼうっとしてから俺の隣にすとんと腰を下ろす。

　焼き上がりを告げるビープ音が響き、ソファを立った。機械の扉を開けば、ほどよく焦げたチーズの香りがあふれる。小皿にのせて、焼きたてを灯へ差しだした。灯はパンの皿を両手で受け取り、B少しおびえた目をしてこちらを見返した。

「俺は、分かってやれないけど、食って、少しでも楽になるなら、こんなのいくらだって作ってやる」

　灯の指がパンをつかんだ。口へと運び、大きく齧《かじ》りとる。生地からあふれた湯気が彼女の頬をつつむ。俺はそれを見たまま続けた。

「それでもC俺は、これを、かなしい食べものだって思う。だからいつか灯が、どん底だけを信じるんでなく、他の、もっと幸せなものに確かさを感じて、このパンを食わずにやっていける日がくればいいって、願うよ」

　頷く灯の鼻先からぼろぼろと水の玉がこぼれた。彼女はパンをお代わりした。三つのパンを口に詰め終えて俺の顔を仰ぐ。Dそうしなよ、とうながすと、残った五つを冷凍した。

　寝床に戻り、羽布団を肩へ引き上げる。こんど俺、メリーゴーランドを作るかもしれない、と告げると、灯は目を丸くして「いいなあ」と月が光るように微笑んだ。その顔を見ながら、やっぱり作るならこういうものの方がいい、と思う。

（中略）

　地方の老舗遊園地から「もう十年以上前に撤去したメリーゴーランドを昨今のレトロブームに乗って再設置したい」という注文が入ったのはゴールデンウィークが明けて間もない日のことだった。なんとか新設工事を取りたいと奮闘していた社長がコネをたぐって手に入れた案件だ。かつてのメリーゴーランドの外観写真を参考にしつつ、遊園地のオーナーが口にした「うちはどうせ、ラブラブのカップルとかこないから。子どもやジジババにウケのいい、あんまり派手じゃなく、洗練されているわけでもなく、子どもの頃、誕生日によく食べた※1不二家《ふじや》のイチゴのショートケーキみたいな、なつかしいの作ってよ。回転もゆっくりめでね」という要望を軸に企画を練った。

　単純でなつかしいもの、親しいもの、子どもとお年寄りが気軽に手をつないで乗れるもの。呪文のように唱えてスタッフで[Y]を突き合わせる。木馬や外観のデザイン、回転の構造、馬が跳ねるタイミング、昼夜で照明をどう変えるか。お年寄りが歩きやすいよう分の意識を表現することでもあるのに遊び感覚で着くずす人たちに呆れているということ。

問10 本文の主旨に合致するものとして**適当でないもの**を次の①～⑤のうちから一つ選び、番号で答えなさい。解答番号は 16 。

① 思春期前の子どもたちはおとなのイメージに合わせて着せ替えられる存在だ。

② 服を着くずすのは自分の行為が制限されていることへの激しい怒りなのだ。

③ 様々な「着くずし」を通して社会と自分の接点を見いだしつつ自己を確立していくのだ。

④ 着くずすという行為はどこまでやれば社会から批判されるかを調べる試みだ。

⑤ 「等身大」の服装を若者が嫌うのはそれが虚構であることへの抵抗なのだ。

二

次の文章は、彩瀬まるの小説「かなしい食べもの」の一節である。透《とおる》は恋人の灯《あかり》に頼まれ、「枝豆とチーズのパン」をよく焼く。灯はそれを好んで食べるが、毎回一つだけ食べては残りを冷凍保存するのだった。そんな二人はある正月に灯の実家を訪ねた。灯や親族のことを聞かされる中で、徹夫という親戚が、灯に枝豆とチーズのパンを昔作ってやっていたことを知る。本文は、二人が灯の実家を出る場面から始まる。これを読んで、以下の問い（問1～10）に答えなさい。

(ア)したたかに酔った夜更け、来年もよろしく、と挨拶を交わしてタクシーを呼び、灯《あかり》の実家を出た。終電に揺られ、お互いを支え合うようにして自宅のマンションに帰ったのは午前一時過ぎだった。二人とも疲れ果て、風呂も入らずにしばらくの間、ソファに腰かけてぼうっとしていた。

「もう、パン、作らない」

放り出すように言うと、灯はうつむいた姿勢のまま、だらだらと涙をこぼした。

「そんなこと言わないで」

「いやだよ。誰かの代わりにされるのはまっぴらだ。 X 家 X 元の徹夫くんに作ってもらえばいいだろう」

「あれがなきゃ死んじゃう」

死などと軽々と持ち出す灯の幼さに苛立って口を閉じる。灯は細い呼吸を繰り返し、ぽつりぽつりと続けた。

「透くんが、きらいそうな場所に連れて行って、ごめんなさい。一人で行きたくなかったの」

「俺が嫌がるって分かってて連れて行ったのか」

「だって、家族になるかもしれないから」

「家族」

家族とはなんだろう。生きて溜めた汚泥を分けあうことが義務なのか。俺には灯の言葉には芯がなく、ただの(イ)定型句をなにも考えずになぞっているように感じられた。

「あのパンは、なんなの」

沈黙は長かった。灯の下唇に歯のあとが残った。

「子どもの頃、テッちゃんに作ってもらった」

「それは聞いた。実家を出ていた時期があったって」

灯は膝の先へ目を落としたまま続けた。

「テッちゃんはまだ大学生で、だから、私を支えきれなくなったんだと思う。初めはかわいそうだって言って、そばで話を聞いたり、ごはんを作ってくれたり、お母さんから携帯にかかってくる電話を代わりにとってくれたりした。けどだんだん、お金だけ置いて、あまり部屋に帰ってこなくなった」

A遠くで電車の音が聞こえる。車庫へと向かっているのだろうか。静寂を刻むように、かたんことん、かたんことん、と高く歌う。

「テッちゃんはその頃、パン屋でバイトしてた。たまに帰ってくると、ごめんなって謝りながらあのパンをたくさん焼いてくれた。初

④　異性から見られるということを意識したとき。
⑤　ファッションの愉しみに気づいたとき。

問4　傍線部Ｂ「子どもたちは〈子ども〉という制服を着せられる」とは、どういうことか。その説明として最も適当なものを次の①～⑤のうちから一つ選び、番号で答えなさい。解答番号は10。

①　おとなたちが抱く子どものイメージを反映させているということ。
②　おとなの意識をなぞっているだけで子どもは学校の決まりを守っているだけということ。
③　おとなたちが自分たちの趣向に合わせた制服を好き好きに着せているということ。
④　おとなが定めたルールに基づいた制服を着用するということ。
⑤　おとながイメージする子どもの概念に合わせて制服を作るということ。

問5　傍線部Ｃ「変形の学生服というのがたぶん最初のファッションであるはずだ」とあるが、なぜ変形する必要があるか。その理由として最も適当なものを次の①～⑤のうちから一つ選び、番号で答えなさい。解答番号は11。

①　制服は自由に選択できず、勝手に着くずすことで主体性を獲得しようとするから。
②　思春期は他人の眼に映る自分を否定する時期であり、自由の抑制の象徴である制服を攻撃するから。
③　他人に対する意識がファッションを意識させるが、好みのファッションに出会えないので制服に憎悪の感情を抱くから。
④　制服を自分で選ぶことはできないという屈辱感が、思春期の自分には許容できず制服を破壊して鬱憤を晴らすから。
⑤　自己についてのおとなの勝手なイメージの押し付けから逃れようとして、制服を破壊し固定観念から逃れようとするから。

問6　傍線部Ｄ「ファッションの光線」とは何か。その説明として最も適当なものを次の①～⑤のうちから一つ選び、番号で答えなさい。解答番号は12。

①　制度に対する若者の甘えた反抗心。
②　自分の心に対して偽りを持つ気持ち。
③　社会制度を守らせようとする視線。
④　自分の着ている衣服に向けられる他者の視線。
⑤　衣服に対する自由を許さない他者の視線。

問7　傍線部Ｅ「マジョリティ」の意味として最も適当なものを次の①～⑤のうちから一つ選び、番号で答えなさい。解答番号は13。

①　個性派　②　少数派　③　反対派
④　独特派　⑤　多数派

問8　空欄 Ｉ に当てはまる語句として最も適当なものを次の①～⑤のうちから一つ選び、番号で答えなさい。解答番号は14。

①　主体的　②　抽象的　③　客観的
④　具体的　⑤　一般的

問9　傍線部Ｆ「眺めが『だるく』なっている」とあるが、それはどういうことか。その説明として最も適当なものを次の①～⑤のうちから一つ選び、番号で答えなさい。解答番号は15。

①　これ以上崩したらもう服ではないというぎりぎりの服を作っているつもりなのに、それをさらに着くずされることに嫌悪感を抱いているということ。
②　若いときには大人の着ているものを破壊しているにもかかわらず、就職すると常識の中に入る態度に自分の作った服を嘲笑されたように感じているということ。
③　服を選ぶということは社会において自我を表出することであるのに、それすら理解せずに着くずす人々が多いことにやるせなさを感じているということ。
④　時代を象徴する服装を熟知しそれをぎりぎりまで崩すという秀逸のデザインをしているのに、それを着くずすという行為に憤怒しているということ。
⑤　服には生活を選ぶという意味があり、これは社会に対する自

いにていねいに話されるその言葉のなかに、テレビでは放映されなかったけれど、どうしても記録しておきたい言葉がいくつかあった。

《若いときっていうのは、大人の着ているものを「崩す」「バランスを変える」「わざとだらしなくする」ことから、服を着はじめます。学生時代まではそういうふうに反抗していて、そして就職となると常識のなかに入る……。

でも、そうでしょうか。

一着の服を選ぶってことは生活を選ぶことだから、実はたいへんなことなのに、学生時代は、あれは遊びだったんですか、みたいなクエスチョン・マークがどうしてもつくんです。そうなると、子どもの遊びのために一生(オ)ケン命作ってられないよという心境になることもある。

一着の服装をするということは、社会に対する自分の意識を表現することですから、これくらいに髪切って、分けて、こういうシャツ着て、ネクタイつけて、スーツを着てってなれば、あの時代のあの選択をやめたんだな、残念ですね、と言うしかない。社会にそういう考え方があるということと、そういう考え方のなかにずっといるという、この事実が、闘う相手としてはあまりにもリアルすぎて、あるいは大きすぎて、まいったなあ、というかんじです。

[Z] 一方で背広は、服装に関してあまり訓練されていない人のためにはひじょうによくできた服装です。だれが着てもみっともなくならない。ですから、どうしてもプラス、マイナス両方のセリフが出てきてしまう。そんななかで、結局二十年やっても何も変えられなかったじゃないか、という思いが去りません……》

山本さんは、たぶんこれまで、顔だちでもプロポーションでもなくて、身ごなし、彼のいう「からだのさばき」というものをとくにたいせつにしながら、女たち、男たちのそのさばきを陰から支えたい、「おっ、この服は自分を待っていたな」と思わせる服を作りたい、そんな心意気で服を作ってきた。服をもっとも愛しているその山本さんが、いま、とってもやりきれない気分でいるのは、ちょっと悲しい。

（鷲田清一『ちぐはぐな身体』による）

※1 つんつるてん…衣服の丈が短くて、足が出ているさま。
※2 グランジ…一九九〇年代を代表するグランジ・ファッションのことでオーバーサイズの服を着ることなどを指す。

問1 傍線部(ア)～(オ)のカタカナに相当する漢字として最も適当なものを後の各語群①～⑤のうちからそれぞれ一つずつ選び、番号で答えなさい。解答番号は[1]～[5]。

(ア) 物ソウ [1]
① 操　② 荘　③ 騒　④ 巣　⑤ 想

(イ) 錯ゴ [2]
① 誤　② 語　③ 御　④ 娯　⑤ 梧

(ウ) 屈セツ [3]
① 説　② 節　③ 折　④ 接　⑤ 摂

(エ) 類ケイ [4]
① 敬　② 計　③ 景　④ 携　⑤ 型

(オ) ケン命 [5]
① 健　② 剣　③ 賢　④ 懸　⑤ 堅

問2 空欄[X]～[Z]に当てはまる語句として最も適当なものを次の①～⑤のうちからそれぞれ一つずつ選び、番号で答えなさい。解答番号は[X]が[6]、[Y]が[7]、[Z]が[8]。

① だから　② また　③ ところが
④ 例えば　⑤ ところで

問3 傍線部A「ひとは、いつ、服を着はじめるのだろうか」とあるが、筆者はこれをどのように考えているか。その説明として最も適当なものを次の①～⑤のうちから一つ選び、番号で答えなさい。解答番号は[9]。

① 生まれてから少し時間が経ったとき。
② 「おとな」という意識が芽生えたとき。
③ 他者から見られるということを意識したとき。

その意味で、ファッションという、このからだの表面で起こるゲームは、社会の生きた皮膚なのであって、そこに各人がそれぞれ〈わたし〉になっていくプロセスが露出しているのだ。

こうしてわざとみすぼらしいかっこうをしたり、わざとだぶだぶの服を着たり、わざときたならしい服を着たりというふうに、ぼくらは型をくずしてしまうのだけれども、ぼくらの意識はしかしなかなか一筋縄ではいかないもので、つっぱりながらも、むきになるのはみっともないと感じ、そういう照れが、逆にますます見かけのだらしなさ、いかがわしさをじぶんで煽ったりもする。Dファッションの光線はけっこう屈(ウ)セツしているのだ。

そういうくずしをやるととたんに「不良」なんていわれたりするけれど、ぼくらが気にくわないのは、たぶん「等身大」ということだ。つつましすぎるからでも、みみっちいからでもない。「等身大」という観念に嘘を見抜いてしまうからだ。「等身大」と言っても、そもそもどれがじぶんのほんとうのサイズなのか、よくわからない。「等身大」というのはEマジョリティが共通に考えていることくらいの意味しかないような気がする。で、ぼくらは、ちょうど贈り物の中身を箱を揺さぶって確かめるように、服を着替えてじぶんのイメージを揺さぶり、じぶんがだれか確かめようとするのだ。若いときに、わざとサイズのあっていないだぶだぶの服、あるいは※1つんつるてんの服を好んで着るのも、じぶんがじぶんに一致していないという感覚にぴったりくるからだろう。

X、先日、あるテレビ番組のために、ファッション・デザイナーの山本耀司さんを訪ねる機会があった。山本さんはヨウジヤマモトとかワイズというブランドの服を作っているひとだ。彼が作る服というのは、この社会のどんな人間類(エ)ケイをも思い浮かべさせない、つまりサラリーマンらしくも芸術家らしくもなく、ジャーナリストらしくも学生らしくもないし、老人らしくも若者らしくもない、いってみれば具体的なイメージがとっさにつかみにくい、というか、そのどれにもなりきることを拒むような、I な服だ。

そういうしかたで、山本さんはこれまで、流行の人間イメージを振りまいては季節ごとにそれを取り替えるモードという制度との共犯関係に入ることを、一貫して拒否してきた。山本さんの言葉でいえば、「いかがわしい」ぎりぎりの服を作ってきた。そしていわゆるバブル崩壊後、「モードのゲームはもういい。それよりも……」という論理が、山本さんらによる「モードの解体」を暗に支持しはじめたように見える。Y、街を見ても、※2グランジと呼ばれるよれよれの重ね着があふれかえっている。アンチ・モードがモードの最先端となっているかのようだ。

が、そういう時代に、山本さんは深く傷ついている。なんでもいいというふうなかんじで、F眺めが「だるく」なっていると、静かに窓のほうに目をやる。

能の古いことばに「非風」(正しくない型)というのがあるが、ぼくの見るところ、山本耀司さんは、服のもっともベーシックな基本ともっともトリッキーな「非風」とを身体の表面で危うく交錯させると絶品のデザイナーだ。言ってみれば、時代の制服をちゃんと知っていて、しかもそれをぎりぎりのところまで崩していくという感じの仕事を、先端でつづけてきたひとだ。

もっとも、山本さん自身は、これを崩したらもう服ではないというぎりぎりの服を作っているつもりなのに、十代のひとにはじぶんの服がオーソドックスと映り、それをさらに着くずす。そうするとじぶんの服はもう雑巾になってしまうと、かつて、じぶんの服の受け入れられ方にとまどいをもっておられた時期もあったらしい。

その山本さんの仕事ぶりを撮った映画がある(次頁写真はその一コマ)。ヴィム・ヴェンダースの『都市とモードのビデオノート』という映画だ。そのなかで、山本さんが若いスタッフに、無言で、慈しむような眼で、パタン図の描きかた、生地の切りかたを教えるシーンを、ぼくはとっても気に入っている。実際の山本さんもそのとおりだったが、ハイライトをくゆらせながら、笑みをたやさずに、しかも噛みしめるように、じぶんに密着しすぎないように、ていね

二〇二一年度 狭山ヶ丘高等学校（推薦第二回）

【国語】（五〇分）〈満点：一〇〇点〉

一 次の文章を読んで、以下の問い（問1〜10）に答えなさい。

Aひとは、いつ、服を着はじめるのだろうか。生まれてすぐではない。生まれてすぐ、ひとは布でくるまれる。でも、それはじぶんで服を着ることとはちがう。じぶんが他人の眼にどんなふうに映っているか？――そういうことを意識しだしたとき、つまり他人の視線にまで想像力がおよびだしたとき、ぼくらははじめて服を選んで着る。ファッションのはじまりだ。「思春期」とおとなたちが呼ぶころである。子供服もすごくファッショナブルになってきたなどとおとなたちは言うが、そんなことはあまり意味がない。あれは（子どもについての）おとなの意識をなぞっているだけであって、「思春期」前の子どもたちはそのための着せ替え人形でしかない。B子どもたちは〈子ども〉という制服を着せられるのであって、ファッションの愉しみはこの場合、着るがわにはない。

だから、服を着るというのは、与えられた服をわざと、ちぐはぐに、だらしなく着くずすことからはじまるしかない。ぼくらの国では、C変形の学生服というのがたぶん最初のファッションであるはずだ。

でも、どうして変形ということからファッションははじまるんだろう。

じぶんがどういう存在なのか、ぼくらはそれが知りたくてもすぐにはわからない。あいつとぼくはどうちがうのか、なぜあいつにはああいうことができて、ぼくにはできないのか、なぜあいつはスイスイものをくぐりぬけていくのにぼくにはそれができないのか、なぜあいつは何でもおもしろそうにやっているのにぼくには無理なのか、なぜあいつがもててぼくはだれにも声をかけられないのか。それがよくわからない。わからないままに、何かおもしろくない、気にくわない、うまくいかない……そういう気分だけははっきりある。だれのせい？ それがわからない。気にくわない相手も理由もわからないけれど、おもしろくないという気分だけははっきりしている。

そういうやりきれない気分、ちょっと大げさにいえば時代への違和、時代から掃きだされているようなやりきれない気分が、理由がわからないまま、気分に、動作に、からだの表面に出てしまうのだ。

これを、自分のしたいこと、してほしいことがよくわからなくて駄々をこねる子どもにたとえたのは、仏文学者の多田道太郎さんである。もう七十歳を超えていらっしゃるのに、こころにいっぱい産ぶ毛の生えているひとだ。その多田さんが、若者のつっぱったファッションをさして、あれは「泣いている」のだと言っている。「若い女性が奇抜ともいえるファッションで街を歩く。あれは、泣いているのだと思う。泣くかわりに、泣くにひとしい非合理的主張をしている」というのだ。「深い闇のなかにあったものが、反訳をもとめて浮かびあがるその場所」が、社会の生きた皮膚としてのファッションだというわけだ。

先ほど「制度と寝る服」などという物(ア)ソウないいかたをしたけれど、たいていの服というのは個人のイメージについての社会的な規範（行動様式、性別、性格、モラルなど）を縫いつけている。その着心地がわるくて、ぼくらはそれを勝手に着くずしてゆく。どこまでやれば他人が注目してくれるか、どこまでやれば社会の側からの厳しい抵抗にあうか、などといったことをからだで確認していくのだ。が、それは抵抗のための抵抗としてなされるのではない。じぶんがだれかを確認したいという、ぎりぎりの行為、のっぴきならない行為としておこなわれるのだ。言うまでもなく、この過程はいつもそういうこととして自覚されているわけではない。ぼくらはファッションの冒険、（それがかっこよすぎるとしたら）試行錯(イ)ゴをとおして、じぶんがだれか確定できないまま、じぶんの表面を、そういう社会的な意味の制度的な枠組とすり合わせつづけてきたのだ。

英語解答

1 A　No.1　4　No.2　3
　B　No.1　2　No.2　3
　C　No.1　1　No.2　2

2 問1　1　問2　2　問3　2
　問4　4　問5　3　問6　3
　問7　4　問8　2　問9　4
　問10　2

3 問1　2　問2　4　問3　3
　問4　3　問5　1，4

4 1　①　2　④　3　④　4　③

5 1　3番目…⑦　6番目…⑧
　2　3番目…⑦　6番目…⑧
　3　3番目…①　6番目…②
　4　3番目…④　6番目…③

6 1　②　2　②　3　②　4　②

7 1　③　2　②　3　①

8 1　②　2　③　3　①

1〔放送問題〕解説省略

2〔長文読解総合―説明文〕

≪全訳≫❶世界中で，船乗りたちは物語を語ることで有名だ。こういった物語の中には真実ではないものもある。最も有名な船乗りの１人である船乗りシンドバッドは，『千夜一夜物語(Arabian Nights)』の中で，海での自分の冒険物語を語っている。毎度，冒険の始まりでは，シンドバッドは家での生活に飽き飽きして海の旅に出かけようと決意する。それぞれの物語で，彼は船を失い――たいていは嵐で――そして海に運ばれて奇妙で不思議な国にやってくる。たくさんの危険が彼を待ち受ける。だが彼は決して恐れない。怪物を倒し，黄金の入った袋を見つけ，大金持ちとして新しい船で故郷へと戻ってくるのだ。❷海の冒険物語は世界中どこでも同じである。人々はいつも海の向こうのどこかで豊かな未来が待っていると考えていた。シンドバッドのように幸運に恵まれ，未知の島で自分を待っている黄金の入った袋を見つけたいと願う者もいた。船を使って村を攻撃する者もいた。彼らは早朝，あるいは深夜にやってきて，そして人殺しをし，放火し，盗みを働いた。1000年前にこれをしたのがバイキングである。彼らの細長い船は，ロングシップと呼ばれ，他のどんな船よりも優れていて速かった。200年の間，北大西洋は彼らのものだった。誰も彼らを止められなかった。彼らにどこかへ行ってくれと頼むことなどできなかった――大量の黄金を支払ってどこかへ行ってくれと頼むしかなかった。❸その理由は，バイキングが商売人でもあったからである。彼らは別の船も所有していた。これらの船はもっと大型で幅が広く，バイキングはこれらを使っていくつかの国々に移動した。彼らは貿易，つまり売買をするためにそういった国々へ行った。彼らは木材や魚を売り，銀やガラス製品を買った――だが，人身売買も行っていた。こういう人々は奴隷だった――彼らは他人の所有物となり他人のために給料なしで働いた。奴隷貿易を行ったのはバイキングが最初というわけではなく，また彼らが最後でもなかった。だが，彼らは世界中の人々にある重要な教訓を与えた――船には将来性がある，と。豊かで高い地位を得るために，国家が必要としたのは良質で頑丈で速い船だった。❹国際貿易，つまり異国間の取引は，船のおかげでより容易になった。数百年の間，アジア・ヨーロッパ間の貿易の多くは陸路で行わねばならなかった。だが，1498年に，ヴァスコ・ダ・ガマというポルトガル人の船乗りが初めてアフリカの南端を回って航海した。彼はインド洋に到達し，アジアへの東回り航路を開いた。この６年前に，クリストファー・コロンブスがアジアへの西回り航路を発見しようと試みていた。行く手を阻む陸地があったため，彼は太平洋に到達しなかったが，彼はアメリカを訪れた最初のヨーロッパ人の１人となった。太平洋への西回り航路を見出した最初の人物は，フェルディナンド・マゼランという別のポルトガル人の船乗りだった。1522年に，彼の船，ビクトリア号は世界一周を果たした最初の船となった。国際貿易が今にも始まろうとしていた。❺今日では，国際的な出張は飛行機で行われているが，船は世界中で物品を運ぶのにかつてないほど重要になっている。現代の船はコンテナと呼ばれる大きな金属製の箱に入れて品物を運ぶ。各コンテナは全長約６メートルあり，１つのコンテナにはなんと４万8000本のバナナが入るそうである。世界最大のコンテナ船，エマ・マースク号は，全長約400メートルで，１万1000個のコンテナを運ぶことができる――それはなんと５億2800万本のバナナに相当するのだ。❻現代の船のおかげで，国際貿易はより速くより良くなっている。漁業についても同様だろうか。現代の漁船は非常にうまく魚を見つけて捕獲することができるが，ことによるとうますぎるのかもしれない。1497年に，ジョン・カボットがニューファンドランドを発見した。彼がニューファンドランドの海岸付近の海に到達したとき，水中には魚がうようよいた。それはまるで黄金を見つけたかのようであった。その後数百年間，漁師たちがこの場所にやってきては魚をとった。だが1992年に，漁業は中止された。十分な魚がいなくなってしまったのである。❼このニューファンドランドの事例は我々にとって重要な教訓である。我々を待ち受ける黄金は尽きることがないと考えることは誤りである。海の魚は尽きることがないと考えることも誤りである。

問１＜要旨把握＞第１段落参照。第４文の内容に一致する１が適切。２は「毎回」とあるのが，本文にある usualy「たいてい」（第５文）に一致しない。

問２＜適語（句）選択＞直後の文に「人々はいつも海の向こうのどこかで豊かな未来が待っていると考えていた」とあることから，海の冒険物語に対する考え方は世界中どこでも the same「同じ」だったとわかる。

問３＜要旨把握＞第２段落参照。第７文の内容に一致する２が適切。

問４＜適語（句）選択＞この後，バイキングが略奪以外にも他国と商取引をしていたことが述べられているので，business people「商売人，商人」が適する。

問５＜文型＞下線部⑤は，they＝主語（S），taught＝動詞（V），the rest of the world＝間接目的語（O１），an important lesson＝直接目的語（O２）の第４文型。これと同じ文型は３（Bob＝S，gave＝V，Sue＝O１，a present＝O２）。　１．Bob＝S，loves＝V，dogs＝目的語（O），very much は修飾語句の第３文型。　２．Bob＝S，always は修飾語，looks＝V，happy＝補語（C）の第２文型。　４．Bob＝S，calls＝V，his dog＝O，Charlie＝C の第５文型。

問６＜適語（句）選択＞空所の前後が対立する内容になっているので‘逆接’の But が適切。

問７＜要旨把握＞第５段落参照。最終文の内容に一致する４が適切。

問８＜適語句選択＞ニューファンドランドの魚の乱獲の話は，海を越えて新しく見つけた土地で，価値あるものを発見したという事例の１つ。第７段落で，黄金や魚を見つけたとしても，それは無尽蔵ではないという教訓を２つの事例を並べて示しているので，ここでは finding gold「黄金を発見すること」を魚の例と同様の例として挙げるのが適切である。

問９＜適語選択＞第６段落で，新たに発見した土地で魚が豊富にいるからと乱獲した結果，魚が減ってしまったという失敗例を挙げている。よって，新たな土地で黄金や魚が見つかったからといって，それに end「限界，限り」がないと考えるのは wrong「誤り，間違い」だといえる。

問10＜内容真偽＞１…×　第１，２段落参照。シンドバッドは『千夜一夜物語』という創作物語の登場人物，バイキングは歴史上実在した民族である。　２…○　第４段落第３～５文に一致する。

3…×　第5段落第1文参照。　　4…×　第5段落最終文および第6段落第4文参照。エマ・マースク号は現代の船，ジョン・カボットは15世紀末の人物である。

3〔長文読解総合―物語〕

≪全訳≫❶ジョアンナ・ジンブクは看護師である。彼女はオーストラリア北部で暮らし働いている。彼女の上司はボブ・ミルズというフライングドクターである。彼とジョアンナはブルーバード号というボブの飛行機に乗ってどこへでも行く。8月のある朝，ジョアンナは電話をとる。それはウーメラに住むある母親からの電話だ。彼女は自分の生後18か月の赤ん坊がひどく具合が悪いのだと言う。❷5分後には，ジョアンナとボブはブルーバード号に乗り込んでいる。「ウーメラは君の町の近くだったよね？」とボブが言う。「ええ，そうです」とジョアンナは笑顔で言う。「とても小さな町ですよ」　彼女は窓の外を見る。❸地上に降りると，8，9人の人々がフライングドクターを待ち受けている。彼らはボブとジョアンナを小さな家に連れていく。その母親，ジェーンはその家の中にいる。ボブは20分間その幼い少女を診察する。そして彼はこう言う。「お気の毒ですが，メアリーちゃんはひどい重症です。心臓が悪いんですよ。シドニーにある病院に連れていかなければなりません」「シドニーですって！」とジェーンが言う。❹「ええ」　ボブは自分の手をその女性の腕に置く。「でも大丈夫――あなたもこの子と一緒に行けますよ」　ジェーンは悲しげである。「どうやって？　私には子どもがほかに6人いるんです。あの子たちを置いて行くことなんてできないわ」❺ふいに，ジョアンナはあることを思いつく。「私がメアリーちゃんと一緒にシドニーに行くのはどうかしら？　いずれにしろ，私は明日から2週間休暇を取るところだから」「いい考えだね」とボブは言う。❻24時間後，ジョアンナは初めてのシドニーに到着する。2人の看護師が空港で待っている。彼らはジョアンナとメアリーを車に乗せてすごい速さで大病院へと送り届ける。そこでは医師が待っている。「こんにちは」と彼は言う。「私はポール・グリフィンといいます」　ジョアンナは彼に笑いかける。❼ジョアンナは毎日その病院に通う。彼女はメアリーの枕元に座り，ときには看護師たちの手助けをする。3日間，何事も起こらない。❽そして4日目，ジョアンナはメアリーの部屋で本を読んでいる。突然，物音が聞こえてくる。「何かしら？」と彼女は思う。すると，またその音が聞こえてくる――「ママ！」　彼女は立ち上がるとメアリーのベッドの方に歩いていく。「メアリー，あなただったのね！　起きられるようになったの。お話しできるようになったのね」❾その日遅く，ジョアンナはボブ・ミルズに電話する。「はい――そうです。メアリーはこの調子なら回復しそうです」と彼女は満面の笑みで言う。「来週には彼女を家に連れて帰れると思います」❿翌日，その病院では，ポールがシスター・クラークと面談している。「うちの看護師の1人が来週この病院を辞めることになっていて，新しい人員が必要なんですよ」と彼女は言う。「ジョアンナ・ジンブクはどうでしょうね？　彼女はとても優秀な看護師ですよ。彼女，ここで働いてくれませんかね？」⓫「私がですか！？」　その晩ジョアンナは言う。彼女はポールを見る。「いいじゃないか」と彼は言う。「なにしろ，シスター・クラークの言うとおりなんだから…君はとても優秀な看護師だ」ジョアンナは黙っている。⓬翌日，ジョアンナは長い散歩に出かける。彼女は道行く人々を眺める。店や博物館や劇場も全て見てみる。「シドニーってすばらしいわ」と彼女は思う。「すごく美しいし，見るものもすることもたくさんあるのね」⓭通りの向こう側に，店の窓がある。ジョアンナは振り向いてその中をのぞく。いくつかの赤い丘を描いた大きな絵画が見える。「ちょっと待って」と彼女は思う。「私，あの場所を知ってるわ。あれはウーメラの近くよ」　数分後，男性が店から出てくる。「大丈夫ですか」と彼は尋ねる。ジョアンナはほほ笑む。「ええ，大丈夫です。本当に――大丈夫なんです」　彼女の目には涙があふれている。⓮その2日後，ボブとジョアンナはウーメラにいる。ボブはブルーバード号に乗り込み，ジョアンナも彼と一緒だ。彼女はジェーンとメアリーに手を振る。ボブが飛行機を発進させ，帽子を後ろに押しやる。「聞いてくれ――何から何までありがとう，ジョアンナ」と彼は言う。「つまり，シドニーでのことだよ。きれいな都市だったろう？」「ええ」とジョアンナは言う。「でも，地元にいるのはいいものですね」

問１＜語句解釈＞医師のボブが，幼い娘を遠く離れたシドニーの病院に送らなければならないと知ってショックを受けた母親を落ち着かせるためにその母親の腕に手を置いている場面。よってこの女性は母親である「ジェーン」である。

問２＜適語選択＞重病の少女メアリーとジョアンナがシドニーの大病院に到着してからの３日間についてはメアリーの容体に関して特に何も述べられておらず，４日目になって初めてメアリーは「ママ」と声を発して起き上がり，病状が好転したことがわかる。「３日間は何事も起こらなかった」のである。

問３＜要旨把握＞下線部の後の４文参照。３はこの内容に一致する。

問４＜文脈把握＞下線部の後でジョアンナは，「とても美しくて，見るべきものやするべきことがたくさんある」と，シドニーに対する感想を述べており，これがシドニーをすばらしいと感じた理由である。

問５＜内容真偽＞１…○　第５段落および第９～14段落に一致する。　２…×　このような記述はない。　３…×　第５段落以降参照。ボブは同行していない。　４…○　第４，５段落に一致する。　５…×　第14段落第３文参照。手を振ったのはジョアンナだけ。

4〔適語選択〕

１．「どのくらいの間待っていたのか」という意味だと考えられるので，‘継続’を表す‘have/has＋過去分詞’の現在完了にする。　「あなたはどのくらいの間彼を待っていたのですか」

２．パーティーに行こうと誘う文だと考えられるので，Shall we ～？「～しませんか」の文にする。「次の金曜日にダンスパーティーに行きませんか？」

３．She が主語で，sometimes「ときどき」と現在の習慣を表す文なので，動詞は３人称単数現在形の goes が正しい形。　「彼女はときどき映画館に行く」

４．最上級の文で「～の中で」を表すとき，‘～’の部分が‘数’や all の場合は in ではなく of を用いる。　「トムはその３人のうちで最も背の高い少年だ」

5〔整序結合〕

１．語群から「ペンがなかったので彼のを借りた」という意味だと推測できる。I didn't have any pens「私はペンを持っていなかった」がまずまとまる。so を「だから」の意味の接続詞として置き，his を「～のもの」を表す代名詞として用いて，I borrowed his「私は彼のものを借りた」を続ける。　I didn't have any pens so I borrowed his.「私はペンを持っていなかったので，彼のを借りた」

２．文末が？なので，Do you have ～？「～を持っていますか」と疑問文にする。残りは‘～thing＋形容詞＋to …’の形にまとめる。anything の後，‘形容詞’は hot，‘…’は drink を置いて「温かい飲み物」とする。with は最後の you の前に置いて，‘have＋物＋with＋人’「〈物〉を(〈人〉が手元に)持っている」の形にする。　Do you have anything hot to drink with you？「何か温かい飲み物を持っていますか」

３．that はここでは「～ということ」の意味の接続詞として用いて，I thought that ～「私は～だと思った」で始める。‘～’の部分の主語は it，動詞は was，残りは a very big cat「とても大きなネコ」とまとめる。　I thought that it was a very big cat.「それはとても大きなネコだと思った」

4．‘get＋形容詞’で「～になる」の意味，また‘比較級＋and＋比較級’で「だんだん～」の意味を表せるので，It was getting hotter and hotter「だんだん暑くなってきた」がまずまとまる。when はここでは「～するとき」の意味の接続詞として用い，その後に I went to bed「私は寝た」を続ける。　It was getting hotter and hotter when I went to bed.「私が寝る頃にはだんだん暑くなってきた」

6〔誤文訂正〕

1．This is the fish.「これは魚だ」が文の骨組みで，その後は「弟によって車で運ばれてきた」という意味の過去分詞の形容詞用法で fish を修飾する部分。よって②の be が不要。　「これは私の弟によって車で運ばれてきた魚だ」

2．文の主語は you で，you are going to visit ～「あなたは～を訪れる予定だ」を疑問文にした形なので，②の be動詞は is ではなく are が正しい。　「次の休暇にあなたはどこの国を訪れる予定ですか」

3．‘ask＋人＋to ～’で「〈人〉に～してくれるよう頼む」の形なので，②の buy は原形ではなく to buy とする。　「私にあの新しい自転車を買ってくれるように彼女に頼んでください」

4．This beautiful picture was drawn by ～という‘be動詞＋過去分詞’の受け身形の文が疑問文になった形なので，②の did を was にして Who was this beautiful picture drawn by？とする。　「この美しい絵は誰によって描かれたのですか」

7〔単語のアクセント〕

1．① mú-sic　② sím-ple　③ with-oút　④ án-gry

2．① prés-i-dent　② en-gi-néer　③ rés-tau-rant　④ vól-ley-ball

3．① sev-en-téen　② cáp-i-tal　③ gránd-fa-ther　④ néws-pa-per

8〔単語の発音〕

1．① spring[i]　② tired[ai]　③ bring[i]　④ skin[i]

2．① eight[ei]　② baby[ei]　③ bed[e]　④ dangerous[ei]

3．① sure[ʃ]　② society[s]　③ works[s]　④ saving[s]

2021年度／狭山ヶ丘高等学校（推薦第２回）

数学解答

1 (1) 1…1　2…4　3…5
(2) 4…3　5…5
(3) 6…4　7…2
(4) 8…2　9…5　10…2
(5) 11…1　12…4　13…7
(6) 14…7　15…1　16…3
(7) 17…3　18…8
(8) 19…1　20…2

2 (1) 6　(2) 8
(3) 23…1　24…8
(4) 25…5　26…4
(5) 27…8　28…4　29…2　30…7
31…7　32…8
(6) 3

3 (1) 34…1　35…1　36…8
(2) 37…4　38…9
(3) 39…1　40…6

4 (1) 41…2　42…2　43…1　44…1
45…2　46…1　47…2　48…1
(2) 49…1　50…2
(3) 51…9　52…2　53…3　54…2

5 (1) 55…3　56…2
(2) 57…4　58…0　59…4　60…3
61…2　62…6　63…0　64…3
(3) 65…2　66…1

1〔独立小問集合題〕

(1)＜数の計算＞与式$=\left(-\frac{3}{6}+\frac{2}{6}\right)^2\div\frac{1}{4}\times\frac{1}{5}=\left(-\frac{1}{6}\right)^2\div\frac{1}{4}\times\frac{1}{5}=\frac{1}{36}\times\frac{4}{1}\times\frac{1}{5}=\frac{1}{45}$

(2)＜式の計算＞与式$=\frac{5(x+1)-2x-(3x-1)}{10}=\frac{5x+5-2x-3x+1}{10}=\frac{6}{10}=\frac{3}{5}$

(3)＜平方根の計算＞与式$=2\sqrt{2}(4-2)=2\sqrt{2}\times2=4\sqrt{2}$

(4)＜式の値＞与式$=3a^2+a-1+a^2-4a=4a^2-3a-1$　これに$a=-\frac{3}{2}$を代入すると，与式$=4\times\left(-\frac{3}{2}\right)^2-3\times\left(-\frac{3}{2}\right)-1=4\times\frac{9}{4}-\left(-\frac{9}{2}\right)-1=9+\frac{9}{2}-1=8+\frac{9}{2}=\frac{16}{2}+\frac{9}{2}=\frac{25}{2}$となる。

(5)＜二次方程式の応用＞二次方程式$x^2-5x-m=0$の解の１つは-2だから，この二次方程式に$x=-2$を代入すると，$(-2)^2-5\times(-2)-m=0$，$4+10-m=0$，$-m=-14$，$m=14$となる。このとき，二次方程式は$x^2-5x-14=0$である。これを解くと，$(x+2)(x-7)=0$より，$x=-2$，7となる。よって，もう一つの解は$x=7$である。

(6)＜連立方程式＞$x:(y-1)=1:2$……(ア)，$4x-3y=11$……(イ)とする。(ア)より，$2x=y-1$，$2x-y=-1$……(ア)′　(ア)′×3−(イ)より，$6x-4x=-3-11$，$2x=-14$　$\therefore x=-7$　これを(ア)′に代入すると，$-14-y=-1$，$-y=13$　$\therefore y=-13$

(7)＜式の計算＞$\boxed{17}=x$，$\boxed{18}=y$とすると，$(-2a^2b^x)^2\div\frac{1}{2}a^3b^4=yab^2$より，$(-2a^2b^x)^2\div\frac{a^3b^4}{2}=yab^2$，$4a^4b^{2x}\times\frac{2}{a^3b^4}=yab^2$，$8ab^{2x-4}=yab^2$となる。よって，$2x-4=2$より，$2x=6$，$x=3$となり，$y=8$である。

(8)＜二次方程式＞$2x^2+3x-4x-6-3x+4=0$，$2x^2-4x-2=0$，$x^2-2x-1=0$　解の公式より，$x=\frac{-(-2)\pm\sqrt{(-2)^2-4\times1\times(-1)}}{2\times1}=\frac{2\pm\sqrt{8}}{2}=\frac{2\pm2\sqrt{2}}{2}=1\pm\sqrt{2}$となる。

2〔独立小問集合題〕

(1)＜連立方程式の応用＞リンゴをx個，梨をy個買ったとする。リンゴと梨を合わせて10個買ったことより，$x+y=10$……(ア)が成り立ち，合計金額が1320円であることより，$120x+150y=1320$……(イ)が成り立つ。(ア)，(イ)を連立方程式として解く。(イ)より，$4x+5y=44$……(イ)′　(イ)′－(ア)×4より，$5y-4y=44-40$　$\therefore y=4$　これを(ア)に代入すると，$x+4=10$　$\therefore x=6$　よって，買ったリンゴは6個である。

(2)＜**図形—長さ—中点連結定理**＞右図1のように，2直線AF，BCの交点をGとする。△FDAと△FCGで，点Fは辺DCの中点だから，FD＝FC，平行線の錯角だから，∠FDA＝∠FCG，対頂角だから，∠DFA＝∠CFGである。これより，1組の辺とその両端の角がそれぞれ等しいから，△FDA≡△FCGとなる。よって，FA＝FGだから，点Fは辺AGの中点である。また，CG＝DA＝6だから，BG＝BC＋CG＝10＋6＝16である。よって，△ABGで2点E，Fはそれぞれ辺AB，AGの中点だから，中点連結定理より，$\mathrm{EF}=\frac{1}{2}\mathrm{BG}=\frac{1}{2}\times 16=8$(cm)となる。

図1

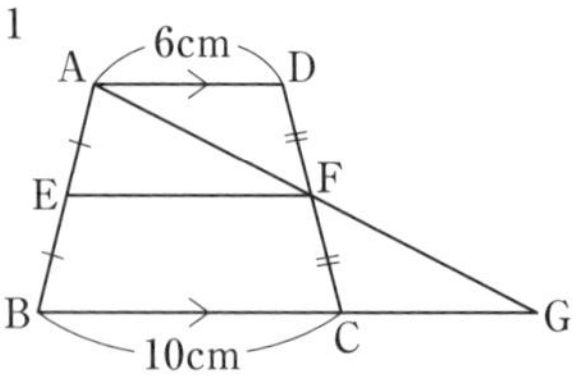

図2

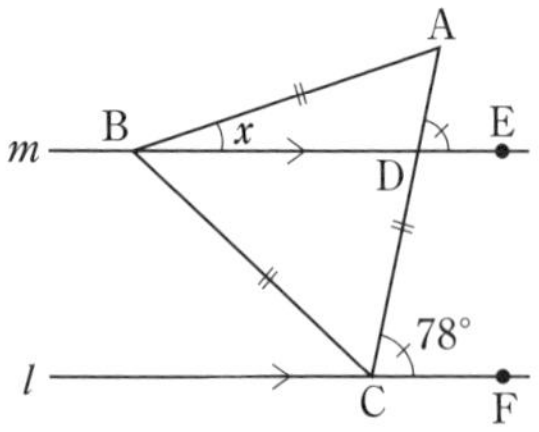

(3)＜**図形—角度**＞右図2のように，直線mと辺ACとの交点をDとし，直線m，l上に2点E，Fを定める。△ABCは正三角形だから，∠A＝60°である。また，平行線の同位角だから，∠ADE＝∠DCF＝78°である。よって，△ABDで外角と内角の関係より，$\angle x=\angle\mathrm{ADE}-\angle\mathrm{A}=78^\circ-60^\circ=18^\circ$となる。

図3

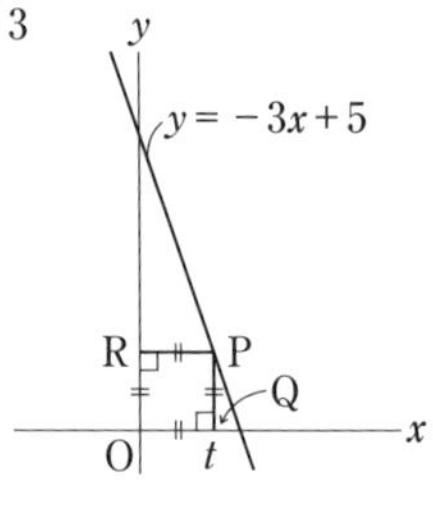

(4)＜**関数—点の座標**＞右図3で，点Pは直線$y=-3x+5$上にあるから，x座標をtとすると，y座標は$-3t+5$となる。よって，$\mathrm{P}(t,\ -3t+5)$であり，PR＝t，PQ＝$-3t+5$である。また，四角形OQPRは正方形だから，PR＝PQである。したがって，$t=-3t+5$が成り立つ。これを解くと，$4t=5$，$t=\frac{5}{4}$となる。

(5)＜**数の性質**＞$A=1\times2\times3\times4\times5\times6\times7\times8\times9\times10=1\times2\times3\times2^2\times5\times(2\times3)\times7\times2^3\times3^2\times(2\times5)=2^8\times3^4\times5^2\times7$である。よって，$\sqrt{\frac{An}{11}}=\sqrt{\frac{2^8\times3^4\times5^2\times7\times n}{11}}=\sqrt{\frac{(2^4\times3^2\times5)^2\times7\times n}{11}}=2^4\times3^2\times5\times\sqrt{\frac{7\times n}{11}}$より，$\sqrt{\frac{An}{11}}$が整数となるような自然数$n$のうち最小のものは，$n=7\times11=77$であり，このとき，$\sqrt{\frac{An}{11}}=2^4\times3^2\times5\times\sqrt{\frac{7\times7\times11}{11}}=2^4\times3^2\times5\times7$となる。また，$A=(2^6\times2^2)\times3^4\times5^2\times7=(2^6\times3^4\times7)\times(2^2\times5^2)=(2^6\times3^4\times7)\times100$であり，$2^6=64$，$3^4=81$だから，一の位どうしの積に着目すると，$2^6\times3^4\times7$の一の位の数字は，$4\times1\times7=28$より，8である。よって，$A$の百の位の数字は8である。

(6)＜**数の性質**＞右図4の(ア)のように，9個のマスに入る数をa～iとする。$d+g=f+i=12$であり，1～9の9個の数字で和が12となる2数の組は，(3，9)，(4，8)，(5，7)の3組だから，d，g，f，iにはこれらのどれかが入る。また，$g+h=10$，$i+h=11$より，iはgより，$11-10=1$だけ大きく，$d+a=f+c=9$より，d，fは9ではないから，d，g，f，iは(イ)～(エ)の3つの場合が考えられる。(イ)の場合，$a=9-4=5$，$b=10-5=5$より，$a=b$となるから，適していない。(ウ)の場合，$a=9-8=1$，$b=10-1=9$，$c=11-9=2$，

図4

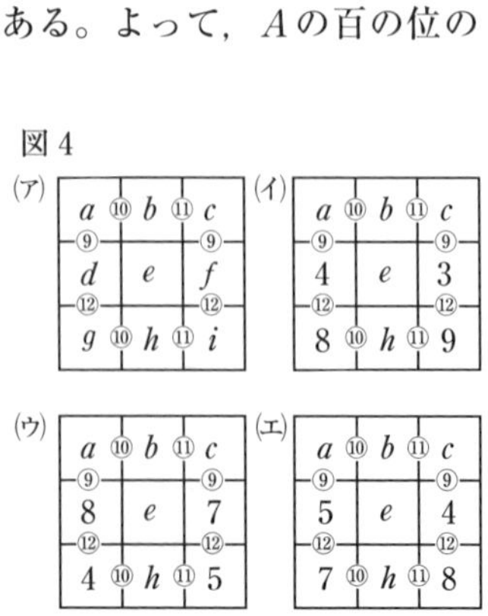

$h=10-4=6$ となり，e は残りの数字だから，$e=3$ となる。これは適している。(エ)の場合，$a=9-5=4$ となり，$a=f$ となるから，適していない。

3 〔**確率—さいころ，点の移動**〕

≪基本方針の決定≫(3)　正六角形は対角線で合同な6個の正三角形に分けられる。

(1)＜**確率**＞さいころを2回投げるとき，目の出方は全部で，$6\times6=36$(通り)ある。そのうち，3点A，P，Qのつくる三角形が正三角形になるのは，右図1のように点Pが頂点C，点Qが頂点Eにあるときと，点Pが頂点E，点Qが頂点Cにあるときである。このような目の出方は，(1回目，2回目)=(2，4)，(4，2)の2通りだから，求める確率は $\frac{2}{36}=\frac{1}{18}$ である。

図1

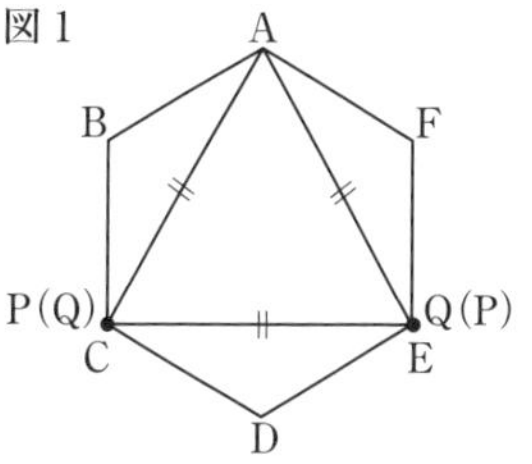

(2)＜**確率**＞3点A，P，Qのつくる図形が三角形にならないのは，3点A，P，Qのうちの2点または3点が重なるときである。このような目の出方は，(1回目，2回目)=(1，1)，(1，6)，(2，2)，(2，6)，(3，3)，(3，6)，(4，4)，(4，6)，(5，5)，(5，6)，(6，1)，(6，2)，(6，3)，(6，4)，(6，5)，(6，6)の16通りある。よって，求める確率は $\frac{16}{36}=\frac{4}{9}$ である。

(3)＜**確率**＞右図2のように，対角線AD，BE，CFの交点をOとする。正六角形ABCDEFにおいて，6個の△OAB，△OBC，△OCD，△ODE，△OEF，△OFAは合同な正三角形だから，これらの正三角形の面積は $\frac{1}{6}$〔正六角形ABCDEF〕$=\frac{1}{6}\times6=1$ である。また，$\angle OBA=\angle BOC=60^\circ$ より，錯角が等しいから，OC∥ABである。これより，△ABC=△OAB=1であり，同様に，△ABF=△AEF=1である。よって，3点A，P，Qのつくる図形が面積1 cm^2 の三角形となるのは，△ABC，△ABF，△AEFとなるときで，このときの目の出方は，(1回目，2回目)=(1，2)，(1，5)，(2，1)，(4，5)，(5，1)，(5，4)の6通りある。したがって，求める確率は $\frac{6}{36}=\frac{1}{6}$ である。

図2

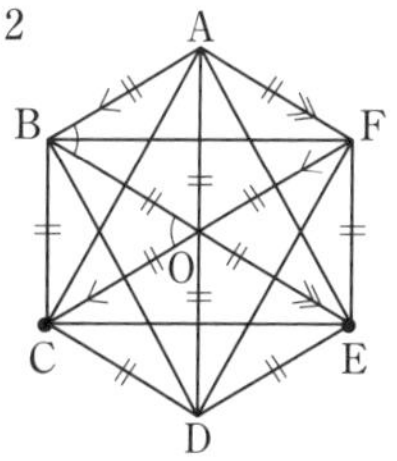

4 〔**関数—関数 $y=ax^2$ と直線**〕

≪基本方針の決定≫(2)　ACとBDの位置関係に着目する。　(3)　点Aを通り四角形ABDCの面積を2等分する直線に着目する。

(1)＜**交点の座標，直線の式**＞右図1で，点Aは放物線 $y=\frac{1}{2}x^2$ と直線 $y=x$ との交点のうち原点でない方の点だから，2式から y を消去すると，$\frac{1}{2}x^2=x$，$x^2-2x=0$，$x(x-2)=0$ より，$x=0$，2となる。よって，点Aの x 座標は2であり，$y=2$ となるから，A(2，2)である。また，点Cは放物線 $y=\frac{1}{2}x^2$ と直線 $y=-\frac{1}{2}x$ との交点のうち原点でない方の点だから，2式から y を消去すると，$\frac{1}{2}x^2=-\frac{1}{2}x$，$x^2+x=0$，$x(x+1)=0$ より，$x=0$，-1 となる。よって，点Cの x 座標は -1 であり，$y=-\frac{1}{2}\times(-1)=\frac{1}{2}$ となるから，$C\left(-1,\ \frac{1}{2}\right)$ であ

図1

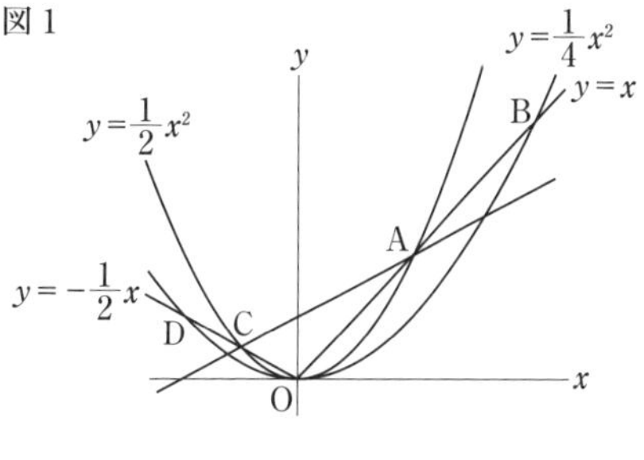

る。さらに，2点A，Cの座標より，直線ACの傾きは，$\left(2-\frac{1}{2}\right)\div\{2-(-1)\}=\frac{1}{2}$だから，直線ACの式を$y=\frac{1}{2}x+b$とおくと，点Aを通ることより，$2=\frac{1}{2}\times2+b$が成り立つ。これを解くと，$b=1$となるから，直線ACの式は$y=\frac{1}{2}x+1$である。

(2)＜**面積比―相似**＞右図2で，点Bは放物線$y=\frac{1}{4}x^2$と直線$y=x$との交点のうち原点でない方の点であり，点Dは放物線$y=\frac{1}{4}x^2$と直線$y=-\frac{1}{2}x$との交点のうち原点でない方の点だから，(1)と同様にして座標を求めると，B(4, 4)，D(−2, 1)となる。2点B，Dの座標より，直線BDの式は$y=\frac{1}{2}x+2$となる。よって，2直線AC，BDの傾きは等しいから，AC∥BDである。これより，△ACDと△ABDで，AC，BDをそれぞれの底辺と見ると高さは等しいから，△ACD：△ABD＝AC：BDである。ここで，図2のように，点Cを通りx軸に平行な直線と，点Aを通りy軸に平行な直線との交点をE，点Dを通りx軸に平行な直線と，点Bを通りy軸に平行な直線との交点をFとすると，△ACE∽△BDFとなる。したがって，AC：BD＝CE：DFであり，2点C，Eのx座標より，CE＝2−(−1)＝3，2点D，Fのx座標より，DF＝4−(−2)＝6だから，AC：BD＝3：6＝1：2である。以上より，△ACD：△ABD＝1：2となる。

図2

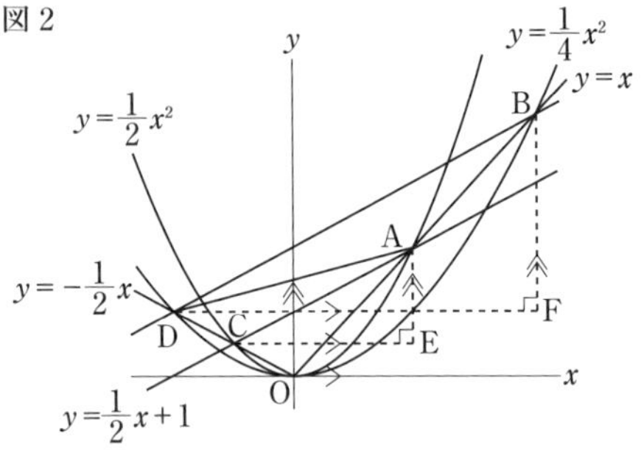

(3)＜**面積，傾き**＞右図3で，(2)より，△ABD＝2△ACDだから，〔四角形ABDC〕＝△ACD＋△ABD＝△ACD＋2△ACD＝3△ACDである。そこで，△ACDの面積を求める。図3のように，2直線AC，BDとy軸との交点をそれぞれH，Iとすると，DI∥CAだから，△ACD＝△ACIであり，△ACI＝△AHI＋△HCIとなる。直線AC，BDの切片より，2点H，Iのy座標はそれぞれ1，2だから，HI＝2−1＝1である。よって，△AHI，△HCIの底辺をHIと見ると，高さは2点A，Cのx座標より，それぞれ2，1である。これより，△ACI＝$\frac{1}{2}\times1\times2+\frac{1}{2}\times1\times1=\frac{3}{2}$だから，〔四角形ABDC〕＝3△ACD＝3△ACI＝$3\times\frac{3}{2}=\frac{9}{2}$となる。次に，四角形ABDCの面積を2等分し，点(2, 0)を通る直線をlとし，lの傾きを求める。右図4のように，線分APが四角形ABDCの面積を2等分するように直線BD上に点Pをとり，直線lと直線AC，AP，BDとの交点をそれぞれQ，R，Sとする。〔四角形APDC〕＝〔四角形QSDC〕＝$\frac{1}{2}$〔四角形ABDC〕だから，△RQA＝△RSPである。また，△RQAと△RSPで，平行線の錯角だから，∠RQA＝∠RSP，∠RAQ＝∠RPSより，2組の角がそれぞれ等しいから，△RQA∽△RSPである。よって，相似で面積が等しいので，△RQA≡△RSPとなり，RA＝RPで

図3

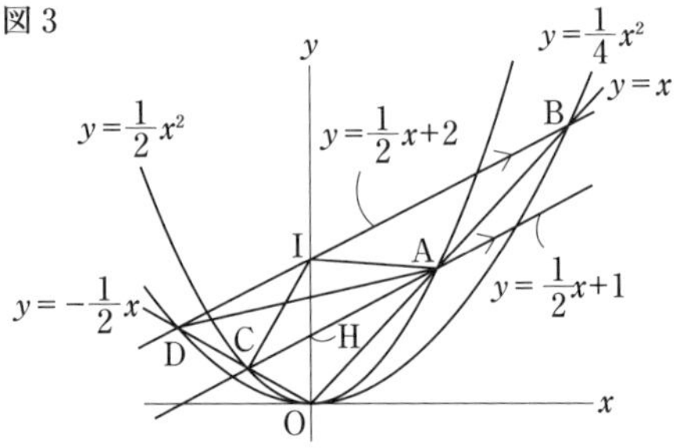

図4

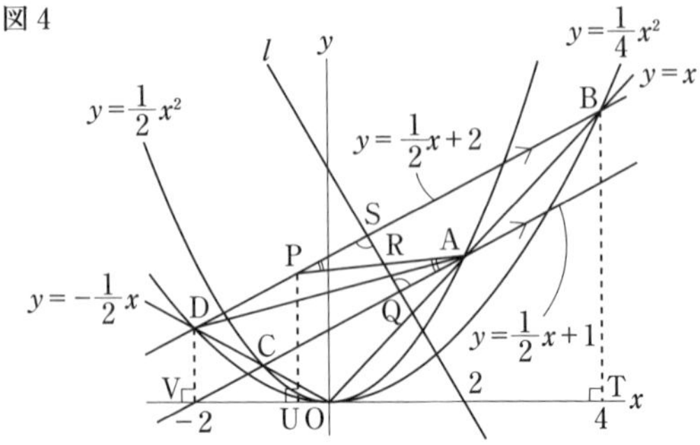

である。つまり，点Rは線分APの中点である。そこで，点Rの座標を求めるために，まず，点Pの座標を求める。△ABD＝2△ACD＝$2\times\frac{3}{2}$＝3，△ABP＝$\frac{1}{2}$〔四角形ABDC〕＝$\frac{1}{2}\times\frac{9}{2}=\frac{9}{4}$だから，△ABP：△ABD＝$\frac{9}{4}$：3＝3：4である。△ABPと△ABDで，BP，BDをそれぞれの底辺と見ると高さは等しいから，BP：BD＝△ABP：△ABD＝3：4となる。ここで，図4のように3点B，P，Dからx軸に垂線BT，PU，DVを引くと，BT∥PU∥DVより，TU：TV＝BP：BD＝3：4だから，TU＝$\frac{3}{4}$TVである。2点B，Dのx座標はそれぞれ4，−2で，TV＝4−(−2)＝6だから，TU＝$\frac{3}{4}\times6=\frac{9}{2}$より，点Pの$x$座標は，$4-\frac{9}{2}=-\frac{1}{2}$である。点Pは直線BD上にあるから，$y=\frac{1}{2}\times\left(-\frac{1}{2}\right)+2=\frac{7}{4}$より，P$\left(-\frac{1}{2},\ \frac{7}{4}\right)$である。これとA(2，2)より，点Rの$x$座標は$\left(-\frac{1}{2}+2\right)\div2=\frac{3}{4}$，$y$座標は$\left(\frac{7}{4}+2\right)\div2=\frac{15}{8}$となり，R$\left(\frac{3}{4},\ \frac{15}{8}\right)$である。したがって，直線$l$は点Rと点(2，0)を通るから，傾きは，$\left(0-\frac{15}{8}\right)\div\left(2-\frac{3}{4}\right)=-\frac{3}{2}$となる。

5 〔空間図形―立方体〕

≪基本方針の決定≫(1)　三角形の相似を利用する。　(2)　1点で交わる他の3直線の組に着目する。

(1)**＜長さの比―相似＞**右図1の△SCIと△SGRで，∠SCI＝∠SGR＝90°，対頂角だから，∠CSI＝∠GSRである。よって，2組の角がそれぞれ等しいから，△SCI∽△SGRである。これより，CI：GR＝SC：SG＝2：1だから，CI＝2GRである。ここで，GR：RF＝1：2より，GR：GF＝1：(1＋2)＝1：3だから，GR＝$\frac{1}{3}$GF＝$\frac{1}{3}\times6=2$である。したがって，CI＝2×2＝4より，BC：CI＝6：4＝3：2である。

図1

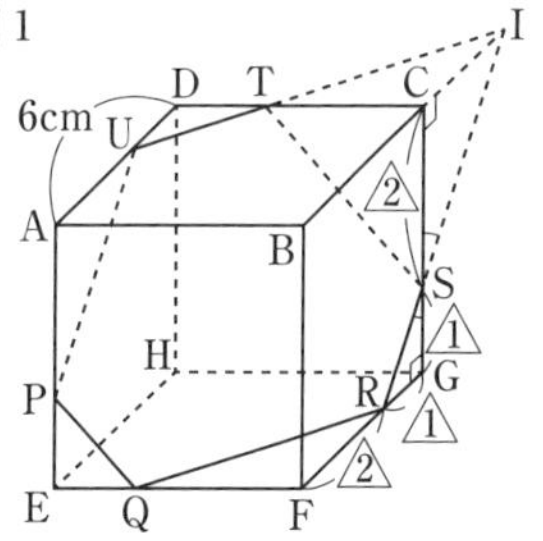

(2)**＜体積＞**右図2のように，3直線BA，TU，QPの交点をJ，3直線BF，PQ，SRの交点をKとする。立方体ABCD-EFGHを平面PQRSTUで切って2つに分けた立体のうち，頂点Bを含む方の立体は，三角錐K-BIJから3つの合同な三角錐S-CIT，P-AUJ，K-FRQを除いた立体である。∠JBI＝90°，KB⊥〔面BIJ〕であり，(1)と同様にして，AJ＝FK＝4だから，BI＝BJ＝BK＝6＋4＝10である。よって，〔三角錐K-BIJ〕＝$\frac{1}{3}\times\left(\frac{1}{2}\times10\times10\right)\times10=\frac{500}{3}$である。また，CS＝CT＝FR＝GF－GR＝6－2＝4より，〔三角錐S-CIT〕＝$\frac{1}{3}\times\left(\frac{1}{2}\times4\times4\right)\times4=\frac{32}{3}$となるから，〔三角錐P-AUJ〕＝〔三角錐K-FRQ〕＝〔三角錐S-CIT〕＝$\frac{32}{3}$である。したがって，求める体積は，$\frac{500}{3}-\frac{32}{3}\times3=\frac{404}{3}$(cm^3)となる。次に，六角錐B-PQRSTUは頂点Bを含む立体から3つの合同な三角錐B-FRQ，B-CTS，B-APUを除いた立体であり，〔三角錐B-FRQ〕＝〔三角錐B-CTS〕＝〔三角錐B-APU〕＝$\frac{1}{3}\times\left(\frac{1}{2}\times4\times4\right)\times6=16$だから，〔六角錐B-PQRSTU〕＝$\frac{404}{3}-16\times3=\frac{260}{3}$(cm^3)である。

図2

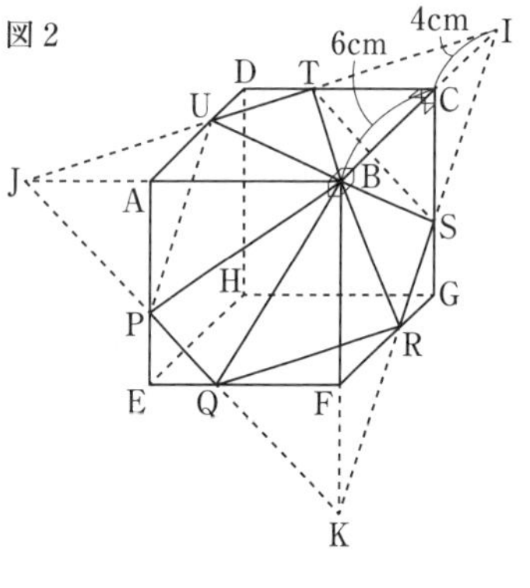

(3)**＜長さの比―相似＞**右図3のように，2直線HE，MNの交点をXとする。3点D，M，Nを含む平面と辺AEとの交点Vは，線分DXと辺AEとの交点である。△VADと△VEXで，∠VAD＝∠VEX＝90°，対頂角より∠AVD＝∠EVXなので，2組の角がそれぞれ等しく，△VAD∽△VEXとなる。これより，AV：VE＝AD：EXである。また，2点M，Nはそれぞれ辺EF，FGの中点だから，FM＝FN＝6÷2＝3であり，∠MFN＝90°だから，△MFNは直角二等辺三角形である。よって，∠FMN＝45°だから，対頂角より，∠EMX＝∠FMN＝45°である。これと∠MEX＝90°より，△EMXも直角二等辺三角形だから，EX＝EM＝FM＝3である。したがって，AD：EX＝6：3＝2：1だから，AV：VE＝2：1となる。

図3

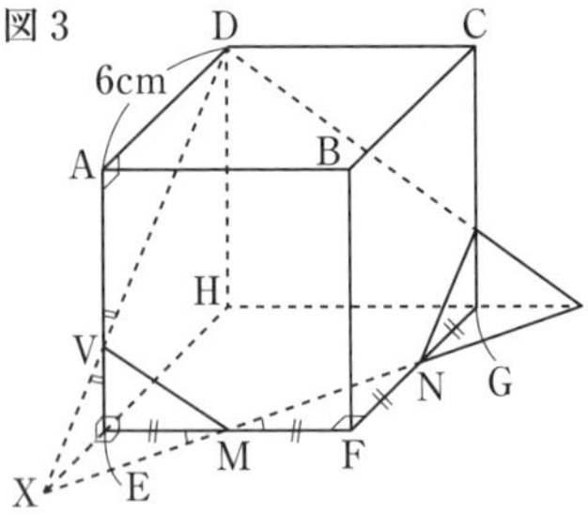

＝読者へのメッセージ＝

2の(5)では，素因数分解を利用しました。素数を発見したのは，古代ギリシアのピタゴラスですが，それから300年ほど後のエラトステネスは，「エラトステネスの篩《ふるい》」と呼ばれる素数の見つけ方を発見しています。

2021年度／狭山ヶ丘高等学校（推薦第２回）

国語解答

一 問１ (ア)…③ (イ)…① (ウ)…③ (エ)…⑤ (オ)…④
問２ X…⑤ Y…② Z…③
問３ ③ 問４ ① 問５ ①
問６ ④ 問７ ⑤ 問８ ②
問９ ③ 問10 ②

二 問１ (ア)…① (イ)…④ (ウ)…①
問２ ② 問３ ⑤ 問４ ③
問５ ② 問６ ⑤ 問７ ④
問８ ① 問９ ② 問10 ③

三 問１ (ア)…⑤ (イ)…① (ウ)…②
問２ ② 問３ ⑤ 問４ ④
問５ ② 問６ ③ 問７ ②
問８ ④ 問９ ⑤ 問10 ③
問11 ③

一〔**論説文の読解―哲学的分野―人間**〕出典；鷲田清一『ちぐはぐな身体――ファッションて何？』。

≪**本文の概要**≫自分が他人の目にどのように映っているかを意識し出したとき，私たちは初めて服を選んで着る。それがファッションの始まりであり，ファッションは，変形から始まる。思春期の，自分がどういう存在なのかわからないというやりきれない気分，時代から掃き出されているようなやりきれない気分が，理由がわからないまま身体の表面に出てしまうのである。たいていの服は，個人のイメージについての行動様式や性格，モラルなどを縫いつけている。その着心地が悪くて私たちは，勝手に着崩していく。それは，自分が誰かを確認したいという，ぎりぎりの行為として行われるのである。私たちは，自分の表面を社会的な枠組と擦り合わせ続けていく。ファッションというゲームは，社会の生きた皮膚であって，各人が自分になっていくプロセスが露出している。私たちは，服を着替えて自分のイメージを揺さぶり，自分が誰か確かめようとするのである。ファッション・デザイナーの山本さんは，この社会のどんな人間類型をも思い浮かべさせないような服をつくってきた。一着の服を選ぶということは，社会に対する自分の意識を表現することだと考える彼は，その覚悟もないままに着崩すファッションが意味もなくあふれかえっている街の眺めに，深く傷ついている。

問１＜**漢字**＞(ア)「物騒」と書く。穏やかでないこと。　(イ)「錯誤」と書く。「試行錯誤」は，さまざまな試みを繰り返し，失敗を重ねながら目的に近づいていくこと。　(ウ)「屈折」と書く。折れ曲がること。また，考え方などが素直でなく，わかりにくい点があること。　(エ)「類型」と書く。性質や特徴の共通点をまとめあげた型。　(オ)「懸命」と書く。力を尽くしてがんばること。

問２＜**接続語**＞X．私たちが服を着替えて自分のイメージを揺さぶっているという話題から，先日，ファッション・デザイナーの山本耀司さんを訪ねた話題に転換する。　Y．「流行の人間イメージを振りまいては季節ごとにそれを取り替えるモードという制度」を解体しようという山本さんらの考えが「支持」されたように見え，そのうえ，街には「グランジと呼ばれるよれよれの重ね着があふれかえって」いる。　Z．山本さんはぎりぎりのところまで「崩す」ファッションをつくってきたが，一方で背広は，誰が着ても「みっともなくならない」，非常によくできた服装である。

問３＜**文章内容**＞「じぶんが他人の眼にどんなふうに映っているか」を意識し出したとき，言い換えれば，「他人の視線にまで想像力がおよびだした」とき，私たちは「はじめて服を選んで着る」のであり，それが「ファッションのはじまり」なのである。

問４＜**文章内容**＞「子供服」は，子どもについての「おとなの意識をなぞっている」のである。子どもは，大人の側から見た子どもとして存在するための服を着ているのであって，ファッションの楽しみは着る側にはなく，着せる側の大人に存在しているのである。

問５＜文章内容＞私たちは，制服という「与えられた服をわざと，ちぐはぐに，だらしなく着くずすこと」で，着せる側が持っている自分のイメージを壊し，主体的であろうとするのである。

問６＜文章内容＞私たちは，「わざとみすぼらしいかっこうをしたり，わざとだぶだぶの服を着たり，わざときたならしい服を着たり」というふうに型を崩すが，一方で「むきになるのはみっともない」と感じたりもしてしまう。他人の視線が自分の服をどうとらえるかという自意識は，単純ではないのである。

問７＜語句＞「マジョリティ」は，多数派のこと。「等身大」には，世間の多くの人が共通に考えていることくらいの意味しかないと，私たちは考えるのである。

問８＜表現＞山本さんがつくる服は，「この社会のどんな人間類型をも思い浮かべさせない」服なのである。彼のつくる服は，サラリーマンらしくも，芸術家らしくも，老人らしくも若者らしくもなく，「そのどれにもなりきることを拒む」ような「具体的なイメージがとっさにつかみにくい」服なのである。「抽象的」は，概念的に思考された，具体的な内容を持たないさま。

問９＜文章内容＞山本さんは，社会のどんな人間類型にもなりきることを拒むような服をつくってきた。「時代の制服をちゃんと知っていて，しかもそれをぎりぎりのところまで崩していく」という仕事をしてきた山本さんにとって，「一着の服を選ぶってことは生活を選ぶことだから，実はたいへんなこと」であるのに，その覚悟もないままに着崩すファッションが街にあふれかえっていることに，山本さんは傷ついているのである。

問10＜要旨＞子どもたちは，大人の側から見た子どものイメージに合わせて服を着ているのであって，ファッションの楽しみは着る側である彼らにはない(①…○)。私たちは，自分が誰かを確認するために，どこまでやれば他人が注目するか，どこまでやれば社会から激しい抵抗にあうかなどを身体で確認しつつ，社会的規範を表す服を着崩していくのである(③・④…○)。「抵抗のための抵抗として」ではなく，自分が誰かを確認したいというぎりぎりの行為として，私たちは服を着崩していくのである(②…×)。私たちはそもそも自分の本当のサイズ，本当の姿がわからないので，「等身大」という観念に「嘘を見抜いて」しまう(⑤…○)。

二 〔小説の読解〕出典；彩瀬まる『かなしい食べもの』(『まだ温かい鍋を抱いておやすみ』所収)。

問１＜語句＞(ア)「したたかに」は，程度や分量などが甚だしいさま。透も灯もたくさん酒を飲み，ひどく酔ったのである。　(イ)「定型句」は，決まりきった言葉。透には，灯が意味をしっかり考えずに「家族」という決まりきった言葉を口にしたように思われたのである。　(ウ)「反芻」は，一つのことを繰り返し考え，よく味わうこと。灯は，最も辛かった瞬間を何度も繰り返して考えるように，パンを冷凍し続けるのだろうかと，徹は思ったのである。

問２＜四字熟語＞「本家本元」は，一番のおおもとのこと。初めに灯に枝豆とチーズのパンをつくってやっていたのは徹夫だと知って，透は，徹夫の代わりにされているようで不愉快だったのである。

問３＜表現＞灯は，長い沈黙のあと，徹夫とパンについて話し出した。二人の間に流れる張り詰めた空気感と，夜中の部屋の静寂さとを際立たせるように，遠くの電車の単調な音が響いているのである。

問４＜心情＞実家を出ていた時期，灯が徹夫にパンを焼いてもらっていたことを知った透は，「もう，パン，作らない」と放り出すように言った。透が傷ついていることを思うと，差し出されたパンを食べていいのか，灯は不安になったのである。

問５＜文章内容＞パンを「食べてるとなんだか安心するの」と，灯は言った。灯は，「世の中ってこういうものだって，ちゃんと思い出せて，なにかいやなことがあってもあんまり悲しくないの」と言ったが，透は，灯が「もっとも痛かった瞬間を反芻し続け，忘れない」でいるのかもしれないと思った。「頭の中で戦いが終わらない」でいる灯にとって，いたたまれなかった過去の出来事とパンが結びついているのを感じて，透は，「かなしい食べもの」だと言ったのである。

問６＜心情＞「もっとも痛かった瞬間を反芻し続け，忘れない」でいるかのように，灯はいつも，一つだけ食べて残りのパンを冷凍していた。透は，いつか灯が「どん底だけを信じるんでなく，他の，もっと幸せなものに確かさを感じて，このパンを食わずにやっていける日がくればいい」と願い，三つ食べた灯が残りのパンを冷凍するのを認め，優しく支えていこうと考えたのである。

問７＜慣用句＞「膝を突き合わせる」は，じっくり話をするために，相手と膝が触れ合うほどの近さで向かい合って座る，という意味。スタッフどうし，じっくりと向かい合ってさまざまな要素を話し合いながら，透たちは，メリーゴーランドを「この世にないもの」へ近づけていったのである。

問８＜心情＞笑っている灯の「持ち上げられた口角がほんの一瞬，ふるりと」ひくついていて，灯は完全に過去の辛さが消えたわけではない。しかし，透に誘われて一緒にメリーゴーランドに乗り，楽しい時間を過ごした灯は，「もっと幸せなものに確かさを感じて」ほしいと言っていた透の温かさを感じ，過去の辛さを反芻することなく生きていこうと思ったのである。

問９＜表現＞透の語りで進行し，灯の心中は，透が推察する形で描かれている(①…○)。文中の会話には，「食べるとなんだか安心するの，と灯は続けた」「少し考えさせてくれ，と言って」など間接話法も用いられている(②…×)。枝豆とチーズのパンは，灯が「もっとも痛かった瞬間を反芻」して「安堵」を得るものとして描かれ，「橙色」「乳色」「桃色」など色の表現にも食べ物に関連した語彙が用いられている(③…○)。「かなしい食べもの」「イチゴのショートケーキみたいな」「照れまじりの微笑は花畑のようだ」「メリーゴーランドみたいなパン」「それまでの景色を置いていく」など，多くの比喩表現が用いられている(④…○)。「ぽつりぽつりと」「かたんことん，かたんことん」「ぽろぽろ」などの擬態語や擬音語が用いられ，状況が伝わりやすくなっている(⑤…○)。

問10＜文学史＞『お伽草子』は，太宰治の小説，『山椒魚』は，井伏鱒二の小説，『たけくらべ』は，樋口一葉の小説，『刺青』は，谷崎潤一郎の小説。

三〔**古文の読解─随筆**〕出典；清水浜臣『泊洦筆話』。

≪現代語訳≫享保元文の頃，柳瀬美仲という歌よみがいた。わずかに和学に対する志もあったということだ。あるときの歌に／初瀬に通う道に初鳴きの声を聞きたいと訪ねてきたが，まだ隠れているらしいこもりくのホトトギスであることよ／という歌をよんで，自分でもたいそうよくよめたと思い，日頃から直接学び申し上げている何とかという大納言のもとに伺って，この歌を見せ申し上げると，大変にほめなさって，「今の世にこれほどの歌をよむような人がほかにいるとも思えない。あの昔の待宵の歌をよまれた侍従，物かはの蔵人，伏柴の歌の加賀，沖の石の讃岐などの例にならって，今からは〈こもりく〉の美仲とあだ名をつけたとしても，誰が欠点と非難することがあろうか」とほめなさったので，美仲は身に余るうれしさに，帰ってすぐ，知っているかぎりの人々にも，こうしたことがあったと語り聞かせて自慢したのを，伏見稲荷大社の神職の羽倉東満がこれを聞いて，ばかばかしいことと思いながら，すぐに大納言のもとに参上して，雑掌の何とかという者に会って申し上げるには，「伝え聞きましたところ，この頃美仲が，『まだこもりくの』という歌をよんで，大変殿のおほめにあずかったとのこと。本当にそんなことがございましたか。私も物の心を知り始めましてから，歌に深く心を寄せていますが，『こもりく』という言葉は，古く『古事記』『日本書紀』『万葉集』にわたって，皆泊瀬の枕詞として使われておりますのに，その枕詞をこのように優れた歌の言葉としてよみ込むのみならず，五音で使うべき言葉を，上にまだという二音を添えて七音の句に用いますことは，古歌には全く例のないことでございます。どうしてこの歌をほめなさって，分不相応にも〈こもりく〉の美仲などというあだ名をつけろとおっしゃったのでしょう。これはきっと，都のあてにならないうわさ話でございましょう。殿がおっしゃったのであれば，歌のことは衰えたと(人々は)申すでしょう。本当に嘆かわしいことです。このおかしな話を聞きまして，疑いを晴らしたくて，わざわざ参りました」と申し上げたので，雑掌も答えに困って，「どうしてそんなことがございましょう。それは美仲の弟子どもなどが，自分の師匠の歌を立派に見せようと，殿の名をかたって，いい加減な話をこしらえたのに違いありません」と，急いで奥に引っ込み，再び出てこなかったので，東満もおかしさをこらえて家に帰ったということだよ。

問１＜古語＞(ア)「いささか」は，ほんの少し，という意味。　(イ)「をこがまし」は，ばかげている，間が抜けている，という意味。　(ウ)「おほけなし」は，身のほどをわきまえない，という意味。

問２＜古典の知識＞「山時鳥」は，初夏に渡来するため，夏を知らせる鳥として親しまれ，多くの詩歌によまれた。

問３＜和歌の内容理解＞初鳴きの声を聞こうと思って初瀬路を歩いたが，まだ籠もっているらしいホトトギスであることよ，という意味の歌。「こもりく」は，初瀬の枕詞であると同時に，ホトトギスがまだ山の中に隠れていて鳴き声を聞くことができないという意味が重ねられている。

問４＜古文の内容理解＞美仲は，「隠口」という言葉によって，初瀬という土地を表すと同時に，ホトトギスがまだ山に隠れていて声を聞かせてくれないという待ち遠しい気持ちを重ねて表して，歌をよんだ。「隠口」という言葉をうまく使った歌をよんだという意味で，美仲のあだ名として用いたらよいと，大納言は言ったのである。東満は，美仲の歌が，枕詞として歌に使われた優れた古歌をよみ込むために「隠口」が使われているわけでもなく，しかも五音で使うべき枕詞の「隠口」を，七音の言葉にして使っているのに，あだ名に「隠口」をつけるのはおかしいと言うのである。

問５＜現代語訳＞「か」は，反語の意味を表す係助詞。「点つかる」は，非難される，欠点を言われる，という意味。すばらしい歌の作者なのだから，こもりくの美仲と名乗ったとしても，誰が非難することがあるだろうか，いやないだろうと，大納言は言ったのである。

問６＜古文の内容理解＞美仲は，大納言が初瀬路の歌について，今の世にこれほどすばらしい歌をよむ人がほかにいるだろうかとたいそうほめ，こもりくの美仲とあだ名を名乗れと言ったことを喜んで，知っているかぎりの人々に自慢したのである。

問７＜現代語訳＞「や」は，疑問の意味を表す係助詞。東満は，大納言のもとに行き，近頃美仲が「まだこもりくの」という歌をよみ，それを大納言が大変ほめなさったという話を聞いたが本当かと，話を切り出したのである。

問８＜文学史＞『万葉集』は，奈良時代に成立した歌集で，編者は大伴家持とされる。柿本人麻呂は，山部赤人と並び，『万葉集』の代表的歌人。

問９＜古典文法＞文中に係助詞「こそ」があると，係り結びの法則により文末は已然形で結ぶ。「侍らめ」の「め」は，推量の助動詞「む」の已然形，「侍りけめ」の「けめ」は，過去推量の助動詞「けむ」の已然形。

問10＜古典文法＞「殿ののたまはせし」「夜の明くる間」の「の」は，主格を表す助詞。「龍田の川の錦」「天の香具山」「今ひとたびのみゆき」「奈良の都の八重桜」の「の」は，直後に体言が続いて連体修飾語をつくる助詞。

問11＜古文の内容理解＞枕詞である「こもりく」を，七音にして一般的な言葉として和歌に使うのは誤りであり，それを大納言がほめたといううわさが立っては嘆かわしいという東満の言葉に，雑掌が慌て，美仲の弟子どもが大納言の名をかたっていいかげんな話をこしらえたのに違いないと言い訳し，奥に引っ込んだので，東満はおかしさをこらえたのである。

2025年度用

高校スーパー過去問

■編集人 声の教育社・編集部

■発行所 株式会社 声の教育社

〒162-0814 東京都新宿区新小川町8-15

☎03-5261-5061㈹ FAX03-5261-5062

https://www.koenokyoikusha.co.jp

狭山ヶ丘高等学校

別冊 解答用紙

丁寧に抜きとって、別冊としてご使用ください。

注意

○ 解答用紙は、収録の都合により縮小したものや、小社独自に作成したものもあります。
○ 学校配点は学校発表のもの、推定配点は小社で作成したものです。
○ 無断転載を禁じます。
○ 解答用紙を拡大コピーする場合、表示した拡大率に対応する用紙サイズは以下のとおりです。
101%～102%＝B5　103%～118%＝A4　119%～144%＝B4　145%～167%＝A3
（タイトルと配点表は含みません）

２０２４年度　狭山ケ丘高等学校　推薦第１回

英語解答用紙

評点
/100

コース	中学校名	氏名	＊G	＊C	＊N
	立　中学校				

注意
1. 各設問項目にはマークを一つだけつけること
2. この用紙を折り曲げたり汚したりしないこと
3. 訂正時は消しゴムできれいに消し、消しくずを残さないこと
4. ＊欄は記入指示があった場合のみ使用します

受験番号			
⓪	⓪	⓪	⓪
①	①	①	①
②	②	②	②
③	③	③	③
④	④	④	④
⑤	⑤	⑤	⑤
⑥	⑥	⑥	⑥
⑦	⑦	⑦	⑦
⑧	⑧	⑧	⑧
⑨	⑨	⑨	⑨

設問番号　1　～　50

設問	1	2	3	4	5	6	7	8	9	10	11	12	13	14	15	16	17	18	19	20	21	22	23	24	25	26	27	28	29	30	31	32	33	34	35	36	37	38	39	40	41	42	43	44	45	46	47	48	49	50
解答欄	⓪①②③④⑤⑥⑦⑧⑨	⓪①②③④⑤⑥⑦⑧⑨	⓪①②③④⑤⑥⑦⑧⑨	⓪①②③④⑤⑥⑦⑧⑨	⓪①②③④⑤⑥⑦⑧⑨	⓪①②③④⑤⑥⑦⑧⑨	⓪①②③④⑤⑥⑦⑧⑨	⓪①②③④⑤⑥⑦⑧⑨	⓪①②③④⑤⑥⑦⑧⑨	⓪①②③④⑤⑥⑦⑧⑨	⓪①②③④⑤⑥⑦⑧⑨	⓪①②③④⑤⑥⑦⑧⑨	⓪①②③④⑤⑥⑦⑧⑨	⓪①②③④⑤⑥⑦⑧⑨	⓪①②③④⑤⑥⑦⑧⑨	⓪①②③④⑤⑥⑦⑧⑨	⓪①②③④⑤⑥⑦⑧⑨	⓪①②③④⑤⑥⑦⑧⑨	⓪①②③④⑤⑥⑦⑧⑨	⓪①②③④⑤⑥⑦⑧⑨	⓪①②③④⑤⑥⑦⑧⑨	⓪①②③④⑤⑥⑦⑧⑨	⓪①②③④⑤⑥⑦⑧⑨	⓪①②③④⑤⑥⑦⑧⑨	⓪①②③④⑤⑥⑦⑧⑨	⓪①②③④⑤⑥⑦⑧⑨	⓪①②③④⑤⑥⑦⑧⑨	⓪①②③④⑤⑥⑦⑧⑨	⓪①②③④⑤⑥⑦⑧⑨	⓪①②③④⑤⑥⑦⑧⑨	⓪①②③④⑤⑥⑦⑧⑨	⓪①②③④⑤⑥⑦⑧⑨	⓪①②③④⑤⑥⑦⑧⑨	⓪①②③④⑤⑥⑦⑧⑨	⓪①②③④⑤⑥⑦⑧⑨	⓪①②③④⑤⑥⑦⑧⑨	⓪①②③④⑤⑥⑦⑧⑨	⓪①②③④⑤⑥⑦⑧⑨	⓪①②③④⑤⑥⑦⑧⑨	⓪①②③④⑤⑥⑦⑧⑨	⓪①②③④⑤⑥⑦⑧⑨	⓪①②③④⑤⑥⑦⑧⑨	⓪①②③④⑤⑥⑦⑧⑨	⓪①②③④⑤⑥⑦⑧⑨	⓪①②③④⑤⑥⑦⑧⑨	⓪①②③④⑤⑥⑦⑧⑨	⓪①②③④⑤⑥⑦⑧⑨	⓪①②③④⑤⑥⑦⑧⑨	⓪①②③④⑤⑥⑦⑧⑨	⓪①②③④⑤⑥⑦⑧⑨

受験教科名		
受験教科番号	⓪	⓪
	①	①
	②	②
	③	③
	④	④
	⑤	⑤
	⑥	⑥
	⑦	⑦
	⑧	⑧
	⑨	⑨

設問番号　51　～　100

設問	51	52	53	54	55	56	57	58	59	60	61	62	63	64	65	66	67	68	69	70	71	72	73	74	75	76	77	78	79	80	81	82	83	84	85	86	87	88	89	90	91	92	93	94	95	96	97	98	99	100
解答欄	⓪①②③④⑤⑥⑦⑧⑨	⓪①②③④⑤⑥⑦⑧⑨	⓪①②③④⑤⑥⑦⑧⑨	⓪①②③④⑤⑥⑦⑧⑨	⓪①②③④⑤⑥⑦⑧⑨	⓪①②③④⑤⑥⑦⑧⑨	⓪①②③④⑤⑥⑦⑧⑨	⓪①②③④⑤⑥⑦⑧⑨	⓪①②③④⑤⑥⑦⑧⑨	⓪①②③④⑤⑥⑦⑧⑨	⓪①②③④⑤⑥⑦⑧⑨	⓪①②③④⑤⑥⑦⑧⑨	⓪①②③④⑤⑥⑦⑧⑨	⓪①②③④⑤⑥⑦⑧⑨	⓪①②③④⑤⑥⑦⑧⑨	⓪①②③④⑤⑥⑦⑧⑨	⓪①②③④⑤⑥⑦⑧⑨	⓪①②③④⑤⑥⑦⑧⑨	⓪①②③④⑤⑥⑦⑧⑨	⓪①②③④⑤⑥⑦⑧⑨	⓪①②③④⑤⑥⑦⑧⑨	⓪①②③④⑤⑥⑦⑧⑨	⓪①②③④⑤⑥⑦⑧⑨	⓪①②③④⑤⑥⑦⑧⑨	⓪①②③④⑤⑥⑦⑧⑨	⓪①②③④⑤⑥⑦⑧⑨	⓪①②③④⑤⑥⑦⑧⑨	⓪①②③④⑤⑥⑦⑧⑨	⓪①②③④⑤⑥⑦⑧⑨	⓪①②③④⑤⑥⑦⑧⑨	⓪①②③④⑤⑥⑦⑧⑨	⓪①②③④⑤⑥⑦⑧⑨	⓪①②③④⑤⑥⑦⑧⑨	⓪①②③④⑤⑥⑦⑧⑨	⓪①②③④⑤⑥⑦⑧⑨	⓪①②③④⑤⑥⑦⑧⑨	⓪①②③④⑤⑥⑦⑧⑨	⓪①②③④⑤⑥⑦⑧⑨	⓪①②③④⑤⑥⑦⑧⑨	⓪①②③④⑤⑥⑦⑧⑨	⓪①②③④⑤⑥⑦⑧⑨	⓪①②③④⑤⑥⑦⑧⑨	⓪①②③④⑤⑥⑦⑧⑨	⓪①②③④⑤⑥⑦⑧⑨	⓪①②③④⑤⑥⑦⑧⑨	⓪①②③④⑤⑥⑦⑧⑨	⓪①②③④⑤⑥⑦⑧⑨	⓪①②③④⑤⑥⑦⑧⑨	⓪①②③④⑤⑥⑦⑧⑨	⓪①②③④⑤⑥⑦⑧⑨

（注）この解答用紙は実物を縮小してあります。Ｂ４用紙に142％拡大コピーすると、ほぼ実物大で使用できます。（タイトルと配点表は含みません）

推定配点	
1	各２点×９
2	各３点×10
3	問１～問４　各３点×４　問５　各２点×２
4～8	各２点×18
計	100点

２０２４年度　狭山ケ丘高等学校　一般

数学解答用紙

注意
1．各設問項目にはマークを一つだけつけること
2．この用紙を折り曲げたり汚したりしないこと
3．訂正時は消しゴムできれいに消し、消しくずを残さないこと
4．＊欄は記入指示があった場合のみ使用します

コース	中学校名	氏名	＊G	＊C	＊N
	立　　　中学校				

受験番号

0	0	0	0
1	1	1	1
2	2	2	2
3	3	3	3
4	4	4	4
5	5	5	5
6	6	6	6
7	7	7	7
8	8	8	8
9	9	9	9

設問番号 1 ～ 50

設問	1	2	3	4	5	6	7	8	9	10	11	12	13	14	15	16	17	18	19	20	21	22	23	24	25	26	27	28	29	30	31	32	33	34	35	36	37	38	39	40	41	42	43	44	45	46	47	48	49	50
解答欄	0	0	0	0	0	0	0	0	0	0	0	0	0	0	0	0	0	0	0	0	0	0	0	0	0	0	0	0	0	0	0	0	0	0	0	0	0	0	0	0	0	0	0	0	0	0	0	0	0	0
	1	1	1	1	1	1	1	1	1	1	1	1	1	1	1	1	1	1	1	1	1	1	1	1	1	1	1	1	1	1	1	1	1	1	1	1	1	1	1	1	1	1	1	1	1	1	1	1	1	1
	2	2	2	2	2	2	2	2	2	2	2	2	2	2	2	2	2	2	2	2	2	2	2	2	2	2	2	2	2	2	2	2	2	2	2	2	2	2	2	2	2	2	2	2	2	2	2	2	2	2
	3	3	3	3	3	3	3	3	3	3	3	3	3	3	3	3	3	3	3	3	3	3	3	3	3	3	3	3	3	3	3	3	3	3	3	3	3	3	3	3	3	3	3	3	3	3	3	3	3	3
	4	4	4	4	4	4	4	4	4	4	4	4	4	4	4	4	4	4	4	4	4	4	4	4	4	4	4	4	4	4	4	4	4	4	4	4	4	4	4	4	4	4	4	4	4	4	4	4	4	4
	5	5	5	5	5	5	5	5	5	5	5	5	5	5	5	5	5	5	5	5	5	5	5	5	5	5	5	5	5	5	5	5	5	5	5	5	5	5	5	5	5	5	5	5	5	5	5	5	5	5
	6	6	6	6	6	6	6	6	6	6	6	6	6	6	6	6	6	6	6	6	6	6	6	6	6	6	6	6	6	6	6	6	6	6	6	6	6	6	6	6	6	6	6	6	6	6	6	6	6	6
	7	7	7	7	7	7	7	7	7	7	7	7	7	7	7	7	7	7	7	7	7	7	7	7	7	7	7	7	7	7	7	7	7	7	7	7	7	7	7	7	7	7	7	7	7	7	7	7	7	7
	8	8	8	8	8	8	8	8	8	8	8	8	8	8	8	8	8	8	8	8	8	8	8	8	8	8	8	8	8	8	8	8	8	8	8	8	8	8	8	8	8	8	8	8	8	8	8	8	8	8
	9	9	9	9	9	9	9	9	9	9	9	9	9	9	9	9	9	9	9	9	9	9	9	9	9	9	9	9	9	9	9	9	9	9	9	9	9	9	9	9	9	9	9	9	9	9	9	9	9	9

受験教科名

受験教科番号		
	0	0
	1	1
	2	2
	3	3
	4	4
	5	5
	6	6
	7	7
	8	8
	9	9

設問番号 51 ～ 100

設問	51	52	53	54	55	56	57	58	59	60	61	62	63	64	65	66	67	68	69	70	71	72	73	74	75	76	77	78	79	80	81	82	83	84	85	86	87	88	89	90	91	92	93	94	95	96	97	98	99	100
解答欄	0	0	0	0	0	0	0	0	0	0	0	0	0	0	0	0	0	0	0	0	0	0	0	0	0	0	0	0	0	0	0	0	0	0	0	0	0	0	0	0	0	0	0	0	0	0	0	0	0	0
	1	1	1	1	1	1	1	1	1	1	1	1	1	1	1	1	1	1	1	1	1	1	1	1	1	1	1	1	1	1	1	1	1	1	1	1	1	1	1	1	1	1	1	1	1	1	1	1	1	1
	2	2	2	2	2	2	2	2	2	2	2	2	2	2	2	2	2	2	2	2	2	2	2	2	2	2	2	2	2	2	2	2	2	2	2	2	2	2	2	2	2	2	2	2	2	2	2	2	2	2
	3	3	3	3	3	3	3	3	3	3	3	3	3	3	3	3	3	3	3	3	3	3	3	3	3	3	3	3	3	3	3	3	3	3	3	3	3	3	3	3	3	3	3	3	3	3	3	3	3	3
	4	4	4	4	4	4	4	4	4	4	4	4	4	4	4	4	4	4	4	4	4	4	4	4	4	4	4	4	4	4	4	4	4	4	4	4	4	4	4	4	4	4	4	4	4	4	4	4	4	4
	5	5	5	5	5	5	5	5	5	5	5	5	5	5	5	5	5	5	5	5	5	5	5	5	5	5	5	5	5	5	5	5	5	5	5	5	5	5	5	5	5	5	5	5	5	5	5	5	5	5
	6	6	6	6	6	6	6	6	6	6	6	6	6	6	6	6	6	6	6	6	6	6	6	6	6	6	6	6	6	6	6	6	6	6	6	6	6	6	6	6	6	6	6	6	6	6	6	6	6	6
	7	7	7	7	7	7	7	7	7	7	7	7	7	7	7	7	7	7	7	7	7	7	7	7	7	7	7	7	7	7	7	7	7	7	7	7	7	7	7	7	7	7	7	7	7	7	7	7	7	7
	8	8	8	8	8	8	8	8	8	8	8	8	8	8	8	8	8	8	8	8	8	8	8	8	8	8	8	8	8	8	8	8	8	8	8	8	8	8	8	8	8	8	8	8	8	8	8	8	8	8
	9	9	9	9	9	9	9	9	9	9	9	9	9	9	9	9	9	9	9	9	9	9	9	9	9	9	9	9	9	9	9	9	9	9	9	9	9	9	9	9	9	9	9	9	9	9	9	9	9	9

評点　／100

（注）この解答用紙は実物を縮小してあります。Ｂ４用紙に142％拡大コピーすると、ほぼ実物大で使用できます。（タイトルと配点表は含みません）

推定配点

1 (1)～(6) 各2点×6　(7)、(8) 各3点×3
2 各3点×11〔(1) 15・16、(2) 20・21はそれぞれ完答〕
3 (1) 各2点×2　(2)～(4) 各3点×4
4、5 各3点×10

計	100点

二〇二四年度　狭山ケ丘高等学校　推薦第一回

国語解答用紙

コース	中学校名	氏名	＊G	＊C	＊N
	立　　　　中学校				

注意　1．各設問項目にはマークを一つだけつけること
2．この用紙を折り曲げたり汚したりしないこと
3．訂正時は消しゴムできれいに消し、消しくずを残さないこと
4．＊欄は記入指示があった場合のみ使用します

受験番号			
0	0	0	0
1	1	1	1
2	2	2	2
3	3	3	3
4	4	4	4
5	5	5	5
6	6	6	6
7	7	7	7
8	8	8	8
9	9	9	9

設問番号　1　～　50

設問	1	2	3	4	5	6	7	8	9	10	11	12	13	14	15	16	17	18	19	20	21	22	23	24	25	26	27	28	29	30	31	32	33	34	35	36	37	38	39	40	41	42	43	44	45	46	47	48	49	50
解答欄	0	0	0	0	0	0	0	0	0	0	0	0	0	0	0	0	0	0	0	0	0	0	0	0	0	0	0	0	0	0	0	0	0	0	0	0	0	0	0	0	0	0	0	0	0	0	0	0	0	0
	1	1	1	1	1	1	1	1	1	1	1	1	1	1	1	1	1	1	1	1	1	1	1	1	1	1	1	1	1	1	1	1	1	1	1	1	1	1	1	1	1	1	1	1	1	1	1	1	1	1
	2	2	2	2	2	2	2	2	2	2	2	2	2	2	2	2	2	2	2	2	2	2	2	2	2	2	2	2	2	2	2	2	2	2	2	2	2	2	2	2	2	2	2	2	2	2	2	2	2	2
	3	3	3	3	3	3	3	3	3	3	3	3	3	3	3	3	3	3	3	3	3	3	3	3	3	3	3	3	3	3	3	3	3	3	3	3	3	3	3	3	3	3	3	3	3	3	3	3	3	3
	4	4	4	4	4	4	4	4	4	4	4	4	4	4	4	4	4	4	4	4	4	4	4	4	4	4	4	4	4	4	4	4	4	4	4	4	4	4	4	4	4	4	4	4	4	4	4	4	4	4
	5	5	5	5	5	5	5	5	5	5	5	5	5	5	5	5	5	5	5	5	5	5	5	5	5	5	5	5	5	5	5	5	5	5	5	5	5	5	5	5	5	5	5	5	5	5	5	5	5	5
	6	6	6	6	6	6	6	6	6	6	6	6	6	6	6	6	6	6	6	6	6	6	6	6	6	6	6	6	6	6	6	6	6	6	6	6	6	6	6	6	6	6	6	6	6	6	6	6	6	6
	7	7	7	7	7	7	7	7	7	7	7	7	7	7	7	7	7	7	7	7	7	7	7	7	7	7	7	7	7	7	7	7	7	7	7	7	7	7	7	7	7	7	7	7	7	7	7	7	7	7
	8	8	8	8	8	8	8	8	8	8	8	8	8	8	8	8	8	8	8	8	8	8	8	8	8	8	8	8	8	8	8	8	8	8	8	8	8	8	8	8	8	8	8	8	8	8	8	8	8	8
	9	9	9	9	9	9	9	9	9	9	9	9	9	9	9	9	9	9	9	9	9	9	9	9	9	9	9	9	9	9	9	9	9	9	9	9	9	9	9	9	9	9	9	9	9	9	9	9	9	9

受験教科名	
受験教科番号	0	0
	1	1
	2	2
	3	3
	4	4
	5	5
	6	6
	7	7
	8	8
	9	9

設問番号　51　～　100

設問	51	52	53	54	55	56	57	58	59	60	61	62	63	64	65	66	67	68	69	70	71	72	73	74	75	76	77	78	79	80	81	82	83	84	85	86	87	88	89	90	91	92	93	94	95	96	97	98	99	100
解答欄	0	0	0	0	0	0	0	0	0	0	0	0	0	0	0	0	0	0	0	0	0	0	0	0	0	0	0	0	0	0	0	0	0	0	0	0	0	0	0	0	0	0	0	0	0	0	0	0	0	0
	1	1	1	1	1	1	1	1	1	1	1	1	1	1	1	1	1	1	1	1	1	1	1	1	1	1	1	1	1	1	1	1	1	1	1	1	1	1	1	1	1	1	1	1	1	1	1	1	1	1
	2	2	2	2	2	2	2	2	2	2	2	2	2	2	2	2	2	2	2	2	2	2	2	2	2	2	2	2	2	2	2	2	2	2	2	2	2	2	2	2	2	2	2	2	2	2	2	2	2	2
	3	3	3	3	3	3	3	3	3	3	3	3	3	3	3	3	3	3	3	3	3	3	3	3	3	3	3	3	3	3	3	3	3	3	3	3	3	3	3	3	3	3	3	3	3	3	3	3	3	3
	4	4	4	4	4	4	4	4	4	4	4	4	4	4	4	4	4	4	4	4	4	4	4	4	4	4	4	4	4	4	4	4	4	4	4	4	4	4	4	4	4	4	4	4	4	4	4	4	4	4
	5	5	5	5	5	5	5	5	5	5	5	5	5	5	5	5	5	5	5	5	5	5	5	5	5	5	5	5	5	5	5	5	5	5	5	5	5	5	5	5	5	5	5	5	5	5	5	5	5	5
	6	6	6	6	6	6	6	6	6	6	6	6	6	6	6	6	6	6	6	6	6	6	6	6	6	6	6	6	6	6	6	6	6	6	6	6	6	6	6	6	6	6	6	6	6	6	6	6	6	6
	7	7	7	7	7	7	7	7	7	7	7	7	7	7	7	7	7	7	7	7	7	7	7	7	7	7	7	7	7	7	7	7	7	7	7	7	7	7	7	7	7	7	7	7	7	7	7	7	7	7
	8	8	8	8	8	8	8	8	8	8	8	8	8	8	8	8	8	8	8	8	8	8	8	8	8	8	8	8	8	8	8	8	8	8	8	8	8	8	8	8	8	8	8	8	8	8	8	8	8	8
	9	9	9	9	9	9	9	9	9	9	9	9	9	9	9	9	9	9	9	9	9	9	9	9	9	9	9	9	9	9	9	9	9	9	9	9	9	9	9	9	9	9	9	9	9	9	9	9	9	9

評点
／100

（注）この解答用紙は実物を縮小してあります。Ｂ４用紙に142％拡大コピーすると、ほぼ実物大で使用できます。（タイトルと配点表は含みません）

推定配点

一　問1、問2　各2点×9　問3～問8　各3点×6　問9　各2点×2

二　問1　各2点×3　問2　3点　問3　2点　問4～問9　各3点×6　問10　2点

三　問1、問2　各2点×4　問3～問5　各3点×3　問6、問7　各2点×2　問8、問9　各3点×2　問10　2点

計
100点

２０２４年度　狭山ケ丘高等学校　推薦第３回

英語解答用紙

評点	
	/100

コース	中学校名	氏名	＊G	＊C	＊N
	立　　　中学校				

注意　1．各設問項目にはマークを一つだけつけること
2．この用紙を折り曲げたり汚したりしないこと
3．訂正時は消しゴムできれいに消し、消しくずを残さないこと
4．＊欄は記入指示があった場合のみ使用します

受験番号			
0	0	0	0
1	1	1	1
2	2	2	2
3	3	3	3
4	4	4	4
5	5	5	5
6	6	6	6
7	7	7	7
8	8	8	8
9	9	9	9

設問番号　1　～　50

設問	1	2	3	4	5	6	7	8	9	10	11	12	13	14	15	16	17	18	19	20	21	22	23	24	25	26	27	28	29	30	31	32	33	34	35	36	37	38	39	40	41	42	43	44	45	46	47	48	49	50
解答欄	0	0	0	0	0	0	0	0	0	0	0	0	0	0	0	0	0	0	0	0	0	0	0	0	0	0	0	0	0	0	0	0	0	0	0	0	0	0	0	0	0	0	0	0	0	0	0	0	0	0
	1	1	1	1	1	1	1	1	1	1	1	1	1	1	1	1	1	1	1	1	1	1	1	1	1	1	1	1	1	1	1	1	1	1	1	1	1	1	1	1	1	1	1	1	1	1	1	1	1	1
	2	2	2	2	2	2	2	2	2	2	2	2	2	2	2	2	2	2	2	2	2	2	2	2	2	2	2	2	2	2	2	2	2	2	2	2	2	2	2	2	2	2	2	2	2	2	2	2	2	2
	3	3	3	3	3	3	3	3	3	3	3	3	3	3	3	3	3	3	3	3	3	3	3	3	3	3	3	3	3	3	3	3	3	3	3	3	3	3	3	3	3	3	3	3	3	3	3	3	3	3
	4	4	4	4	4	4	4	4	4	4	4	4	4	4	4	4	4	4	4	4	4	4	4	4	4	4	4	4	4	4	4	4	4	4	4	4	4	4	4	4	4	4	4	4	4	4	4	4	4	4
	5	5	5	5	5	5	5	5	5	5	5	5	5	5	5	5	5	5	5	5	5	5	5	5	5	5	5	5	5	5	5	5	5	5	5	5	5	5	5	5	5	5	5	5	5	5	5	5	5	5
	6	6	6	6	6	6	6	6	6	6	6	6	6	6	6	6	6	6	6	6	6	6	6	6	6	6	6	6	6	6	6	6	6	6	6	6	6	6	6	6	6	6	6	6	6	6	6	6	6	6
	7	7	7	7	7	7	7	7	7	7	7	7	7	7	7	7	7	7	7	7	7	7	7	7	7	7	7	7	7	7	7	7	7	7	7	7	7	7	7	7	7	7	7	7	7	7	7	7	7	7
	8	8	8	8	8	8	8	8	8	8	8	8	8	8	8	8	8	8	8	8	8	8	8	8	8	8	8	8	8	8	8	8	8	8	8	8	8	8	8	8	8	8	8	8	8	8	8	8	8	8
	9	9	9	9	9	9	9	9	9	9	9	9	9	9	9	9	9	9	9	9	9	9	9	9	9	9	9	9	9	9	9	9	9	9	9	9	9	9	9	9	9	9	9	9	9	9	9	9	9	9

受験教科名		
受験教科番号	0	0
	1	1
	2	2
	3	3
	4	4
	5	5
	6	6
	7	7
	8	8
	9	9

設問番号　51　～　100

設問	51	52	53	54	55	56	57	58	59	60	61	62	63	64	65	66	67	68	69	70	71	72	73	74	75	76	77	78	79	80	81	82	83	84	85	86	87	88	89	90	91	92	93	94	95	96	97	98	99	100
解答欄	0	0	0	0	0	0	0	0	0	0	0	0	0	0	0	0	0	0	0	0	0	0	0	0	0	0	0	0	0	0	0	0	0	0	0	0	0	0	0	0	0	0	0	0	0	0	0	0	0	0
	1	1	1	1	1	1	1	1	1	1	1	1	1	1	1	1	1	1	1	1	1	1	1	1	1	1	1	1	1	1	1	1	1	1	1	1	1	1	1	1	1	1	1	1	1	1	1	1	1	1
	2	2	2	2	2	2	2	2	2	2	2	2	2	2	2	2	2	2	2	2	2	2	2	2	2	2	2	2	2	2	2	2	2	2	2	2	2	2	2	2	2	2	2	2	2	2	2	2	2	2
	3	3	3	3	3	3	3	3	3	3	3	3	3	3	3	3	3	3	3	3	3	3	3	3	3	3	3	3	3	3	3	3	3	3	3	3	3	3	3	3	3	3	3	3	3	3	3	3	3	3
	4	4	4	4	4	4	4	4	4	4	4	4	4	4	4	4	4	4	4	4	4	4	4	4	4	4	4	4	4	4	4	4	4	4	4	4	4	4	4	4	4	4	4	4	4	4	4	4	4	4
	5	5	5	5	5	5	5	5	5	5	5	5	5	5	5	5	5	5	5	5	5	5	5	5	5	5	5	5	5	5	5	5	5	5	5	5	5	5	5	5	5	5	5	5	5	5	5	5	5	5
	6	6	6	6	6	6	6	6	6	6	6	6	6	6	6	6	6	6	6	6	6	6	6	6	6	6	6	6	6	6	6	6	6	6	6	6	6	6	6	6	6	6	6	6	6	6	6	6	6	6
	7	7	7	7	7	7	7	7	7	7	7	7	7	7	7	7	7	7	7	7	7	7	7	7	7	7	7	7	7	7	7	7	7	7	7	7	7	7	7	7	7	7	7	7	7	7	7	7	7	7
	8	8	8	8	8	8	8	8	8	8	8	8	8	8	8	8	8	8	8	8	8	8	8	8	8	8	8	8	8	8	8	8	8	8	8	8	8	8	8	8	8	8	8	8	8	8	8	8	8	8
	9	9	9	9	9	9	9	9	9	9	9	9	9	9	9	9	9	9	9	9	9	9	9	9	9	9	9	9	9	9	9	9	9	9	9	9	9	9	9	9	9	9	9	9	9	9	9	9	9	9

（注）この解答用紙は実物を縮小してあります。Ｂ４用紙に142％拡大コピーすると、ほぼ実物大で使用できます。（タイトルと配点表は含みません）

推定配点

1　各２点×９
2　各３点×10
3　問１～問４　各３点×４　問５　各２点×２
4～8　各２点×18

100点	計

２０２４年度　狭山ケ丘高等学校　推薦第３回

数学解答用紙

評点 ／100

コース	中学校名	氏名	＊G	＊C	＊N
	立　中学校				

注意
1. 各設問項目にはマークを一つだけつけること
2. この用紙を折り曲げたり汚したりしないこと
3. 訂正時は消しゴムできれいに消し、消しくずを残さないこと
4. ＊欄は記入指示があった場合のみ使用します

受験番号

設問番号　1　〜　50

解答欄

受験教科名

受験教科番号

設問番号　51　〜　100

解答欄

(注) この解答用紙は実物を縮小してあります。Ｂ４用紙に142%拡大コピーすると、ほぼ実物大で使用できます。(タイトルと配点表は含みません)

推定配点	
1 (1)〜(5) 各2点×5　(6)、(7) 各3点×3〔(7)は完答〕 2、3 各3点×13 4 各4点×4 5 各2点×13〔(2)63〜66、(3)70〜73はそれぞれ完答〕	計 100点

二〇二四年度　狭山ヶ丘高等学校　推薦第二回

国語解答用紙

評点
/100

注意
1．各設問項目にはマークを一つだけつけること
2．この用紙を折り曲げたり汚したりしないこと
3．訂正時は消しゴムできれいに消し、消しくずを残さないこと
4．＊欄は記入指示があった場合のみ使用します

コース	中学校名	氏名	＊G	＊C	＊N
	立　　中学校				

受験番号			
0	0	0	0
1	1	1	1
2	2	2	2
3	3	3	3
4	4	4	4
5	5	5	5
6	6	6	6
7	7	7	7
8	8	8	8
9	9	9	9

設問番号　1　～　50

設問	1	2	3	4	5	6	7	8	9	10	11	12	13	14	15	16	17	18	19	20	21	22	23	24	25	26	27	28	29	30	31	32	33	34	35	36	37	38	39	40	41	42	43	44	45	46	47	48	49	50
解答欄	0	0	0	0	0	0	0	0	0	0	0	0	0	0	0	0	0	0	0	0	0	0	0	0	0	0	0	0	0	0	0	0	0	0	0	0	0	0	0	0	0	0	0	0	0	0	0	0	0	0
	1	1	1	1	1	1	1	1	1	1	1	1	1	1	1	1	1	1	1	1	1	1	1	1	1	1	1	1	1	1	1	1	1	1	1	1	1	1	1	1	1	1	1	1	1	1	1	1	1	1
	2	2	2	2	2	2	2	2	2	2	2	2	2	2	2	2	2	2	2	2	2	2	2	2	2	2	2	2	2	2	2	2	2	2	2	2	2	2	2	2	2	2	2	2	2	2	2	2	2	2
	3	3	3	3	3	3	3	3	3	3	3	3	3	3	3	3	3	3	3	3	3	3	3	3	3	3	3	3	3	3	3	3	3	3	3	3	3	3	3	3	3	3	3	3	3	3	3	3	3	3
	4	4	4	4	4	4	4	4	4	4	4	4	4	4	4	4	4	4	4	4	4	4	4	4	4	4	4	4	4	4	4	4	4	4	4	4	4	4	4	4	4	4	4	4	4	4	4	4	4	4
	5	5	5	5	5	5	5	5	5	5	5	5	5	5	5	5	5	5	5	5	5	5	5	5	5	5	5	5	5	5	5	5	5	5	5	5	5	5	5	5	5	5	5	5	5	5	5	5	5	5
	6	6	6	6	6	6	6	6	6	6	6	6	6	6	6	6	6	6	6	6	6	6	6	6	6	6	6	6	6	6	6	6	6	6	6	6	6	6	6	6	6	6	6	6	6	6	6	6	6	6
	7	7	7	7	7	7	7	7	7	7	7	7	7	7	7	7	7	7	7	7	7	7	7	7	7	7	7	7	7	7	7	7	7	7	7	7	7	7	7	7	7	7	7	7	7	7	7	7	7	7
	8	8	8	8	8	8	8	8	8	8	8	8	8	8	8	8	8	8	8	8	8	8	8	8	8	8	8	8	8	8	8	8	8	8	8	8	8	8	8	8	8	8	8	8	8	8	8	8	8	8
	9	9	9	9	9	9	9	9	9	9	9	9	9	9	9	9	9	9	9	9	9	9	9	9	9	9	9	9	9	9	9	9	9	9	9	9	9	9	9	9	9	9	9	9	9	9	9	9	9	9

受験教科名		
受験教科番号	0	0
	1	1
	2	2
	3	3
	4	4
	5	5
	6	6
	7	7
	8	8
	9	9

設問番号　51　～　100

設問	51	52	53	54	55	56	57	58	59	60	61	62	63	64	65	66	67	68	69	70	71	72	73	74	75	76	77	78	79	80	81	82	83	84	85	86	87	88	89	90	91	92	93	94	95	96	97	98	99	100
解答欄	0	0	0	0	0	0	0	0	0	0	0	0	0	0	0	0	0	0	0	0	0	0	0	0	0	0	0	0	0	0	0	0	0	0	0	0	0	0	0	0	0	0	0	0	0	0	0	0	0	0
	1	1	1	1	1	1	1	1	1	1	1	1	1	1	1	1	1	1	1	1	1	1	1	1	1	1	1	1	1	1	1	1	1	1	1	1	1	1	1	1	1	1	1	1	1	1	1	1	1	1
	2	2	2	2	2	2	2	2	2	2	2	2	2	2	2	2	2	2	2	2	2	2	2	2	2	2	2	2	2	2	2	2	2	2	2	2	2	2	2	2	2	2	2	2	2	2	2	2	2	2
	3	3	3	3	3	3	3	3	3	3	3	3	3	3	3	3	3	3	3	3	3	3	3	3	3	3	3	3	3	3	3	3	3	3	3	3	3	3	3	3	3	3	3	3	3	3	3	3	3	3
	4	4	4	4	4	4	4	4	4	4	4	4	4	4	4	4	4	4	4	4	4	4	4	4	4	4	4	4	4	4	4	4	4	4	4	4	4	4	4	4	4	4	4	4	4	4	4	4	4	4
	5	5	5	5	5	5	5	5	5	5	5	5	5	5	5	5	5	5	5	5	5	5	5	5	5	5	5	5	5	5	5	5	5	5	5	5	5	5	5	5	5	5	5	5	5	5	5	5	5	5
	6	6	6	6	6	6	6	6	6	6	6	6	6	6	6	6	6	6	6	6	6	6	6	6	6	6	6	6	6	6	6	6	6	6	6	6	6	6	6	6	6	6	6	6	6	6	6	6	6	6
	7	7	7	7	7	7	7	7	7	7	7	7	7	7	7	7	7	7	7	7	7	7	7	7	7	7	7	7	7	7	7	7	7	7	7	7	7	7	7	7	7	7	7	7	7	7	7	7	7	7
	8	8	8	8	8	8	8	8	8	8	8	8	8	8	8	8	8	8	8	8	8	8	8	8	8	8	8	8	8	8	8	8	8	8	8	8	8	8	8	8	8	8	8	8	8	8	8	8	8	8
	9	9	9	9	9	9	9	9	9	9	9	9	9	9	9	9	9	9	9	9	9	9	9	9	9	9	9	9	9	9	9	9	9	9	9	9	9	9	9	9	9	9	9	9	9	9	9	9	9	9

（注）この解答用紙は実物を縮小してあります。Ｂ４用紙に142％拡大コピーすると、ほぼ実物大で使用できます。（タイトルと配点表は含みません）

推定配点

□一 問1、問2　各2点×9　問3　3点　問4　2点　問5～問7　各3点×3
問8　各2点×2　問9、問10　各3点×2
□二 問1　各2点×3　問2　3点　問3、問4　各2点×2
問5～問8　各3点×4　問9、問10　各2点×2
□三 問1～問3　各2点×5　問4、問5　各3点×2　問6、問7　各2点×2
問8～問10　各3点×3

計	100点

２０２３年度　狭山ケ丘高等学校　推薦第１回

英語解答用紙

コース	中学校名	氏名	＊G	＊C	＊N
	立　　　中学校				

注意
1. 各設問項目にはマークを一つだけつけること
2. この用紙を折り曲げたり汚したりしないこと
3. 訂正時は消しゴムできれいに消し、消しくずを残さないこと
4. ＊欄は記入指示があった場合のみ使用します

受験番号			
0	0	0	0
1	1	1	1
2	2	2	2
3	3	3	3
4	4	4	4
5	5	5	5
6	6	6	6
7	7	7	7
8	8	8	8
9	9	9	9

設問番号　1　～　50

設問	1	2	3	4	5	6	7	8	9	10	11	12	13	14	15	16	17	18	19	20	21	22	23	24	25	26	27	28	29	30	31	32	33	34	35	36	37	38	39	40	41	42	43	44	45	46	47	48	49	50
解答欄	0	0	0	0	0	0	0	0	0	0	0	0	0	0	0	0	0	0	0	0	0	0	0	0	0	0	0	0	0	0	0	0	0	0	0	0	0	0	0	0	0	0	0	0	0	0	0	0	0	0
	1	1	1	1	1	1	1	1	1	1	1	1	1	1	1	1	1	1	1	1	1	1	1	1	1	1	1	1	1	1	1	1	1	1	1	1	1	1	1	1	1	1	1	1	1	1	1	1	1	1
	2	2	2	2	2	2	2	2	2	2	2	2	2	2	2	2	2	2	2	2	2	2	2	2	2	2	2	2	2	2	2	2	2	2	2	2	2	2	2	2	2	2	2	2	2	2	2	2	2	2
	3	3	3	3	3	3	3	3	3	3	3	3	3	3	3	3	3	3	3	3	3	3	3	3	3	3	3	3	3	3	3	3	3	3	3	3	3	3	3	3	3	3	3	3	3	3	3	3	3	3
	4	4	4	4	4	4	4	4	4	4	4	4	4	4	4	4	4	4	4	4	4	4	4	4	4	4	4	4	4	4	4	4	4	4	4	4	4	4	4	4	4	4	4	4	4	4	4	4	4	4
	5	5	5	5	5	5	5	5	5	5	5	5	5	5	5	5	5	5	5	5	5	5	5	5	5	5	5	5	5	5	5	5	5	5	5	5	5	5	5	5	5	5	5	5	5	5	5	5	5	5
	6	6	6	6	6	6	6	6	6	6	6	6	6	6	6	6	6	6	6	6	6	6	6	6	6	6	6	6	6	6	6	6	6	6	6	6	6	6	6	6	6	6	6	6	6	6	6	6	6	6
	7	7	7	7	7	7	7	7	7	7	7	7	7	7	7	7	7	7	7	7	7	7	7	7	7	7	7	7	7	7	7	7	7	7	7	7	7	7	7	7	7	7	7	7	7	7	7	7	7	7
	8	8	8	8	8	8	8	8	8	8	8	8	8	8	8	8	8	8	8	8	8	8	8	8	8	8	8	8	8	8	8	8	8	8	8	8	8	8	8	8	8	8	8	8	8	8	8	8	8	8
	9	9	9	9	9	9	9	9	9	9	9	9	9	9	9	9	9	9	9	9	9	9	9	9	9	9	9	9	9	9	9	9	9	9	9	9	9	9	9	9	9	9	9	9	9	9	9	9	9	9

受験教科名		
受験教科番号	0	0
	1	1
	2	2
	3	3
	4	4
	5	5
	6	6
	7	7
	8	8
	9	9

設問番号　51　～　100

設問	51	52	53	54	55	56	57	58	59	60	61	62	63	64	65	66	67	68	69	70	71	72	73	74	75	76	77	78	79	80	81	82	83	84	85	86	87	88	89	90	91	92	93	94	95	96	97	98	99	100
解答欄	0	0	0	0	0	0	0	0	0	0	0	0	0	0	0	0	0	0	0	0	0	0	0	0	0	0	0	0	0	0	0	0	0	0	0	0	0	0	0	0	0	0	0	0	0	0	0	0	0	0
	1	1	1	1	1	1	1	1	1	1	1	1	1	1	1	1	1	1	1	1	1	1	1	1	1	1	1	1	1	1	1	1	1	1	1	1	1	1	1	1	1	1	1	1	1	1	1	1	1	1
	2	2	2	2	2	2	2	2	2	2	2	2	2	2	2	2	2	2	2	2	2	2	2	2	2	2	2	2	2	2	2	2	2	2	2	2	2	2	2	2	2	2	2	2	2	2	2	2	2	2
	3	3	3	3	3	3	3	3	3	3	3	3	3	3	3	3	3	3	3	3	3	3	3	3	3	3	3	3	3	3	3	3	3	3	3	3	3	3	3	3	3	3	3	3	3	3	3	3	3	3
	4	4	4	4	4	4	4	4	4	4	4	4	4	4	4	4	4	4	4	4	4	4	4	4	4	4	4	4	4	4	4	4	4	4	4	4	4	4	4	4	4	4	4	4	4	4	4	4	4	4
	5	5	5	5	5	5	5	5	5	5	5	5	5	5	5	5	5	5	5	5	5	5	5	5	5	5	5	5	5	5	5	5	5	5	5	5	5	5	5	5	5	5	5	5	5	5	5	5	5	5
	6	6	6	6	6	6	6	6	6	6	6	6	6	6	6	6	6	6	6	6	6	6	6	6	6	6	6	6	6	6	6	6	6	6	6	6	6	6	6	6	6	6	6	6	6	6	6	6	6	6
	7	7	7	7	7	7	7	7	7	7	7	7	7	7	7	7	7	7	7	7	7	7	7	7	7	7	7	7	7	7	7	7	7	7	7	7	7	7	7	7	7	7	7	7	7	7	7	7	7	7
	8	8	8	8	8	8	8	8	8	8	8	8	8	8	8	8	8	8	8	8	8	8	8	8	8	8	8	8	8	8	8	8	8	8	8	8	8	8	8	8	8	8	8	8	8	8	8	8	8	8
	9	9	9	9	9	9	9	9	9	9	9	9	9	9	9	9	9	9	9	9	9	9	9	9	9	9	9	9	9	9	9	9	9	9	9	9	9	9	9	9	9	9	9	9	9	9	9	9	9	9

評点
／100

(注) この解答用紙は実物を縮小してあります。Ｂ４用紙に142%拡大コピーすると、ほぼ実物大で使用できます。(タイトルと配点表は含みません)

推定配点	
1 各２点×９　2 問１～問４ 各３点×４　問５ ２点　問６、問７ 各３点×２　問８ ２点　問９、問10 各３点×２　3 各３点×６　4～8 各２点×18	
100点	計

２０２３年度　狭山ケ丘高等学校　推薦第２回

数学解答用紙

評点
/100

注意　１．各設問項目にはマークを一つだけつけること
２．この用紙を折り曲げたり汚したりしないこと
３．訂正時は消しゴムできれいに消し、消しくずを残さないこと
４．＊欄は記入指示があった場合のみ使用します

コース	中学校名	氏名	＊G	＊C	＊N
	立　　中学校				

受験番号			
0	0	0	0
1	1	1	1
2	2	2	2
3	3	3	3
4	4	4	4
5	5	5	5
6	6	6	6
7	7	7	7
8	8	8	8
9	9	9	9

設問番号　1　～　50

設問	1	2	3	4	5	6	7	8	9	10	11	12	13	14	15	16	17	18	19	20	21	22	23	24	25	26	27	28	29	30	31	32	33	34	35	36	37	38	39	40	41	42	43	44	45	46	47	48	49	50
解答欄	0	0	0	0	0	0	0	0	0	0	0	0	0	0	0	0	0	0	0	0	0	0	0	0	0	0	0	0	0	0	0	0	0	0	0	0	0	0	0	0	0	0	0	0	0	0	0	0	0	0
	1	1	1	1	1	1	1	1	1	1	1	1	1	1	1	1	1	1	1	1	1	1	1	1	1	1	1	1	1	1	1	1	1	1	1	1	1	1	1	1	1	1	1	1	1	1	1	1	1	1
	2	2	2	2	2	2	2	2	2	2	2	2	2	2	2	2	2	2	2	2	2	2	2	2	2	2	2	2	2	2	2	2	2	2	2	2	2	2	2	2	2	2	2	2	2	2	2	2	2	2
	3	3	3	3	3	3	3	3	3	3	3	3	3	3	3	3	3	3	3	3	3	3	3	3	3	3	3	3	3	3	3	3	3	3	3	3	3	3	3	3	3	3	3	3	3	3	3	3	3	3
	4	4	4	4	4	4	4	4	4	4	4	4	4	4	4	4	4	4	4	4	4	4	4	4	4	4	4	4	4	4	4	4	4	4	4	4	4	4	4	4	4	4	4	4	4	4	4	4	4	4
	5	5	5	5	5	5	5	5	5	5	5	5	5	5	5	5	5	5	5	5	5	5	5	5	5	5	5	5	5	5	5	5	5	5	5	5	5	5	5	5	5	5	5	5	5	5	5	5	5	5
	6	6	6	6	6	6	6	6	6	6	6	6	6	6	6	6	6	6	6	6	6	6	6	6	6	6	6	6	6	6	6	6	6	6	6	6	6	6	6	6	6	6	6	6	6	6	6	6	6	6
	7	7	7	7	7	7	7	7	7	7	7	7	7	7	7	7	7	7	7	7	7	7	7	7	7	7	7	7	7	7	7	7	7	7	7	7	7	7	7	7	7	7	7	7	7	7	7	7	7	7
	8	8	8	8	8	8	8	8	8	8	8	8	8	8	8	8	8	8	8	8	8	8	8	8	8	8	8	8	8	8	8	8	8	8	8	8	8	8	8	8	8	8	8	8	8	8	8	8	8	8
	9	9	9	9	9	9	9	9	9	9	9	9	9	9	9	9	9	9	9	9	9	9	9	9	9	9	9	9	9	9	9	9	9	9	9	9	9	9	9	9	9	9	9	9	9	9	9	9	9	9

受験教科名		
受験教科番号	0	0
	1	1
	2	2
	3	3
	4	4
	5	5
	6	6
	7	7
	8	8
	9	9

設問番号　51　～　100

設問	51	52	53	54	55	56	57	58	59	60	61	62	63	64	65	66	67	68	69	70	71	72	73	74	75	76	77	78	79	80	81	82	83	84	85	86	87	88	89	90	91	92	93	94	95	96	97	98	99	100
解答欄	0	0	0	0	0	0	0	0	0	0	0	0	0	0	0	0	0	0	0	0	0	0	0	0	0	0	0	0	0	0	0	0	0	0	0	0	0	0	0	0	0	0	0	0	0	0	0	0	0	0
	1	1	1	1	1	1	1	1	1	1	1	1	1	1	1	1	1	1	1	1	1	1	1	1	1	1	1	1	1	1	1	1	1	1	1	1	1	1	1	1	1	1	1	1	1	1	1	1	1	1
	2	2	2	2	2	2	2	2	2	2	2	2	2	2	2	2	2	2	2	2	2	2	2	2	2	2	2	2	2	2	2	2	2	2	2	2	2	2	2	2	2	2	2	2	2	2	2	2	2	2
	3	3	3	3	3	3	3	3	3	3	3	3	3	3	3	3	3	3	3	3	3	3	3	3	3	3	3	3	3	3	3	3	3	3	3	3	3	3	3	3	3	3	3	3	3	3	3	3	3	3
	4	4	4	4	4	4	4	4	4	4	4	4	4	4	4	4	4	4	4	4	4	4	4	4	4	4	4	4	4	4	4	4	4	4	4	4	4	4	4	4	4	4	4	4	4	4	4	4	4	4
	5	5	5	5	5	5	5	5	5	5	5	5	5	5	5	5	5	5	5	5	5	5	5	5	5	5	5	5	5	5	5	5	5	5	5	5	5	5	5	5	5	5	5	5	5	5	5	5	5	5
	6	6	6	6	6	6	6	6	6	6	6	6	6	6	6	6	6	6	6	6	6	6	6	6	6	6	6	6	6	6	6	6	6	6	6	6	6	6	6	6	6	6	6	6	6	6	6	6	6	6
	7	7	7	7	7	7	7	7	7	7	7	7	7	7	7	7	7	7	7	7	7	7	7	7	7	7	7	7	7	7	7	7	7	7	7	7	7	7	7	7	7	7	7	7	7	7	7	7	7	7
	8	8	8	8	8	8	8	8	8	8	8	8	8	8	8	8	8	8	8	8	8	8	8	8	8	8	8	8	8	8	8	8	8	8	8	8	8	8	8	8	8	8	8	8	8	8	8	8	8	8
	9	9	9	9	9	9	9	9	9	9	9	9	9	9	9	9	9	9	9	9	9	9	9	9	9	9	9	9	9	9	9	9	9	9	9	9	9	9	9	9	9	9	9	9	9	9	9	9	9	9

（注）この解答用紙は実物を縮小してあります。Ｂ４用紙に142％拡大コピーすると、ほぼ実物大で使用できます。（タイトルと配点表は含みません）

推定配点	
[1] (1)、(2) 各２点×２　(3)～(8) 各３点×６〔(6)は完答〕 [2]～[5] 各３点×26	
100点	計

二〇二三年度　狭山ケ丘高等学校　推薦第一回

国語解答用紙

評点
/100

注意
1. 各設問項目にはマークを一つだけつけること
2. この用紙を折り曲げたり汚したりしないこと
3. 訂正時は消しゴムできれいに消し、消しくずを残さないこと
4. ＊欄は記入指示があった場合のみ使用します

コース	中学校名	氏名	＊G	＊C	＊N
	立　　中学校				

受験番号			
0	0	0	0
1	1	1	1
2	2	2	2
3	3	3	3
4	4	4	4
5	5	5	5
6	6	6	6
7	7	7	7
8	8	8	8
9	9	9	9

設問番号　1　～　50

設問	1	2	3	4	5	6	7	8	9	10	11	12	13	14	15	16	17	18	19	20	21	22	23	24	25	26	27	28	29	30	31	32	33	34	35	36	37	38	39	40	41	42	43	44	45	46	47	48	49	50
解答欄	0	0	0	0	0	0	0	0	0	0	0	0	0	0	0	0	0	0	0	0	0	0	0	0	0	0	0	0	0	0	0	0	0	0	0	0	0	0	0	0	0	0	0	0	0	0	0	0	0	0
	1	1	1	1	1	1	1	1	1	1	1	1	1	1	1	1	1	1	1	1	1	1	1	1	1	1	1	1	1	1	1	1	1	1	1	1	1	1	1	1	1	1	1	1	1	1	1	1	1	1
	2	2	2	2	2	2	2	2	2	2	2	2	2	2	2	2	2	2	2	2	2	2	2	2	2	2	2	2	2	2	2	2	2	2	2	2	2	2	2	2	2	2	2	2	2	2	2	2	2	2
	3	3	3	3	3	3	3	3	3	3	3	3	3	3	3	3	3	3	3	3	3	3	3	3	3	3	3	3	3	3	3	3	3	3	3	3	3	3	3	3	3	3	3	3	3	3	3	3	3	3
	4	4	4	4	4	4	4	4	4	4	4	4	4	4	4	4	4	4	4	4	4	4	4	4	4	4	4	4	4	4	4	4	4	4	4	4	4	4	4	4	4	4	4	4	4	4	4	4	4	4
	5	5	5	5	5	5	5	5	5	5	5	5	5	5	5	5	5	5	5	5	5	5	5	5	5	5	5	5	5	5	5	5	5	5	5	5	5	5	5	5	5	5	5	5	5	5	5	5	5	5
	6	6	6	6	6	6	6	6	6	6	6	6	6	6	6	6	6	6	6	6	6	6	6	6	6	6	6	6	6	6	6	6	6	6	6	6	6	6	6	6	6	6	6	6	6	6	6	6	6	6
	7	7	7	7	7	7	7	7	7	7	7	7	7	7	7	7	7	7	7	7	7	7	7	7	7	7	7	7	7	7	7	7	7	7	7	7	7	7	7	7	7	7	7	7	7	7	7	7	7	7
	8	8	8	8	8	8	8	8	8	8	8	8	8	8	8	8	8	8	8	8	8	8	8	8	8	8	8	8	8	8	8	8	8	8	8	8	8	8	8	8	8	8	8	8	8	8	8	8	8	8
	9	9	9	9	9	9	9	9	9	9	9	9	9	9	9	9	9	9	9	9	9	9	9	9	9	9	9	9	9	9	9	9	9	9	9	9	9	9	9	9	9	9	9	9	9	9	9	9	9	9

受験教科名		
受験教科番号	0	0
	1	1
	2	2
	3	3
	4	4
	5	5
	6	6
	7	7
	8	8
	9	9

設問番号　51　～　100

設問	51	52	53	54	55	56	57	58	59	60	61	62	63	64	65	66	67	68	69	70	71	72	73	74	75	76	77	78	79	80	81	82	83	84	85	86	87	88	89	90	91	92	93	94	95	96	97	98	99	100
解答欄	0	0	0	0	0	0	0	0	0	0	0	0	0	0	0	0	0	0	0	0	0	0	0	0	0	0	0	0	0	0	0	0	0	0	0	0	0	0	0	0	0	0	0	0	0	0	0	0	0	0
	1	1	1	1	1	1	1	1	1	1	1	1	1	1	1	1	1	1	1	1	1	1	1	1	1	1	1	1	1	1	1	1	1	1	1	1	1	1	1	1	1	1	1	1	1	1	1	1	1	1
	2	2	2	2	2	2	2	2	2	2	2	2	2	2	2	2	2	2	2	2	2	2	2	2	2	2	2	2	2	2	2	2	2	2	2	2	2	2	2	2	2	2	2	2	2	2	2	2	2	2
	3	3	3	3	3	3	3	3	3	3	3	3	3	3	3	3	3	3	3	3	3	3	3	3	3	3	3	3	3	3	3	3	3	3	3	3	3	3	3	3	3	3	3	3	3	3	3	3	3	3
	4	4	4	4	4	4	4	4	4	4	4	4	4	4	4	4	4	4	4	4	4	4	4	4	4	4	4	4	4	4	4	4	4	4	4	4	4	4	4	4	4	4	4	4	4	4	4	4	4	4
	5	5	5	5	5	5	5	5	5	5	5	5	5	5	5	5	5	5	5	5	5	5	5	5	5	5	5	5	5	5	5	5	5	5	5	5	5	5	5	5	5	5	5	5	5	5	5	5	5	5
	6	6	6	6	6	6	6	6	6	6	6	6	6	6	6	6	6	6	6	6	6	6	6	6	6	6	6	6	6	6	6	6	6	6	6	6	6	6	6	6	6	6	6	6	6	6	6	6	6	6
	7	7	7	7	7	7	7	7	7	7	7	7	7	7	7	7	7	7	7	7	7	7	7	7	7	7	7	7	7	7	7	7	7	7	7	7	7	7	7	7	7	7	7	7	7	7	7	7	7	7
	8	8	8	8	8	8	8	8	8	8	8	8	8	8	8	8	8	8	8	8	8	8	8	8	8	8	8	8	8	8	8	8	8	8	8	8	8	8	8	8	8	8	8	8	8	8	8	8	8	8
	9	9	9	9	9	9	9	9	9	9	9	9	9	9	9	9	9	9	9	9	9	9	9	9	9	9	9	9	9	9	9	9	9	9	9	9	9	9	9	9	9	9	9	9	9	9	9	9	9	9

（注）この解答用紙は実物を縮小してあります。Ｂ４用紙に142％拡大コピーすると、ほぼ実物大で使用できます。（タイトルと配点表は含みません）

推定配点

一 問1　各2点×5　問2、問3　各3点×2　問4　各2点×2
問5～問10　各3点×6

二 問1　各2点×3　問2、問3　各3点×2　問4　2点
問5～問8　各3点×4　問9　2点

三 問1、問2　各2点×4　問3～問10　各3点×8　問11　2点

計　100点

2023年度　狭山ケ丘高等学校　推薦第3回

英語解答用紙

コース	中学校名	氏名	＊G	＊C	＊N
	立　中学校				

注意
1. 各設問項目にはマークを一つだけつけること
2. この用紙を折り曲げたり汚したりしないこと
3. 訂正時は消しゴムできれいに消し、消しくずを残さないこと
4. ＊欄は記入指示があった場合のみ使用します

受験番号			
0	0	0	0
1	1	1	1
2	2	2	2
3	3	3	3
4	4	4	4
5	5	5	5
6	6	6	6
7	7	7	7
8	8	8	8
9	9	9	9

設問番号 1 ～ 50

設問	1	2	3	4	5	6	7	8	9	10	11	12	13	14	15	16	17	18	19	20	21	22	23	24	25	26	27	28	29	30	31	32	33	34	35	36	37	38	39	40	41	42	43	44	45	46	47	48	49	50
解答欄	0	0	0	0	0	0	0	0	0	0	0	0	0	0	0	0	0	0	0	0	0	0	0	0	0	0	0	0	0	0	0	0	0	0	0	0	0	0	0	0	0	0	0	0	0	0	0	0	0	0
	1	1	1	1	1	1	1	1	1	1	1	1	1	1	1	1	1	1	1	1	1	1	1	1	1	1	1	1	1	1	1	1	1	1	1	1	1	1	1	1	1	1	1	1	1	1	1	1	1	1
	2	2	2	2	2	2	2	2	2	2	2	2	2	2	2	2	2	2	2	2	2	2	2	2	2	2	2	2	2	2	2	2	2	2	2	2	2	2	2	2	2	2	2	2	2	2	2	2	2	2
	3	3	3	3	3	3	3	3	3	3	3	3	3	3	3	3	3	3	3	3	3	3	3	3	3	3	3	3	3	3	3	3	3	3	3	3	3	3	3	3	3	3	3	3	3	3	3	3	3	3
	4	4	4	4	4	4	4	4	4	4	4	4	4	4	4	4	4	4	4	4	4	4	4	4	4	4	4	4	4	4	4	4	4	4	4	4	4	4	4	4	4	4	4	4	4	4	4	4	4	4
	5	5	5	5	5	5	5	5	5	5	5	5	5	5	5	5	5	5	5	5	5	5	5	5	5	5	5	5	5	5	5	5	5	5	5	5	5	5	5	5	5	5	5	5	5	5	5	5	5	5
	6	6	6	6	6	6	6	6	6	6	6	6	6	6	6	6	6	6	6	6	6	6	6	6	6	6	6	6	6	6	6	6	6	6	6	6	6	6	6	6	6	6	6	6	6	6	6	6	6	6
	7	7	7	7	7	7	7	7	7	7	7	7	7	7	7	7	7	7	7	7	7	7	7	7	7	7	7	7	7	7	7	7	7	7	7	7	7	7	7	7	7	7	7	7	7	7	7	7	7	7
	8	8	8	8	8	8	8	8	8	8	8	8	8	8	8	8	8	8	8	8	8	8	8	8	8	8	8	8	8	8	8	8	8	8	8	8	8	8	8	8	8	8	8	8	8	8	8	8	8	8
	9	9	9	9	9	9	9	9	9	9	9	9	9	9	9	9	9	9	9	9	9	9	9	9	9	9	9	9	9	9	9	9	9	9	9	9	9	9	9	9	9	9	9	9	9	9	9	9	9	9

受験教科名	
0	0
1	1
2	2
3	3
4	4
5	5
6	6
7	7
8	8
9	9

受験教科番号

設問番号 51 ～ 100

設問	51	52	53	54	55	56	57	58	59	60	61	62	63	64	65	66	67	68	69	70	71	72	73	74	75	76	77	78	79	80	81	82	83	84	85	86	87	88	89	90	91	92	93	94	95	96	97	98	99	100
解答欄	0	0	0	0	0	0	0	0	0	0	0	0	0	0	0	0	0	0	0	0	0	0	0	0	0	0	0	0	0	0	0	0	0	0	0	0	0	0	0	0	0	0	0	0	0	0	0	0	0	0
	1	1	1	1	1	1	1	1	1	1	1	1	1	1	1	1	1	1	1	1	1	1	1	1	1	1	1	1	1	1	1	1	1	1	1	1	1	1	1	1	1	1	1	1	1	1	1	1	1	1
	2	2	2	2	2	2	2	2	2	2	2	2	2	2	2	2	2	2	2	2	2	2	2	2	2	2	2	2	2	2	2	2	2	2	2	2	2	2	2	2	2	2	2	2	2	2	2	2	2	2
	3	3	3	3	3	3	3	3	3	3	3	3	3	3	3	3	3	3	3	3	3	3	3	3	3	3	3	3	3	3	3	3	3	3	3	3	3	3	3	3	3	3	3	3	3	3	3	3	3	3
	4	4	4	4	4	4	4	4	4	4	4	4	4	4	4	4	4	4	4	4	4	4	4	4	4	4	4	4	4	4	4	4	4	4	4	4	4	4	4	4	4	4	4	4	4	4	4	4	4	4
	5	5	5	5	5	5	5	5	5	5	5	5	5	5	5	5	5	5	5	5	5	5	5	5	5	5	5	5	5	5	5	5	5	5	5	5	5	5	5	5	5	5	5	5	5	5	5	5	5	5
	6	6	6	6	6	6	6	6	6	6	6	6	6	6	6	6	6	6	6	6	6	6	6	6	6	6	6	6	6	6	6	6	6	6	6	6	6	6	6	6	6	6	6	6	6	6	6	6	6	6
	7	7	7	7	7	7	7	7	7	7	7	7	7	7	7	7	7	7	7	7	7	7	7	7	7	7	7	7	7	7	7	7	7	7	7	7	7	7	7	7	7	7	7	7	7	7	7	7	7	7
	8	8	8	8	8	8	8	8	8	8	8	8	8	8	8	8	8	8	8	8	8	8	8	8	8	8	8	8	8	8	8	8	8	8	8	8	8	8	8	8	8	8	8	8	8	8	8	8	8	8
	9	9	9	9	9	9	9	9	9	9	9	9	9	9	9	9	9	9	9	9	9	9	9	9	9	9	9	9	9	9	9	9	9	9	9	9	9	9	9	9	9	9	9	9	9	9	9	9	9	9

評点　／100

（注）この解答用紙は実物を縮小してあります。Ｂ４用紙に142％拡大コピーすると、ほぼ実物大で使用できます。（タイトルと配点表は含みません）

推定配点

1　各２点×９
2　問１～問８　各３点×８　問９　２点　問10　３点
3　問１～問３　各３点×３　問４　２点　問５　各３点×２
4～8　各２点×18

100点　計

２０２３年度　狭山ケ丘高等学校　推薦第３回

数学解答用紙

コース	中学校名	氏名	＊G	＊C	＊N
	立　　　中学校				

注意
1．各設問項目にはマークを一つだけつけること
2．この用紙を折り曲げたり汚したりしないこと
3．訂正時は消しゴムできれいに消し、消しくずを残さないこと
4．＊欄は記入指示があった場合のみ使用します

受験番号

0	0	0	0
1	1	1	1
2	2	2	2
3	3	3	3
4	4	4	4
5	5	5	5
6	6	6	6
7	7	7	7
8	8	8	8
9	9	9	9

設問番号　1　～　50

設問	1	2	3	4	5	6	7	8	9	10	11	12	13	14	15	16	17	18	19	20	21	22	23	24	25	26	27	28	29	30	31	32	33	34	35	36	37	38	39	40	41	42	43	44	45	46	47	48	49	50
解答欄	0	0	0	0	0	0	0	0	0	0	0	0	0	0	0	0	0	0	0	0	0	0	0	0	0	0	0	0	0	0	0	0	0	0	0	0	0	0	0	0	0	0	0	0	0	0	0	0	0	0
	1	1	1	1	1	1	1	1	1	1	1	1	1	1	1	1	1	1	1	1	1	1	1	1	1	1	1	1	1	1	1	1	1	1	1	1	1	1	1	1	1	1	1	1	1	1	1	1	1	1
	2	2	2	2	2	2	2	2	2	2	2	2	2	2	2	2	2	2	2	2	2	2	2	2	2	2	2	2	2	2	2	2	2	2	2	2	2	2	2	2	2	2	2	2	2	2	2	2	2	2
	3	3	3	3	3	3	3	3	3	3	3	3	3	3	3	3	3	3	3	3	3	3	3	3	3	3	3	3	3	3	3	3	3	3	3	3	3	3	3	3	3	3	3	3	3	3	3	3	3	3
	4	4	4	4	4	4	4	4	4	4	4	4	4	4	4	4	4	4	4	4	4	4	4	4	4	4	4	4	4	4	4	4	4	4	4	4	4	4	4	4	4	4	4	4	4	4	4	4	4	4
	5	5	5	5	5	5	5	5	5	5	5	5	5	5	5	5	5	5	5	5	5	5	5	5	5	5	5	5	5	5	5	5	5	5	5	5	5	5	5	5	5	5	5	5	5	5	5	5	5	5
	6	6	6	6	6	6	6	6	6	6	6	6	6	6	6	6	6	6	6	6	6	6	6	6	6	6	6	6	6	6	6	6	6	6	6	6	6	6	6	6	6	6	6	6	6	6	6	6	6	6
	7	7	7	7	7	7	7	7	7	7	7	7	7	7	7	7	7	7	7	7	7	7	7	7	7	7	7	7	7	7	7	7	7	7	7	7	7	7	7	7	7	7	7	7	7	7	7	7	7	7
	8	8	8	8	8	8	8	8	8	8	8	8	8	8	8	8	8	8	8	8	8	8	8	8	8	8	8	8	8	8	8	8	8	8	8	8	8	8	8	8	8	8	8	8	8	8	8	8	8	8
	9	9	9	9	9	9	9	9	9	9	9	9	9	9	9	9	9	9	9	9	9	9	9	9	9	9	9	9	9	9	9	9	9	9	9	9	9	9	9	9	9	9	9	9	9	9	9	9	9	9

受験教科名

受験教科番号		
	0	0
	1	1
	2	2
	3	3
	4	4
	5	5
	6	6
	7	7
	8	8
	9	9

設問番号　51　～　100

設問	51	52	53	54	55	56	57	58	59	60	61	62	63	64	65	66	67	68	69	70	71	72	73	74	75	76	77	78	79	80	81	82	83	84	85	86	87	88	89	90	91	92	93	94	95	96	97	98	99	100
解答欄	0	0	0	0	0	0	0	0	0	0	0	0	0	0	0	0	0	0	0	0	0	0	0	0	0	0	0	0	0	0	0	0	0	0	0	0	0	0	0	0	0	0	0	0	0	0	0	0	0	0
	1	1	1	1	1	1	1	1	1	1	1	1	1	1	1	1	1	1	1	1	1	1	1	1	1	1	1	1	1	1	1	1	1	1	1	1	1	1	1	1	1	1	1	1	1	1	1	1	1	1
	2	2	2	2	2	2	2	2	2	2	2	2	2	2	2	2	2	2	2	2	2	2	2	2	2	2	2	2	2	2	2	2	2	2	2	2	2	2	2	2	2	2	2	2	2	2	2	2	2	2
	3	3	3	3	3	3	3	3	3	3	3	3	3	3	3	3	3	3	3	3	3	3	3	3	3	3	3	3	3	3	3	3	3	3	3	3	3	3	3	3	3	3	3	3	3	3	3	3	3	3
	4	4	4	4	4	4	4	4	4	4	4	4	4	4	4	4	4	4	4	4	4	4	4	4	4	4	4	4	4	4	4	4	4	4	4	4	4	4	4	4	4	4	4	4	4	4	4	4	4	4
	5	5	5	5	5	5	5	5	5	5	5	5	5	5	5	5	5	5	5	5	5	5	5	5	5	5	5	5	5	5	5	5	5	5	5	5	5	5	5	5	5	5	5	5	5	5	5	5	5	5
	6	6	6	6	6	6	6	6	6	6	6	6	6	6	6	6	6	6	6	6	6	6	6	6	6	6	6	6	6	6	6	6	6	6	6	6	6	6	6	6	6	6	6	6	6	6	6	6	6	6
	7	7	7	7	7	7	7	7	7	7	7	7	7	7	7	7	7	7	7	7	7	7	7	7	7	7	7	7	7	7	7	7	7	7	7	7	7	7	7	7	7	7	7	7	7	7	7	7	7	7
	8	8	8	8	8	8	8	8	8	8	8	8	8	8	8	8	8	8	8	8	8	8	8	8	8	8	8	8	8	8	8	8	8	8	8	8	8	8	8	8	8	8	8	8	8	8	8	8	8	8
	9	9	9	9	9	9	9	9	9	9	9	9	9	9	9	9	9	9	9	9	9	9	9	9	9	9	9	9	9	9	9	9	9	9	9	9	9	9	9	9	9	9	9	9	9	9	9	9	9	9

(注)　この解答用紙は実物を縮小してあります。Ｂ４用紙に142％拡大コピーすると、ほぼ実物大で使用できます。（タイトルと配点表は含みません）

評点
／100

推定配点

[1] 各２点×９〔(8)は完答〕
[2] (1) 各２点×３　(2)～(4) 各３点×８
[3] (1) 各２点×２　(2)、(3) 各３点×３
[4]、[5] 各３点×13

計
100点

二〇二三年度　狭山ケ丘高等学校　推薦第二回

国語解答用紙

評点
／100

コース	中学校名	氏名	＊G	＊C	＊N
	立　中学校				

注意
1. 各設問項目にはマークを一つだけつけること
2. この用紙を折り曲げたり汚したりしないこと
3. 訂正時は消しゴムできれいに消し、消しくずを残さないこと
4. ＊欄は記入指示があった場合のみ使用します

受験番号			
0	0	0	0
1	1	1	1
2	2	2	2
3	3	3	3
4	4	4	4
5	5	5	5
6	6	6	6
7	7	7	7
8	8	8	8
9	9	9	9

設問番号　1　～　50

設問	1	2	3	4	5	6	7	8	9	10	11	12	13	14	15	16	17	18	19	20	21	22	23	24	25
	0	0	0	0	0	0	0	0	0	0	0	0	0	0	0	0	0	0	0	0	0	0	0	0	0
	1	1	1	1	1	1	1	1	1	1	1	1	1	1	1	1	1	1	1	1	1	1	1	1	1
解	2	2	2	2	2	2	2	2	2	2	2	2	2	2	2	2	2	2	2	2	2	2	2	2	2
	3	3	3	3	3	3	3	3	3	3	3	3	3	3	3	3	3	3	3	3	3	3	3	3	3
	4	4	4	4	4	4	4	4	4	4	4	4	4	4	4	4	4	4	4	4	4	4	4	4	4
答	5	5	5	5	5	5	5	5	5	5	5	5	5	5	5	5	5	5	5	5	5	5	5	5	5
	6	6	6	6	6	6	6	6	6	6	6	6	6	6	6	6	6	6	6	6	6	6	6	6	6
欄	7	7	7	7	7	7	7	7	7	7	7	7	7	7	7	7	7	7	7	7	7	7	7	7	7
	8	8	8	8	8	8	8	8	8	8	8	8	8	8	8	8	8	8	8	8	8	8	8	8	8
	9	9	9	9	9	9	9	9	9	9	9	9	9	9	9	9	9	9	9	9	9	9	9	9	9

設問	26	27	28	29	30	31	32	33	34	35	36	37	38	39	40	41	42	43	44	45	46	47	48	49	50
	0	0	0	0	0	0	0	0	0	0	0	0	0	0	0	0	0	0	0	0	0	0	0	0	0
	1	1	1	1	1	1	1	1	1	1	1	1	1	1	1	1	1	1	1	1	1	1	1	1	1
解	2	2	2	2	2	2	2	2	2	2	2	2	2	2	2	2	2	2	2	2	2	2	2	2	2
	3	3	3	3	3	3	3	3	3	3	3	3	3	3	3	3	3	3	3	3	3	3	3	3	3
	4	4	4	4	4	4	4	4	4	4	4	4	4	4	4	4	4	4	4	4	4	4	4	4	4
答	5	5	5	5	5	5	5	5	5	5	5	5	5	5	5	5	5	5	5	5	5	5	5	5	5
	6	6	6	6	6	6	6	6	6	6	6	6	6	6	6	6	6	6	6	6	6	6	6	6	6
欄	7	7	7	7	7	7	7	7	7	7	7	7	7	7	7	7	7	7	7	7	7	7	7	7	7
	8	8	8	8	8	8	8	8	8	8	8	8	8	8	8	8	8	8	8	8	8	8	8	8	8
	9	9	9	9	9	9	9	9	9	9	9	9	9	9	9	9	9	9	9	9	9	9	9	9	9

受験教科名		
受験教科番号	0	0
	1	1
	2	2
	3	3
	4	4
	5	5
	6	6
	7	7
	8	8
	9	9

設問番号　51　～　100

設問	51	52	53	54	55	56	57	58	59	60	61	62	63	64	65	66	67	68	69	70	71	72	73	74	75
	0	0	0	0	0	0	0	0	0	0	0	0	0	0	0	0	0	0	0	0	0	0	0	0	0
	1	1	1	1	1	1	1	1	1	1	1	1	1	1	1	1	1	1	1	1	1	1	1	1	1
解	2	2	2	2	2	2	2	2	2	2	2	2	2	2	2	2	2	2	2	2	2	2	2	2	2
	3	3	3	3	3	3	3	3	3	3	3	3	3	3	3	3	3	3	3	3	3	3	3	3	3
	4	4	4	4	4	4	4	4	4	4	4	4	4	4	4	4	4	4	4	4	4	4	4	4	4
答	5	5	5	5	5	5	5	5	5	5	5	5	5	5	5	5	5	5	5	5	5	5	5	5	5
	6	6	6	6	6	6	6	6	6	6	6	6	6	6	6	6	6	6	6	6	6	6	6	6	6
欄	7	7	7	7	7	7	7	7	7	7	7	7	7	7	7	7	7	7	7	7	7	7	7	7	7
	8	8	8	8	8	8	8	8	8	8	8	8	8	8	8	8	8	8	8	8	8	8	8	8	8
	9	9	9	9	9	9	9	9	9	9	9	9	9	9	9	9	9	9	9	9	9	9	9	9	9

設問	76	77	78	79	80	81	82	83	84	85	86	87	88	89	90	91	92	93	94	95	96	97	98	99	100
	0	0	0	0	0	0	0	0	0	0	0	0	0	0	0	0	0	0	0	0	0	0	0	0	0
	1	1	1	1	1	1	1	1	1	1	1	1	1	1	1	1	1	1	1	1	1	1	1	1	1
解	2	2	2	2	2	2	2	2	2	2	2	2	2	2	2	2	2	2	2	2	2	2	2	2	2
	3	3	3	3	3	3	3	3	3	3	3	3	3	3	3	3	3	3	3	3	3	3	3	3	3
	4	4	4	4	4	4	4	4	4	4	4	4	4	4	4	4	4	4	4	4	4	4	4	4	4
答	5	5	5	5	5	5	5	5	5	5	5	5	5	5	5	5	5	5	5	5	5	5	5	5	5
	6	6	6	6	6	6	6	6	6	6	6	6	6	6	6	6	6	6	6	6	6	6	6	6	6
欄	7	7	7	7	7	7	7	7	7	7	7	7	7	7	7	7	7	7	7	7	7	7	7	7	7
	8	8	8	8	8	8	8	8	8	8	8	8	8	8	8	8	8	8	8	8	8	8	8	8	8
	9	9	9	9	9	9	9	9	9	9	9	9	9	9	9	9	9	9	9	9	9	9	9	9	9

（注）この解答用紙は実物を縮小してあります。Ｂ４用紙に142％拡大コピーすると、ほぼ実物大で使用できます。（タイトルと配点表は含みません）

推定配点	
一 問１　各２点×５　問２　３点　問３　２点　問４～問７　各３点×４　問８、問９　各２点×３　問10　３点 二 問１　各２点×３　問２～問５　各３点×４　問６　２点　問７　３点　問８　２点　問９　各３点×２ 三 問１～問３　各２点×５　問４　３点　問５　２点　問６、問７　各３点×２　問８　２点　問９、問10　各３点×２　問11　各２点×２	
100点	計

２０２２年度　狭山ケ丘高等学校　推薦第１回

英語解答用紙

評点	/100

コース	中学校名	氏名	＊G	＊C	＊N
	立　中学校				

注意
1. 各設問項目にはマークを一つだけつけること
2. この用紙を折り曲げたり汚したりしないこと
3. 訂正時は消しゴムできれいに消し、消しくずを残さないこと
4. ＊欄は記入指示があった場合のみ使用します

受験番号			
⓪〜⑨	⓪〜⑨	⓪〜⑨	⓪〜⑨

設問番号	解答欄
1 〜 50	⓪①②③④⑤⑥⑦⑧⑨

受験教科名		
受験教科番号	⓪〜⑨	⓪〜⑨

設問番号	解答欄
51 〜 100	⓪①②③④⑤⑥⑦⑧⑨

(注) この解答用紙は実物を縮小してあります。Ｂ４用紙に142%拡大コピーすると、ほぼ実物大で使用できます。（タイトルと配点表は含みません）

推定配点	
1、**2** 各３点×16 **3** 問１　３点　問２　２点　問３　３点　問４　２点　問５　各３点×２ **4**〜**8** 各２点×18	計 100点

２０２２年度　狭山ケ丘高等学校　推薦第２回

数学解答用紙

コース	中学校名	氏名	＊G	＊C	＊N
	立　　　　中学校				

注意
1. 各設問項目にはマークを一つだけつけること
2. この用紙を折り曲げたり汚したりしないこと
3. 訂正時は消しゴムできれいに消し、消しくずを残さないこと
4. ＊欄は記入指示があった場合のみ使用します

受験番号			
0	0	0	0
1	1	1	1
2	2	2	2
3	3	3	3
4	4	4	4
5	5	5	5
6	6	6	6
7	7	7	7
8	8	8	8
9	9	9	9

設問番号　1　～　50

設問	1	2	3	4	5	6	7	8	9	10	11	12	13	14	15	16	17	18	19	20	21	22	23	24	25	26	27	28	29	30	31	32	33	34	35	36	37	38	39	40	41	42	43	44	45	46	47	48	49	50
解答欄	0	0	0	0	0	0	0	0	0	0	0	0	0	0	0	0	0	0	0	0	0	0	0	0	0	0	0	0	0	0	0	0	0	0	0	0	0	0	0	0	0	0	0	0	0	0	0	0	0	0
	1	1	1	1	1	1	1	1	1	1	1	1	1	1	1	1	1	1	1	1	1	1	1	1	1	1	1	1	1	1	1	1	1	1	1	1	1	1	1	1	1	1	1	1	1	1	1	1	1	1
	2	2	2	2	2	2	2	2	2	2	2	2	2	2	2	2	2	2	2	2	2	2	2	2	2	2	2	2	2	2	2	2	2	2	2	2	2	2	2	2	2	2	2	2	2	2	2	2	2	2
	3	3	3	3	3	3	3	3	3	3	3	3	3	3	3	3	3	3	3	3	3	3	3	3	3	3	3	3	3	3	3	3	3	3	3	3	3	3	3	3	3	3	3	3	3	3	3	3	3	3
	4	4	4	4	4	4	4	4	4	4	4	4	4	4	4	4	4	4	4	4	4	4	4	4	4	4	4	4	4	4	4	4	4	4	4	4	4	4	4	4	4	4	4	4	4	4	4	4	4	4
	5	5	5	5	5	5	5	5	5	5	5	5	5	5	5	5	5	5	5	5	5	5	5	5	5	5	5	5	5	5	5	5	5	5	5	5	5	5	5	5	5	5	5	5	5	5	5	5	5	5
	6	6	6	6	6	6	6	6	6	6	6	6	6	6	6	6	6	6	6	6	6	6	6	6	6	6	6	6	6	6	6	6	6	6	6	6	6	6	6	6	6	6	6	6	6	6	6	6	6	6
	7	7	7	7	7	7	7	7	7	7	7	7	7	7	7	7	7	7	7	7	7	7	7	7	7	7	7	7	7	7	7	7	7	7	7	7	7	7	7	7	7	7	7	7	7	7	7	7	7	7
	8	8	8	8	8	8	8	8	8	8	8	8	8	8	8	8	8	8	8	8	8	8	8	8	8	8	8	8	8	8	8	8	8	8	8	8	8	8	8	8	8	8	8	8	8	8	8	8	8	8
	9	9	9	9	9	9	9	9	9	9	9	9	9	9	9	9	9	9	9	9	9	9	9	9	9	9	9	9	9	9	9	9	9	9	9	9	9	9	9	9	9	9	9	9	9	9	9	9	9	9

受験教科名	
受験教科番号	0	0
	1	1
	2	2
	3	3
	4	4
	5	5
	6	6
	7	7
	8	8
	9	9

設問番号　51　～　100

設問	51	52	53	54	55	56	57	58	59	60	61	62	63	64	65	66	67	68	69	70	71	72	73	74	75	76	77	78	79	80	81	82	83	84	85	86	87	88	89	90	91	92	93	94	95	96	97	98	99	100
解答欄	0	0	0	0	0	0	0	0	0	0	0	0	0	0	0	0	0	0	0	0	0	0	0	0	0	0	0	0	0	0	0	0	0	0	0	0	0	0	0	0	0	0	0	0	0	0	0	0	0	0
	1	1	1	1	1	1	1	1	1	1	1	1	1	1	1	1	1	1	1	1	1	1	1	1	1	1	1	1	1	1	1	1	1	1	1	1	1	1	1	1	1	1	1	1	1	1	1	1	1	1
	2	2	2	2	2	2	2	2	2	2	2	2	2	2	2	2	2	2	2	2	2	2	2	2	2	2	2	2	2	2	2	2	2	2	2	2	2	2	2	2	2	2	2	2	2	2	2	2	2	2
	3	3	3	3	3	3	3	3	3	3	3	3	3	3	3	3	3	3	3	3	3	3	3	3	3	3	3	3	3	3	3	3	3	3	3	3	3	3	3	3	3	3	3	3	3	3	3	3	3	3
	4	4	4	4	4	4	4	4	4	4	4	4	4	4	4	4	4	4	4	4	4	4	4	4	4	4	4	4	4	4	4	4	4	4	4	4	4	4	4	4	4	4	4	4	4	4	4	4	4	4
	5	5	5	5	5	5	5	5	5	5	5	5	5	5	5	5	5	5	5	5	5	5	5	5	5	5	5	5	5	5	5	5	5	5	5	5	5	5	5	5	5	5	5	5	5	5	5	5	5	5
	6	6	6	6	6	6	6	6	6	6	6	6	6	6	6	6	6	6	6	6	6	6	6	6	6	6	6	6	6	6	6	6	6	6	6	6	6	6	6	6	6	6	6	6	6	6	6	6	6	6
	7	7	7	7	7	7	7	7	7	7	7	7	7	7	7	7	7	7	7	7	7	7	7	7	7	7	7	7	7	7	7	7	7	7	7	7	7	7	7	7	7	7	7	7	7	7	7	7	7	7
	8	8	8	8	8	8	8	8	8	8	8	8	8	8	8	8	8	8	8	8	8	8	8	8	8	8	8	8	8	8	8	8	8	8	8	8	8	8	8	8	8	8	8	8	8	8	8	8	8	8
	9	9	9	9	9	9	9	9	9	9	9	9	9	9	9	9	9	9	9	9	9	9	9	9	9	9	9	9	9	9	9	9	9	9	9	9	9	9	9	9	9	9	9	9	9	9	9	9	9	9

評点
／100

（注）この解答用紙は実物を縮小してあります。Ｂ４用紙に142％拡大コピーすると、ほぼ実物大で使用できます。（タイトルと配点表は含みません）

推定配点
1 各３点×８　2 (1) ３点　(2)、(3) 各２点×５　(4)、(5) 各３点×４　3 (1) 各２点×２　(2) 各３点×２　4 各３点×７　5 (1) ２点　(2)、(3) 各３点×６
100点　計

二〇二三年度　狭山ケ丘高等学校　推薦第一回

国語解答用紙

注意
1．各設問項目にはマークを一つだけつけること
2．この用紙を折り曲げたり汚したりしないこと
3．訂正時は消しゴムできれいに消し、消しくずを残さないこと
4．＊欄は記入指示があった場合のみ使用します

コース	中学校名	氏名	＊G	＊C	＊N
	立　　中学校				

受験番号			
0	0	0	0
1	1	1	1
2	2	2	2
3	3	3	3
4	4	4	4
5	5	5	5
6	6	6	6
7	7	7	7
8	8	8	8
9	9	9	9

設問番号　1　～　50

設問	1	2	3	4	5	6	7	8	9	10	11	12	13	14	15	16	17	18	19	20	21	22	23	24	25	26	27	28	29	30	31	32	33	34	35	36	37	38	39	40	41	42	43	44	45	46	47	48	49	50
解答欄	0	0	0	0	0	0	0	0	0	0	0	0	0	0	0	0	0	0	0	0	0	0	0	0	0	0	0	0	0	0	0	0	0	0	0	0	0	0	0	0	0	0	0	0	0	0	0	0	0	0
	1	1	1	1	1	1	1	1	1	1	1	1	1	1	1	1	1	1	1	1	1	1	1	1	1	1	1	1	1	1	1	1	1	1	1	1	1	1	1	1	1	1	1	1	1	1	1	1	1	1
	2	2	2	2	2	2	2	2	2	2	2	2	2	2	2	2	2	2	2	2	2	2	2	2	2	2	2	2	2	2	2	2	2	2	2	2	2	2	2	2	2	2	2	2	2	2	2	2	2	2
	3	3	3	3	3	3	3	3	3	3	3	3	3	3	3	3	3	3	3	3	3	3	3	3	3	3	3	3	3	3	3	3	3	3	3	3	3	3	3	3	3	3	3	3	3	3	3	3	3	3
	4	4	4	4	4	4	4	4	4	4	4	4	4	4	4	4	4	4	4	4	4	4	4	4	4	4	4	4	4	4	4	4	4	4	4	4	4	4	4	4	4	4	4	4	4	4	4	4	4	4
	5	5	5	5	5	5	5	5	5	5	5	5	5	5	5	5	5	5	5	5	5	5	5	5	5	5	5	5	5	5	5	5	5	5	5	5	5	5	5	5	5	5	5	5	5	5	5	5	5	5
	6	6	6	6	6	6	6	6	6	6	6	6	6	6	6	6	6	6	6	6	6	6	6	6	6	6	6	6	6	6	6	6	6	6	6	6	6	6	6	6	6	6	6	6	6	6	6	6	6	6
	7	7	7	7	7	7	7	7	7	7	7	7	7	7	7	7	7	7	7	7	7	7	7	7	7	7	7	7	7	7	7	7	7	7	7	7	7	7	7	7	7	7	7	7	7	7	7	7	7	7
	8	8	8	8	8	8	8	8	8	8	8	8	8	8	8	8	8	8	8	8	8	8	8	8	8	8	8	8	8	8	8	8	8	8	8	8	8	8	8	8	8	8	8	8	8	8	8	8	8	8
	9	9	9	9	9	9	9	9	9	9	9	9	9	9	9	9	9	9	9	9	9	9	9	9	9	9	9	9	9	9	9	9	9	9	9	9	9	9	9	9	9	9	9	9	9	9	9	9	9	9

受験教科名		
受験教科番号	0	0
	1	1
	2	2
	3	3
	4	4
	5	5
	6	6
	7	7
	8	8
	9	9

設問番号　51　～　100

設問	51	52	53	54	55	56	57	58	59	60	61	62	63	64	65	66	67	68	69	70	71	72	73	74	75	76	77	78	79	80	81	82	83	84	85	86	87	88	89	90	91	92	93	94	95	96	97	98	99	100
解答欄	0	0	0	0	0	0	0	0	0	0	0	0	0	0	0	0	0	0	0	0	0	0	0	0	0	0	0	0	0	0	0	0	0	0	0	0	0	0	0	0	0	0	0	0	0	0	0	0	0	0
	1	1	1	1	1	1	1	1	1	1	1	1	1	1	1	1	1	1	1	1	1	1	1	1	1	1	1	1	1	1	1	1	1	1	1	1	1	1	1	1	1	1	1	1	1	1	1	1	1	1
	2	2	2	2	2	2	2	2	2	2	2	2	2	2	2	2	2	2	2	2	2	2	2	2	2	2	2	2	2	2	2	2	2	2	2	2	2	2	2	2	2	2	2	2	2	2	2	2	2	2
	3	3	3	3	3	3	3	3	3	3	3	3	3	3	3	3	3	3	3	3	3	3	3	3	3	3	3	3	3	3	3	3	3	3	3	3	3	3	3	3	3	3	3	3	3	3	3	3	3	3
	4	4	4	4	4	4	4	4	4	4	4	4	4	4	4	4	4	4	4	4	4	4	4	4	4	4	4	4	4	4	4	4	4	4	4	4	4	4	4	4	4	4	4	4	4	4	4	4	4	4
	5	5	5	5	5	5	5	5	5	5	5	5	5	5	5	5	5	5	5	5	5	5	5	5	5	5	5	5	5	5	5	5	5	5	5	5	5	5	5	5	5	5	5	5	5	5	5	5	5	5
	6	6	6	6	6	6	6	6	6	6	6	6	6	6	6	6	6	6	6	6	6	6	6	6	6	6	6	6	6	6	6	6	6	6	6	6	6	6	6	6	6	6	6	6	6	6	6	6	6	6
	7	7	7	7	7	7	7	7	7	7	7	7	7	7	7	7	7	7	7	7	7	7	7	7	7	7	7	7	7	7	7	7	7	7	7	7	7	7	7	7	7	7	7	7	7	7	7	7	7	7
	8	8	8	8	8	8	8	8	8	8	8	8	8	8	8	8	8	8	8	8	8	8	8	8	8	8	8	8	8	8	8	8	8	8	8	8	8	8	8	8	8	8	8	8	8	8	8	8	8	8
	9	9	9	9	9	9	9	9	9	9	9	9	9	9	9	9	9	9	9	9	9	9	9	9	9	9	9	9	9	9	9	9	9	9	9	9	9	9	9	9	9	9	9	9	9	9	9	9	9	9

評点
／100

（注）この解答用紙は実物を縮小してあります。Ｂ４用紙に142％拡大コピーすると、ほぼ実物大で使用できます。（タイトルと配点表は含みません）

推定配点

一　問1、問2　各2点×9　問3、問4　各3点×4　問5～問7　各4点×3
二　問1　各2点×3　問2　3点　問3　2点　問4、問5　各3点×2
問6　4点　問7　2点　問8　4点　問9　各3点×2　問10　2点
三　問1　各2点×3　問2　3点　問3　2点　問4　3点
問5、問6　各2点×3　問7　3点

100点	計

２０２２年度　狭山ヶ丘高等学校　推薦第３回

英語解答用紙

コース	中学校名	氏名	＊G	＊C	＊N
	立　中学校				

注意　1．各設問項目にはマークを一つだけつけること
2．この用紙を折り曲げたり汚したりしないこと
3．訂正時は消しゴムできれいに消し、消しくずを残さないこと
4．＊欄は記入指示があった場合のみ使用します

受験番号			
0	0	0	0
1	1	1	1
2	2	2	2
3	3	3	3
4	4	4	4
5	5	5	5
6	6	6	6
7	7	7	7
8	8	8	8
9	9	9	9

設問番号　1　～　50

設問	1	2	3	4	5	6	7	8	9	10	11	12	13	14	15	16	17	18	19	20	21	22	23	24	25	26	27	28	29	30	31	32	33	34	35	36	37	38	39	40	41	42	43	44	45	46	47	48	49	50
解答欄	0	0	0	0	0	0	0	0	0	0	0	0	0	0	0	0	0	0	0	0	0	0	0	0	0	0	0	0	0	0	0	0	0	0	0	0	0	0	0	0	0	0	0	0	0	0	0	0	0	0
	1	1	1	1	1	1	1	1	1	1	1	1	1	1	1	1	1	1	1	1	1	1	1	1	1	1	1	1	1	1	1	1	1	1	1	1	1	1	1	1	1	1	1	1	1	1	1	1	1	1
	2	2	2	2	2	2	2	2	2	2	2	2	2	2	2	2	2	2	2	2	2	2	2	2	2	2	2	2	2	2	2	2	2	2	2	2	2	2	2	2	2	2	2	2	2	2	2	2	2	2
	3	3	3	3	3	3	3	3	3	3	3	3	3	3	3	3	3	3	3	3	3	3	3	3	3	3	3	3	3	3	3	3	3	3	3	3	3	3	3	3	3	3	3	3	3	3	3	3	3	3
	4	4	4	4	4	4	4	4	4	4	4	4	4	4	4	4	4	4	4	4	4	4	4	4	4	4	4	4	4	4	4	4	4	4	4	4	4	4	4	4	4	4	4	4	4	4	4	4	4	4
	5	5	5	5	5	5	5	5	5	5	5	5	5	5	5	5	5	5	5	5	5	5	5	5	5	5	5	5	5	5	5	5	5	5	5	5	5	5	5	5	5	5	5	5	5	5	5	5	5	5
	6	6	6	6	6	6	6	6	6	6	6	6	6	6	6	6	6	6	6	6	6	6	6	6	6	6	6	6	6	6	6	6	6	6	6	6	6	6	6	6	6	6	6	6	6	6	6	6	6	6
	7	7	7	7	7	7	7	7	7	7	7	7	7	7	7	7	7	7	7	7	7	7	7	7	7	7	7	7	7	7	7	7	7	7	7	7	7	7	7	7	7	7	7	7	7	7	7	7	7	7
	8	8	8	8	8	8	8	8	8	8	8	8	8	8	8	8	8	8	8	8	8	8	8	8	8	8	8	8	8	8	8	8	8	8	8	8	8	8	8	8	8	8	8	8	8	8	8	8	8	8
	9	9	9	9	9	9	9	9	9	9	9	9	9	9	9	9	9	9	9	9	9	9	9	9	9	9	9	9	9	9	9	9	9	9	9	9	9	9	9	9	9	9	9	9	9	9	9	9	9	9

受験教科名		
受験教科番号	0	0
	1	1
	2	2
	3	3
	4	4
	5	5
	6	6
	7	7
	8	8
	9	9

設問番号　51　～　100

設問	51	52	53	54	55	56	57	58	59	60	61	62	63	64	65	66	67	68	69	70	71	72	73	74	75	76	77	78	79	80	81	82	83	84	85	86	87	88	89	90	91	92	93	94	95	96	97	98	99	100
解答欄	0	0	0	0	0	0	0	0	0	0	0	0	0	0	0	0	0	0	0	0	0	0	0	0	0	0	0	0	0	0	0	0	0	0	0	0	0	0	0	0	0	0	0	0	0	0	0	0	0	0
	1	1	1	1	1	1	1	1	1	1	1	1	1	1	1	1	1	1	1	1	1	1	1	1	1	1	1	1	1	1	1	1	1	1	1	1	1	1	1	1	1	1	1	1	1	1	1	1	1	1
	2	2	2	2	2	2	2	2	2	2	2	2	2	2	2	2	2	2	2	2	2	2	2	2	2	2	2	2	2	2	2	2	2	2	2	2	2	2	2	2	2	2	2	2	2	2	2	2	2	2
	3	3	3	3	3	3	3	3	3	3	3	3	3	3	3	3	3	3	3	3	3	3	3	3	3	3	3	3	3	3	3	3	3	3	3	3	3	3	3	3	3	3	3	3	3	3	3	3	3	3
	4	4	4	4	4	4	4	4	4	4	4	4	4	4	4	4	4	4	4	4	4	4	4	4	4	4	4	4	4	4	4	4	4	4	4	4	4	4	4	4	4	4	4	4	4	4	4	4	4	4
	5	5	5	5	5	5	5	5	5	5	5	5	5	5	5	5	5	5	5	5	5	5	5	5	5	5	5	5	5	5	5	5	5	5	5	5	5	5	5	5	5	5	5	5	5	5	5	5	5	5
	6	6	6	6	6	6	6	6	6	6	6	6	6	6	6	6	6	6	6	6	6	6	6	6	6	6	6	6	6	6	6	6	6	6	6	6	6	6	6	6	6	6	6	6	6	6	6	6	6	6
	7	7	7	7	7	7	7	7	7	7	7	7	7	7	7	7	7	7	7	7	7	7	7	7	7	7	7	7	7	7	7	7	7	7	7	7	7	7	7	7	7	7	7	7	7	7	7	7	7	7
	8	8	8	8	8	8	8	8	8	8	8	8	8	8	8	8	8	8	8	8	8	8	8	8	8	8	8	8	8	8	8	8	8	8	8	8	8	8	8	8	8	8	8	8	8	8	8	8	8	8
	9	9	9	9	9	9	9	9	9	9	9	9	9	9	9	9	9	9	9	9	9	9	9	9	9	9	9	9	9	9	9	9	9	9	9	9	9	9	9	9	9	9	9	9	9	9	9	9	9	9

評点	/100

（注）この解答用紙は実物を縮小してあります。Ｂ４用紙に142%拡大コピーすると、ほぼ実物大で使用できます。（タイトルと配点表は含みません）

推定配点

1、2　各３点×16
3　問１　３点　問２、問３　各２点×２　問４、問５　各３点×３
4～8　各２点×18

計	100点

2022年度　狭山ケ丘高等学校　推薦第3回

数学解答用紙

評点
/100

コース	中学校名	氏名	＊G	＊C	＊N
	立　中学校				

注意
1. 各設問項目にはマークを一つだけつけること
2. この用紙を折り曲げたり汚したりしないこと
3. 訂正時は消しゴムできれいに消し、消しくずを残さないこと
4. ＊欄は記入指示があった場合のみ使用します

受験番号			
0	0	0	0
1	1	1	1
2	2	2	2
3	3	3	3
4	4	4	4
5	5	5	5
6	6	6	6
7	7	7	7
8	8	8	8
9	9	9	9

設問番号 1 ～ 50

設問	1	2	3	4	5	6	7	8	9	10	11	12	13	14	15	16	17	18	19	20	21	22	23	24	25	26	27	28	29	30	31	32	33	34	35	36	37	38	39	40	41	42	43	44	45	46	47	48	49	50
解答欄	0	0	0	0	0	0	0	0	0	0	0	0	0	0	0	0	0	0	0	0	0	0	0	0	0	0	0	0	0	0	0	0	0	0	0	0	0	0	0	0	0	0	0	0	0	0	0	0	0	0
	1	1	1	1	1	1	1	1	1	1	1	1	1	1	1	1	1	1	1	1	1	1	1	1	1	1	1	1	1	1	1	1	1	1	1	1	1	1	1	1	1	1	1	1	1	1	1	1	1	1
	2	2	2	2	2	2	2	2	2	2	2	2	2	2	2	2	2	2	2	2	2	2	2	2	2	2	2	2	2	2	2	2	2	2	2	2	2	2	2	2	2	2	2	2	2	2	2	2	2	2
	3	3	3	3	3	3	3	3	3	3	3	3	3	3	3	3	3	3	3	3	3	3	3	3	3	3	3	3	3	3	3	3	3	3	3	3	3	3	3	3	3	3	3	3	3	3	3	3	3	3
	4	4	4	4	4	4	4	4	4	4	4	4	4	4	4	4	4	4	4	4	4	4	4	4	4	4	4	4	4	4	4	4	4	4	4	4	4	4	4	4	4	4	4	4	4	4	4	4	4	4
	5	5	5	5	5	5	5	5	5	5	5	5	5	5	5	5	5	5	5	5	5	5	5	5	5	5	5	5	5	5	5	5	5	5	5	5	5	5	5	5	5	5	5	5	5	5	5	5	5	5
	6	6	6	6	6	6	6	6	6	6	6	6	6	6	6	6	6	6	6	6	6	6	6	6	6	6	6	6	6	6	6	6	6	6	6	6	6	6	6	6	6	6	6	6	6	6	6	6	6	6
	7	7	7	7	7	7	7	7	7	7	7	7	7	7	7	7	7	7	7	7	7	7	7	7	7	7	7	7	7	7	7	7	7	7	7	7	7	7	7	7	7	7	7	7	7	7	7	7	7	7
	8	8	8	8	8	8	8	8	8	8	8	8	8	8	8	8	8	8	8	8	8	8	8	8	8	8	8	8	8	8	8	8	8	8	8	8	8	8	8	8	8	8	8	8	8	8	8	8	8	8
	9	9	9	9	9	9	9	9	9	9	9	9	9	9	9	9	9	9	9	9	9	9	9	9	9	9	9	9	9	9	9	9	9	9	9	9	9	9	9	9	9	9	9	9	9	9	9	9	9	9

受験教科名	
受験教科番号	0	0
	1	1
	2	2
	3	3
	4	4
	5	5
	6	6
	7	7
	8	8
	9	9

設問番号 51 ～ 100

設問	51	52	53	54	55	56	57	58	59	60	61	62	63	64	65	66	67	68	69	70	71	72	73	74	75	76	77	78	79	80	81	82	83	84	85	86	87	88	89	90	91	92	93	94	95	96	97	98	99	100
解答欄	0	0	0	0	0	0	0	0	0	0	0	0	0	0	0	0	0	0	0	0	0	0	0	0	0	0	0	0	0	0	0	0	0	0	0	0	0	0	0	0	0	0	0	0	0	0	0	0	0	0
	1	1	1	1	1	1	1	1	1	1	1	1	1	1	1	1	1	1	1	1	1	1	1	1	1	1	1	1	1	1	1	1	1	1	1	1	1	1	1	1	1	1	1	1	1	1	1	1	1	1
	2	2	2	2	2	2	2	2	2	2	2	2	2	2	2	2	2	2	2	2	2	2	2	2	2	2	2	2	2	2	2	2	2	2	2	2	2	2	2	2	2	2	2	2	2	2	2	2	2	2
	3	3	3	3	3	3	3	3	3	3	3	3	3	3	3	3	3	3	3	3	3	3	3	3	3	3	3	3	3	3	3	3	3	3	3	3	3	3	3	3	3	3	3	3	3	3	3	3	3	3
	4	4	4	4	4	4	4	4	4	4	4	4	4	4	4	4	4	4	4	4	4	4	4	4	4	4	4	4	4	4	4	4	4	4	4	4	4	4	4	4	4	4	4	4	4	4	4	4	4	4
	5	5	5	5	5	5	5	5	5	5	5	5	5	5	5	5	5	5	5	5	5	5	5	5	5	5	5	5	5	5	5	5	5	5	5	5	5	5	5	5	5	5	5	5	5	5	5	5	5	5
	6	6	6	6	6	6	6	6	6	6	6	6	6	6	6	6	6	6	6	6	6	6	6	6	6	6	6	6	6	6	6	6	6	6	6	6	6	6	6	6	6	6	6	6	6	6	6	6	6	6
	7	7	7	7	7	7	7	7	7	7	7	7	7	7	7	7	7	7	7	7	7	7	7	7	7	7	7	7	7	7	7	7	7	7	7	7	7	7	7	7	7	7	7	7	7	7	7	7	7	7
	8	8	8	8	8	8	8	8	8	8	8	8	8	8	8	8	8	8	8	8	8	8	8	8	8	8	8	8	8	8	8	8	8	8	8	8	8	8	8	8	8	8	8	8	8	8	8	8	8	8
	9	9	9	9	9	9	9	9	9	9	9	9	9	9	9	9	9	9	9	9	9	9	9	9	9	9	9	9	9	9	9	9	9	9	9	9	9	9	9	9	9	9	9	9	9	9	9	9	9	9

(注) この解答用紙は実物を縮小してあります。Ｂ４用紙に142%拡大コピーすると、ほぼ実物大で使用できます。(タイトルと配点表は含みません)

推定配点

1 (1)～(7) 各3点×7　(8) 各2点×2
2 (1) 3点　(2) 各2点×2　(3) 3点　(4)、(5) 各2点×6
3 各2点×7
4、5 各3点×13

計
100点

二〇二三年度　狭山ケ丘高等学校　推薦第二回

国語解答用紙

評点
/100

コース	中学校名	氏名	*G	*C	*N
	立　中学校				

注意
1. 各設問項目にはマークを一つだけつけること
2. この用紙を折り曲げたり汚したりしないこと
3. 訂正時は消しゴムできれいに消し、消しくずを残さないこと
4. ＊欄は記入指示があった場合のみ使用します

受験番号			
0	0	0	0
1	1	1	1
2	2	2	2
3	3	3	3
4	4	4	4
5	5	5	5
6	6	6	6
7	7	7	7
8	8	8	8
9	9	9	9

設問番号　1　～　50

設問	1	2	3	4	5	6	7	8	9	10	11	12	13	14	15	16	17	18	19	20	21	22	23	24	25	26	27	28	29	30	31	32	33	34	35	36	37	38	39	40	41	42	43	44	45	46	47	48	49	50
解答欄	0	0	0	0	0	0	0	0	0	0	0	0	0	0	0	0	0	0	0	0	0	0	0	0	0	0	0	0	0	0	0	0	0	0	0	0	0	0	0	0	0	0	0	0	0	0	0	0	0	0
	1	1	1	1	1	1	1	1	1	1	1	1	1	1	1	1	1	1	1	1	1	1	1	1	1	1	1	1	1	1	1	1	1	1	1	1	1	1	1	1	1	1	1	1	1	1	1	1	1	1
	2	2	2	2	2	2	2	2	2	2	2	2	2	2	2	2	2	2	2	2	2	2	2	2	2	2	2	2	2	2	2	2	2	2	2	2	2	2	2	2	2	2	2	2	2	2	2	2	2	2
	3	3	3	3	3	3	3	3	3	3	3	3	3	3	3	3	3	3	3	3	3	3	3	3	3	3	3	3	3	3	3	3	3	3	3	3	3	3	3	3	3	3	3	3	3	3	3	3	3	3
	4	4	4	4	4	4	4	4	4	4	4	4	4	4	4	4	4	4	4	4	4	4	4	4	4	4	4	4	4	4	4	4	4	4	4	4	4	4	4	4	4	4	4	4	4	4	4	4	4	4
	5	5	5	5	5	5	5	5	5	5	5	5	5	5	5	5	5	5	5	5	5	5	5	5	5	5	5	5	5	5	5	5	5	5	5	5	5	5	5	5	5	5	5	5	5	5	5	5	5	5
	6	6	6	6	6	6	6	6	6	6	6	6	6	6	6	6	6	6	6	6	6	6	6	6	6	6	6	6	6	6	6	6	6	6	6	6	6	6	6	6	6	6	6	6	6	6	6	6	6	6
	7	7	7	7	7	7	7	7	7	7	7	7	7	7	7	7	7	7	7	7	7	7	7	7	7	7	7	7	7	7	7	7	7	7	7	7	7	7	7	7	7	7	7	7	7	7	7	7	7	7
	8	8	8	8	8	8	8	8	8	8	8	8	8	8	8	8	8	8	8	8	8	8	8	8	8	8	8	8	8	8	8	8	8	8	8	8	8	8	8	8	8	8	8	8	8	8	8	8	8	8
	9	9	9	9	9	9	9	9	9	9	9	9	9	9	9	9	9	9	9	9	9	9	9	9	9	9	9	9	9	9	9	9	9	9	9	9	9	9	9	9	9	9	9	9	9	9	9	9	9	9

受験教科名		
受験教科番号	0	0
	1	1
	2	2
	3	3
	4	4
	5	5
	6	6
	7	7
	8	8
	9	9

設問番号　51　～　100

設問	51	52	53	54	55	56	57	58	59	60	61	62	63	64	65	66	67	68	69	70	71	72	73	74	75	76	77	78	79	80	81	82	83	84	85	86	87	88	89	90	91	92	93	94	95	96	97	98	99	100
解答欄	0	0	0	0	0	0	0	0	0	0	0	0	0	0	0	0	0	0	0	0	0	0	0	0	0	0	0	0	0	0	0	0	0	0	0	0	0	0	0	0	0	0	0	0	0	0	0	0	0	0
	1	1	1	1	1	1	1	1	1	1	1	1	1	1	1	1	1	1	1	1	1	1	1	1	1	1	1	1	1	1	1	1	1	1	1	1	1	1	1	1	1	1	1	1	1	1	1	1	1	1
	2	2	2	2	2	2	2	2	2	2	2	2	2	2	2	2	2	2	2	2	2	2	2	2	2	2	2	2	2	2	2	2	2	2	2	2	2	2	2	2	2	2	2	2	2	2	2	2	2	2
	3	3	3	3	3	3	3	3	3	3	3	3	3	3	3	3	3	3	3	3	3	3	3	3	3	3	3	3	3	3	3	3	3	3	3	3	3	3	3	3	3	3	3	3	3	3	3	3	3	3
	4	4	4	4	4	4	4	4	4	4	4	4	4	4	4	4	4	4	4	4	4	4	4	4	4	4	4	4	4	4	4	4	4	4	4	4	4	4	4	4	4	4	4	4	4	4	4	4	4	4
	5	5	5	5	5	5	5	5	5	5	5	5	5	5	5	5	5	5	5	5	5	5	5	5	5	5	5	5	5	5	5	5	5	5	5	5	5	5	5	5	5	5	5	5	5	5	5	5	5	5
	6	6	6	6	6	6	6	6	6	6	6	6	6	6	6	6	6	6	6	6	6	6	6	6	6	6	6	6	6	6	6	6	6	6	6	6	6	6	6	6	6	6	6	6	6	6	6	6	6	6
	7	7	7	7	7	7	7	7	7	7	7	7	7	7	7	7	7	7	7	7	7	7	7	7	7	7	7	7	7	7	7	7	7	7	7	7	7	7	7	7	7	7	7	7	7	7	7	7	7	7
	8	8	8	8	8	8	8	8	8	8	8	8	8	8	8	8	8	8	8	8	8	8	8	8	8	8	8	8	8	8	8	8	8	8	8	8	8	8	8	8	8	8	8	8	8	8	8	8	8	8
	9	9	9	9	9	9	9	9	9	9	9	9	9	9	9	9	9	9	9	9	9	9	9	9	9	9	9	9	9	9	9	9	9	9	9	9	9	9	9	9	9	9	9	9	9	9	9	9	9	9

（注）この解答用紙は実物を縮小してあります。Ｂ４用紙に142%拡大コピーすると、ほぼ実物大で使用できます。（タイトルと配点表は含みません）

推定配点

一　問1～問3　各2点×11　問4～問6　各3点×3　問7　各2点×2
問8～問10　各3点×3
二　問1、問2　各2点×6　問3～問7　各3点×6　問8、問9　各2点×2
三　問1～問3　各2点×5　問4　3点　問5、問6　各2点×2　問7　3点
問8　2点

100点	計

2021年度　狭山ケ丘高等学校　推薦第3回

英語解答用紙

コース	中学校名	氏名	＊G	＊C	＊N
	立　　中学校				

注意　1．各設問項目にはマークを一つだけつけること
2．この用紙を折り曲げたり汚したりしないこと
3．訂正時は消しゴムできれいに消し、消しくずを残さないこと
4．＊欄は記入指示があった場合のみ使用します

評点
/100

受験番号			
⓪	⓪	⓪	⓪
①	①	①	①
②	②	②	②
③	③	③	③
④	④	④	④
⑤	⑤	⑤	⑤
⑥	⑥	⑥	⑥
⑦	⑦	⑦	⑦
⑧	⑧	⑧	⑧
⑨	⑨	⑨	⑨

設問番号 1 ～ 50

設問	1	2	3	4	5	6	7	8	9	10	11	12	13	14	15	16	17	18	19	20	21	22	23	24	25
解答欄	⓪①②③④⑤⑥⑦⑧⑨	⓪①②③④⑤⑥⑦⑧⑨	⓪①②③④⑤⑥⑦⑧⑨	⓪①②③④⑤⑥⑦⑧⑨	⓪①②③④⑤⑥⑦⑧⑨	⓪①②③④⑤⑥⑦⑧⑨	⓪①②③④⑤⑥⑦⑧⑨	⓪①②③④⑤⑥⑦⑧⑨	⓪①②③④⑤⑥⑦⑧⑨	⓪①②③④⑤⑥⑦⑧⑨	⓪①②③④⑤⑥⑦⑧⑨	⓪①②③④⑤⑥⑦⑧⑨	⓪①②③④⑤⑥⑦⑧⑨	⓪①②③④⑤⑥⑦⑧⑨	⓪①②③④⑤⑥⑦⑧⑨	⓪①②③④⑤⑥⑦⑧⑨	⓪①②③④⑤⑥⑦⑧⑨	⓪①②③④⑤⑥⑦⑧⑨	⓪①②③④⑤⑥⑦⑧⑨	⓪①②③④⑤⑥⑦⑧⑨	⓪①②③④⑤⑥⑦⑧⑨	⓪①②③④⑤⑥⑦⑧⑨	⓪①②③④⑤⑥⑦⑧⑨	⓪①②③④⑤⑥⑦⑧⑨	⓪①②③④⑤⑥⑦⑧⑨

設問	26	27	28	29	30	31	32	33	34	35	36	37	38	39	40	41	42	43	44	45	46	47	48	49	50
解答欄	⓪①②③④⑤⑥⑦⑧⑨	⓪①②③④⑤⑥⑦⑧⑨	⓪①②③④⑤⑥⑦⑧⑨	⓪①②③④⑤⑥⑦⑧⑨	⓪①②③④⑤⑥⑦⑧⑨	⓪①②③④⑤⑥⑦⑧⑨	⓪①②③④⑤⑥⑦⑧⑨	⓪①②③④⑤⑥⑦⑧⑨	⓪①②③④⑤⑥⑦⑧⑨	⓪①②③④⑤⑥⑦⑧⑨	⓪①②③④⑤⑥⑦⑧⑨	⓪①②③④⑤⑥⑦⑧⑨	⓪①②③④⑤⑥⑦⑧⑨	⓪①②③④⑤⑥⑦⑧⑨	⓪①②③④⑤⑥⑦⑧⑨	⓪①②③④⑤⑥⑦⑧⑨	⓪①②③④⑤⑥⑦⑧⑨	⓪①②③④⑤⑥⑦⑧⑨	⓪①②③④⑤⑥⑦⑧⑨	⓪①②③④⑤⑥⑦⑧⑨	⓪①②③④⑤⑥⑦⑧⑨	⓪①②③④⑤⑥⑦⑧⑨	⓪①②③④⑤⑥⑦⑧⑨	⓪①②③④⑤⑥⑦⑧⑨	⓪①②③④⑤⑥⑦⑧⑨

受験教科名	
受験教科番号	⓪ ⓪
	① ①
	② ②
	③ ③
	④ ④
	⑤ ⑤
	⑥ ⑥
	⑦ ⑦
	⑧ ⑧
	⑨ ⑨

設問番号 51 ～ 100

設問	51	52	53	54	55	56	57	58	59	60	61	62	63	64	65	66	67	68	69	70	71	72	73	74	75
解答欄	⓪①②③④⑤⑥⑦⑧⑨	⓪①②③④⑤⑥⑦⑧⑨	⓪①②③④⑤⑥⑦⑧⑨	⓪①②③④⑤⑥⑦⑧⑨	⓪①②③④⑤⑥⑦⑧⑨	⓪①②③④⑤⑥⑦⑧⑨	⓪①②③④⑤⑥⑦⑧⑨	⓪①②③④⑤⑥⑦⑧⑨	⓪①②③④⑤⑥⑦⑧⑨	⓪①②③④⑤⑥⑦⑧⑨	⓪①②③④⑤⑥⑦⑧⑨	⓪①②③④⑤⑥⑦⑧⑨	⓪①②③④⑤⑥⑦⑧⑨	⓪①②③④⑤⑥⑦⑧⑨	⓪①②③④⑤⑥⑦⑧⑨	⓪①②③④⑤⑥⑦⑧⑨	⓪①②③④⑤⑥⑦⑧⑨	⓪①②③④⑤⑥⑦⑧⑨	⓪①②③④⑤⑥⑦⑧⑨	⓪①②③④⑤⑥⑦⑧⑨	⓪①②③④⑤⑥⑦⑧⑨	⓪①②③④⑤⑥⑦⑧⑨	⓪①②③④⑤⑥⑦⑧⑨	⓪①②③④⑤⑥⑦⑧⑨	⓪①②③④⑤⑥⑦⑧⑨

設問	76	77	78	79	80	81	82	83	84	85	86	87	88	89	90	91	92	93	94	95	96	97	98	99	100
解答欄	⓪①②③④⑤⑥⑦⑧⑨	⓪①②③④⑤⑥⑦⑧⑨	⓪①②③④⑤⑥⑦⑧⑨	⓪①②③④⑤⑥⑦⑧⑨	⓪①②③④⑤⑥⑦⑧⑨	⓪①②③④⑤⑥⑦⑧⑨	⓪①②③④⑤⑥⑦⑧⑨	⓪①②③④⑤⑥⑦⑧⑨	⓪①②③④⑤⑥⑦⑧⑨	⓪①②③④⑤⑥⑦⑧⑨	⓪①②③④⑤⑥⑦⑧⑨	⓪①②③④⑤⑥⑦⑧⑨	⓪①②③④⑤⑥⑦⑧⑨	⓪①②③④⑤⑥⑦⑧⑨	⓪①②③④⑤⑥⑦⑧⑨	⓪①②③④⑤⑥⑦⑧⑨	⓪①②③④⑤⑥⑦⑧⑨	⓪①②③④⑤⑥⑦⑧⑨	⓪①②③④⑤⑥⑦⑧⑨	⓪①②③④⑤⑥⑦⑧⑨	⓪①②③④⑤⑥⑦⑧⑨	⓪①②③④⑤⑥⑦⑧⑨	⓪①②③④⑤⑥⑦⑧⑨	⓪①②③④⑤⑥⑦⑧⑨	⓪①②③④⑤⑥⑦⑧⑨

（注）この解答用紙は実物を縮小してあります。Ｂ４用紙に142％拡大コピーすると、ほぼ実物大で使用できます。（タイトルと配点表は含みません）

推定配点	
1、2 各3点×16 3 問1 3点 問2、問3 各2点×2 問4、問5 各3点×3 4～8 各2点×18	
100点	計

２０２１年度　狭山ケ丘高等学校　推薦第１回

数学解答用紙

評点
/100

推定配点
1 各4点×8
2 (1)～(4) 各4点×4　(5)、(6) 各2点×4
3 (1) 各2点×2　(2)、(3) 各4点×2
4 (1) 各2点×3　(2) 各3点×2　(3) 4点
5 (1) 4点　(2)、(3) 各3点×4
計　100点

コース	中学校名	氏名	＊G	＊C	＊N
	立　　　　中学校				

注意
1. 各設問項目にはマークを一つだけつけること
2. この用紙を折り曲げたり汚したりしないこと
3. 訂正時は消しゴムできれいに消し、消しくずを残さないこと
4. ＊欄は記入指示があった場合のみ使用します

受験番号			
0	0	0	0
1	1	1	1
2	2	2	2
3	3	3	3
4	4	4	4
5	5	5	5
6	6	6	6
7	7	7	7
8	8	8	8
9	9	9	9

設問番号　1 ～ 50

設問	1	2	3	4	5	6	7	8	9	10	11	12	13	14	15	16	17	18	19	20	21	22	23	24	25	26	27	28	29	30	31	32	33	34	35	36	37	38	39	40	41	42	43	44	45	46	47	48	49	50
解答欄	0	0	0	0	0	0	0	0	0	0	0	0	0	0	0	0	0	0	0	0	0	0	0	0	0	0	0	0	0	0	0	0	0	0	0	0	0	0	0	0	0	0	0	0	0	0	0	0	0	0
	1	1	1	1	1	1	1	1	1	1	1	1	1	1	1	1	1	1	1	1	1	1	1	1	1	1	1	1	1	1	1	1	1	1	1	1	1	1	1	1	1	1	1	1	1	1	1	1	1	1
	2	2	2	2	2	2	2	2	2	2	2	2	2	2	2	2	2	2	2	2	2	2	2	2	2	2	2	2	2	2	2	2	2	2	2	2	2	2	2	2	2	2	2	2	2	2	2	2	2	2
	3	3	3	3	3	3	3	3	3	3	3	3	3	3	3	3	3	3	3	3	3	3	3	3	3	3	3	3	3	3	3	3	3	3	3	3	3	3	3	3	3	3	3	3	3	3	3	3	3	3
	4	4	4	4	4	4	4	4	4	4	4	4	4	4	4	4	4	4	4	4	4	4	4	4	4	4	4	4	4	4	4	4	4	4	4	4	4	4	4	4	4	4	4	4	4	4	4	4	4	4
	5	5	5	5	5	5	5	5	5	5	5	5	5	5	5	5	5	5	5	5	5	5	5	5	5	5	5	5	5	5	5	5	5	5	5	5	5	5	5	5	5	5	5	5	5	5	5	5	5	5
	6	6	6	6	6	6	6	6	6	6	6	6	6	6	6	6	6	6	6	6	6	6	6	6	6	6	6	6	6	6	6	6	6	6	6	6	6	6	6	6	6	6	6	6	6	6	6	6	6	6
	7	7	7	7	7	7	7	7	7	7	7	7	7	7	7	7	7	7	7	7	7	7	7	7	7	7	7	7	7	7	7	7	7	7	7	7	7	7	7	7	7	7	7	7	7	7	7	7	7	7
	8	8	8	8	8	8	8	8	8	8	8	8	8	8	8	8	8	8	8	8	8	8	8	8	8	8	8	8	8	8	8	8	8	8	8	8	8	8	8	8	8	8	8	8	8	8	8	8	8	8
	9	9	9	9	9	9	9	9	9	9	9	9	9	9	9	9	9	9	9	9	9	9	9	9	9	9	9	9	9	9	9	9	9	9	9	9	9	9	9	9	9	9	9	9	9	9	9	9	9	9

受験教科名		
受験教科番号	0	0
	1	1
	2	2
	3	3
	4	4
	5	5
	6	6
	7	7
	8	8
	9	9

設問番号　51 ～ 100

設問	51	52	53	54	55	56	57	58	59	60	61	62	63	64	65	66	67	68	69	70	71	72	73	74	75	76	77	78	79	80	81	82	83	84	85	86	87	88	89	90	91	92	93	94	95	96	97	98	99	100
解答欄	0	0	0	0	0	0	0	0	0	0	0	0	0	0	0	0	0	0	0	0	0	0	0	0	0	0	0	0	0	0	0	0	0	0	0	0	0	0	0	0	0	0	0	0	0	0	0	0	0	0
	1	1	1	1	1	1	1	1	1	1	1	1	1	1	1	1	1	1	1	1	1	1	1	1	1	1	1	1	1	1	1	1	1	1	1	1	1	1	1	1	1	1	1	1	1	1	1	1	1	1
	2	2	2	2	2	2	2	2	2	2	2	2	2	2	2	2	2	2	2	2	2	2	2	2	2	2	2	2	2	2	2	2	2	2	2	2	2	2	2	2	2	2	2	2	2	2	2	2	2	2
	3	3	3	3	3	3	3	3	3	3	3	3	3	3	3	3	3	3	3	3	3	3	3	3	3	3	3	3	3	3	3	3	3	3	3	3	3	3	3	3	3	3	3	3	3	3	3	3	3	3
	4	4	4	4	4	4	4	4	4	4	4	4	4	4	4	4	4	4	4	4	4	4	4	4	4	4	4	4	4	4	4	4	4	4	4	4	4	4	4	4	4	4	4	4	4	4	4	4	4	4
	5	5	5	5	5	5	5	5	5	5	5	5	5	5	5	5	5	5	5	5	5	5	5	5	5	5	5	5	5	5	5	5	5	5	5	5	5	5	5	5	5	5	5	5	5	5	5	5	5	5
	6	6	6	6	6	6	6	6	6	6	6	6	6	6	6	6	6	6	6	6	6	6	6	6	6	6	6	6	6	6	6	6	6	6	6	6	6	6	6	6	6	6	6	6	6	6	6	6	6	6
	7	7	7	7	7	7	7	7	7	7	7	7	7	7	7	7	7	7	7	7	7	7	7	7	7	7	7	7	7	7	7	7	7	7	7	7	7	7	7	7	7	7	7	7	7	7	7	7	7	7
	8	8	8	8	8	8	8	8	8	8	8	8	8	8	8	8	8	8	8	8	8	8	8	8	8	8	8	8	8	8	8	8	8	8	8	8	8	8	8	8	8	8	8	8	8	8	8	8	8	8
	9	9	9	9	9	9	9	9	9	9	9	9	9	9	9	9	9	9	9	9	9	9	9	9	9	9	9	9	9	9	9	9	9	9	9	9	9	9	9	9	9	9	9	9	9	9	9	9	9	9

（注）この解答用紙は実物を縮小してあります。Ｂ４用紙に142％拡大コピーすると、ほぼ実物大で使用できます。（タイトルと配点表は含みません）

二〇二二年度　狭山ケ丘高等学校　推薦第一回

国語解答用紙

評点
/100

コース	中学校名	氏名	＊G	＊C	＊N
	立　中学校				

注意
1．各設問項目にはマークを一つだけつけること
2．この用紙を折り曲げたり汚したりしないこと
3．訂正時は消しゴムできれいに消し、消しくずを残さないこと
4．＊欄は記入指示があった場合のみ使用します

受験番号

0	0	0	0
1	1	1	1
2	2	2	2
3	3	3	3
4	4	4	4
5	5	5	5
6	6	6	6
7	7	7	7
8	8	8	8
9	9	9	9

設問番号　1　～　50

設問	1	2	3	4	5	6	7	8	9	10	11	12	13	14	15	16	17	18	19	20	21	22	23	24	25	26	27	28	29	30	31	32	33	34	35	36	37	38	39	40	41	42	43	44	45	46	47	48	49	50
	0	0	0	0	0	0	0	0	0	0	0	0	0	0	0	0	0	0	0	0	0	0	0	0	0	0	0	0	0	0	0	0	0	0	0	0	0	0	0	0	0	0	0	0	0	0	0	0	0	0
	1	1	1	1	1	1	1	1	1	1	1	1	1	1	1	1	1	1	1	1	1	1	1	1	1	1	1	1	1	1	1	1	1	1	1	1	1	1	1	1	1	1	1	1	1	1	1	1	1	1
解	2	2	2	2	2	2	2	2	2	2	2	2	2	2	2	2	2	2	2	2	2	2	2	2	2	2	2	2	2	2	2	2	2	2	2	2	2	2	2	2	2	2	2	2	2	2	2	2	2	2
	3	3	3	3	3	3	3	3	3	3	3	3	3	3	3	3	3	3	3	3	3	3	3	3	3	3	3	3	3	3	3	3	3	3	3	3	3	3	3	3	3	3	3	3	3	3	3	3	3	3
	4	4	4	4	4	4	4	4	4	4	4	4	4	4	4	4	4	4	4	4	4	4	4	4	4	4	4	4	4	4	4	4	4	4	4	4	4	4	4	4	4	4	4	4	4	4	4	4	4	4
答	5	5	5	5	5	5	5	5	5	5	5	5	5	5	5	5	5	5	5	5	5	5	5	5	5	5	5	5	5	5	5	5	5	5	5	5	5	5	5	5	5	5	5	5	5	5	5	5	5	5
	6	6	6	6	6	6	6	6	6	6	6	6	6	6	6	6	6	6	6	6	6	6	6	6	6	6	6	6	6	6	6	6	6	6	6	6	6	6	6	6	6	6	6	6	6	6	6	6	6	6
欄	7	7	7	7	7	7	7	7	7	7	7	7	7	7	7	7	7	7	7	7	7	7	7	7	7	7	7	7	7	7	7	7	7	7	7	7	7	7	7	7	7	7	7	7	7	7	7	7	7	7
	8	8	8	8	8	8	8	8	8	8	8	8	8	8	8	8	8	8	8	8	8	8	8	8	8	8	8	8	8	8	8	8	8	8	8	8	8	8	8	8	8	8	8	8	8	8	8	8	8	8
	9	9	9	9	9	9	9	9	9	9	9	9	9	9	9	9	9	9	9	9	9	9	9	9	9	9	9	9	9	9	9	9	9	9	9	9	9	9	9	9	9	9	9	9	9	9	9	9	9	9

受験教科名

受験教科番号		
	0	0
	1	1
	2	2
	3	3
	4	4
	5	5
	6	6
	7	7
	8	8
	9	9

設問番号　51　～　100

設問	51	52	53	54	55	56	57	58	59	60	61	62	63	64	65	66	67	68	69	70	71	72	73	74	75	76	77	78	79	80	81	82	83	84	85	86	87	88	89	90	91	92	93	94	95	96	97	98	99	100
	0	0	0	0	0	0	0	0	0	0	0	0	0	0	0	0	0	0	0	0	0	0	0	0	0	0	0	0	0	0	0	0	0	0	0	0	0	0	0	0	0	0	0	0	0	0	0	0	0	0
	1	1	1	1	1	1	1	1	1	1	1	1	1	1	1	1	1	1	1	1	1	1	1	1	1	1	1	1	1	1	1	1	1	1	1	1	1	1	1	1	1	1	1	1	1	1	1	1	1	1
解	2	2	2	2	2	2	2	2	2	2	2	2	2	2	2	2	2	2	2	2	2	2	2	2	2	2	2	2	2	2	2	2	2	2	2	2	2	2	2	2	2	2	2	2	2	2	2	2	2	2
	3	3	3	3	3	3	3	3	3	3	3	3	3	3	3	3	3	3	3	3	3	3	3	3	3	3	3	3	3	3	3	3	3	3	3	3	3	3	3	3	3	3	3	3	3	3	3	3	3	3
	4	4	4	4	4	4	4	4	4	4	4	4	4	4	4	4	4	4	4	4	4	4	4	4	4	4	4	4	4	4	4	4	4	4	4	4	4	4	4	4	4	4	4	4	4	4	4	4	4	4
答	5	5	5	5	5	5	5	5	5	5	5	5	5	5	5	5	5	5	5	5	5	5	5	5	5	5	5	5	5	5	5	5	5	5	5	5	5	5	5	5	5	5	5	5	5	5	5	5	5	5
	6	6	6	6	6	6	6	6	6	6	6	6	6	6	6	6	6	6	6	6	6	6	6	6	6	6	6	6	6	6	6	6	6	6	6	6	6	6	6	6	6	6	6	6	6	6	6	6	6	6
欄	7	7	7	7	7	7	7	7	7	7	7	7	7	7	7	7	7	7	7	7	7	7	7	7	7	7	7	7	7	7	7	7	7	7	7	7	7	7	7	7	7	7	7	7	7	7	7	7	7	7
	8	8	8	8	8	8	8	8	8	8	8	8	8	8	8	8	8	8	8	8	8	8	8	8	8	8	8	8	8	8	8	8	8	8	8	8	8	8	8	8	8	8	8	8	8	8	8	8	8	8
	9	9	9	9	9	9	9	9	9	9	9	9	9	9	9	9	9	9	9	9	9	9	9	9	9	9	9	9	9	9	9	9	9	9	9	9	9	9	9	9	9	9	9	9	9	9	9	9	9	9

（注）この解答用紙は実物を縮小してあります。Ｂ４用紙に142％拡大コピーすると、ほぼ実物大で使用できます。（タイトルと配点表は含みません）

推定配点

一 問1、問2　各2点×8　問3　3点　問4、問5　各2点×2　問6～問10　各3点×5

二 問1　各2点×3　問2～問9　各3点×8　問10　2点

三 問1～問5　各2点×7　問6～問8　各3点×3　問9、問10　各2点×2　問11　3点

計	100点

２０２１年度 狭山ケ丘高等学校 推薦第２回

英語解答用紙

評点
/100

コース	中学校名	氏名	＊G	＊C	＊N
	立　　中学校				

注意
1．各設問項目にはマークを一つだけつけること
2．この用紙を折り曲げたり汚したりしないこと
3．訂正時は消しゴムできれいに消し、消しくずを残さないこと
4．＊欄は記入指示があった場合のみ使用します

受験番号			
⓪	⓪	⓪	⓪
①	①	①	①
②	②	②	②
③	③	③	③
④	④	④	④
⑤	⑤	⑤	⑤
⑥	⑥	⑥	⑥
⑦	⑦	⑦	⑦
⑧	⑧	⑧	⑧
⑨	⑨	⑨	⑨

設問番号 1 ～ 50

設問	1	2	3	4	5	6	7	8	9	10	11	12	13	14	15	16	17	18	19	20	21	22	23	24	25	26	27	28	29	30	31	32	33	34	35	36	37	38	39	40	41	42	43	44	45	46	47	48	49	50
解答欄	0	0	0	0	0	0	0	0	0	0	0	0	0	0	0	0	0	0	0	0	0	0	0	0	0	0	0	0	0	0	0	0	0	0	0	0	0	0	0	0	0	0	0	0	0	0	0	0	0	0
	1	1	1	1	1	1	1	1	1	1	1	1	1	1	1	1	1	1	1	1	1	1	1	1	1	1	1	1	1	1	1	1	1	1	1	1	1	1	1	1	1	1	1	1	1	1	1	1	1	1
	2	2	2	2	2	2	2	2	2	2	2	2	2	2	2	2	2	2	2	2	2	2	2	2	2	2	2	2	2	2	2	2	2	2	2	2	2	2	2	2	2	2	2	2	2	2	2	2	2	2
	3	3	3	3	3	3	3	3	3	3	3	3	3	3	3	3	3	3	3	3	3	3	3	3	3	3	3	3	3	3	3	3	3	3	3	3	3	3	3	3	3	3	3	3	3	3	3	3	3	3
	4	4	4	4	4	4	4	4	4	4	4	4	4	4	4	4	4	4	4	4	4	4	4	4	4	4	4	4	4	4	4	4	4	4	4	4	4	4	4	4	4	4	4	4	4	4	4	4	4	4
	5	5	5	5	5	5	5	5	5	5	5	5	5	5	5	5	5	5	5	5	5	5	5	5	5	5	5	5	5	5	5	5	5	5	5	5	5	5	5	5	5	5	5	5	5	5	5	5	5	5
	6	6	6	6	6	6	6	6	6	6	6	6	6	6	6	6	6	6	6	6	6	6	6	6	6	6	6	6	6	6	6	6	6	6	6	6	6	6	6	6	6	6	6	6	6	6	6	6	6	6
	7	7	7	7	7	7	7	7	7	7	7	7	7	7	7	7	7	7	7	7	7	7	7	7	7	7	7	7	7	7	7	7	7	7	7	7	7	7	7	7	7	7	7	7	7	7	7	7	7	7
	8	8	8	8	8	8	8	8	8	8	8	8	8	8	8	8	8	8	8	8	8	8	8	8	8	8	8	8	8	8	8	8	8	8	8	8	8	8	8	8	8	8	8	8	8	8	8	8	8	8
	9	9	9	9	9	9	9	9	9	9	9	9	9	9	9	9	9	9	9	9	9	9	9	9	9	9	9	9	9	9	9	9	9	9	9	9	9	9	9	9	9	9	9	9	9	9	9	9	9	9

受験教科名		
受験教科番号	⓪	⓪
	①	①
	②	②
	③	③
	④	④
	⑤	⑤
	⑥	⑥
	⑦	⑦
	⑧	⑧
	⑨	⑨

設問番号 51 ～ 100

設問	51	52	53	54	55	56	57	58	59	60	61	62	63	64	65	66	67	68	69	70	71	72	73	74	75	76	77	78	79	80	81	82	83	84	85	86	87	88	89	90	91	92	93	94	95	96	97	98	99	100
解答欄	0	0	0	0	0	0	0	0	0	0	0	0	0	0	0	0	0	0	0	0	0	0	0	0	0	0	0	0	0	0	0	0	0	0	0	0	0	0	0	0	0	0	0	0	0	0	0	0	0	0
	1	1	1	1	1	1	1	1	1	1	1	1	1	1	1	1	1	1	1	1	1	1	1	1	1	1	1	1	1	1	1	1	1	1	1	1	1	1	1	1	1	1	1	1	1	1	1	1	1	1
	2	2	2	2	2	2	2	2	2	2	2	2	2	2	2	2	2	2	2	2	2	2	2	2	2	2	2	2	2	2	2	2	2	2	2	2	2	2	2	2	2	2	2	2	2	2	2	2	2	2
	3	3	3	3	3	3	3	3	3	3	3	3	3	3	3	3	3	3	3	3	3	3	3	3	3	3	3	3	3	3	3	3	3	3	3	3	3	3	3	3	3	3	3	3	3	3	3	3	3	3
	4	4	4	4	4	4	4	4	4	4	4	4	4	4	4	4	4	4	4	4	4	4	4	4	4	4	4	4	4	4	4	4	4	4	4	4	4	4	4	4	4	4	4	4	4	4	4	4	4	4
	5	5	5	5	5	5	5	5	5	5	5	5	5	5	5	5	5	5	5	5	5	5	5	5	5	5	5	5	5	5	5	5	5	5	5	5	5	5	5	5	5	5	5	5	5	5	5	5	5	5
	6	6	6	6	6	6	6	6	6	6	6	6	6	6	6	6	6	6	6	6	6	6	6	6	6	6	6	6	6	6	6	6	6	6	6	6	6	6	6	6	6	6	6	6	6	6	6	6	6	6
	7	7	7	7	7	7	7	7	7	7	7	7	7	7	7	7	7	7	7	7	7	7	7	7	7	7	7	7	7	7	7	7	7	7	7	7	7	7	7	7	7	7	7	7	7	7	7	7	7	7
	8	8	8	8	8	8	8	8	8	8	8	8	8	8	8	8	8	8	8	8	8	8	8	8	8	8	8	8	8	8	8	8	8	8	8	8	8	8	8	8	8	8	8	8	8	8	8	8	8	8
	9	9	9	9	9	9	9	9	9	9	9	9	9	9	9	9	9	9	9	9	9	9	9	9	9	9	9	9	9	9	9	9	9	9	9	9	9	9	9	9	9	9	9	9	9	9	9	9	9	9

（注）この解答用紙は実物を縮小してあります。Ｂ４用紙に142％拡大コピーすると、ほぼ実物大で使用できます。（タイトルと配点表は含みません）

推定配点	
1、2 各３点×16 3 問１、問２ 各２点×２　問３～問５ 各３点×４ 4～8 各２点×18	
100点	計

２０２１年度　狭山ケ丘高等学校　推薦第２回

数学解答用紙

コース	中　学　校　名	氏　名	＊G	＊C	＊N
	立　　　中学校				

注意
1. 各設問項目にはマークを一つだけつけること
2. この用紙を折り曲げたり汚したりしないこと
3. 訂正時は消しゴムできれいに消し、消しくずを残さないこと
4. ＊欄は記入指示があった場合のみ使用します

受験番号			
0	0	0	0
1	1	1	1
2	2	2	2
3	3	3	3
4	4	4	4
5	5	5	5
6	6	6	6
7	7	7	7
8	8	8	8
9	9	9	9

設問番号　1　～　50

設問	1	2	3	4	5	6	7	8	9	10	11	12	13	14	15	16	17	18	19	20	21	22	23	24	25	26	27	28	29	30	31	32	33	34	35	36	37	38	39	40	41	42	43	44	45	46	47	48	49	50
	0	0	0	0	0	0	0	0	0	0	0	0	0	0	0	0	0	0	0	0	0	0	0	0	0	0	0	0	0	0	0	0	0	0	0	0	0	0	0	0	0	0	0	0	0	0	0	0	0	0
	1	1	1	1	1	1	1	1	1	1	1	1	1	1	1	1	1	1	1	1	1	1	1	1	1	1	1	1	1	1	1	1	1	1	1	1	1	1	1	1	1	1	1	1	1	1	1	1	1	1
解	2	2	2	2	2	2	2	2	2	2	2	2	2	2	2	2	2	2	2	2	2	2	2	2	2	2	2	2	2	2	2	2	2	2	2	2	2	2	2	2	2	2	2	2	2	2	2	2	2	2
	3	3	3	3	3	3	3	3	3	3	3	3	3	3	3	3	3	3	3	3	3	3	3	3	3	3	3	3	3	3	3	3	3	3	3	3	3	3	3	3	3	3	3	3	3	3	3	3	3	3
	4	4	4	4	4	4	4	4	4	4	4	4	4	4	4	4	4	4	4	4	4	4	4	4	4	4	4	4	4	4	4	4	4	4	4	4	4	4	4	4	4	4	4	4	4	4	4	4	4	4
答	5	5	5	5	5	5	5	5	5	5	5	5	5	5	5	5	5	5	5	5	5	5	5	5	5	5	5	5	5	5	5	5	5	5	5	5	5	5	5	5	5	5	5	5	5	5	5	5	5	5
	6	6	6	6	6	6	6	6	6	6	6	6	6	6	6	6	6	6	6	6	6	6	6	6	6	6	6	6	6	6	6	6	6	6	6	6	6	6	6	6	6	6	6	6	6	6	6	6	6	6
欄	7	7	7	7	7	7	7	7	7	7	7	7	7	7	7	7	7	7	7	7	7	7	7	7	7	7	7	7	7	7	7	7	7	7	7	7	7	7	7	7	7	7	7	7	7	7	7	7	7	7
	8	8	8	8	8	8	8	8	8	8	8	8	8	8	8	8	8	8	8	8	8	8	8	8	8	8	8	8	8	8	8	8	8	8	8	8	8	8	8	8	8	8	8	8	8	8	8	8	8	8
	9	9	9	9	9	9	9	9	9	9	9	9	9	9	9	9	9	9	9	9	9	9	9	9	9	9	9	9	9	9	9	9	9	9	9	9	9	9	9	9	9	9	9	9	9	9	9	9	9	9

受験教科名		
受験教科番号	0	0
	1	1
	2	2
	3	3
	4	4
	5	5
	6	6
	7	7
	8	8
	9	9

設問番号　51　～　100

設問	51	52	53	54	55	56	57	58	59	60	61	62	63	64	65	66	67	68	69	70	71	72	73	74	75	76	77	78	79	80	81	82	83	84	85	86	87	88	89	90	91	92	93	94	95	96	97	98	99	100
	0	0	0	0	0	0	0	0	0	0	0	0	0	0	0	0	0	0	0	0	0	0	0	0	0	0	0	0	0	0	0	0	0	0	0	0	0	0	0	0	0	0	0	0	0	0	0	0	0	0
	1	1	1	1	1	1	1	1	1	1	1	1	1	1	1	1	1	1	1	1	1	1	1	1	1	1	1	1	1	1	1	1	1	1	1	1	1	1	1	1	1	1	1	1	1	1	1	1	1	1
解	2	2	2	2	2	2	2	2	2	2	2	2	2	2	2	2	2	2	2	2	2	2	2	2	2	2	2	2	2	2	2	2	2	2	2	2	2	2	2	2	2	2	2	2	2	2	2	2	2	2
	3	3	3	3	3	3	3	3	3	3	3	3	3	3	3	3	3	3	3	3	3	3	3	3	3	3	3	3	3	3	3	3	3	3	3	3	3	3	3	3	3	3	3	3	3	3	3	3	3	3
	4	4	4	4	4	4	4	4	4	4	4	4	4	4	4	4	4	4	4	4	4	4	4	4	4	4	4	4	4	4	4	4	4	4	4	4	4	4	4	4	4	4	4	4	4	4	4	4	4	4
答	5	5	5	5	5	5	5	5	5	5	5	5	5	5	5	5	5	5	5	5	5	5	5	5	5	5	5	5	5	5	5	5	5	5	5	5	5	5	5	5	5	5	5	5	5	5	5	5	5	5
	6	6	6	6	6	6	6	6	6	6	6	6	6	6	6	6	6	6	6	6	6	6	6	6	6	6	6	6	6	6	6	6	6	6	6	6	6	6	6	6	6	6	6	6	6	6	6	6	6	6
欄	7	7	7	7	7	7	7	7	7	7	7	7	7	7	7	7	7	7	7	7	7	7	7	7	7	7	7	7	7	7	7	7	7	7	7	7	7	7	7	7	7	7	7	7	7	7	7	7	7	7
	8	8	8	8	8	8	8	8	8	8	8	8	8	8	8	8	8	8	8	8	8	8	8	8	8	8	8	8	8	8	8	8	8	8	8	8	8	8	8	8	8	8	8	8	8	8	8	8	8	8
	9	9	9	9	9	9	9	9	9	9	9	9	9	9	9	9	9	9	9	9	9	9	9	9	9	9	9	9	9	9	9	9	9	9	9	9	9	9	9	9	9	9	9	9	9	9	9	9	9	9

評点　／100

推定配点

1 (1)〜(4) 各4点×4　(5) 各2点×2　(6)〜(8) 各4点×3
2 (1)〜(4) 各4点×4　(5) 各2点×3　(6) 4点
3 各4点×3
4 (1) 各2点×3　(2) 4点　(3) 各2点×2
5 各4点×4

100点	計

二〇二一年度　狭山ケ丘高等学校　推薦第二回

国語解答用紙

コース	中　学　校　名	氏　名	＊G	＊C	＊N
	立　　　中学校				

注意
1. 各設問項目にはマークを一つだけつけること
2. この用紙を折り曲げたり汚したりしないこと
3. 訂正時は消しゴムできれいに消し、消しくずを残さないこと
4. ＊欄は記入指示があった場合のみ使用します

受験番号			
0	0	0	0
1	1	1	1
2	2	2	2
3	3	3	3
4	4	4	4
5	5	5	5
6	6	6	6
7	7	7	7
8	8	8	8
9	9	9	9

設問番号　1　～　50

設問	1	2	3	4	5	6	7	8	9	10	11	12	13	14	15	16	17	18	19	20	21	22	23	24	25	26	27	28	29	30	31	32	33	34	35	36	37	38	39	40	41	42	43	44	45	46	47	48	49	50
	0	0	0	0	0	0	0	0	0	0	0	0	0	0	0	0	0	0	0	0	0	0	0	0	0	0	0	0	0	0	0	0	0	0	0	0	0	0	0	0	0	0	0	0	0	0	0	0	0	0
	1	1	1	1	1	1	1	1	1	1	1	1	1	1	1	1	1	1	1	1	1	1	1	1	1	1	1	1	1	1	1	1	1	1	1	1	1	1	1	1	1	1	1	1	1	1	1	1	1	1
解	2	2	2	2	2	2	2	2	2	2	2	2	2	2	2	2	2	2	2	2	2	2	2	2	2	2	2	2	2	2	2	2	2	2	2	2	2	2	2	2	2	2	2	2	2	2	2	2	2	2
	3	3	3	3	3	3	3	3	3	3	3	3	3	3	3	3	3	3	3	3	3	3	3	3	3	3	3	3	3	3	3	3	3	3	3	3	3	3	3	3	3	3	3	3	3	3	3	3	3	3
	4	4	4	4	4	4	4	4	4	4	4	4	4	4	4	4	4	4	4	4	4	4	4	4	4	4	4	4	4	4	4	4	4	4	4	4	4	4	4	4	4	4	4	4	4	4	4	4	4	4
答	5	5	5	5	5	5	5	5	5	5	5	5	5	5	5	5	5	5	5	5	5	5	5	5	5	5	5	5	5	5	5	5	5	5	5	5	5	5	5	5	5	5	5	5	5	5	5	5	5	5
	6	6	6	6	6	6	6	6	6	6	6	6	6	6	6	6	6	6	6	6	6	6	6	6	6	6	6	6	6	6	6	6	6	6	6	6	6	6	6	6	6	6	6	6	6	6	6	6	6	6
欄	7	7	7	7	7	7	7	7	7	7	7	7	7	7	7	7	7	7	7	7	7	7	7	7	7	7	7	7	7	7	7	7	7	7	7	7	7	7	7	7	7	7	7	7	7	7	7	7	7	7
	8	8	8	8	8	8	8	8	8	8	8	8	8	8	8	8	8	8	8	8	8	8	8	8	8	8	8	8	8	8	8	8	8	8	8	8	8	8	8	8	8	8	8	8	8	8	8	8	8	8
	9	9	9	9	9	9	9	9	9	9	9	9	9	9	9	9	9	9	9	9	9	9	9	9	9	9	9	9	9	9	9	9	9	9	9	9	9	9	9	9	9	9	9	9	9	9	9	9	9	9

受験教科名		
受験教科番号	0	0
	1	1
	2	2
	3	3
	4	4
	5	5
	6	6
	7	7
	8	8
	9	9

設問番号　51　～　100

設問	51	52	53	54	55	56	57	58	59	60	61	62	63	64	65	66	67	68	69	70	71	72	73	74	75	76	77	78	79	80	81	82	83	84	85	86	87	88	89	90	91	92	93	94	95	96	97	98	99	100
	0	0	0	0	0	0	0	0	0	0	0	0	0	0	0	0	0	0	0	0	0	0	0	0	0	0	0	0	0	0	0	0	0	0	0	0	0	0	0	0	0	0	0	0	0	0	0	0	0	0
	1	1	1	1	1	1	1	1	1	1	1	1	1	1	1	1	1	1	1	1	1	1	1	1	1	1	1	1	1	1	1	1	1	1	1	1	1	1	1	1	1	1	1	1	1	1	1	1	1	1
解	2	2	2	2	2	2	2	2	2	2	2	2	2	2	2	2	2	2	2	2	2	2	2	2	2	2	2	2	2	2	2	2	2	2	2	2	2	2	2	2	2	2	2	2	2	2	2	2	2	2
	3	3	3	3	3	3	3	3	3	3	3	3	3	3	3	3	3	3	3	3	3	3	3	3	3	3	3	3	3	3	3	3	3	3	3	3	3	3	3	3	3	3	3	3	3	3	3	3	3	3
	4	4	4	4	4	4	4	4	4	4	4	4	4	4	4	4	4	4	4	4	4	4	4	4	4	4	4	4	4	4	4	4	4	4	4	4	4	4	4	4	4	4	4	4	4	4	4	4	4	4
答	5	5	5	5	5	5	5	5	5	5	5	5	5	5	5	5	5	5	5	5	5	5	5	5	5	5	5	5	5	5	5	5	5	5	5	5	5	5	5	5	5	5	5	5	5	5	5	5	5	5
	6	6	6	6	6	6	6	6	6	6	6	6	6	6	6	6	6	6	6	6	6	6	6	6	6	6	6	6	6	6	6	6	6	6	6	6	6	6	6	6	6	6	6	6	6	6	6	6	6	6
欄	7	7	7	7	7	7	7	7	7	7	7	7	7	7	7	7	7	7	7	7	7	7	7	7	7	7	7	7	7	7	7	7	7	7	7	7	7	7	7	7	7	7	7	7	7	7	7	7	7	7
	8	8	8	8	8	8	8	8	8	8	8	8	8	8	8	8	8	8	8	8	8	8	8	8	8	8	8	8	8	8	8	8	8	8	8	8	8	8	8	8	8	8	8	8	8	8	8	8	8	8
	9	9	9	9	9	9	9	9	9	9	9	9	9	9	9	9	9	9	9	9	9	9	9	9	9	9	9	9	9	9	9	9	9	9	9	9	9	9	9	9	9	9	9	9	9	9	9	9	9	9

評点　／100

推定配点

一 問1、問2 各2点×8　問3〜問6 各3点×4
問7、問8 各2点×2　問9、問10 各3点×2
二 問1、問2 各2点×4　問3〜問6 各3点×4　問7 2点
問8、問9 各3点×2　問10 2点
三 問1、問2 各2点×4　問3〜問7 各3点×5
問8〜問10 各2点×3　問11 3点

100点	計

高校後見返し